XIBEIMINZUDAXUE NIANJIAN

西北民族大學

年鉴·2019

西北民族大学学校办公室　编

民族出版社

领导关心

2019 年 3 月 16 日，甘肃省商务厅党组成员、副厅长吴镇图参加“一带一路”特色农产品多语言电子商务平台建设专家论证会

2019 年 4 月 23 日，国家民委党组成员、副主任郭卫平来学校调研

2019 年 5 月 16 日，兰州市政协副主席张永财来学校调研

2019 年 5 月 24 日，时任甘肃省省长唐仁健在省属企业与科研院校技术成果研发、承接、转化推进会上为学校授牌

2019 年 6 月 24 日，甘肃省委常委、统战部部长马廷礼来学校调研

2019 年 7 月 5 日，甘肃省教育厅副厅长徐宏伟一行来学校调研

2019 年 12 月 20 日，省委常委、统战部部长马廷礼来学校作专题辅导报告

党建思政工作

2019 年 1 月 9 日，学校邀请兰州大学教授王学俭来学校作专题报告

2019 年 3 月 18 日，学校党委理论学习中心组召开“学习习近平总书记参加十三届全国人大二次会议甘肃代表团审议时的重要讲话精神专题研讨会”

2019 年 4 月 3 日，学校举行“党支部建设标准化暨党务工作者培训班开班式”

2019 年 4 月 24 日，兰州大学教授刘兴春来学校作专题讲座

2019 年 5 月 15 日，学校举行宣传思想工作队伍培训班

2019 年 5 月 16 日，甘肃省“形策与政策”课调研组来学校调研

2019 年 5 月 30 日，学校召开第一轮巡察工作反馈会

2019 年 7 月 1 日，西北民族大学举行万名师生升国旗仪式

2019 年 7 月 1 日，学校举行“庆祝中国共产党成立 98 周年‘共过政治生日 不忘誓言初心’活动”

2019 年 9 月 30 日，学校举行升国旗仪式，共祝祖国母亲生日快乐

2019 年 12 月 20 日，学校召开 2019 年度二级单位党组织书记抓基层党建述职评议考核会

2019 年 12 月 20 日，学校召开意识形态工作责任制落实情况汇报会

2019 年 12 月 25 日，学校召开“不忘初心、牢记使命”主题教育测评会

精准扶贫

2019 年 3 月 13 日，校领导马世俊、石迎春在临潭县召开会议，专题学习习近平总书记参加十三届全国人大二次会议甘肃代表团审议时的重要讲话精神

2019 年 3 月 13 日，校领导赴临潭开展精准扶贫工作

2019年3月13日，校领导赴临潭开展精准扶贫工作

2019年3月13日，校领导赴临潭开展精准扶贫工作

2019年3月13日，校领导赴临潭开展精准扶贫工作

2019年9月6日，召开学校派驻临潭县驻村工作队员座谈会

2019年9月6日，校领导调研扶贫工作、看望扶贫干部

合作交流

2019 年 4 月 10 日，学校召开服务少数民族进城务工人员语言、文化、政策教育工作座谈会

2019 年 4 月 11 日，学校“航空服务艺术与管理实训基地”揭牌

2019 年 4 月 12 日，举行国家民委与甘肃省人民政府共建共管西北民族大学直属附属医院合作协议签署仪式

2019 年 4 月 24 日，学校举行“兰州大学第一医院　西北民族大学医院专科联盟授牌仪式”

2019 年 4 月 26 日，兰州大学党委副书记曹爱辉来学校交叉检查安全保卫工作

2019 年 5 月 9 日，甘肃省卫生健康委员会主任郭玉芬和西北民族大学党委副书记、校长赵德安签署合作协议实施方案并为“西北民族大学直属附属医院”揭牌

2019年5月17日，美国韦伯州立大学商学院院长 Matthew · Mouritsen、国际经济项目联络员李莉博士等一行来校访问交流

2019年5月24日，学校参加省属国有企业与科研院校技术成果研发、承接、转化推进会暨合作项目签约仪式

2019年5月30日，学校举行与武陵源区人民政府座谈会

2019 年 6 月 11 日，湖北高校统战工作调研组来学校调研

2019 年 6 月 20 日，学校举行“临潭县农民党员代表走进西北民族大学教育活动欢迎仪式”

2019 年 6 月 21 日，校长赵德安会见 ITAT 印度客人

第一批“高校原创文化精品推广行动计划”入选名单

（排名不分先后）

序号	作品名称	推荐单位
1	《青春之歌》	北京大学
2	《马兰花开》	清华大学
3	社会主义核心价值观“3M”系列作品	中国石油大学（北京）
4	《家》	中央戏剧学院
5	《井冈·井冈》	北京舞蹈学院
6	《解放》	山西戏剧职业学院
7	《师说》	华东师范大学
8	《活着 1937》	浙江师范大学
9	《歌德巴赫猜想》	厦门大学
10	《红草鞋》	江西科技学院
11	《苹果从哪儿来》	山东农业大学
12	《乳娘》	山东青年政治学院
13	《希望乐山》	武汉大学
14	《编钟礼乐》	武汉音乐学院
15	《医路》·《医缘》·《医道》三部曲	南方医科大学
16	《重庆家书》	重庆大学
17	《又见青春》	电子科技大学
18	《秦风》	陕西师范大学
19	《寻找师昌绪》	西北工业大学
20	《大河行》	西北民族大学

2019 年 2 月，学校原创舞蹈作品《大河行》成功入选教育部第一批“高校原创文化精品推广行动计划”

2019 年 3 月 20 日，学校召开“基于人工智能、大数据专业改造升级和卓越新闻传播人才教育培养计划 2.0 实施方案研讨会”

2019 年 4 月 11 日，学校召开“航空服务艺术与管理专业建设暨实训基地现场教学观摩研讨会”

2019年6月20日，学校与福特海斯大学联合办学国贸专业举行毕业典礼

2019年8月29日，学校举办生物医学与生物材料国际学术研讨会

2019年9月10日，学校举行2019年教师节表彰大会

1 月 16 日，学校举办“中国双蛋白工程——双蛋白食物资源综合利用与发展”研讨会

甘肃省科技进步奖

证 书

为表彰甘肃省科技进步奖获得者，特颁发此证书。

项目名称：新型免拆复合保温模板现浇混凝土节能墙体结构体系研究

奖励等级：二等

获 奖 者：西北民族大学

甘肃省人民政府

2019年1月14日

证书号：2018-J2-054-D1

2019 年 2 月 13 日，学校“新型免拆复合保温模板现浇混凝土节能墙体结构体系研究”荣获甘肃省科学技术进步二等奖

2019 年 3 月 16 日，学校召开“一带一路”特色农产品多语言电子商务品太建设专家论证会

2019 年 3 月 29 日，《格萨尔文库》出版发布及捐赠仪式在北京举办

2019 年 4 月 8 日，美国犹他州立大学 Randolph Vance Lewis 教授一行 4 人来学校作学术交流

2019 年 4 月 9 日，学校召开《格萨尔》研究团队座谈会

2019 年 4 月 27 日至 28 日，学校举行《唐祈诗全编》发布暨唐祈诗歌作品研讨会

2019 年 6 月 22 日，学校举办“民族地区经济社会发展与管理创新论坛暨民族院校工商管理学科建设研讨会”

2019 年 8 月 29 日，学校举行生物医学国际学术研讨会

2019 年 12 月 9 日，“北京舞蹈学院西北民大研究基地年会”在学校举行

学生活动

2019年4月11日，“西北民族大学航空服务艺术与管理实训基地”揭牌

2019年5月15日，话剧《雨花台》在校内公演

2019年6月30日，西北民族大学师生赴维也纳参加国家民委“丝路彩虹”专题演出

2019年9月9日，学校举行征兵入伍欢送仪式

2019年9月30日，学校举行“我与祖国共奋进”——庆祝中华人民共和国成立70周年主题活动

2019年12月9日，“北京舞蹈学院西北民大研究基地年会”在学校举行

目　录

学校概况

西北民族大学章程

工作总结、工作计划

“不忘初心、牢记使命”主题教育

党建与思想政治工作、统战工作

工作规则办法

扶贫工作

干部人事工作

教学工作

科研工作

学生管理工作

学科建设与研究生工作

国际合作与交流工作

教代会、工代会

国资、财务、基建与后勤工作

综合治理与安全保卫工作

西北民族大学 2019 年大事记

学校概况

学校介绍

西北民族大学坐落于“一带一路”重要节点城市——兰州市，是中华人民共和国成立后创建的第一所民族高等院校，隶属于国家民委，是国家民委与教育部、国家民委与甘肃省人民政府共建院校，是甘肃省高水平大学建设单位。学校具有学士、硕士、博士学位授予权，设有博士后科研流动站。

学校肇始于 1949 年 9 月中国人民解放军第一野战军在兰州市开办的藏民问题研究班和藏民学校，1950 年 1 月改建为西北人民革命大学兰州分校第三部，1950 年 8 月正式成立西北民族学院，2003 年 4 月更名为西北民族大学。2007 年以“优秀”成绩通过教育部本科教学工作水平评估。

学校建有 2 个校区、1 所附属医院。学校设有 28 个教学单位、3 个独立建制的科研机构。学校拥有各类图书和电子图书 401 万余册、博物馆馆藏文物 3381 件、教学科研仪器设备总值约 6 亿元、固定资产总额约 38 亿元。

学校加强人才培养。建校近 70 年来，始终坚持立德树人根本任务，始终坚持为国家战略和少数民族、民族地区经济社会发展服务，始终坚持把为民族地区培养“下得去、用得上、留得下、靠得住、干得好”的专门人才作为使命自觉，已培养各类人才 17 万余人。学校学科门类齐全，特色鲜明，涵盖 11 个学科门类，拥有 72 个本科专业，面向全国 31 个省、自治区、直辖市和香港特别行政区、澳门特别行政区、台湾地区招生。

学校坚持人才强校。现有教职工 2000 余人。人才队伍中现有“全国黄大年式教师团队”1 个、“国家西部大开发突出贡献集体”1 个、“全国专业技术人才先进集体”1 个、入选教育部“创新团队发展计划”1 个、国家级教学团队 1 个、“国家百千万人才工程”人选 1 人、全国劳动模范 1 人、教育部“新世纪优秀人才支持计划”5 人、享受国务院政府特贴专家 11 人；国家民委“创新团队支持计划”4 个、突出贡献专家 6 人、领军人才支持计划人选 14 人、中青年英才培养计划人选 27 人、教学名师 3 人、青年教学标兵 4 人；甘肃省教学团队 8 个、基础研究创新群体 2 个、领军人才 23 人、优秀专家 6 人、宣传文化系统“四个一批”人才 4 人、跨世纪学科带头人 5 人、“555”创新工程人才人选 6 人、“333”科技人才工程人选 7 人、教学名师 2 人、“园丁奖”8 人、青年教师成才奖 47 人。

学校夯实办学基础。现有中国语言文学博士学位授权点、中国语言文学博士后科研流动站，15 个一级学科硕士学位授权点、2 个二级学科硕士学位授权点、1 个交叉学科硕士学位授权点、8 个硕士专业学位类别，具有推荐优秀应届本科毕业生免试攻读硕士研究生学位资格和招收“少数民族高层次骨干人才计划”硕士、博士研究生资格。学校现有 1 个国家级实验教学示范中心、1 个国家级虚拟仿真实验教学中心、8 个省级实验教学示范中心、1 个国家级专业综合改革试点项目、1 个国家级卓越农林人才培养模式改革试点项目；4 个国家级特色专业、14 个省级特色专业；2 门国家级精品视频公开课、6 门省级精品资源共享课、35 门省级精品课程。学校建有 1 个教育部重点实验室、2 个国家民委重点实验室、1 个甘肃省技术创新中心、1 个甘肃省国际科技合作基地、3 个甘肃省重点实验室、2 个甘肃省高校重点实验室。

学校重视内涵发展。现有 23 个省部级重点学科，包括 7 个国家民委重点学科、16 个甘肃省重点学科。在甘肃省"双一流"建设规划中，民族学为一流学科建设优势学科，中国语言文学、计算机科学与民族信息技术和生物工程为一流学科建设特色学科。学校现有 1 个教育部创新团队、4 个国家民委创新团队、2 个甘肃省基础研究创新群体。学校建有 1 个教育部民族教育研究发展中心重点研究基地、1 个中国统一战线理论研究会民族宗教理论甘肃研究基地、2 个国家民委人文社科重点研究基地、3 个国家民委"一带一路"国别和区域研究中心、1 个甘肃省哲学社会科学重大研究基地、3 个甘肃省人文社会科学重点研究基地、1 个甘肃省中华优秀传统文化传承基地、2 个甘肃高校新型智库、"丝绸之路信息港大数据研究中心""丝绸之路信息港中国 – 中西亚研究院"。学校是"甘肃省民族信息技术协同创新中心"牵头主持单位以及"一带一路安全问题协同创新中心""中国多民族文化凝聚与国家认同协同创新中心""丝绸之路与华夏文明传承发展协同创新中心"核心协同单位。

学校注重科学研究。2001 年以来，学校承担各类科研项目 3027 项，其中国家科技支撑项目主持 2 项、子课题 9 项，"863"项目 2 项，国家自然科学基金项目 150 项，国家社会科学基金项目 211 项，省部级项目 694 项。科研成果获得国家级奖励 2 项、省部级奖励 178 项。学校研发的《藏汉双语信息处理系统》获 1999 年国家科技进步二等奖，《藏文视窗平台、字处理软件和藏文网站》获 2001 年国家科技进步二等奖，受到了党和国家领导人的高度评价。学校编辑出版的《法藏敦煌藏文文献》和《英藏敦煌藏文文献》，实现了我国珍贵历史文献的回归与面世，在学术界引起强烈反响，被誉为敦煌文献整理中的又一个里程碑。在学校格萨尔研究院三代科研人员的不懈努力下，包含藏族、蒙古族、土族等多民族、多语种的三卷 30 册（16 开本，每册 600 页左右，共计约 2500 万字）学术著作《格萨尔文库》于 2018 年 11 月出版面世。

学校出版发行《西北民族研究》《西北民族大学学报》（哲学社会科学汉文版、自然科学版、哲学社会科学藏文版、哲学社会科学蒙古文版）。其中《西北民族研究》是中国社会科学引文索引（CSSCI）来源期刊、中国人文社会科学 A 类核心期刊（AMI）、人大复印报刊资料重要转载来源期刊、RCCSE 中国核心学术期刊、国家社科基金资助重点学术期刊、甘肃省一级名牌期刊和优秀期刊，2019 年被评为改革开放 40 年我最喜爱的优秀甘版期刊，被学术界称为西北区域学术研究期刊中"一点（《敦煌研究》)、一线（《丝绸之路》)、一面（《西北民族研究》)"的一面，费孝通先生在《西北民族研究》创刊十周年时说："（刊物）能办成《西北民族研究》那样就不错，那是专家办刊，学术水准很高。"《西北民族大学学报》（自然科学版）被评为首届全国民族地区自然科学版十佳学报、首届中国高校民族类特色科技期刊。《西北民族大学学报》（哲学社会科学藏文版）被评为全国高校优秀期刊、全国优秀社科学报、全国民族地区民族文字版十佳学报。《西北民族大学学报》（哲学社会科学蒙古文版）被评为首届全国民族地区民族文字版优秀学报。

学校坚持服务社会。在玉树地震救灾中，藏语言文化学院师生受到了中共中央、国务院和中央军委的嘉奖；学校多次被团中央评为“全国大中专学生志愿者暑期‘三下乡’社会实践活动优秀单位”；学校被文化部确定为全国首批非遗保护传承试点单位；民海生物工程有限公司为甘肃省战略性新兴产业第一批骨干企业；学校积极参与武陵山片区、临夏州、白银市脱贫攻坚，在2018年甘肃省脱贫攻坚帮扶工作考核中获“优秀”等次。

学校坚持开放办学。推进全方位、多层次、宽领域的国（境）外交流与合作，构建结构合理、项目丰富、管理高效的国际化交流合作平台。先后同美国、加拿大、澳大利亚、英国、俄罗斯、马来西亚、蒙古、哈萨克斯坦、乌兹别克斯坦等国家的大学、科研机构建立了校际合作交流关系；坚持通过“走出去”和“引进来”双轨驱动的国际化人才队伍培养模式，选派优秀师生赴国（境）外参加国际会议、研修、培训以及开展科研合作、学术及文化交流。完善国际化人才队伍建设体系，提高教师国际学术对话及科研参与能力；秉承“高端引领、整体推进、立足学科、建设体系”的理念，引进国（境）外智力和优质教育资源，促进教育国际化；积极响应“一带一路”倡议，结合学校自身优势、特色，拓展与“一带一路”沿线有关国家相关高校和科研机构的实质性合作交流。

进入新时代，学校将一如既往扎根西北大地，坚持正确办学方向，自觉投身“四个伟大”历史进程，把学校建设成为坚持党的领导的坚强阵地、新时代中国特色社会主义建设者和接班人的培养高地、构筑中华民族共有精神家园的模范之地、服务协调推进“四个全面”战略布局的特色智库，写好西部地区民族高等教育的奋进之笔，写好新时代学校改革发展的新篇章，为培养担当“中华民族一家亲，同心共筑中国梦”大任的时代新人而努力奋斗！

（2019年9月9日更新，数据来源：学校办公室）

附件 1：西北民族大学 2019 年干部队伍基本情况统计表

西北民族大学干部队伍基本情况统计表

单位：人

项目	合计				学历					年龄						
	男	女	少数民族	中共党员	博士	硕士	大学本科	大学专科	中专及以下	35 岁及以下	36 岁至 40 岁	41 岁至 45 岁	46 岁至 50 岁	51 岁至 55 岁	56 岁至 60 岁	60 岁及以上
处级	194	74	145	237	45	57	159	7	0	0	42	51	49	81	45	0
科级	86	123	88	192	1	154	53	3	1	119	66	10	7	10	0	0
总计	280	197	233	429	46	211	212	10	1	119	108	61	56	91	45	0

备注：36 ~ 40 岁出生日期为 1979—1983 年，以此类推。

附件 2：西北民族大学 2019 年师资队伍基本情况统计表

西北民族大学师资队伍基本情况

单位：人

项目	合计						学历				年龄						
	男	女	少数民族	中共党员	博士	硕士	研究生	大学本科	大学专科	中专及以下	35 岁以下	36 岁至 40 岁	41 岁至 45 岁	46 岁至 50 岁	51 岁至 55 岁	56 岁至 60 岁	61 岁及以上
正高级	162	107	120	150	102	72	148	119	2	0	0	10	32	65	89	73	0
副高级	223	264	142	276	209	208	377	107	3	0	38	169	124	91	48	17	0
中级	192	255	123	291	33	381	402	45	0	0	224	151	50	18	4	0	0
初级	12	17	11	23	0	28	28	1	0	0	25	3	0	0	1	0	0
未定职称	13	29	23	33	10	20	30	12	0	0	37	5	0	0	0	0	0
总计	602	672	419	773	354	709	985	284	5	0	324	338	206	174	142	90	0

附件 3：西北民族大学 2019 年离退休人员情况统计表

西北民族大学 2019 年离退休人员情况统计表

单位：人

类别	性别		其中	总数
	男	女	干部	
离休	9	6	15	15
退休	283	333	470	616

附件 4：西北民族大学 2019 年在校研究生情况统计表

西北民族大学 2019 年在校研究生情况统计表

单位：人

项目 类别	招生数	毕业生数				在校研究生数			
		合计	毕业生人数	合计	学位授予人数	合计	2017 年	2018 年	2019 年
总计	659	603	603	603	603	1843	556	637	650
其中：女	391	339	339	339	339	1055	303	372	380
博士生	41	27	27	27	27	142	60	40	42
硕士生	618	576	576	576	576	1701	496	597	608
国家任务合计	659	603	603	603	603	1843	556	637	650
博士生	41	27	27	27	27	142	60	40	42
硕士生	618	576	576	576	576	1701	496	597	608
委培任务合计									
博士生									
硕士生									
自筹经费合计									
博士生									
硕士生									
备注：	在校研究生合计人数中包括延期至 2017 年毕业的研究生 51 人，在校研究生共计 1843 人。								

附件 5：西北民族大学 2019 年普通在校学生情况统计表

西北民族大学 2019—2020 学年度普通在校学生统计表

单位：人

项目 / 人数 / 层次	在校普通本科、预科、中专学生分年级情况统计					
	总数	2015 级	2016 级	2017 级	2018 级	2019 级
本科	24063	278	5929	5926	5947	5983
预科	426	0	0	0	45	381
中专	37	37	0	0	0	0
合计	24526	315	5929	5926	5992	6364

附件 6：西北民族大学 2019 年科研情况统计表

西北民族大学 2019 年科研情况统计表

省部级科技成果奖	省部级以上项目结项数	新增省部级以上项目	著作出版	发表学术论文	授权专利
6 项	65 项	81 项	42 部	658 篇	114 项

附件 7：西北民族大学 2019 年校舍情况统计表

西北民族大学 2019 年全校校舍情况统计表

单位：平方米

项目		学校产权建筑面积		正在施工
		总计	当年新增	
1. 教学及辅助用房	教室	197539.91		榆中校区文科楼：7698.90
	图书馆	50187		
	实验室	38865		
	体育馆	24874.28		
	会堂	4000		
	小计	315466.19		
2. 行政办公用房		15807		

续表

项目		学校产权建筑面积		正在施工
		总计	当年新增	
3. 生活用房	学生宿舍（公寓）	243561.36		西北新村校区留学生公寓：6921.04
	学生食堂	46299.8		
	生活福利及其他	41632.72		
	教工宿舍（公寓）	35867.6		
	小计	367361.48		
4. 教工住宅		49800.78		新建 3、4、5、10 号教职工公寓：70088.78
总计		748435.45		

附件 8：西北民族大学 2019 年继续教育与职业教育学生情况统计表

西北民族大学继续教育学院在校生人数统计表

单位：人

年级	校本部							联合办学						合计
	函授生		夜大生			自考生		函授生		夜大生		自考生		
	专本	专科	高本	专本	专科	专本	专科	专本	专科	专本	专科	专本	专科	
2017 级								181	53	367	194			795
2018 级						378		186	0	605	162	318	451	2100
2019 级						306		254	0	319	107	284	233	1503
小计						684		621	53	1291	463	602	684	4398
合计						684		674		1754		1286		4398

附件 9：西北民族大学 2019 年资产情况统计表

西北民族大学 2019 年全校资产情况统计表

占地面积（平方米）			图书藏量		教学用计算机（台）	语音实验室座位数	多媒体教室座位	固定资产总值（元）	
合计	绿化用地面积	运动场地面积	一般图书（万册）	电子图书（万册）				合计	教学科研仪器设备
2047454.91	862899.83	45925			9089			3905953004.21	492707313.88

西北民族大学章程

序言

西北民族大学是中华人民共和国成立后创建的第一所民族高等院校。学校肇始于 1949 年 9 月中国人民解放军第一野战军在兰州市开办的藏民问题研究班和藏民学校，1950 年 1 月改建为西北人民革命大学兰州分校第三部，1950 年 8 月正式成立西北民族学院。2003 年 4 月更名为西北民族大学。

学校遵循“以人为本，助人成功”的办学理念，坚持“立足西北，服务民族”的办学宗旨，弘扬以“黄土地”和“黄河”为表征，以“朴实无华，甘于清贫，淡泊名利，无私奉献”和“志存高远，奔流不息，百折不挠，勇往直前”为核心的西北民族大学精神，恪守“勤学、敬业、团结、创新”的校训，突出办学特色，提升教育教学质量，服务国家战略，服务少数民族和民族地区，办人民满意的民族大学。

第一章　总则

第一条　为保障学校依法办学和自主管理，根据《中华人民共和国教育法》《中华人民共和国高等教育法》等法律、法规，结合学校实际，制定本章程。

第二条　学校名称为西北民族大学，中文简称“西北民大”，英文名称为 Northwest Minzu University，简称“NWMU”。学校网址为 http://www.xbmu.edu.cn。

第三条　学校住所地为甘肃省兰州市城关区西北新村 1 号，设西北新村校区和榆中校区。榆中校区地址为甘肃省榆中县夏官营镇。经举办者批准可视需要设立和调整校区及校址。

第四条　学校为非营利性事业单位，具有独立法人资格，依法享有办学自主权，独立承担法律责任。

校长是学校的法定代表人。

第五条　学校实行中国共产党西北民族大学委员会（以下简称“校党委”）领导下的校长负责制，坚持教授治学和民主管理。

第六条　学校建立科学、民主、规范的议事规则和决策制度。

学校重大事项决策前须进行合法性审查，除依法保密的以外，决策事项、决策依据、决策过程和决策结果应当公开。

第七条　学校坚持民主管理，依法保障教职工和学生在学校管理中的知情权、监督权和参与权。

第八条　学校坚持依法治校，实行校务公开和信息公开制度，依法接受社会监督。

第二章　举办者与学校

第九条　学校是由国家举办的全日制普通高等学校，主管部门为国务院民族事务部门。学校的分立、合并与终止等重要事项由举办者作出决定。

第十条　举办者支持学校依照法律、法规和本章程自主办学，按照有关规定任命学校领导；依法监督和规范学校办学行为，维护学校合法权益；为学校提供办学条件，保障学校办学资金；履行法律法规规定的其他权利和义务。

第十一条　学校享有下列权利：

（一）依法行使办学自主权，制定学校发展规划并组织实施；

（二）按照章程管理学校，制定相应的管理制度，开展教育教学、科学研究、技术开发和社会服务活动；

（三）决定学校教学、科学研究、行政管理等机构设置，任免内部组织机构负责人，聘任和解聘教师及其他工作人员；

（四）按照国家有关政策招收学生，对学生进行学籍管理，颁发相应的学业证书；

（五）依法自主管理和使用学校的资产和经费，依据国家事业单位收入分配政策自主确定内部收入分配；

（六）拒绝任何组织和个人对学校自主办学活动的非法干涉；

（七）法律法规规定的其他权利。

第十二条　学校履行下列义务：

（一）遵守国家法律、法规，贯彻党和国家教育方针和民族政策；

（二）履行人才培养、科学研究、社会服务、文化传承创新等基本职能，提高办学水平；

（三）维护师生员工的合法权益，改善师生员工的学习、工作和生活条件；

（四）接受举办者和主管部门的指导和监督；

（五）实施学校信息公开，接受师生和社会公众的监督与评议；

（六）法律法规规定的其他义务。

第三章　学校功能与教育形式

第十三条　学校贯彻党和国家教育方针，坚持社会主义办学方向，遵循高等教育规律，把握民族高等教育特殊性，履行人才培养、科学研究、社会服务和文化传承创新等基本职能。

第十四条　学校把人才培养作为办学的根本目标和中心工作，引导学生牢固树立“三个离不开”思想，不断增强“五个认同”，树立正确的国家观、民族观、宗教观、历史观、文化观，主动适应国家战略和少数民族、民族地区经济社会发展需要，培养德智体美全面发展，专业基础扎实，实践能力强，综合素质高，富有创新精神和发展潜能的专门人才。

第十五条　学校营造良好的学术环境和科学研究氛围，鼓励师生开展基础研究、应用研究与技术开发，促进知识创新、技术创新和成果转化，提升学校的创新能力。

第十六条　学校充分发挥学科专业特色和多语种教学科研优势，通过多种形式和途径开展社会服务，推动国家和民族地区经济社会发展和民族团结进步。

第十七条　学校坚持社会主义文化发展道路，吸收和借鉴人类优秀文明成果，促进少数民族优秀文化和中华多民族文化遗产的研究、传承与弘扬，促进多民族文化和谐发展。

第十八条　学校按照国家有关规定，全方位、多层次、宽领域地开展国（境）外交流与合作，引进国（境）外智力和优质教育资源，促进教育国际化。

第十九条　学校实施普通高等教育，主要教育形式为全日制学历教育。以本科教育为主，大力发展研究生教育，积极发展预科教育、职业技术教育、继续教育和国际教育。

第二十条　学校根据国家政策、社会需要及学校办学实际，自主制定招生方案，以少数民族生源为主。学校根据国家核定的办学规模，合理确定和调整办学规模。

第二十一条　学校根据社会需求、办学宗旨和培养目标，注重学科交叉融合，依法自主设置、调整学科和专业。

第二十二条　学校依法确定和调整学历教育修业年限，实行修业年限与学分相结合的弹性学制。

第二十三条　学校根据人才培养需要和各民族学生特点，因材施教，自主制定人才培养计划、选编教材、组织实施教学活动和决定学生考试考核评判标准。

第二十四条　学校建立科学合理的教学管理制度，加强对教学质量的监控与评价，定期公布教学质量报告，不断提高教育教学质量，提高人才培养水平。

第二十五条　学校依法颁发学业证书，依法授予学士、硕士和博士学位。

学校可向对社会作出卓越贡献的杰出人士，依法授予名誉博士学位或其他荣誉称号。

第四章　学校成员

第一节　学生

第二十六条　学生是指被学校依法录取，取得入学资格，具有学校学籍的受教育者。

学校以学生为中心，关心爱护学生，引导和激励学生勤奋学习，全面发展。

第二十七条　学生享有下列权利：

（一）知悉学校改革发展及涉及切身利益的重大事项，参与民主管理和监督；

（二）接受学校教育，合理利用学校公共教育资源；

（三）按规定条件和程序选择专业，跨学科、学院选修课程；

（四）达到规定的学历和学位条件后，获得学历和学位证书；

（五）依照法律和学校规定组织和参加学生社团；

（六）按照规定申请国家和学校的资助；

（七）获得就业创业指导和职业生涯规划指导；

（八）公平获得各级各类荣誉称号和奖励，就评优评奖、纪律处分和涉及自身利益的相关决定表达意见和提出申诉；

（九）申请退学和依照规定转学；

（十）法律法规规定的其他权利。

第二十八条　学生应履行下列义务：

（一）遵守宪法、法律法规；

（二）努力学习，完成规定学业；

（三）遵守学术道德和学术规范，践行学术诚信；

（四）珍惜和维护学校名誉，维护学校合法权益；

（五）尊重各民族风俗习惯，维护民族团结；

（六）按规定缴纳学费及有关费用，履行获得奖励、资助的相应义务；

（七）爱护并合理使用教育设备和生活设施；

（八）法律法规规定的其他义务。

第二十九条　学生在学习和生活中遇到特殊困难时，学校应按相关规定提供必要的扶持和帮助。

第三十条　学生在德智体美等方面全面发展，或在思想品德、学业成绩、科技创新及社会服务等方面表现突出，或为学校争得荣誉，学校给予表彰和奖励；对违纪学生给予批评教育或纪律处分。

第三十一条　学校建立学生权利保护机制，设立学生申诉处理委员会，按规定程序受理学生申诉，维护学生合法权益。

第三十二条　在学校接受培训、成人教育、在职学习等其他类型的无学籍受教育者，其权利义务由受教育者与学校按照平等自愿的原则依法另行约定。

第二节　教职工

第三十三条　学校教职工包括教师、其他专业技术人员、管理人员和工勤人员等。

学校以教师为办学主体，尊重和爱护教师，为教师开展教学、科研、社会服务活动提供必要的条件和保障。

第三十四条　教职工享有下列权利：

（一）知悉学校改革发展及涉及切身利益的重大事项，参与民主管理和监督；

（二）公平使用学校公共资源、享受相应待遇；

（三）公平获得自身发展所需的工作机会和条件；

（四）公平取得教师资格和其他专业技术资格，获得专业技术职务评聘机会；

（五）在品德、能力和业绩等方面获得公正评价，公平获得各级各类奖励及各种荣誉称号；

（六）公平获得国内外学习、交流、进修机会；

（七）就职称评聘、福利待遇、评优评奖、纪律处分等事项表达异议和提出申诉；

（八）法律、法规规定和聘约规定的其他权利。

第三十五条　学校教职工履行下列义务：

（一）遵守宪法、法律、法规；

（二）忠诚民族教育事业，爱岗敬业、教书育人、严谨治学；

（三）为人师表，尊重、爱护学生，促进学生全面发展；

（四）遵守学术道德和学术规范，践行学术诚信；

（五）珍惜和维护学校名誉，维护学校合法权益；

（六）尊重各民族风俗习惯，维护民族团结；

（七）法律、法规规定和聘约规定的其他义务。

第三十六条　学校建立教职工发展制度，建立和完善培训体系，鼓励和支持教职工开展国内外学术交流与合作。

第三十七条　学校对教职工的思想政治表现、职业道德、业务能力和工作业绩进行考核，并实施奖惩制度。

第三十八条　学校建立教职工权利救济机制，设立教职工申诉委员会，发挥工会职能，保障教职工合法权益。

学校鼓励和支持教职员工通过教职工代表大会等形式依法民主参与、民主管理、民主监督学校事务。

第三十九条　学校全面贯彻落实国家离退休政策，关心离退休教职工生活，发挥离退休教职工在学校改革、发展、稳定和关心教育青年一代中的作用。

第五章　学校治理结构

第一节　校党委与校长

第四十条　校党委是学校的领导核心，依法领导学校工作，支持校长独立负责地开展工作。其主要职责是：

（一）全面贯彻执行党的路线方针政策，坚持社会主义办学方向，坚持立德树人，依法治校，依靠全校师生员工推动学校科学发展，培养德智体美全面发展的中国特色社会主义事业合格建设者和可靠接班人；

（二）讨论决定事关学校改革发展稳定及教学、科研、行政管理中的重大事项和基本管理制度；

（三）按照干部管理权限，负责干部的选拔、教育、培养、考核和监督，讨论决定学校内部组织机构的设置及其负责人的人选，依照有关程序推荐校级领导干部和后备干部人选；

（四）讨论决定学校人才工作规划和重大人才政策，创新人才工作体制机制，优化人才成长环境，统筹推进学校各类人才队伍建设；

（五）领导学校思想政治工作和德育工作，坚持用中国特色社会主义理论体系武装师生员工头脑，培育和践行社会主义核心价值观，牢牢掌握学校意识形态工作的领导权、管理权、话语权。维护学校安全稳定，促进和谐校园建设；

（六）加强大学文化建设，发挥文化育人作用，培育良好校风学风教风；

（七）加强对学校基层党组织的领导，做好党员发展和党员教育、管理、服务工作，充分发挥基层党组织的战斗堡垒作用和党员的先锋模范作用；

（八）领导学校党的纪律检查工作，落实党风廉政建设主体责任，推进惩治和预防腐败体系建设；

（九）做好统一战线工作，领导学校工会、共青团、学生会等群众组织和教职工代表大会；

（十）讨论决定其他事关师生员工切身利益的重要事项。

第四十一条　校党委由党员代表大会选举产生，每届任期 5 年。校党委全体委员会会议（以下简称“党委全委会”）每学期至少召开 1 次，如遇重大问题可随时召开。党委全委会须有 2/3 以上委员到会方能召开。表决事项时，以同意人数超过应到会委员人数的半数为通过。

党委全委会闭会期间，由其选举产生的常务委员会（以下简称“党委常委会”）作为常设机构依其议事规则履行职责。党委常委会由校党委书记召集并主持，会议须有 1/2 以上常务委员到会方能召开；讨论决定干部任免等重要事项时，应有 2/3 以上常务委员到会方能召开。表决事项时，以同意人数超过应到会常务委员人数半数为通过。

校党委实行“集体领导、民主集中、个别酝酿、会议决定”的议事和决策制度，依照其规则议事和决策。

第四十二条　中国共产党西北民族大学纪律检查委员会是学校的党内监督机构，在学校党委和上级纪委的领导下，落实党风廉政建设监督责任，围绕学校中心工作，履行党章、党内法规规定的职责，保障学校各项事业的健康发展。

第四十三条　学校设校长、副校长、总会计师，根据工作需要可设立校长助理。副校长、总会计师和校长助理共同协助校长管理学校行政事务。

第四十四条　校长主持学校行政工作，全面负责教学、科学研究和其他行政管理工作。其主要职责是：

（一）组织拟订和实施学校发展规划、基本管理制度、重要行政规章制度、重大教学科研改革措施、重要办学资源配置方案。组织制定和实施具体规章制度、年度工作计划；

（二）组织拟订和实施学校内部组织机构的设置方案。按照有关规定，推荐副校长人选，任免内部组织机构的负责人；

（三）组织拟订和实施学校人才发展规划、重要人才政策和重大人才工程计划。负责教师队伍建设，依据有关规定聘任与解聘教师以及内部其他工作人员；

（四）组织拟订和实施学校重大基本建设、年度经费预算等方案。加强财务管理和审计监督，管理和保护学校资产；

（五）组织开展教学活动和科学研究，创新人才培养机制，提高人才培养质量，推进文化传承创新，服务国家和民族地区经济社会发展；

（六）组织开展思想品德教育，负责学生学籍管理并实施奖励或处分，开展招生和就业工作；

（七）做好学校安全稳定和后勤保障工作；

（八）组织开展学校对外交流与合作，依法代表学校与各级政府、社会各界和境外机构等签署合作协议，接受社会捐赠；

（九）向党委报告重大决议执行情况，向教职工代表大会报告工作，组织处理教代会、学代会、工代会和团代会有关行政工作的提案。支持学校各级党组织、民主党派组织、群众组织和学术组织开展工作；

（十）履行法律法规和学校章程规定的其他职责。

第四十五条　校长办公会议是学校行政议事决策机构，是校长行使职责的基本形式，由学校领导班子成员、总会计师、校长助理组成。校长办公室、发展规划、监察、教代会、工会等部门负责人和校长根据审议事项指定的相关人员列席会议。

校长办公会议由校长召集并主持或由校长指定的副校长主持。实际到会人数达到应参会人数半数以上方可召开。会议决议由校长在广泛听取与会人员意见基础上作出决定，依照其规则议事和决策。

第四十六条　学校实行校、院两级管理体制，按照精简效能的原则设置其内部组织机构：

（一）根据人才培养和学科建设的需要设立学院、研究院（所、中心）、重点实验室。其设立、变更或撤销，由校长在广泛听取意见和充分调研论证的基础上，提交学术委员会审议，经校长办公会议讨论通过后，由校党委常委会审定。

（二）根据人才培养、办学需要设置职能部门，承担学校党政工作的计划、组织、指挥、协调、服务和对外联络等职责。

（三）根据办学活动需要和生活服务需要设置直（附）属单位，为教学、科研提供图书资料、档案信息、网络信息、后勤保障、医疗卫生等公共服务保障。

第四十七条　学校根据需要设置招生、学生工作、国际交流、大学文化建设等管理服务类专门委员会，各委员会依据学校授权或各自章程履行职责。

第四十八条　学校举办、投资的或与学校具有附属关系的具有独立法人资格的机构，依法实行相对独立的运营与管理。

第二节　学术治理

第四十九条　学校设立学术委员会。学术委员会是学校最高学术机构，统筹行使学术事务的决策、审议、评定和咨询等职权。其主要职责是：

（一）对学校重大发展规划，教学、科研、学科建设和国际合作交流中的重大问题提出意见和建议；

（二）审议学科、专业的设置和调整方案；

（三）审议学术机构设置方案、交叉学科、跨学科协调创新机制的建设方案、学科资源的配置方案；

（四）审议教育教学方案、人才培养质量标准及考核办法；

（五）审议学位授予标准、学历教育的培养标准、教学计划方案；

（六）审议学术评价、学术争议的处理规则，裁决学术纠纷，裁定学术不端行为；

（七）审议学术委员会专门委员会组织规程、学院教授委员会章程；

（八）评定教学、科学研究成果和奖励、教师的学术成就；

（九）其他应由学术委员会审议和评定的学术事项。

第五十条　学术委员会就学科建设、教师聘任、教学指导、科学研究、学术道德等事项设若干专门委员会。各专门委员会根据法律、学术委员会授权及各自章程或规程开展工作。

第五十一条　学术委员会应由不同学科、专业的教授和其他具有正高级专业技术职务的人员组成，并应有一定比例的青年教师。学术委员会委员由自下而上的民主推荐、公开公正的遴选方式产生候选人，经校长办公会议审定，由校长聘任，每届任期 4 年。

学术委员会人数应当与学校的学科、专业设置相匹配，并为不低于 15 人的单数。学术委员会组成人员中，担任学校及职能部门党政领导职务的委员，不超过委员总人数的 1/4；不担任党政领导职务及学院主要负责人的专任教授，不少于委员总人数的 1/2。

学术委员会设主任委员 1 名，副主任委员若干名。主任委员候选人由校长提名，全体委员选举产生。学术委员会会议由主任委员主持，按其章程议事并开展工作。实际到会人数达到应到会人数的 2/3 以上方可召开，议事决策实行少数服从多数的原则，重大事项应当以与会委员的 2/3 以上同意，方可通过。

第五十二条　学校设立学位评定委员会。

学位评定委员会依照有关规定制定学校学位授予办法，负责学位的评定、授予、撤销以及研究和处理授予学位的争议和其他事项，负责研究生培养方案审定和研究生指导教师遴选等工作。

学位评定委员会可按学位的学科门类设置若干分委员会，按其章程组建并履行职责。

第三节　民主管理与监督

第五十三条　学校实行以教师为主体的教职工代表大会制度（以下简称“教代会”）。

教代会是学校教职工依法行使民主权利、参与学校民主管理与监督的基本形式和制度，是学校治理体系的重要组成部分，其主要职责是：

（一）听取学校章程制定和修订情况报告、学校年度工作报告、学校重大改革和重大问题解决方案等报告，提出意见和建议；

（二）讨论通过与教职员工切身利益有关的重大事项和重要规章制度；

（三）按照有关规定和安排评议学校各级党政负责人，民主评议学校各项工作，监督学校章程、重要规章制度和重大决策的落实情况，提出整改意见和建议；

（四）学校委托的其他需要教职工代表大会审议或者决定的事项。

教代会代表由教职工民主选举产生，实际到会人数达到应到会人数的 2/3 以上方可召开，采取表决制作出决定，赞成人数超过应到会人数的半数方为通过。

第五十四条　学校设立教代会常设主席团。

教代会常设主席团由教代会选举产生，在校党委领导下开展工作。教代会闭会期间，由教代会常设主席团按有关规定履行职责。

第五十五条　学校工会是学校党委和上级工会组织领导下的教职员工自愿参加的群众组织，代表教职工利益，维护教职工的合法权益。依照有关法律和其章程开展工作。

第五十六条　学校团委是学校先进青年的群众组织。在校党委和上级团组织的领导下，依照法律、法规和其章程履行职责。

第五十七条　学生代表大会是学生实现自我管理、自我教育和自我服务，参与学校民主管理和监督，维护学生合法权益的重要组织形式。学生代表大会在学校党委领导下，按其章程开展活动，闭会期间由学生会代为行使职权。

第五十八条　学校支持校内各民主党派组织及社会团体按照各自章程开展活动，参与学校民主管理和监督。

第四节　教学科研机构

第五十九条　学校设立学院。

学院作为人才培养、科学研究、社会服务和文化传承创新的具体组织实施单位，在学校授权范围内实行自主管理。

学校本着事权相宜和权责一致的原则，在人、财、物等方面规范有序地赋予学院相应管理权，指导和监督学院相对独立地自主运行，学校定期评估学院的绩效。

第六十条　学院根据学校规划、规定或者授权，履行以下职责：

（一）制定学院发展规划；

（二）组织开展教学、学科建设、科学研究、社会服务和学生思想品德教育，实施专业建设、课程建设和教学改革，保证教育教学质量；

（三）设置学院内部管理机构和教学、科研基层组织；

（四）建立学院财务与资产具体工作制度，统筹管理使用学院办学资源；

（五）负责本院教职工的管理与考核；

（六）负责本院学生教育和管理；

（七）制定内部工作规则；

（八）行使学校赋予的其他职责。

第六十一条　学院设院长、副院长，副院长协助院长开展工作。

院长是学院的行政负责人，全面负责学院的教育教学、科学研究、学科建设、专业建设、课程建设、师资队伍建设和教学改革及行政管理事务。

第六十二条　学院党组织发挥政治核心作用，贯彻落实党的路线、方针、政策和学校的决定与规章制度，负责学院教职工和学生的思想政治教育和党建工作，参与讨论决定学院教学、科研、行政管理工作中的重要事项，支持院长在其职责范围内独立负责地开展工作。

第六十三条　学院党政联席会议是学院议事决策的主要形式，讨论决定学院发展规划、党建和思想政治工作、人才培养、科学研究、学科建设、队伍建设等重要事项。

党政联席会议由院长、书记、副院长、副书记等人员组成，根据需要相关人员可以列席会议。党政联席会议根据会议议题，由院长或书记主持，实际到会人数达到应到会人数的 2/3 以上方可召开。会议采取表决制作出决定，赞成人数超过应到会人数的半数方为通过。党政联席会议依其议事规则开展工作。

第六十四条　学院设立教授委员会。

教授委员会是学院的学术咨询、监督和决策机构。履行学术评价、学术决策、学术论证、学风建设、教学指导与评价、专业技术职务评聘初步审查或推荐、审议专业技术人员引进等学术职责，按其章程组建并开展工作。

教授委员会接受校学术委员会的监督和指导。

第六十五条　学院按照学校规定，可按专业建设需要提出设立系、研究所（中心）等学术机构建议方案，报学校审批。

第六十六条　学院建立教职工代表大会制度，设立二级工会委员会。

学院实行院务公开，院长定期向本单位教职工大会或教职工代表大会报告工作，接受教职工监督。

第六十七条　科研机构是学校依据交叉学科研究需要和科学研究任务需要而设置的、以科学研究为主要任务的学术机构，根据有关规定和学校授权开展活动。

第六章　学校与社会

第六十八条　学校积极开展与各级政府、社会团体、行业组织、科研院所、企业单位以及国际组织和机构等的合作，争取广泛的社会支持。

第六十九条　学校可以与公民、法人和其他组织联合设置教学科研机构，开展合作办学、合作研究与社会服务等活动。

第七十条　学校依据有关规定，遵循公正、公平、便民的原则，开展信息公开工作，保障公民、法人和其他组织依法获取学校信息。

第七十一条　学校建立全过程、全方位、常态化的监督体系和问责机制，依法接受政府、社会、教职工和学生的监督。

第七十二条　校友是指曾在学校学习或工作过的中外人士，以及被学校授予荣誉称号的人员等。

学校鼓励校友参与学校的建设与发展。对学校建设做出突出贡献的校友，学校授予荣誉称号。

第七十三条　学校设立校友联络组织机构，依据国家有关规定及章程开展活动，负责联系和服务校友，凝聚校友力量，利用社会资源，促进学校事业发展。

学校鼓励和支持校友成立具有届别、行业、地域等特点的校友会和校友分会。

第七十四条　学校设立理事会。理事会是学校加强社会合作，争取办学资源，扩大决策民主，加强社会监督，促进学校发展改革的咨询、协商、审议与监督机构，按其章程组建和开展工作。

第七十五条　学校设立教育发展基金会。通过教育基金会接受社会捐赠，管理捐赠项目和基金，支持学校事业发展。教育基金会按其章程开展活动。

第七章　经费、资产、后勤

第七十六条　学校的经费来源主要包括举办者的财政补助收入、事业收入、上级补助收入、附属单位上缴收入、经营收入和其他收入等。

第七十七条　学校实行“统一领导、集中核算、分级管理”的财务管理体制。

第七十八条　学校实行经济责任制度，严格执行国家有关财经方面的法律、法规，建立审计和监察制度，完善监督机制，保障资金运行安全。

第七十九条　学校资产包括流动资产、固定资产、在建工程、无形资产和对外投资等。学校对占有、使用的资产，依法自主管理和使用，保障学校资产安全、完整。

第八十条　学校后勤服务部门坚持为学校教学、科研、师生服务的宗旨，为师生员工的学习、工作和生活做好后勤保障工作，接受学校教职工和学生的监督。

第八十一条　学校加强办学资源监控，优化资源配置，提高资金使用效益，建设节约型校园。

第八章　学校标识

第八十二条　学校校徽包括徽志和徽章。

徽志由学校中、英文校名，学校创立时间等组成的双圆套形复合图案。

徽章为题有毛体汉字校名的长方形证章。

第八十三条　学校校旗为长方形旗帜，中央印有中文校名，中文校名正下方为英文名称，左上角配以学校徽志。

第八十四条　学校校歌为《西北民族大学校歌》。

第八十五条　学校校庆日为 8 月 8 日。

第九章　附则

第八十六条　本章程的制定和修订提交教职工代表大会讨论，校长办公会议审议通过后，由党委全委会审定，经主管部门同意，报国务院教育行政部门核准。

第八十七条　学校依据本章程制订、修改校内其他规章制度，建立健全章程配套制度体系。

第八十八条　由校长提议，或者教代会三分之一以上代表联名提议，经校党委常委会研究决定，可启动本章程修订程序。

第八十九条　本章程由校党委会负责解释。

第九十条　本章程经核准，自发布之日起施行。

工作总结、工作计划

西北民族大学2019年工作要点

2019年是新中国成立70周年，是全面建成小康社会、实现第一个百年奋斗目标的关键之年，是深入贯彻落实全国教育大会精神开局之年。学校工作的总体思路是：高举中国特色社会主义伟大旗帜，以习近平新时代中国特色社会主义思想和党的十九大精神为指导，全面贯彻党的教育方针和民族政策，认真贯彻落实中央和国家民委党组、甘肃省委重大决策部署，深入贯彻落实学校第六次党代会精神和"十三五"规划，以"三地一库"建设为工作主线，以培养德智体美劳全面发展的社会主义建设者和接班人为根本任务，激发全校师生员工改革发展的积极性主动性创造性，加快建设高水平大学和一流民族大学，以优异成绩庆祝中华人民共和国成立70周年。

一、深入学习贯彻习近平新时代中国特色社会主义思想，全面加强学校党的建设

（一）加强党的政治建设

坚持以党的政治建设为统领，认真学习领会《中共中央关于加强党的政治建设的意见》《中国共产党重大事项请示报告条例》，制订贯彻落实意见，进一步树牢"四个意识"，坚定"四个自信"，坚决做到"两个维护"。严格执行党委领导下的校长负责制，把党的领导贯穿办学治校、教书育人全过程。增强党组织政治功能，认真落实"三会一课"制度，进一步规范学院党组织会议、党政联席会议制度。做好中央和国家机关工委《关于对国家民委推进党的政治建设进行重点督查情况的报告》的整改落实工作。深入开展"不忘初心，牢记使命"主题教育，持续推进"两学一做"学习教育常态化制度化。

牵头单位：学校办公室、组织人事部、宣传部、统战部、纪监审办公室

责任单位：各部门、各二级单位党委（党总支、直属党支部）

（二）强化思想理论武装

继续办好习近平新时代中国特色社会主义思想专题研讨会和干部集中轮训班，按照"学懂、弄通、做实"要求，推进新思想"进教材、进课堂、进头脑"，推动学习宣传贯彻工作往深里走往实里走往心里走。制订党委理论学习中心组学习计划，高标准抓好两级中心组理论学习、教职工政治学习，发挥领导干部学习示范引领作用。制定党校五年培训规划，加强对入党积极分子和干部的教育培训、实践锻炼。强化学习型党组织建设，用好"学习强国"平台，做到全校党组织全覆盖、党员全参与，推

动党员干部系统掌握党的创新理论，持续形成学习热潮。

牵头单位：宣传部、统战部、组织人事部

责任单位：各部门，各二级单位党委（党总支、直属党支部）

（三）夯实基层党组织建设

贯彻新时代党的组织路线、全国高校思想政治工作会议和第26次全国高校党的建设工作会议精神，健全完善基层党组织工作机制。抓好学校《党建工作20项重点任务责任清单》落实。按照《中国共产党支部工作条例（试行）》，推进党组织“对标争先”建设，加大“双带头人”培育力度，促进党支部建设标准化规范化。做好高层次、青年教师骨干和优秀学生党员发展工作。举办“党支部建设”论坛，开展组织员“党建沙龙”活动，推进基层党建工作创新。

牵头单位：组织人事部

责任单位：各部门、各二级单位党委（党总支、直属党支部）

（四）推进作风纪律建设

贯彻十九届中纪委三次全会和国家民委全面从严治党工作会议、省纪委十三届三次全会、2019年全省教育工作暨全面从严治党会议精神，召开学校2019年全面从严治党工作会议。持续开展“作风建设年”活动，集中整治师生身边的不正之风和微腐败问题，力戒形式主义、官僚主义。深化政治巡察，巩固拓展首轮校内巡察成效，开展校内政治巡察，强化对遵守党章党规党纪情况的监督检查，强化对上级和学校重大决策部署贯彻落实情况的监督检查。持之以恒推进党风廉政建设，继续开展党风廉政宣传教育月活动，把准用好监督执纪“四种形态”，为推动学校高质量发展营造风清气正的政治生态。

牵头单位：纪监审办公室

责任单位：各部门、各二级单位党委（党总支、直属党支部）

（五）加强对统战、离退休和群团工作的领导

贯彻落实全国、全省统战部长会议精神，研究制定贯彻意见；开展民族团结进步创建立项；进一步加强对民主党派和党外代表人士的政治引导，铸牢新时代团结奋斗的共同思想政治基础。抓好离退休服务管理各项工作，落实教育部、财政部《银龄讲学计划实施方案》，鼓励离退休老同志为学校事业改革发展发挥余热。加强校院两级教代会建设，召开第八届教职工代表大会暨工会第十一届会员代表大会。重视党建带团建，开展纪念“五四”运动100周年、百年学联主题活动，发挥共青团在各类学生组织中的核心地位和引领作用。

牵头单位：宣传部、统战部、工会、离退休干部处、学生工作部（处）、团委

责任单位：各二级单位党委（党总支、直属党支部）

二、坚持正确办学方向，牢牢把握意识形态工作领导权管理权话语权

（一）严格落实意识形态责任制

按照党政同责、“一岗双责”要求，落实学校贯彻《党委（党组）意识形态工作责任制实施办法》。制订学校2019年宣传思想工作要点，加强意识形态工作统筹。定期召开意识形态工作专题会和形势研判会，强化分析研判和应急处置。签订意识形态责任书，层层压细压实。

牵头单位：宣传部、统战部

责任单位：学校办公室、组织人事部、学生工作部（处）、团委、国际合作交流处、保卫处、信息化建设与服务中心，各二级单位党委（党总支、直属党支部）

（二）加强意识形态阵地管理

深入做好稳预期、稳思想、稳人心工作，坚持宗教与教育相分离原则，制订学校防范宗教渗透工作意见；严格课堂教学、报告会、研讨会、讲座、论坛和出版物等阵地管理，守好政治安全底线；全面使用新修订的马工程重点教材，严把教材政治观、质量关；落实学校《网络意识形态工作责任制实施细则》，健全舆情综合防控体系，不断提高网络舆情治理能力。

牵头单位：宣传部、统战部

责任单位：组织人事部、学生工作部（处）、团委、教务处、国际合作交流处、保卫处、信息化建设与服务中心、马克思主义学院、各二级单位党委（党总支、直属党支部）

（三）做好意识形态风险防范化解工作

坚持底线思维，提高防控能力，建立健全有关工作机制，提高风险隐患的发现力研判力处置力，及时解决关系师生切身利益的实际问题，确保学校政治安全和校园稳定。推进以“学宪法讲宪法”为主线的“七五”普法工作，增强师生员工的法治意识。加快西北民族大学派出所建设。加强与地方的联动协调，推进校园周边环境综合整治。加强敏感节点、特殊时段的应急值守，做好信息报送工作。

牵头单位：宣传部、统战部、保卫处、学校办公室、学生工作部（处）、团委、信息化建设与服务中心

责任单位：各部门、各二级单位党委（党总支、直属党支部）

三、落实立德树人根本任务，培养德智体美劳全面发展的社会主义建设者和接班人

（一）构建五育并举全面培养教育体系

开展立德树人根本任务“大学习、大讨论、大落实”活动，建立德智体美劳有机融合、协调发展

的长效机制。落实中央《关于加强新时代学校民族团结进步教育的指导意见》，用社会主义核心价值观为各族师生立根铸魂，增强各族师生“五个认同”，铸牢中华民族共同体意识。促进学生学习援助工作，持续关注重点学生的成长成才。坚持抓好“一院一节一特色”主题活动，进一步丰富师生文化生活。推进体育、美育教学改革和心理健康知识教育，加强劳动教育。继续开展暑期家访工作，完善校地家协同育人机制。开展文明校园创建。

牵头单位：教务处、学生工作部（处）、团委

责任单位：宣传部、工会、各教学科研单位

（二）推进思想政治工作质量提升

深入落实《高等学校思想政治工作质量提升工程实施纲要》，结合实施学校《2018 版本科专业人才培养方案》，完善“三全”育人机制，一体化推进“十大”育人体系建设。推进学校《加强新形势下思想政治工作实施方案》130 条措施任务落实。制定实施《马克思主义学院思政课改革发展行动实施方案》，探索符合师生实际的思政课堂教学革命，提升思政课教学质量；对照重点马克思主义学院建设标准，加强学科、师资队伍建设，改善办学条件。着力加强“课程思政”建设，遴选“课程思政”重点建设课程，深化协同育人效应。创新思政工作载体，建设融媒体中心；开展丰富多彩的庆祝新中国成立 70 周年主题宣传教育活动。

牵头单位：宣传部、统战部、学生工作部（处）、团委、教务处、马克思主义学院

责任单位：各部门、各二级单位党委（党总支、直属党支部）

（三）全面加强新时代教师队伍建设

落实新时代高校教师职业行为十项准则，突出全方位、全过程师德养成，把师德师风作为评价教师队伍素质的第一标准。健全师德师风建设长效机制，继续开展教职工师德教育培训工作。深入开展“弘扬爱国奋斗精神、建功立业新时代”活动，继续做好“师德标兵三育人模范”“我最喜爱的老师”“十佳三育人”“十佳教师”“十佳青年教师”评选表彰。加强教师发展中心建设，着力为教师搭建拓展自我发展的平台，强化对教学骨干、教学名师“双师型”人才的培养力度。选树优秀教师典型，从严查处师德失范行为。

牵头单位：组织人事部

责任单位：宣传部、纪监审办公室、工会、学生工作部（处）、团委、教务处、各教学科研单位

四、坚持改革创新，破除制约学校事业发展的体制机制障碍

（一）深化若干重点改革

深化学科管理体制机制改革，召开学校学科建设工作会议。深化人事人才工作改革，召开学校人

事人才工作会议。深化本科教育教学改革，以实施智慧教室建设为抓手，叫响教学革命、学习革命。深化科研体制机制改革，制（修）订适应新形势的科研管理系列规章制度。稳妥推进学校所属企业体制改革和公务用车制度改革。

牵头单位：发展规划与学科建设处、组织人事部、教务处、科研处、资产经营公司、国有资产管理处

责任单位：基建处、财务处、后勤管理处、各教学单位

（二）加快“放管服”改革

以学校《章程》为遵循，推进依法治校。加大规章制度“废、改、立、释”工作力度。结合智慧校园和大数据平台应用（一期），推动“互联网 +”改革，推进跨部门、跨业务、跨校区协同管理和服务。深化检查督查考核评价改革。推进校院管理体制改革，推动管理重心下移，扩大学院办学自主权。

牵头单位：发展规划与学科建设处、学校办公室、信息化建设与服务中心

责任单位：各部门、各教学单位

五、聚焦使命服务大局，推动学校高质量发展

（一）推进一流学科建设

推进高水平大学建设，优化学科布局，组建高水平大学学科群。完善学校学科建设体系，出台学校“双一流”特色建设规划与实施方案。以“一优三特”学科建设为引领，形成优势学科、特色学科、培育学科、重点学科等学科建设梯次。开展学科建设自评与第三方评估工作，为做好下一轮学位授权审核、学科评估奠定基础。推进中国语言文学学科建设。

牵头单位：发展规划与学科建设处、教务处、研究生处

责任单位：相关教学科研单位、相关部门

（二）全面加强本科教育

落实教育工作会议精神，推进实施《加快建设一流本科教育行动计划（2018—2022）》，构建“3+X”人才培养体系。推动信息技术在教学和管理中的应用和融合，建设在线开放课程，培育高质量教学成果；实施一流专业建设“1125 工程”，调整优化专业结构，制定专业认证实施方案，实施“新金融智慧学习工场”项目，加强创新创业实践；建立健全医教协同机制，推进附属医院建设。

牵头单位：教务处

责任单位：各教学科研单位

（三）促进研究生教育内涵发展

实施卓越研究生教育攻坚行动，推进科教融合。实施研究生教育综合改革，推进专业学位研究生教育改革。推进研究生联合培养。加强导师组工作，严格执行学校《全面落实研究生导师立德树人职责实施细则》。完善研究生学位论文质量监督体系，加强培养过程监控。

牵头单位：研究生处

责任单位：各研究生培养单位

（四）做好预科教育和继续教育

加强预科教育管理服务工作；加强以服务国家战略、民族地区发展为主要内容的干部培训，加大函授站点建设力度，申请和开展职业技能资格培训。

牵头单位：预科教育学院、继续教育学院

（五）提升科研创新能力

培育国家级重点实验室、工程中心等科研平台，加强协同创新中心、省部级重点实验室、重点研究基地建设，促进技术转移和成果转化。落实“高校哲学社会科学繁荣计划”，做好《格萨尔文库》出版发布工作。推动《西北民族大学学报》哲学社会科学藏文版刊期变更工作，为进入藏文学术期刊CSSCI（中文社会科学引文索引）评价体系创造条件，持续扩大学校学术影响力。

牵头单位：科研处、社会科学研究院、学报编辑部

责任单位：实验教学部、各教学科研单位

（六）抓好招生就业工作

做好争取部分专业在甘肃、宁夏等相关省份的“本科一批次”招生工作。加快推进就业指导教师培训计划，积极拓展优质就业市场，提高就业服务能力和水平。

牵头单位：教务处、学生工作部（处）、团委

责任单位：各教学科研单位

（七）加大开放办学步伐

围绕国家重大发展战略、甘肃省经济建设和社会发展的重大需求，成立“一带一路特色农产品多语言电子商务平台”建设领导小组，提升社会服务能力。通过教师培训、干部挂职、研究生和本科生联合培养、科研团队支持、教学方法改革指导等途径，进一步推动四川大学对口支援项目创新和工作落实。加强学校与“一带一路”沿线国家高校和科研机构的实质性合作，落实国家民委 2019 年“丝绸之路中国民族非物质文化遗产展演”等文化教育交流任务，探索国际教育新模式；加强外专引智工

作。建立校友联谊会，做好校友回访周，加强校友资源库建设，发挥校友在学校事业改革发展中的积极作用。

牵头单位：国际合作交流处、发展规划与学科建设处、学生工作部（处）、团委

责任单位：各部门、各教学科研单位

（八）打好脱贫攻坚战

做好甘肃省中央脱贫攻坚专项巡视反馈意见整改工作计划和汇总清单的整改落实。依托国家民委双语人才培训基地，举办脱贫攻坚专题培训班，推进武陵山片区、援疆援藏、临夏州等精准扶贫。实施学校 2019 年扶贫项目，深入开展消费扶贫工作，推进困难学生精准资助。深入推进抓党建促脱贫攻坚行动计划，继续开展学校二级党组织与扶贫村党支部结对共建活动，助力民族地区脱贫攻坚战取得决定性进展。

牵头单位：组织人事部

责任单位：各部门、各教学科研单位

（九）推进校园基础设施建设

抢抓榆中生态创新城规划建设机遇，进一步加强与地方主管部门对接榆中校区相关基本建设项目。加快西北新村校区教职工住宅楼、留学生公寓楼、基础设施改造工程二期、学生公寓楼室外工程和榆中校区文科教学楼、实验实训大楼和消防水库等工程建设。争取榆中校区大学生活动中心批复立项，做好下一年度基建项目申报，进一步改善师生工作、学习、生活环境，提高师生的获得感和满意度。

牵头单位：基建处

责任单位：财务处、国有资产管理处、后勤管理处、相关单位

（十）强化服务支撑体系建设

强化内部审计工作，提高资金使用效益。科学编制预决算，提升经费核销服务，贯彻实施政府会计制度，确保新旧会计制度平稳过渡。成立学校招标中心，服务招标采购工作；促进国有资产管理提质增效，做好资产清理核实、配置调剂和报废处置工作。完成榆中校区校园安防升级改造项目。加强生态环境保护和节能减排工作，深入推进绿色校园建设，提升后勤服务保障质量和水平。建立学校大型仪器设备共享机制和实验室开放管理机制，强化实验室安全管理。深化图书文献、档案资源数字化建设。提高校医院健康教育、预防保健、临床医疗和公共卫生服务水平。

牵头单位：纪监审办公室、财务处、国有资产管理处、保卫处、后勤管理处、实验教学部、图书馆、档案馆、校医院

（十一）梳理总结建校 70 周年发展成就和经验

成立相关工作机构，制定工作方案。启动校史、校友风采录编纂和学校宣传片制作、校史馆建设等工作，激发各族师生及广大校友爱国爱校热情。

牵头单位：学校办公室、宣传部、统战部、学生工作部（处）、团委

责任单位：各部门、各单位

西北民族大学2019年工作总结

2019年在国家民委党组坚强领导下，学校党委坚持以习近平新时代中国特色社会主义思想为指导，坚守为党育人、为国育才初心使命，扎实推进“三地一库”建设，学校各方面工作取得了新的进展，呈现出新的气象。

一、加强党的全面领导，全面推进新时代学校党的建设

学校党委牢牢把握新时代党的建设总要求，坚持党管办学方向、管改革发展、管安全稳定，把党的全面领导贯穿办学治校全过程和各方面。

始终把政治建设摆在首位。严肃政治纪律和政治规矩，印发学校《关于认真学习宣传贯彻〈中共中央关于加强党的政治建设的意见〉的通知》。落实好《高校党建工作重点任务》要求，牢牢把握正确政治方向，确保学校各级党组织始终是引领和保障事业发展的坚强领导核心和政治核心，努力回答好培养什么人、怎样培养人、为谁培养人这一根本问题。修订《党委常委会会议议事规则》《校长办公会议议事规则》，制定《“三重一大”决策制度实施办法（试行）》等，进一步完善党委领导方式和体制机制。

持之以恒加强思想建设。深入推进“两学一做”学习教育常态化制度化，坚持不懈把学习习近平新时代中国特色社会主义思想作为党委常委会会议“第一议题”，纳入校院两级中心组学习、“三会一课”、干部培训及教职工政治学习重要内容，推进习近平新时代中国特色社会主义思想进教材进课堂进头脑。修订《理论学习中心组学习规则实施细则》，举办党委理论学习中心组专题学习16次。重视发挥党校、团校阵地作用。党委主要负责同志在《光明日报》发表《让初心和使命在青春时代绽放美丽光芒》、党委理论学习中心组在《甘肃日报》发表《践行教育初心使命 更好服务富民兴陇》两篇署名文章。

着力提升基层党组织组织力。推进“十百千万”创建，推荐音乐学院西洋管弦教工党支部参加全国“样板党支部”评选。持续深化教师党支部书记“双带头人”培育工程，组织党务工作者参加“浙江大学‘双带头人’教师党支部书记培训班”等各类培训400余人次，学校教工党支部书记均由高职称、高学历教师担任。建立学校党委班子成员联系师生党支部工作日志及解决问题台账机制。制定《党支部建设标准化实施方案》《关于建立健全党员活动日制度的意见》等，夯实基层基础。评选“民族高校‘党员示范宿舍’实践探究”等党建项目40项，进一步推动基层党建创新。持续推进学校各

级党组织书记抓党建述职评议考核全覆盖。

弛而不息推进纪律作风建设。召开全面从严治党工作会议，印发 2019 年全面从严治党工作、党风廉政建设主要任务清单。积极配合中央巡视组在校开展延伸调研。对化工学院党委等 5 个二级单位党组织开展校内巡察。处置各类问题线索 40 余件，提醒谈话 1 人、批评教育 3 人、通报批评单位 3 个、诫勉谈话并全校通报批评 1 人、党内警告处分 2 人。印发实施《关于落实解决形式主义突出问题为基层减负工作的通知》，着力解决“文山会海”“ 督查检查考核名目繁多”等作风问题，推动形成党风正、校风清、学风好的校园生态。

推进制度创新和治理能力建设。启动新一轮学校章程修订工作，完成学校章程（修正案）草稿。结合开展党内法规清理工作，制定规章制度清理工作方案，清理 542 项规章制度，继续执行 184 项、修订 238 项、制定 53 项、废止 67 项，深入推进规章制度“废留改立”工作，深化“放管服”改革，加快构建现代大学制度，提升学校依法治校的水平和治理能力现代化。

二、高标准严要求，扎实开展“不忘初心、牢记使命”主题教育

学校全面落实中央确定的总要求、目标任务、方法步骤，按照国家民委党组统一部署，不折不扣地推进主题教育，取得良好成效。

高标准谋划，在加强领导、周密安排上聚焦。成立以学校党委主要负责同志为组长、其他班子成员参加的主题教育领导小组，下设办公室及 5 个工作组、5 个指导组，二级单位党组织成立相应的工作机构，形成党委统揽全局、协调各方的工作格局。制定《关于开展“不忘初心、牢记使命”主题教育的实施方案》《调查研究、检视问题整改方案》《专项整治工作方案》等。建立主题教育领导小组及其办公室例会制度，实行日报告、周计划、月总结工作机制，扎实推进主题教育。

严要求落实，在学做结合、查改贯通上发力。学校领导班子成员带头自觉研学习近平新时代中国特色社会主义思想，结合分管工作，在处级干部集中学习读书班上逐一进行辅导领学；深入党支部、学生班级上主题党课、宣讲十九届四中全会精神。紧扣“三地一库”建设任务，开展专题研讨交流 214 次。组织党员干部师生到兰州八路军办事处纪念馆、兰州战役纪念馆开展红色教育体验教学，形成了“个人自学 + 专家导学 + 领导领学 + 线上常学 + 相互促学 + 理论研学 + 现场活学 + 动态督学”的“八学模式”。认真开展大调研、大检视，校领导带队赴新疆开展暑期家访、调研，到中央民族大学学习调研学科建设；成立由校领导带队组成的 8 个调研组，召开座谈会 30 多场，开展个别访谈 150 人次，发放调查问卷 500 余份，充分听取师生意见建议，形成了高质量调研报告。检视出学校领导班子思想、工作问题 25 个，形成问题清单。坚持把整改落实贯穿始终，认真开展专项整治工作，抓紧整改建章立制、优化调整学科和学院、加快建设融媒体中心等 8 个需要在主题教育期间解决的问题。

重成效推进，在提升质量、服务发展上行动。学校紧扣立德树人根本任务，坚持奔着最要紧的问

题开方抓药，把推动学校内涵发展、高质量发展作为主题教育的落脚点。结合庆祝新中国成立70周年，组织升国旗仪式、教职工歌咏比赛、文艺晚会等“我与祖国共奋进”系列主题活动，强化党史、新中国史学习，突出爱国主义教育。组建《玛纳斯》《江格尔》、丝路文学与国家认同、敦煌舞、西北民族民间舞蹈等5个研究中心，并积极申报国家民委重点人文社科基地。组建“西北民族大学装配式建筑与节能建材研究院”“甘肃鸿智达网络技术股份有限公司”，申报甘肃省第二批新型研发机构。加大“一带一路特色农产品多语言电子商务平台”项目成果转化落地力度，主动服务国家战略、民族地区和地方经济社会发展。召开临床医学硕士专业学位授权点整改专题座谈会14次，有序推进专项整改。

三、做好培根铸魂工作，筑牢思想政治工作生命线

学校党委深入贯彻落实部属高校党的建设和思想政治工作座谈会精神，始终把“思政全贯穿”作为“铸魂育人”重要战略、作为办学的鲜亮底色，精心谋划、设计“大思政”这篇重要文章，积极构建一体化育人新模式。

深入实施思政工作质量提升工程。把握教育规律、思政工作规律和学生成长规律，印发《思想政治理论课创优行动一体化实施方案》《“三个100”课程思政建设工程实施方案》，实施思政课两周一次集体备课制度，承办“2019年甘肃省高校形势与政策专题宣讲集体备课会”，组织马院教师参加“周末理论大讲堂”、国情社情大调查，提升能力素质，统筹推进思想政治理论课、马克思主义理论学科、马克思主义学院建设提质升级，全面推进思政课程、课程思政与专业思政深度融合，同向发力。校领导带头落实联系党支部、专家学者、青年教师、学生班级、重点学生制度，带头上讲台讲思政课、形势与政策课，学校习近平新时代中国特色社会主义思想研究会、红色中国研究会等理论社团，开展“学‘习’进行时”系列活动。开展思政工作创新项目立项，推进十大育人体系融合，编印《思想政治工作案例》。壮大学校思政工作专门力量，专职思政课教师、辅导员、新疆籍少数民族专职辅导员、心理辅导教师师生比基本达到31号文件要求。

注重以文化人，构筑各民族师生共有精神家园。持续提升民族文化节、科技文化节等“一院一节一特色”品牌内涵。学校连续14年开展以“砥砺前行长征路，五四精神传薪火”为主题的“五四拉练”活动，组织师生编演红色话剧《雨花台》、弘扬优秀师德师风的舞蹈诗《灯塔》，组织师生赴延安参演《黄河大合唱》首演八十周年纪念活动，赴澳门参加“中华民族雕塑园开幕式”民族文化交流活动，举办“走近四库全书”、馆藏珍贵古籍展等16项阅读推广活动，弘扬中华优秀传统文化、革命文化和社会主义先进文化。持续推进各民族学生嵌入式居住，促进交往交流交融、共居共学共进。连续24年开展民族团结进步教育月活动，进一步铸牢中华民族共同体意识，在教师中深入开展“弘扬爱国奋斗精神，建功立业新时代”主题活动，今年，1名教师获全国民族团结进步教育模范个人、1个研究机构荣获甘肃省民族团结进步模范集体。着力推进新媒体建设，实现线上线下融合互动，联袂发声，学校官微在甘肃高校影响力排行榜上位居前列，学校工作多次被央视、人民网、光明日报等主流

媒体报道。

四、落实立德树人根本任务，持续推进高质量发展

学校党委坚持以“四个服务”为引领，以全面提高人才培养质量为核心，推进新时代学校高质量发展。

学科建设稳步前行。深入落实《一流学科建设实施方案》，增设艺术类校级一流学科。新设民族学等 5 个一流学科建设办公室，做好一流学科的规划、建设与管理。对标《博士硕士学位授权审核申请基本条件》，建立民族学、生物工程、计算机科学与技术 3 个学科建设台账。聚焦国家战略、甘肃省十大生态产业，制定学校《“双一流”特色建设工程实施方案》，在“高水平提升计划”“一流学科冲击计划”上聚焦发力。与西南民族大学、甘肃农业大学签署战略合作框架协议，分别有 8 名、3 名教师遴选为合作学校博士生导师。

本科教学工作多点着力。签署《国家民委、甘肃省政府共建共管西北民族大学直属附属医院的合作协议》，解决了学校办学历史上一直想解决而未解决的问题，拓宽了办学空间，为学校新时代医学教育注入新动力。推进实施《加快建设一流本科教育行动计划（2018—2022）》，推动教学单位制订实施“分行动计划”。完成 2018 版培养方案修订。落实“双万计划”，以“六卓越一拔尖”计划 2.0 版为标准，18 个专业列为校级一流本科专业，16 个专业列为省级一流本科专业。深化校企合作，航空服务艺术与管理实训基地投入使用。获批教育试点改革专业 1 个、教改项目 2 项。学生参与创新创业竞赛 40 余次，获国际级奖 12 项、国家级奖 25 项、省级奖 219 项。

研究生教育质量获得新提升。评审 11 项专业学位研究生课程案例库建设项目，持续推进研究生教学项目立项。开展第 14 届“求知杯”研究生学术论文比赛，为 160 项“中央高校基本科研业务费资助研究生科研创新项目”进行立项资助，组织 150 多名研究生参与国内学术会议、短期访学、课程进修班等活动，提升研究生科研与实践创新能力。对博士学位授权点等开展了达标评估。金融硕士、工程硕士、艺术硕士通过甘肃省专项评估，完成电子信息、材料与化工 2 个工程硕士专业学位点对应调整工作。加大学位论文网络检测、匿名评审力度，实现学位论文评审全覆盖。

科研工作亮点纷呈。在学校三代科研人员的不懈努力下，《格萨尔文库》正式出版发布。2019 年，共承担各级各类项目 385 项，其中国家社会科学基金冷门“绝学”和国别史研究专项项目 3 项，在省内高校中与兰州大学并列第一、在委属院校中排名第二。获批国家艺术基金舞台艺术创作资助项目 1 项、国家艺术基金青年艺术创作人才项目 1 项、国家社科基金重大项目子课题 1 项、国家自然科学基金项目 11 项、国家社科基金项目 14 项和省部级项目 29 项，到账总经费 3658 万元。学校与省属国资企业“丝绸之路信息港股份有限公司”共同组建成立“甘肃鸿智达网络技术股份有限公司”，推动科研成果产业化。推动高级别平台建设，获批组建“丝绸之路信息港大数据研究中心”“丝绸之路信息港中国 – 中西亚研究院”“中亚与中国西北边疆研究中心”“西亚东非研究中心”“喜马拉雅区域研

究中心”，服务“一带一路”建设。

教师队伍建设成效明显。修订《师德标兵和“三育人”模范评选表彰办法》，评选师德标兵 5 人、“三育人”模范 20 人。召开教师节表彰会，为 19 名教职工颁发“庆祝中华人民共和国成立 70 周年”纪念章，并举行教师荣休仪式和新入职教师宣誓仪式。2019 年，学校教师获评国家民委突出贡献专家奖 1 人、国家民委领军人才支持计划 4 人、国家民委民族问题研究中青年专家、国家民委教学名师、国家民委青年教学标兵各 2 人；入选国家民委中青年英才计划 8 人；入选国家民委创新团队支持计划 1 个。获批甘肃省省级创新创业教学团队 1 个；获评“2019 年甘肃省高等学校教学名师”1 人，获得“陇原青年创新创业人才项目”立项资助 1 人，88 人享受“甘肃省高层次人才津贴”；完成甘肃省领军人才聘期考核和补选工作，1 人考核优秀并晋升第一层次领军人才、3 人新入选、7 人续聘。

五、坚持稳中求进，深入推进学校综合改革

学校党委牢牢把握改革创新这个根本动力，更加注重学校各项改革的系统性、整体性和协同性，促进学校事业快速健康发展。

推进人事人才工作改革。召开人事人才工作会议，出台学校《关于新时代全面加强人才队伍建设工作的指导意见》《高层次人才引进办法》，实施“兰山学者”人才计划、青年教师学历提升工程等“6 计划 6 工程”，引进高层次人才 26 人，努力解决人才外流、吸引人才困难的问题。

推进教育教学改革。首次实现临床医学、英语、口腔医学等 20 个专业列入甘、青、宁等省区本科第一批次招生，招生计划完成率 99.31%。制定实施《“3+1+2”选考方案》。按照国家民委、甘肃省人民政府共建协议，提高医学类专业在甘肃省的招生比例。实施基于人工智能、大数据专业升级改造方案，落实《卓越新闻传播人才教育培养计划 2.0 工作方案》；构建线上线下相结合的教学模式，启动学校智慧教室建设。

推进“放管服”改革。大力推进智慧校园建设，在信息共享、趋势分析、办文办会等方面发挥大数据服务发展、服务决策、服务落实作用。办公自动化取得实质性进展。调整考试组织、题库建设等管理模式，进一步简化程序、优化服务，增强学院办学自主权。依托互联网信息技术，改变以往报账难、手续繁的问题，提升师生满意度。

六、多措并举，有力推动平安和谐校园建设

学校党委始终注重从维护学校和谐稳定，促进事业健康有序发展的高度，常态化开展防范化解重大风险各项工作。

扎实做好意识形态工作。严格落实意识形态工作责任制，签订意识形态、网络意识形态“两个责任书”，落实意识形态工作月报、半年报制度。定期开展意识形态自查督查。召开防范化解意识形态重大风险推进会。加强意识形态阵地管控，修订《新闻宣传工作管理办法》《进一步加强对论坛、讲

坛、年会、报告会、研讨会等阵地管理的实施意见》，严格课堂、教材、新媒体、出版物、学生社团等意识形态阵地管控。强化网络安全排查和风险隐患处置，清理学校各类网络账号 37 个，编印舆情周报、专报 25 期，本年度未发生较大舆情事件，坚决防范抵御宗教渗透。

完善综合治理体系。制定《校园安全稳定综合治理工作实施方案》。发挥群防群治作用，实施网格化管理，学生综治员达 3000 名。推进两校区安防体系建设，开展校园安全宣传专题教育。强化学校派出所功能，配合公安部门开展扫黑除恶等专项整治工作，确保学校和谐稳定。

推进依法治校民主办学。完善内控体系建设，加快预算执行，强化预算约束，实施绩效管理，突出审计监督，提高财政资金和资产的使用效益。召开学校“两代会”，发挥民主党派、群团组织和离退休老同志作用，凝聚共识，汇集合力，推进学校发展。

持续改善办学条件。完成西北新村校区留学生公寓楼建设工程和榆中校区文科教学楼建设工程，开工建设榆中校区实验实训大楼一期工程、西北新村校区棚户区改造项目教职工住宅（一期）工程，科技园建设进展顺利，校属企业稳步发展。开展资产清查盘点工作，完善“资产综合管理网络平台”。推进馆藏档案数字化建设项目。

七、坚持“开门办学”，积极服务社会

学校党委认真践行办学宗旨，充分发挥社会服务职能，在服务中体现价值追求，提升办学影响力。

全力做好脱贫攻坚帮扶工作。进一步研究制定 16 项帮扶措施，增派 8 名帮扶工作队员，参与脱贫帮扶人数达到 25 人。学校干部教师 290 余人（次）先后 8 次进驻帮扶地甘肃省甘南州临潭县入村入户开展精准帮扶工作，与贵州省务川县人民政府签订白山羊产业战略合作帮扶协议，与甘肃省临夏州 7 家企业签订农副产品供货协议，在产业扶贫、消费扶贫、文化扶贫、健康扶贫上取得了新进展新成效。2019 年，学校获甘肃省脱贫攻坚帮扶工作考核“优秀”等次。

提升服务水平。深入贯彻中央有关推广和规范使用国家通用语言文字政策，编写国家通用语言文字简明学习读本（教材），推进相关网络学习平台（APP）研发，完成国家语言文字应用推广基地申报，《民汉双语国家通用语言社区应用虚拟仿真实验》通过省级评审推荐教育部参评。落实《关于开展高等学校支持中小学美育、体育特色发展的实施计划》，首批遴选音乐学院 19 名本科生组成援教团队，服务地方教育文化建设。举办西藏自治区深度贫困县（区）藏汉双语翻译业务人员能力提升班、新疆博尔塔拉州抵边乡镇基层干部国家通用语言培训班等，主动服务民族地区经济社会发展。

“不忘初心、牢记使命”主题教育

在西北民族大学“不忘初心、牢记使命”主题教育动员部署大会上的讲话

西北民族大学党委书记　邓光玉

党的十九大决定，以县处级以上领导干部为重点，在全党开展“不忘初心、牢记使命”主题教育。5月31日，党中央召开了“不忘初心、牢记使命”主题教育工作会议，习近平总书记发表了重要讲话，深刻阐明了为什么要开展主题教育、如何开展好主题教育，在全党发出了动员令，为主题教育指明了方向。同时明确全党分两批开展主题教育，高校是第二批，从9月份开始，11月底完成各项任务。9月3日，国家民委召开了主题教育总结大会，对第二批主题教育进行了动员部署，提出了明确要求。今天，学校召开“不忘初心、牢记使命”主题教育动员部署会，主要任务是贯彻落实中央、国家民委党组对第二批主题教育的总体要求，对学校开展主题教育进行动员部署。曾明同志还要代表国家民委主题教育第三指导组讲话，我们要认真贯彻落实。

下面，我讲三点意见。

一、切实提高政治站位，增强开展主题教育的思想自觉、政治自觉和行动自觉

党的十九大报告指出：“中国共产党人的初心和使命，就是为中国人民谋幸福，为中华民族谋复兴。这个初心和使命是激励中国共产党人不断前进的根本动力。”开展“不忘初心、牢记使命”主题教育就是落实习近平新时代中国特色社会主义思想和党的十九大精神的实际行动，我们要提高政治站位，深刻领会精神，切实抓好贯彻落实。

一要深刻认识开展主题教育的重大意义。党中央决定在全党开展“不忘初心、牢记使命”主题教育，是以习近平同志为核心的党中央统揽伟大斗争、伟大工程、伟大事业、伟大梦想作出的重大部署，对统筹推进“五位一体”总体布局、协调推进“四个全面”战略布局，决胜全面建成小康社会、夺取新时代中国特色社会主义伟大胜利，实现中华民族伟大复兴的中国梦，具有重大而深远的意义。开展主题教育，是用习近平新时代中国特色社会主义思想武装全党的迫切需要，是推进新时代党的建设的迫切需要，是保持党同人民群众血肉联系的迫切需要，是实现党的十九大确定的目标任务的迫切需要。开展主题教育，就是要认真贯彻新时代党的建设总要求，坚持思想建党、理论强党，引导学校全体党员干部筑牢信仰之基、补足精神之钙、把稳思想之舵，进一步增强斗争精神，同一切影响党的先

进性、弱化党的纯洁性的问题作坚决斗争，全面提升学校从严治党水平；就是要把自己摆进去，把工作摆进去，把职责摆进去，对照中央大政方针，对照习近平总书记关于民族工作、教育工作的重要论述和指示批示，对照民族地区高质量发展的迫切需求，对照群众期待和典型榜样，深入查找自身在思想政治、担当作为、工作作风、能力素质、道德修养等方面存在的差距和不足，深刻检视反思，明确努力方向；就是要教育引导学校党员干部自觉践行党的根本宗旨，把宗旨意识、服务意识体现到学校办学治校中去，发扬革命传统和优良作风，切实履行中央、国家民委党组赋予的职责使命。

二要深刻领会习近平总书记的重要讲话精神。习近平总书记在“不忘初心、牢记使命”主题教育工作会议上的重要讲话，通篇贯穿着马克思主义立场观点方法，彰显了我们党勇于自我革命、全面从严治党的坚定决心，从践行党的根本宗旨、实现党的历史使命的高度，深刻阐述了中国共产党人的初心和使命，对开展主题教育提出明确要求、作出全面部署，为在全党开展主题教育指明了努力方向、提供了根本遵循，具有很强的政治性、思想性、针对性、指导性，是开展“不忘初心、牢记使命”主题教育的根本指针，是新时代加强党的建设的纲领性文献。我们要深刻认识到，当前学校发展事业还面临着许多挑战，在复杂形势面前，唯有不忘初心，才能知根知本、坚定信仰；在繁重任务面前，唯有牢记使命，才能知重扛重、砥砺前行。我们要自觉把思想和行动统一到习近平总书记的重要讲话精神上来，牢牢把握“守初心、担使命，找差距、抓落实”的总要求，牢牢把握“深入学习贯彻习近平新时代中国特色社会主义思想、锤炼忠诚干净担当的政治品格、团结带领全国各族人民为实现伟大梦想共同奋斗”的根本任务，努力实现“理论学习有收获、思想政治受洗礼、干事创业敢担当、为民服务解难题、清正廉洁作表率”的具体目标。我们要坚持抓思想认识到位、抓检视问题到位、抓整改落实到位、抓组织领导到位，以彻底的自我革命精神解决违背初心和使命的各种问题，聚焦主题主线、突出问题导向、坚持以上率下、做到贯穿结合，按照党中央统一部署和国家民委党组制定的指导意见和工作方案，以严实作风切实把各项安排落到实处。

三要认真落实国家民委党组对主题教育工作的具体要求。国家民委党组对高校开展主题教育高度重视。全国政协副主席，中央统战部副部长，国家民委党组书记、主任巴特尔强调，委属高校要把深入学习贯彻习近平新时代中国特色社会主义思想作为根本任务，全面把握主题教育的总要求、重点和着力点，坚持为党育人，为国育才，突出党的政治建设，紧扣立德树人的根本任务，聚焦贯彻落实习近平新时代中国特色社会主义思想和习近平总书记关于民族工作、教育工作的重要论述，结合民族高校实际，在引导各族师生树立马克思主义民族观，筑牢中华民族共同体意识，增强五个认同等方面，突出抓出特色，抓出成效。我们要认真落实好巴主席的讲话要求，将主题教育同学校的改革发展结合起来，切实做到学习教育着力在“根”字上下功夫，调查研究着力在“实”字上下功夫，检视问题着力在“准”字上下功夫，整改落实着力在“效”字上下功夫。把开展主题教育作为重大政治任务，压实主体责任，坚持问题导向，体现特色亮点，加强宣传引导，高质量开展好主题教育。要将主题教育与庆祝新中国成立 70 周年结合起来，学习党史、新中国史，引导广大党员、干部不忘历史，不忘初心，始终保持奋斗精神和革命精神，敢于斗争、善于斗争、勇于斗争，以更加饱满的热情和更加良好的精神状态谱写新时代西北民族大学改革发展新篇章。

二、准确把握目标要求，紧密结合学校中心工作推进主题教育

这次主题教育总要求是"守初心、担使命，找差距、抓落实"，是根据新时代党的建设任务、针对党内存在的突出问题、结合这次主题教育的特点提出来的，是一个相互联系的整体，必须全面把握并贯穿于主题教育全过程。要将总要求同学校实际相结合，做到立德树人守初心、爱国奉献担使命、对照标杆找差距、行胜于言抓落实。具体目标是 5 句话，即理论学习有收获、思想政治受洗礼、干事创业敢担当、为民服务解难题、清正廉洁作表率。这一目标任务，体现了党对新时代党员干部思想、政治、作风、能力、廉政方面的基本要求。要着力在强化理论武装上下功夫，增强用党的创新理论指导实践、推动工作的能力；着力在加强党性锻炼上下功夫，坚定理想信念，自觉在思想上政治上行动上同以习近平同志为核心的党中央保持高度一致；着力在主动担当作为尽责上下功夫，以钉钉子精神推动中央、国家民委党组决策部署落实落细落地；着力在服务各族师生上下功夫，不断增强广大师生的获得感幸福感；着力在加强廉洁自律上下功夫，保持务实清廉的政治本色。

学校开展主题教育的时间从即日起，到 11 月底基本结束，开展集中教育的时间不少于三个月。在第一批主题教育开始后，学校党委就对学习、调研作出了安排，党委理论学习中心组通过邀请专家作辅导报告、学习研讨等形式，做到了先学一步、学深一步，为主题教育深入开展打下了基础。

这次主题教育是一次回望来路的寻根之旅，也是一次擦亮底色的精神洗礼，在全体党员中开展，以县处级以上领导干部为重点。我们要把深入学习贯彻习近平新时代中国特色社会主义思想这一根本任务作为最突出的主线，将学习教育、调查研究、检视问题、整改落实 4 个方面有机贯通，贯穿始终，把握好工作节奏，做到边学习边调研，边检视边整改，以学习成果指导调研和检视，以问题查摆和整改落实来深化学习教育效果。要紧密结合国家民委《实施方案》，认真抓好 9 项具体举措：一是认真学习研讨，二是深入开展调研，三是讲好专题党课，四是广泛听取意见，五是深刻检视反思，六是开展专项整治，七是抓好整改落实，八是召开专题民主生活会，九是建立长效机制。在推进过程中，要切实结合学校工作实际，做到规定动作不走样、具体举措不漏项，紧紧围绕 4 个方面和 9 项具体举措开展，突出县处级以上领导干部这个重点，特别是领导班子成员，要先学一步、深学一步、带头整改，取得最好成效。

其他党员干部参加主题教育，要以党支部为单位，结合"两学一做"学习教育常态化、制度化，依托"三会一课"、主题党日进行。要增强守初心、担使命的思想自觉和行动自觉，抓好学习教育，认真检视整改，结合专项整治加强党支部标准化规范化建设，召开专题组织生活会。

一要强化理论武装，确保学习教育往深里走。紧扣根本任务，抓好理论武装这个重中之重，组织全体党员干部读原著、学原文、悟原理，自觉对表对标，及时校准偏差，充分发挥党委理论学习中心

组的“头雁”作用，通过自学、集中学习、专题讲座等形式，重点学习《习近平关于“不忘初心、牢记使命”重要论述选编》《习近平新时代中国特色社会主义思想学习纲要》等规定篇目和党章党规、党史、新中国史，认真学习贯彻习近平总书记关于民族工作、教育工作的重要论述和指示批示和在甘肃、内蒙古考察指导“不忘初心、牢记使命”主题教育的重要讲话精神，跟进学习习近平总书记最新重要讲话，坚持通读精读，系统学、深入学，带着问题学、立足实践学，认真开展理想信念教育、革命传统教育、形势政策教育、先进典型教育和廉政警示教育，确保习近平新时代中国特色社会主义思想入心入脑。

二要深入基层一线，确保调查研究奔着问题去。当前，随着学校改革工作的不断深入，各项事业不断发展，我们仍面临许多新挑战和新任务，迫切需要加强调查研究、深入分析。学校各级领导班子要结合学校工作实际，重点到问题突出和矛盾集中的地方调研，主要围绕贯彻党中央决策部署、习近平总书记重要指示批示精神、国家民委党组决议落实执行情况；围绕学校教学、科研、管理、服务中存在的突出问题和师生反映强烈的热点难点问题；围绕解决党的建设和意识形态领域面临的紧迫问题；围绕持久开展民族团结进步教育，铸牢中华民族共同体意识；围绕落实立德树人根本任务、应对和化解各种风险挑战等问题深入开展“解剖麻雀”式调研。要真正把身子沉下去，把情况摸清楚，把症结问题分析透，切实掌握第一手材料，要总结归纳好的工作方法和好的经验，更要解决影响和制约学校发展的突出问题和矛盾。学校领导班子成员、各党组织书记要按照工作实际、岗位实际讲好专题党课，讲学习体会收获、讲运用新思想指导实践和改进工作的思路举措，使调研的过程真正成为加深对党的创新理论领悟的过程，成为推动学校事业发展的过程。

三要广泛听取意见，确保检视问题深刻到位。要对照习近平新时代中国特色社会主义思想和党中央重大决策部署，对照党章党规，结合调查研究，广泛听取教师、学生对领导班子、领导干部存在突出问题的反映，对改进作风、改进工作的意见建议。重点查找在增强“四个意识”、坚定“四个自信”、做到“两个维护”方面存在哪些差距；在知敬畏、存戒惧、守纪律、守底线方面存在的差距；在服务师生、关爱学生方面存在的差距；在思想觉悟、能力素质、道德修养、作风形象方面存在的差距，从而达到深刻检视反思、增强党性修养的目的。针对查找出来的问题，对症下药，切实把问题解决好。

四要紧盯突出问题，确保整改落实聚焦重点。习近平总书记强调，要把“改”字贯穿始终，立查立改、即知即改，能够当下改的，明确时限和要求，按期整改到位；一时解决不了的，要盯住不放，通过不断深化认识、增强自觉，明确阶段目标，持续整改。我们要突出主题教育的实践性，坚持边学边查边改，重点整治对贯彻落实习近平新时代中国特色社会主义思想和党中央决策部署置若罔闻、应付了事、弄虚作假、阳奉阴违的问题；重点整治干事创业精气神不够，患得患失，不担当不作为的问题；重点整治违反中央八项规定精神的突出问题；重点整治形式主义、官僚主义，文山会海突出，督查检查考核过多过频的问题。基层党支部要做实教育和检视整改，着力强化工作措施的针对性和实效性，推动基层党支部的主题教育有力有序有效开展。

主题教育结束前，要召开领导班子专题民主生活会和基层党组织专题组织生活会。要深入谈心交心，用好学习调研成果，把问题找准找实找具体，以自我革命的勇气和斗争精神，严肃开展批评和自我批评。

三、全面加强组织领导，确保“不忘初心、牢记使命”主题教育有序有力开展

“不忘初心、牢记使命”主题教育时间紧、任务重、要求高，我们一定要以高度的政治责任感和使命感，严格按照党中央、国家民委党组的要求，把各项工作组织好、落实好，确保主题教育取得实效。

一要强化责任担当。学校党委将切实提高政治站位、强化使命担当，履行主体责任。已经成立西北民族大学“不忘初心、牢记使命”主题教育领导小组。领导小组下设办公室，负责日常工作。班子成员要自觉履行“一岗双责”，以上率下、示范带头，担负起领导指导责任，抓好分管领域内的主题教育工作。各级党组织是主题教育的责任主体，党组织书记是第一责任人，要切实做到抓思想认识到位、抓检视问题到位、抓整改落实到位、抓组织领导到位，科学安排主题教育和各项重点工作，实现两手抓、两促进。

二要加强统筹协调。把主题教育同推进“两学一做”学习教育常态化制度化结合起来，同学校事业发展结合起来，同学校中心工作结合起来，防止“两张皮”，坚持“两手抓、两促进”。主题教育领导小组办公室成立督导组，将采取随机抽查、调研座谈等方式，对各级党组织开展主题教育进行督促指导。对走过场、消极应付的，要严肃批评，严令改正，对问题严重的要追究责任。

三要加强舆论宣传。大力做好“不忘初心、牢记使命”主题教育的宣传报道和舆论引导工作，充分发挥主流媒体作用，发挥“两微一端”等新媒体快捷、高效的优势，把深入宣传党中央关于开展主题教育的部署要求，同庆祝新中国成立70周年主题宣传结合起来，同广泛宣传先进典型结合起来，宣传一批秉持理想信念、保持崇高境界、坚守初心使命、敢于担当作为的先进典型，推动主题教育深入开展。

同志们，开展“不忘初心、牢记使命”主题教育是一项重要的政治任务，学校各级党组织要提高认识、振奋精神、全心投入，确保主题教育高质量开展，为全面贯彻党的教育方针、加强党的建设、推进教育教学改革，实现学校高质量发展提供坚强的政治保证。

关于开展“不忘初心、牢记使命”主题教育的实施方案

根据《中共中央关于在全党开展“不忘初心、牢记使命”主题教育的意见》《关于开展第二批“不忘初心、牢记使命”主题教育的指导意见》，结合国家民委党组、甘肃省委有关精神和学校工作实际，现就开展“不忘初心、牢记使命”主题教育，制定如下实施方案。

一、总体要求

开展主题教育，要认真学习习近平总书记重要指示批示精神，中央和国家民委党组要求，把深入学习贯彻习近平新时代中国特色社会主义思想作为根本任务，全面把握守初心、担使命，找差距、抓落实的总要求，坚持抓思想认识到位、抓检视问题到位、抓整改落实到位、抓组织领导到位，以彻底的自我革命精神解决违背初心和使命的各种问题，努力实现理论学习有收获、思想政治受洗礼、干事创业敢担当、为民服务解难题、清正廉洁作表率的目标。

开展主题教育，要围绕学习贯彻习近平新时代中国特色社会主义思想这条主线，引导党员、干部原原本本学，以理论滋养初心、以理论引领革命，增强“四个意识”、坚定“四个自信”、做到“两个维护”。

开展主题教育，要把握主题教育的着力点，紧紧围绕为党育人、为国育才，突出党的政治建设，紧扣立德树人的根本任务，聚焦贯彻落实习近平总书记关于民族工作、教育工作的重要讲话和指示精神、健全全员全过程全方位育人的体制机制、加强思想政治工作和思政课建设等开展学习教育和调查研究，着力整改解决党委领导下的校长负责制、基层党组织建设、教师队伍建设、意识形态工作、学生社团工作中存在的突出问题。

开展主题教育要与学校中心工作相结合，把开展主题教育同推进“两学一做”学习教育常态化制度化结合起来，同推进学校“三地一库”建设结合起来，统筹抓好党的建设、立德树人、人才培养、“双一流”建设和社会服务等工作，确保党的十九大精神和党中央各项决策部署见真见效。着力解决突出问题，推动各级党组织和党员干部认真查摆检视存在的问题，切实整改形式主义、官僚主义等作风问题，凝心聚力，攻坚克难。主题教育要与庆祝新中国成立70周年结合起来，引导广大党员、干部不忘历史、不忘初心，始终保持奋斗精神和革命精神，敢于斗争、善于斗争、勇于斗争，以更加饱满的热情和更加良好的精神状态谱写新时代西北民族大学改革发展新篇章。

二、工作安排

主题教育从 2019 年 9 月开始，11 月底基本结束。

（一）突出抓好处级以上领导班子和领导干部主题教育

处级以上领导班子和领导干部紧扣习近平总书记关于“不忘初心、牢记使命”重要论述，聚焦主题主线，开展学习教育、调查研究、检视问题、整改落实。

1. 学习教育

（1）聚焦初心和使命，抓好个人自学。党员领导干部通读《习近平关于“不忘初心、牢记使命”重要论述选编》，学习党章党规、党史、新中国史和《习近平新时代中国特色社会主义思想学习纲要》；深入学习习近平总书记在“不忘初心、牢记使命”主题教育工作会议、中央政治局第十五次集体学习、中央和国家机关党的建设工作会议和在内蒙古考察并指导开展“不忘初心、牢记使命”主题教育时的重要讲话；学习习近平总书记关于民族工作的重要讲话和指示批示精神；学习习近平总书记关于教育工作的重要讲话和指示批示精神，细致重温习近平总书记在全国教育大会、全国高校思想政治工作会议、学校思想政治理论课教师座谈会等会议上的重要讲话；学习习近平总书记在中央党校（国家行政学院）2019 年秋季中青年干部培训班开班式和在甘肃考察时的重要讲话精神，跟进学习习近平总书记最新重要讲话文章；注重运用各领域攻坚克难典型案例开展学习。

（2）扎实开展集中学习研讨。9 月下旬，学校党委采取党委理论学习中心组学习、举办处级干部读书班等形式，进行分专题学习研讨。各级党组织自行组织开展研讨交流。专题学习研讨重点围绕新时代全面从严治党总要求、新时代民族高等教育高质量发展、新时代落实立德树人根本任务、新时代推进“三地一库”建设等 4 个专题有针对性地开展。

（3）举办形势报告会。校领导、学校处级以上党员干部参加。

（4）结合庆祝中华人民共和国成立 70 周年，各党组织开展好庆祝活动，集中开展“我和我的祖国”、重温入党志愿书等主题党日活动。

（5）广泛开展立德树人根本任务“大学习、大讨论、大落实”活动，加大对张富清、交大西迁老教授、哈工大“八百壮士”、黄大年、李保国、钟扬、黄文秀、八步沙“六老汉”等师生榜样的学习宣传。

（6）党员领导干部要坚持学原著悟原理，列出学习计划和时间安排，在规定时间内完成规定篇目的学习。要充分利用共产党员网、学习强国、甘肃党建、学校专题网站等平台深化学习。

2. 调查研究

（1）坚持问题导向开展调研。校院两级领导班子成员每人确定 1—2 个调研课题，其他处级干部在配合开展调研的同时，可结合岗位工作开展调研。9 月下旬开始，学校党委领导班子成员带头深入分管单位、联系单位、所在党支部开展调研，重点到问题突出和矛盾集中的地方调研，全面准确掌握第一手材料。主要围绕贯彻党中央决策部署、习近平总书记重要指示批示精神、国家民委党组、甘肃省委部署要求以及学校党委有关决议落实执行情况；围绕解决党委领导下的校长负责制、基层党组织建设、教师队伍建设、意识形态工作、学生社团工作中存在的突出问题；围绕强化学校马克思主义民族观教育、民族团结进步教育、中华民族共同体意识教育、“五个认同”教育开展情况；围绕健全全员全过程全方位育人的体制机制，加强思政工作、思政课建设情况等问题深入开展“解剖麻雀”式调研。

（2）形成高质量调研成果。调研结束后，认真梳理调研成果，形成调研报告。10 月下旬召开一次成果交流会，学校领导班子成员交流调研成果，学校党委书记逐一点评。

（3）讲好专题党课。学校党委领导班子成员和二级单位党组织负责人在学习调研基础上讲专题党课。学校党委主要负责同志带头讲，其他班子成员到分管联系单位讲，也可以深入学生中讲。二级单位党组织负责人在所在单位讲。党课要突出针对性，结合实际讲学习体会收获，讲运用习近平新时代中国特色社会主义思想指导实践、推动工作存在的差距和改进工作的思路举措。专题党课在 10 月底完成。

3. 检视问题

（1）广泛听取意见。通过个别访谈、召开座谈会、设置意见箱、发放征求意见表、利用网络平台等多种方式，充分听取广大师生对各级领导班子、领导干部存在突出问题的反映，对改进作风、改进工作的意见和建议。要安排充足时间深入谈心谈话，主要负责同志带头谈，班子成员相互之间、与分管部门负责同志、与本单位党员群众等广泛谈话，听取意见建议，通过群众提、自己找、互相帮，认真查摆自身不足。

（2）深刻检视反思。各级领导班子和领导干部对照习近平新时代中国特色社会主义思想和党中央决策部署，对照党章党规，对照初心使命，聚焦党的政治建设、思想建设、作风建设存在的突出问题进行检视反思。检视反思特别是要对照社会主义办学方向和立德树人根本任务，逐一检视正在推进的各项工作是否已经统一到党中央的最新精神上来；对照习近平总书记关于民族工作、教育工作的重要论述和指示批示，逐一检视是否学深悟透、落细落实；对照树立马克思主义民族观、铸牢中华民族共同体意识、增强“五个认同”教育的各项迫切需要，一条条列出问题，从思想、政治、作风、能力、廉政方面特别是从主观上、思想上进行剖析，撰写检视剖析材料，制定整改落实举措，形成领导班子思想和工作问题清单，10 月中旬前将两个清单报领导小组办公室综合组。

4. 整改落实

（1）制定整改方案。各级领导班子和领导干部根据检视问题清单，分门别类提出整改方案，拿出举措办法，定出制度规矩，当下能改的，明确时限要求，近期整改到位；一时解决不了的，制定阶段目标，紧盯不放，持续整改到位。各单位领导班子负责抓好本单位整改工作，形成领导班子整改落实成绩单。整改情况以适当方式向党员干部群众进行通报。

（2）开展专项整治。按照中央主题教育领导小组关于开展专项整治工作的部署，认真对照8个方面的问题开展专项重点整治，重点整治对贯彻落实习近平新时代中国特色社会主义思想和党中央决策部署置若罔闻、应付了事、弄虚作假、阳奉阴违的问题；整治干事创业精气神不足，患得患失，不担当不作为的问题；整治违反中央八项规定精神的突出问题；整治形式主义、官僚主义，层层加重基层负担，文山会海突出，督查检查考核过多过频的问题；整治领导干部配偶、子女及其配偶违规经商办企业，甚至利用职权或者职务影响为其经商办企业谋取非法利益的问题；整治对学校师生关心的利益问题漠然处之、空头承诺、推诿扯皮，以及办事不公、侵害师生利益的问题；整治党组织软弱涣散，党员教育管理宽松软，党建主体责任缺失的问题；整治对黄赌毒和黑恶势力听之任之、失职失责，甚至包庇纵容、充当保护伞的问题。专项整治结合国家民委党组《关于中央和国家机关工委党的政治建设重点督查反馈意见的整改方案》，抓好党的政治建设反馈意见的整改；结合主题教育中发现的学校党委领导下的校长负责制、基层党组织建设、教师队伍建设、意识形态工作、学生社团工作中存在的突出问题，进行集中整改；结合主题教育中查找的学校马克思主义民族观教育、民族团结进步教育、中华民族共同体意识教育、"五个认同"教育中存在的薄弱环节，进行集中整改；结合本单位实际，有针对性地列出理论学习、意识形态工作等需要整治的突出问题，进行整治。

（3）召开专题民主生活会。11月下旬，学校党委及二级单位党组织召开"不忘初心、牢记使命"专题民主生活会，运用学习调研成果，聚焦检视反思的问题，联系整改落实情况，把自己摆进去、把职责摆进去、把工作摆进去，红脸出汗，认真开展批评和自我批评。同时，处级党员领导干部要以普通党员身份参加所在支部专题组织生活会，围绕开展主题教育的学习、检视反思和整改落实情况等，剖析自我，开展批评和自我批评。

（二）做实基层党支部学习教育和检视整改

处级以上领导干部之外的党员参加主题教育，要以党支部为单位，结合"两学一做"常态化制度化，依托"三会一课"、主题党日进行。

1. 抓好学习教育

组织党员以个人自学为主，通读《习近平关于"不忘初心、牢记使命"论述摘编》等，学习贯彻《中国共产党党员教育管理工作条例》，领悟初心使命，增强党的意识，坚定理想信念。通过召开党员大会、支委会、党小组会，交流学习体会。依托网络党校、分党校、校内外培训基地，各二级党组织对所属党支部书记轮训1次，重点组织学习习近平新时代中国特色社会主义思想和党中央关于开展"不忘初心、牢记使命"主题教育的部署要求。党支部书记要讲1次专题党课，或向所在支部党员报告一次个人学习体会。

2. 认真检视整改

组织党员对照党章规定的党员条件和义务权利，对照《中国共产党廉洁自律准则》《关于新形势下党内政治生活的若干准则》《中国共产党纪律处分条例》，对照群众提出的意见建议等，查找党员意识、担当作为、服务群众、遵守纪律、作用发挥等方面的差距和不足，一条一条列出问题，一项一项整改到位。通过样板党支部、党员先锋岗、党员活动室设岗定责、承诺践诺。通过主题党日，组织党员结合自身实际，至少参加 1 次志愿服务，为身边师生至少办 1 件实事好事，以实际行动践行初心和使命。

3. 创新方式方法

组织党员利用共产党员网等已有的党员教育管理载体平台，采取生动鲜活、喜闻乐见的方式，增强主题教育的吸引力和感染力。有条件的党组织，可利用甘肃红色资源，开展革命传统教育。

主题教育结束前，党支部要以“不忘初心、牢记使命”为主题召开一次专题组织生活会，开展民主评议党员。

三、组织领导

（一）加强领导，落实责任。西北民族大学“不忘初心、牢记使命”主题教育在学校党委领导下开展

成立西北民族大学“不忘初心、牢记使命”主题教育领导小组，党委书记邓光玉任组长，郭郁烈、石迎春同志任副组长，其他党委班子成员任成员。领导小组下设办公室，负责学校主题教育的具体组织和协调工作，石迎春同志兼任办公室主任。内设综合组、调研组、宣传组、材料组、指导组，成员由有关部门负责同志组成。各二级单位党组织也要成立相应机构，形成党委统揽、上下联动、合力推进的工作格局。

（二）统筹兼顾，精心组织

合理统筹，精心安排，把开展主题教育同推进“两学一做”学习教育常态化制度化结合起来，同推动本部门本单位的中心工作结合起来，做到主题教育与日常工作有机融合、相互促进，防止“两张皮”。对开展主题教育消极对待、敷衍应付的要严肃批评，对走形变样、问题严重的要给予组织处理。

（三）求真务实，注重效果

要以好的作风开展主题教育，突出问题导向，着力解决实际问题，坚决防止形式主义。学习教育不对写读书笔记、心得体会等提出硬性要求；调查研究不搞“作秀式”“盆景式”调研和不解决实际问题的调研；检视问题不大而化之、隔靴搔痒，不避重就轻、避实就虚，不以工作业务问题代替思想政治问题；整改落实不能口号喊得震天响、行动起来轻飘飘，不虎头蛇尾、久拖不决。要严格控制简报数量，重点刊发指导性强和反映突出问题的简报。不将有没有领导批示、开会发文发简报、台账记录、工作笔记等作为主题教育各项工作是否落实的标准。要从各级领导干部自身素质提升、解决问题

成效、群众评价反映等方面，客观评估主题教育效果。

（四）抓好指导，营造氛围

领导小组办公室采取随机抽查、调研访谈等方式，及时了解掌握各单位主题教育开展情况，研究解决出现的问题，确保主题教育顺利开展、有序推进。要加强宣传引导，通过新媒体、网站、简报、宣传栏等载体，深入宣传党中央精神、国家民委党组要求和学校党委部署，及时反映主题教育进展成效，加强正面引导，强化舆论监督，为主题教育营造良好氛围。

中共西北民族大学委员会"不忘初心、牢记使命"主题教育评估工作方案

按照国家民委党组直属高校主题教育领导小组要求和学校党委主题教育安排，现制定学校党委"不忘初心、牢记使命"主题教育评估工作方案。

一、总体要求

主题教育评估工作是贯彻"守初心、担使命，找差距、抓落实"总要求的具体举措，是坚持开门搞教育、自觉接受师生监督的生动实践，是主题教育总结经验、检验成效的重要手段。要紧紧围绕学习贯彻习近平新时代中国特色社会主义思想这条主线，聚焦主题教育目标任务和重点措施，把过程评估同结果评估结合起来，既要看措施、要求是不是抓实落地，更要看在理论学习、思想政治、干事创业、为民服务、清正廉洁方面有没有取得实效。要坚持群众评价、实践检验，把组织推动、个人学习整改、实际效果、群众反映、解决实际问题成效等作为衡量标准，既定量分析，又定性研判，确保评估结果客观真实。

评估工作主要由各指导组具体组织实施。

二、评估内容

（一）学习教育方面

重点看领导干部是否精读《习近平关于"不忘初心、牢记使命"重要论述选编》，通读《习近平新时代中国特色社会主义思想学习纲要》，逐段逐句学习党章、《关于新形势下党内政治生活的若干准则》《中国共产党纪律处分条例》，跟进学习习近平总书记最新重要讲话；是否掌握习近平新时代中国特色社会主义思想的核心要义、精神实质、丰富内涵、实践要求以及习近平总书记关于民族工作、教育工作的重要论述和指示批示精神；是否领会党的十九届四中全会精神；集中研讨是否聚焦主题主线，结合思想工作实际进行交流和思考；在运用党的创新理论指导实践、推动工作上取得哪些新进步新收获。

（二）调查研究方面

重点看是否聚焦实际问题进行调研，把情况摸清楚、症结分析透，形成解决问题、改进工作的思路和具体举措；调研中帮助师生解决哪些困难和问题；领导班子集体交流调研成果取得哪些效果；专

题党课是否聚焦习近平新时代中国特色社会主义思想，联系工作实际，讲认识体会、差距不足、思路措施、感悟收获。

（三）检视问题方面

重点看是否按照习近平总书记关于“四个对照”“四个找一找”的要求，广泛听取意见建议，找准找实问题；是否在专题会议上逐项说明对照党章党规找出的差距和问题；查找问题是否存在“大而空”“小而碎”的现象；是否针对工作短板、具体问题进行剖析反思，特别是主观上、思想上进行深刻检视。

（四）整改落实方面

重点看是否对习近平总书记重要指示批示贯彻落实情况逐条梳理，建立台账，一项一项抓好落实；对查摆梳理的问题，是否区分情况、精准施策、抓实整改；具体整改哪些问题，通过专项整治解决哪些问题；对一时难以解决的，是否明确阶段目标、持续整治；在推动解决师生操心事烦心事方面，取得哪些成效；是否高质量开好专题民主生活会。

（五）组织领导方面

重点看主要领导同志是否履行第一责任人职责，带头学习研讨、调查研究、检视问题、整改落实，发挥表率作用；是否以好的作风开展主题教育，坚决防止形式主义；是否坚持统筹兼顾，防止“两张皮”。

三、评估方法

各指导组要在做好日常督促指导、掌握实际情况的基础上，通过广泛听取意见、开展随机测评等方式，了解师生评价，进行综合研判，作出全面评估。参加评估人员要有广泛性和代表性，一般应包括本单位领导干部、党支部书记、教职工党员、学生党员、普通教职工、普通学生。班子成员不参加主题教育测评环节。

（一）广泛听取意见

各指导组采取召开座谈会、个别访谈等形式，听取单位师生对本单位主题教育的评价，了解对本单位领导班子和领导干部开展主题教育工作情况的反映。

（二）开展随机测评

各指导组参考各单位师生人数，采取随机抽样方式，组织填写《中共西北民族大学委员会“不忘初心、牢记使命”主题教育测评表》。职能部门、科研、教辅单位抽取 5—15 人，教学单位抽取 50—100 人。

（三）进行研判分析

各指导组在平时个别谈话，审阅或调阅工作方案、问题清单和检视剖析等材料，列席或参加集中学习研讨、调研成果交流会、专题党课、民主生活会，以及座谈交流掌握情况基础上，根据听取意见和测评情况进行研判，作出综合评价。

（四）形成评估报告

各指导组综合听取意见、测评和研判情况，形成有成效、有问题、有分析、有建议的评估报告，于 2020 年 1 月 8 日前报学校主题教育领导小组办公室综合组。

四、组织领导

第一，各指导组要高度重视，认真负责，切实抓好主题教育评估工作。各单位要密切配合，为做好评估工作创造条件、提供支持。

第二，评估工作要从实际出发，务求实效。坚决防止评估中的形式主义，防止简单以会议记录、台账记录、工作笔记等作为评价依据，防止简单以汇报材料代替师生真实评价，防止在评估中产生新的问题。

第三，在评估工作中，对各单位发现的不足和问题，要及时纠正、改进提高；对走过场的要返工重来。

附件：中共西北民族大学委员会“不忘初心、牢记使命”主题教育领导小组成员名单

经2019年9月12日党委常委会会议审议，决定成立中共西北民族大学委员会“不忘初心、牢记使命”主题教育领导小组。

组　长：邓光玉　党委书记

副组长：郭郁烈　党委副书记、校长

石迎春　党委副书记

成　员：玉苏甫江　党委常委、副校长

李辉　党委副书记、副校长

王彦斌　党委常委、副校长

马世俊　党委常委、副校长

杨晓　党委常委、纪委书记

领导小组下设办公室，设在组织人事部，负责日常具体工作，内设综合组、调研组、宣传组、材料组、指导组。

主　任：石迎春

副主任：王振国　王志军

成　员：何烨　闵文义　孔庆祝　杨志武　张世桢　韩瑛　杜永红　文化　马玉堂　向党　孙罡　马丽英　薛国梁　刘彬　寇小丽　丁艳伟　苏知洋　旦正才让　张水菊　薛珊　叶治中　李铭　马拉吉尕

一、综合组

具体负责统筹推进主题教育各项工作安排、情况综合、服务保障等工作；研究制定学校党委主题教育实施方案；筹备领导小组会议和有关工作会议；负责会议纪要及简报编写；负责与国家民委指导组沟通联络、报送主题教育开展情况等工作；完成领导小组交办的其他工作。

组　长：王振国

副组长：孙罡

成　员：旦正才让　陈燕　王也　谭拥军　王红娟　李倩　白笑天

二、调研组

负责学校党委领导班子成员专题辅导、调查研究、专题党课，收集汇总调研报告，推动调研成果

转化为解决问题的具体举措。统筹协调各二级单位的调查研究等工作。

组　长：文化

副组长：马玉堂

成　员：薛国梁　寇小丽　张水菊　牛原

三、宣传组

负责统筹协调媒体对中央精神，国家民委党组部署安排以及学校党委主题教育方案、工作进展等宣传报道，宣传先进典型，做好舆论引导，营造良好氛围。

组　长：韩瑛

副组长：马丽英

成　员：马文娟　杨扬　马莉

四、材料组

负责起草部署动员会、读书班、交流会、研讨会、总结大会等学校主题教育领导小组有关同志的讲话、汇报等，向国家民委党组报送的学校主题教育专项整治、专题民主生活会、总结等材料。

组　长：王志军

副组长：向党

成　员：刘彬　苏知洋　孙沛华　田峰　汤宁

五、指导组

传达中央、国家民委党组、学校党委有关精神，督促抓好落实；参加指导单位的有关会议和重要活动；督促指导各单位认真落实学习教育、调查研究、检视问题、整改落实的基本要求，指导开好领导班子专题民主生活会；采取巡回指导、随机抽查、调研访谈等方式，了解掌握主题教育进展情况，提出工作建议；总结推广典型经验；及时向学校主题教育领导小组办公室反映情况，提出意见建议。

第一组

组　长：何烨

成　员：李铭　帖梅

指导单位：法学院、美术学院、生命科学与工程学院、医学院、口腔医学院（口腔医院）、教务处、第一临床医学院、科研处、研究生处、医院、纪监审办公室、生物医学研究中心

第二组

组　长：闵文义

成　员：叶治中　汪丽

指导单位：经济学院、管理学院、音乐学院、基建处、民族学与社会学学院、历史文化学院、国有资产管理处、后勤管理处（后勤集团）、中国民族信息技术研究院、资产经营公司

第三组

组　长：杨志武

成　员：薛珊　于槐

指导单位：马克思主义学院、数学与计算机科学学院、化工学院、藏语言文化学院、体育学院、蒙古语言文化学院、学生工作（部）处、团委、保卫处、财务处

第四组

组　长：孔庆祝

成　员：马拉吉尕　穆娟

指导单位：教育科学与技术学院、外国语学院、文学院、新闻传播学院、维吾尔语言文化学院、预科教育学院、继续教育学院、图书馆、工会、离退休干部处、国际合作交流处

第五组

组　长：张世桢

成　员：丁艳伟　秦鑫

指导单位：电气工程学院、土木工程学院、舞蹈学院、学校办公室、组织人事部、社会科学研究院、信息化建设与服务中心、实验教学部、宣传部、统战部、发展规划与学科建设处、学报编辑部

党建与思想政治工作、统战工作

在 2018 年二级单位党组织书记抓党建述职评议考核会上的讲话

西北民族大学党委书记　邓光玉

今天，召开党委全委会扩大会议听取二级单位党组织书记述职，也是基层党组织书记抓党建述职评议会议。目的是总结工作、交流经验、查摆问题、明确任务，推动各级党组织履行全面从严治党主体责任，推进学校党建工作，为学校改革发展稳定提供坚强的政治、思想、组织、作风、纪律保证。

刚才，8 个二级单位党组织书记作了现场述职，其他单位党组织书记作了书面述职。2019 年将全部现场述职。此前，校领导到各个学院对党建工作进行了督导调研。在述职过程中，大家进行了互动交流和点评。大家述职准备认真，体现了站位，体现了责任，也体现了思路和理念。听完以后，确实感到非常的踏实。2018 年学校整体工作虽然也出现一些小问题，但总的没有出现伤筋动骨的根本性原则性问题，这跟我们落实党建主体责任，推进全面从严治党是直接的因果关系。校领导的点评精准到位，既肯定成绩，也指出需要加强和改进的问题，明确要求，为推进下一步的工作将起到很好的促进作用。各单位党组织书记抓党建的情况集中反映了全校党建工作的状况。总体来看，全校各级党组织坚持以习近平新时代中国特色社会主义思想为指导，全面贯彻党的十九大精神，贯彻全国教育大会、高校思想政治工作会议和全国组织工作会议精神，贯彻全国民委主任会议和甘肃省第十三次党代会精神，认真落实高校党建工作 20 项重点任务，展现了新作为新担当，全面从严治党不断推进，党的建设和党的领导不断加强。过去曾经存在的党的领导弱化、党的建设缺失、从严治党不力问题得到了根本改变，营造了良好的政治生态和育人环境。

一是强化责任担当，认真履行管党治党主体责任

各级党组织书记牢固树立抓好党建是最大政绩的思想，认真履行抓党建第一责任人的职责，班子的其他同志按照“一岗双责”，抓好分管领域的党建工作。宣传执行党的路线方针政策、落实学校党委工作部署比较坚决，注重把好教学科研管理重大事项中的政治原则、政治立场、政治方向，在干部队伍、教师队伍建设中发挥主导作用，把好政治关，核心作用和政治功能进一步突显，党的领导贯彻到办学治校、教书育人的全过程。认真执行民主集中制，贯彻新修订的学院党组织会议和党政联席会议制度，推进党政班子成员交叉任职，学院集体领导、党政分工、协调运行的工作机制进一步健全，班子整体功能和议事决策水平有进一步的提升。注重加强班子自身建设，书记、院长坚持以身作则、作出表率，不断强化“四个意识”，强化责任担当，带头践行正确的政绩观，带头执行落实廉洁自律准则和中央八项规定精神，带头讲团结，带头追求健康生活方式和工作方式，体现出高校领导干部应有的政治担当和政治本色。工作中注重推进“对标争先”计划，坚持“四个对标”“五个到位”，发挥了基层党组织宣传党的主张、贯彻党的决定、领导基层治理、团结动员师生、推动改革发展的战斗堡垒作用。

二是坚持以政治建设为统领，全面推进党的各方面建设

各党组织注重把握和贯彻新时代党的建设总要求、新时代党的组织路线，把党的政治建设摆在首位，旗帜鲜明讲政治，坚持用“四个意识”导航，用“四个自信”强基，用“两个维护”铸魂。严格党内政治生活，不断增强党内政治生活的政治性、时代性、原则性、战斗性。突出学习贯彻习近平新时代中国特色社会主义思想和党的十九大精神，大力推进“三进”工作，以中心组学习、轮训、专题学习、宣讲宣传等多种形式，与“两学一做”学习教育常态化制度化相结合，持续形成学习贯彻习近平新时代中国特色社会主义思想和党的十九大精神的热潮，推动广大师生和党员干部更加自觉地为实现新时代学校的新发展而奋斗。牢牢把握意识形态工作领导权，围绕“两个巩固”的根本任务，加强阵地管理，强化责任担当，开展宗教工作自查，加强马克思主义宗教观教育，坚持教育与宗教相分离原则，坚决防范校园宗教渗透。加强思想政治工作，通过改革加强了思政工作队伍建设，通过培养方案的修订和创新校园文化品牌推进十大育人体系构建和德智体美劳深度融合。坚持师德师风标准，打好师德建设攻坚战。坚定推进全国教育大会精神和中央重大决策部署的贯彻落实，召开教育工作会议，形成行动方案，推进教育教学改革。突出政治标准，彰显用人导向，涵养政治生态。加强纪律建设，学习贯彻新修订的《中国共产党纪律处分条例》，开展校内巡察，严格监督执纪问责，对违纪违规问题作出严肃处理，并开展警示教育。加强作风建设，开展作风建设年和调查研究年活动，统筹监督检查考核，着力解决检查多考核多的问题，巩固拓展整治“四风”成果，坚决防止形式主义和官僚主义。

三是以提升组织力为重点，加强基层组织建设

结合机构改革和人员聘任，进一步优化了基层党组织设置，完成换届工作。加强支部书记培训，提升支部书记抓党建工作的能力和水平，解决支部书记工作量的问题，确保支部书记特别是专任教师担任支部书记有时间有精力抓党建工作。制定支部建设标准，推进党支部规范化建设、“双带头人”培育工程，培育了一批校级样板支部。通过建设，医学院第二教师党支部成为首批全国样板党支部创建单位，通过加大投入，加强了党组织活动阵地建设。严格“三会一课”制度，推行支部书记述职考核制度，支部教育、管理、监督党员和组织、宣传、凝聚、服务师生的职责更加到位，广大党员在学校改革发展稳定各项工作中发挥了先锋模范作用，保证了重大改革措施平稳有序推进。突出政治标准，加强和改进党员发展工作，注重发展少数民族学生入党，落实毕业生党员组织关系管理、失联党员规范管理和组织处置的有关规定，进一步加强组织关系管理工作。

四是大力推进教育扶贫，积极参与民族地区脱贫攻坚

学校各级党组织坚持定期研究扶贫工作，发挥各自优势参与脱贫攻坚。学校派出 11 名司处级干部赴武陵山片区担任联络员，派出 6 名处级干部赴临潭县担任驻村队长和第一书记，确定 125 名司处级干部为帮扶责任人，派出 3 名干部赴三州三区挂职。派出干部克服各种困难，认真履职，艾力同志获感动甘南人物提名奖。各部门积极参与推进智力、科技、产业、文化、教育、健康扶贫，落实贫困地区农产品“遵品入校”“湘品入园”，组织专家赴内蒙古巴林右旗、广西德堡、江西乐安开展对口支援和定点帮扶，与贫困村党组织开展结对共建活动。

这是全校党建工作的总体状况，但仍有很多需要加强和改进的地方，主要表现在：

一是工作不平衡。有的党组织主体责任并未完全落实到位，上热中温下冷的问题没有根本解决，存在对学校党委部署的工作不传达不研究不落实的情况。有的制度执行不严格不规范，班子运转不够协调，没有形成工作合力。

二是学习抓得不够紧不够实。对习近平新时代中国特色社会主义思想学习掌握不到位，特别是领悟蕴含其中的深厚情怀、科学思维和工作方法不到位，导致时态、状态、语态、心态转变不到位。有的干部连党的教育方针都还记不准说不全，有的甚至以转变作风和会议过多为由对抓学习有抵触。

三是规矩意识不够强。少数党员干部纪律意识、规矩意识仍然不强，经核查落实仍然出现多占办公用房等问题，严重违反中央八项规定精神；有的该请示不请示，该报告不报告。有的对加强监督、严格管理有抵触，包括在宗教工作督查期间，出现说三道四妄议的情况。

四是担当精神不够足。担当精神不够，把关不严，管理不严，要求不严，引发意识形态舆情，对不思进取、工作不在状态的不批评不教育不处理，对师德方面出现的问题、对口无遮拦的人、对喜好对实干者评头论足甚至诬告陷害者不敢亮剑，缺乏斗争精神，当老好人，体现出管理上的宽松软。

五是主动作为不够。积极进取精神不足，主动作为、主动研究不够，工作要求不高，个别单位推进改革发展无思路无举措，依赖思想严重，惯性、惰性、麻木性倾向严重。同时，还有对党建工作规律研究把握不够，创新性不足等问题，包括对好的经验、好的做法、工作品牌总结提炼推广不够。这些问题用政治标尺来衡量，就是政治上有偏差，政治能力、政治担当不够，“四个意识”有待增强，就是思想不纯、组织不纯、作风不纯的问题。

对以上存在的问题要下决心有针对性地予以解决，通过教育引导解决不了的，该问责的要严肃问责，该调整的要果断调整。要坚持问题导向，保持战略定力，以解决突出问题为突破口，推动全面从严治党不断向纵深发展。

关于做好 2019 年的党建工作，我们将召开全面从严治党工作会议进行专门部署，还要签订全面从严治党责任书。这里从工作要求的角度强调几点：

一是抓党建的责任担当要更加主动。主体责任、监督责任是牛鼻子、是发动机。必须进一步增强主责主业意识，强化责任担当，靠实主体责任，严格考核督导，层层传导压力，倒逼各级党组织进一步种好责任田，发挥好政治功能。领导干部是关键少数，要以身作则、以上率下，不断强化人人是环境，个个是生态的意识。

二是抓党建的思路重点要更加聚焦。要准确把握贯彻落实新时代党的建设总要求和新时代党的组织路线，把握新时代党的建设八个方面的总体部署，坚持把政治建设放在首位，全面推进政治、思想、组织、作风、纪律建设，把制度建设贯穿其中，树牢“四个意识”，践行“两个维护”，保持锐意进取、永不懈怠的精神状态，坚持围绕中心服务大局，坚决贯彻中央和国家民委党组、甘肃省委的决策部署。

三是抓党建的方法措施要更加科学。学习教育的方式方法载体要不断创新丰富，增强时代性。管理监督和制度的设计要严谨周全，进一步增强针对性。党支部标准化建设、“双带头人”培育工作、“对标争先”计划的措施要逐项落实，真正达到建设的预期目标，增强工作的实效性。政治巡察、监督执纪、作风建设年等活动要更加严格，增强权威性和震慑力。

四是抓党建的制度机制要更加有效。要对抓党建的运行机制、检查指导机制、评议考核机制、追责问责机制进行全方位重新审视，与时俱进地进行调整规范。

五是抓党建的工作落实要更加有力。要突出理论武装，不断强化抓好落实的思想自觉；加强协调推进，形成抓落实的工作合力；创新方式方法，增强抓落实的工作成效；从严督促检查，锤炼抓落实的过硬作风；突出工作重点，努力实现工作预期目标。

在西北民族大学 2019 年全面从严治党工作会议上的讲话

西北民族大学党委副书记、校长　赵德安

今天，学校召开 2019 年全面从严治党工作会议，主题是：以习近平新时代中国特色社会主义思想为指导，深入贯彻党的十九大关于全面从严治党的决策部署和十九届中央纪委三次全会精神，深入贯彻落实国家民委 2019 年全面从严治党工作会议和甘肃省纪委十三届三次全会精神，总结成绩，查摆问题，部署下一步工作，全面落实党的教育方针政策，聚焦立德树人根本任务，坚定不移推动全面从严治党向纵深发展，为建设党和人民满意的高水平大学和一流民族大学提供坚强政治保证。

在十九届中央纪委三次全会上，习近平总书记发表重要讲话，站在新时代党和国家事业发展全局的高度，系统回顾了党的十九大以来全面从严治党取得的新的重大成果，深刻总结了改革开放 40 年来我们党进行自我革命的宝贵经验，明确指出了今年和今后一个时期全面从严治党的重点任务，着重强调了领导干部贯彻新形势下党内政治生活若干准则必须重视抓好的重大工作，为我们指明了努力方向、提供了根本遵循。中央纪委书记赵乐际同志的工作报告，全面总结了 2018 年纪检监察工作，深刻提炼了改革开放 40 年来做好纪检监察工作的体会，系统安排了今年纪检监察工作的重点任务，具有很强的针对性和可操作性。

2019 年 3 月 7 日下午，习近平总书记亲临十三届全国人大二次会议甘肃代表团参加审议，面对面听取代表的意见和建议，并发表重要讲话，对甘肃发展和脱贫攻坚工作提出明确要求和殷切期望，总书记从坚定信心不动摇、咬定目标不放松、整改问题不手软、落实责任不松劲、转变作风不懈怠对打赢打好脱贫攻坚战进行了面对面的教导和嘱托，充分体现了总书记对广大干部群众的关心关怀和深情牵挂，给全省上下以巨大鼓舞和强大动力，我们要在全校迅速兴起学习宣传、贯彻落实重要讲话精神的热潮，引导党员干部师生员工深刻领会重要讲话的核心要义，推动习近平总书记重要讲话精神不折不扣落到实处、见到实效。

按照国家民委 2019 年全面从严治党工作会议和甘肃省纪委十三届三次全会部署要求，我们要深入学习贯彻习近平总书记在十九届中央纪委三次全会上的重要讲话精神，组织引导各单位各部门党员干部充分认清全面从严治党的重要性和紧迫性，迅速把思想和行动统一到党中央新决策新部署新要求上来，驰而不息，久久为功，切实履行全面从严治党政治责任，坚定不移把全面从严治党推向前进。

刚才，杨晓同志全面总结了学校 2018 年党风廉政建设工作情况，并对 2019 年党风廉政建设工作任务进行了部署。会后，各单位各部门党政主要负责同志要同分管和联系校领导签订 2019 年全面从严治党责任书。下面，我就上一年度全面从严治党工作进行总结，结合学校实际，提出今年全面从严治党工作主要任务。

一、回顾 2018 年学校全面从严治党工作

2018 年，学校党委认真贯彻落实新时代党的建设总要求，牢固树立“四个意识”，坚定“四个自信”，坚决做到“两个维护”，全面贯彻落实习近平总书记关于教育工作、民族工作等方面的重要论述及指示批示精神，坚持党对教育工作的全面领导，坚决落实党中央各项决策部署，坚决按照国家民委党组和甘肃省委部署要求，紧紧围绕立德树人这一根本任务，全面落实党的教育方针政策，推进内涵式发展的举措更实更细，教育教学质量进一步提升，全面从严治党时效性不断提高。

这一年，我们狠抓政治建设。坚持把党的政治建设摆在首位，坚决维护习近平总书记党中央的核心、全党的核心地位，坚决维护党中央权威和集中统一领导，切实加强政治建设，全面强化党对教育工作的领导，严格遵守政治纪律和政治规矩，在政治立场、政治方向、政治原则、政治道路上同党中央保持高度一致。严格执行新形势下党内政治生活若干准则，严格落实民主集中制，全面加强党风廉政建设工作，全面落实管党治党主体责任，不断提高政治站位，制定校内巡察五年规划，启动校内试点巡察工作，坚定不移推动全面从严治党向纵深发展。

这一年，我们狠抓思想建设。坚定理想信念，弘扬马克思主义学风，推进“两学一做”学习教育常态化制度化，坚定推进习近平新时代中国特色社会主义思想进课程、进教材、进头脑。深入实施学校思想政治工作质量提升工程，不断完善思想政治工作体系。进一步落实意识形态工作责任制，坚持不懈培育和弘扬社会主义核心价值观，引导青年学生树立正确的世界观、人生观、价值观。深化民族团结进步教育，强化中华民族共同体意识教育，努力培养堪当民族复兴大任的时代新人。

这一年，我们狠抓组织建设。全面贯彻落实新时代党的组织路线，坚持党委领导下的校长负责制，严格遵循民主集中制原则，全面深化校内机构改革和人员聘任工作，加强新时代教师队伍建设和人才工作，提升学校治理能力和治理水平。加强基层党组织建设，顺利完成基层党组织换届工作，创新基层党组织活动方式，加强党内激励关怀帮扶工作，推进党务政务公开，强化监督体系建设，使党的组织建设能力进一步增强。

这一年，我们狠抓作风建设。在全校推进“作风建设年”活动，通过广泛征求意见、查摆问题、建立台账、销号整改、整章建制，巩固拓展落实中央八项规定和实施细则精神，修订完善实施办法，持续整治“四风”，力戒形式主义、官僚主义，坚持正确的选人用人导向，使全校党员干部作风明显改善，良好的校园政治生态和育人环境进一步形成，干事创业氛围得到优化。

这一年，我们狠抓纪律建设。加强纪律教育，通过开展警示教育、党风廉政宣传教育月活动，通过开展谈心谈话、提醒谈话、集体谈话，通过教育培训，党员干部知敬畏、存戒惧、守底线，习惯在受监督和约束的环境中工作生活。强化纪律执行，运用监督执纪“四种形态”特别是第一种形态，抓

早抓小，通过不懈努力，使学校党风、校风、教风有了根本好转。

虽然我们取得了上述成绩，但是，我们也要清醒地认识到，学校全面从严治党工作还存在一些短板和不足：在学习贯彻习近平新时代中国特色社会主义思想和党的十九大精神、全国教育大会精神等落实方面还存在差距；在党的政治建设、思想建设、组织建设、作风建设、纪律建设和党风廉政建设以及反腐败斗争工作方面还需要进一步加强；形式主义、官僚主义在某些方面还不同程度存在，有些检查考核重“痕迹”轻“实绩”，工作为留痕而留痕等情形还比较严重；管党治党主体责任、监督责任还需要进一步夯实。在党员和领导干部方面，有的领导干部政治责任感和政治担当不够，领导本领需要进一步增强；有的领导干部在政治上麻木不仁，毫无敏锐性，分析形势不考虑政治因素，谋划推动工作不落实政治要求，解决矛盾问题不注重防范政治风险，导致涉及安全稳定、意识形态方面的问题时有发生；有的领导干部情绪浮躁、工作拖沓、得过且过、慵懒倦怠，凡事等靠要，遇事推着走，工作效率不高；有的部门和单位责任落实不力，有些干部不担当、不作为，表态多行动少、调门高落实差，工作中以传达代替落实，以会议落实会议的现象依然存在，躲事、推事、怕事、误事的情况依然存在；有的党员领导干部纪律意识和规矩意识不强，学校机构改革、人员聘任期间三令五申要遵守各项纪律，但仍然违反纪律，并存在一定的特权思想；有的党员领导干部违反中央八项规定精神，办公用房严重超标；有些党员领导干部被谈话提醒、函询后，仍然对存在的问题不思悔改，纪律意识、规矩意识淡薄。

全面从严治党永远在路上，每一个党组织、每一名党员干部都要置身其中，决不能当“局外人”、旁观者。各部门各单位及党员领导干部要切实提高政治站位，深化思想认识，充分认清学校全面从严治党面临的新形势新任务，切实增强紧迫感和责任感，全力以赴把各项工作抓紧抓实，持之以恒把全面从严治党工作抓出实效。

二、2019 年学校全面从严治党工作主要任务

2019 年是中华人民共和国成立 70 周年，是全面建成小康社会、实现第一个百年奋斗目标的关键之年，是深入贯彻落实全国教育大会精神开局之年，是推进学校《加快建设一流本科行动计划（2018—2022）》的落实之年，我们必须坚持党对教育工作的全面领导，深刻领会习近平总书记在十九届中央纪委三次全会上的重要讲话精神，扎实推进全面从严治党工作，努力保障办学质量和水平。

（一）坚持不懈学习贯彻习近平新时代中国特色社会主义思想和党的十九大精神，不断强化思想武装

习近平新时代中国特色社会主义思想，是马克思主义中国化最新成果，是党和人民实践经验和集体智慧的结晶，是中国精神的时代精华，是国家政治生活和社会生活的根本方针。我们必须用习近平新时代中国特色社会主义思想武装头脑，指导实践，推动工作。深刻认识和领会其时代意义、

理论意义、实践意义、世界之义，深刻理解其核心要义、精神实质、丰富内涵、实践要求。经常对标对表，及时校准偏差，坚持正确办学方向。持续推进“两学一做”学习教育常态化制度化，按照中央部署，扎实开展“不忘初心，牢记使命”主题教育。要以学校党委（学院）理论学习中心组、党校、干部教师培训班、互联网在线教育等为载体，紧密结合新时代党的建设总要求，紧密结合新时代教育发展新理念、新要求，紧密结合贯彻全国高校思想政治工作会议和习近平总书记在学校思想政治理论课教师座谈会上的重要讲话，强化学习型党组织建设，全面推进习近平新时代中国特色社会主义思想往深里走、往实里走、往心里走，不断强化思想武装，全面贯彻党的教育方针政策，推动教育教学高质量发展。

（二）驰而不息加强党的政治建设，坚决做到“两个维护”

加强党的政治建设，坚决维护习近平总书记党中央的核心、全党的核心地位，坚决维护党中央权威和集中统一领导。要在大是大非面前态度鲜明、立场坚定，始终在政治立场、政治方向、政治原则、政治道路上同以习近平同志为核心的党中央保持高度一致。要以党的政治建设为统领，严明政治纪律和政治规矩，不折不扣落实党中央的各项决策部署和国家民委党组、甘肃省委部署要求，坚决学习贯彻好党中央印发的《关于加强党的政治建设的意见》《关于新形势下党内政治生活的若干准则》《中国共产党重大事项请示报告条例》，发展积极健康的党内政治文化。扎实推进校内巡察工作，用“四个意识”导航，用“四个自信”强基，用“两个维护”铸魂，努力营造良好的校园政治生态。

（三）持之以恒落实中央八项规定精神，力戒形式主义、官僚主义

坚决贯彻落实中央八项规定和实施细则精神，严格控制和压缩“三公经费”、会议费、培训费等开支，实行处级领导干部办公用房报备制度，建立处级领导干部办公用房卡片账，实行办公用房动态管理机制，坚决反对任何形式的特权主义和特权思想。坚决惩治腐败，全面加强党风廉政建设工作，进一步推进作风建设，坚决克服工作中的惯性、惰性、麻木性思想倾向。要把力戒形式主义、官僚主义作为重要政治任务抓紧抓实，对工作中空泛表态、应景造势、敷衍塞责、出工不出力的要坚决整治查处。要建立健康的党内同志关系，倡导清清爽爽的同志关系、规规矩矩的上下级关系，坚决抵制拉拉扯扯、吹吹拍拍等歪风邪气，让党内关系正常化、纯洁化。

（四）进一步落实全面从严治党两个责任，促进全面从严治党向基层延伸

持续强化党委全面从严治党主体责任。各级党委（党总支、直属党支部）特别是书记要强化政治担当，履行主体责任，要把每个单位部门、每个环节的党建工作抓具体、抓深入。要全面贯彻《中国共产党支部工作条例（试行）》，各级党委（党总支、直属党支部）要以此为契机，以“支部对标提升计划”为总抓手，推进支部标准化、规范化建设，着力提升基层党支部的组织力、感召力、引领力和

执行力，把全面从严治党落实到每个支部、每名党员，切实解决全面从严治党“中温下冷”的问题。继续强化纪委全面从严治党监督责任。学校纪检监察机构要深刻理解和准确把握纪检监察机构的职责和使命，坚决做到“两个维护”。要继续协助学校党委推进全面从严治党向纵深发展工作，进一步强化日常监督、专项监督，运用监督执纪“四种形态”特别是第一种形态，着力解决师生反映强烈、损害群众利益的问题。要标本兼治，巩固拓展落实中央八项规定和实施细则精神。纪检监察干部和各级党组织纪检员，要始终牢记使命，始终做到忠诚干净担当，为学校“三地一库”建设营造风清气正的校园环境。

同志们，全面从严治党只有进行时，没有完成时。各级党组织、各单位各部门党员干部要以习近平新时代中国特色社会主义思想为指导，全面贯彻落实党的十九大和全国教育大会精神，重振斗争精神，强化担当意识，攻坚克难，狠抓落实，为取得全面从严治党更大战略性成果，巩固反腐败斗争压倒性胜利做出新贡献，为加快推进教育教学高质量发展，办好人民满意民族高等教育提供坚强保证，以优异成绩庆祝中华人民共和国成立70周年。

在西北民族大学2019年全面从严治党工作会议上的讲话

西北民族大学党委常委、纪委书记　杨晓

为深入学习贯彻十九届中央纪委三次全会和国家民委2019年全面从严治党工作会议和甘肃省纪委十三届三次全会精神，根据会议安排，现就学校2018年党风廉政建设工作做简要回顾，对2019年重点工作进行安排部署。

一、2018年学校党风廉政建设工作总结

2018年，学校党委以习近平新时代中国特色社会主义思想为指导，深入贯彻党的十九大精神，以政治建设为统领，以立德树人为根本任务，贯彻党的教育方针和民族政策，不断增强“四个意识”，坚定“四个自信”，践行“两个维护”，压实“两个责任”，扎实推进党风廉政建设工作。

（一）深化学习教育，坚持用习近平新时代中国特色社会主义思想武装头脑

2018年，学校党委把深入学习贯彻习近平新时代中国特色社会主义思想作为首要政治任务，注重发挥党委中心组学习示范作用，落实《中共西北民族大学委员会关于贯彻落实〈中国共产党党委（党组）〉理论学习中心组学习规则的实施意见》和理论学习中心组学习计划，深入学习党的十九大报告和习近平同志重要论述和指示批示精神。推进“两学一做”学习教育常态化制度化，举办贯彻党的十九大精神学习轮训班，把学习贯彻习近平新时代中国特色社会主义思想作为必修课，实现党员领导干部全覆盖，教育引导广大党员干部保持对党的绝对忠诚，坚决贯彻落实中央和国家民委党组、甘肃省委重大决策部署，保持政治清醒，站稳政治立场，增强政治定力，为推动学校改革发展提供坚强的政治保证。

（二）落实管党治党政治责任，深入推进监督执纪问责

学校纪检监察机关始终聚焦主责主业，持续强化监督执纪，自觉践行“四种形态”，不断加大整治师生身边违规违纪问题力度，紧盯重要节点，在重要节假日开展廉政提醒教育，加强监督检查，在学校机构改革及岗位聘任工作中强化纪律要求。召开警示教育大会，以案说纪、以案释法，强化遵规守纪的自觉性。严把选人用人政治关、廉洁关，出具党风廉政意见2500余人次。注重发挥内部审计监督作用，完成63名处级干部任期经济责任审计工作。

（三）压实“两个责任”，推动全面从严治党向基层延伸

认真落实党风廉政建设主体责任，在政治建设上下功夫，牢牢把握“两个维护”这一根本，层层传导“两个责任”压力，组织召开全面从严治党工作会议，及时传达上级组织党建会议精神，制定《中共西北民族大学委员会2018年落实全面从严治党工作要点》，签订全面从严治党责任书，明确党风廉政建设第一责任人的廉政考核内容，强化“一岗双责”意识。根据《西北民族大学党委巡察工作规划（2018—2020年）》和《西北民族大学第一轮巡察工作方案》，协助党委启动校内巡察，对美术学院党委、土木工程学院党委开展巡察，进一步发挥巡察利剑作用。加强对二级学院基层党组织履行“一岗双责”的监督，修订完善基层党建工作目标责任制评价体系和考核办法，规范程序，强化管理，加强监督，明确责任，充分运用好述职评议考核“指挥棒”，进一步压实主体责任、落实监督责任和用好问责利器。

（四）加强廉政文化建设，营造风清气正的校园文化氛围

持续加强作风建设，制定《中共西北民族大学委员会深入开展“作风建设年”活动实施方案》，全面排查作风方面存在的突出问题，共查找梳理学校层面问题13个，逐条研究制定整改措施52条，列出问题清单，建立整改台账，制定整改计划，靠实整改责任，实行挂牌销号，逐项抓好落实。以“守纪律、转作风、优服务”主题，开展反腐倡廉宣传教育月活动，召开反腐倡廉宣教专题研究部署会，开展廉政文化主题征文，召开“党章、宪法、监察法”专题学习讨论会，举办主题报告会，观看警示教育片等一系列活动，着力营造浓厚的廉洁文化氛围。

（五）加强自身建设，提升纪检监察干部履职能力

按照学校党委书记约谈纪监审办公室新任领导班子精神，进一步加强政治理论和业务知识学习。定期召开纪检监察工作联席会，注重纪检监察业务培训，多次选派纪委委员和学院纪检委员参加上级组织的业务培训，切实加强对纪委委员和纪检委员的业务指导。制定《中共西北民族大学纪律检查委员会全体会议议事规则》，进一步完善学校纪委全委会会议事制度，提高民主决策和科学决策水平。组织召开中层单位党组织纪检委员学习座谈会和纪委全委会暨扩大会议，学习《中国共产党纪律检查机关监督执纪工作规则》《中国共产党支部工作条例（试行）》，自觉锤炼对党忠诚、敢于担当、本领高强、作风优良、清正廉洁的工作作风，主动适应全面从严治党新形势新任务新要求，提升纪检监察工作质量。

回顾2018年的工作，学校党风廉政建设工作扎实推进，同时，我们也要清醒地看到，学校在开展党风廉政建设工作中还存在一些薄弱环节，主要有：有的党员干事创业精气神不够，不担当、不作为，干工作推诿拖延，形式主义、官僚主义现象时有发生；有的党员干部落实“八项规定”精神的意识还没有完全树起来、规矩还没有完全立起来；监督执纪问责不严不深、担当不足不敢查处、

能力不足不会查处的问题还比较普遍；二级单位纪检委员监督作用还没有充分发挥出来；“三转”不到位等等。我们要对照这些问题进行认真地自省自查，切实加以改进，努力开创学校党风廉政建设工作新局面。

二、2019 年学校党风廉政建设工作主要任务

2019 年，学校将一以贯之用习近平新时代中国特色社会主义思想武装头脑、指导实践、推动工作，一以贯之坚定践行“两个维护”，一以贯之贯彻落实全面从严治党的方针和要求，把握“稳”的内涵、强化“进”的措施，持续深化转职能、转方式、转作风，使各项工作思路举措更加科学、更加严密、更加有效。

（一）持续强化思想理论武装，坚持用习近平新时代中国特色社会主义思想武装头脑

按照“学懂、弄通、做实”的要求，深入学习领会贯彻习近平新时代中国特色社会主义思想，把这一思想落实到武装头脑、锤炼党性、强化作风中去，转化为指导实践、推动工作的具体行动，体现为做好本职工作、推动事业发展的实际成效。要深刻领会贯穿这一思想的马克思主义立场、观点、方法，深刻领会贯穿其中的初心使命、价值追求、精神境界，进一步坚定理想信念，增强“四个自信”。将学习领会与岗位职责、推进工作、加快发展紧密联系，与单位实际、工作实际紧密结合，把这一思想转化为谋划发展的思维方法、攻坚克难的措施途径、狠抓落实的精神动力，在具体实践中提升领会境界、增强工作本领、创造发展实绩。

（二）用好“四种形态”，突出监督职责

要持续抓好《中国共产党纪律检查机关监督执纪工作规则》《国家民委系统运用监督执纪第一种形态办法（试行）》的贯彻落实，践行监督执纪“四种形态”，以批评教育为重点强化常态规诫，以纪律处分为保障强化惩戒震慑，以明晰责任为抓手强化贯彻落实，坚持做到无病常防、初病早治、有病快治、重病严治，立起批评教育、组织处理、纪律处分、立案审查“四道防线”，注重打好监督执纪的“提前量”，当好拒腐防变的“敲钟人”。

（三）开展党风廉政宣传教育月活动，弘扬清廉文化

2019 年，学校将持续开展党风廉政宣传教育月活动，坚持社会主义核心价值观的引领，充分发挥高校以德育人、以文化人的优势，通过系列课题研究、组织专题理论学习等形式，强化正反典型教育，不断推动廉政文化建设深入人心。

（四）注重队伍建设，提高纪检监察工作质量

纪检监察干部作为政治干部，讲政治是首要任务，必须终身修炼、躬身践行，以“三严三实”来要求和对照自己，注重增强政治定力、纪律定力、道德定力、抵腐定力。严格执行监督执纪工作规则，强化自我监督，成为立场坚定、意志坚强、行动坚决的表率，不断提高纪检监察工作质量。

（五）深化政治巡察，发挥巡察利剑作用

根据《西北民族大学党委巡察工作规划（2018—2020 年）》和 2019 年巡察计划，学校将全面启动新一轮校内巡察，聚焦落实“六个围绕”巡察内容，紧密围绕党的政治建设、思想建设、组织建设、作风建设、纪律建设和反腐败斗争开展监督检查，同时立足巩固巡视成果，加强对中央第十巡视组的延伸调研和国家民委巡视“回头看”整改情况的监督检查，牢牢把握政治巡察工作定位，在政治高度上突出党的全面领导，在政治要求上抓住党的建设，在政治定位上聚焦全面从严治党，真正把政治的标准体现出来，把政治的偏差查找出来。净化党内政治生态，强化各级党组织管党治党政治责任，推动全面从严治党向纵深发展。

中共西北民族大学委员会2019年党建工作要点

2019年是学校贯彻落实十三五规划、深入实施“三地一库”建设承上启下的关键一年。学校党建工作的思路是：以习近平新时代中国特色社会主义思想为指导，深入贯彻党的十九大和十九届二中、三中全会精神，贯彻落实全国组织工作会议、全国宣传思想工作会议、全国教育大会、思政座谈会、全国高校党建工作会议精神，以及习近平总书记参加十三届全国人大二次会议甘肃代表团审议时的重要讲话精神，按照新时代党的建设总要求和新时代党的组织路线，坚定不移加强党的全面领导，树牢“四个意识”、坚定“四个自信”、坚决做到“两个维护”，以党的政治建设为统领，深化党建工作内涵，强化标准意识和质量意识，积极担当作为，狠抓任务落实，为学校事业发展提供坚强的政治、思想和组织保证。

一、坚决维护以习近平同志为核心的党中央权威和集中统一领导，推进党的政治建设

（一）坚持党的政治领导

认真贯彻落实《中共中央关于加强党的政治建设的意见》《中国共产党重大事项请示报告条例》等党内法规和规范性文件，注重从政治上把大局，把牢政治方向，体现政治要求，衡量政治效果。坚决贯彻落实党中央关于民族工作的决策部署和习近平总书记重要指示批示，做到不折不扣、落细落实、务求实效。认真检查落实“两个维护”中存在的温差、落差、偏差，着力解决在带头做到“两个维护”方面存在的能力不足、工作不力等问题。

（二）严格党内政治生活

严格执行《新形势下党内政治生活的若干准则》，增强党内政治生活的政治性、时代性、原则性、战斗性。坚持党员领导干部讲党课制度，严格党员领导干部参加双重组织生活制度。以“主题党日”活动为载体，与“三会一课”、组织生活会、谈心谈话、党员民主评议等制度深度融合，严格开展组织生活，推动形成严肃活泼、优质高效的党内政治生活新局面。

（三）提高政治能力

加强党性锻炼和政治历练，保持政治定力，提高政治免疫力。教育引导党员干部增强政治敏锐性和政治鉴别力，弘扬斗争精神，及时排查和有效防范化解各种风险，做到守土有责、守土负责、守土尽责。

二、坚持用习近平新时代中国特色社会主义思想武装头脑，推进党的思想建设

（一）扎实开展“不忘初心、牢记使命”主题教育

按照中央和国家民委党组、甘肃省委要求，以县处级以上领导干部为重点，开展“不忘初心、牢记使命”主题教育。以学习贯彻习近平新时代中国特色社会主义思想为主要内容，把主题教育作为一项重大政治任务，精心谋划、加强指导、压实责任，确保取得成效。

（二）强化创新理论武装

突出重点内容，抓好《习近平谈治国理政》（第一、二卷）、《习近平总书记重要讲话文章选编》《习近平新时代中国特色社会主义思想三十讲》等原著原文原理和习近平总书记关于民族工作重要论述的学习使用。提升校院两级理论学习中心组、教职工政治理论学习，党员组织生活，党校团校培训等学习力度。积极向党员推广使用“学习强国”平台。

（三）落实意识形态责任制

按照党政同责、“一岗双责”要求，落实学校党委《关于贯彻落实〈党委（党组）意识形态工作责任制实施办法〉的意见》和《网络意识形态工作责任制实施细则》。定期召开意识形态工作专题会和形势研判会。加强意识形态工作监督检查。加强意识形态综合分析研判和对重要节点、薄弱环节的有效管控，定期通报意识形态领域情况。加强意识形态阵地管理。建立健全工作机制，做好意识形态风险防范化解工作。

（四）推进思政工作质量提升

落实《高等学校思想政治工作质量提升工程实施纲要》，完善“三全”育人机制，一体化推进“十大”育人体系建设。推进学校《加强新形势下思想政治工作实施方案》130 条措施任务落实。制定实施《马克思主义学院思政课改革发展行动实施方案》，加强学科、师资队伍建设，改善办学条件。着力加强“课程思政”建设，遴选“课程思政”重点建设课程，深化协同育人效应。创新思政工作载体，建设融媒体中心。

（五）持续加强校园文化建设

推动以文化人以文育人，弘扬校训精神，组织开展“礼敬中华优秀传统文化”活动、“青春心向党 建功新时代”主题宣传教育实践活动、“同心大讲堂”活动，提升“一院一节一特色”校园文化品牌内涵。

（六）加强党对统一战线工作的领导

在各民主党派中开展“不忘合作初心 继续携手前进”主题教育活动。支持民主党派加强基层组织建设。做好学校防范和抵御宗教渗透工作中突出问题整改，开展民族团结进步创建活动。

三、全面贯彻落实新时代党的组织路线，突出政治标准，推进基层党建创新

（一）抓实建强基层党组织

以标准化建设为抓手，全面加强基层党组织建设工作。认真贯彻落实《中国共产党支部工作条例（试行）》，制定学校党支部标准化实施方案，聚焦基层支部、基本制度、基础工作，抓标准化建设。推进高校党建 20 条重点任务落实。稳步推进党组织“对标争先”建设计划和教师党支部“双带头人”培育工程，确保 7 个标杆学院、40 个样板党支部创建工作取得实效。加强党支部活动、工作方法品牌化塑造引领，挖掘工作亮点。举办“党支部建设”论坛，深化“支部工作法”案例总结运用。

（二）培养忠诚干净担当高素质干部队伍

突出政治标准，抓好二级单位领导班子和领导干部政治素质考察，增强二级单位领导班子和领导干部贯彻落实“两个维护”的自觉性和坚定性。围绕建立干部工作“五大体系”积极探索，抓好新修订的《党政领导干部选拔任用工作条例》学习宣传贯彻，加快构建精准科学选人用人机制，树立实干担当的鲜明导向。坚持好干部标准，发现培养选拔优秀年轻干部。培养干部斗争精神，增强斗争本领。关心关爱干部身心健康，落实干部谈心谈话制度，主动解决干部的实际困难。

（三）强化党员干部教育管理

扎实推进“两学一做”学习教育常态化制度化。贯彻落实中国共产党党员教育管理工作条例，不断提高党员教育管理工作质量。落实全国干部教育培训工作会议精神，研究制定学校 2019—2022 年干部教育培训规划，创新培训方式方法，精心设计举办专题培训班，提升干部政治素质和能力担当。加大党务干部能力提升培训，举办党务干部业务能力培训班。开展组织员“党建沙龙”活动，搭建组织员研讨交流、相互启发和共同提高平台。

（四）建设高素质人才队伍

继续抓好人才发展体制机制改革意见的落实。持续开展“弘扬爱国奋斗精神 建功立业新时代”活动，加强对人才的政治引领和政治吸纳。坚持党管人才，坚持引育并举，加快各类人才培育培养，量身定制高层次人才培养扶持措施，强化服务保障。召开人事人才工作会议，打通堵点、疏通节点，抓好人才发展体制机制改革。

（五）加强师德师风建设

完善师德建设相关制度，健全师德建设长效机制。大力选树宣传爱国奋斗先进典型，继续做好“师德标兵”“三育人”等评选表彰工作。加强青年教职工思想政治工作，做好民主党派和党外代表人士的政治引导工作。

四、始终保持党同人民群众的血肉联系，着力推进党的作风建设

弘扬优良作风。持续开展“作风建设年”活动，持之以恒落实中央八项规定，坚决防止“四风”问题反弹回潮，集中整治师生身边的不正之风和微腐败问题。力戒形式主义和官僚主义，认真贯彻落实习近平总书记关于精简文件、改进文风的重要指示要求，严肃整治发文多、会议多、内容空虚等问题。统筹规范督察检查考核工作，切实在减轻基层负担上取得明显成效。

五、坚持把纪律挺在前面，着力推进党的纪律建设

（一）深化标本兼治

围绕规范权力运行，强化监督制约，健全完善廉政风险防控机制，建立健全党员干部廉政档案。深化运用监督执纪“四种形态”，严格执行《国家民委系统运用监督执纪第一种形态办法（试行）》，注重抓早抓小，经常“咬耳扯袖”，做实日常监督。严格执行纪检机关监督执纪工作规则，加强问题线索处置、案件查办等工作，提高执纪审查质量。贯彻《中共西北民族大学委员会校内巡察工作规划（2018—2022 年）》，制定年度工作计划，扎实开展 2019 年校内巡察工作。

（二）严明政治纪律

召开警示教育大会，持续开展党风廉政宣传教育月，强化党员干部的纪律规矩意识，加强理想信念宗旨和道德教育，增强不想腐的自觉。把学习《中国共产党纪律处分条例》纳入各级理论学习中心组学习内容和干部教育培训课程。重点强化政治纪律和组织纪律，带动廉洁纪律、群众纪律、工作纪律、生活纪律严起来，使铁的纪律成为党员干部日常习惯和自觉遵循，坚决纠正上有政策、下有对策，有令不行、有禁不止行为。

六、建强脱贫攻坚一线战斗堡垒，着力推进脱贫攻坚工作

积极助力脱贫攻坚。贯彻落实中央和国家民委党组、甘肃省委关于脱贫攻坚的部署要求，创新工作思路，把牢精准主线，提升工作标准，持续传导压力，加大扶贫投入，强化政策保障，印发学校 2019 年脱贫攻坚工作方案，召开脱贫攻坚领导小组会议，切实推动帮扶甘肃临潭、“三区三州”临夏、武陵山片区、国家民委定点帮扶、对口支援、援疆、援藏等各项帮扶任务落地落实。

西北民族大学2019年宣传思想工作要点

2019年是新中国成立70周年，是全面建成小康社会、实现第一个百年奋斗目标的关键之年。根据中央及上级党组织的部署，根据《西北民族大学2019年工作要点》，学校宣传思想工作的总体要求是：坚持以习近平新时代中国特色社会主义思想为指导，全面贯彻党的十九大和十九届二中、三中全会精神，全面贯彻党的教育方针和民族政策，深入贯彻落实全国宣传思想工作会议、全国高校思想政治工作会议、全国教育大会精神，树牢“四个意识”，坚定“四个自信”，践行“两个维护”，始终把学习宣传贯彻习近平新时代中国特色社会主义思想作为首要任务，紧紧围绕庆祝新中国成立70周年这一主线，坚持立德树人根本任务，坚持稳中求进、守正创新工作基调，聚焦学校“三地一库”建设，自觉承担起举旗帜、聚民心、育新人、兴文化、展形象的使命任务，着力加强理论武装，着力加强意识形态工作责任制落实，着力加强新闻宣传和舆论引导，着力推动“十大”育人体系建设，着力推动文明校园创建工作，为建设党和人民满意的高水平大学和一流民族大学提供有力思想保证和强大精神力量。

一、加强理论武装，始终将学习贯彻习近平新时代中国特色社会主义思想作为首要政治任务

坚持全面系统学、及时跟进学、深入思考学、联系实际学，全面做好习近平新时代中国特色社会主义思想“三进”工作。进一步提高政治站位，在学懂弄通做实上持续下功夫，推动习近平新时代中国特色社会主义思想往深里走、往心里走、往实里走。结合“不忘初心、牢记使命”主题教育，持续推进“两学一做”学习教育常态化制度化，用好“学习强国”学习平台。加强两级中心组、教职工政治理论学习、党员组织生活、党校团校培训，重点研读《习近平谈治国理政（第一、二卷）》《习近平新时代中国特色社会主义思想学习纲要》《习近平新时代中国特色社会主义思想三十讲》《习近平总书记教育重要论述讲义》等学习材料。办好习近平新时代中国特色社会主义思想专题研讨会和干部集中轮训班，推动学习宣传贯彻工作入脑入心。

牵头单位：宣传部、组织人事部

责任单位：各部门、各二级单位党委（党总支、直属党支部）

二、弘扬爱国奋斗精神，扎实开展庆祝新中国成立70周年各项工作

广泛开展庆祝新中国成立70周年学习宣传教育系列活动。要紧扣爱国奋斗主题，重点宣传新中国成立70年来取得的伟大成就，生动反映民族地区发生的深刻变化，梳理总结学校建校近70年的发展成就与经验。做好内部协调、内外联动、全媒体共振，在全校营造共庆祖国华诞、共享伟大荣光、共铸复兴伟业的浓厚氛围。组织开展“七个一”（组织一次专题学习、举办一次专题报告会、开展一次主题实践活动、举办一场诗歌朗诵比赛、举办一次歌咏比赛、打造一台文艺晚会、推出一批优秀主题作品）献礼“70年”系列活动。

牵头单位：宣传部

责任单位：工会、离退休工作处、学生工作部（处）、团委、马克思主义学院、文学院、音乐学院、舞蹈学院、美术学院、教育科学与技术学院

三、坚持守土有责，牢牢把握意识形态工作领导权管理权话语权

（一）严格落实意识形态工作责任制

制定、修订意识形态领域管理规章制度，定期分析研判、安排部署意识形态工作，开展专项督查，严格落实学校党委《关于贯彻落实〈党委（党组）意识形态工作责任制实施办法〉的意见》和《网络意识形态工作责任制实施细则》。

牵头单位：宣传部

责任单位：各部门、各二级单位党委（党总支、直属党支部）

（二）加强意识形态阵地管理

加强课堂、教材、讲座、论坛、报告会等阵地管理，严格执行“一会一报”“一事一报”制度。发挥好意识形态工作、民族宗教工作、教材建设工作等领导小组职能，加强日常监管，把住敏感节点重点关口。严格审批程序和环节，压实网站、新媒体、自媒体规范管理责任。召开意识形态风险防控工作会议，梳理意识形态风险点，有针对性做好防范化解工作。

牵头单位：宣传部

责任单位：各部门、各二级单位党委（党总支、直属党支部）

（三）加快重点马克思主义学院建设

对标重点马院标准，完善马克思主义学院硬件建设。修订完善培养方案，抓好学科带头人和骨干团队培养，制定《马克思主义学院思政课改革发展行动实施方案》。进一步加强师德建设，全面落实研究生导师立德树人职责，选树思想政治理论课教师先进典型，开展思想政治理论课教师学习习近平新时代中国特色社会主义思想全员培训，全面提升师资队伍理论素养。大力推动“思政课程”与“课

程思政”同向同行，打造一批学习宣传习近平新时代中国特色社会主义思想“示范课堂”。继续做好甘肃省“形势与政策”课集体备课会工作，进一步加强“形势与政策”课建设。

牵头单位：马克思主义学院

责任单位：宣传部、教务处、研究生处

四、做好培根铸魂工作，坚定培养担当民族复兴大业的时代新人

（一）推动全国高校思想政治工作会议和全国教育大会精神落地落实

做好学校党委《关于加强和改进新形势下思想政治工作的实施方案》130条任务落实情况再“回头看”工作。落实教育部《高校思想政治工作质量提升工程实施纲要》，开展思想政治工作“十大”育人体系创新项目建设。紧扣“以本为本”战略，推动学校《加快建设一流本科教育行动计划（2018—2022）》贯彻落实。

牵头单位：宣传部、教务处

责任单位：各部门、各二级单位党委（党总支、直属党支部）

（二）强化理想信念教育

坚持以社会主义核心价值观为引领，凝聚师生共识、汇聚精神力量。落实中央《关于加强新时代学校民族团结进步教育的指导意见》，深化“五个认同”教育，铸牢各族师生中华民族共同体意识。在广大教师中深入开展“弘扬爱国奋斗精神、建功立业新时代”主题活动，在广大青年学生中开展“青春心向党、建功新时代”主题宣传教育实践活动。

牵头单位：宣传部、统战部、组织人事部、学生工作部（处）、团委

责任单位：各部门、各二级单位党委（党总支、直属党支部）

（三）加强师德师风建设

贯彻落实《新时代高校教师职业行为十项准则》，签订《教师职业道德规范承诺书》，严守负面清单，健全师德建设长效机制。选树先进典型，继续做好“师德标兵”“我最喜爱的老师”等评选表彰工作。加强青年教职工思想政治工作，做好民主党派和党外代表人士的政治引导工作。举办新教师入职宣誓仪式，举行教师节庆祝活动。

牵头单位：组织人事部

责任单位：宣传部、统战部、各二级单位党委（党总支、直属党支部）

（四）持续推动以文化人以文育人

持续开展文明校园创建工作。启动校史编撰，推进校史馆建设，传承校史文化，弘扬校训精神。

结合“七五”普法，抓好法治文化建设。组织开展“礼敬中华优秀传统文化”活动，提升“一院一节一特色”校园文化品牌内涵，培育孵化优秀文化成果。编印学校宣传画册，制作学校宣传片。组织好纪念黄河大合唱80周年赴延安演出、“石榴杯”全省少数民族文艺汇演等工作。做好重大节点、重大活动、重大事件的校园氛围营造。

牵头单位：宣传部、学校办公室、学生工作部（处）、团委、音乐学院、舞蹈学院、美术学院

责任单位：各部门、各二级单位党委（党总支、直属党支部）

五、坚持守正创新，凝聚主流思想舆论正能量

（一）围绕中心策划宣传

围绕学习宣传贯彻习近平新时代中国特色社会主义思想和党的十九大精神、庆祝新中国成立70周年、学校第六次党代会精神贯彻落实、高水平大学建设、“十三五”规划实施、脱贫攻坚帮扶工作等组织宣传，唱响主旋律，弘扬正能量。围绕重点学科建设和人才队伍建设推出系列专题报道，持续做好学校发展成就宣传、典型宣传。

牵头单位：宣传部

责任单位：各部门、各二级单位党委（党总支、直属党支部）

（二）推动媒体融合发展

整合校内宣传资源，建好用好融媒体中心。加大官方微博、微信等新媒体建设力度，做大做强网上正面宣传。加快今日头条、官方抖音号运用推广工作。做好新闻网站改版升级工作。

牵头单位：宣传部、信息化建设与服务中心

责任单位：各部门、各二级单位党委（党总支、直属党支部）

（三）增强外宣工作实效

紧扣学校中心工作、重点工作和办学成就，精心策划外宣选题，力争在主流媒体上发表高质量宣传稿件和理论文章，讲好民大故事，唱响民大声音，展示民大形象。积极推进与校外媒体交流互动、深度对接，不断提升学校影响力。

牵头单位：宣传部

责任单位：各部门、各二级单位党委（党总支、直属党支部）

（四）强化舆论引导

加强对网络舆情的监测防范和应对处置。加强热点问题和重大突发事件的舆论引导，做好舆情信息报送。加强网络安全员、网络监督员、网评员队伍建设，举办舆情工作培训班。

牵头单位：宣传部、信息化建设与服务中心

责任单位：各部门、各二级单位党委（党总支、直属党支部）

六、增强“四力”实效，加强宣传思想工作队伍建设

提升业务本领，激发活力效力。以政治建设为统领，开展增强“四力”教育实践工作，坚持转语态、转时态、转心态、转状态，提升脚力、眼力、脑力、笔力。以增强专业本领为关键，以锐意创新创造为紧要，以培育优良作风为基础，打造一支政治坚定、本领过硬的宣传思想工作队伍。举行教职工通讯员新闻宣传培训会。统筹抓好党政干部和共青团干部、新闻舆论工作队伍、思想政治理论课和哲学社会科学课教师队伍、学生骨干队伍建设。

牵头单位：宣传部、组织人事部

责任单位：学生工作部（处）、团委、教务处、马克思主义学院、各二级单位党委（党总支、直属党支部）

西北民族大学 2019 年信息报送要点

学校 2019 年信息工作的总体要求是：坚持以习近平新时代中国特色社会主义思想和党的十九大精神为指导，全面贯彻党的教育方针和民族政策，以“三地一库”建设为主线，围绕学校党建思政工作、“十三五”规划实施、高水平大学和一流民族大学建设等，反映情况、展示工作动态、总结办学成果与经验。聚焦新时代教育工作和民族工作，开展调查研究，为学校高质量发展、上级部门决策咨询提供理论支撑和政策建议。

一、党建工作方面

第一，习近平新时代中国特色社会主义思想和党的十九大精神、中央民族工作会议、全国教育大会、全国宣传思想工作会议、全国高校思想政治工作会议和第 26 次全国高校党建工作会议精神的学习贯彻落实情况。全国“两会”精神，尤其是习近平总书记参加十三届全国人大二次会议甘肃代表团审议时的重要讲话的学习宣传贯彻落实情况及师生反响。党和国家其他重大会议、文件、活动及国家民委、教育部、甘肃省等重要会议文件精神的学习宣传贯彻落实情况及师生反响。

第二，“不忘初心、牢记使命”主题教育、持续推进“两学一做”学习教育常态化制度化情况。十九届中央纪委三次全会精神、国家民委教育系统全面从严治党工作会议学习贯彻落实情况。中央和国家机关工委《关于对国家民委推进党的政治建设进行重点督查情况的报告》的整改落实情况。校党委领导班子联系基层党组织情况。教师党支部书记“双带头人”工程建设及党组织“对标争先”情况。落实意识形态工作责任制情况。中央八项规定及其实施细则精神的贯彻落实情况。领导班子和干部队伍建设情况。“基层减负年”活动开展情况。校内政治巡察工作开展情况。

二、立德树人方面

第一，构建五育并举全面培养教育体系情况。立德树人根本任务“大学习、大讨论、大落实”活动开展情况。中央《关于加强新时代学校民族团结进步教育的指导意见》落实情况。体育、美育教学改革和心理健康知识教育、劳动教育推进情况。

第二，提升思想政治工作质量情况。《加强新形势下思想政治工作实施方案》130 条措施落实情况。“课程思政”建设情况。新思想“进教材、进课堂、进头脑”的推进落实情况。创新思政工作载体，融媒体中心的建设情况。“三下乡”社会实践等“第二课堂”育人功能实施情况。庆祝新中国成立 70 周年、纪念五四运动 100 周年、百年学联等主题活动以及校园文化建设开展情况。

第三，贯彻落实中办、国办《关于全面深入持久开展民族团结进步创建工作铸牢中华民族共同体意识的意见》工作情况。民族团结进步宣传月活动开展情况，民族团结进步创建工作，铸牢中华民族共同体意识的经验做法。“建设伟大祖国 建设美丽家园”主题教育活动开展情况。推动文明校园创建情况。

第四，加大人才队伍建设情况。深化师德师风建设的新做法。高层次人才引进和青年骨干教师培育情况。教师教学发展中心建设情况。推进教师分类管理和多元考核评估进展情况。智库在加强应用研究和对策研究方面的工作情况。

三、高质量发展方面

第一，学校“十三五”规划实施情况。学校“双一流”特色建设规划与实施方案进展情况。以“一优三特”学科建设为引领，形成优势学科、特色学科、培育学科、重点学科等学科建设梯次落实情况。中国语言文学学科建设推进情况。

第二，加快建设一流本科教育工作情况。《加快建设一流本科教育行动计划（2018—2022）》推进情况，本科教学评估整改工作进展。教育教学改革和“3+X”人才培养体系构建情况。教育信息化2.0行动计划实施情况及教育信息化建设的新举措。学生参加高级别学科竞赛情况。实验室规范管理、安全运行、开放共享及大精仪器设备预约共享情况。图书文献、档案资源数字化建设情况。

第三，研究生培养模式改革工作进展情况。研究生教育综合改革、专业学位研究生教育改革落实情况。《全面落实研究生导师立德树人职责实施细则》执行情况。完善研究生学位论文质量监督体系建设情况。

第四，预科教育和继续教育开展情况。预科教育管理服务进展情况。函授站点建设和职业技能资格培训开展情况。

第五，创新创业制度建设、创新训练平台与创业实践平台建设、创新创业指导服务体系建设情况。推进创新创业教育与专业教育、民族特色融合工作情况。加强创新创业教育研究，探索创新创业国际合作项目情况。

第六，招生就业工作情况。扩大本科一批次招生省区范围、2019年本预科招生录取工作情况。完善就业工作机制和指导服务体系、拓展就业市场工作情况。

第七，修订完善科研奖励和考核办法、深化科研体制机制改革工作情况。争取高级别科研项目和成果情况。科技成果转化应用情况。协同创新中心、省部级重点实验室、重点研究基地等科研平台建设情况。“高校哲学社会科学繁荣计划”落实情况。科研诚信建设情况。

四、服务社会方面

第一，落实国家民委办公厅《关于开展服务国家战略服务民族工作重大现实问题研究的通知》

精神，围绕新时代国家战略和民族地区发展中的重大现实问题，聚焦民族工作中的重点、难点、热点问题，涉及民族地区经济转型升级、社会稳定、教育、精准脱贫、生态文明建设、民生改善、文化传承与保护，推动民族工作法治化进程、加强城市民族工作及民族关系监测、预警、评估等方面的研究报告。

第二，深化委部、委省共建，深化与甘肃省人民政府战略合作的工作情况。与各级地方政府、企事业单位、高校及科研院所在人才培养、科学研究等方面的深度合作工作进展情况。与四川大学对口支援项目创新和工作落实情况。校友工作情况。

第三，民族干部和双语人才培训情况。依托国家民委双语人才培训基地，举办干部、专业技术人才培训情况。

第四，推进武陵山片区、援疆援藏、“三区三州”等脱贫攻坚帮扶工作情况。

第五，与国（境）外高水平大学特别是“一带一路”沿线国家高校和科研机构的实质性合作情况。国际教育新模式探索情况。教师出国（境）研修、访学、攻读学位、合作研究的情况。推进学术国际化情况。

第六，“一带一路特色农产品多语言电子商务平台”建设情况。《格萨尔文库》出版发布进展情况。优秀少数民族文化的挖掘、传承与创新工作情况。

五、办学保障方面

第一，推进依法治校、加快现代大学制度建设情况。有效落实学校《章程》、规章制度清理情况。反映“七五”普法进展情况。推进机构改革、优化机构设置和调整内部职能的相关情况。深化“放管服”改革、“互联网 +”改革及跨部门、跨业务、跨校区协同管理和服务进展情况。推进党务、校务信息公开情况。

第二，反映建校 70 周年发展成就与经验以及筹备工作的进展情况。

第三，探索、完善两校区办学管理体制与运行机制情况。内部控制、后勤服务等工作进展情况。推进智慧校园建设情况。

第四，维护校园安全稳定、深化平安校园建设情况。

西北民族大学校园网络信息监管办法（修订）

第一章　总则

第一条　根据《全国人民代表大会常务委员会关于维护互联网安全的决定》，教育部、国家网信办《关于进一步加强高等学校网络建设和管理工作的意见》及相关法律、法规，结合学校实际情况，特制定本办法。

第二条　本办法所称校园网络信息是指西北民族大学及校属各单位以学校或学校内设机构的名义制作、发布、转载、采集、存储的所有网络信息，包括文字、图片、视频、音频、动画、数据等形式。

第三条　学校成立网络安全与信息化建设工作领导小组，党政主要领导负责统筹校园网络安全工作。网络安全与信息化建设工作领导小组负责全校网络信息安全工作的整体规划和推进，指导、监督校属各单位网络信息安全管理工作，组织召开校园网络舆情信息通报联席会议并部署安排工作。

第四条　党委宣传部为校园网络信息安全管理的职能部门，信息化建设与服务中心为校园网络信息安全技术服务保障单位。

校属各单位负责本单位网站、专题网站、新媒体平台、信息管理系统的网络信息管理，凡设立党委、党总支、直属党支部的单位均实行书记负责制，职能部门和没有设立处级建制党组织的单位实行主要领导负责制。

第五条　校园网络信息监管工作以依法治网、分级管理、严格审核、文责自负、责任追究、确保安全为原则。

第二章　校园网站建设与审批

第六条　校园网络实行三级网站制。一级网站为西北民族大学官方网站，二级网站为校属各单位网站，三级网站为专题网站。

第七条　校园网站建设应本着有利于教学、科研、管理、服务，有利于对内、对外宣传，有利于师生员工工作生活，有利于节约网络资源的宗旨，紧紧围绕学校党建工作、人才培养、科学研究、社会服务、文化传承与创新、国际合作与交流开展网络信息建设与服务工作。

第八条　学校教学科研单位网站内容应包括：单位简介、党建工作、专业设置、人才培养、师资队伍、教学与实践、科学研究、招生就业、思想政治工作、动态信息等。

学校职能部门和教辅单位网站内容应包括：部门简介、工作职责、机构设置、最新公告、工作动态、规章制度、办事指南、联系方式等。

专题网站的具体内容、栏目根据专题性质酌情设置。

各网站具体栏目可根据工作实际情况适时进行调整，但不得擅自增设 BBS、聊天室等具有交互功能的栏目。

学校鼓励和支持与教学、科研、思政教育、校园文化相关的特色网站建设。

第九条　校园网站实行网站审批与备案制度。

（一）校园网站实行统一平台管理制度，各单位不再自行建设网站。新建网站时需填写《西北民族大学网站审批（备案）表》向信息化建设与服务中心申请网站域名。信息化建设与服务中心接到申请后，利用校园网站统一管理平台生成所需网站，经党委宣传部审批登记，签发《西北民族大学网站许可证》后，信息化建设与服务中心在校园网站统一管理平台上正式开通。

（二）网站改版、变更的，须履行上述手续。

（三）原则上校属各单位不设外文网站，确需建设外文网站的，经国际合作与交流处审核后，办理上述手续。

（四）各单位的网站管理负责人、管理员名单须报党委宣传部备案。因网络管理人员调整的，要及时备案。

（五）学校不受理任何个人的网站申请。

第十条　校属各单位应加强网站链接管理，定期检查链接的有效性和适用性。

校属各单位不得违规链接境外网站。

第十一条　学校实行网站年审制度，对未通过年审的网站进行限期整改。

根据学校招生等宣传工作的需要，确定每年 5 月中下旬为网站年审期。

第十二条　校园网络严格实行校内管理，原则上不允许校属各单位在校外申请域名或租用服务器设立网站。

第十三条　信息化建设与服务中心依照国家有关标准，执行信息安全等级保护制度，负责校园网站定级、备案等工作。

第三章　校园网络信息的发布与管理

第十四条　校园网络信息的发布必须遵守国家有关法律法规，遵守社会公德；坚持“谁主管、谁负责，谁建立、谁负责，谁运维、谁负责”的原则；坚持客观、公正、真实的原则，开展正面宣传引导；坚持服务师生的原则，围绕学校中心工作，为师生提供及时准确的工作信息、学习信息和生活信息。

第十五条　校园一级网站信息实行分级、分类审核制度。凡网站上发布的信息都要进行严格审核，做到先审后发、不审不发。

学校办公室负责校园一级网站上发布与学校有关的重大综合信息，主要包括：学校总体情况，学校领导相关资料，学校重要指标统计数据和重大信息。

职能部门、教辅单位发布一般公告、通知类信息，经本单位主要领导审核后，报信息化建设与服务中心发布。

党委宣传部负责审核通过学校新闻网发布的各类新闻内容。

第十六条　校园二级网站和三级网站信息的发布与管理按照下列方式进行。

（一）各单位主管网络信息安全工作的领导负责本单位网站和专题网站信息的审核工作，并制定工作流程。

（二）各单位应指定专门的网络管理员，履行相关工作职责。网络管理员应是熟悉本单位情况的在编职工，并具备一定的计算机操作水平和网站内容维护管理的能力。

（三）各单位在网站和专题网站上传课件、视频、学习和研究资料，通过网络进行直播等必须经单位党政主要负责人审查通过后方可上传。

（四）校园网络信息管理系统的使用单位和管理员承担系统操作与信息内容的直接安全责任。

（五）学校不允许学生担任网络管理员。

第十七条　校园网络严禁发布、上传涉密信息和文件，严禁发布学校党委、行政正在酝酿、起草尚未实施的政策、规章制度、工作部署、内部信息资料、各级领导批示及涉及敏感问题、影响学校稳定和声誉的信息。原则上不允许各单位发布与本单位工作无关的信息。

重要数据传输不得使用网络即时工具。

第十八条　各类网站转载的信息应与职能、业务活动相关，并评估内容的真实性和客观性，遵守知识产权法律法规；新闻资讯转载来源必须为国家网信办公布的可供转载的新闻机构，不得转发外电新闻、国外网站新闻。

第四章　校园新媒体管理

第十九条　校园新媒体为依法向运营商办理申请登记手续并经学校审批核准，以“西北民族大学”“西北民大”“xbmzdx”“xbmd”“xbmu”“nwmu”为标识的官方性微博、微信、新闻资讯客户端、手机报及其它新兴移动网络媒体。

第二十条　开通校园新媒体的单位在办理有关手续的同时，应向党委宣传部提交《西北民族大学新媒体备案表》。

第二十一条　校属各单位应加强校园新媒体的建设与管理。新媒体注册申请人仅限于本单位工作人员。学校原则上不允许学生担任新媒体管理员。

校园新媒体信息发布严格执行实名制，符合本办法第三章有关规定。

第五章　校园电子显示屏管理

第二十二条　校园电子屏包括分布在全校范围内的所有 LED 电子显示屏。

第二十三条　校园电子屏主要用于发布以下内容：

（一）播放学校网络新闻；

（二）转播中央电视台新闻频道新闻联播；

（三）因需播放学校宣传片；

（四）学校举行重大活动或重要参观来访需要播出的标语等；

（五）学校建设发展的突出成果信息；

（六）学校组织的重大活动的现场直播；

（七）学校制作的主题宣传资料；

（八）各单位申请播放的内容；

（九）其他确需发布的信息。

第二十四条　本着建设节约型校园原则，电子显示屏应于每天 22：00 之前关闭，寒暑假期间一般应关闭。信息发布时间要求：

（一）信息发布原则上不得影响学校正常教学秩序；

（二）带有声音的视频信息播放时间为：10：40—11：00；12：40—14：20；18：10 以后；

（三）转播中央电视台新闻频道时间为：13：00—14：00；18：10—20：00。

第二十五条　信息内容安全管理：

（一）党委宣传部负责户外电子显示屏的内容审核。校内外重大新闻、重要活动等信息内容，由党委宣传部安排发布。凡需要使用全彩电子显示屏的单位，应提前 2 天填写《电子显示屏使用申请表》（突发事件可以特殊处理），经单位主要负责人签字并加盖单位公章，报党委宣传部审批后，由信息化建设与服务中心工作人员在规定时间内播放。

（二）各类电子显示屏发布的内容要严格遵守国家的有关法律法规及相关政策，遵守学校相关规定，确保内容合法、准确、真实。

（三）严禁播出涉及国家机密和影响社会稳定的信息，不得播放商业性广告信息，不得播放来源不明的新闻信息。

第二十六条　电子显示屏的使用、维护与建设：

（一）信息化建设与服务中心负责户外电子显示屏的日常管理与维护，发布各类宣传资料、电视新闻等。各单位负责所属区域室内电子显示屏的日常使用和管理，审核并发布与本单位业务相关的宣传、咨询、公告等业务信息。

（二）全校电子显示屏的维护与维修由信息化建设与服务中心负责。

（三）学校各单位需要新建电子显示屏，须向党委宣传部提出必要性申请，党委宣传部根据需要提出意见，报学校批准后，使用单位和信息化建设与服务中心共同制定技术方案，国有资产管理处或基建处负责组织招标采购。

第六章　校园网络信息安全教育与监管

第二十七条　校属各单位要切实加强网络安全宣传教育工作，把网络安全教育与思想政治教育、综合治理有机地结合起来，提高师生网络与信息安全意识、政治意识、责任意识、保密意识、防范意识，着力提高师生识别有害信息的能力，培养师生良好的媒介素养，引导师生树立科学健康的用网习惯，培养师生规范、合法、文明上网行为。

第二十八条　任何单位和个人不得利用校园网络制作、复制、传播下列信息：

（一）煽动抗拒和破坏法律、行政法规和国家政策实施的；

（二）煽动颠覆国家政权，推翻社会主义制度，分裂国家、破坏国家统一的，传播和收藏宣扬恐怖主义、极端主义的图书、音频、视频资料的；

（三）煽动民族仇恨、民族歧视，破坏民族团结的；

（四）破坏国家宗教政策，宣扬邪教和封建迷信的；

（五）捏造或者歪曲事实，散布谣言，煽动非法集会、结社、游行、示威、聚众扰乱社会秩序的；

（六）编造虚假险情、疫情、灾情、警情，在信息网络或其他媒体上传播，或明知是上述虚假信息，仍在信息网络或其他媒体上传播；

（七）以非法民间组织名义活动的；

（八）传播淫秽、色情、赌博、暴力、凶杀、恐怖等网络信息或教唆犯罪的；

（九）公然侮辱他人或者捏造虚假信息诽谤他人的；

（十）侵犯他人知识产权的；

（十一）违反其他法律、行政法规的。

第二十九条　党委宣传部、学生工作部（处）、团委、保卫处应按照自身工作职责加强校园网络信息查阅和监管。国际合作与交流处负责校园外文版网站内容和舆情信息监控。

校属各单位应加强校园网站的日常巡查工作，防止网站被攻击、内容被篡改、重要敏感信息泄露等事件的发生，建立巡查档案。建有信息管理系统的校属单位应及时进行数据备份，并自觉接受信息化建设与服务中心的监督、检查。

第三十条　党委宣传部负责建立网络舆情信息收集、报告、研判与应对机制，实行舆情信息周报和专报，做好网络监管日志工作。

信息化建设与服务中心负责网络攻击事件、计算机病毒疫情、系统安全漏洞监测等工作，及时通报预警，并向有关部门通报结果及处置情况。

校属各单位应结合师生关注的重点、热点和难点问题，加强校园新媒体、社交网群的舆论引导，积极回应网上关切。如在校园网络或与学校相关的社会性网络上发现与学校有关的舆情或不良信息，要及时向党委宣传部报告，并提供网络线索。

第三十一条　所有校园网站和用户应接受党委宣传部、信息化建设与服务中心、保卫处的监督、检查和指导。对信息更新不及时、内容维护不到位的校属单位，党委宣传部应督促其立即整改。

第三十二条　校属各单位主管网络信息安全的负责人要监督本单位网站的备案及保密工作，并负责监督本单位网站和新媒体平台所有信息的更新、修改和删除，确保网站内容的正确性。

网络管理员负责本单位网站、新媒体平台内容的更新和网络的正常运行的维护。对网站和新媒体平台内容的更新、修改、删除等改动，须经本单位主管领导审核。

校属各单位网站、新媒体平台信息要及时更新。网站、新媒体平台信息在一个月内有更新内容而没有更新的，各单位主管网络信息的负责人应责令其立即整改。

第三十三条　校园网络实行实名制。学校所有用户应对自己账号所发布的网络信息负责，并加强对自己账号的管理，防止他人盗用账号后在网上进行非法活动。

校园各级网站、信息系统管理员应严格管理账户密码，并对其进行适时更改。

校属各单位离岗人员要上交学校网络信息平台的账户与密码，单位网络负责人要及时处置。

严格管理学校办公系统电子签名的个人秘钥和公章秘钥。不允许将个人秘钥和公章秘钥交由他人代办、代签。

第三十四条　校属各单位工作人员应对职工和学生个人信息进行严格保密，对自己的计算机和信息管理系统进行严格管理，不得违反国家有关规定向他人出售或者提供教职工和学生的个人信息。

第七章　网络安全责任

第三十五条　校园网络实施安全责任制。网络安全与信息化建设工作领导小组每年应与校属各单位签订《西北民族大学校园网络信息安全责任书》，明确责任。

第三十六条　对落实校园网络安全责任不力、造成不良影响的校属单位，由学校网络安全与信息化建设工作领导小组根据情节，给予其责任人和管理人员以警告，并责令提交书面检查。

对制作、复制、发布或传输有害信息的单位和个人，情节严重的校属单位或个人，由学校依据有关规定对单位责任人和个人给予相应纪律处分，并责令停网整顿；存在违反国家法律、行政法规情形的，移交相应司法部门进行处理。

对因没有贯彻落实《中共西北民族大学委员会关于贯彻落实〈党委（党组）意识形态工作责任制实施办法〉的意见》，导致出现网络安全问题的单位、主要领导、直接责任人，依据该《意见》追究相应政治责任。

第八章　附则

第三十七条　依据国家法律、法规和国家政策，结合校园网络运行的实际情况，对本办法进行适时修订或增加补充规定。

第三十八条　信息化建设与服务中心依据国家有关法律、法规和政策文件，修订或制定校园网络信息技术安全方面的规章制度。

第三十九条　本办法由党委宣传部负责解释。

第四十条　本办法自公布之日起生效并执行。原《西北民族大学校园网络信息监管办法》（党委发〔2016〕42 号）《西北民族大学电子显示屏管理办法（暂行）》（民大发〔2012〕303 号）同时废止。

西北民族大学新闻宣传工作管理办法（修订）

第一章　总则

第一条　为进一步规范和加强西北民族大学（以下简称“学校”）新闻宣传工作，积极营造教育事业改革和发展的良好舆论环境，根据国家民委《关于进一步健全新闻宣传工作机制的实施意见》（民委发〔2018〕68号）、中共教育部党组《关于进一步加强教育新闻发布工作的实施意见》（教党〔2015〕24号）、教育部国信办《关于进一步加强高等学校网络建设和管理工作的意见》（教思政〔2013〕3号）等文件精神，结合学校实际，制定本办法。

第二条　学校新闻宣传工作，坚持以习近平新时代中国特色社会主义思想为指导，坚持团结稳定鼓劲、正面宣传为主，弘扬主旋律，传播正能量；坚持自觉服从和服务于学校中心工作和重点工作，牢固树立“四个意识”，坚定“四个自信”，做到“两个维护”，为学校改革发展提供强大舆论支持和精神动力。

第三条　新闻宣传工作以公开为常态、不公开为例外。学校应建立健全新闻宣传工作机制，依法依规开展新闻宣传工作，充分尊重师生的知情权、参与权、监督权，加强信息发布，注重互动交流，做好服务引导。

第四条　新闻宣传工作遵循新闻传播规律，加强理念创新、制度创新和手段创新，把握好时、度、效，增强新闻舆论传播力、引导力、影响力、公信力，不断提高新闻宣传工作水平。

第五条　新闻宣传工作应与学校改革发展稳定各项工作同步筹划、同步部署、同步推进，切实加强队伍建设，调动师生专家等力量共同参与，形成合力。

第六条　新闻宣传工作应严格执行国家新闻出版管理、广播影视管理、互联网管理等有关规定和学校保密规定，严防失实报道和泄密事件发生。

第二章　新闻宣传工作管理范围和内容

第七条　学校新闻宣传工作管理包括以下主要范围和内容：

（一）党和国家领导人及中央、国家机关、省、市等各级领导同志参加学校有关会议和重要活动，视察检查学校，以及作有关重要批示的宣传报道；

（二）学校学习、贯彻落实党和国家的路线、方针、政策情况的宣传报道；

（三）学校改革发展的重大举措、重要信息、重要成就和典型经验的宣传报道；

（四）学校重要会议、重大活动、重要国内外交流与合作的宣传报道；

（五）学校参加校外有关活动的宣传报道；

（六）校内各单位围绕学校中心工作或重要部署安排开展的主题性活动，或具有创新性工作、特色活动的宣传报道；

（七）转载主流媒体对学校人才培养、教学科研和校园文化等方面的报道；

（八）对校内各单位新闻报道工作的管理与指导；

（九）对校内新闻媒体的管理与指导；

（十）其他具有新闻价值活动的宣传报道。

第三章　新闻宣传工作的组织与领导

第八条　学校新闻宣传工作由党委统一领导，分管宣传思想工作校领导主要负责，党委宣传部具体落实。

第九条　党委宣传部负责新闻报道的策划、协调工作；负责校内报纸、广播、电视、网站、微博、微信、抖音及有关新闻资讯 APP 等新闻媒体的管理工作；负责主动、及时、准确地向广大师生传达学校的发展新思路、改革新举措、工作新要求。

第十条　各党委（党总支、直属党支部）书记、各职能部门主要负责人为本单位新闻宣传工作第一责任人。

第十一条　校内各单位确定一名职工为新闻宣传通讯员，报党委宣传部聘任。

通讯员要积极宣传报道本单位的教学、科研、管理、服务、学生活动及各项工作成果和师生员工的先进事迹，认真撰写稿件，供学校各媒体选用；及时、定期向学校媒体报送本单位的新闻信息；负责本部门、本单位新闻宣传资料的收集、整理和存档。

第四章　新闻发言人和新闻发布会

第十二条　新闻发言人由学校党委常委会确定。新闻发言人的主要职责：

（一）参与新闻发布会的组织协调工作；

（二）代表学校对外发布新闻、声明和有关重要信息。

第十三条　凡对学校发展有重大影响的事项，需及时对外报道的，可根据需要举行新闻发布会，由新闻发言人发布新闻，同时可请校领导及校内有关单位负责人回答记者提问。

新闻发布会有关事项的审批程序按照下列规定执行：

（一）凡需要向上级报批的新闻发布会，必须在上级部门审批后举行；

（二）根据实际情况，需要举办新闻发布会的，由党委宣传部负责组织；党委宣传部和新闻发言人，根据学校确定的发布会内容，会同相关单位拟定举办新闻发布会的计划，报请学校党委常委会批准后组织实施；

（三）新闻通稿、背景材料由相关单位草拟，经学校党委常委会审批后，由党委宣传部提供给新闻媒体；党委宣传部负责邀请新闻单位记者并组织采访活动。新闻发布会的会务工作由党委宣传部负责，承办单位协助。

第十四条　召开新闻发布会，应遵守下列规定：

（一）严格执行新闻宣传纪律，不得违反国家有关保密规定；

（二）规模适当，讲求实效；

（三）校内各单位和个人，不得擅自以任何形式对外进行新闻发布。

第五章　校内新闻报道

第十五条　校内新闻报道渠道为学校新闻网、《西北民族大学报》、校园广播、电视台、新媒体平台及其他。

第十六条　为保证及时发布新闻信息，高效有序地开展工作，建立新闻报道采编与报告制度。

新闻报道的采编与报告工作按下列规定进行：

（一）学校举办的重大活动、重要会议宣传报道方案由党委宣传部商承办单位制订，报分管校领导审定后实施。各单位举办的活动或会议需要党委宣传部采访报道的，承办单位应于活动或会议前三天填写《西北民族大学新闻宣传报道审批表》，同新闻通稿或相关材料一并报党委宣传部。活动或会议后，做好新闻宣传资料的收集、整理和存档工作；

（二）新闻稿件要求及时，一般应于活动当日或次日投稿；超过活动 3 天以上的稿件原则上不予采用。

第十七条　各类新闻报道的审核，按下列程序进行：

（一）学校所有新闻稿件均实行编辑校审制。一般新闻稿件，编辑校审审核后发布；重要新闻稿件，经编辑校审审核，报党委宣传部分管副部长审核后，方可发布；重大新闻稿件，经编辑校审审核，报党委宣传部常务副部长审阅、相关校领导审核后方可发布；

（二）《西北民族大学报》实行党委宣传部分管副部长、常务副部长、分管校领导三级审核制度和工作流程；

（三）校内各二级网站发布的新闻及各单位通讯员报送的新闻稿件，须经本单位新闻宣传工作负责人实名签发后方可投稿。

第十八条　新闻稿件的撰写、发布与转载应遵守下列规定：

（一）新闻稿件应真实、准确、客观，所有稿件文责自负；

（二）新闻稿件应严格按照校内媒体所设栏目发布；

（三）学校各类网络转载新闻时，应符合国家相关要求；

党委宣传部负责对校内各单位网站发布的新闻或有关内容进行检查，对新闻的选择、修改、发布及撤除有最终解释权。

第六章　对外宣传

第十九条　党委宣传部应按照学校确定的对外宣传工作要求和任务，加强与新闻媒体的联系，及时组织报道学校改革发展的新成就，积极扩大对外宣传渠道，提升宣传效果。

第二十条　凡学校对外宣传活动，均应遵守宣传纪律，先报党委宣传部审批。

第二十一条　校内各单位主办的重要活动，需邀请新闻单位出席并做报道的，应于活动举办前三天填写《西北民族大学新闻宣传报道审批表》报党委宣传部，由党委宣传部邀请新闻单位。

第二十二条　学校新闻报道活动需邀请国外和港、澳、台地区新闻媒体参加的，由党委宣传部和国际合作交流处协调，按照国家的有关规定办理相关手续。

第二十三条　学校发布的外文版稿件，经国际合作交流处编辑翻译后，报分管校领导审核后方可发布。

第二十四条　记者来校采访，凡采访内容涉及学校事务的，须事先填写《西北民族大学新闻宣传报道审批表》报党委宣传部备案。凡属对敏感时期的敏感问题或突发事件的采访，均需报学校党委审批。校内任何单位和个人不得就上述事项擅自接受记者采访。

第二十五条　校内各单位需对举办的会议、活动等进行网络直播的，须事先填写《西北民族大学新闻宣传报道审批表》报党委宣传部审批。

第二十六条　党委宣传部应做好校外新闻媒体对学校的报道的收集、保存、转发等工作。

第七章　突发、敏感事件的报道

第二十七条　根据国家有关规定，学校对突发、敏感事件的报道加强统一管理。突发、敏感事件如需报道的，由学校党委确定，学校办公室和党委宣传部协调组织实施。

第二十八条　对突发、敏感事件的报道，应有利于社会安定团结，有利于学校的改革发展稳定。报道中涉及的重要数字、重要情节，必须准确无误，经党委宣传部和学校办公室审阅，报学校党委审核后方可发布。

第二十九条　学校突发、敏感事件对外辟谣澄清工作由党委宣传部会同有关部门组织实施，突发、敏感事件所涉及的任何部门或单位不得自行向外提供消息。

第三十条　学校及相关单位加强对网络舆情的搜集、报告、研判和应对，严格按照《西北民族大学校园网络信息监管办法》和《西北民族大学网络舆情应对处置工作方案》相关要求，积极稳妥应对突发、敏感事件网络舆情。

第八章　奖励与惩处

第三十一条　举办西北民族大学年度好新闻推荐活动，以西北民族大学名义举办，由党委宣传部承办，每年年底举办一次。

第三十二条　学校开展新闻宣传工作先进集体、新闻宣传工作先进个人评选表彰活动，党委宣传部负责组织实施，每年年底举办一次。

第三十三条　新闻宣传工作要严格遵守新闻宣传纪律和保密规定。对未经批准擅自接受新闻媒体涉及学校事务的采访，造成失实报道或不良影响的，对在接受采访中违反保密规定的，追究直接责任人和单位负责人的责任。

第三十四条　学校各单位及有关人员违反本办法有关规定的，视情节轻重，对负直接责任的有关单位、直接责任人、部门负责人给予批评教育、约谈；情节严重的，会同有关部门给予党纪或行政处分。

第九章　附则

第三十五条　本办法自发布之日起施行，由学校党委宣传部负责解释。原《西北民族大学新闻宣传工作管理办法》（党委发〔2017〕86 号）同时废止。

附件 1：西北民族大学 2019 年度民族团结进步模范集体和模范教职工名单

一、模范单位

法学院、马克思主义学院、体育学院、新闻传播学院、历史文化学院、蒙古语言文化学院、舞蹈学院、生命科学与工程学院、民族学与社会学学院、学生工作部（处）、团委

二、模范教职工

序号	模范教职工	（所在）单位	序号	模范教职工	（所在）单位
1	陈　倩	学生工作部（处）、团委	2	木巴拉·阿合买提江	法学院
3	扈永辰	民族学与社会学学院	4	陈晓佳	马克思主义学院
5	布音图	蒙古语言文化学院	6	刘　彬	新闻传播学院
7	杜才祯	舞蹈学院	8	周尚娟	历史文化学院
9	王国明	社会科学研究院	10	丁海娥	生命科学与工程学院

附件2：西北民族大学2019年度民族团结进步模范学生名单

序号	单位	模范学生	序号	单位	模范学生
1	经济学院	周胜男、孙叟瑶、郭皓伟、和杉、潘任伟、王敬淇、曲丞尉、李嘉辰、李祥	2	管理学院	李露、陈锦涛、倪玺涵、孟敏霞、任渝、向珂雨、金轩子、马俊、张影、张钰涵、关佳新、马海燕
3	法学院	陈晓婕、马佳、罗民全、廖朝华、申传峰、努尔自拜尔·艾尼外	4	民族学与社会学学院	韩育蓉、高维灏、魏子强、杨柳、蒋鑫楠、和晓妍
5	文学院	罗永超、周鸿、赵梓池、杨路东、史学忠、李恒婧羽、兰静、韩雪	6	数学与计算机科学学院	德吉卓玛、尼丝来提·阿不都克尤木、刘清泉、叶桐、刘兴莲、杨文慧、杨毛毛、张溪溪、马赛诺、王子一、向莉、廖燕妮、郭星琪
7	藏语言文化学院	多杰扎西、晁福芳、华文梅、旦知吉、斯那江初、松毛、许忠琳、才仁多杰	8	外国语学院	麻世龙、黄家强、包亚力、张学森、向海浪、吴妍、庞中苑、冷天、杨江帆
9	新闻传播学院	姜铎彬、曹丙娥、邓欣雨、顾然、郭宏宇、姜连帅、王海月、吴佳彤、杨建、杨晶涵、杨茜尧	10	历史文化学院	张云鹤、袁海玥、高洪刚、杨振吉
11	舞蹈学院	刘葱、翁梓琪、郭涛、孙明涛	12	美术学院	赵祎欣、王一迪、刘克轩
13	教育科学与技术学院	吕锦景、彭欣雨、张恩铭、杨思钰、韩雨桐、柳亚辛	14	电气工程学院	赵信、刁楠、郝振、陈能勇、徐睿博、张子健、简旭阳、刘军、秦璇、马小鹏、向镇武、郭家宁、谢丹卉、尤振勇、赵佳贺
15	土木工程学院	姜升、孔祥敏、勾秀明、张耘豪、杨生平、顾俊、杨澳、周强、赵堃	16	医学院	医学院：苏生林、何代娟、宋乙、张昊、冯卓慧、杨超、柴红飞、马萍、马鹤月、张小燕、赵婷 第二临床医学院：苏娜、蔡贺南
17	口腔医学院	牟曼琴、杨润宇	18	预科教育学院	锡林夫
19	生命科学与工程学院	党苗苗、曹明浩、杨佳庆、马蕊、马俊贤、陈天莹、柳美彦、余晓雪、莘若兰、韩晨、李双娇	20	音乐学院	王晨丽、刘万余
21	蒙古语言文化学院	娜荷芽、其达拉图、拉木草	22	维吾尔语言文化学院	凯海尔·买买提、古丽努尔·哈力穆拉提、阿布都克依木·巴拉提、何珊、阿巴斯·艾麦尔
23	化工学院	李冬、张朝林、杨鹏迪、陈志玺、周宇婷、谢佳伟、付保岗、丁新、赵乐、连明利、张哲源、任浩浩、苏雪怡、邹存良、崔鹏洋、张维	24	体育学院	龙思钦、杨丽、窦豪
25	研究生院	古明霄、阿迪娜·吐尔逊、吴青青、金荣、黄悦、张淋均、周莉、郭文豪、巴图孟和、谢昀珂			

工作规则办法

西北民族大学公文处理办法

第一章　总则

第一条　为推进学校公文处理工作科学化制度化，提高公文处理效率和质量，根据《党政机关公文处理工作条例》《国家民委公文处理实施细则》和甘肃省委省政府有关文件精神，结合学校实际，制定本办法。

第二条　本办法所指公文，是指学校及校内各单位在管理过程中形成的具有特定效力和规范体式的公务文书，是依法治校和进行公务活动的重要工具。

第三条　公文处理工作指公文拟制、办理、管理、归档等一系列相互关联、衔接有序的工作。

第四条　公文处理应当坚持实事求是、准确规范、精简高效、安全保密的原则。

第五条　学校办公室是学校公文处理的管理机构，负责指导校内各单位的公文处理工作。全校各单位应当高度重视公文处理工作，加强组织领导，强化队伍建设，健全管理制度。各单位主要负责人为本单位公文处理工作第一责任人。

第六条　学校公文印发一般通过“综合门户”平台进行。涉密文件、含有敏感信息的文件以及明确标注发布范围的文件，必须严格执行国家保密法律法规和有关规定，并严禁通过非涉密网络进行传输、发布。

第二章　公文种类

第七条　学校的公文种类主要有：

（一）决议。适用于会议讨论通过的重大决策事项。

（二）决定。适用于对重要事项或重大行动作出安排、部署，奖惩有关单位及人员，变更或撤销下级单位不适当的决定事项。

（三）公告。适用于向校内外宣布重要事项。

（四）通告。适用于在一定范围内公布应当遵守或周知的事项。

（五）报告。适用于向上级部门汇报工作、反映情况，回复上级部门的询问。

（六）请示。适用于向上级部门请求指示、批准。

（七）批复。适用于答复下级单位请示事项。

（八）意见。适用于对重要问题提出见解和处理办法。

（九）通知。适用于发布、传达要求下级单位执行和有关单位周知或执行的事项，批转、转发公文。

（十）通报。适用于表彰先进，批评错误，传达重要精神和告知重要情况。

（十一）函。适用于不相隶属单位之间相互商洽工作，询问和答复问题、请求批准和答复审批事项。

（十二）纪要。适用于记载会议主要精神和议定事项。

第三章　公文格式

第八条　以学校名义向上级机关（业务指导部门）等校外单位报送的公文、以学校名义在全校范围内印发的公文，统一由学校办公室参照《党政机关公文处理工作条例》有关规定和《党政机关公文格式（GB/T 9704-2012）》的标准印制。

第九条　学校制发的公文一般要求按照如下格式印制：

（一）如无特殊情况，一律使用国际标准 A4 纸（210mm×297mm）打印，一般每面排 22 行，每行排 28 个字，特定情况可以作适当调整。

（二）公文一般应包括发文单位标志、发文字号、签发人、标题、主送单位、正文、附件说明、发文单位署名、成文日期、印章、附注、附件、抄送单位、印发单位、印发日期和页码等组成。

1. 发文机关标志。发文机关标志体现在公文版头，一般由发文单位全称或规范化简称加“文件”二字组成，也可以只使用发文单位全称或规范化简称。发文单位标志居中排布，上边缘至版心上边缘为 35mm，推荐使用红色小初号小标宋体字，以醒目、美观、庄重为原则。不同类别的文件应使用不同发文机关标志的版头，具体规范如下：

（1）以学校党委名义发文，使用“中共西北民族大学委员会文件”；以学校行政名义发文，使用“西北民族大学文件”；以学校党委或学校行政名义向不相隶属的单位之间商洽工作、询问、答复问题等，使用“中共西北民族大学委员会”或“西北民族大学”；以党委办公室名义发文，使用“中共西北民族大学委员会办公室文件”；以学校办公室名义发文，使用“西北民族大学校长办公室文件”。

（2）纪委、工会、团委制发正式公文分别使用“中共西北民族大学纪委文件”“西北民族大学工会委员会文件”“共青团西北民族大学委员会文件”。

（3）校内其他各单位发文标志只使用本单位全称或规范化简称，不得使用带有“文件”字样的版头。

2. 发文字号。由发文单位代字、年份、序号组成。联合行文，一般只标明主办机关发文字号。单位代字应当准确、规范、精练、无歧义、固定使用，不得与上级机关、同级机关代字雷同。年份、发文顺序号用阿拉伯数字标注，年份全称标在六角括号内，发文顺序号不编虚位，不加“第”字。发文字号采用 3 号仿宋体，置于发文单位标志下空二行的位置。平下行文，居中排布；上行文，居左空一字排布，右侧对称位置标注签发人。

3. 公文标题。应当准确简要地概括公文的主要内容并标明公文种类，标题采用 2 号小标宋体字，分一行或多行居中排布，回行时要做到词意完整，排列对称，长短适宜，间距恰当，多行排列时应当使用梯形或菱形。标题中应当尽量避免使用标点符号，确需使用的，可以使用书名号、引号、顿号和括号。

4. 主送单位。指公文的主要受理单位，应当使用全称或者规范化简称。编排于标题下空一行位置，居左顶格，回行时仍顶格，最后一个机关名称后标全角冒号。采用 3 号仿宋体字。

5. 正文。应当文字简洁，表述准确，条理清楚，直述不曲。正文采用 3 号仿宋体字，正文行距采用固定值 28 磅格式，正文页面设置上页边距 3.6cm、下页边距 3.5cm、左页边距 2.7cm、右页边距 2.6cm。公文首页必须显示正文。

（1）人名、地名、时间、数字、引文准确。正文中数字用法按照国家标准《出版物上数字用法》（GB/T 15835-2011）中的有关要求执行，数字不能回行。引用公文应当先引标题，后引发文字号。引用外文（字母词等）应当在文中首次出现时以括注方式注明准确的汉语释义。日期应当写明具体的年、月、日。

（2）结构层次，一般不超过四层，其层次序数依次可为“一、”“（一）”“1. ”“（1）”。一般第一层小标题用黑体字，第二层小标题用楷体字，第三、四层小标题用仿宋体字。层次序数可越级使用。

（3）一般情况下，正文应使用单位全称或规范化简称。文内使用非规范化简称，应当先用全称并注明简称。使用国际组织外文名称或其缩写形式，应在第一次出现时注明准确的中文译名。

6. 附件说明。公文附件的顺序号和名称。在正文下空一行左空二字编排“附件”二字，后标全角冒号和附件名称。如有多个附件，使用阿拉伯数字标注附件顺序号（如附件：1.×××××）；附件名称后不加标点符号。附件名称较长需回行时，应当与上一行附件名称的首字对齐。

7. 发文单位署名。应署发文成文单位全称或规范化简称。

8. 成文日期。署会议通过或者发文单位负责人签发的日期，用阿拉伯数字将年、月、日标全，月、日不编虚位。联合发文时署最后签发单位主要负责人签发的日期。成文日期一般右空四字编排，置于发文单位署名下一行。

9. 印章。公文中有发文单位署名的，应当加盖与署名单位相符的发文单位印章。联合行文的，联署单位应当加盖印章。会议纪要不加盖公章。印章端正、居中下压发文单位署名和成文日期，使发文单位署名和成文日期居印章中心偏下位置，印章顶端应当距正文（或附件说明）一行之内。

10. 附注。公文印发传达范围等需要说明的事项。居左空二字加圆括号标注在成文日期下一行，回行时顶格。请示、报告、函等上行文应当在附注处标注联系人姓名和联系电话。

11. 附件。公文正文的说明、补充或者参考资料。应当另面编排在版记之前，与正文一起装订。不能与正文一起装订时，应当在附件左上角标注公文的发文字号，并在其后标注“附件”二字及顺序号。“附件”二字及顺序号采用 3 号黑体字顶格编排在版心左上角第一行。附件标题居中编排在版心第三行。附件顺序号和附件标题应当与附件说明的表述一致。附件格式要求同正文。

12. 抄送单位。除主送单位外需要执行或知晓公文内容的其他单位，应当使用单位全称、规范化简称或同类型单位统称。抄送单位按上级单位、平级单位、下级单位顺序排列，一般采用 4 号仿宋体字，在印发单位和印发日期之上一行、左右各空一字编排。“抄送”二字后加全角冒号和抄送单位名称，回行时与冒号后的首字对齐，最后加句号。如版记有主送单位，主送单位置于抄送单位之上一行，主送与抄送之间不加分隔线。

13. 印发单位和印发日期。印发单位为行文单位或者其办公室。印发日期为公文的送印日期，用阿拉伯数字将年、月、日标全，月、日不编虚位，后加“印发”二字。一般采用 4 号仿宋体字，编排在末条分隔线之上，印发单位左空一字，印发日期右空一字。

14. 页码。公文页数顺序号。单页码居右空一字，双页码居左空一字标注。公文正文与附件一起装订时，页码应当连续标注。一般采用 4 号半角宋体阿拉伯数字，编排在公文版心下边缘之下，数字左右各放一条一字线；一字线距版心下边缘 7mm。公文版记页前有空白页的，空白页和版记页均不编排页码。

第四章　行文规则

第十条　行文应当确有必要，讲求实效，注重针对性和可操作性。

（一）严格控制公文数量

1. 凡属以下情况的，学校不再制发公文：

（1）党中央、国务院和国家民委、教育部、甘肃省委省政府、甘肃省委教育工委等上级部门或相关部门已出台相关文件并作出明确规定的；

（2）现行公文仍然适用的；

（3）没有实质性内容，可发可不发的；

（4）仅就某项工作作出具体安排部署，通过当面协商或者利用现代化信息技术手段能够解决的；

（5）某项工作的政策已经明确，执行过程中出现了新情况、新问题但没有新的措施或者办法，只作一般性号召或者重申已有规定、要求的。

2. 涉及同一事项的内容，尽量合并发文。可通过网络公开发布的公文，应逐步减少纸件印发数量。

3. 校属各单位要严格遵守《西北民族大学关于落实解决形式主义突出问题为基层减负工作的通知》精神，规范行文，从源头严控各类发文数量，大力压减自制简报、通报的种类和数量。

（二）从严控制公文制发规格

1. 单位职责范围内的常规工作、事项，可以单位名义印发通知的，不以学校名义行文；

2. 学校管理中综合协调的事务，可以党办、校办名义行文的，不以学校党委或行政名义行文；

3. 可通过便函形式印发的，不以学校党委、行政或学校办公室名义印发。

第十一条　严格控制公文篇幅，倡导“短实新”文风。学校印发的政策性文件原则上不超过 8 页，部署学校重要工作的文稿一般不超过 4000 字，部署专项工作或具体任务的文稿一般不超过 2000 字。

第十二条　应根据行文目的、发文单位职权和与主送单位的关系正确选用公文种类。

第十三条　行文关系根据隶属关系和职权范围确定，一般不得越级请示和报告。因特殊情况必须越级请示或报告时，应由本单位负责人签发，并抄报被越过的上级单位。

第十四条　中共西北民族大学委员会、西北民族大学、中共西北民族大学纪律检查委员会可以向校属各单位或上级机关行文，西北民族大学工会委员会可以向校内各二级单位工会或上级工会委员会行文，共青团西北民族大学委员会可以向校内各分团委、团总支或上级共青团委员会行文。学校纪委、工会、团委在其职责范围内的日常工作行文，由本单位自行审核、编号、印制学校纪委涉及重大事项的文件，工会、团委涉及重大事项以及报送上级部门的文件，都应以“中共西北民族大学委员会”名义行文。学校其他单位不得直接向上级部门行文。

属学校党委或行政的经常性工作和一般事项，可根据工作性质或需要以党委办公室或校长办公室名义行文。

第十五条　“请示”应当一事一文，一般只写一个主送机关。除领导直接交办的事项外，“请示”不得直接送领导个人。“报告”不得夹带请示事项。

第五章　公文拟制

第十六条　公文拟制是指公文起草、审核、签发等过程。

第十七条　公文起草。公文起草应当做到：

（一）符合党的路线方针政策和国家法律法规，完整准确体现发文机关意图，并同现行有关公文相衔接。

（二）深入调查研究，充分进行论证，广泛听取意见；一切从实际出发，分析问题实事求是，所提政策举措和办法切实可行。

（三）文种正确，格式规范；内容简洁，主题突出，观点鲜明，结构严谨，表述准确，文字精炼。

（四）公文涉及其他单位职权范围内的事项，起草单位必须征求相关单位意见，力求达成一致。如有分歧，由起草单位负责人协调，仍不能取得一致时，起草单位应当列明各方理由或依据，报请主管校领导决定。

（七）学校各单位负责人应当主持、指导重要公文起草工作，并负责审核本单位起草的公文。

（八）学校重大改革发展建设方案、重要规章制度在制订（修订）时必须在有关范围内广泛征求意见，并按照《西北民族大学党委常委会议事规则》《西北民族大学校长办公会议事规则》和《中共西北民族大学委员会坚持和完善党委领导下的校长负责制实施细则》精神，提交党委常委会或校长办公会审议。

（九）公文在有关单位之间征求意见或会稿时，各协办单位应在 2 个工作日内答复或会稿，对紧急公文应第一时间处理，避免造成工作延误。

（十）公文的信息公开属性、涉密公文密级和保密期限的确定，应当由起草单位提出初步意见后，送学校保密委员会进行定密审核。

（十一）起草涉密公文应当在涉密计算机上操作或通过纸质进行，并应符合国家、学校相关保密制度的要求。

第十八条　公文审核。学校各单位以学校名义起草的公文，须填写西北民族大学会签发文稿纸，经各单位主要负责人核稿审签后报学校办公室审核。未经学校办公室审核的公文不得直接送学校领导签发。审核的重点是：

（一）行文理由是否充分，行文依据是否明确。

（二）内容是否符合国家法律法规和党的路线方针政策；是否完整准确体现发文单位意图；是否同现行有关公文相衔接；所提举措和办法是否切实可行。

（三）涉及有关单位职权范围内的事项是否经过充分协商并达成一致意见。

（四）文种是否正确，格式是否规范；人名、地名、时间、数字、段落顺序、引文等是否准确；文字表述、计量单位和标点符号等是否规范。

（五）其他内容是否符合公文起草的有关要求。

第十九条　经审核不宜发文的公文文稿，应当退回起草单位并说明理由；符合发文条件但内容需作进一步研究和修改的，由起草单位修改后重新报送。

第二十条　凡需要经会议通过的公文必须按规定程序提交会议审议通过后，再报学校办公室审核。会议通过的公文，应当标示“经 ×× 会议讨论通过（或决定）”。

第二十一条　签发。以学校名义印发的公文一般由分管校领导签发，重要公文和上行文由学校主要领导签发。会议纪要原则上由主持会议的学校领导签发。签发人应当签署明确意见、姓名和完整日期；圈阅或者签名的，视为同意。

第六章　公文印发

第二十二条　签发后的公文由学校办公室负责排版，主办单位负责公文样稿的校对工作。

第二十三条　公文正式印制前，学校办公室应当进行复核，复核的重点是：审批、签发手续是否完备，附件材料是否齐全，格式是否统一、规范等。主办单位不得擅自修改复核后的公文，如有疑义及时报学校办公室复审。

第二十四条　凡以学校党委、行政和学校办公室名义印发的公文，统一由学校办公室按有关规定安排印制。公文印制应保证质量和时效，普通公文的印制期限一般不超过 2 个工作日，紧急公文收到后应立即印制。

第二十五条　涉密文件、含有敏感信息的文件以及明确标注发布范围的文件，应当由发文单位按保密要求进行登记、发放，并通过符合国家保密规定的计算机信息系统进行传输。涉密公文应当在符合保密要求的场所印制。

第七章　收文办理

第二十六条　收文单位为中共西北民族大学委员会、西北民族大学或者西北民族大学学校办公室（党委办公室、校长办公室）的公文由学校办公室统筹办理。

第二十七条　校属各单位接收的外来文件（包括校外单位直接寄送的公文，参加会议带回的公文，以及通过网络平台、传真等方式接收的公文等），凡接收对象为学校党委、学校或接收对象为职能部门但内容涉及重要专项业务的，接收单位须及时填写《外来文件处理单》并送学校办公室，由学校办公室按照收文程序处理。

第二十八条　收文办理程序包括：

（一）审核。学校办公室应对校内各单位呈报学校和校领导的请示、报告类公文进行审核。审核重点：主送校领导是否合适，是否符合行文规则，涉及校内其他单位职权的事项是否已协商、会签，公文格式是否符合规范等。经审核不符合规定的公文，及时退回呈报单位并说明理由。

（二）登记。详细记录公文的主要信息和办理情况。校外来文应由学校办公室统一进行收文登记并编号，将公文标题、密级、收文字号、发文单位、收文日期及办理情况逐项填写清楚。对上级机关重要的电话指示、通知、答复，应记录来电机关、人员姓名、时间、内容，并誊写在《电话记录本》中，签署接电话人姓名，视同校外来文登记处理。

（三）批办。学校办公室负责人根据公文内容、要求和工作需要提出拟办意见，呈报校领导批示或转有关职能部门办理。对需要两个以上校属单位办理的，应当明确牵头办理单位。紧急公文应当明确办理时限。

（四）承办。学校办公室根据校领导批示和工作需要，将公文及时送承办单位办理。承办单位对交办的公文应及时办理，有明确办理时限要求的应当在规定时限内办理完毕，严禁积压延误、错办漏办。

（五）督办。学校办公室对公文的承办情况进行督促检查，及时了解公文的办理进展情况。对紧急或者重要公文应当及时督办，对一般公文应当定期督办。

（六）办结。公文的办理结果应当及时答复呈报单位，并根据需要告知相关单位。办理完毕，承办单位应在收文处理单的落实情况中写明办理情况与结果，签署姓名与日期。

第八章　公文归档

第二十九条　公文办理完毕后，应按照《中华人民共和国档案法》及有关规定，由发文承办单位将公文定稿、正本和有关材料进行及时整理、立卷，并在规定时间内移交档案馆归档。电子公文随同纸质文件一起整理、立卷、归档。

第三十条　公文立卷应根据公文形成的特征、相互联系和保存价值进行分类、整理、立卷，完整地反映本单位的主要工作情况，以便于查找和利用。

第三十一条　联合办理的公文，原件由主办单位立卷归档，其它单位保存复印件。

第三十二条　学校每年的公文应于次年 4 月进行整理，并于 6 月完成立卷、归档工作。个人不得保存应归档公文、文稿等材料。

第九章　公文管理

第三十三条　各单位应当建立健全本单位公文管理制度，确保管理严格规范，充分发挥公文效用。

第三十四条　各单位应当由专人统一管理公文，涉密单位要按照有关保密规定配备工作人员和必要的安全保密设施设备。

第三十五条　学校各单位在拟制涉密公文时，应当按照拟定的密级先行采取保密措施。确定密级后，应当按照所定密级严格管理。绝密级公文应当由专人管理。公文密级的确定、变更和解除，由学校保密委员会负责。

第三十六条　公文的印发传达范围应当按照发文单位的要求执行；需要变更的，应当经发文单位批准。

第三十七条　各单位应严格落实涉密公文保密管理有关规定。绝密级公文一律不得复印、汇编。复制、汇编机密级、秘密级公文，须符合有关规定并经学校主要负责人或分管负责人批准。复制件须加盖复制机关戳记。翻印文件须注明翻印的机关名称、日期。复制、汇编的公文视同原件管理。汇编本的密级按照编入公文的最高密级标注。

第三十八条　公文的撤销和废止，由发文单位、上级单位根据职权范围和有关法律法规决定。公文被撤销的，视为无效；公文被废止的，视为自废止之日起失效。各单位应当根据情况变化及时废止文件。

第三十九条　没有归档价值的公文和其他材料，可定期交学校办公室统一销毁。销毁秘密公文要进行登记，有专人监督，保证不丢失、不漏销。

第四十条　校内机构合并时，全部公文应当随之合并管理；机构撤销时，需要归档的公文整理（立卷）后按有关规定移交档案馆。工作人员离岗离职时，所在单位应当督促其将暂存、借用的公文按照有关规定移交、清退。

第四十一条　新设立的校内机构应当向学校办公室提出发文立户申请，经审查符合条件的，明确其发文字号。机构合并或者撤销时，发文字号相应进行调整。

第十章　附则

第四十二条　学校公文含纸质公文和电子公文。学校电子公文指通过西北民族大学“综合门户”平台依照合法程序进行流转、签批及发布的公文，电子公文的处理依照《西北民族大学电子公文管理实施细则》执行。

第四十三条　学校直属附属医院公文处理工作，可以参照本规定执行。

第四十四条　本办法从印发之日起施行，由学校办公室负责解释。原《西北民族大学公文处理办法》（党委发〔2011〕48 号）同时废止。

附件：西北民族大学发文字号编制规则

发文字号是公文格式中不可缺少的组成部分，正式公文（包括文件和函件）都应标注发文字号，以利于开展工作，保存资料。根据《党政机关公文处理工作条例》《国家民委公文处理实施细则》等有关文件精神，结合工作实际，学校发文字号规则设置如下：

一、以学校党委名义行文的发文字号

（一）以学校党委名义上报国家民委党组、教育部党组、甘肃省委等的请示、意见和报告等（简称上行文），发文代字不区分承办单位，统一为“民大党报”，发文字号编制规则为“民大党报〔20**〕* 号”，发文号不编虚位，按发文年度依次顺序编号。

（二）以学校党委名义向学校各党组织、校属各单位行文的文件（简称下行文），发文代字不区分承办单位，统一为“民大党发”，发文字号编制规则为“民大党发〔20**〕* 号”，发文号不编虚位，按发文年度依次顺序编号。

（三）以学校党委名义向国家民委有关部门、甘肃省委有关部门、兄弟院校党委等商洽工作、询问和答复问题等，使用学校党委函件形式。发文代字不区分承办单位，统一为“民大党函”，发文字号编制规则为“民大党函〔20**〕* 号”，发文号不编虚位，按发文年度依次顺序编号。

二、以学校名义行文的发文字号

（一）以学校名义上报国家民委、教育部、甘肃省政府等的请示、意见和报告等（简称上行文），发文代字不区分承办单位，统一为“民大报”，发文字号编制规则为“民大报〔20**〕* 号”，发文号不编虚位，按发文年度依次顺序编号。

（二）以学校名义向学校各单位行文的文件（简称下行文），发文代字区分承办单位，发文号不编虚位，按发文年度依次顺序编号。

1. 有关一般性事项的下行文，承办单位必须为学校的党政机构。教辅单位、教学单位、科研单位如需行下行文，需根据具体业务分类报至相关党政机构，由其代为行文。发文字号编制规则为“民大 + 单位简称 + 发〔20**〕* 号”。各单位具体发文代字如下：

党委办公室	发文代字：民大党办发
校长办公室	发文代字：民大校办发
组织人事部	发文代字：民大组人发
党委宣传部	发文代字：民大宣发
党委统战部	发文代字：民大统发
纪监审办公室	发文代字：民大纪监审发
学生工作部（处）	发文代字：民大学发
团委	发文代字：民大团发
工会	发文代字：民大工会发
离退休工作处	发文代字：民大离退发
发展规划与学科建设处	发文代字：民大发规发
教务处	发文代字：民大教发
科研处	发文代字：民大科研发
研究生处	发文代字：民大研发
国际合作交流处	发文代字：民大国际发
财务处	发文代字：民大财发
国有资产管理处	发文代字：民大国资发
基建处	发文代字：民大基建发
保卫处	发文代字：民大保卫发
后勤管理处（后勤集团）	发文代字：民大后勤发

2. 有关学生处分的“决定”和有关学生学籍异动的“通知”单独编号（学生学籍异动包含学生转专业、转学、休学、复学、保留学籍、退学 6 种类别）。学生处分决定的承办单位应为学生处分业务主管部门，发文代字为“民大学处”；学生学籍异动通知的承办单位应为学生学籍业务主管部门，发文代字为“民大学籍”。发文字号编制规则为“民大学处〔20**〕* 号”“民大学籍〔20**〕* 号”，发文号不编虚位，按发文年度依次顺序编号。

（三）以学校名义向国家民委有关部门、甘肃省政府有关部门、兄弟院校等商洽工作、询问和答复问题等，使用学校行政函件形式。发文代字号不区分承办单位，统一为“民大函”，发文字号编制规则为“民大函〔20**〕* 号”，发文号不编虚位，按发文年度依次顺序编号。

三、以学校名义印发的会议纪要发文字号

以学校名义印发的会议纪要分为三类：党委常委会会议纪要、校长办公会会议纪要、专题办公会会议纪要，发文字号不体现会议类别及年份，会议类别使用对应的会议纪要版头纸区分，年份通过印发日期体现；发文字号编制规则为“第＊期”，不编虚位，按发文年度依次顺序编号。如 2019 年第 1 期专题办公会会议纪要，发文字号应为“第 1 期”。

四、学校各单位对校内其他单位行文的发文字号

学校各单位对其他单位行文，一般使用函或者通知的形式，发文字号编制规则为“民大 + 单位简称 + 字〔20**〕* 号”，发文号不编虚位，按发文年度依次顺序编号。以党政机构和教辅单位为例，具体发文代字如下：

党委办公室	发文代字：民大党办字
校长办公室	发文代字：民大校办字
组织人事部	发文代字：民大组人字
党委宣传部	发文代字：民大宣字
党委统战部	发文代字：民大统字
纪监审办公室	发文代字：民大纪监审字
学生工作部（处）	发文代字：民大学字
团委	发文代字：民大团字
工会	发文代字：民大工会字
离退休工作处	发文代字：民大离退字
发展规划与学科建设处	发文代字：民大发规字
教务处	发文代字：民大教字
科研处	发文代字：民大科研字
研究生处	发文代字：民大研字
国际合作交流处	发文代字：民大国际字
财务处	发文代字：民大财字
国有资产管理处	发文代字：民大国资字
基建处	发文代字：民大基建字
保卫处	发文代字：民大保卫字
后勤管理处（后勤集团）	发文代字：民大后勤字
图书馆	发文代字：民大图字
实验教学部	发文代字：民大实验字
信息化建设与服务中心	发文代字：民大信服字
学报编辑部	发文代字：民大学报字

医院　　　　　　　　　　　　　发文代字：民大校医字

资产经营公司（科技园）　　　　发文代字：民大资字

教学单位、科研单位如有需要在校内行文，以编号规则为准，参照上述规则自行编号。

五、以学校党委名义、学校名义行文的文件和会议纪要，发文代字号由学校办公室统一编排，各单位不得自行编号。校属各单位以各自名义行文的文件和会议纪要，由各单位按照编号规则自行编号。

六、西北民族大学公文版头纸制作权在学校办公室，具体为：中共西北民族大学委员会文件、西北民族大学文件、西北民族大学党委常委会会议纪要、西北民族大学校长办公会会议纪要、西北民族大学专题办公会会议纪要、中共西北民族大学委员会、西北民族大学、中共西北民族大学委员会办公室文件、西北民族大学办公室文件。

七、校属各单位版头纸由各单位依照本文件有关规定及国家标准信函纸格式自行印制。

八、新发文字号自《西北民族大学公文处理办法》印发之日起使用，旧发文字号同时废止。

西北民族大学会议管理办法

第一条　为进一步加强和规范学校各类会议的组织与管理，严肃会议纪律，提高会议质量，结合学校实际，制定本办法。

第二条　本办法所指会议主要包括学校党员代表大会、教职工代表大会、工会会员代表大会、团员代表大会、学生代表大会、党委全委会会议、党委常委会会议、校长办公会会议、学术委员会会议、干部大会、各类委员会会议和议事协调机构会议、学校领导主持召开或职能部门召开的专题会议、学校主办或承办的学术交流和工作交流会议等。

第三条　会议应坚持高效、精简、节俭的原则。

（一）提高会议质量。召开会议应充分准备，注重实效，与会人员汇报、交流应紧扣议题，突出重点，简明扼要，表达清楚，态度明确，力戒空话套话。

（二）精简会议数量。时间或内容相近、参会人员基本相同的，合并开会或套开会议，防止对同一事项议而不决、反复开会。提交学校会议审议的事项，汇报单位应事先与相关单位充分沟通并报分管校领导同意。学校专题会议按“谁分管、谁出席”的原则确定出席校领导和与会人员。

（三）厉行勤俭节约。严格控制会议经费，凡能利用学校会议室召开的会议，不到校外召开。会议一律不摆放花草、水果，不制作背景喷绘、横幅，不安排考察及娱乐活动，不发放纪念品。

第四条　学校召开党员代表大会、教职工代表大会、工会会员代表大会、团员代表大会和学生代表大会等，应严格按照相应制度规定组织。会前应成立专门的会议筹备机构，负责会议的筹备和组织工作。会议过程形成的各类材料由会议秘书组负责。

第五条　学校党委常委会会议、校长办公会会议分别由学校党政主要领导召集，原则上每两周召开一次。如遇重大问题可随时召开。学校办公室负责会议组织和会务工作。

根据工作需要，校领导可召集专题办公会议，研究部署某方面专题工作。专题办公会由议题主要牵头部门负责会议组织和会务工作，学校办公室协助相关工作。

第六条　学校干部大会等涉及全校性的会议，经学校党政主要领导同意，根据工作需要召集。由相关职能部门组织召开需各单位负责人（含副职）参加的工作会议，报分管校领导或学校党政主要领导同意后召开。会议牵头部门负责会议组织和会务工作。

第七条　学校各类委员会和非常设领导机构召开的会议，由该委员会（领导小组）办公室报分管校领导同意，并经学校党政主要领导或有关会议批准后，由相应的委员会主任委员或领导小组组长召集，委员会（领导小组）办公室负责会议组织和会务工作。

第八条　学校（含各学院、各部门）主办、承办或协办的有外单位参加的涉经费预算学术类、教学类会议，由会议牵头单位报分管或联系点校领导同意后，按照归口管理原则由科研处、教务处、研究生处、财务处等部门审核汇总。其中，涉国（境）外单位或人员参加的会议，按外事管理规定办理。在每年学校“二上”部门预算前由会议审核部门统一报校长办公会审批，并纳入学校下年度会议计划管理。计划外确需召开的会议，按程序报批。会议牵头单位负责会议组织和会务工作。

第九条　学校实施每周三下午全校党政管理人员“无课日”制度。部署全校性工作的会议、干部大会和校内相关部门组织多部门参加的工作会议原则上安排在周三下午。

第十条　学校每周会议和重大活动的申报需经分管校领导同意后，于会议召开前一周星期四前报学校办公室统筹安排会议时间、地点、参会人员等，并汇总形成《一周会议及重大活动安排表》，报学校党政主要领导审定后及时公布。

第十一条　会议组织和会务工作主要包括：发布会议通知、拟定会议议程、准备会议材料、落实布置会场、仪器设备调试、组织会议考勤、安排会议记录、草拟会议纪要、落实会议决定（精神）、归档会议材料等。

第十二条　完善会议宣传及督办机制。对大型会议和重要活动，需宣传报道和贯彻执行的，党委宣传部和学校办公室应当予以宣传、督办和检查落实。

第十三条　未列入计划的会议与正常会议计划发生冲突、涉及外单位参加的学术交流或工作交流会与学校会议或活动发生冲突时，由学校办公室协调、统筹安排。

参加会议人员应严格遵守会议规定及学校关于严肃会风会纪的相关要求。

第十四条　会议经费参照《西北民族大学会议费管理办法》执行。

第十五条　本办法由学校办公室负责解释，自印发之日起实施，原《西北民族大学会议管理办法》（党委发〔2014〕55 号）同时废止。

西北民族大学保密工作管理规定（修订）

第一章　总则

第一条　根据《中华人民共和国保守国家秘密法》《中华人民共和国保守国家秘密法实施办法》等国家有关保密的法律法规和中共国家民委党组《关于贯彻落实〈中共中央关于加强和改进保密工作的意见〉的工作方案》要求，结合学校实际，制定本规定。

第二条　保密工作是维护国家安全和利益的重要手段，保守国家秘密是每一个公民的基本职责和应尽的义务。全校师生员工要不断增强保密意识，严格遵守国家的各项保密法律法规和学校保密管理制度，确保国家秘密安全，杜绝失泄密事件发生。

第三条　学校保密工作实行统一领导、分级负责、积极防范、突出重点、依法管理的原则，既要确保党和国家秘密的安全，又要便于学校各项工作的开展。

第二章　保密机构

第四条　学校设立保密委员会，在上级保密部门和学校党委的领导下，全面负责学校的保密工作。保密委员会主任由校党委书记兼任，副主任由分管校领导兼任，其他成员由要害部门及相关单位主要负责人担任。

第五条　学校保密委员会办公室（以下简称“保密办”）设在学校办公室，负责贯彻落实学校保密委员会有关保密工作的任务和要求，组织开展保密宣传教育及涉密人员的保密教育、培训；负责涉密文件和资料的接收、保管、传阅、使用、归档、销毁等工作。

第六条　各党委（党总支、直属党支部）书记，各职能部门和教辅单位主要负责人是本单位保密工作第一责任人，负责本单位的保密工作，并指定专人负责本单位日常保密工作和涉密文件、资料（含复印涉密文件）的领取、保管、清退等工作。

第三章　保密范围和密级

第七条　保密范围包括上级机关及有关单位发给学校的涉密文件、电传、资料等。国家秘密的密级分为“绝密”“机密”“秘密”三级。

第八条　学校工作中涉及下列事项须按照有关国家秘密及其密级的具体规定执行：

（一）中央领导人来校视察及来访等高级别外宾未公开的活动安排；

（二）中央和有关部门负责同志来校讲话、报告中涉及党和国家秘密事项和其它规定不准扩散的重要内容；

（三）向上级及有关部门报送的不宜公开的重要情况和问题；

（四）有关组织、人事和教学、科研等工作中的秘密事项；

（五）有关涉意识形态领域的秘密事项；

（六）涉及学校要害部门、要害部位秘密事项；

（七）涉及国防科研项目的秘密事项；

（八）处理重大政治、刑事案件的秘密事项；

（九）学校编印内部信息刊物中刊登的秘密事项；

（十）全国各类考试和学校考试试题（卷）及标准答案要点；

（十一）其他需要保密的事项。

第九条　学校各部门对业务工作中涉及的各项国家秘密，要依据国家保密局会同中央国家机关有关部门制定的国家秘密及其密级的具体范围的规定，确定保密等级。

第十条　凡涉及国家秘密事项的部门和个人，应及时根据定密的法定程序和工作程序，确定保密等级和保密期限。其密级、保密期限由承办人提出具体意见，部门主要负责人同意，经主管校领导审核后，报上级主管部门或国家保密工作部门审批。

第十一条　国家秘密事项的保密期限和标志，按国家保密局、国家技术监督局发布的《国家秘密保密期限的规定》和《国家秘密文件、资料和其他物品标志的规定》执行。

第四章　涉密人员管理

第十二条　涉密人员是指因工作需要，在教学、科研、生产、管理等工作中，经常接触、知悉和掌握国家秘密事项岗位工作的人员。按照接触、知悉和掌握国家秘密数量划分为核心、重要和一般涉密人员。

第十三条　涉密人员应具有良好的政治素质和道德品行，组织人事部门应会同保密部门依据相关保密规定对拟进入涉密岗位人员进行岗前审查，各单位应严格按照相关保密规定对涉密人员进行保密教育、管理和检查。

第十四条　涉密人员上岗必须“先审查后上岗”。上岗前应经过保密教育培训，掌握保密知识技能，签订保密承诺书，自觉接受保密教育和保密监督检查，严格遵守有关保密法规和规定，不泄露、不传播国家秘密和工作秘密，保障其所涉及的秘密事项的安全。

第十五条　涉密人员离岗离职时应提前做好调整安排，实行脱密期管理制度。涉密人员在脱密期内，应当按照规定履行保密义务，签订保密承诺书，不得违反规定就业，不得以任何方式泄露国家秘密。 涉密人员的脱密期应根据其接触、知悉国家秘密的密级、数量、时间等情况确定。一般情况下，核心涉密人员为 3 年至 5 年，重要涉密人员为 2 年至 3 年，一般涉密人员为 1 年至 2 年。

第五章　涉密文件、资料管理

第十六条　国家秘密文件、资料是指记录有国家秘密信息的载体（以下简称涉密文件）。内部件是指不属于国家秘密，但不宜公开的内部文件和资料。

第十七条　学校党政涉密文件、资料的收发、登记、传阅、保管、归档、销毁等工作，由学校保密办具体负责，各单位、各部门应指定专人负责本单位涉密文件和资料的收发、登记、传阅、保管、移交等工作。内部文件应当作为内部事项管理，不得擅自公开。

第十八条　涉密文件、资料应准确地标明密级和保密期限，在制作、收发、传递、承办、借阅、复制、保管、清退、移交、销毁等各个环节，均要严格遵守有关保密规定。

第十九条　向校外传递涉密文件、资料应通过机要传递。确因工作急需随身携带机密、秘密级文件、资料或密品时，须经保密委主任批准，并办理登记手续；其中携带绝密级文件、资料时必须两人以上；不准携带涉密文件、密品出入公共场所和办理私事。

第二十条　承办、借阅涉密文件、资料必须及时承办和清退。工作调动或离退休时，个人承办的涉密文件、资料必须及时清退。阅读、浏览涉密文件和资料时，要在机要室进行，阅文时要严格遵守有关保密规定。

第二十一条　涉密文件、资料原则上不准复印，确因工作需要，经批准后复印，复印件视同原件一样管理。任何单位和个人不得公开发布中央和上级密级文件全文、摘要和消息稿，不得公开使用文件的影印件、标题、发文字号、印发传达范围等信息。没有标注密级或“此件公开发布”的文件，按照内部文件进行管理，不得在公开的文件资料、出版物、网站上全文刊发。公开发布的中央和上级文件，使用时以公开发布的版本为准。中央和上级的发文字号，不公开使用。

第二十二条　保密办负责全校涉密文件、资料以及内部文件的销毁工作。其他单位或个人不得随意销毁，严禁当作废品出售。由保密办联系甘肃省委国家保密局销毁中心统一销毁。

第二十三条　摄制科研、生产、试验等涉密内容的声像资料，由承办部门提出摄制大纲，经保密办同意并报主管校领导批准后方可摄制。摄制完成后的声像资料、图片、照片交由本单位专人保管并按档案管理规定及时归档。

第二十四条　通过非公开渠道或特殊手段获得的涉密文件、资料，其密级、保密期限和知悉范围，按提供该密件的部门的要求确定，或由最初使用该密件的部门、单位确定。

第六章　涉外活动管理

第二十五条　各项涉外活动，应在批准的范围内进行。对尚未批准对外开放的部位或项目确需对外开放时，应报保密办审核，经上级主管部门审批同意方可开放。

第二十六条　在对外交往和合作中涉及国家秘密事项时，有关业务部门应会同保密办事先拟订安全保密方案，规定保密纪律。保密办应对执行情况进行监督和检查。

第二十七条　涉密科研项目，未经批准不得与境外人员交流或安排参观。

第二十八条　参加外事活动不准携带密件、密品。确因工作需要携带时，须经校保密委主任批准，保密办备案，并妥善保管，不得遗失。

第二十九条　涉密人员因公（私）出国境，由相关单位主要负责人、组织人事部、国际合作与交流处、保密办等按规定进行保密审查，并对涉密人员进行保密提醒教育，按规定履行审批手续。

第三十条　本校承办境内对外科技交流活动的单位，应负责对参加活动的涉密人员进行保密提醒，必须遵守对外科技交流保密守则。

第七章　办公设备和网络管理

第三十一条　本规定所称办公设备是指计算机及存储介质、打印机、传真机、复印机、扫描仪、碎纸机、照相机、摄像机等具有信息存储和处理功能的设备。

第三十二条　未经加密的办公自动化设备，均不得传输、储存涉及国家秘密内容的信息、文件、资料。学校综合门户系统为非涉密系统，按照“涉密信息不上网，上网信息不涉密”的原则，切实做好智慧校园系统使用的安全和保密工作，不得通过智慧校园系统流转、发布涉密信息。

第三十三条　涉密计算机必须与互联网及其他公共信息网络物理隔离，并设置开机密码、用户密码、屏幕保护密码。严禁在涉密与非涉密计算机之间交叉使用移动存储介质。

第三十四条　存储国家秘密信息的电子载体，应按所存储信息的最高密级标明密级，并按相应密级的文件进行管理。存储在计算机信息系统内的国家秘密信息应当采取保护措施。存储涉密信息的便携式计算机应视涉密文件进行管理。

第三十五条　计算机信息系统的保密应实行单位领导负责制。各单位建立网络信息发布审查机制，遵循涉密信息不公开、公开信息不涉密、谁公开谁负责的原则。

第三十六条　存储或存储过国家涉密信息的计算机的维修应以不泄露国家秘密为原则。当计算机出现故障，厂家上门维修时，管理人员必须在场监督。如需送出维修，必须对硬盘拆卸封存保管后，方可送出维修。

第三十七条　存储过国家涉密信息的电子载体不能降低密级使用，不再使用的电子载体应及时销毁，严禁将涉密办公设备赠送、出售、丢弃或者改作他用。维修涉密计算机、制作涉密光盘、销毁涉密电子载体必须在本单位内部进行或到甘肃省委保密办指定单位，非定点单位不得承担上述三项工作。

第三十八条　各单位要严格敏感资料数据信息在线传输管理，加强手机使用保密管理，严禁通过各类网络传媒、论坛，互联网电子邮箱、QQ、微博、微信等即时通信工具，网盘、云盘等网络存储服务，普通手机、固定电话等谈论、处理、传输国家秘密或内部敏感资料数据信息，防止失泄密事件发生。

第八章　保密要害部门（部位）管理

第三十九条　保密要害部门应当是各单位内部涉及重要国家秘密事项的最小行政单位或其绝大多数内设部门涉及重要国家秘密事项的行政单位或涉及绝密级项目和重要国家秘密事项的单位。保密要害部位应当是存放、保管国家秘密载体、密品的专用、独立、固定场所。

第四十条　保密要害部门（部位）的确定，由保密办按照有关规定提出初步意见报校保密委员会通过，并报甘肃省委保密办批准备案。

第四十一条　学校组织人事部要做好保密要害部门（部位）调入人员的审查工作，对不适宜在保密要害部门（部位）工作的人员及时调离。保密办协助组织人事部做好保密要害部门（部位）人员调入和调离工作。

第四十二条　学校保密委员会对保密要害部门（部位）的保密工作要经常进行检查和监督，并指导保密要害部门（部位）制定保密防范措施，开展保密教育。

第四十三条　保密要害部位（部门）实行“谁主管、谁负责”的原则，主要负责人要切实担负保密工作责任，对本单位人员进行经常性的保密教育和检查，配备必要的保密防范设施与装置。要把保密工作与业务工作同计划、同部署、同检查、同总结、同奖惩；结合本业务工作制定相关保密管理规定，并建立严格的保密工作责任制。

第九章　宣传报道和涉密会议管理

第四十四条　拟公开宣传报道、展出的事项，主（承）办单位的领导负责保密审查。凡属国家秘密事项，除经上级主管业务部门和保密工作部门批准外，不准利用公开的报刊、广播、电影、电视、录像、展览等进行宣传报导。

第四十五条　内部宣传报道和展览，不得涉及绝密、机密级事项，涉及秘密事项须经学校保密委员会审查同意，进行脱密化处理后，才能宣传和展出。

第四十六条　召开涉密的党政、科研及其他会议，主办单位要根据会议的涉密情况，规定与会人员范围，明确保密要求。会议开始前，主持人应向与会人员告知保密纪律，与会人员不准使用非保密本记录涉密内容，不准将涉密内容向无关人员泄露或擅自扩大知悉范围。

第四十七条　大型和其他重要的涉密会议，主办单位会同保密部门共同做好安全保密工作。会议涉密文件应由专人管理，会议结束时要认真清理清退。涉密文件传递、携带按本规定第十九条办理。

第四十八条　涉密会议不准使用无线话筒和手机，不得录音、摄像和拍照，如需录音，须经会议主管领导批准。需要公开宣传报道的内容，应事先研究并对新闻单位提出明确要求，负责对发布的新闻稿件、录音、录像等资料进行保密审查。会场应使用手机信号干扰器等保密措施。参会人员手机及电子设备存放至手机存放柜内。

第十章　奖惩

第四十九条　凡严格遵守保密法规及保密制度，保密工作有突出成绩者；凡能及时纠正他人违反保密制度行为，堵塞失、泄密漏洞，避免党和国家利益遭受损失者；凡坚决同出卖党和国家秘密的行为作斗争，为保护党和国家秘密的安全作出突出贡献者，学校对单位及个人给予先进表彰和奖励。

第五十条　各单位发现、发生失泄密事件，应立即采取补救措施，将损失限制在最小，并第一时间向学校保密委员会报告。学校保密委员会发现失泄密事件，应立即调查处理，并将有关情况及时向上级主管单位和相关保密管理部门报告，同时及时评估失泄密影响及后果，积极采取补救、防范措施，依法追究直接责任人的失泄密责任。

第五十一条　保密工作纳入各单位以及领导干部和教职工年终考核内容之中。对违反保密法律法规和本规定，故意或过失泄露国家秘密的，不严格执行失泄密报告制度或故意隐匿不报，以致影响查处工作和及时采取补救措施的，将视情节轻重，给予相应处分，并追究有关负责人和人员的责任。构成犯罪的，移交有关部门依法追究刑事责任。

第十一章　附则

第五十二条　本规定由校保密委员会办公室负责解释。自党委常委会议通过之日起实施，原《西北民族大学保密管理规定》（党委发〔2019〕134 号）同时废止。

西北民族大学信息工作管理办法（修订）

第一章　总则

第一条　为进一步加强和改进学校信息工作，推进信息工作制度化、规范化、科学化和信息化，提高信息工作的质量和水平，切实发挥信息在领导决策、服务基层、沟通上下、联系左右等方面的重要作用，根据中央和国家民委党组、甘肃省委省政府有关文件及会议精神，结合学校工作实际，特制定本办法。

第二条　信息工作以习近平新时代中国特色社会主义思想为指导，树牢“四个意识”，坚定“四个自信”，做到“两个维护”，全面贯彻党的教育方针和民族政策，围绕学校重点工作，反映情况、展示工作动态、总结办学成果与经验。

第三条　信息是向上级部门反映学校办学成绩、经验做法、问题困难的重要渠道，是学校科学管理的重要依据，是指导工作的重要方法，是落实党委决策、提高工作效率的重要手段，是党委工作的重要组成部分，各单位必须高度重视，认真开展信息工作。

第四条　信息报送应坚持及时、准确、全面的原则，确保信息报送的时效性、真实性、完整性。

第五条　学校将信息工作纳入年终考核。各单位要高度重视信息工作，为信息工作提供良好条件，将信息工作纳入年度工作计划和年终考核。

第二章　组织机构

第六条　学校成立信息工作领导小组，由分管学校办公室的校领导担任组长，成员由各单位主要负责人组成，全面领导学校信息工作。领导小组下设办公室，办公室设在学校办公室，办公室主任由学校办公室主要负责人兼任。各单位成立相应的信息工作小组，负责领导本单位的信息工作。

第七条　学校办公室是全校日常信息工作的归口管理部门，负责全校信息工作的组织、协调、监督、检查、指导和发布，主要职责有：

1. 依据党和国家的路线、方针、政策，结合学校实际情况，研究和拟订全校信息工作管理办法和年度信息报送工作，负责全校信息工作的管理与协调；

2. 负责信息的采集、筛选、编发、上报、反馈等日常工作；

3. 负责《民大要情》《西北民族大学信息采用情况通报》等刊物的编辑、刊发等工作；

4. 负责上级单位领导和学校领导对有关信息批示的督办工作，并及时向领导反馈督办情况；

5. 结合学校中心工作及领导和师生关心的问题，组织信息调研，提供有价值的专题综合信息；

6. 负责对全校信息工作人员的培训，开展信息工作经验交流，了解和指导各部门的信息工作；

7. 负责全校其他信息工作。

第三章　队伍建设

第八条　学校设有信息统计科专人从事信息工作；各单位根据情况，确定一名政治可靠、文字功底较强、具有一定政策理论水平的工作人员作为本单位专职或兼职信息员，负责本单位信息的收集、报送工作。

第九条　各单位主要负责人为本单位信息工作的主要责任人，承担主体责任，积极为本单位信息员开展工作提供条件，加强对本单位信息员的教育、管理和指导，督促、检查本单位信息工作。

第十条　学校根据校内专家的研究领域、研究特长等建立信息工作专家库；各单位可以充分利用本单位教师、专家资源，建立本单位信息工作专家库。

第十一条　各单位可以根据需要聘请品学兼优的在校学生作为本单位学生信息员，协助做好本单位信息工作。

第十二条　各单位专兼职信息员要保持相对稳定，因工作发生变动，人员调整时应及时补充并报学校办公室备案。

第四章　信息报送工作

第十三条　信息报送内容

1. 校园动态类信息。包括学校重要活动、重要来访、重大成果、重要荣誉信息；贯彻落实党和国家重大方针政策和重要会议精神的情况、措施等。

2. 思想动态类信息。包括开学初、毕业生离校等工作时段师生的思想动态；师生对国内外重大事件、热点问题的看法与反应；对中央和省、部领导重要讲话的反应；对重要敏感时间节点的反应；对学校深化改革和推进重要举措的反应；对可能影响校园稳定事件的反应等。

3. 经验总结类信息。包括全面从严治党、教学科研、人才培养、学科建设、队伍建设、就业创业、社会服务、国际交流与合作、管理与服务等方面的特色和亮点；重大改革、重要工作进展和典型经验等。

4. 问题建议类信息。包括专家学者关于高教改革发展与科教兴国、人才强国、民族团结、服务地方的理论成果、调研报告和围绕当前经济社会发展的热点问题或根据指定专题提出的分析报告、意见建议等。

5. 安全稳定类信息。学校范围内发生的涉及维护校园安全稳定的情况，如突发性事件、群体性事件、涉恐案件等。此类信息必须按照《关于进一步加强突发事件信息报送工作的通知》要求及时上报，不得漏报、迟报、瞒报。

6. 其他具有价值的信息。

第十四条　信息报送程序与要求

1. 各单位向学校报送的信息，经本单位信息工作负责人审核后，由信息员报送至学校办公室；学校报送信息由学校办公室信息工作人员编辑，经学校办公室主任审核后，由学校办公室上报。重要信息由学校分管领导或主要领导签发后上报。

2. 各单位每月向学校报送的信息不得少于 2 条；每学年至少提交 1 篇高质量、调研报告或经验总结类信息。

3. 各单位报送的动态类信息从收集到报送不得超过 24 小时；一般信息不得超过 2 个工作日。对于重大突发事件信息报送按照“先口头、后书面，先简单、后详细”的原则，口头报送不得超过 10 分钟，书面报送在 30 分钟内完成，注明事件发生的时间、地点、涉及人员、状态、过程、后果、影响范围、初步性质等要素，并续报事件发生原因、事态进展、处置措施、下一步处置安排、最终结果等情况。

4. 学校办公室视工作需要或者根据上级部门要求，进行信息约稿，各单位应按要求收集和整理，按时上报。

5. 学校办公室对各单位报送的信息进行登记、整理、筛选，编辑《民大要情》后，由学校办公室分管负责人签发。

第十五条　定期召开信息选题会议，围绕上级部门工作要点、学校工作要点、信息报送工作要点对学校相关部门工作进行选题筛选。并邀请学校有关科研院（中心）、学院负责人、专家就学术课题选题进行研讨。

第十六条　学校办公室定期编发《西北民族大学信息采用情况通报》，适时公布各单位信息报送和采用情况。

第十七条　各单位信息员要严格执行国家保密法规及相关制度，涉密信息按照保密程序进行报送，坚决做到“涉密不上网、上网不涉密”。

第十八条　奖励与处罚

1. 按照《西北民族大学信息工作考核奖惩措施》（见附件），年底评选年度信息工作先进单位、信息工作先进个人并进行表彰；

2. 对漏报、迟报甚至瞒报的，学校对该部门主要负责人、信息员给予通报；对发生重大事故和突发事件不按规定和要求上报，造成严重后果的，学校依照有关规定对该单位主要负责人和信息员追究问责。

第五章　附则

第十九条　本办法由西北民族大学办公室负责解释。

第二十条　本办法自印发之日起施行。《西北民族大学信息报送管理办法》（党委发〔2017〕62号）自即日起废止。

附件：西北民族大学信息工作考核奖励措施

一、考核办法

信息工作考核采取计分制考核，每月由学校办公室信息科对各单位的得分情况进行汇总统计、公布；年终进行汇总评比，评选年度信息工作先进单位、年度信息工作先进个人。

（一）考核结果划分为“优秀”“良好”“合格”“不合格”四等。

（二）考核结果要坚持注重工作实绩，“优秀”等次占参加考核单位总数的 15%。

（三）凡发生下列情况之一者，认定为信息工作“不合格”：

1. 本学年未报送信息。

2. 重大活动类信息存在严重迟报、误报、瞒报问题。

3. 无故拒不报送信息约稿。

二、考核标准

（一）计分方式

信息工作考核总分 = 信息得分 + 信息加分

（二）计分标准

1. 信息得分

（1）被《民大要情》采用 1 篇，计 1 分；

（2）被国家民委网站采用 1 篇，计 10 分；

（3）被国家民委要情、甘肃省教育厅信息简报等刊物采用 1 篇，计 30 分；

（4）被国家民委《民委信息》采用 1 篇，计 40 分；

（5）被国家民委《民族工作简报》采用 1 篇，计 50 分；

（6）各单位开设的专题网页被国家民委网站成功链接者，计 60 分；

（7）被中办、国办刊物采用一篇，计 70 分。

2. 信息加分

（1）凡报送能够促进决策科学、推动问题解决具有一定作用的高质量调研类信息、调研报告或经验总结类信息，每条加 10 分；

（2）被学校领导批示的信息，每条加 20 分；

（3）学校根据需要，向有关单位约稿，办理单位完成信息约稿并被采用的，每条信息加 30 分；

（4）学校鼓励各单位报送各类调研报告，调研报告被国家民委采用加 40 分；

（5）被省部级领导批示的信息，每条加 50 分；

（6）被国家领导人批示的信息，每条加 60 分；

信息加分不累计，以最高加分进行统计。

三、信息工作奖惩

（一）奖励

1. 对考核为“优秀”等次的单位，由学校行文予以表彰，颁发“年度信息工作优秀单位”奖牌。

2. 对获得上级部门领导批示的调研类、经验总结类信息及被国家民委信息刊物采用的调研报告的单位信息员和对考核为“优秀”等次单位信息员由学校行文予以表彰，颁发“年度信息工作优秀个人”荣誉证书。

（二）处罚

考核等次为“不合格”的单位，在学校年终考核中，实行扣分制。

西北民族大学督查督办工作办法（修订）

第一条　督查督办是贯彻落实习近平新时代中国特色社会主义思想，增强“四个意识”、坚定“四个自信”、做到“两个维护”的关键一环，是确保政令畅通、令行禁止的有力举措。根据中共中央《关于加强新形势下党的督促检查工作的意见》、中办《关于统筹规范督查检查考核工作的通知》、中共教育部党组《关于加强落实工作的意见》，结合实际，制定本办法。

第二条　督查督办工作遵循以下原则：

（一）突出问题导向，创新督查方式。督查督办工作既要着重发现落实中存在的问题，又要及时了解有关政策需要完善的地方，同时要充分运用“综合门户”等大数据平台，实现信息资源共享，提高督查督办的质量和效率。

（二）归口办理，分工协作。只有一个承办单位的，该单位即为主办单位；有两个或两个以上承办单位的，第一责任单位为主办单位，其他责任单位为协办单位。各承办单位要明确分工、加强协作，杜绝拖压不办、相互扯皮现象。

（三）积极推进，讲求实效。承办单位对具体督查工作应当实事求是、按时办理，做到事事有着落、件件有回音。

（四）严守纪律，安全保密。开展督查督办工作，涉及事项需要保密的，应当严格控制知悉范围；对有一定密级的文件和资料，应严格按照国家保密法律法规办理。

第三条　督查督办工作重点包括：

（一）上级部门的重要方针政策、重大决策、重要工作部署以及批示、交办、转办的事项；

（二）学校外来公文中办件的办理情况；

（三）学校党委全委会、党委常委会、校长办公会、党委和行政重要工作会议等会议精神的贯彻落实情况，以及其他重要专题会议决议、议定事项和工作部署的执行情况；

（四）以学校党委、行政名义制发的重要文件精神的贯彻执行情况；

（五）学校年度工作要点、重点工作项目以及各部门工作周历所列事关全校性工作的落实情况；

（六）学校领导批示、交办的事项或其他重要工作事项。

第四条　学校成立督查督办工作领导小组，负责对全校督查督办工作的统筹协调，听取督查督办工作情况汇报，对有关重大事项作出安排部署。学校主要领导担任领导小组组长，其他校领导担任领导小组副组长，各职能部门主要负责人为领导小组成员。

督查督办工作领导小组办公室设在学校办公室，领导小组办公室主任由学校办公室主任兼任，学校办公室下设督查督办室，负责具体日常工作，承担领导小组安排的工作任务，组织实施学校督查督办工作。

第五条　校内各单位是学校督查督办工作的具体执行主体，各单位党政主要负责人是本单位抓落实工作的第一责任人，应经常对分管范围内的各项工作进行督促检查。各单位办公室工作人员为本单位督查督办联络员，负责定期向督查督办室反馈承办工作的落实情况，协助开展督促检查，推动工作落实。

第六条　督查督办工作遵循以下程序：

（一）立项登记。对重大决策、重大工作部署、领导批示、外来公文中需要督查督办的内容或事项，督查督办室提出立项意见，报请办公室主任审定后正式立项。对于突发、临时交办等督查督办的事项，由督查督办室纳入督查督办事项工作台账，根据工作职责分工，落实责任单位，确保督查实效。

（二）督查通知。督查事项立项后，应及时采取适当方式通知承办单位。为厘清责任，如有必要，印发《西北民族大学督查督办通知单》（以下简称《通知单》）。

（三）督查催办。承办单位收到督查督办《通知单》后，应按照要求认真办理，并在规定的时间内填写《西北民族大学督查督办情况回执单》反馈督查督办室。对办理周期较长的督查督办事项，承办单位按时间节点每月向督查督办室报告进展情况。对涉及多个单位的督办事项，办理结果经各单位主要负责人会签后由主办单位上报，督查督办室负责审核。对办理结果符合要求的，视情况向分管校领导作书面反馈；对于不符合要求的，应退回并要求承办单位在规定时间内重新从速办理。

（四）立卷归档。督查事项办结后，督查督办室应将办结反馈材料、催办单及其它有关材料编号整理，统一存档。

第七条　督查督办工作主要通过以下方式开展：

（一）定期督查。主要针对学校年度重点工作的完成情况，原则上每半年进行一次；

（二）专项督查。主要针对上级或学校明确要求限期完成的重要专项工作，以及各种会议决议、决定和领导批示、交办的工作，视任务要求不定期进行督办；

（三）联合督查。主要针对影响重大、涉及面广、持续时间长的综合性工作任务，从相关职能部门抽调人员组成临时督查小组，不定期进行督办。

第八条　督查督办事项有办理时限要求的，各承办单位应在截止日期前 3 个工作日报分管校领导审核。未作具体办理时限要求的，特急件应于当天启动落实工作，急件应于 3 个工作日内办结并及时回复，一般件原则上应于 5 个工作日内办结并及时回复。学校领导批示和交办的事项，随交随办，有特殊要求的，要特事特办。

正式下达《通知单》的督查督办事项，各单位应在收到《通知单》后 5 个工作日内处理完毕。涉及多个单位的事项，由主办单位会商协办单位后，将进度安排、时间报学校办公室，一般应在收到

《通知单》后 10 个工作日内处理完毕。需报上级审批的事项，应在规定时限内抓紧办理。

第九条　对涉及面广、工作量大、在规定时限内难以办结的事项，要及时报告工作进展情况，不能解决或一时解决有困难的，要向分管校领导及学校办公室说明原因。没有正当理由，久拖不办且不加以说明的，要进行通报批评或追究承办（主办）单位和人员的责任。

第十条　学校督查督办工作应保持相对独立性。督查督办工作人员不得对各有关单位的工作职能、工作任务进行包办代办。督查督办工作人员办理督查督办事项时，与被督查部门、项目或个人有利害关系的，应当申请回避。

第十一条　强化结果运用。要坚持批必查、查必清、清必办、办必果的原则，不断提高学校督查督办工作的办结时效和质量。要及时对各项督查督办事项进行统计，对各承办单位工作开展及落实情况进行检查，每月初形成《西北民族大学督查督办工作简报》通报上月未办结事项；在年末对承办单位的督查工作任务量、办结情况等进行统计，并在全校范围内公布。统计结果作为部门考核、干部评优的重要依据。

第十二条　学校办公室要加强与组织人事部、宣传部、统战部、纪监审办公室等部门的联系沟通，充分发挥监督管理职能，对抓落实工作成绩突出、成效显著，完成督查督办工作情况较好的承办单位和个人，给予通报表扬。对敷衍塞责、弄虚作假、落实督查督办工作不力或落实整改不力，造成失职、渎职并引起严重后果的单位和个人，由相关部门依纪依规处理。

第十三条　下列工作由具体职能部门进行督查督办，不再通过督查督办室督办：

（一）学校党代会、教代会、工代会、团代会、学代会代表的提案、建议、意见的办理落实；

（二）学校学术委员会决议以及涉及学术道德有关问题的处理；

（三）教学督导委员会承担的教学质量监督、督导等工作；

（四）涉及危害学校公共安全、损害学校形象问题的查证处理；

（五）有关信访举报及维权申诉问题的协调处理；

（六）学校已经明确界定，属有关部门职责范围内的常规工作的落实。

第十四条　本办法自印发之日起实施，原《关于印发西北民族大学督查督办工作办法的通知》（党委发〔2017〕85 号）同时废止。

第十五条　本办法由学校办公室负责解释。

西北民族大学“三重一大”决策制度实施办法

第一章　总则

第一条　为深入贯彻落实习近平新时代中国特色社会主义思想和党的十九大精神，进一步规范学校决策行为，防范化解决策风险，推进学校全面从严治党向纵深发展，根据中央办公厅《关于坚持和完善普通高等学校党委领导下的校长负责制的实施意见》，结合学校实际，制定本办法。

第二条　学校贯彻落实重大决策、重要人事任免、重大项目安排和大额度资金运作事项（以下简称“三重一大”）决策制度应坚持以下基本原则：

（一）坚持集体研究决定。学校党委常委会、党委全委会是学校“三重一大”集体决策机构。依据有关规定，需要提交党委全委会决策的事项，必须召开党委全委会讨论决定。

（二）坚持依法依规决策。遵守国家法律法规、党内法规和有关政策，建立健全议事规则和决策程序，全面落实群众参与、专家论证、风险评估、合法性审查和集体讨论决定的程序要求，确保决策制度科学、程序正当、过程公开、责任明确。

（三）坚持科学民主决策。严格执行民主集中制，依照《西北民族大学党委常委会议议事规则》《西北民族大学校长办公会会议议事规则》进行，充分发扬民主，广泛听取意见，防止个人或少数人专断。

第二章　决策范围

第三条　重大决策事项，是指事关学校改革发展稳定全局和广大师生员工切身利益，依据有关规定应当由领导班子集体研究决定的重要事项。主要包括：

（一）学校贯彻执行党和国家的路线方针政策、法律法规和上级有关重要会议、文件精神等实施意见和计划的制定。

（二）党的建设、思想政治工作、党风廉政建设、安全稳定、意识形态等重要工作。

（三）学校办学思路、办学理念、发展规划、校园建设、学科与人才队伍建设规划以及学校年度工作计划和总结。

（四）学校重大改革方案和措施的制定与调整。

（五）学校教学、科研、校地（校企、校际）合作、社会服务、人事管理、学生管理、学位管理、财务与资产管理、对外交流、后勤管理等方面的重要事项。

（六）领导班子成员分工、内部组织机构设置、变更、撤销。

（七）工资、医疗、住房、职称等涉及教职工收入分配及福利待遇、奖励的重要事项和关系学生权益的重要事项。

（八）学校年度财务预算方案、决算情况的审定和预算执行与决算审计。

（九）校办企业的开发、产权变更、重大经济合同的签订和学校无形资产的授权使用、国有资产的重大调整与变更。

（十）校级先进集体和个人，向上级推荐的先进单位、集体和个人，向上级推荐的各类评奖项目，向上级推荐的国家重大人才工程人选。

（十一）重大人身伤亡、责任事故、突发事件的处置。

（十二）其他需集体决策的重大事项。

第四条　重要人事任免事项，是指学校中层及以上干部的任免和需要报送上级机关审批的重要人事事项。主要包括：

（一）副处级及以上干部以及享受相应待遇的非领导职务人员的任免、党政纪处分（第二临床医学院干部任免按照《国家民委、甘肃省人民政府共建共管直属附属医院协议》中有关规定执行）。

（二）学校全资、控股企业校方董事、监事及经理人选的确定。

（三）校级后备干部的推荐和选拔，到校外单位任副处级及以上领导干部的推荐。

（四）各级党代会代表、人大代表、政协委员人选的推荐以及党派组织、人民团体负责人的推荐安排。

（五）各类校级委员会、领导小组和工作小组的成立、成员的确定及调整。

（六）学校派出所工作人员的任免。

（七）其他需集体决策的重要干部、人事任免事项。

第五条　重大项目安排事项，是指对学校规模条件、办学质量等产生重要影响的项目设立和安排。主要包括：

（一）国家、省、市、区重点建设项目的申报方案和资金安排。

（二）国内外合资、合作的重大项目（包括科技文化交流、学术活动、合作办学等）及对外投资项目。

（三）重要设备、大宗物资采购和购买服务，以及大宗设备报废。

（四）基本建设项目及其重要变更、重大修缮工程项目及其重要变更、不动产的购置。

（五）学校大型庆典、纪念等活动。

（六）其他需集体决策的重大项目安排事项。

第六条　大额度资金使用事项，是指超过学校所规定的党政领导人员有权支配限额的资金调动和使用。主要包括：

（一）学校年度预算内大额度资金的调动和使用，未列入学校年度预算的追加预算、大额度支出、基建项目、维修工程、设备采购或改造项目、对外投资项目、融资项目、不可预见特殊支出项目等重要经费项目审批权限遵照《西北民族大学经费支出审批管理办法》《西北民族大学预算管理办法（试行）》及相关规定执行。

（二）学校对外捐赠事项。

（三）用于学校事业发展的银行贷款。

（四）其他需集体决策的大额度资金使用项目。

第三章　决策机制和程序

第七条　学校“三重一大”事项提交党委集体决策前，应经过必要的民主程序，进行深入细致的调研、征求意见、可行性研究、社会稳定风险评估等，广泛听取并充分吸收各方面的意见。

（一）选拔任免重要干部，应按照有关规定，在党委常委会研究决定前征求纪检监察部门的意见。

（二）与师生员工切身利益密切相关的事项，要通过教职工代表大会或其他形式听取广大师生员工的意见和建议。

（三）对专业性、技术性较强的重要事项，应事先进行专家评估论证以及技术、政策法律咨询，提交论证报告或立项报告。

（四）会议决定的事项应按照学校党委常委会议事规则、党委全委会议事规则提出，议题应经学校党委书记、校长审阅并充分沟通后，方可提交会议研究决策。

第八条　学校“三重一大”事项应以会议形式集体研究决策，不得以传阅会签或个别征求意见等方式代替会议决定。会议应严格按照预定议题进行，一般不得临时动议，防止由个人或少数人临时决定重大事项。特殊情况下由个人或少数人临时决定的，决定人应对决策负责，事后应及时报告并按程序予以追认。

第九条　参与“三重一大”事项决策的个人对集体决策有不同意见，可以保留或向上级反映，但不得擅自改变或拒绝执行，不得向外界透露讨论过程。

第十条　“三重一大”事项经集体研究决策后，由校领导按分工和职责牵头组织实施，有关执行情况要及时向学校党委常委会报告。如遇特殊情况需要对决策内容作重大调整，应当重新按规定履行决策程序，经再次决策后，按新的决策执行。

第十一条　“三重一大”事项的决策、执行情况，除涉密事项外，应当作为党务公开或校务公开的内容，在相应范围内予以公开，接受师生员工监督。

第十二条　“三重一大”事项决策的会议记录要做到“五明确”，即具体事项明确、具体范围明确、决策形式明确、决策程序明确、检查考核人和责任追究明确，并存档备查。

第四章　监督检查

第十三条　党委常委会会议、校长办公会会议决定的事项，由分管校领导负责执行、检查，协调解决出现的问题；按职责分工由党办、校办负责催办和督办的，应将落实情况及时向党委书记、校长报告。

第十四条　教代会依照规定，对学校的重大事项进行民主监督；教代会和全体教职工有权监督“三重一大”制度的贯彻落实情况，有权向上级党组织和上级部门反映意见。

第十五条　纪检、监察、审计等部门根据职责权限，对决策执行情况进行监督检查，发现问题要及时报告，并提出纠正建议。

第十六条　“三重一大”决策制度的执行情况，应按年度向国家民委党组报告；应作为党风廉政建设责任制考核的重要内容和领导班子成员经济责任审计的重点事项；应作为领导班子成员民主生活会、述职述廉的重要内容；应作为党务、校务公开的重要内容，按照《西北民族大学信息公开实施细则（试行）》等有关规定，除依法应保密的事项外，在适当范围内公开。

第五章　责任追究

第十七条　凡属下列情况，给国家、学校造成重大经济损失或严重政治影响的，按照有关规定追究责任：

（一）不履行或不正确履行“三重一大”制度决策程序，不执行或擅自改变集体决定的。

（二）未经集体讨论决定而个人决策的。

（三）未向领导集体提供全面真实情况而造成决策失误的。

（四）执行决策后发现可能造成失误或损失，能够挽回而不积极采取措施纠正的。

（五）其他因违反本办法而造成失误的。

第十八条　责任追究主要依据本人职责范围，明确集体责任、个人责任或直接领导责任、主要领导责任。

第六章　附则

第十九条　本办法未尽事宜，按照《西北民族大学党委常委会会议议事规则》或《西北民族大学校长办公会会议议事规则》等规章制度执行。

第二十条　校属各单位应根据本办法制定本单位贯彻执行“三重一大”决策制度的实施细则。第一临床医学院、直属附属医院参照本办法执行。

第二十一条　本办法由学校办公室负责解释。自印发之日起实施。

扶贫工作

西北民族大学 2019 年脱贫攻坚工作方案

为认真贯彻落实党中央和国家民委党组、甘肃省委精准扶贫有关精神，扎实做好学校 2019 年脱贫攻坚工作，确保学校各项帮扶措施落地落实，在助力甘肃甘南临潭、“三区三州”甘肃临夏、国家民委定点帮扶地内蒙古巴林右旗、广西德保、国家民委对口支援地江西乐安、武陵山片区、援疆援藏等地脱贫攻坚工作中贡献学校智力，经研究，制定学校 2019 年脱贫攻坚工作方案。

一、指导思想

2019 年，学校以习近平新时代中国特色社会主义思想和党的十九大精神为指导，认真贯彻落实党的十九大精神和习近平总书记关于扶贫开发工作系列重要讲话精神、习近平总书记在十三届全国人大二次会议甘肃代表团参加审议时的重要讲话精神和党中央、国务院及国家民委、甘肃省委省政府的决策部署，站在树牢“四个意识”、坚定“四个自信”、做到“两个维护”的政治高度，坚持把脱贫攻坚工作作为学校重要的政治任务，统筹谋划，周密部署，强化措施，以高度的政治责任感，坚持主动作为，细化、量化、深化帮扶措施，高质量完成各项帮扶任务。

二、工作任务

（一）甘肃省临潭县

1. 开展习近平新时代中国特色社会主义思想专题和习近平总书记关于脱贫攻坚工作重要论述宣讲和习近平“全面建成小康社会 夺取脱贫攻坚伟大胜利”专题讲座。在流顺镇、长川乡分别举办讲座。（责任单位：宣传部、统战部，完成时限：2019 年 6 月 1 日前）

2. 开展乡村党员“进高校、促发展”活动。组织流顺镇、长川乡六个村 36 名党员走进西北民族大学活动。六个结对共建党组织适时开展主题党日活动。（责任单位：组织人事部，完成时限：2019 年 7 月 30 日前）

3. 开展种植养殖技术培训。推进当地乡村实际需要的专业技术性调研服务项目，建立种植养殖科研基地，对藜麦、高原错季节有机山杏、大黄、饲料研发等，提出种植养殖意见建议。（责任单位：科研处、生命科学与工程学院、化工学院、实验教学部，完成时限：2019 年 4 月 1 日前）

4. 举办第四期临潭县乡村干部能力提升培训班。培训 46 名乡村干部，主要从宣讲中央和省委省政府关于打赢脱贫攻坚战、实施乡村振兴战略、精准扶贫的决策部署及强农惠农富民政策措施等方面进行培训。（责任单位：继续教育学院，完成时限：2019 年 12 月 31 日前）

5. 建立高原饲料研发中心。在流顺镇宋家庄村、长川乡木地坡村建立两个研发点，为农户提供饲料配方、加工技术和加工设备。（责任单位：科研处、生命科学与工程学院、化工学院、实验教学部，完成时限：2019 年 7 月 1 日前）

6. 建立高原家禽防疫养殖指导中心。在流顺镇丁家堡村建立指导中心，为两乡六村的养殖户提供技术指导和管理及防疫。（责任单位：科研处、生命科学与工程学院、化工学院、实验教学部，完成时限：2019 年 7 月 1 日前）

7. 扩大藜麦种植面积。在长川乡木地坡村种植 20 至 30 亩藜麦，为贫困户和种植户提供技术服务与指导，提供种子或种子购买信息，提供深加工技术。购买一台穴播机、两台小型脱粒机。（责任单位：学校脱贫攻坚帮扶工作办公室、驻村帮扶工作队队长，完成时限：2019 年 5 月 1 日前）

8. 开展火鸡饲养防疫指导培训。（责任单位：学校脱贫攻坚帮扶工作办公室、驻村帮扶工作队队长，完成时限：2019 年 9 月 30 日前）

9. 开展高原错季节有机山杏的栽培、嫁接技术指导。（责任单位：驻村帮扶工作队队长，完成时限：2019 年 5 月 30 日前）

10. 建立中药材苗木的培育示范基地。在流顺镇汪家咀村，长川乡冯旗村、沙巴村建立基地。（责任单位：学校脱贫攻坚帮扶工作办公室、驻村帮扶工作队队长，完成时限：2019 年 5 月 30 日前）

11. 完善落实“一户一策”帮扶计划。驻村帮扶工作队队长协助帮扶责任人修改完善“一户一策”帮扶计划，对接落实“七个一批”等精准扶贫政策措施，继续完善“一乡一村一特色”计划，做好“三扶”计划，即智力帮扶、立志帮扶、种植（养殖）帮扶，激发群众摆脱贫困的内生动力。帮扶责任人年内需完成不少于 2 次入户帮扶工作。（责任单位：各帮扶责任人、驻村帮扶工作队队长，完成时限：2019 年 12 月 30 日前）

12. 开展农资农具下乡活动。为六个村未脱贫户每户购买一袋化肥、一卷地膜（责任单位：学校脱贫攻坚帮扶工作办公室、驻村帮扶工作队队长，完成时限：2019 年 3 月 30 日前）

13. 开展医疗服务“三下乡”活动。（责任单位：医学院、口腔医学院、校医院，完成时限：2019 年 7 月 30 日前）

14. 开展送文化下乡活动。组织开展助力扶贫攻坚暑期“三下乡”社会实践活动，充分发挥学校特色优势，有针对性地组织专家学者、优秀青年学生赴临潭县开展医疗服务、科技支农、理论宣讲、文化艺术服务暑期“三下乡”社会实践专项活动。（责任单位：学生工作部、团委，完成时限：2019 年 7 月 30 日前）

15. 开展冬季送温暖活动。年底为未脱贫户每户购买一套被褥（含被套及褥套），每套标准 400 元。（责任单位：学校脱贫攻坚帮扶工作办公室、驻村帮扶工作队队长，完成时限：2019 年 12 月 30 日前）

16. 开展为帮扶户“办一件好事”活动。由各帮扶责任人负责完成。（责任单位：各帮扶责任人，

完成时限：2019 年 12 月 30 日前）

（二）“三区三州”甘肃省临夏回族自治州

1. 开展习近平新时代中国特色社会主义思想和习近平总书记关于脱贫攻坚工作重要论述宣讲工作和社会调查工作。组织专家团队开展党的民族理论与民族政策宣讲，并就民族高校服务当地社会经济发展开展调查，撰写调研报告，为民族地区全面建成小康社会提供智力支持。（责任单位：宣传部、统战部，完成时限：2019 年 12 月 30 日前）

2. 开展“订单农业”进校园活动。解决当地蔬菜、肉类销售难问题，开辟绿色通道，学生食堂的蔬菜、肉类等农副产品采购向当地倾斜。（责任单位：后勤管理处，完成时限：2019 年 7 月 30 日前）

3. 举办临夏州社会青年“筑梦计划”培训班。对临夏州公益组织青年进行能力提升与培养，协同共青团临夏州委开展街舞公益课堂比赛，开展暑期“三下乡”社会实践“温暖水杯”专项活动。（责任单位：学生工作部、团委，完成时限：2019 年 7 月 30 日前）

4. 建设临夏市教育扶贫与教学实习实训基地。以临夏市中小学教师教育信息化能力培训为抓手，挂牌成立学生实习实训基地，举办中小学教师培训班，主要内容为心理健康教育和教育信息化能力提升。选派研究生、本科生开展支教、实习活动。（责任单位：教育科学与技术学院，完成时限：2019 年 12 月 30 日前）

5. 开展“送培送教”活动。对临夏州、积石山县中小学音乐舞蹈美术师资进行培训，选派专业教师赴当地进行专业培训，参与文艺演出，组建团队开展“三下乡”社会实践活动，组织毕业生参加实习、实践等活动。（责任单位：音乐学院、舞蹈学院、美术学院，完成时限：2019 年 12 月 30 日前）

6. 参与积石山县“乡村振兴”建设。开展新农村建设工程的现状调查与应用对策研究，对该地区的民居分布特点、结构类型、给排水情况、各民族如厕习惯、卫生状况及村容村貌进行调研。对“厕改”工程的实施提出建议和意见。（责任单位：土木工程学院，完成时限：2019 年 12 月 30 日前）

7. 参与广河县文物保护与博物馆建设。开展齐家文化博物馆馆藏文物的研究、规范文物展览及展牌的外文翻译、文物档案数据库建设、馆藏文物研究、文物修复等工作。（责任单位：历史文化学院，完成时限：2019 年 12 月 30 日前）

8. 开展健康帮扶项目

（1）帮扶建设临夏市民族医院，建立实践教学基地，开展医护人员培训；开展积石山县、东乡县人群体质健康调研和医疗服务调研活动。（责任单位：医学院，完成时限：2019 年 12 月 30 日前）

（2）开展口腔流行病学调查、口腔医护人员技能培训、社会实践、科普宣传，提高临夏地区人民口腔保健意识和口腔疾病预防常识。（责任单位：口腔医学院，完成时限：2019 年 12 月 30 日前）

（3）举办“局麻下无张力疝修补术”高级培训班，开展临夏州常见传染病、慢病影响因素及疾病负担研究。（责任单位：校医院，完成时限：2019 年 12 月 30 日前）

9. 举办中国非物质文化遗产传承人群研培项目——临夏砖雕培训班。（责任单位：继续教育学院，完成时限：2019 年 7 月 30 日前）

10. 开展屠宰场动物蛋白废弃物处理及氨基酸有机肥生产调研活动。（责任单位：生物医学研究中心，完成时限：2019 年 12 月 30 日前）

（三）国家民委定点帮扶、对口支援县

1. 举办乡村干部能力提升培训班。为内蒙古巴林右旗、广西德保举办一期乡村干部能力提升培训班，各培训基层干部 30 人。（责任单位：组织人事部、继续教育学院，完成时限：2019 年 7 月 30 日前）

2. 举办农牧业技术培训班。组建专家团队赴内蒙古巴林右旗、广西德保县举办农牧业技术培训班，为农技人员、养殖专业户、农牧民代表讲授牧区牲畜养殖技术、饲养管理方法及疾病防治技术。由组织人事部、科研处、生命科学与工程学院负责完成。（责任单位：组织人事部、科研处、生命科学与工程学院，完成时限：2019 年 10 月 30 日前）

3. 开展党课下乡活动。组建专家团队赴内蒙古巴林右旗、广西德保县为基层党员干部讲党课，宣传习近平新时代中国特色社会主义思想和党的十九大精神，助推强党建促脱贫。（责任单位：组织人事部、马克思主义学院，完成时限：2019 年 10 月 30 日前）

4. 举办扶贫产业人才培训班。组织专家团队赴江西乐安县开展扶贫产业人才培训服务活动。（责任单位：组织人事部、科研处，完成时限：2019 年 10 月 30 日前）

5. 举办基层医务工作者培训班。接受乐安县选派的医务工作者学习培训。（责任单位：组织人事部、继续教育学院、第一临床医学院，完成时限：2019 年 7 月 30 日前）

（四）武陵山片区

1. 推进科技帮扶务川仡佬族苗族自治县发展白山羊产业实施方案（2018—2023）。（责任单位：科研处、生命科学与工程学院、实验教学部）

2. 建立重庆酉阳教学实践基地。（责任单位：组织人事部、教务处，完成时限：2019 年 6 月 30 日前）

3. 举办重庆酉阳医务人员培训班。（责任单位：组织人事部、医学院，完成时限：2019 年 6 月 30 日前）

4. 举办重庆酉阳“民族特色农产品多语言电子商务平台应用”培训班。（责任单位：组织人事部、中国民族信息技术研究院，完成时限：2019 年 6 月 30 日前）

其他帮扶项目待联络员到岗后再确定。

（五）援藏援疆

1. 举办西藏藏汉双语翻译人才进修班（共 2 期）。（责任单位：继续教育学院，完成时限：2020 年 1 月 15 日前）

2. 举办西藏乡镇藏汉双语干部能力提升培训班。（责任单位：继续教育学院，完成时限：2019 年 6 月 30 日前）

3. 举办新疆博尔塔拉蒙古自治州抵边乡镇（村队）基层干部国家通用语言培训班。（责任单位：继续教育学院，完成时限：2019 年 5 月 30 日前）

4. 举办新疆喀什 2019 年县处级领导干部学习贯彻习近平新时代中国特色社会主义思想进修班。（责任单位：继续教育学院，完成时限：2019 年 5 月 30 日前）

三、工作要求

（一）强化认识，提高站位，坚持把深度贫困地区脱贫攻坚作为重点工作中的重点来抓

各部门、各单位要继续把脱贫攻坚作为最大的政治责任、最大的民生工程、最大的发展机遇，进一步加大甘肃临夏、甘南的帮扶力度，细化工作措施，确保中央和国家民委党组、甘肃省委重大决策部署落到实处。

（二）明确任务，创新思路，坚持把精准扶贫精准脱贫作为基本方略

各部门、各单位要始终把提高脱贫质量摆在首位，在制定定点帮扶地、对口支援地的帮扶措施上，深入打造教育扶贫、科技扶贫、文化扶贫、健康扶贫、产业扶贫“五位一体”扶贫模式，努力做到有的放矢、精准发力，真正扶到点上、扶到根上。

（三）激发动力，发挥优势，坚持把扶贫同扶志扶智相结合

各部门、各单位充分发挥帮扶干部的作用，做到精准施策，同贫困户一同制定好“一户一策”帮扶措施，把贫困户自己主动脱贫之志气“扶”起来，通过教育、引导，让贫困户有“我要脱贫”的迫切愿望而不是国家“要我脱贫”的被动“单相思”，帮助他们树立“多干多得、早干先得”的良好导向，引导他们在思想上愿意脱贫、行动上主动脱贫，依靠自己的双手开创美好的明天。

（四）加强督查，务求实效，坚持把从严从实要求贯穿脱贫攻坚全过程

充分发挥纪委的监督执纪作用，继续做好扶贫领域专项治理工作，全面落实从严从实要求，进一步健全制度、加强监督、堵塞漏洞，切实做到阳光扶贫、廉洁扶贫，确保扶贫工作务实、脱贫过程扎实、脱贫结果真实。

中共西北民族大学委员会中央脱贫攻坚专项巡视反馈意见整改工作方案

根据《中共甘肃省委办公厅关于印发〈甘肃省中央脱贫攻坚专项巡视反馈意见整改工作计划〉和〈甘肃省中央脱贫攻坚专项巡视反馈问题整改工作总清单〉的通知》，结合中央第一巡视组对甘肃省开展脱贫攻坚专项巡视反馈意见，对照问题，举一反三，查找不足，进一步靠实帮扶责任，推动临潭县一镇一乡六村脱贫攻坚帮扶工作扎实有效开展，确保实现2019年的工作目标，经学校脱贫攻坚帮扶工作领导小组研究，现制定整改工作方案。

一、指导思想

2019年，学校党委以习近平新时代中国特色社会主义思想和党的十九大精神为指导，认真贯彻落实习近平总书记关于扶贫工作的重要论述和甘肃省委省政府的决策部署，站在树牢“四个意识”、坚定“四个自信”，做到“两个维护”的政治高度，坚持把脱贫攻坚工作作为学校首要的政治任务，充分认识中央专项巡视反馈指出问题的严重性和整改落实的极端重要性，以敢死拼命的精神状态和滚石上山的奋斗姿态，坚决全面彻底抓好问题整改，深刻汲取教训，做到举一反三，以高度的政治责任感，坚持主动作为，细化、量化、深化帮扶措施，高质量完成各项帮扶任务。

二、组织领导

成立西北民族大学中央脱贫攻坚专项巡视反馈意见整改工作领导小组，负责牵头抓总、谋划决策，研究部署重要整改事项，统筹解决重大整改问题。人员组成如下：

组　长：邓光玉、赵德安

常务副组长：王彦斌

副组长：玉苏甫江、李辉、马世俊、石迎春、白日霞、杨晓、郎永杰

成　员：杨志武、王志军、杜永红、韩瑛、冶生贵、杨具田、马志学、齐卫权、刘丽江、于兰生、牛克慧、杨朝继、王振国、赵仁杰、郝宇

领导小组下设办公室：

主　任：王彦斌

副主任：杨志武、王振国

成　员：牛原、王也

完成时限：3月8日前完成。

三、问题清单

（一）脱贫攻坚理论武装不够扎实，学得不深悟得不透

个别党委、直属党支部对习近平总书记关于扶贫工作重要论述学习不及时，没有安排脱贫攻坚理论专题学习研讨。

责任领导：石迎春

责任单位：宣传部、组织人事部

责 任 人：韩瑛、王振国

整改时限：即知即改并长期坚持。

工作要求：各党委、直属党支部要进一步提高政治站位，把学习《习近平扶贫论述摘编》作为打赢打好脱贫攻坚战的思想武器，纳入各党委、直属党支部中心组、学校脱贫攻坚领导小组专题学习的主要内容，指导实践、推动工作；宣传部门要进一步统筹各类资源，营造学习宣传贯彻的浓厚氛围；不断提高各党委、直属党支部贯彻落实习近平总书记关于扶贫工作的重要论述的能力，为坚决打赢脱贫攻坚战提供坚强的政治保障。

（二）研究制定脱贫攻坚政策统筹协调不够，综合施策还不够精准

脱贫攻坚基础工作还不够扎实。少数帮扶干部填写“一户一策”精准脱贫不够详实，对贫困情况摸得不够清。

责任领导：王彦斌

责任单位：组织人事部

责 任 人：杨志武、王振国

整改时限：2019年5月取得阶段性成效，9月底前完成整改。

工作要求：帮扶责任人通过入户走访，认真了解掌握联系贫困户基本情况，实现精准对接，做到因户施策、精准实施。

（三）脱贫攻坚责任和压力传导还不够到位

部分干部对脱贫攻坚的艰巨性、复杂性认识不够深刻，一些干部认为当前国家政策倾斜力度大，资金投入多，到2020年实现“两不愁三保障”完全没有问题，存在盲目乐观现象。

责任领导：王彦斌、石迎春

责任单位：组织人事部、学校办公室

责 任 人：王振国、王志军

整改时限：即知即改并长期坚持。

工作要求：进一步树牢“四个意识”，提高政治站位，深入贯彻党中央关于脱贫攻坚的决策部署，不断提高对省情实际和脱贫攻坚艰巨性的认识，主动作为，保持战略定力，克服急功冒进和厌战情绪，狠抓工作落实，以实际行动坚决做到“两个维护”。

（四）党建与脱贫攻坚结合还不够紧密

个别贫困村党组织建设比较薄弱，过于依赖第一书记和驻村工作队，村党支部发动、引领、教育、凝聚群众作用弱，发展富民产业、带领群众增收思路还不够清、办法不够多。

责任领导：王彦斌、石迎春

责任单位：组织人事部、学校办公室、宣传部

责 任 人：王振国、王志军、韩瑛

整改时限：7 月份取得阶段性成效，并长期坚持。

工作要求：组织人事部要指导六个结对共建党组织加强共建力度，特别是对基层党员的宣传教育力度，切实激发贫困群众内生动力，不断调动贫困群众在脱贫攻坚中的积极性、主动性、创造性。

（五）纪检监察机关监督责任与脱贫攻坚工作结合不紧

纪检监察机关对脱贫攻坚领域监察力度还不够强。

责任领导：杨晓

责任单位：纪监审办公室

责 任 人：杜永红

整改时限：即知即改并长期坚持。

工作要求：纪检监察机关加大对脱贫攻坚工作的监督检查，促进全面从严治党向基层延伸，向扶贫一线延伸。

四、整改计划

（一）全面自查梳理巡视反馈意见和问题

由学校脱贫攻坚帮扶工作协调领导小组办公室牵头会同有关部门，对照中央巡视反馈意见和中央巡视工作领导小组负责同志讲话要求，坚持问题导向，以问题清单为参照，建立工作台账。

完成时限：2 月 23 日前完成。

（二）召开校党委常委会专题研究整改措施

召开学校常委会暨脱贫攻坚专项巡视反馈问题整改工作动员部署大会，专项学习中共甘肃省委办公厅印发的《甘肃省中央脱贫攻坚专项巡视反馈意见整改工作计划》《甘肃省中央脱贫攻坚专项巡视反馈问题整改工作总清单》，全面安排部署学校整改工作，明确各级职责，层层传导压力，动员各相关部门，齐心协力抓好整改任务。

召开时间：2 月 25 日。

（三）集中下沉调查研究，认真开展自查自纠

深入临潭县流顺镇、长川乡六个村调查研究，进一步梳理六个村存在的突出问题，拿出最管用的解决方法，深挖问题根源，明确整改举措。

完成时限：3 月 25 日前。

（四）完成脱贫攻坚专项巡视整改工作总结报告

由学校脱贫攻坚帮扶工作协调领导小组办公室牵头，系统总结整改工作成效，形成整改工作报告，报组长单位省交通厅扶贫办。

完成时限：12 月底完成并上报。

五、有关要求

（一）提高政治站位

要把深入学习贯彻习近平总书记关于巡视工作重要讲话和党中央脱贫攻坚决策部署，与学习贯彻习近平新时代中国特色社会主义思想结合起来，与学习贯彻习总书记关于扶贫工作重要论述结合起来，深入持久学、融会贯通学，深刻领会精神实质，把握核心要义，切实用以武装头脑、指导实践、推动工作。

（二）深刻反思自省

要从中央脱贫攻坚专项巡视反馈问题中引起重视、引发警觉，对照问题，真正把自己摆进去，剖析思想、找准差距、深挖根源，深刻反思在思想认识上的偏差，做到早发现、早主动，早整改、早见效。

（三）深入研究谋划

要在深入调查研究、吃准问题、吃透政策、找准症结的基础上，研究谋划提出专项整改方案，明确每个问题、每项任务的责任领导、责任单位，确保事事有人管、件件有人抓、措施能落地。

（四）强化组织领导

整改工作领导小组负责牵头抓总，负责整改工作的统筹协调、进度安排和督查落实。对整改不力、敷衍应付、虚假整改的严肃追责问责，对不担当不作为的及时进行处理。另外，此工作方案聚焦的是巡视整改工作，脱贫攻坚工作按原部署进行。

西北民族大学关于进一步加强驻村帮扶工作队成员管理工作的通知

为加强学校选派甘肃省临潭县驻村帮扶工作队成员的管理，更好发挥驻村帮扶工作队成员脱贫攻坚生力军作用，根据《中共甘肃省委办公厅 甘肃省人民政府办公厅关于印发〈甘肃省贫困村驻村帮扶工作队管理办法〉的通知》，结合学校实际，现就进一步加强我校驻村帮扶工作队成员（以下简称“工作队成员”）管理工作有关事项通知如下：

一、总体要求

（一）指导思想

以习近平新时代中国特色社会主义思想为指导，全面贯彻党的十九大和十九届二中、三中全会精神，认真落实党中央、国务院关于脱贫攻坚决策部署，深入实施精准扶贫精准脱贫，以实现贫困人口稳定脱贫为目标，确保贫困村驻村工作队成员选派精准、帮扶扎实、成效明显、群众满意。

（二）基本原则

坚持因村选派、分类施策，严格管理、有效激励，聚焦攻坚、真帮实扶的原则。

二、选派及任职

（一）选派条件

1. 政治素质好，坚决贯彻执行党的路线方针政策，热爱农村工作；

2. 有较强工作能力，敢于担当，善于做群众工作，开拓创新意识强；

3. 事业心和责任感强，作风扎实，不怕吃苦，甘于奉献；

4. 符合甘肃省驻村帮扶工作队成员的任职要求；

5. 具有正常履行职责的身体条件。

（二）选派程序及任职

工作队成员选派按照征求个人意见、所在单位党组织推荐、学校党委研究、甘肃省委组织部审核等程序进行，重点把好人选政治关、品行关、廉政关和能力关。

三、职责任务

（一）工作定位

工作队成员在乡镇党委领导下帮助村“两委”开展脱贫攻坚工作。

（二）职责任务

1. 宣传党的政策。充分运用基层群众喜闻乐见的形式，传递党的好声音。特别要紧紧围绕打赢脱贫攻坚战，大力宣传党和国家的各项强农惠农富农政策，宣传国家民委和省委省政府的重大决策部署，宣传脱贫攻坚最新的政策文件精神，使中央精神、国家民委和甘肃省委的重大部署家喻户晓、深入人心。

2. 建强基层组织。协助抓好党内学习教育、软弱涣散村党组织整顿、村“两委”班子建设、严肃党组织生活、党员发展管理、党员干部培训、村级组织规范化建设、村级组织活动场所建设等工作，强化村党组织政治功能和服务功能。

3. 推动精准脱贫。落实精准识别、精准施策、精准帮扶、精准脱贫、精准退出有关措施。制定和实施贫困村发展规划、脱贫计划和帮扶措施，帮助贫困户选准发展路子，做到“一村一策、一户一方”。做好“一户一策”入户摸底、协助学校帮扶责任人完成帮扶责任人“连心卡”“一户一策”帮扶计划等资料。

4. 做好台账资料。健全驻村工作日志、考勤簿、请销假记录、会议及学习记录、群众来电来访记录、工作经费使用报销合账表册、建档立卡贫困户帮扶计划等相关资料。做好脱贫攻坚帮扶工作规划、驻村帮扶工作年度计划、帮扶责任人与帮扶户结对帮扶一览表等图板资料。

5. 做好协调服务。积极沟通衔接，协调配合村“两委”班子开展工作，定期不定期地向所在乡镇党委及学校脱贫攻坚帮扶领导小组办公室报告工作进展情况。

四、教育管理

（一）管理职责

组织人事部门负责对工作队成员的选派、考察、考核，学校脱贫攻坚帮扶工作领导小组办公室负责对工作队成员的工作协调、任务下达等工作；所在乡镇党委政府承担工作队成员属地管理职责，指导工作队成员开展精准识别、精准退出工作，支持工作队成员落实精准扶贫政策措施，帮助工作队解决实际困难。选派期间，工作队成员与原单位工作脱钩，选派单位不得安排工作队成员其他工作任务，也不得要求其提前返回单位。因工作需要或特殊原因需要调整人员的，应由学校党委向甘肃省委组织部提出申请，经批准同意后方可调整。

（二）督查检查

学校脱贫攻坚帮扶工作领导小组办公室围绕工作队成员到岗到位、工作开展、吃住在村、经费使用、遵守纪律等情况，每季度进行 1 次督查检查，及时掌握工作队成员工作开展情况。通过督查检查，总结典型经验，解决突出问题，完善管理制度，推进帮扶工作持续深入健康开展。

（三）教育培训

组织人事部要加强对工作队成员学习培训，培训要突出习近平新时代中国特色社会主义思想和习近平总书记关于扶贫工作的重要论述等内容，聚焦“帮扶谁、帮什么、怎么帮”三个关键问题。通过专题培训、经验交流等方式，帮助工作队成员掌握工作方法，熟悉业务知识，提高工作能力。

（四）管理制度

1. 驻村工作制度。工作队成员必须吃住在村、工作到户，每年驻村时间达到 220 个工作日以上（含因公出差、开会和培训），其中在村工作时间需达到 160 天以上。

2. 考勤制度。工作队成员工作期间，实行帮扶村、乡镇、县、学校四级管理制度，以帮扶村、乡镇管理为主。乡镇党委负责对工作队成员的考勤。请假 3 天以内的，由乡镇党委书记审批，并报县帮扶办备案。请假 3 天以上的，经乡镇党委书记同意后报所在县帮扶办审批，同时给组织人事部报备。未经批准，不得擅自离岗。

3. 公示公开制度。工作队成员的姓名、工作单位、联系电话要在所在村部公开栏公示，方便群众联系和沟通。定期公布驻村工作计划和完成情况，接受群众监督。

4. 定期汇报制度。工作队成员坚持每月向乡镇党委汇报一次工作，每季度以书面清单形式向学校脱贫攻坚领导小组办公室和当地组织部门汇报一次工作，对工作和生活中遇到重大事项、难点问题要及时报告；每年年底，全面总结履行职责任务情况，形成书面工作总结（附重点工作完成情况清单），报县级党委组织部门备案，同时报学校脱贫攻坚领导小组办公室存档。

5. 工作纪实制度。建好一本《驻村工作台账》，对自身驻村期间每天工作情况进行原始记录，对重点工作任务进度及完成情况等进行跟踪记录；记好一本《民情日记》，对驻村期间看到的、听到的民情、民意、民困等民生情况做好记录，定期汇总上报。工作队成员每年至少撰写并上报一篇工作调研报告（含工作计划、帮扶方案），摸清村情民意，厘清工作思路，提出建议措施。《驻村工作台账》和《民情日记》须保持完整无缺，供考勤、考核备查。

6. 纪律约束制度。工作队成员要严明各项工作纪律。注重密切联系群众，注意言行举止，体察民情，珍惜民力，牢固树好良好形象。对群众要切实做到“五个不准”：不准弄虚作假、欺上瞒下；不准以权谋私、铺张浪费；不准接受吃请和收受财物、土特产；不准酗酒赌博和参与公款娱乐消费；不准做违背群众意愿、侵害群众利益的事情。

7. 工作交接制度。工作队成员任职期满或因其它原因调整的，要做好新老成员交接工作。交接工作要做到“五个清楚”：一要把承担的职责任务交接清楚，二要把掌握的村情民情交接清楚，三要把尚未处理完毕的工作交接清楚，四要把台账资料交接清楚，五要把工作经费使用情况、办公设备等资产交接清楚。

五、考核奖惩

工作队成员年度考核由所在县级党委组织部负责。年度考核结果将作为学校表彰奖惩和干部提拔或重用的重要依据。学校对工作实绩突出、群众公认的驻村工作队成员，在提拔任用、交流重用、职级晋升等同等条件下优先考虑。

对作风飘浮、敷衍塞责、工作表现差、群众不满意、成效不明显、考核不称职的，由学校召回撤换。被召回撤换的，到村任职时间不得计算为基层工作经历，两年内不得评先评优、提拔或重用。有违纪违法行为的，要依纪依法追究责任。

六、组织保障

组织人事部要加强同甘肃省委组织部、甘肃省帮扶办、甘肃省交通厅、临潭县有关部门和乡镇党委的沟通协调，共同做好工作队成员的日常管理、信息交流、督查指导等工作。学校各部门各单位结合各自工作职能，全力做好工作队成员工作、生活等保障工作。

（一）驻村补助

学校按照《关于调整加强全省脱贫攻坚帮扶工作力量的意见》（甘办发〔2017〕45 号）和《关于进一步强化驻村帮扶保障工作的通知》（甘帮领办发〔2018〕9 号）明确的驻村补助标准，为派出的工作队成员每人每天发放伙食补助 100 元，每月补助通讯费 80 元。

（二）保险、体检和医疗

学校为工作队成员办理人身意外伤害保险，每年安排 1 次健康体检。

（三）年休假

学校会同工作队成员任职所在地的乡镇党委政府，按照机关事业单位工作人员带薪年休假相关规定，落实年度休假制度。

（四）党组织关系转接事宜

工作队成员党组织关系转到村党支部，人事关系、工资和福利待遇不变。

（五）加强宣传工作

宣传部门要注重发现驻村帮扶先进事迹、有效做法和成功经验，加大宣传力度，树立鲜明导向，营造驻村帮扶工作良好氛围。

干部人事工作

在西北民族大学2018年度各单位述职考核测评大会上的讲话

西北民族大学党委书记　邓光玉

岁末年初，工作安排非常紧，大家辛苦了！本次述职大会开了一天半，比往年压缩了半天。会上，52位同志作了认真述职，大家讲成绩、讲不足，讲思路、讲经验，有启发、有借鉴，很振奋、很鼓舞。可以说每位同志的8分钟，浓缩的是各单位教职员工每天8小时的艰辛付出，浓缩的是大家新时代的精气神。听完之后，让我们又想起过去共同奋斗的365个日日夜夜，总体的一个感觉是大家讲得好，干得更好。一是站位高。大家的述职，都紧紧围绕新时代民族高等教育使命，把握贯彻习近平总书记关于教育的重要论述和中央重大决策部署的主线，突出责任担当，体现了“四个意识”，体现了中央精神和国家民委党组、甘肃省委的要求。二是总结实。大家的述职，实事求是，基本没有假大空。讲成绩，真凭实据不夸大；讲问题，真心实意不回避；讲措施，真真切切不弄虚，听了后心里踏实。三是干劲足。大家述职时，精神饱满，讲的很生动、很感人、很有说服力，体现了大家对本职工作的热情，对学校发展的自信，体现了求真务实、积极进取的精神状态。

2018年是全面贯彻落实党的十九大精神的开局之年，是改革开放40周年，是决胜全面小康社会、实施“十三五”规划承上启下的关键一年。在国家民委党组的坚强领导下，我们坚持用“四个意识”导航、用“四个自信”强基、用“两个维护”铸魂，迎接挑战，抢抓机遇，深化改革，加快推进“三地一库”建设，在朝着高水平大学和一流民族大学目标奋力前行中展现了新气象新作为。关于全年的工作，我还要专门向大家述职，党的建设、意识形态工作已作了专项述职考核，这里重点讲2018年的工作特点。

一、最根本的是推进全面从严治党

牢牢把握新时代党的建设总要求和新时代党的组织路线，坚持以政治建设为统领，落实党建重点任务，全面推进党的政治、思想、组织、作风、纪律建设，涵养了良好的政治生态，营造了良好的育人环境。在政治建设上，严格党内政治生活，培育共产党人的价值文化，增强政治生活的“四性”，树牢“四个意识”，坚定“四个自信”，坚决做到“两个维护”。在思想建设上，采取轮训、专题学习、宣传宣讲等方式，与推进“两学一做”学习教育常态化制度化相结合，与执行“三会一课”制度相结合，与落实立德树人根本任务相结合，持续深入学习贯彻习近平新时代中国特色社会主义思想和党的十九大精神，推进习近平新时代中国特色社会主义思想“三进”工作。在组织建设上，贯彻全国组织工作会议精神，推进五大体系建设，以“对标争先”“双带头人”、支部标准化建设为载体和抓手，开展党建质量提升攻坚行动，全面提升基层组织的组织力，选树了一批校级样板党委和支部，一个支部被评为全国的样板支部创建单位。特别是在选人用人上突出政治标准，突出精准选人，彰显担当作为导向，涵养了政治生态。在作风建设上，开展作风建设年活动和调查研究年活动，坚决清理考核检查多的问题，坚决防止形式主义、官僚主义，巩固整治“四风”成果。在纪律建设上，认真学习宣传贯彻执行纪律处分条例，把握监督执纪四种形态，严格监督执纪问责，开展政治巡察，对违纪问题特别是对违反政治纪律问题作出严肃处理，并开展警示教育。

二、最鲜亮的是推进高质量发展

这是工作的主线，我们坚持立德树人根本任务，坚持德育为先，五育并重，努力把德育打造成学校教育最美的风景，强化学生价值观塑造和核心能力培养。加强教师队伍建设，把师德师风作为第一标准，广泛开展“弘扬爱国奋斗精神、建功立业新时代”活动，发挥“黄大年式教师团队”的示范引领作用，弘扬宣传广大教师的高尚师德。同时对教师队伍中的害群之马作出了严肃处理。加强思想政治工作，深入实施思政工作质量提升工程，配齐思政工作队伍，加强马克思主义学院建设，有效解决了“有岗无哨”“有战略无战术”的问题。把握教育、思政工作、学生成长三大规律，坚持第一课堂与第二课堂、线上线下、解决思想问题和解决实际问题三个相结合，推进思想政治工作创新，增强思政工作时代感和吸引力。加强科学研究，取得一系列重大成果。格萨尔文库 3 卷 30 本正式出版，正在筹备高规格的出版发布及捐赠仪式。整合资源，在统筹学科建设的基础上，聚焦博士点申报，突出“一优三特”建设。开展硕士点的自我评估，加强质量保障体系建设。加强重点实验室建设，中国民族语言文字信息技术实验室获批教育部重点实验室，实现历史性突破。

三、最重大的是推进综合改革

坚持把改革作为推进发展的根本动力。过去的一年，是推进全面从严治党之年，是作风建设之年，也是改革之年。我们环环相扣推进了重大改革，上半年全力推进机构改革和全员聘任，完善聘期管理，取得了积极成效，得到了国家民委和甘肃省的充分肯定，甘肃省以简报的形式介绍了学校推进机构改革的做法。下半年着力推进教育教学改革，以学校教育工作会议为起点，全面启动五年行动计划，叫响了教学和学习两个革命。智慧教室、空乘方向合作办学、新金融学习工场建设、专业认证等已经在推进。结合人才培养方案的修订，奋力推进更全面的教育体系、更高水平的培养体系和更科学的保障体系建设，推进“高教 40 条”在学校落地见效，在省内引起较大反响。同时，对人才工作体制机制、学科建设机制改革作了深入调研和研究，下学期要抓紧推进，增强改革的系统性整体性协同性，增强改革的综合效果。

四、最扎实的是推进和谐校园建设

认真贯彻学校章程，坚持党委领导下的校长负责制，把党的领导贯穿到办学治校、教书育人全过程。理顺行政权力、学术权力关系，发挥“两代会”和群团组织的作用，完善内部治理，夯实和谐校园建设的内部治理基础。牢牢把握意识形态工作领导权，强化核心价值观引领，推进文明校园建设，推出话剧《江姐》《不忘初心》《灯塔》《黄河大合唱》等一批文艺作品和校园文化品牌，唱响了主旋律，弘扬了正气，确保了正确办学方向，也最大限度挤压了歪风邪气的生存空间。坚持教育与宗教相分离原则，强化责任担当，落实“五个严禁”，坚决防止校园宗教渗透。坚持人防、物防、技防相结合，综合施策，恢复派出所功能，坚决防止西方敌对势力和“三股势力”渗透争夺，有力维护了学校政治安全和广大师生生命财产安全。

五、最可喜的是推进发展环境改善

坚持服务大局，发挥优势参与扶贫攻坚，在服务中体现了价值追求。化挑战和压力为机遇动力，以安全稳定为重要突破口积极争取协调，得到国家民委、教育部和财政部高度重视，学校的投入从今年起增加 1.5 个亿，财政投入增量实现历史性突破。积极争取甘肃省委和省直有关部门支持，落实共建协议，学校发展得到甘肃省委书记林铎和省委有关领导的高度重视，一些具体问题正在逐项报批，力争有好的结果。与四川大学对口支援不断细化实化，外部发展环境得到极大改善。我们大力推进基本建设和民生工程建设，两栋学生公寓已建成投入使用，留学生公寓、榆中文科楼已开工建设，西北新村校区学生公寓和音乐楼维修改造工程竣工验收，今年将开工建设实验实训大楼，榆中校区学生活动中心也有望开工建设。特别是大家关心的住宅楼建设经艰苦努力终于开工建设。

我简要地提这么一些，更多的亮点，在大家的述职之中，更深的体会在全校上下共同付出的汗水之中，更好的评点在每一位参与者、推进者的心中。在此，我代表学校党委向全校师生员工一年来默默奉献、辛勤工作和为学校发展作出的重大贡献表示崇高的敬意！

2019 年我们将迎来新中国成立 70 周年，也是改革开放再出发的开局之年。明年学校也将迎来建校 70 年。在这样承上启下、继往开来的历史交汇期，我们必须坚定信心、积极进取，以永不懈怠的精神状态推进学校发展。关于 2019 年的工作，我们已拟定了工作要点，待国家民委、甘肃省委有关会议召开，进一步对标中央和国家民委党组、甘肃省委决策部署修改完善后印发。这里提几点希望，我们一起共勉。

一是在把握规律上下功夫。总结经验、把握规律是共产党人的历史自觉，也是我们推进工作的重要法宝。习近平总书记在全国教育大会上将我国教育事业取得的宝贵经验概括为“九个坚持”，是对我国教育事业规律性认识的深化。在庆祝改革开放 40 周年大会上将改革开放 40 年的历史性经验归纳为“九个必须坚持”，是对中国共产党执政规律、社会主义建设规律和人类社会发展规律的深化。这些经验总结是新时代高等教育改革发展的重要遵循，必须深刻领会、牢牢把握、始终坚持并贯彻到办学治校、教书育人的全过程和各方面。

二是在凝聚共识上下功夫。要提高政治站位，树牢“四个意识”，把习近平总书记关于教育的重要论述作为改革发展稳定的根本遵循，把思想和行动进一步统一到中央关于教育的重大决策部署上来。始终坚持党对学校的全面领导，不断推进全面从严治党，始终坚持马克思主义指导地位，把思想政治工作作为办学治校的鲜亮底色，努力把学校建设成为坚持党的领导的坚强阵地。坚定走中国特色高等教育发展道路，坚定走中国特色解决民族问题的正确道路，坚守社会主义核心价值观的价值取向，坚守弘扬中华民族优秀传统文化的文化取向，坚守培养青年学生“中华民族一家亲，同心共筑中国梦”的爱国取向。

三是在价值回归上下功夫。育人是教育的根本价值所在，培养一代又一代拥护中国共产党领导和社会主义制度，立志为中国特色社会主义奋斗的有用人才，是我们的根本任务，也是价值起点。必须牢固树立人才培养的中心地位，回归育人主业，把立德树人作为检验学校一切工作的根本标准，突出学生正确价值观塑造，着力培养学生创新思维和适应时代要求的关键能力。广大教师要回归育人的本职，敬重学问、关爱学生，当好学生成长的“四个引路人”。引导学生回归学习的初心，践行总书记提出的“爱国、励志、求真、力行”的要求，努力成为堪当“中华民族一家亲，同心共筑中国梦”大任的时代新人。

四是在释放活力上下功夫。坚持用好改革开放这个关键一招，通过改革激活力、增动力。继续深化综合改革，更加注重改革的系统性、整体性和协同性。全面审视机构改革的成效，按照“五年行动计划”深化教育教学改革。下学期要重点推进人才工作体制机制改革和学科建设改革，通过改革形成突出政治标准、能力素质和实际贡献的鲜明导向，逐步扭转“四唯”倾向和功利化倾向，建立学科设置、专业调整、教育教学、资源配置与社会需求联动机制，建立引导主动适应产业发展、经济转型升级需求，服务国家战略和民族地区、西部地区需求的体制机制，防止关门办学、惯性思维、固化模式、脱离社会需求办学。切实贯彻学校章程，不断完善学校内部治理，推进治理能力和治理体系现代化。

五是在增强本领上下功夫。面对新时代新任务，要不断增强党的十九大要求的“八种本领”，按照缺什么补什么的原则，着力在补齐能力短板上下真功夫，下苦功夫。着力增强学习能力，按照“学懂、弄通、做实”的要求，坚持把自己摆进去、把职责摆进去、把工作摆进去，进一步把学习习近平新时代中国特色社会主义思想和党的十九大精神引向深入，切实做到内化于心、外化于行。工作中讲什么话、谋什么事、做什么决策，都要从中找方向、找方法、找答案。增强驾驭风险能力，聚焦不出事这个基本要求，坚持战略思维、辩证思维、法治思维、底线思维，在谋划和部署工作过程中，要看长远看大局，算大帐、算政治帐，确保学校各项工作顺利推进。增强创新能力，进一步解放思想，不断推进办学治校的理念、组织、制度、政策和实践创新，使工作始终能跟上时代的步伐。

六是在作风建设上下功夫。作风是形象，是力量。进行伟大斗争，建设伟大工程，推进伟大事业，实现伟大梦想，一个重要前提就是必须始终保持良好的作风。近几年，持续整治“四风”取得重大成效，但不容忽视的是形式主义、官僚主义在一定程度上仍然存在，再次表明“四风”问题具有顽固性、反复性，我们要坚决进行整治。要习惯在严格的管理、严厉的监督下工作和生活。作风建设要深入，根本还在于全面从严治党，关键还是一把手带头。在座的都是“关键少数”，要切实履行好“一岗双责”，把管党治党的政治责任扛在肩上、抓在手中。总之，就是领导带头，带头学习、带头落实，带出新时代的精气神，让学校每一位师生都成为拥抱新时代、奉献新时代的坚定者、奋进者、搏击者，共同写好新时代学校高质量发展的奋进之笔。

中共西北民族大学委员会关于新时代全面加强人才队伍建设工作的指导意见

为深入贯彻落实党的十九大精神，落实立德树人根本任务，造就一支高素质创新型人才队伍，加快高水平大学和一流民族大学建设步伐，根据《中共中央关于深化人才发展体制机制改革的意见》《中共中央 国务院关于全面深化新时代教师队伍建设改革的意见》《中共甘肃省委关于深化人才发展体制机制改革的实施意见》等文件要求，结合学校实际，现就加强人才队伍建设提出如下意见。

一、高举习近平新时代中国特色社会主义思想伟大旗帜

坚持以习近平新时代中国特色社会主义思想为指导，深入学习贯彻习近平总书记关于人才工作的重要论述和指示批示精神，牢固树立新发展理念，以自觉服务国家战略和地方经济社会发展为主要方向，以加强一流学科、一流专业建设为主要任务，坚持聚天下英才而用之，树立科学人才观，遵循人才成长规律，释放和增强人才活力，实施人才强校战略，加强学校人才队伍建设工作，全面推进学校“三地一库”建设。

二、坚持人才引领学校高水平发展的基本原则

第一，坚持党管人才，立德树人为本。充分发挥学校党委的领导核心作用，加强和改进党对人才工作的领导。坚持立德树人根本任务，把加强和改进师德师风建设作为提高人才队伍质量的首要任务。

第二，坚持改革创新，释放人才活力。坚持将深化人事人才工作体制机制改革作为全校各项改革的“牛鼻子”来抓，坚持问题导向，集中攻坚，重点突破，完善制度，构建科学规范、开放包容、运行高效的人才工作体系。注重人才潜能发挥，注重团队集体作用，注重对中青年教师的支持，注重人才实践本领和贡献，激发和释放人才创新活力，使人才各尽其能、各展所长、各得其所，让人才价值得到充分尊重和实现。

第三，坚持内培外引，打造人才高地。用好现有人才，稳定关键人才，造就高端人才，重点选拔和培育校内优秀拔尖人才。主动参与人才竞争，按照学校一流学科和一流本科专业建设的需要灵活引进高层次人才，积极与企业、科研院所、政府加强合作，打造人才发展高地，构筑人才发展平台，拓展人才发展资源。

第四，坚持文化引领，统筹协调发展。营造胸怀祖国、善于合作、包容共进的开放文化，营造广

纳贤才、大胆用才、宽容待才、温馨留才的优良环境。注重发挥先进模范人物的示范引领作用，建立体现民大特色的荣誉体系。统筹教师、教辅、管理服务三支队伍全面协调发展，形成合力，推进高水平大学建设。

三、构建想干事能干事干成事的高素质创新型人才队伍

深入实施人才强校战略，构建“1+X”人才队伍建设与人事管理体系。全面优化人才队伍结构，强化高层次人才、团队的引领作用，不断加大中青年教师培养力度；改革人才队伍考核评价制度，深化多元激励机制，激发全体教职工干事创业的活力；大力营造优良师德引领、包容和谐的育人环境。到 2025 年，人才队伍建设取得重大进展，规模、质量和结构适应学校事业发展需求；人才培养、引进和使用机制更加规范，人才评价流动、激励保障机制更加有效，人事管理体制更加科学，全校上下识才爱才敬才用才氛围更加浓厚。努力培养造就一批与高水平大学建设、一流学科及一流专业相匹配的高层次人才、中青年骨干人才和创新团队；建设一支信念坚定、师德高尚、忠诚担当、乐于奉献、业务精湛、视野开阔、充满活力的高素质创新型人才队伍。

四、增强教职工政治思想引领和价值引领的行动自觉

第一，全面提高教职工思想政治素质。各级党组织要把系统学习贯彻落实习近平新时代中国特色社会主义思想作为首要政治任务，有计划有组织有步骤地开展，把学习成果转化为不可撼动的政治信念，增强政治定力，提高教职工思想政治素质。实施“打铁还需自身硬”的“三全育人”行动计划，特别是基层党组织要把提升政治功能、组织力和带头示范引领作为重要任务来落实，坚守育人初心，践行以学生为中心的理念，把涵养政治操守体现在课堂、讲坛、实践中。深入开展社会主义核心价值观践行活动，用自身的政治魅力和学识魅力教育、感染学生，成为先进思想文化的传播者、党执政的坚定支持者、学生健康成长的指导者和引路人。

第二，持续加强师德师风建设力度。坚持不懈地把师德师风教育融入职前培养、职业准入、职后培训和管理的全过程，引导教师争做“四有”好老师、学生引路人。持续开展“弘扬爱国奋斗精神　建功立业新时代”活动，推动教师树立牢固的家国情怀，弘扬爱国奉献精神。实施“双带头人”培育计划，发挥基层党组织在师德师风建设中的引领辐射作用。定期举行师德师风建设报告会、座谈会等，弘扬为人为学为师的大爱师魂。着力发现和选树师德师风典型人物，以更加新颖的形式开展宣传工作。深化以个人自评、学生测评、同事互评、单位考评为基础的师德师风综合评价体系。强化师德考核结果在人才招聘、考核评价、评优推先、职称评聘、岗位聘任、导师遴选等工作中的运用，对师德失范、学术不端行为“零容忍”。

五、多举措实施人才计划，提升人才队伍整体水平

第一，实施“兰山学者”人才计划。发挥“头雁效应”，加强对领军人才、学科带头人、专业负责人的支持、培养力度，选拔“兰山杰出人才”；加强学术骨干人才培育，选拔“兰山青年英才”；加强青年教师培养，选拔“兰山青年骨干”。对入选人才给予政策、项目、资金等多方面的统筹支持。五年内培育校内“兰山杰出人才”50人、“兰山青年英才”100人、“兰山青年骨干”200人。打造人才“高地”，集聚人才“蓄水池”，实现人才队伍可持续发展。

第二，实施教学团队建设计划。加强教学团队建设，完善教学团队建设与管理办法，培育、遴选一批水平高、能力强的教学团队带头人；构建“两级两类”教学团队，建设高水平省级教学团队，建立一批校级重点示范教学团队、重点扶持教学团队，发挥团队整体优势和示范作用；树立教师的团队发展意识，鼓励教师参与课程建设、专业建设，提高团队建设积极性和协作性，提升教师专业发展能力，促进教师共同成长。

第三，实施科研团队建设计划。以经济社会发展需求、国家重大战略和学校学科建设的需要为导向，以优化整合资源配置、突出重点研发方向、凝聚优秀创新人才为出发点，利用现有的学科优势和特色，通过专项经费加大对科研创新团队、新型智库建设资助力度。以科研项目为纽带，鼓励教师向团队和平台凝聚，团队和平台向一级学科凝聚，稳定方向，形成合力，力争在每个学院建立若干科研创新团队，有效促进优秀人才由“单兵作战”向“团队协作”的角色转变。

第四，实施“思想政治教育工作者‘双提’计划”。聚焦用习近平新时代中国特色社会主义思想铸魂育人，开展“提高教师的积极性、主动性、创造性，提升思政课的思想性、理论性、亲和力和针对性”内涵建设工作。聚焦“政治要强、情怀要深、思维要新、视野要广、自律要严、人格要正”的要求，在选用、管理、考核中严把思想政治教育工作人员的政治关、师德关、业务关。实行专职辅导员职务职称“双线”晋升制度。多途径创造条件提升业务素质，不断提高思想政治工作队伍的职业能力和专业水平，着力打造一支专职为主、专兼结合、数量充足、素质优良的思想政治工作队伍。

第五，实施教辅队伍专业化水平提升计划。加大对教辅人员的培训力度，不断提升教辅人员的学历层次和服务水平。打破身份限制，完善教辅人员、专任教师、管理岗位间的流动机制，推动人才在各系列间顺畅流动。建立健全有利于促进教辅人员发展的岗位设置、职称聘任、考核评价和薪酬分配制度，使之与学校的教育教学同步发展、与学科专业建设相匹配、与学校办学目标相适应，努力建成一支业务精湛、技能娴熟、结构合理、敢于创新的教辅队伍。

第六，实施管理服务队伍整体素质提升计划。以“政治上可靠、对党绝对忠诚”为根本要求，严把选人用人政治关、品行关、能力关、作风关、廉洁关，增强干部使命感、责任感和求真务实精神。深化干部教育培训改革，以继续教育、培训进修、轮岗交流、挂职锻炼等为抓手，不断加强干部能力素质提升、日常管理监督和作风建设。实施“双高双强”型干部培养计划，为学校建设发展培育储备一批“政治素质高、业务水平高，管理能力强、带头作用强”的优秀干部。结合国家职业证书制度，

加强对工勤技能人才的岗位技能培训，建设一支政治意识强、服务水平高、业务技能娴熟的工勤服务队伍。

第七，实施教师培养六大引领工程

——实施“教师教学能力提升工程”。积极发挥教师教学发展中心作用，组织研修活动，开展教学研究与指导，推进教学改革与创新，提升教师教学能力；推进教学革命，重塑教学形态，以提高教师信息技术应用能力为着力点，运用网络媒体、智慧教室等现代化手段，推动教师改变传统教学模式，激发自身潜力，提高教书育人本领，推动教育内涵式发展。

——实施“教师实践创新能力提升工程”。注重人才创新意识和创新能力培养，围绕“双师型”队伍建设，加大产教融合、校地校企合作力度，定期选派教师到地方、企业从事挂职锻炼，鼓励教师考取行业特许资格证书、专业技能考评员资格，积极承接横向项目，提升科研成果转化能力，提高教师实践创新能力。

——实施“青年教师学历提升工程”。支持青年教师结合学科专业建设和发展方向攻读博士学位，提升教师学历层次，特别是要促进青年教师队伍博士化，力争每年 30 名左右教师攻读博士学位，努力在五年内学校专任教师博士学位比例达到 40%。对获得博士学历学位的专业技术人员给予资助和奖励，对其中尚未取得高级专业技术职务任职资格的专业技术人员按专业技术七级岗发放校内基本岗位津贴。

——实施“教师国内访学进修提质工程”。根据学科专业和团队建设需要，突出重点，保证急需，制订教师国内访学进修计划，注重用好“中西部高等学校青年骨干教师国内访问学者”和“四川大学对口支援教师培训”等项目，每年选派 30—50 名教师到国内重点高校进行访学研修，提高其教学、科研能力和综合实力。

——实施“青年教师引航工程”。实施新进教师岗前培训、校本培训制度和传、帮、带机制，为新进教师配备指导教师，帮助其树立立德树人的使命担当和责任意识，掌握大学教学的基本规范、方式方法和科研技能，融入学科建设和团队建设，融入学校的环境与文化，规划专业发展的基本方向和目标任务，促使青年教师尽快成长与发展。

——实施“骨干教师国际化培养工程”。增强出国（境）培训和访学的针对性和实效性，以学校一流学科、一流本科专业建设为重点，搭建国际交流平台，鼓励并支持骨干教师积极申报各级各类研修项目，选派骨干教师到海外知名高校、研究机构进行 6 个月以上的学术研究和访学进修；扩大对外交流，通过外专引智项目，邀请海外专家学者来校交流讲学；支持教师参加国际性学术会议，拓展教师国际视野，提升教学科研水平和对外交流能力。

六、多渠道引进高层次人才，促进优秀人才集聚

第一，优化人才引进政策。坚持公开招聘制度，对接国家“一带一路”建设和甘肃省、民族地区

发展战略，制定科学合理的人才招聘计划，修订并实施适应新时代背景下的高层次人才引进办法。积极对接、用足用好省市人才优惠政策，对重点发展、特色发展急需的紧缺人才实施“一人一议一策”制度。提高人才引进科研启动费、安家补助费等标准，对引进的博士按专业技术七级岗标准发放校内基本岗位津贴。加强引进人才的管理与考核，突出人才到校后聘期工作的考核与实际贡献评价。

第二，拓宽人才引进渠道。采取更加开放、灵活、高效的高层次人才引进方式，面向国内外多渠道举办招才引智活动；二级单位要发挥用人自主权和主导作用，主动出击广罗人才，积极参加各类人才专场招聘会；建立人才信息库，跟踪发现人才；发挥校友、高级专家、社会机构等作用，以才荐才，以才引才；搭建学术交流平台，组织高水平学术论坛，吸引优秀人才。

第三，加强柔性引才工作。完善柔性引进人才制度，采取多种方式柔性引进国内外知名高层次人才和团队，充实学校人才队伍。设置“特聘教授”“讲座教授”岗位，建立年薪制、协议工资、项目工资等灵活的薪酬分配体系，采用合同聘用、项目合作、指导团队等形式，支持柔性引进人才开展学科建设、专业建设、科研合作、团队建设和人才培养，产出标志性成果，提升学科专业建设水平。

第四，完善引才配套服务。加快基础条件建设，建好重点实验室、工程技术研究中心和人文社科研究基地、新型智库等创新平台，实施人才工作室、引进人才研究平台建设等专项计划，修缮或改造人才公寓，努力解决人才住房问题，为高层次人才提供良好的创新平台、工作条件和生活环境。

七、多方位优化人事人才工作制度和评价激励机制

第一，进一步完善人事人才制度体系建设。以全面深化改革推进内涵发展为契机，全面梳理涉及现行人事人才工作的制度，破除束缚人才发展的思想观念和体制机制障碍，建立健全人才引进制度、公开招聘制度、职称评审制度、岗位聘任制度、考核评价制度、绩效分配制度、教职工培训制度、表彰奖励制度等以及与之相互配套、相互衔接的一系列办法措施。

第二，推进人才评价改革。严把政治标准，突出品德、能力、业绩评价。严把人才引进的政治关师德关，把师德考核摆在首位，强化纪律考核，对师德失范、学术不端、制造传播违法、有害观点和言论的，依纪依法严肃处理。完善教学工作量和教学质量评价体系，坚持教授为本科生上课的基本制度。注重凭能力、实绩和贡献评价人才，克服唯论文、唯职称、唯学历、唯奖项等倾向，建立代表性成果评价机制，建立分类人才评价机制，建立“能上能下、能进能出”的动态考评调控机制。

第三，深化职称制度改革。注重考核专业技术人才履行岗位职责的工作绩效、创新成果，对标学科专业建设需要，修订完善职称评审条件，提高评审科学化水平。正常晋升职称的评价条件标准以“作出贡献”来衡量，破格晋升职称的评价条件标准以“作出突出贡献”来衡量，让人才有更多时间和精力深耕专业，让有能力有实绩的人才，特别是中青年教师，获得更广阔的发展空间。

第四，完善绩效分配制度。坚持效率与公平相结合，紧密围绕学校人才工作体系建设，健全以岗位工资为主体，职级、绩效、奖励等并存的收入分配办法。完善以能力、实绩、贡献为要素的多劳多

得、优劳优酬分配激励机制。统筹兼顾好校内各类人员收入分配水平，促进各类人才队伍协调发展。改革绩效分配，调整收入分配结构，根据国家政策适时适当提高岗位津贴等基础性绩效和教学科研业绩等奖励性绩效的标准，将校内兼职等非岗位职务取酬纳入绩效分配范畴，进一步提升全体教职工的获得感、幸福感。

第五，优化岗位聘任管理。强化岗位聘期职责，全面推行合同管理，做到优中选优、能上能下，促进人事管理制度由“身份管理”转向“岗位管理”。落实“放管服”改革要求，发挥二级单位在人员管理中的主体地位。按照“团队导向、按需设岗、灵活聘用、合同管理”的原则，科学开展二次聘任工作。

第六，完善表彰奖励体系。根据学校高水平大学和一流民族大学发展目标需要，进一步梳理学校现有教职工荣誉评价工作，建立健全以人才培养为核心包括师德、学术、党务、思政教育、服务在内的各类荣誉激励机制，结合教学、科研、管理服务工作实际，制定学校教职工集体和个人的表彰奖励办法。规范学校奖励工作，充分发挥导向和激励作用，发挥先进模范的引领示范作用，对表现突出、成绩显著、贡献较大的集体和个人进行奖励，进一步调动各部门和广大教职工的工作积极性，贯彻立德树人根本任务，营造担当作为、干事创业、争先创优的良好氛围。

八、全力保障学校人才工作的各项政策举措落地见效

第一，加强组织领导。坚持和加强党对人才工作的统一领导，切实履行党委管宏观、管政策、管协调、管服务的职责，改进党管人才方式方法。完善党委统一领导，组织人事部牵头抓总，有关部门各司其职、密切配合，二级单位具体实施，全员参与的人才工作格局。充分发挥人才工作领导小组的作用，加强对人才工作的宏观指导、科学决策、统筹协调和监督落实。

第二，加强用人单位主体责任落实。建立健全人才队伍建设工作的校院两级管理体制，实现人才工作重心下移，强化用人单位在人才工作中的主体作用，用人单位的党政负责人是人才建设工作的第一责任人，将人才工作纳入领导班子党建工作考核、年度工作考核和任期目标考核，考核结果与单位绩效、干部使用挂钩，实行人才工作问责制。

第三，加强经费投入保障。坚持人才资源优先投入原则，将人才队伍建设经费作为学校资金预算管理的重点，设立人才队伍建设专项经费，科学预算、规范使用，加强预算执行和绩效考核。不断加大人才工作的投入力度，切实保障人才引进、培养稳定、推优评奖、绩效分配、福利待遇等方面的经费投入，发挥人才、资金、设备、项目的综合效益。

第四，加强人事人才服务。各单位增强全局意识和责任感、使命感，主动参与人才队伍建设工作，推动学校各项改革任务落实，实现育才、引才、聚才、用才服务工作协同联动，强化服务理念，切实解决人才工作中的具体问题，坚持不懈优化人才发展环境，使各类人才干事有舞台、发展有空间，形成全校上上下下关心支持人才发展体制机制改革的良好氛围。

西北民族大学教职工违法违纪违规相关待遇处理办法（试行）

第一章　总则

第一条　为贯彻全面从严治党要求，落实立德树人根本任务，深化学校人事制度改革，推进师德师风和作风纪律建设，根据《事业单位工作人员处分暂行规定》《关于事业单位工作人员和机关工人受处分工资待遇有关问题的通知》等文件精神，结合学校实际，制定本办法。

第二条　学校教职工违法违纪违规相关待遇处理工作的基本原则：坚持党的领导，严明纪律；坚持失责必究，严防底线；坚持依规依纪，严守程序；坚持实事求是，客观公正；坚持惩前毖后，治病救人。

第三条　本办法中的待遇指学校制定并发放的岗位津贴、业绩津贴、年度考核绩效工资、奖励绩效工资等绩效工资项目。国家规定的岗位工资、薪级工资、统一规定的津贴补贴按有关规定执行。

第二章　对象和范围

第四条　本办法适用对象为在编在岗教职工。

第五条　本办法适用范围：

（一）教职工党员受到党纪处分。

（二）教职工党员领导干部工作中失职失责，被追究主体责任、监督责任和领导责任的。

（三）教职工受到上级主管部门或学校政务处分。

（四）教职工受到人民法院或公安机关刑事、行政处罚，被采取强制措施。

（五）教职工教学工作中被认定为教学事故受到处理。

第三章　相关待遇执行

第六条　教职工党员受到党纪处分，根据影响期确定相关待遇。

（一）教职工党员受到警告处分，扣发 1 年岗位津贴的 5%。

（二）教职工党员受到严重警告处分，扣发 1 年半岗位津贴的 5%。

（三）教职工党员受到撤销党内职务处分，扣发 2 年岗位津贴的 5%。

（四）教职工党员受到留党察看处分，留党察看 1 年，扣发 3 年岗位津贴的 5%，同时扣发处分当年奖励绩效工资；留党察看 2 年，扣发 4 年岗位津贴的 5%，同时扣发处分当年奖励绩效工资。

（五）教职工党员受到开除党籍处分未被开除公职，扣发 5 年岗位津贴的 5%，同时扣发处分当年奖励绩效工资。

第七条　党员领导干部在工作中失职失责，被追究主体责任、监督责任和领导责任，按被问责情形确定相关待遇。

（一）被通报，扣发 1 个月岗位津贴的 5%。

（二）被诫勉，扣发 6 个月岗位津贴的 5%。

（三）被调离岗位、免职，扣发 1 年岗位津贴的 5%。

（四）引咎辞职、责令辞职，扣发 2 年岗位津贴的 5%。

（五）达到纪律处分的按纪律处分相关类别、等次执行。

第八条　教职工受到上级主管部门或学校政务处分，根据处分期确定相关待遇。

（一）教职工受到警告处分，扣发 6 个月岗位津贴的 5%。

（二）教职工受到记过处分，扣发 1 年岗位津贴的 5%。

（三）教职工受到降低岗位等级或者撤职处分，扣发 2 年岗位津贴的 5%。

（四）教职工受到开除处分，停发绩效工资。

第九条　教职工违法受到刑事行政处罚、被采取强制措施，根据处罚期确定相关待遇。

（一）教职工被刑事拘留批准逮捕在逃、被收容教育、强制隔离戒毒、行政拘留期间，未被开除公职的，扣发岗位津贴和奖励绩效工资。

（二）教职工被取保候审、监视居住、刑事拘留、逮捕期间，停发绩效工资。经审查核实，公安机关撤销案件或人民检察院不起诉或人民法院宣告无罪、免予刑事处罚，且未受处分的，恢复绩效工资，扣发的绩效工资予以补发。

第十条　教职工教学工作中被认定为教学事故，按事故性质确定相关待遇。

（一）较大教学事故，扣发 1 个月岗位津贴的 5%。

（二）重大教学事故，扣发 3 个月岗位津贴的 5%。

第四章　组织实施

第十一条　教职工党员受到问责处理，依据上级主管部门或学校党委决定执行。

第十二条　教职工受到政务处分或处理，依据上级主管部门或学校决定执行。

第十三条　教职工违法受到处罚，依据人民法院判决或公安机关处罚决定，由组织人事部提出待遇处理意见报学校党委批准后执行。

第十四条　教职工出现教学事故受到处理，依据学校决定执行。

第五章　其他

第十五条　教职工受到两种及以上处分，按《事业单位工作人员处分暂行规定》相关规定执行。

第十六条　本办法中相关项目与学校已有规定不符的依据本办法执行，未涉及项目按学校已有规定执行。本办法自学校常委会会议审定之日起执行，由组织人事部负责解释。

西北民族大学教职工考勤管理办法

第一章　总则

第一条　为加强学校教职工考勤管理，严肃校风校纪，提高工作效率和工作质量，保障学校教学、科研和管理等各项工作的有序进行，维护教职工权益，根据国家和甘肃省有关政策规定，结合学校实际，修订本办法。

第二条　考勤管理工作是学校劳动纪律要求的体现，也是单位年度考核工作内容之一，各单位应严格执行并建立考勤管理工作档案。教职工个人考勤是岗位聘任、年度考核、绩效薪酬发放等重要依据之一，教职工应自觉遵守，履行岗位职责。

第三条　组织人事部是教职工考勤工作的管理部门，负责全校的考勤工作。各单位主要负责人负责本单位的考勤管理工作。各单位指定考勤员，负责本单位的日常考勤工作。

第二章　考勤范围

第四条　学校对在编教职工，根据岗位类别和工作性质做不同考勤要求。

（一）实行坐班制的党政管理岗位、专职辅导员、教学辅助岗位和工勤技能岗位人员，按工作日上下班时间进行考勤。

（二）不实行坐班制的专业技术岗位人员，按教学计划排定的授课时间（含辅导、实验、指导论文），以及学校和各单位安排的内容（含政治学习、业务学习、会议、集体活动、临时工作安排）进行考勤。

第五条　到校借调、挂职人员和编制外聘任、返聘人员参照在编人员考勤。特聘人员按与学校协议约定工作时间考勤。

第六条　因公出差、借调、挂职人员和长期（1 月以上）离岗培训、进修、访学人员按学校规定在岗时间考勤。

第七条　脱产攻读学位人员按与学校协议约定时间考勤。

第八条　申请辞职、调动人员在申请未获学校批准前按在编人员考勤。

第三章　考勤办法

第九条　各单位对人事管理关系在本单位教职工考勤，考勤工作须准确无误，在岗、请假、旷工、迟到、早退、因公出差、借调、挂职、离岗培训、进修、访学、脱产攻读学位等情况计入考勤表。

考勤天数按每月实际工作日统计，假期包括公休假日、法定假日和寒暑假日。

第十条　各单位考勤员在每月 5 日（节假日顺延）前将上月教职工出勤情况统计表（附表一）报本单位主要负责人审批后通过学校网上办公系统报组织人事部。

第十一条　组织人事部通过网上办公系统审核各单位教职工出勤统计表，确认后将审核结果反馈给各单位考勤员，并根据考勤结果执行相关规定。

第十二条　经组织人事部审核后的考勤统计表各单位每月打印留存，归入单位考勤管理工作档案。

第四章　请假、审批及待遇

第十三条　寒、暑假及国家法定节假日休假期限，由校办公室做出安排，公布全校。

第十四条　教职工因故离开工作岗位或工作所在地需履行请假手续，填报《西北民族大学教职工请假申请表》（附表二）并附相关证明材料，经审批同意后方可离开工作岗位，并按时回所在单位销假。

第十五条　事假审批

教职工因事确需请假，视情况酌情给予一定的假期。

（一）事假 10 天以内（含），由各单位负责人审批，通过当月考勤表报组织人事部备案。

（二）事假 10 天以上 1 个月以内（含），单位负责人同意后，报组织人事部审批。

（三）事假 1 个月以上，单位党政联席会议（处务会）研究同意后，经组织人事部审核，报职工所在单位分管校领导批准。

第十六条　病假审批

教职工因病需要治疗或休养者，可请病假。请病假时须持县级以上医疗单位病休证明，因患急病或在外地生病时，可就近诊治，凭证明补办请假手续。

（一）病假 2 个月以内（含），由单位负责人根据病休证明审批，通过当月考勤表报组织人事部备案。

（二）病假 2 个月以上 6 个月以内（含），单位负责人同意后，由组织人事部根据病休证明审批。

（三）病假超过 6 个月，单位党政联席会议（处务会）研究同意后，经组织人事部审核，报职工所在单位分管校领导批准。

（四）病假超过一年，须每半年到指定医院进行检查并向学校提供诊断证明，证明符合休假条件的，可继续休病假；证明可上班的，如不上班，按旷工处理。

（五）教职工病愈上班时，需由县级以上医院证明身体确已康复方可恢复工作；病愈后正常工作 2 个月以后再休假的，病假时间可以重新计算；不足 2 个月休假的，应将恢复工作前后的病假时间连续计算。

第十七条　婚假、产假、护理假审批

教职工申请婚假需提供结婚证，申请产假、护理假需提供县级以上医疗机构诊断证明，由单位负责人及教务处、计划生育办公室等相关单位签注意见后，报组织人事部审批。

根据《甘肃省人口与计划生育条例》（2016 年 4 月 1 日修订），相关假期为：

（一）教职工依法办理结婚登记，可以享受婚假 30 天。教职工在工作时间申请婚假的，由所在单位妥善安排好工作后先准假 7 天，其余在寒、暑假期补休。

（二）符合规定生育子女的，女职工享受产假 180 天；男职工享受护理假 30 天。

第十八条　流产假、产前假、哺乳假、计划生育假审批

教职工申请流产假、产前假需提供县级以上医疗机构诊断证明；哺乳假需提供出生证明，由单位负责人及教务处、计划生育办公室等相关单位签注意见后，报组织人事部审批。

根据《女职工劳动保护特别规定》（2012 年国务院令第 619 号），相关假期为：

（一）女职工怀孕未满 4 个月流产的，享受 15 天产假；怀孕满 4 个月流产的，享受 42 天产假。

（二）女教职工怀孕 7 个月以上的，上班确有困难时，本人提出申请，可适当给予产前休假。

（三）产假期满后，在幼儿满周岁前，可给予哺乳假，每天 1 小时。生育多胞胎的，每多哺乳 1 个婴儿每天增加 1 小时哺乳时间。

计划生育假期按有关规定执行。

第十九条　探亲假审批

教职工工作满一年，与配偶或父母不在同一居住地，申请探亲假，需经单位负责人同意，报组织人事部审批。享受寒暑假待遇的教职工，原则上须在寒暑假期间探亲，寒暑假天数不足探亲假期的，可根据情况给予补足，相关假期为：

（一）国内探亲假期：根据《国务院关于职工探亲假待遇的规定》（国发〔1981〕36 号），相关假期为：

1. 已婚教职工探望配偶的，每年享受探亲假 1 次，假期为 30 天。

2. 已婚教职工探望父母的，每 4 年给假 1 次，假期为 20 天。

3. 未婚教职工探望父母的，每年给假 1 次，假期为 20 天。如因工作需要或者教职工本人自愿，也可以两年探亲 1 次，假期为 45 天。

（二）国（境）外探亲假：根据《关于出国留学人员工作的若干暂行规定》（国发〔1986〕107 号），教职工配偶或子女如系公派在国（境）外工作或留学1年及以上的，可申请出国（境）探亲。根据《关于进一步规范因私出国（境）审批有关事项的通知》（民人事字〔2016〕226 号）需填报《西北民族大学教职工因私出国（境）申请审批表》，经本单位（部门）、保卫处、纪监审办公室审核后报组织人事部审批。

出国（境）探亲假不超过 3 个月，如本人提出申请延期，经批准后可以延期 1 次，延长时间不超

过 3 个月。

（三）父母、配偶、子女等直系亲属在外地因病住院治疗无人陪护的，经单位负责人同意，报组织人事部审批，教职工可即时申请探亲陪护，假期不超过 15 天。申请时需提供对方住院治疗证明材料。

第二十条　丧假审批

教职工的父母、配偶、子女、岳父母、公婆去世的，可给予丧假 7 天，经单位负责人同意后，报组织人事部审批。

第二十一条　参加学术会议、调研、借调、挂职请假审批

教职工因工作需要，参加学术会议、调研、借调、挂职，根据学校相关部门审核意见，按规定期限由所在单位通过考勤统计表报组织人事部备案。

第二十二条　脱产攻读学位、培训进修、访学请假审批

教职工个人申请脱产攻读学位、培训进修、访学，经学校同意后，按规定期限由所在单位通过考勤统计表报组织人事部备案。

第二十三条　出国（境）休假审批

教职工申请因私出国（境），根据《关于进一步规范因私出国（境）审批有关事项的通知》（民人事字〔2016〕226 号），需填报《西北民族大学教职工因私出国（境）申请审批表》，经单位负责人、保卫处、纪监审办公室审核后报组织人事部审批。

1. 教职工申请出国（境）旅游以及处理因私事务等，须安排在寒、暑假及国家法定节假日。

2. 教职工申请出国（境）治疗疾病，需另外提供相应医疗机构开具的诊疗证明材料，假期按病假对待。

3. 教职工个人申请出国（境）攻读学位、访学按第二十二条执行。

第二十四条　工伤假

教职工申请工伤假，根据工伤鉴定部门出具的鉴定书和县级以上医疗单位病休证明，由单位负责人签注意见后，报组织人事部审批。

第二十五条　相关待遇

教职工假期待遇包括国家统一规定的岗位工资、薪级工资、津补贴，以及校内绩效工资包含的基础绩效 1、基础绩效 2、奖励绩效、业绩绩效、年度考核绩效和其他福利待遇。

（一）事假

1. 事假 10 天以内（含），从第 4 天开始按请假天数（工作日，下同）扣发基础绩效 2。

2. 事假 10 天以上，从第 11 天按请假天数扣发基础绩效 1 和基础绩效 2。

3. 事假 1 个月（含）以上，从第 2 个月开始扣发基础绩效 1、基础绩效 2、年度考核绩效。

4. 事假期间奖励绩效、业绩绩效根据相关考核办法及各单位二次分配办法执行。

（二）病假

1. 教职工病假期间，国家统一规定的岗位工资、薪级工资、津补贴参照《国家机关工作人员病假期间生活待遇的规定》（国发〔1981〕52号）文件执行。

（1）病假在2个月以内（含2个月），工资全发。

（2）病假超过2个月，从第3个月开始，工作年限不满10年的，发给本人工资的90%，满10年以上的，工资全发。

（3）病假超过6个月，从第7个月开始，工作年限不满10年的，发给本人工资的70%，10年以上的，发给本人工资的80%。

2. 教职工病假期间，校内绩效包含的基础绩效1、基础绩效2、奖励绩效、业绩绩效、年度考核绩效按以下规定执行。

（1）病假1个月以内（含），校内绩效全发。

（2）病假1个月以上6个月以内（含），从第2个月开始扣发基础绩效2。

（3）病假6个月以上，从第7个月开始扣发基础绩效1、基础绩效2、奖励绩效、年度考核奖励绩效。

（4）教职工患恶性肿瘤等重大疾病，病历确定的诊疗期间内，基础绩效1、基础绩效2全额发放，其余病假期间按前述条款执行。

（三）婚假、产假、护理假、流产假、产前假、哺乳假、计划生育假、丧假，假期内基础绩效1、基础绩效2全额发放，奖励绩效、业绩绩效、年度考核绩效根据相关考核办法及各单位二次分配办法执行。

（四）参加学术会议、调研、借调、挂职、工伤假，假期内基础绩效1、基础绩效2全额发放，奖励绩效、业绩绩效、年度考核绩效根据相关考核办法及各单位二次分配办法执行。

（五）探亲假

教职工探亲假在寒暑假期间，国家统一规定的工资项目和校内绩效全额发放，超出时间按事假执行相关待遇，探亲路费按相关规定执行。

教职工申请陪护外地住院治疗直系家属期间，国家统一规定的工资项目和基础绩效1、基础绩效2全额发放，奖励绩效、业绩绩效、年度考核绩效根据相关考核办法及各单位二次分配办法执行。

（六）脱产攻读学位、培训进修、访学，假期内国家统一规定的工资项目全额发放，校内绩效根据其与学校签订相关协议内容执行。

第二十六条　教职工年度内不在岗时间累计超过6个月的，不计算当年工龄，不参加年度考核。

第二十七条　副处级及以上干部请假时，经本单位负责人同意并报分管校领导批准后，由组织人事部登记备案。

第二十八条　教职工休假期间取暖费、防暑降温费及相关温暖关怀福利待遇正常享受。

第五章　旷工及处理办法

第二十九条　教职工应严格遵守工作纪律，下列情况确定为旷工。

（一）对未按规定办理请、续假手续，或未经批准而擅离岗位者，按旷工处理。未经学校批准而擅自出国（境），或出国（境）逾期不归者，均按旷工处理。

（二）经查明请假理由与实际不符及弄虚作假者，按旷工处理。

（三）按作息制度上班迟到或早退 2 小时（含）以上 2 次；不服从单位工作计划，不参加理论学习、业务学习和其他集体活动 2 次；承担教学工作未履行请假手续而无故不上课 1 次（2 节课），除按教务管理相关规定处理外，按旷工 1 天处理。

（四）1 月内累计迟到或早退 2 小时以下 4 次，按旷工 1 天处理。

（五）不服从组织调动，拒绝到新岗位工作或无故拖延超过调动报到时间，按旷工处理。

（六）教职工参加学术会议、调研、借调、挂职须遵守学校及所在单位工作安排，个人以此为借口随意外出，按旷工处理，事后证明不予承认。

（七）教职工脱产攻读学位、培训进修、访学等离岗前须办理请假手续，未经批准擅离岗位，按旷工处理。

（八）教职工在办理调动、入职、辞职等人事关系期间，以学校批准时间为准，报到之后及离职之前未经批准擅离岗位，按旷工处理。

（九）因违法违纪违规行为不坚持正常工作，造成不良影响、工作事故及影响正常工作者，按旷工处理。

第三十条　教职工旷工未达到纪律处分的，按旷工天数扣发校内绩效工资包含的基础绩效 1、基础绩效 2、奖励绩效、年度考核绩效。

（一）旷工 1 天，扣发 1 个月基础绩效 2。

（二）连续旷工 3 天或累计旷工达到 5 天，扣发 1 个月基础绩效 1、基础绩效 2，以及当年奖励绩效。

（三）连续旷工 5 天或累计旷工达到 7 天，扣发 2 个月基础绩效 1、基础绩效 2，以及当年奖励绩效、年度考核绩效。

受处分后工资待遇按有关规定执行。

第三十一条　根据《事业单位工作人员处分暂行规定》，教职工违反工作纪律失职渎职，视情况给予警告或者记过处分；情节较重的，给予降低岗位等级或者撤职处分；情节严重的，给予开除处分。

第三十二条　根据《事业单位人事管理条例》，教职工连续旷工超过 15 个工作日，或者 1 年内累计旷工超过 30 个工作日的，学校与其解除聘用合同。

第六章　工作监督

第三十三条　学校考勤管理工作接受全校教职工和学生监督，各单位要严格管理，形成层层负责的良好管理机制，坚决杜绝漏洞和弊端的发生。如本单位管理涣散，不如实考勤，不严格管理，不按时报备，造成纪律松弛或经济损失的，由学校纪检监察部门追究相关责任。

第七章　附则

第三十四条　本办法自公布之日起执行，原《西北民族大学教职工考勤管理办法（修订）》（民大发〔2015〕258 号）及其他规定中与本办法不一致的有关条款同时废止。

第三十五条　本办法由组织人事部负责解释。

西北民族大学教职工温暖关怀工作办法（试行）

第一章　总则

第一条　为落实立德树人根本任务，深化学校人事制度改革，建立健全教职工温暖关怀工作长效机制，提高广大教职工的职业荣誉感，事业幸福感和工作归属感，结合学校实际，制定本办法。

第二条　基本原则

（一）坚持党的领导，体现对党员和群众的关怀温暖工作。

（二）坚持依法依规，做到保障教职工权益与政策规定相统一。

（三）坚持人文关怀，以理解和尊重教职工的合理诉求为工作前提。

（四）坚持务实有效，以教职工有获得感为工作目的。

第二章　范围和形式

第三条　本办法所指教职工为学校在编在岗人员、与学校签订劳动（劳务）合同的非在编人员、离退休人员。

第四条　本办法适用教职工法定节日（新年、春节、教师节）慰问、荣休、长期派驻校外、伤、病、残、去世、遭受重大家庭变故或严重自然灾害损失、新职工入职、工作生活遇到困难、受党纪政务处分处理尚在影响期等，以及国家规定和上级主管部门要求开展的工作内容。

第五条　温暖关怀工作形式包括谈心谈话、走访慰问、健康检查、提供工作便利、帮扶生活困难等。

第三章　组织和实施

第六条　教职工温暖关怀工作在校党委领导下进行，学校福利委员会、组织人事部（教师工作部）、工会、离退休工作处和相关单位根据岗位职责和业务范围开展具体工作。

第七条　温暖关怀工作实行联系人制度，根据关怀对象的工作性质和岗位，按工作关系确定联系人。

（一）专业技术二级岗位人员及管理四级岗位职员由校党委书记或校长担任联系人。

（二）专业技术三、四级岗位人员及管理五、六级岗位职员由分管或联系校领导担任联系人。

（三）其他岗位人员由工作单位主要负责人担任联系人。

（四）因机构调整或岗位设置，离退休教职工原工作单位变动的，由工会、离退休工作处和组织人事部根据工作关系确定其联系人。

第八条　根据事由，各项工作按下列程序进行。

（一）逢新年、春节、教师节等节日，以及国家规定和上级主管部门要求开展慰问走访工作的，由组织人事部与工会、离退休工作处制定工作方案，确定慰问人员范围和形式，组织联系人进行慰问走访工作。

（二）教职工荣休的，由组织人事部按工作程序告知本人及工作单位，协调联系人与荣休教职工进行谈心谈话并在适当范围对其进行工作评价，宣布荣休文件。教师工作部适时举行教职工荣休仪式。荣休前工作单位结合学校慰问走访活动，积极鼓励动员荣休教职工为学校事业发展贡献力量。

（三）教职工因工作需要，长期派驻校外的，由组织人事部和所在单位定期对派出教职工慰问和谈心谈话，在规定范围内提供工作生活保障。

（四）教职工因公受伤、因病住院、长期病休、因故去世，以及遭受重大家庭变故或严重自然灾害损失的，由教职工所在单位协调联系人进行慰问，并报组织人事部备案。

（五）新入职的教职工，由组织人事部按工作程序开展入职引导工作。由所在单位进行谈心谈话，安排经验丰富的优秀教师与新进职工结对子，帮助其融入校园文化，引导其制定职业规划。

（六）教职工有工作急需时，各单位应在不影响工作前提下提供休憩、饮水、打印资料、上网查询等便利。

（七）教职工身心健康检查工作，由组织人事部按工作程序定期组织实施，向学校提交检查工作报告，对教职工多发病、常见病发布健康预警，向教职工个人提供体检报告，并协同专业机构提出预防及诊疗意见。

（八）教职工因违纪违规受党纪政务处分处理未被开除且在影响期的，由纪监审办公室、组织人事部和联系人定期对受处分处理教职工进行回访或谈心谈话，帮助本人正确认识错误、正确对待处分处理，放下思想包袱，改正错误，树立理想信念。工作单位要在思想上、工作上和生活上关心关爱，促进违纪教职工教育转化，积极投身学校事业发展。

第九条　对第八条的第（一）（三）（四）种情况，可根据对象及事由发放慰问品或慰问金，对第（二）种情况可发放纪念品，标准按相关规定执行。

第四章　监督和检查

第十条　学校及各单位开展教职工温暖关怀工作接受全校教职工和上级主管部门监督。

第十一条　各单位开展相关工作需尊重教职工个人意愿，严禁形式主义、区别对待、冷漠应付。对教职工合理诉求不回应、不关心、不作为、乱作为造成严重影响的，报纪监审办公室依规追究相关人员责任。

第十二条　各单位开展教职工温暖关怀工作情况纳入单位年度工作考核内容，由组织人事部不定期对相关工作开展情况进行检查。

第五章　附则

第十三条　本办法自公布之日起执行，由组织人事部负责解释。

西北民族大学教职工教育培训工作管理办法

第一章　总则

第一条　为进一步规范和加强学校教职工教育培训工作，全面深入开展习近平新时代中国特色社会主义思想教育培训，根据国家相关政策规定，结合学校实际，特制定本办法。

第二条　教职工教育培训是学校人才队伍建设的先导性、基础性、战略性工程，是提高人才培养质量、教学科研以及管理服务水平的重要途径，是实现学校高水平大学和一流民族大学建设目标的重要保障。

第三条　教职工教育培训工作应当遵循下列原则。

（一）服务大局，按需施教。始终坚持社会主义办学方向，紧紧围绕学校教育事业发展需要，结合教职工岗位职责和健康成长需求开展教育培训，全面提高培训质量和效益。

（二）以德为先，注重能力。贯彻人才队伍革命化、年轻化、知识化、专业化方针，坚持德才兼备、以德为先，突出理想信念教育和党性党规党纪教育，将能力培养贯穿始终，全面提高教职工的德才素质和履职尽责能力。

（三）分类分级，全员培训。按照教职工管理权限组织实施教育培训，把教育培训的普遍性要求与不同类别、不同层次、不同岗位教职工的特殊需要结合起来，增强针对性，确保全覆盖。

（四）联系实际，学以致用。大力弘扬马克思主义学风，围绕中心工作，以问题为导向开展教育培训，引导教职工运用所学理论和知识指导实践、推动工作。

（五）与时俱进，改革创新。适应新时代新要求，遵循教职工成长规律，坚持开放培训，完善培训内容，改进培训方式，整合培训资源，优化培训队伍，不断推进教育培训理论创新、实践创新、制度创新。

（六）依法治教，从严管理。建立健全教职工教育培训工作制度，依法依规开展教职工教育培训，从严治校、从严治教、从严治学，保持良好的培训纪律和学习风气。

第二章　内容和形式

第四条　教职工教育培训主要内容涉及政治理论、党性教育、师德师风、教育理论、业务能力、科学研究、管理水平、实践创新、国际视野等方面。

第五条　教职工教育培训按照类型具体包括贯彻落实党和国家重大决策部署的集中轮训、党的基本理论和党性教育的专题培训、加强师德师风建设的素质培训、新进教职工的岗前（校本）培训、晋升职务的任职培训、提高专业技术能力的专业培训、从事专项工作的业务培训、提高国际化办学水平的国（境）外培训以及其他各类专项培训等。

（一）思想政治培训

1. 学习各级各类重要文件、重大会议、重要讲话精神的培训。

2. 师德师风专题培训。

3. 教职工党员、党务培训。

4. 其他思想政治专题培训。

（二）新任教师（导师）培训

1. 岗前培训

新进教师（已参加过岗前培训合格的教师除外）原则上应于到校工作后的一年内参加甘肃省教育厅统一组织的岗前培训，岗前培训合格者由甘肃省教育厅颁发合格证。

2. 校本培训

学校聘请校内外专家对新进教师组织校本培训。培训内容主要包括校情校史、民族理论与民族政策、人事政策、教学管理、教学方法、科研工作、财务制度、素质拓展、心理咨询等。

3. 带教培训

为帮助新进青年教师尽快熟悉教学、科研工作，教师所在单位要为每名青年教师配备一名指导教师。培训内容主要包括备课、听课、教案编制、教学材料填写、课堂教学、辅导答疑、实践教学等。

4. 导师培训

对新遴选的研究生指导教师组织上岗培训，促使导师尽快熟悉研究生教育的宗旨与目的，了解研究生培养的规律与过程，明确导师的职责与任务，帮助新导师更好地培养研究生。

（三）专业培训

1. 教师教学能力培训。通过讲坛、研讨、研修、工作坊、沙龙等形式，对教师开展教学基本功、教学能力提升培训等，以传播先进的教学理念，推广创新的教学方法。

2. 单科进修。因教学工作需要，选派教师参加高水平大学举办的单科进修班。

3. 专业进修。根据专业发展需要，选派专业负责人或骨干教师等参加相关专业的培训研修。

4. 国内访问学者。选派学校中青年骨干教师参加教育部公派访问学者项目或教师个人申请的国内访问学者项目。

（四）“双师”培训

为提高教师实践教学能力，学校鼓励和支持教师取得行业特许资格、专业资格或专业技能考评员资格，选派教师到企业或行业机构参加工程实践培训或从事与本专业相关的实际工作。

（五）干部管理能力建设培训

为深化干部教育培训改革，培养造就忠诚干净担当的高素质专业化干部队伍，探索建立源头培养、跟踪培养、全程培养的素质培养体系，认真完成上级部门要求的各项培训任务。充分发挥学校智力资源和人才优势，积极组织开展多种形式的干部教育培训，着力提高各级干部政治素养、业务能力和服务水平。

（六）外语培训

1. 学校相关部门举办的外语培训。

2. 国家公派出国项目要求的外语培训。

3. 其他校外组织的外语培训项目。

（七）科研培训

1. 学术会议。教师参加国内外相关专业领域的学术会议，了解国内外学术发展的前沿动态和最新成果。

2. 科研能力提升项目。教师参加各级各类科研项目申报、科研创新能力、科研平台建设、科研团队建设、科研成果转化、智库建设等方面的专题培训。

3. 博士后研究。获得博士学位教师到高校、研究机构的博士后流动站或工作站从事与本人研究方向、所在单位学科专业发展需求相一致的科学研究工作。

（八）出国（境）培训

1. 国家公派出国（境）项目。根据相关规定，由国家留学基金管理委员会、国家间互换奖学金、各部（委）及相关政府机构设立或资助的出国（境）培训、研修、学习、合作研究项目。

2. 学校公派出国（境）项目。依托校际交流协议或自行联系渠道，开展的长短期出国（境）培训、研修、学习、合作研究项目。

（九）网络培训

通过中国教育干部网络学院、全国高校教师网络培训系统等官方学习平台以及相关职能部门组织的专项网络培训。

（十）现代教育技术培训

学校、学院开展智慧教室、网络教学（慕课、翻转课堂、雨课堂、在线课程等）、计算机应用技术、网络信息技术等培训，帮助教师掌握现代教育技术手段，提高教育教学能力。

（十一）其他

根据新时代高等教育发展的新形势新要求新任务，学校组织或选派教职工参加其他各类灵活多样的培训活动。

第六条　教职工培训工作要坚持“走出去、请进来”，学校鼓励和支持各单位与政府、企业、高水平大学、科研院所、培训机构、官方协会等单位建立合作关系，尤其是要充分利用对口支援合作平台，积极主动邀请校内外专家在学校开展培训工作。学校鼓励各单位利用寒暑假组织教职工参加各类培训活动。

第三章 组织与实施

第七条 各单位要根据学校和本单位人才队伍建设规划，结合学科专业建设、干部管理等实际，制定年度培训计划，有计划有步骤地开展教育培训工作。

第八条 教职工参加教育培训须符合学校、所在单位的实际需要，培训内容需与其从事的教育教学、科学研究、管理服务等工作内容相关。否则，不予批准。

第九条 教职工申请参加各类培训须符合所申请培训项目的申报条件和要求。经学校批准同意参加国内 6 个月或国（境）外 3 个月及以上脱产培训的专业技术人员须与学校签订培训协议，约定相关事项，不签订协议者，学校不同意其参加培训。

第十条 各单位统筹本单位教职工教育培训机会，既要均衡发展，又要重点培养。教职工在攻读学位期间，原则上不同意其参加其他国内外脱产培训项目；经学校批准已参加过脱产培训 3 个月及以上者，一般须返校工作间隔 3 年后方可再次参加 3 个月及以上的脱产培训项目。确因需要，经所在单位、相关职能部门审批，报分管组织人事部校领导同意后方可参加。如有特殊情况，须报请学校专题研究。

第十一条 除攻读学位和博士后研究项目外，教职工参加教育培训的时间一般不超过 1 年。

第十二条 上级部门或学校统一组织开展的各类教职工教育培训活动，由牵头单位发布通知，组织实施。教职工个人申请参加教育培训活动的，须由本人提出书面申请，根据培训活动要求和经费资助渠道，经所在单位、相关职能部门审批同意后方可参加。

第十三条 教职工申请博士后研究须经所在单位同意，报分管组织人事部校领导同意后方可参加。如有特殊情况，须报请学校专题研究。

第十四条 出国（境）培训须符合国家、相关部门及学校的出国（境）管理办法的相关规定和要求。

第四章 管理与考核

第十五条 学校教育培训工作实行校院两级管理。组织人事部统筹负责全校教育培训工作的政策咨询、管理服务和业务指导。组织人事部、教师教学发展中心、相关职能部门、各教学、科研、教辅机构等根据岗位职责和业务分工具体组织和实施，协同开展教育培训工作。

第十六条 各单位要加强与外派参训教职工的联系，关心其思想动态、学习进展、生活保障等。培训结束后，应及时通过书面总结、专题报告等形式进行考核。

第十七条 根据国家和学校的相关规定及要求，领导干部每年培训累计不少于 110 学时，其他教职工每年培训累计不少于 90 学时。

第十八条 学校把教职工教育培训经历作为专业技术职务晋升、岗位聘任的必要条件和聘期考核的重要依据。

第十九条　教职工要严格按照相关要求参加培训，认真学习，并取得培训合格（结业）证或学时证明。未取得合格（结业）证或学时证明者，学校不予认可其培训经历。

第二十条　新进教师不参加岗前培训或岗前培训不合格者，不得办理高校教师资格证。各教学单位对青年教师岗前培训不合格者要停止或少量安排其教学任务，直至其岗前培训合格。

第二十一条　带教培训的指导时间原则上不少于 1 学期，指导任务完成后，所在单位须对新进教师的教学业务能力进行考核认定，并根据考核情况提出改进措施。学校给予指导教师每学期一定的教学工作量补助。具体指导方案由各单位根据实际情况制定。

第二十二条　教职工参训期间要遵守学校、培训单位的规章制度和纪律要求，接受培训单位的管理、考核与监督，不得擅自调整或改变培训的形式和内容，不得擅自减少或延长培训时间，确有需要调整者，须由本人提出申请，所在单位、培训单位同意，报学校批准后方可执行。对违反培训纪律和要求的教职工，根据相关规定给予处理。

第二十三条　教职工参训期间不影响其参加专业技术职务评审、岗位聘任、考核等工作。参训期间的基本岗位津贴按其完成的实际工作量核算，奖励绩效津贴按各单位二次分配办法执行。

第二十四条　教职工参加培训根据培训内容和管理权限进行审批。各单位组织或选派教职工参加 3 个月及以上的培训须报组织人事部备案。教职工参加各类培训须按相关规定办理请假手续，如承担有教学任务，须及时办理调补课手续。

第二十五条　学校建立教职工培训档案和学时登记制度。教职工培训档案由所在单位建立和管理，学校每年一次集中登记教职工教育培训经历，由教职工本人填写培训记录，提供培训（结业）证书复印件或证明材料，所在单位审核、认定、记载培训学时后统一记入培训档案。单位汇总培训情况并报组织人事部备案，符合人事档案管理办法规定的相关材料归入其个人人事档案。

第二十六条　为便于登记、归档，学校组织的各类教职工教育培训活动，活动组织单位需为参训教职工提供培训（结业）证书，并注明培训学时。

第二十七条　教职工教育培训学时的认定标准

（一）培训单位颁发的证书上记载培训学时的，按证书记载的学时予以认定。

（二）培训（结业）证书上未记载培训学时的，按以下标准认定：

1. 培训项目明确培训课程学时的，按课程总学时认定。

2. 脱产培训 1 个月及以上（有效时间）的，按每月 90 学时认定。

3. 其他各类短期（1 个月以内）培训活动，根据培训的有效天数和培训内容安排认定，原则上每半天认定不超过 3 学时。

4. 参加网络培训每 45 分钟的培训（听课）计 1 个培训学时。

（三）攻读学位。

1. 按成绩单上的学时认定。

2. 成绩单上只体现学分的，每学分统一按 16 学时认定。

（四）其他需要认定的培训学时，根据相关部门的要求，经学校研究同意后方可认定。

第二十八条　各单位或教职工在教职工教育培训工作中如有弄虚作假或违反相关规定的，学校将依法依规给予相应处理。

第五章　经费管理

第二十九条　学校层面设立的培训经费由组织人事部、发展规划与学科建设处、国际合作交流处、教师教学发展中心等相关单位根据工作职责分别管理。校属各单位应从本单位相关经费中列支教职工教育培训经费。经费使用须严格按照财务管理规定执行。

第三十条　教职工参加国内教育培训所需经费由学校、所在单位和个人分别承担。原则上学校负责各级政府相关部门或学校统一组织或选派的培训经费支持，其他类型的经费均由教职工所在单位或个人承担，资助额度由学校或单位视具体情况而定。资助经费包括培训费（学费）、住宿费和交通费。其中住宿费须由培训单位或培训单位指定的地点提供正规的住宿票据（以培训通知为准），教职工个人联系或租住产生的住宿费由本人承担。交通费原则上只报销每学期或每次培训一个往返的费用。

第三十一条　教职工赴国（境）外培训，在国内产生的培训经费按以上规定予以资助，国（境）外产生的相关费用由国际合作交流处根据相关出国（境）管理规定、培训项目的相关要求、学校当年的出国（境）经费状况等进行综合统筹资助安排。

第三十二条　除须提前支付培训费的项目外，教职工教育培训所需经费由教职工个人按财务规定先行支付，培训合格后，根据财务规定在一个月内（如遇假期顺延）予以报销。

第三十三条　未经学校、所在单位批准或培训不合格者，学校、所在单位不予认可其培训经历且不资助任何费用。

第六章　附则

第三十四条　本办法自公布之日起施行，《西北民族大学教师业务进修管理规定》（民大人字〔2004〕35 号）同时废止。

第三十五条　本办法由组织人事部负责解释。

西北民族大学教学名师评选及管理办法

第一章　总则

第一条　为发挥优秀教师的示范引领作用，鼓励广大教师提高教育教学质量，进一步确立教学工作中心地位，建设一支符合新时代要求的高素质专业化创新型教师队伍，根据教育部及甘肃省教学名师评选工作的文件精神和有关要求，结合学校实际，特制定本办法。

第二条　教学名师指在学校全身心投入教学工作，在师生中有良好口碑，赢得师生赞誉，在人才培养、教育教学、教学改革与研究等方面做出杰出贡献的教师。

第三条　评选原则

教学名师评选本着“德才兼备、以德为先”和“坚持标准、择优评选、宁缺毋滥”的原则，公开、公平、公正地选拔学校教学一线教书育人的优秀教师。

第二章　评选范围及条件

第四条　在学校教学岗位上从事教育教学工作 5 年及以上并具有高级专业技术职务的在编专业技术人员。已获得省部级、校级教学名师的教师不再参选。

第五条　评选条件

（一）基本条件

1. 政治立场坚定，遵守国家法律法规，坚持以习近平新时代中国特色社会主义思想和党的十九大精神为指导，拥护中国共产党的领导，贯彻党的教育方针，具有良好的思想政治素质。

2. 热爱民族教育事业，模范遵守新时代高校教师职业行为十项准则，依法履行教师岗位职责。师德高尚，诚信育人，爱岗敬业，治学严谨，教风端正，为人师表，关爱学生。

3. 无师德失范行为，无党纪政纪处分，近 5 年未受过教学事故处理。

4. 近 5 年年度考核合格及以上。

（二）能力条件

1. 近 5 年连续承担本科生教学任务，完成学校额定的教学工作量，积极开展教学研究，教学水平高，教学效果突出，教学经验丰富，教学质量评价优秀。

2. 具有先进的教学理念和教学方法，积极掌握本学科的理论前沿和发展动态，创造性地开展教学活动。积极参与教育教学改革与研究，有符合新时代特色的教育教学理念，在教学内容、教学方法改革等方面取得突出成绩。

3. 学术造诣深，在同领域具有较高学术地位和知名度，能将科研最新成果、学科前沿知识贯穿于本科教学中。能够在人才培养、学科建设、专业建设、课程建设、教学改革与研究等方面发挥示范带头作用。

4. 关心青年教师成长，自觉指导和帮助中青年教师不断提高教学水平，重视教学团队建设，对形成合理的教学团队和教学梯队做出重要贡献。

（三）业绩条件

近 5 年达到以下条件中的三项（其中必须满足 1、2、3、4、5 条件中的两项）：

1. 校级教学比赛一等奖或省级教学比赛二等奖或全国教学比赛三等奖。

2. 校级教学成果一等奖主持人、省级教学成果二等奖前两名、省级教学成果一等奖前三名或国家级教学成果奖定额内人员。

3. 指导学生参加各类学科竞赛获得国家级二等奖及以上奖励或省级一等奖。

4. 省部级及以上教学质量与教学改革工程项目负责人。

5. 作为第一作者主编出版教材 1 部，或独立出版专著、译著 1 部。

6. 作为前 3 名完成人完成国家级科研项目、课题 1 项，或主持完成省部级科研项目、课题 1 项，或主持完成地厅级科研项目、课题 2 项。

7. ①本人或作为第一作者，在 SCI、SSCI、EI（源刊）、A & HCI、CSSCI（来源期刊）、CSCD（来源期刊）、《人民日报》《光明日报》《经济日报》理论版发表论文或被新华文摘、人大复印资料、中国社会科学文摘、高等学校文科学术文摘全文转载 1 篇或在中文核心期刊、CSSCI（扩展版来源期刊、集刊）、CSCD（扩展版来源期刊）发表论文 2 篇。②同时发表教学改革研究论文 1 篇。

（四）其他条件

参照教育部《高等学校教学名师奖评选指标体系（本科部分）》。

第三章　表彰奖励

第六条　校级教学名师每年评选一次，每次表彰名额为 5 名。

第七条　从校级教学名师中根据相关要求及推荐名额择优推荐国家、国家民委和甘肃省教学名师候选人。

第八条　获得“西北民族大学教学名师”荣誉称号者，学校颁发荣誉证书，一次性奖励人民币 8000 元。获得“甘肃省教学名师”“国家民委教学名师”荣誉称号者，根据学校相关奖励办法执行。

第四章　评选办法及步骤

第九条　教学名师评选采取个人申请、单位推荐、学校评审的办法。

第十条　评选步骤

（一）凡符合评选条件的教师向所在单位提出申请，提交申报材料，经所在单位党政联席会议研究后推荐候选人，推荐报告须明确候选人的师德师风表现和教学科研业绩情况。

（二）组织人事部会同教务处、科研处、纪监审办公室等有关部门进行资格和业绩审核。

（三）审核通过后，提交西北民族大学教学委员会评审。

（四）学校评审结果须公示 5 个工作日。公示期无异议者，学校予以表彰。

第五章　附则

第十一条　教学名师的申报、评审工作须坚持实事求是、客观公正。对弄虚作假者，一经查实，取消评奖资格，已获奖的要追回奖金和证书，并对本人和推荐单位根据相关规定给予处理。

第十二条　本办法自公布之日起施行，《西北民族大学教学名师奖评选、奖励办法》（民大发〔2008〕29 号）同时废止。

第十三条　本办法由组织人事部负责解释。

西北民族大学青年教师成才奖评选及管理办法

第一章　总则

第一条　为进一步调动广大青年教师的工作积极性和创造性，着力提升青年教师的教学水平和科研能力，同时表彰优秀青年教师取得的突出业绩，根据甘肃省青年教师成才奖评选工作的文件精神和有关要求，结合学校实际，特制定本办法。

第二条　评选原则

青年教师成才奖评选坚持“德才兼备，以德为先”和“公平、公正、公开”的原则，注重品德、业绩和能力的综合评价，择优选拔优秀青年教师，促进青年教师全面发展。

第二章　评选范围和条件

第三条　评选范围

在学校从事教育教学工作满 3 年及以上，成绩显著，年龄在 45 岁及以下的青年教师。已获省级青年教师成才奖或 2 次校级青年教师成才奖的教师不再参选。

第四条　申报条件

（一）基本条件

1. 政治立场坚定，坚持以习近平新时代中国特色社会主义思想和党的十九大精神为指导，认真贯彻党的基本路线和教育方针，具有较高的政治觉悟。

2. 热爱民族教育事业，在教书育人过程中，爱岗敬业，为人师表，全面关心学生成长，模范遵守新时代高校教师职业行为十项准则，具有良好的职业道德。

3. 近 3 年年度考核合格及以上，未受过教学事故处理。

4. 无师德失范行为，无党纪政纪处分。

（二）能力条件

1. 对本学科具有较坚实的理论基础和较丰富的实践经验。认真负责地完成学校规定的教学任务，系统承担过 1—2 门本科生课程（公共课教师承担 1 门）的讲授和其他教学环节的工作。积极探索教育教学规律，不断革新教学手段，把现代信息技术手段有效应用于教学，充实教学内容，形成独到的教学风格和方法。教风严谨，教学效果显著，教学质量评价良好。

2. 积极承担学校、所在单位安排的教研、科研任务，申报教学质量与教学改革工程项目、创新创业教育改革项目及科研项目（课题）。主动掌握本学科的理论前沿和发展动态，在自然科学、人文社会科学及教育教学改革研究中不断探索、勇于创新，发挥良好的示范、引领和带动作用。

3. 在基础研究、应用研究和科技创新和成果转化工作中成绩突出，取得具有较高学术水平和较高社会经济效益的科研成果；在哲学社会科学领域取得具有较高学术价值且比较系统的研究成果；在教育教学研究方面具有较高造诣，并有所突破，或在人才培养、实践教学、教学改革、教材编写、实验室建设及其他教学工作中做出较大贡献。

（三）业绩条件

具有较高的教学科研水平，近 2 年达到第一类条件 1 项或第二类条件 2 项（1、2 条之间不可相互替代）：

第一类条件：

1. 主持获得国家级项目。

2. 作为前 3 名获省部级以上教学、科研奖励。

3. 以第一作者或通讯作者发表 1 篇 SCI、SSCI 二区以上论文。

4. 作为第一完成人，撰写的应用对策研究报告、建言献策报告、调研报告或政策建议等智库研究成果，获省部级领导肯定性批示。

第二类条件：

1. 项目、论文

（1）作为前 5 名完成国家级教学、科研项目 1 项；作为前 3 名完成省部级教学、科研项目 1 项；作为项目负责人，承担科研项目累计到账理工科 30 万元，人文社科 10 万元。

（2）作为第一作者或通讯作者，在 SCI、SSCI、EI（源刊）、A & HCI、CSSCI（来源期刊）、CSCD（来源期刊）、《人民日报》《光明日报》《经济日报》理论版发表论文或被新华文摘、人大复印资料、中国社会科学文摘、高等学校文科学术文摘全文转载 1 篇；音乐、舞蹈、美术、体育等专业教师须在中文核心期刊、CSSCI（扩展版来源期刊、集刊）、CSCD（扩展版来源期刊）发表论文 1 篇。

2. 获奖及其他

（1）作为定额内人员获得省部级及以上教学、科研奖励；或作为前 3 名获地厅级奖励。

（2）参编校级及以上教材、专著、译著 1 部。

（3）获地厅级以上优秀党员、优秀党务工作者、师德标兵等荣誉称号。

（4）作为第 1 名获校级教学成果奖；获学校课堂教学比赛二等奖及以上奖励；主持完成校级教改研究项目 1 项。

（5）本人在省级教学竞赛中获三等奖及以上奖励。

（6）本人或作为第一指导教师指导的学生、团队，在由专业主管部门组织的全国本专业竞赛、考评中获得三等奖或取得前 5 名；在全省专业竞赛、考评中获一、二等奖或取得前 3 名。

（7）作为第一完成人获得与本专业相关的国家发明专利授权 1 项。

（8）音乐舞蹈教师举办过省级专业主管部门批准的专场演出或担任过省级大型演出的编导、指挥；美术教师的作品参加过国家级专业主管部门及国家级美术、书法家协会举办的作品展，或经省级专业主管部门及省美术、书法协会批准举办的个人作品展，且作品被省级博物馆、美术馆、画院等收藏；体育教师担任过省级竞技类运动会的裁判或省大运会的裁判，或担任学校各运动队教练，且所带领的团队或个人在省级运动会、省大运会比赛中取得名次。

第三章　表彰名额

第五条　校级青年教师成才奖与省级青年教师成才奖评选同步开展，每年评选一次，每次表彰名额为 15 名。

第六条　从当年校级青年教师成才奖获得者中根据相关要求及推荐名额择优推荐得票数较多者参加省级青年教师成才奖的评选。

第四章　评选程序

第七条　青年教师成才奖评选采取个人申请、单位推荐、学校评审的方式，按以下程序进行。

（一）符合评选条件的青年教师向所在单位提出申请，提交申报材料，经所在单位党政联席会议研究后在限额内推荐候选人，推荐报告须明确候选人的师德师风表现和教学科研业绩情况。

（二）组织人事部会同教务处、科研处、纪监审办公室等有关部门进行参评资格和材料审核。

（三）审核通过后，提交西北民族大学学术委员会评审。

（四）学校评审结果须公示 5 个工作日。公示期无异议者，学校予以表彰，并推荐省级青年教师成才奖候选人。

第五章　奖励办法

第八条　获评“西北民族大学青年教师成才奖”荣誉称号者，学校颁发荣誉证书，一次性奖励人民币 5000 元。获评“甘肃省青年教师成才奖”荣誉称号者，根据甘肃省和学校相关奖励办法执行。

第六章　附则

第九条　青年教师成才奖的申报、评审工作须坚持实事求是、客观公正。对弄虚作假者，一经查实，取消评奖资格，已获奖的要追回奖金和证书，并对本人和推荐单位根据相关规定给予处理。

第十条　本办法自公布之日起施行，《西北民族大学青年教师成才奖评选、奖励办法（修订）》（民大发〔2007〕79 号）同时废止。

第十一条　本办法由组织人事部负责解释。

西北民族大学教职工校内转岗暂行办法

第一章　总则

第一条　为进一步深化人事制度改革，科学配置人力资源，强化岗位管理，打破身份限制，建立各类岗位的有序转换机制，促进教职工在校内合理有序流动，根据学校岗位聘任有关规定，结合学校实际，特制定本办法。

第二条　本办法适用于学校在编在岗教职工。转岗指教职工通过校内调整在各系列（专任教师、教辅、管理、工勤技能）之间转换岗位，包括单位内部转换岗位系列和跨单位转换岗位系列。

第三条　教职工校内转岗应遵循以下基本原则。

（一）人岗相适、合理流动。以优化人力资源结构，充分发挥教职工特长，调动工作积极性为目标，坚持人尽其才、才尽其用，畅通校内人员流动机制，建设一支规模适度、结构合理、精干高效的人才队伍。

（二）学校统筹、按需调控。以确保各类岗位人员相对稳定为前提，以学校总体岗位设置为基础，结合学科专业发展和人才队伍建设需要，学校统筹规划，按需调剂，严格把控。

第二章　条件与程序

第四条　各单位必须坚持以学校事业发展和工作实际需要为前提，认真组织，严格要求。各类岗位人员在转岗过程中，须服从学校工作安排。

第五条　转岗条件

（一）基本条件

1. 爱国敬业，遵纪守法，热爱民族教育事业。

2. 思想政治立场坚定，恪守社会公德与职业道德，治学严谨，关爱学生，具有良好的师德师风。

3. 来校工作满 5 年。

4. 近 5 年以来年度考核均为合格及以上等次。

（二）岗位条件

转入岗位所在单位应根据本单位人才队伍建设目标和学科发展需求，对队伍现状进行深入分析研究，结合现有人员结构状况等因素，考虑转岗教职工的学科专业、学历、职称、年龄等基本条件，充分考核其现实表现、履职情况、工作业绩、个人能力和发展潜力等。

1. 转入专任教师岗位条件

（1）获博士研究生学历学位。

（2）所学专业符合学校相关学科、专业发展需求。

（3）具备一定的教学科研能力。

近 5 年，取得的成果符合下列条件之一：以第一作者或通讯作者在 SCI、SSCI、EI（源刊）、A & HCI、CSSCI（来源期刊）、CSCD（来源期刊）发表学术论文 1 篇或发表省级及以上学术论文 2 篇；主持省部级及以上项目 1 项或地厅级及以上项目 2 项；以第一完成人获地厅级及以上教学科研奖励 1 项；以第一作者出版学术专著、论著、译著、教材 1 部；以第一完成人获国家授权发明专利 1 项或实用新型专利、外观设计专利、软件著作权 2 项。

2. 转入教辅岗位相关系列条件

（1）获硕士研究生学历学位。

（2）所学专业符合学校相关教辅岗位专业技术需求或有过 1 年及以上的相关工作经历，能够胜任专业技术工作。

3. 转入管理岗位条件

（1）获硕士研究生学历学位。

（2）具备一定的管理能力，符合党政干部选拔任用的相关要求。

第六条　转岗程序

（一）个人自愿申请。转岗申请人填写《西北民族大学教职工校内转岗审批表》，并提供个人情况证明材料，报组织人事部。证明材料应包括：学历学位证书、职称证书、相关成果及获奖材料等复印件。

（二）资格初审。组织人事部根据转岗要求，审核申请人基本资格。符合要求者，提交转出岗位所在单位。

（三）转出岗位所在单位研究。转出岗位所在单位结合申请人条件和本单位工作实际，召开党政联席会议或处务会研究，签署相关意见，并将审批表报组织人事部审核后，将同意转岗者材料提交转入岗位所在单位。

（四）转入岗位所在单位研究。转入岗位所在单位受理校内转岗申请，结合申请人条件和本单位工作需要，组织考核，召开党政联席会议或处务会研究，签署相关意见，并将审批表报组织人事部。

（五）组织人事部研究审核拟同意转岗人员意见，提出转岗建议。

（六）根据管理权限，由校长办公会会议或党委常委会会议研究，确定转岗人员。

（七）公示。对转岗人员名单在校内公示 5 个工作日。

（八）聘任。公示无异议后，根据规定实施聘任。

第七条　单位内部转岗即转出单位和转入单位为同一单位的，转出意见和转入意见由本单位一并研究。

第八条　转岗申请人所提供的转岗材料须真实、有效。凡提供虚假材料者，按相关规定予以处理。

第九条　对学校学科建设急需、紧缺且确需单独研究的，可经本人提出申请，组织人事部商转出、转入单位后，提交学校专题研究。

第三章　管理与考核

第十条　转岗人员须尽快转评相关专业技术职务任职资格，职称评审、转系列评审事宜根据甘肃省和学校职称评审的相关政策执行。

第十一条　为保证转出岗位所在单位相关工作的连续性，单位可根据实际情况，对转出人员约定过渡期（1—2 年），期间须在原岗位工作，相关意见须在审批表中予以明确。如遇特殊情况，报请学校研究。

第十二条　转岗人员按实际聘任岗位进行管理、考核，并执行相关待遇。

第十三条　经学校同意转岗后的人员，由组织人事部根据实际情况为其办理校内调动、岗位变动等手续。

第四章　附则

第十四条　本办法不包括同一岗位系列人员在校内调整单位。

第十五条　本办法自学校公布之日起施行。

第十六条　本办法由组织人事部负责解释。

西北民族大学教职工人事档案工作实施办法

第一章　总则

第一条　为深入贯彻习近平新时代中国特色社会主义思想，全面贯彻新时代党的组织路线，落实从严管理干部要求，充分发挥教职工人事档案在建设高素质专业化干部队伍中的重要作用，推动教职工人事档案工作科学化、制度化、规范化，根据《中华人民共和国档案法》《干部人事档案工作条例》等相关法律法规，结合学校实际，制定本办法。

第二条　本办法所指的教职工人事档案，是各级党组织和组织人事等有关部门在党的组织建设、干部人事管理、人才服务等工作中形成的，反映教职工个人政治品质、道德品行、思想认识、学习工作经历、专业素养、工作作风、工作实绩、廉洁自律、遵纪守法以及家庭状况、社会关系等情况的历史记录材料。

第三条　教职工人事档案是教育培养、选拔任用、管理监督干部和评鉴人才的重要基础，是维护教职工合法权益的重要依据，是社会信用体系的重要组成部分，是党的重要执政资源，是国家档案的重要组成部分。

第四条　教职工人事档案工作包括档案的日常管理、利用、审核、纪律和监督等内容。

第五条　教职工人事档案工作应当遵循下列原则：

（一）党管干部、党管人才；

（二）依规依法、全面从严；

（三）分级负责、集中管理；

（四）真实准确、完整规范；

（五）方便利用、安全保密。

第二章　管理职责

第六条　学校组织人事部门按照干部管理权限集中统一管理全校在职、离退休、辞职、死亡教职工的人事档案，业务工作应当执行国家档案管理的有关法律法规，接受上级组织人事部门的领导和上级有关业务部门的监督和指导。

第七条　人事档案室是组织人事部门负责教职工人事档案工作的科室，配备专职档案人员从事具体业务工作。人事档案室的职责包括：

（一）负责教职工人事档案的建立、接收、保管、转递，档案材料的收集、鉴别、整理、归档，档案信息化等日常管理工作；

（二）负责教职工人事档案的查（借）阅、档案信息研究等利用工作，组织开展干部人事档案审核工作；

（三）配合有关方面调查涉及教职工人事档案的违规违纪违法行为；

（四）办理其他有关事项。

第八条　组织人事部门应选配政治坚定、坚持原则、忠于职守、甘于奉献、严守纪律的党员干部从事教职工人事档案工作。强化对档案人员的党性教育和业务培训，从严管理，加强激励保障。

第九条　档案工作人员和与其档案管理同在一个部门且有夫妻、直系血亲、三代以内旁系血亲、近姻亲关系人员的档案，由组织人事部门另行指定专人管理。

第三章　档案的内容和分类

第十条　教职工人事档案材料具体内容和分类标准根据中央组织部相关规定确定，主要内容和分类包括：

（一）履历类材料。主要有《干部履历表》和干部简历等材料。

（二）自传和思想类材料。主要有自传、参加党的重大教育活动情况和重要党性分析、重要思想汇报等材料。

（三）考核鉴定类材料。主要有平时考核、年度考核、专项考核、任（聘）期考核，工作鉴定，重大政治事件、突发事件和重大任务中的表现，援派、挂职锻炼考核鉴定，党组织书记抓基层党建评价意见等材料。

（四）学历学位、专业技术职务（职称）、学术评鉴和教育培训类材料。主要有中学以来取得的学历学位，职业（任职）资格和评聘专业技术职务（职称），当选院士、入选重大人才工程，发明创造、科研成果获奖、著作译著和有重大影响的论文目录，政策理论、业务知识、文化素养培训和技能训练情况等材料。

（五）政审、审计和审核类材料。主要有政治历史情况审查，领导干部经济责任审计和自然资源资产离任审计的审计结果及整改情况、履行干部选拔任用工作职责离任检查结果及说明，证明，干部基本信息审核认定、干部人事档案任前审核登记表，廉洁从业结论性评价等材料。

（六）党、团类材料。主要有《中国共产党入党志愿书》、入党申请书、转正申请书、培养教育考察，党员登记表，停止党籍、恢复党籍，退党、脱党，保留组织关系、恢复组织生活，《中国共产主义青年团入团志愿书》、入团申请书，加入或者退出民主党派等材料。

（七）表彰奖励类材料。主要有表彰和嘉奖、记功、授予荣誉称号，先进事迹以及撤销奖励等材料。

（八）违规违纪违法处理处分类材料。主要有党纪政务处分，组织处理，法院刑事判决书、裁定书，公安机关有关行政处理决定，有关行业监管部门对干部有失诚信、违反法律和行政法规等行为形成的记录，人民法院认定的被执行人失信信息等材料。

（九）工资、任免、出国和会议代表类材料。主要有工资待遇审批、参加社会保险，录用、聘用、招用、入伍、考察、任免、调配、军队转业（复员）安置、退（离）休、辞职、辞退，公务员（参照公务员法管理人员）登记、遴选、选调、调任、职级晋升，职务、职级套改，事业单位管理岗位职员等级晋升，出国（境）审批，当选党的代表大会、人民代表大会、政协会议、群团组织代表会议、民主党派代表会议等会议代表（委员）及相关职务等材料。

（十）其他可供组织参考的材料。主要有毕业生就业报到证、派遣证，工作调动介绍信，国（境）外永久居留资格、长期居留许可等证件有关内容的复印件和体检表等材料。

第十一条　校属各单位及教职工本人应当按照各自职责，如实、规范填写材料，共同做好教职工人事档案内容建设。

材料形成部门应当按照相关规定审核材料，在材料形成后 1 个月内主动向人事档案室移交。

第十二条　组织人事部门应遵循真实、全面、及时、规范的原则，重点收集反映教职工自然情况和德、能、勤、绩、廉等方面的材料，并根据新时代党的建设、组织人事工作的需要，不断充实完善教职工人事档案的内容。

第四章　档案的日常管理

第十三条　教职工人事档案日常管理主要包括档案建立、接收、保管、转递、信息化、统计和保密，档案材料的收集、鉴别、整理和归档等。

第十四条　首次参加工作被录用或聘用的在编教职工，组织人事部门以其入党、入团，录用、聘用，中学以来的学籍、奖惩和自传等材料为基础，建立教职工人事档案正本，并且负责管理。

发现教职工人事档案丢失或者损毁的，组织人事部门必须立即报告学校党委，并且全力查找或者补救。确实无法找到或者补救的，经报学校党委批准，由组织人事部门协调有关单位重新建立档案或者补充必要证明材料。

第十五条　组织人事部门及其人事档案室按照预防为主、防治结合的要求，建立和维护科学合理的档案存放秩序，按照阅档场所、档案库房、办公场所三室分开等有关要求建设教职工人事档案库房，加强库房安全管理和技术防护，确保教职工人事档案的绝对安全。

第十六条　教职工人事档案管理权限发生变动的，人事档案室应认真核对整理档案，保证档案内容真实准确、材料齐全完整，并在 2 个月内完成转递。

第十七条　教职工因公开招聘、调入、转业等情形来学校工作的，必须在入职报到前将档案转递至学校。

接到档案后，人事档案室应当认真审核，严格把关，一般应当在 2 个月内完成审核入库。

第十八条　转递档案应遵守下列规定：

（一）教职工人事档案应通过机要交通转递或由组织人事部门干部送取，严禁将档案交个人自带或转递。

（二）教职工人事档案必须在县以上组织人事部门或具有人事档案管理权限的部门之间转递。

（三）转递的档案材料必须完整齐全，并按规定装订，不得扣留材料或分批转出。

（四）转出档案必须填写“档案转递通知单”，登记在册，并严密包封，逾期未寄回回执单者，应发函催问，以防档案丢失。

（五）新转递至学校的档案，经核对无误后，应将回执单寄回档案转递部门。

第十九条　教职工死亡 5 年后，其人事档案应按有关规定定期向学校档案馆移交保存。

第二十条　组织人事部门及其人事档案室按照国家相关标准和要求，积极推进教职工人事档案数字化，加强档案信息资源的规划、建设、开发和管理，建立健全安全、便捷、共享、高效的教职工人事档案信息化管理体系，不断提升档案信息的管理能力和利用水平。

教职工人事数字档案在利用、转递和保密等方面按照纸质档案相关要求管理。

第二十一条　组织人事部门及其人事档案室建立登记和统计制度，每年定期对教职工人事档案日常管理、基础设施等工作情况进行统计、分析、研判，发现问题及时解决。

第二十二条　各级单位、组织和个人，对于属于国家秘密、工作秘密的教职工人事档案材料和信息，应当严格保密；对于涉及商业秘密、个人隐私的材料和信息，应当按照国家有关法律规定进行管理。

第二十三条　对国家规定应立卷归档的人事档案材料，应该在材料形成 1 个月内，送交人事档案室归档，集中管理。

人事档案室建立联系制度，及时掌握形成教职工人事档案材料的信息，主动向材料形成部门、教职工本人和其他方面收集教职工人事档案材料。

第二十四条　收集归档教职工人事档案材料，按照以下要求进行：

（一）材料形成部门应当建立教职工人事档案材料收集归档机制，按照相关规定制发材料和审核材料，在材料形成后 1 个月内主动按要求向人事档案室移交。

（二）移交归档材料时，须办理交接手续，填写《教职工人事档案归档材料交接清单》，材料经组织人事部门负责人审查，双方工作人员清点无误后签字、盖章，各持一份备案。

（三）归档的材料必须是办理完毕、手续完整的正式材料。材料应齐全、真实、文字清楚、对象明确，有承办单位或个人签名，有形成材料日期。

（四）不属于归档范围的材料，不得擅自归档，经过鉴别可区分情况予以处理。凡销毁材料，必须详细登记，并报请分管组织人事部门的校领导审查批准。

（五）归档材料凡规定由组织审查盖章的必须加盖公章；规定要与本人见面的材料，一般应有本人签字。特殊情况下，本人见面后未签字的，可由组织注明。

（六）归档材料一般应当为原件。证书、证件等特殊情况需用复印件存档的，必须注明复制时间，并加盖材料制作单位公章或组织人事部门公章。

（七）归档材料的载体使用国际标准 A4 型的公文用纸，材料左边应当留有 20—25 毫米装订边，字迹材料应当符合档案保护要求，不得使用圆珠笔、铅笔，或红色及纯蓝色墨水和复写纸书写。

第二十五条　人事档案室对收集归档的材料必须进行认真鉴别。重点鉴别材料内容是否真实，审核归档材料是否办理完毕，是否对象明确、齐全完整、文字清楚、填写规范、手续完备。

第二十六条　人事档案室按照相关标准和要求，对档案进行定期整理。整理教职工人事档案，须做到认真鉴别、分类准确、编排有序、目录清楚、装订整齐。整理合格后，一般应当在 2 个月内归档。

第五章　档案的利用

第二十七条　教职工人事档案利用工作应当强化服务理念，严格利用程序，创新利用方式，提高利用效能，充分发挥档案资政作用、体现凭证价值。

教职工人事档案利用方式主要包括查（借）阅、复制和摘录等。

第二十八条　因工作需要，符合下列情形之一的，可以查阅教职工人事档案：

（一）政治审查、发展党员、党员教育、党员管理等；

（二）干部录用、聘用、考核、考察、任免、调配、职级晋升、教育培养、职称评聘、表彰奖励、工资待遇、公务员登记备案、退（离）休、社会保险、治丧等；

（三）人才引进、培养、评选、推送等；

（四）巡视、巡察，选人用人检查、违规选人用人问题查核，组织处理，党纪政务处分，涉嫌违法犯罪的调查取证、案件查办等；

（五）经具有干部管理权限的党委（党组）、组织人事部门批准的编史修志，撰写大事记、人物传记，举办展览、纪念活动等；

（六）教职工日常管理中，熟悉了解教职工，研究、发现和解决有关问题等；

（七）教职工本人及其亲属因办理公证、诉讼取证等有关个人合法权益保障的事项；

（八）其他因工作需要利用的事项。

第二十九条　查阅教职工人事档案按照以下程序和要求进行：

（一）查阅教职工人事档案一般应由 2 名以上中共党员在档案室查阅，档案工作人员不得代查，不受理电话查询。

（二）校内单位查阅教职工人事档案，须填写《查阅教职工人事档案审批表》，经组织人事部门负责人审批同意后方可查阅。

（三）校外单位因工作需要查阅学校教职工人事档案，须持单位介绍信、本人工作证，按干部管理权限办理，填写《查阅教职工人事档案审批表》，经分管组织人事部门的校领导批准后方可提供查阅。

（四）教职工本人及其亲属因维护个人合法权益等需要查阅教职工人事档案时，须书面说明理由，经组织人事部门负责人审批同意后，由组织人事部门查阅档案。

（五）查阅人员不得查阅本人及其直系亲属的人事档案。

（六）查阅教职工人事档案时，严禁涂改、添注、圈划、污损，不得随意抽出或增加档案材料。

（七）教职工人事档案材料一般只能摘抄。未经批准，不得擅自拍摄、复印档案内容。因工作需要从档案中取证的，须事先在《查阅教职工人事档案审批表》中列出需要复制的材料明细，经组织人事部门负责人审批同意后，方可拍摄、复印。摘抄、复制的档案材料，不得传阅、复制、丢失，用后由查阅单位存档或登记销毁。

（八）查阅人员必须严格遵守保密制度，不得泄露或擅自向外公布档案内容。

（九）查阅人事档案时管理人员必须在场，查阅结束时查阅人须履行登记制度，并签字确认。

第三十条　教职工人事档案一般不予外借，确因工作需要借阅的，借阅单位应当填写《借阅教职工人事档案审批表》，经分管组织人事部门的校领导批准后方可借阅。借阅的档案要妥善保管，严格保密，不得转借，不准无关人员和干部本人翻阅。借阅期限一般不超过十个工作日。归还时人事档案室应当认真核对档案材料。

第六章　档案的审核

第三十一条　组织人事部门应当坚持“凡提必审”“凡进必审”、干部管理权限发生变化的“凡转必审”，建立常态化的档案审核工作机制，在干部动议、考察、任职前公示、录用、聘用、遴选、选调、交流，人才引进，军队转业（复员）安置，档案转递、接收等环节，严格按照有关政策和要求，及时做好教职工人事档案审核工作。

第三十二条　教职工人事档案审核应当在全面审核档案内容的基础上，重点审核教职工的出生日期、参加工作时间、入党时间、学历学位、工作经历、干部身份、家庭主要成员及重要社会关系、专业技术职务（职称）、学术评鉴、奖惩等基本信息，审核档案内容是否真实、档案材料是否齐全、档案材料记载内容之间的关联性是否合理以及是否有影响干部使用的情形等。

第三十三条　教职工人事档案审核中发现的问题，按照相关规定及时进行整改和处理。涉及教职工个人信息重新认定的，及时通知教职工所在单位和教职工本人。

凡发现档案材料或者信息涉嫌造假的，组织人事部门等有关部门应当立即查核，未核准前，一律暂缓考察或者暂停任职、录用、聘用、调动等程序。

第七章　纪律和监督

第三十四条　开展教职工人事档案工作必须遵守下列纪律：

（一）严禁篡改、伪造教职工人事档案；

（二）严禁提供虚假材料、不如实填报教职工人事档案信息；

（三）严禁转递、接收、归档涉嫌造假或者来历不明的教职工人事档案材料；

（四）严禁利用职务、工作上的便利，直接实施档案造假，授意、指使、纵容、默许他人档案造假，为档案造假提供方便，或者在知情后不及时向组织报告；

（五）严禁插手、干扰有关部门调查、处理档案造假问题；

（六）严禁擅自抽取、撤换、添加教职工人事档案材料；

（七）严禁圈划、损坏、扣留、出卖、交换、转让、赠送教职工人事档案；

（八）严禁擅自提供、摘录、复制、拍摄、保存、丢弃、销毁教职工人事档案；

（九）严禁违规转递、接收和查（借）阅教职工人事档案；

（十）严禁擅自将教职工人事档案带出国（境）外；

（十一）严禁泄露或者擅自对外公开教职工人事档案内容。

第三十五条　组织人事部门在教职工人事档案工作中，必须严格执行本办法，自觉接受组织监督和党员、干部、群众监督。

校属各单位和党员、干部、群众对教职工人事档案工作中的违纪违规行为，有权向上级单位、学校及组织人事部门、纪检监察机关举报、申诉，受理部门和机关应当按照有关规定查核处理。

第三十六条　对于违反相关规定和纪律的，依据有关规定予以纠正；根据情节轻重，给予批评教育、组织处理或者党纪政务处分，并视情追究相关人员责任。涉嫌违法犯罪的，按照国家法律法规处理。

第八章　附则

第三十七条　本办法由组织人事部门负责解释。

第三十八条　本办法自发布之日起施行。原《西北民族大学教职工人事档案管理暂行办法》（民大发〔2014〕228 号）同时废止。

西北民族大学师德标兵、“三育人”模范表彰奖励办法（修订）

第一章　总则

第一条　为全面贯彻党的十九大和全国师德师风建设工作会议精神，落实立德树人根本任务，增强教师的责任感、使命感、荣誉感，构建教书育人、管理育人、服务育人机制，根据《关于加强新形势下高校思想政治工作的意见》《关于全面深化新时代教师队伍建设改革的意见》《新时代高校教师职业行为十项准则》等文件精神，结合学校实际，制定本办法。

第二条　基本原则

（一）坚持立德树人根本任务，把贯彻党的教育方针和遵守党的政治纪律作为基本要求，突出社会主义核心价值观导向，引导教职员工明大德、守公德、严私德。

（二）坚持发挥模范典型示范引领作用，突出育人实效，把师德表现、工作实绩和师生认可作为推荐评选奖励衡量标准。

（三）坚持推荐评选重点向教学一线和突出贡献人员倾斜。

（四）坚持公平、公正、公开原则，规范推荐评选程序，严肃推荐评选纪律。

（五）坚持对教育教学、科研、管理和服务工作中出现师德失范情况，实行“一票否决”。

第二章　奖项设置

第三条　师德标兵设立 5 个名额。

第四条　“三育人”模范设立 20 个名额，根据工作岗位设教书育人模范 14 个、管理育人模范 3 个、服务育人模范 3 个。

第五条　每 2 年评选奖励一次。

第三章　评选范围和条件

第六条　评选范围

学校全体在职教职工（含非在编职工）。

第七条　基本条件

1. 严格遵守新时代高校教师职业行为十项准则。

2. 近三年师德考核结果为“合格”，个人年度考核结果不得有“基本合格”或“不合格”。

第八条　专项条件

（一）师德标兵

1. 思想政治表现突出。坚持以习近平新时代中国特色社会主义思想为指导，牢固树立“四个意识”，坚定“四个自信”，坚决做到“两个维护”，贯彻党的教育方针，在思想政治理论学习中发挥表率作用。

2. 爱国守法。遵守法律法规，认真履行教师职责；积极维护国家利益、社会公共利益，模范遵守社会公序良俗。

3. 严格落实立德树人根本任务，围绕学校高水平大学和一流民族大学建设目标，积极引导学生做德智体美劳全面发展的社会主义建设者和接班人，事迹突出，获师生认可并得到广泛好评。

4. 积极传播中国特色社会主义文化。积极弘扬中华优秀传统文化、革命文化和社会主义先进文化，带头践行社会主义核心价值观，弘扬真善美，传播正能量。

（二）“教书育人”模范

1. 坚定政治方向。坚持以习近平新时代中国特色社会主义思想为指导，认真贯彻习近平总书记关于“做有理想信念、有道德情操、有扎实学识、有仁爱之心的好老师”的新要求，推崇“学高为师，身正为范”的职业精神，落实立德树人根本任务，不断提高育人能力，做立德树人模范。爱国守法，传播中国特色社会主义文化，积极参加思想政治理论学习。

2. 遵守教育教学行为规范。认真完成基本教学、科研和社会服务工作任务；积极参与教育教学改革和教学基本建设，对学生进行正确的世界观、人生观、价值观教育，积极开展民族团结进步教育，把传授科学文化知识与提高学生的综合素质相结合，引导学生德智体美劳全面发展，成绩突出。

3. 长期从事一线教学工作，获师生认可并得到广泛好评，受聘现岗位本聘期内教学质量评价不低于 90 分 / 年。

4. 在承担教学科研、班主任、指导研究生、指导学生参加学科专业竞赛活动、社会实践活动等过程中，注重帮助引导学生，育人效果显著，获校级以上表彰奖励。

（三）“管理育人”和“服务育人”模范

1. 信念坚定，坚持以习近平新时代中国特色社会主义思想为引领，拥护中国共产党的领导，牢固树立“四个意识”，坚定“四个自信”，坚决做到“两个维护”，践行社会主义核心价值观。自觉爱国守法，积极维护国家利益、社会公益，模范遵守公序良俗。

2. 为师生服务，敬师爱生，获师生认可并得到广泛好评，具有较强的服务意识和奉献精神，工作态度端正，工作作风严谨，精神风貌良好。

3. 勤勉务实，具有良好的职业道德和敬业精神，踏实工作，严格遵守规章制度和工作程序，受聘现岗位本聘期内未发生重大工作失误或较大及以上责任事故。遵循人才培养规律，探索育人工作创新，注重育人实效，推进教育教学质量提高，促进学生成长成才。

4. 敢于担当，忠于职守。爱岗敬业，认真履行岗位职责。积极主动开展工作，不推诿塞责，工作中传播正能量。

5. 清正廉洁，公道正派，公私分明。

第四章　评选组织和程序

第九条　推荐

组织人事部发布工作通知，由各单位师德建设工作小组提出建议人选，征求组织人事部和纪监审办公室意见后在本单位范围内组织职工和学生代表进行评议投票，提出建议表彰奖励名单，报学校师德建设工作领导小组办公室。

第十条　审核

学校师德建设工作领导小组办公室复核建议表彰奖励名单，并报学校师德建设工作领导小组会议确定表彰奖励名单。

第十一条　表彰奖励

（一）表彰奖励名单在全校范围内公示 5 个工作日。

（二）学校党委会议研究确定表彰奖励名单并予以嘉奖。

（三）学校在适当范围开展表彰奖励活动，原则上结合教师节表彰活动举行。

（四）学校对师德标兵、“三育人”模范予以嘉奖，颁发荣誉证书。对师德标兵，每人发放奖金 10000 元，对“教书育人”“管理育人”“服务育人”模范每人发放奖金 5000 元。

第十二条　监督

（一）组织人事部、纪监审办公室负责受理相关投诉举报。

（二）对属于相关规定需撤销奖励情形的，按规定撤销嘉奖。撤销后，差额不再增补。

（三）个人和集体对撤销奖励决定不服的，可以申请复核、提出申诉。

第五章　奖励的使用

第十三条　获得师德标兵、“三育人”模范嘉奖教职工，同等条件下，在职称晋升和岗位聘用，研究生导师遴选，骨干教师、学科带头人和学科领军人物等选拔培养中优先考虑；在各类高层次人才评选及学校各类评师评教等活动中优先推荐；在向校外各级机关、团体推荐先进、模范人选工作中优先推荐；非在编职工在参加学校组织的公开招聘中同等条件下优先录用。

第六章　附则

第十四条　本办法从公布之日起实施，原《西北民族大学师德标兵、“三育人”模范评选表彰办法》（党委发〔2016〕74 号）文件同时废止，由组织人事部负责解释。

西北民族大学公开招聘人员暂行办法

第一章　总则

第一条　为实现学校人事管理的科学化、制度化，进一步规范人员招聘工作，根据《事业单位人事管理条例》《事业单位公开招聘人员暂行规定》《事业单位公开招聘违纪违规行为处理规定》和《国家民委直属事业单位公开招聘人员暂行办法》精神以及相关文件规定，结合学校实际，特制定本办法。

第二条　学校新进事业编制人员除接收军转干部等政策性安置、按干部人事管理权限由上级任命及涉密岗位等确需使用其他方法选拔任用人员外，均实行公开招聘。

第三条　公开招聘坚持德才兼备、以德为先的用人标准，贯彻公开、平等、竞争、择优的原则，在招聘计划范围内，根据招聘岗位的任职条件及要求，采取考试或考核的方式进行。

第四条　学校人才工作领导小组全面负责公开招聘工作的统筹管理工作。领导小组办公室设在组织人事部，负责组织、协调公开招聘工作，校内各用人单位（以下简称用人单位）负责具体实施，相关职能部门协助配合，纪检监察部门负责全程监督。

第二章　招聘范围与条件

第五条　学校公开招聘应面向社会，凡符合条件的各类人员均可报名应聘。

第六条　应聘人员须具备下列基本条件：

（一）具有中华人民共和国国籍。

（二）遵纪守法，政治素质过硬，道德品行端正，热爱民族教育事业。

（三）适应岗位要求的身体条件。

第七条　应聘人员须具备下列资格条件：

（一）学历学位。

1. 应聘人员须具有硕士研究生及以上学历，并取得相应学位。

2. 对有特殊要求的岗位应聘人员的学历条件，经学校研究同意后可适当放宽。

（二）符合岗位所需的学科专业背景要求，具备相关岗位知识、业务技能。

（三）其他要求。

1. 应聘马克思主义学院和专职辅导员岗位的人员须为中共党员。

2. 招聘岗位所需的其他条件。

第八条　有下列情形之一的人员，不得应聘：

（一）曾因犯罪受过刑事、治安处罚的。

（二）曾被辞退，开除公职、学籍，或因违规违纪被解除劳动合同、聘用合同的。

（三）刑事处罚期限未满或涉嫌违法违纪正在接受有关专门机关调查尚未做出结论的。

（四）尚未解除党纪、政纪处分或正在接受纪律审查的。

（五）被依法列为失信联合惩戒对象的。

（六）在公务员招录、事业单位招聘中被认定有违纪违规行为且被记入诚信档案库目前仍在惩戒期的。

（七）法律法规规定的其他情形不得聘用为事业单位人员的。

第九条　公开招聘不得设置指向性或与岗位无关的歧视性条件。应聘者需符合国家政策规定的毕业生派遣条件或人事调配条件。

第三章　招聘程序与工作要求

第十条　公开招聘按下列程序进行：

（一）制定招聘计划。

（二）发布招聘信息。

（三）受理应聘人员的申请，对资格条件进行审查。

（四）考试、考核。

（五）体检。

（六）考察。

（七）学校审批，确定拟聘人员。

（八）公示招聘结果。

（九）履行报批手续。

（十）签订聘用合同，办理聘用手续。

第十一条　根据工作安排，组织人事部负责年度公开招聘计划、招聘工作方案和招聘公告的编制工作。

第十二条　组织人事部会同相关职能部门，结合学校整体学科专业发展需求和岗位空缺情况，研究招聘规模，对各用人单位的招聘计划数和基本条件等提出相关建议，统筹协调，分类指导。

第十三条　用人单位结合工作需要，认真分析，科学合理制订本单位用人需求，明确招聘岗位计划数和岗位所需的学科专业、教学科研能力、学历、职称、政治面貌等方面的具体要求，经单位党政联席会议审议后报组织人事部。

第十四条　招聘的学科专业设置须与招聘岗位相匹配。用人单位可从宽确定学科专业要求，同一岗位可设置一个或多个相近的适合岗位要求的学科专业，也可按学科或专业大类设置条件。学科专业名称要准确、规范，具体可参照教育部门制定的学科、专业目录。

第十五条　组织人事部会同相关单位审核用人单位招聘计划，形成年度公开招聘计划、招聘工作方案，报学校人才工作领导小组讨论，并提请校党委常委会议研究，通过后按规定程序报批。

第十六条　公开招聘计划和招聘公告在国家民委、学校、组织人事部及用人单位的网页上发布，同时也可在相关公开媒体上发布。发布时间不少于 7 个工作日。

第十七条　招聘岗位条件面向社会公开发布后，不得擅自更改。确需更改的，用人单位须提出专门报告，经学校研究，按规定程序报批同意后，发布变更或补充公告。未经同意，不得组织招聘。

第十八条　用人单位要根据学校的统一要求组织招聘。对特殊专业或学校统一招聘的岗位，可由相关单位制订符合实际的招聘工作实施方案，报学校审核同意后方可执行。

第十九条　组织人事部、用人单位积极收集求职者简历，对所收集的信息要及时进行汇总整理和资格审查。

各用人单位成立人才工作小组负责资格审查。资格审查须按照招聘公告确定的条件严格把关，统一尺度，不得随意放宽条件，并按一定比例确定拟考核人员。拟考核人员名单须报组织人事部审批同意后方可组织考核。对不符合招聘条件的应聘人员，用人单位须安排专人进行答复，并作好相关记录。

第二十条　用人单位须成立本单位公开招聘工作考核小组，成员要求为 5—9 人（单数），由单位党政负责人、教授委员会成员、业务副院长、专家代表等组成，也可聘请校外相关专业专家组成。考核小组名单须报组织人事部备案。

第二十一条　考试包括笔试和业务考核。

对学校急需、紧缺的具有博士学历学位或高级专业技术职务的高层次人才以及其他特殊需要的专业人才，直接参加业务考核。

第二十二条　笔试要求

用人单位根据招聘岗位要求，以测试专业知识为主确定笔试内容；笔试分值为 100 分，考试时间原则上为 120 分钟；考核小组负责命题、考试及阅卷工作，试题应分为 A、B 卷，笔试前试卷须经密封后报组织人事部备案，并由组织人事部在考试前抽题。笔试原则上安排在业务考核前进行；用人单位要做好考务组织工作，严格保密纪律和监考阅卷规范，并妥善保管相关材料。

第二十三条　业务考核要求

考核小组成员须 2/3（含）以上人数到场方可组织业务考核。用人单位应对考核对象拟承担的教学、科研等工作内容组织试讲、科研业绩综合评价、答辩等，考核小组成员按要求对考核对象作出书面评判且表明是否同意聘用的意见（实名表决）。

第二十四条　用人单位对业务考核表决人数通过者，原则上按笔试成绩占 30%、业务考核成绩占 70% 的要求，计算总成绩。无需笔试的，按业务考核成绩排名。特殊岗位招聘考核需调整成绩计算比例的，须经学校同意后，提前在招聘公告中予以明确。

第二十五条　笔试和业务考核成绩均未达到 60 分及以上或业务考核后考核小组同意聘用票数未达到实到人员 2/3（含）以上人数的考核对象，均不得确定为拟聘用人选。

第二十六条　用人单位根据总成绩排名，按照招聘岗位数确定参加体检人员。体检标准参照《国家公务员录用体检通用标准（试行）》执行，因体检不合格等原因出现招聘岗位空缺时，可根据实际情况考虑依次递补。

第二十七条　根据体检结果确定考察人选并组织考察。考察主要包括思想政治表现、道德品质、业务能力、工作实绩等，考察主要采取函调、外调、查阅人事档案等方式进行。

第二十八条　落实干部人事档案凡转必审、凡进必审的工作要求，从源头上把好选人用人档案关口。干部人事档案中有问题和疑点的，不能作为拟聘用人员。

第二十九条　专职辅导员考察人选须进行心理测试，心理测试由学校学生心理健康教育与咨询中心负责，测试结果作为是否聘用的重要参考。

第三十条　用人单位综合考试、体检、考察等结果，召开党政联席会议，确定拟聘用人员，并将相关材料报送组织人事部。

第三十一条　组织人事部牵头，相关职能部门（教务处、科研处、发展规划与学科建设处、学生工作部等）根据工作职责参与并负责审核，提出审核意见。

第三十二条　组织人事部汇总审核结果，报学校人才工作领导小组审议，并提交学校党委常委会议研究，通过后在招聘信息发布的范围内对拟聘人员进行公示，公示期不少于 7 个工作日。

第三十三条　经公示无异议的拟聘人员按规定程序报批。

第三十四条　对于学科专业急需、紧缺的高端人才，可由学校人才工作领导小组征求用人单位意见后召开专题会议研究聘用意见，并按规定程序报批。

第四章　聘用

第三十五条　学校依据相关规定与聘用人员签订聘用合同并办理相关手续。

第三十六条　拟聘人员（含其干部人事档案）应在规定的时间内到校报到。否则，取消聘用资格。

第三十七条　聘用人员按规定实行试用期制度。试用期包括在聘用合同期限内。试用期满合格的，予以正式聘用；不合格的，取消聘用。试用期一般不超过 6 个月。应届高校毕业生，试用期可以延长至 12 个月。

第五章　纪律与监督

第三十八条　公开招聘实行回避制度。凡与用人单位负责人员有夫妻关系、直系血亲关系、三代以内旁系血亲或者近姻亲关系的应聘人员，不得应聘该单位负责人员的秘书或者人事、财务、纪律检查岗位，以及有直接上下级领导关系的岗位。用人单位负责人员和招聘工作人员在办理人员招聘事项时，涉及与本人有上述亲属关系或者其他可能影响招聘公正的，也应当回避。

第三十九条　应聘人员涉及与教职工（含退休职工）有夫妻关系、直系血亲关系、三代以内旁系血亲或近姻亲关系的，用人单位应当提前审查。

第四十条　招聘过程要做到信息公开、过程公开、结果公开，接受社会和纪检监察部门的监督。

第四十一条　应聘人员在报名、考核、体检、考察等过程中如有弄虚作假、考试作弊等违纪违规行为，一经查实，立即取消应聘资格。若正式聘用后被查出有违纪违规、师德失范行为，学校有权解聘，并按相关规定给予处理。

第四十二条　对违反公开招聘纪律的相关单位负责人、工作人员、应聘人员，根据《事业单位工作人员处分暂行规定》《事业单位公开招聘违纪违规行为处理规定》《中国共产党纪律处分条例》等相关规定，按照管理权限和情节，给予相应的纪律处分直至追究法律责任。

第六章　附则

第四十三条　本办法自公布之日起施行，《西北民族大学教师接收、引进程序》（民大发〔2013〕184 号）同时废止。

第四十四条　本办法由组织人事部负责解释。

西北民族大学高层次人才引进办法

第一章　总则

第一条　为深入推进人才强校战略，进一步加强高层次人才队伍建设，提升人才队伍整体实力和水平，打造学科建设人才高地，加快学校高水平大学和一流民族大学建设步伐，根据学校师资队伍建设规划的相关要求，结合学校实际，特制定本办法。

第二条　本办法中高层次人才，指达到国际国内领先水平，在本学科、本行业有较大影响力的学科带头人、学术骨干；具有突出科研能力、创新能力、发展潜力且能够促进学科发展的优秀人才；具有一定教学科研成果、学术基础扎实的中青年教学科研骨干，能够带动教学科研队伍整体发展的人才。

第三条　基本原则

（一）坚持党管人才的原则。人才引进要严把政治关，坚持“德才兼备，以德为先”。引进人才要具有良好的思想政治素质、职业道德、社会公德、个人品德，爱岗敬业，学风端正，治学严谨，教书育人，身心健康，团结协作，具备较强的教学科研水平，有利于促进学校学科建设与发展，有利于提高学校教学质量和科研水平。

（二）坚持“按需设岗、公开招聘、择优聘用、目标考核、合同管理”的原则。人才引进要从学校事业发展出发，充分考虑人才队伍建设、专业建设、学科建设的实际需要，高度重视学科、学术带头人的引进，高度重视梯队建设，不断优化人才队伍结构，拓展视野，公平竞争，创新机制，简化程序，克服唯论文、唯职称、唯学历和唯奖项倾向，注重品德、能力和业绩的综合评价，充分考虑人才的现有能力和发展潜力，对拟引进人才按照相关规定和相应标准进行全面考核，确保人才引进质量。

第二章　引进方式、对象和条件

第四条　高层次人才引进方式分为全职引进和柔性引进两种类型。全职引进人才的人事关系须转入学校，按照学校规定的相应层次的任务目标签订协议；柔性引进人才不改变与原单位人事关系，按照学校柔性引进人才相关管理办法执行。

第五条　学校鼓励以团队方式引进人才。团队由负责人和不少于 3 名核心成员组成，且负责人须达到本办法第三层次及以上人才要求。

第六条　对教学、科研业绩突出，属学校学科建设、人才队伍建设急需的高层次人才、高水平团队，积极探索实施“一人一议一策”的工作机制，协商确定。

第七条　学校引进人才分为六个层次，一般应具有博士学历学位或高级专业技术职务任职资格且具备各层次人才引进条件一项。

（一）第一层次

中国科学院院士、中国工程院院士；中国社会科学院学部委员；国家“万人计划”杰出人才；国家最高科学技术奖获得者；国家级教学成果特等奖获得者（主持人）；在世界一流大学、学术科研机构任职的外籍院士或学术水平相当于“两院”院士的国际著名学者；其他经学校认定达到第一层次水平的人才。

（二）第二层次

教育部“长江学者奖励计划”特聘教授、讲座教授；国家“千人计划”入选者；国家“万人计划”领军人才；国家杰出青年科学基金获得者；教育部高等学校教学指导委员会专业委员会主任委员；国家科技三大奖特等奖排名前 5，一等奖排名前 3，二等奖排名第 2；国家重点实验室（工程中心）负责人、国家自然科学基金创新群体负责人或国家重点学科带头人；国家科技重大专项、国家重点研发计划、技术创新引导专项、国家自然科学基金（重大）项目、国家社会科学基金（重大）项目负责人；国家级教学成果奖特等奖排名前 3，一等奖排名前 2，二等奖排名第 1；在学校认定的 T1 期刊上发表学术论文或发表 T2 级学术论文 1 篇及以上；在世界一流大学、学术科研机构任职的终身教授；其他经学校认定达到第二层次水平的人才。

（三）第三层次

1. 教育部人文社科基地负责人、教育部重点实验室负责人、教育部创新团队负责人；国家优秀青年基金获得者、国家“万人计划”青年拔尖人才、“长江学者奖励计划”青年学者、国家“青年千人计划”入选者；全国宣传文化系统“四个一批”人才；国家自然科学基金（重点项目）、国家社会科学基金（重点项目）、教育部哲学社会科学重大课题负责人；国务院学位委员会学科评议组成员；国家级教学成果奖二等奖排名前 2；在世界一流大学、学术科研机构任职的相当于副教授及以上职务的专家学者。

2. 获教育部高等学校科学研究优秀成果奖一等奖排名第 1、省级科学技术一等奖排名第 1、省级哲学社会科学优秀成果一等奖排名第 1、省级教学成果一等奖排名第 1，且人文社科类奖项获得者须在 B2 期刊发表学术论文 1 篇及以上，自然科学类奖项获得者须在 B1 期刊上发表论文 1 篇及以上。

3. 近 5 年，人文社科类在 A1 期刊上发表学术论文 2 篇及以上，或在 A2 期刊上发表学术论文 3 篇及以上，或在 A 类出版社出版学术专著、教材、译著 3 部及以上并在 A1 期刊上发表学术论文 1 篇；自然科学类在 A1 期刊上发表学术论文 4 篇及以上，或在 A2 期刊上发表学术论文 6 篇及以上，或在 A 类出版社出版学术专著、教材、译著 3 部及以上并在 A1 期刊上发表学术论文 2 篇。以上均限第一作者（完成人）。

4. 其他经学校认定达到第三层次水平的人才。

（四）第四层次

1. 教育部“新世纪优秀人才支持计划”入选者、各省（市）人才计划入选者；主持过国家级项目1项或省部级项目2项；学校高水平大学建设急需的学科和学术带头人。

2. 获教育部高等学校科学研究优秀成果奖二等奖排名第1、省级科学技术二等奖排名第1、省级哲学社会科学优秀成果二等奖排名第1、省级教学成果二等奖排名第1，且人文社科类奖项获得者须在C1期刊发表学术论文1篇及以上，自然科学类奖项获得者须在B2期刊上发表论文1篇及以上。

3. 近5年，人文社科类在A2期刊上发表学术论文1篇及以上，或在B1期刊上发表学术论文2篇及以上，或在A类出版社出版学术专著、教材、译著2部及以上并在B1期刊上发表学术论文1篇；自然科学类在A2期刊上发表学术论文2篇及以上，或在B1期刊上发表学术论文4篇及以上，或在A类出版社出版学术专著、教材、译著2部及以上并在B1期刊上发表学术论文2篇；获本学科方向授权国家发明专利3项及以上。以上均限第一作者（完成人）。

4. 其他经学校认定达到第四层次水平的人才。

（五）第五层次

1. 主持过省部级项目1项及以上。

2. 近5年，人文社科类在B1期刊上发表学术论文1篇及以上，或在B2期刊上发表学术论文2篇及以上，或在A类出版社出版学术专著、教材、译著2部及以上并在B2期刊上发表学术论文1篇；自然科学类在B1期刊上发表学术论文2篇及以上，或在B2期刊上发表学术论文4篇及以上，或在A类出版社出版学术专著、教材、译著2部及以上并在B2期刊上发表学术论文2篇；获本学科方向授权国家发明专利2项及以上。以上均限第一作者（完成人）。

3. 学校特殊专业教学急需的实践应用型高级人才，在工程技术、文化艺术等实践领域工作业绩突出，同时具有高级专业技术职务。

4. 其他经学校认定达到第五层次水平的人才。

（六）第六层次：学校学科建设急需的具有博士学历学位人员

第八条　未纳入以上条件的相关专业同层次人才参照以上标准及学校教学、科研成果认定的相关办法综合认定。

第三章　引进待遇

第九条　学校为公开招聘的在职引进人才提供“科研启动费”和“安家补助费”，标准见《西北民族大学引进人才待遇标准明细表》。

西北民族大学引进人才待遇标准明细表

引进对象	科研启动费		安家补助费（税前）
	人文社科	自然科学	
第一层次	协商确定		
第二层次	100 万元	240 万元	180 万元
第三层次	60 万元	150 万元	100 万元
第四层次	40 万元	80 万元	60 万元
第五层次	20 万元	50 万元	40 万元
第六层次	10 万元	20 万元	30 万元

第十条　安家补助费可按以下两种方式支付，由引进人才自行选择。

（一）在引进人才到校工作的当年一次性支付 60%，剩余部分从引进次年开始按每年 10% 的比例在四年内支付完毕。

（二）从引进人才到校工作的当年起，5 年内按年平均支付完毕。

第十一条　科研启动费用于支撑引进人才完成工作职责要求的相关任务，产出高水平成果。经费的使用和管理根据学校相关办法执行。

第十二条　学校按所聘岗位发放岗位工资和校内绩效工资。其中，新进博士按专业技术七级岗的标准发放校内基本岗位津贴。

第十三条　经认定纳入引领学校学科发展的高端人才，通过“一事一议”的方式，根据人才工作需要，提供校内周转房。经研究需要搭建科研平台，组建科研团队的，提供 200 万—1000 万的科研平台建设资金。

第四章　引进程序

第十四条　高层次人才引进由学校根据学科发展需要统筹规划，各用人单位结合实际需要，自主考核、择优确定拟引进对象。

第十五条　高层次人才引进一般按下列程序进行：

（一）各用人单位根据本单位学科、专业建设和人才队伍建设需要，拟定年度引进人才的需求计划报学校审批。

（二）学校根据各单位的需求计划，编制高层次人才引进方案和招聘公告，学校审定并报上级主管部门批复同意后面向社会公开发布招聘公告。

（三）应聘人员投递简历，主要提供以下材料：

1. 个人简历、身份证、各类有效证书的复印件。

2. 标志性成果的复印件及相关证明材料。

3. 留学回国人员除上述材料外还需提供护照、留学回国证明、教育部留学服务中心出具的国外学历学位认证书的复印件等。

（四）用人单位人才工作小组根据岗位招聘条件对应聘者进行资格审查合格后，报组织人事部审核，审核同意后方可组织考核。

（五）用人单位成立考核工作小组，对应聘人员进行考核，小组成员同意票数达到实到人数三分之二及以上者视为通过。考核须严把政治关师德关，坚持思想政治素质和业务能力双重考察，考核期间由用人单位对应聘人员提供的所有材料的真实性进行审查。

（六）体检、考察。

（七）审批。用人单位党政联席会议根据考核、体检、考察等综合情况，提出拟聘用人选。学校组织人事部牵头，相关职能部门参与并负责审核，确定拟聘用人选的相应层次、待遇、工作职责等，报学校人才工作领导小组审议。

（八）校党委常委会研究确定拟聘人员。

（九）公示。

（十）报批。经公示无异议后，对拟聘人员按规定程序报批。

（十一）聘用。聘用人员与学校签订聘用合同，办理聘用手续。

第十六条　第一层次等特别优秀人才，在引进程序上从便从简，特事特办。

第五章　引进人才的工作职责与任务

第十七条　高层次引进人才的服务年限原则上为 8 年，距离退休年龄不满一个服务年限的聘任至退休。

第十八条　服务年限内应围绕学科、专业建设目标，对所在单位的教学、科研及师资队伍建设进行指导；开展科学研究工作，培养和指导中青年教师；组建稳定的教学团队或科研团队；承担本科生教学任务，开设或讲授本学科专业课程或专题讲座；指导或合作指导研究生；开展国（境）内外学术交流合作。

第十九条　引进人才在服务年限内的教学、科研及相关工作职责按照学校岗位聘任的相关规定执行。

第二十条　引进人才服务年限内应完成的工作任务。

（一）第一层次

协商确定。

（二）第二层次

以西北民族大学为第一单位，至少完成下列教学、科研工作中的第一类条件 1 项或第二类条件

2 项。

第一类条件：

1. 作为主持人获批 1 项国家科技重大专项、国家重点研发计划、技术创新引导专项、国家自然科学基金（重大）项目、国家社会科学基金重大项目。

2. 获国家自然科学奖、技术发明奖、科学技术进步奖等二等奖及以上（前 2 名）1 项；或国家级教学成果奖二等奖及以上（前 2 名）1 项。

3. 在学校认定的 T1 期刊上发表学术论文或发表 T2 级学术论文 1 篇及以上。

第二类条件：

1. 作为主持人获批 1 项学校认定的国家级重点项目（G2）。

2. 教育部高等学校科学研究优秀成果奖一等奖排名第 1；省级科学技术一等奖排名第 1；省级哲学社会科学优秀成果一等奖排名第 1；省级教学成果一等奖排名第 1。

3. 人文社科类在 A1 期刊上发表学术论文 1 篇及以上，或在 A2 期刊上发表学术论文 2 篇及以上，或在 A 类出版社出版学术专著、教材、译著 3 部及以上并在 A2 期刊上发表学术论文 1 篇；自然科学类在 A1 期刊上发表学术论文 2 篇及以上，或在 A2 期刊上发表学术论文 4 篇及以上，或在 A 类出版社出版学术专著、教材、译著 3 部及以上并在 A2 期刊上发表学术论文 2 篇。

（三）第三层次

以西北民族大学为第一单位，至少完成下列教学、科研工作中的第一类条件 1 项或第二类条件 2 项。

第一类条件：

1. 作为主持人获批 1 项学校认定的国家级重点项目（G2）。

2. 教育部高等学校科学研究优秀成果奖一等奖排名第 1；省级科学技术一等奖排名第 1；省级哲学社会科学优秀成果一等奖排名第 1；省级教学成果一等奖排名第 1。

3. 人文社科类在 A1 期刊上发表学术论文 1 篇及以上；自然科学类在 A1 期刊上发表学术论文 2 篇及以上。

第二类条件：

1. 作为主持人获批 1 项学校认定的国家级一般项目（G3）。

2. 教育部高等学校科学研究优秀成果奖一等奖排名前 2；省级科学技术一等奖排名前 2；省级哲学社会科学优秀成果一等奖排名前 2；省级教学成果一等奖排名前 2。

3. 人文社科类在 A2 期刊上发表学术论文 1 篇及以上，或在 B1 期刊上发表学术论文 2 篇及以上，或在 A 类出版社出版学术专著、教材、译著 2 部及以上并在 B1 期刊上发表学术论文 1 篇；自然科学类在 A2 期刊上发表学术论文 2 篇及以上，或在 B1 期刊上发表学术论文 4 篇及以上，或在 A 类出版社出版学术专著、教材、译著 2 部及以上并在 B1 期刊上发表学术论文 2 篇。

（四）第四层次

以西北民族大学为第一单位，至少完成下列教学、科研工作中的 2 项。

1. 作为主持人获批 1 项学校认定的国家级地区项目（G4）。

2. 教育部高等学校科学研究优秀成果奖二等奖排名第 1；省级科学技术二等奖排名第 1；省级哲学社会科学优秀成果二等奖排名第 1；省级教学成果二等奖排名第 1。

3. 人文社科类在 B1 期刊上发表学术论文 1 篇及以上，或在 B2 期刊上发表学术论文 2 篇及以上，或在 A 类出版社出版学术专著、教材、译著 2 部及以上并在 B2 期刊上发表学术论文 1 篇；自然科学类在 B1 期刊上发表学术论文 2 篇及以上，或在 B2 期刊上发表学术论文 4 篇及以上，或在 A 类出版社出版学术专著、教材、译著 2 部及以上并在 B2 期刊上发表学术论文 2 篇。

（五）第五层次

以西北民族大学为第一单位，至少完成下列教学、科研工作中的 2 项。

1. 作为主持人获批 1 项学校认定的省部级重大项目（S1）。

2. 教育部高等学校科学研究优秀成果奖二等奖排名前 2；省级科学技术二等奖排名前 2；省级哲学社会科学优秀成果二等奖排名前 2；省级教学成果二等奖排名前 2。

3. 人文社科类在 B2 期刊上发表学术论文 1 篇及以上，或在 C1 期刊上发表学术论文 3 篇及以上，或在 A 类出版社出版学术专著、教材、译著 2 部及以上并在 C1 期刊上发表学术论文 2 篇；自然科学类在 B2 期刊上发表学术论文 2 篇及以上，或在 C1 期刊上发表学术论文 3 篇及以上，或在 A 类出版社出版学术专著、教材、译著 2 部及以上并在 C1 期刊上发表学术论文 2 篇。

（六）第六层次

以西北民族大学为第一单位，至少完成下列教学、科研工作中的 2 项。

1. 作为主持人获批 1 项学校认定的省部级重点项目（S2）。

2. 教育部高等学校科学研究优秀成果奖三等奖排名第 1；省级科学技术三等奖排名第 1；省级哲学社会科学优秀成果三等奖排名第 1。

3. 在 C1 期刊上发表学术论文 2 篇及以上，或在 A 类出版社出版学术专著、教材、译著 2 部及以上并在 C1 期刊上发表学术论文 1 篇。

（七）服务年限内引进人才完成高一层次教学、科研工作任务中第一类条件 1 项者，视为已完成相关教学、科研工作任务。

（八）由学校认定的其他相关专业高层次人才的工作任务可参照以上标准协商确定。

第二十一条　引进团队的工作职责和任务面议。

第六章　管理与考核

第二十二条　学校与引进人才签订聘用合同，明确服务年限和待遇、工作条件、聘期职责和违约责任等。

第二十三条　实行分级管理与考核。学校依据岗位职责及工作任务，重点对引进人才进行服务期满考核。用人单位负责聘后管理和年度考核，并配合学校做好服务期满考核。

第二十四条　引进人才须按期参加学校组织的年度考核，按要求向所在单位提交年度工作总结。由用人单位提出考核意见，确定年度考核等次。年度考核为不合格者，停发下一年度引进人才科研启动费。若连续 2 年年度考核不合格，取消引进人才资格，不再兑现科研启动费和安家补助费的剩余部分，且要求其退还已发放的安家补助费。

第二十五条　服务期满，由学校根据合同约定的岗位职责及工作任务对引进人才进行期满考核，综合评价其服务年限内的思想政治表现、师德师风、教学水平和科研能力等。服务期满考核不合格者，学校不再兑现科研启动费的剩余部分，且要求其退还已发放的安家补助费。

第二十六条　服务期内，引进人才个人辞职、调离、擅自离岗或因其他原因被学校解聘的，须按协议承担相应的违约责任。

第二十七条　本办法中科研成果的等级及认定参照学校科研工作量计算办法的相关规定执行。

第二十八条　引进人才如提供不实材料或违反学术道德、师德规范、国家法律法规的，一经查实，学校有权解除聘用合同，收回科研启动费、安家补助费等，并保留追究法律责任的权利。

第七章　附则

第二十九条　本办法自公布之日起施行，《西北民族大学引进人才暂行办法》（民大发〔2010〕20 号）同时废止。

第三十条　本办法由组织人事部负责解释。

西北民族大学办公室

2019 年 5 月 28 日印发

附件：西北民族大学高层次人才引进中相关成果认定范围及标准

一、学术论文

级别	范围
T1	Nature、Science、Cell 正刊及其子刊
T2	论文入选 ESI 前 3% 的高被引论文
A1	《中国社会科学》、SCI 一区期刊
A2	CSSCI 来源期刊库中各学科排名第一的期刊；《中国科学》《科学通报》；SCI 二区期刊、SSCI 、A&HCI 刊源期刊
B1	CSSCI 来源期刊库中各学科排名前 10%（4 舍 5 入、除上述 A2 类期刊以外）的期刊；SCI 三区期刊；新华文摘（3000 字及以上），人民日报、光明日报理论版（理论周刊，2000 字及以上）
B2	CSSCI 来源期刊库中各学科排名在前 30%（4 舍 5 入、除上述 A2、B1 类期刊以外）的期刊；SCI 四区期刊；EI 刊源期刊；新华文摘（3000 字及以下），人民日报、光明日报理论版（理论周刊，2000 字及以下），人大报刊复印资料（全文转载）
C1	CSSCI 刊源期刊库中除上述 A2、B1、B2 类以外的期刊；CSCD 核心版来源期刊目录中的期刊
C2	中文核心期刊、CSSCI 和 CSCD 扩展版来源期刊目录中的期刊、EI 会议检索 /CPCI-S（ISTP）/CPCI-SSH（ISSHP）

说明：

1. 学术论文仅统计以第一作者发表的学术论文。

2. 被 SCI、EI、SSCI、A & HCI 等收录的学术论文，以当年教育部科技工作查新站、中国科学院文献情报中心等机构提供的检索证明为准；SCI 分区以中国科学院文献情报中心当年发布的分区表（大类）为准；CSSCI 收录的学术论文以当年南京大学中国社会科学研究评价中心公布的期刊目录为准；CSCD 收录的学术论文以当年中国科学院文献情报中心公布的期刊目录为准；中文核心期刊以当年北京大学发布的《中文核心期刊要目总览》为准。

3. 同一篇学术论文按期刊分级就高认定。

二、出版社分类标准

A 类：中华书局、商务印书馆、三联书店、人民出版社、上海古籍出版社、人民文学出版社、人民教育出版社、高等教育出版社、科学出版社、外语教学与研究出版社、中国社会科学出版社、中国科学技术出版社、社会科学文献出版社、中国藏学出版社、民族出版社（仅限于民族语言文字类书籍）。

B 类：民族出版社（汉语言文字类书籍）、北京大学出版社、清华大学出版社、中国人民大学出版社以及国务院各部门直属的出版社。

C 类：除 A 类、B 类以外的其他正式出版社。

三、科研项目级别目录

类 别	名 称
国家级重大项目（G1）	1. 国家自然科学基金重大研究计划项目、重大项目
	2. 国家杰出青年科学基金项目
	3. 国家科技重大专项
	4. 国家重点基础研究发展计划项目（973 计划）
	5. 国家高技术研究发展计划项目（863 计划）
	6. 国家科技支撑计划项目
	7. 国家重点研发计划项目
	8. 国家社会科学基金重大项目
	9. 国家社会科学基金艺术学重大项目
	10. 技术创新引导计划（基金）
	11. 教育部哲学社会科学研究重大课题攻关项目
国家级重点项目（G2）	1. 国家自然科学基金重点项目
	2. 国家自然科学基金创新研究群体项目
	3. 国家自然科学基金优秀青年科学基金项目
	4. 国家社会科学基金重点项目
	5. 国家哲学社会科学成果文库项目
	6.G1 类一级子课题及预研项目
国家级一般项目（G3）	1. 国家自然科学基金项目面上项目
	2. 国家自然科学基金国际（地区）合作研究项目、交流项目
	3. 国家自然科学基金青年科学基金项目
	4. 国家自然科学基金数学天元基金项目
	5. 国家自然科学基金应急管理项目
	6. 国家社会科学基金项目
	7. 国家社会科学基金青年项目
	8. 国家社会科学基金后期资助项目
	9. 国家社会科学基金中华学术外译项目
	10. 国家社会科学基金学术期刊资助项目
	11. 教育部人文社会科学重点研究基地重大招标项目
	12. 教育部创新团队发展计划项目

续表

类　别	名　称
国家级一般项目（G3）	13. 全国教育科学规划项目
	14. 全国艺术科学规划项目（包括国家社科基金艺术学项目和文化部文化艺术研究项目）
	15. 国家艺术基金项目
	16. 国家体育总局奥运科研攻关与科技服务项目
	17.G2 类一级子课题及预研项目
国家级地区项目（G4）	1. 国家自然科学基金地区科学基金项目
	2. 国家社会科学基金西部项目
省部级重大项目（S1）	1. 教育部人文社会科学研究重点项目
	2. 教育部科学技术研究重点项目
	3. 教育部新世纪优秀人才支持计划
	4. 全国民族教育研究课题重大项目
	5. 甘肃省科技重大专项计划项目
	6. 甘肃省杰出青年基金
	7. 教育部“霍英东教育基金”项目
	8. 甘肃省基础研究创新群体
省部级重点项目（S2）	1. 教育部人文社会科学研究一般项目（包括规划基金项目、青年基金项目、专项任务项目）
	2. 教育部哲学社会科学研究后期资助项目
	3. 教育部人文社会科学研究西部和边疆地区项目
	4. 教育部留学回国人员科研启动基金项目
	5. 全国民族教育研究课题重点项目
	6. 国务院各部委科技发展计划项目、科技支撑计划项目等
	7. 甘肃省重点研发计划项目
	8. 甘肃省哲学社会科学规划重点项目
省部级一般项目（S3）	1. 甘肃省自然科学基金（不含基础研究 B 类计划项目）
	2. 甘肃省青年基金项目（不含基础研究 B 类计划项目）
	3. 甘肃省技术创新引导计划软科学研究项目
	4. 甘肃省知识产权计划项目
	5. 甘肃省哲学社会科学规划一般项目（不含自筹项目）
	6. 全国民族教育研究课题［包括一般项目、急需项目、委托（合作）项目、其他专项项目］
	7. 国家语委科研项目

续表

类　别	名　称
省部级一般项目（S3）	8. 国家民委民族研究项目
	9. 国家民委科研项目（不含自筹项目）
	10. 国家体育总局体育哲学社会科学研究项目
地厅级项目	1. 省（自治区）教育厅科研项目
	2. 省（自治区）教育科学规划项目
	3. 兰州市科技局科技计划项目
	4. 兰州市哲学社会科学规划项目
	5. 其它地厅级项目

以上认定标准根据学校科研工作量计算办法的修订情况适时更新、调整。

西北民族大学柔性引进人才办法

第一章　总则

第一条　为加快推进人才强校战略，进一步拓宽高层次人才引进渠道，积极吸引国内外优秀人才资源，不断提高人才队伍水平，推进高水平大学和一流民族大学建设，结合学校实际，特制定本办法。

第二条　本办法所称“柔性引进”是指在不改变校外高层次人才的人事、档案、户籍、社保等关系的前提下，吸引校外高层次人才，为我校学科建设、人才培养、教学科研、对外合作交流等事业发展提供工作协助和智力支持的人才引进模式。

第三条　柔性引进人才工作要坚持“按需引进、择优推荐、以岗聘用、合同管理”的原则，注重与支撑学校学科建设紧密结合，以突出办学特色、提升办学水平为目标，突破地域和单位限制，充分发挥高层次人才的引领、指导作用。

第二章　引进对象及基本条件

第四条　引进对象

（一）《西北民族大学高层次人才引进办法》中的第一、二、三层次引进人才和学校认定的同层次人才。

（二）学校学科、专业、附属医院建设急需的国内外优秀人才。

第五条　基本条件

（一）遵纪守法，有良好的政治素养、职业道德和敬业精神，有较强的团队协作和组织协调能力。

（二）有较高的学术造诣或优良的教学科研水平，在所从事领域已取得一定成绩，能对学校学科建设、科学研究、人才培养和团队建设等方面工作作出积极贡献。

（三）身体健康，能够履行约定的岗位职责。

（四）一般具有博士学位，担任教授或相应职务；海外高水平大学或研究机构的副教授或相应职务者以及特别优秀的博士（博士后）。

第三章　引进岗位及工作职责

第六条　柔性引进人才岗位分特聘教授和讲座教授两类。各教学、科研单位、附属医院应紧密结合本单位学科与人才队伍建设实际需要，以引进学校紧缺和急需的高层次人才为目标，合理设置聘任岗位。

第七条　特聘教授岗位职责主要包括：

（一）把握受聘学科的发展方向，提出战略性、前瞻性、创造性的发展思路，指导本学科在前沿领域探索，有力促进学科不断提高发展水平。

（二）指导或协助本学科发展和学术梯队建设，根据学科特点和发展需要，组建学术团队，在本学科领域开展具有高水平的科学研究，取得重大突破、标志性成果，创建省级及以上科研平台。

（三）以西北民族大学为第一单位主持国家级和省部级科研项目或以第一作者、通讯作者发表本学科高水平论文。

（四）指导学科团队成员申报获批国家级项目、发表高水平论文。

（五）着力培养优秀青年人才，指导青年教师和研究生。

（六）积极推动学校与国内外高水平大学和科研机构开展交流合作，协助举办国际学术会议。

（七）其他合同约定工作。

第八条　讲座教授岗位职责主要包括：

（一）发挥学术顾问作用，对本学科的发展方向和研究重点提供咨询和重要建议，促进学科、博士点、硕士点和重点科研平台的发展。

（二）参与或协助组建本学科创新团队，促进本学科在国内学术前沿快速发展，力争取得重大突破，协助创建省级及以上科研平台，产出高水平成果。

（三）开设本学科前沿或核心领域的课程及讲座，指导青年教师，联合培养研究生。

（四）以西北民族大学为第一单位主持或联合申请国家级和省部级科研项目或以第一作者、通讯作者发表本学科高水平论文。

（五）指导学科团队成员申报获批省部级及以上项目、发表高水平论文。

（六）积极推动学校与国内外高水平大学和科研机构开展交流合作，协助举办高水平学术会议。

（七）其他合同约定工作。

第四章　引进方式和待遇

第九条　柔性引进人才实行聘用合同制，聘期一般为 1 至 3 年，每年来校累计的工作时间以完成工作任务为主协商确定。

第十条　引进待遇

（一）学校按聘用合同约定支付柔性引进人才工作酬金。

（二）学校、受聘单位提供必要的办公场所、办公设施、实验室设备等，承担到校从事工作所发生的差旅费。

（三）学校为柔性引进人才根据实际需要提供教职工公寓、临时生活周转房。

（四）根据学科和工作任务协商确定，特聘教授的薪酬标准原则控制在 5 万—25 万元 / 年（税前），讲座教授的薪酬标准原则控制在 3 万—15 万元 / 年（税前），有重大或特殊工作需要的，可适当提高标准。

（五）工作酬金从学校人才工作经费或其他专项中列支，可按以下方式发放：

1. 年度考核合格后，按年度一次性核发。

2. 由受聘单位与引进人才协商确定。

（六）聘期内以西北民族大学为第一单位取得突出成果（合同约定工作内容和职责以外的超出部分），经学校认定，可按学校相关标准给予奖励。

第五章　引进程序

第十一条　柔性人才按以下程序引进：

（一）各单位提出柔性引进人才设岗申请，组织人事部会同发展规划与学科建设处审议，报学校通过后实施。

（二）各单位根据工作需要，积极主动联系本学科领域国内外高层次人才，确定拟引进人选，填写《西北民族大学柔性引进人才申请表》，提交相关材料和证书的复印件。单位人才工作小组对拟聘人才的思想政治表现、职业道德、学术水平进行综合评价，商议工作职责、工作方式和薪酬等具体事宜，拟定聘用合同，形成引进报告报组织人事部。

（三）组织人事部会同发展规划与学科建设处提出审核意见后，提交学校人才工作领导小组审议。

（四）校党委常委会会议研究。

（五）签订聘用合同。

第六章　管理与考核

第十二条　学校与柔性引进人才签订聘用合同，明确双方的权利义务，约定岗位职责。受聘单位对柔性引进人才进行日常管理与服务。

第十三条　柔性引进人才到校工作期间须遵守国家法律法规和学校规章制度，拥护中国共产党领导，热爱民族教育事业，落实立德树人根本任务，树立优良师德师风，服从学校管理。

第十四条　学校对柔性引进人才进行年度考核和聘期考核，年度考核由受聘单位组织，聘期考核由学校组织。年度考核不合格者，聘用合同自动解除。聘期考核不合格者，学校有权根据工作职责完成情况核减其工作薪酬。

第十五条　引进人才有违规违纪、师德失范、学术不端、损害学校利益，或提供虚假材料等行为，学校有权解除聘用合同，追回已发放的工作酬金，并保留追究法律责任的权利。

第七章　附则

第十六条　本办法自学校公布之日起施行。

第十七条　本办法由组织人事部负责解释。

西北民族大学特设岗位管理暂行办法（修订）

第一条　为加强高素质创新型人才队伍建设，进一步深化人事制度改革，提升学科建设水平，更好地服务高水平大学和一流民族大学建设目标，规范特设岗位管理，根据国家民委人事司关于同意学校设置特设岗位的批复意见，特制定本办法。

第二条　特设岗位实行总量控制和动态调整，按聘期管理，不占学校岗位总量，不受岗位结构比例限制，主要用于引进学校学科、学位点和专业建设中紧缺、急需的高层次人才。

第三条　特设岗位主要面向学校“一优三特”学科（民族学为优势学科，中国语言文学、计算机科学与民族信息技术、生物工程为特色学科）以及学校“十三五”规划确定的重点立项建设学科等。

第四条　特设岗位高层次人才引进条件

一、基本条件

1. 拥护中国共产党的领导，遵守国家法律法规，热爱民族教育事业。

2. 为人师表，具有高尚的师德修养、严谨的学术作风和务实的合作精神。

3. 身心健康，具有较强的组织管理能力，善于沟通协作。

4. 具有较高的教学、科研水平，在所从事的学科、专业领域取得了显著成绩。

二、具体条件

1. 具有正高级专业技术职务，海外引进的高层次人才应为在国外高校、科研机构、企业担任相当于正高级职务的专家学者或专业技术人才。

2. 学历学位原则上为博士研究生。对学校学科、专业建设急需、紧缺优秀人才，具有工程实践背景且高水平业绩成果的人才，可适当放宽学历条件。

3. 具有指导研究生的能力，能担任学校学科带头人、学术带头人、学术骨干或专业负责人。

4. 符合以下条件之一：获省部级及以上人才计划称号；省部级及以上科研平台负责人、学科带头人等；在国际或国家级相关专业领域学术组织担任委员、理事等；近五年，主持过国家自然科学基金、国家社会科学基金等省部级及以上项目（课题）或获得过省部级及以上教学、科研奖励或在国内外重要学术期刊发表有影响的学术论文、出版高水平学术专著、教材等。

第五条　特设岗位高层次人才的引进坚持“德才兼备、以德为先、公开招聘、择优聘用”的原则，严把用人政治关，以合同管理为基础，以聘期职责为目标，公开、公平、公正地开展选聘工作。

第六条　特设岗位引进的高层次人才须与学校签订聘用合同，明确聘任期限、聘任双方与工作有关的权利义务、岗位职责、工作任务、聘期考核和变更、解除、终止合同的规则等内容。合同按 3 年一个聘期进行签订和考核，可约定 3—6 个月的试用期。

第七条　学校常设岗位出现空缺后，符合条件的特设岗位聘用人员可按规定程序考核，经学校党委常委会会议研究并报国家民委审批同意后转聘到相应常设专业技术岗位，变更聘用合同，不再占特设岗位数。

第八条　特设岗位高层次人才的引进考核审批程序按照《国家民委直属事业单位公开招聘人员暂行办法》和学校引进人才的有关要求执行。

第九条　特设岗位引进的高层次人才执行国家事业单位工资政策。所聘岗位等级由学校根据高层次人才的实际确定，并根据其岗位等级确定其基本工资待遇和绩效工资分配，也可通过“一事一议”等形式，采取年薪制、项目工资、协议工资等灵活分配方式，具体办法按学校有关规定执行。

第十条　科研启动费、安家补助费和相关福利待遇按照学校引进人才办法执行。

第十一条　特设岗位引进高层次人才的聘期考核以年度考核与聘期考核相结合的方式进行，年度考核按照学校相关管理办法执行，聘期考核按聘用合同规定的岗位职责和聘期工作任务等执行。

第十二条　引进人才如提供不实材料，或聘任后出现违反国家法律法规、师德失范、学术不端等行为，造成不良社会影响，学校有权解除聘用合同，收回科研启动费、安家补助费等，并保留追究法律责任的权利。

第十三条　本办法自公布之日起施行，《西北民族大学特设岗位管理暂行办法》（民大发〔2018〕82 号）同时废止。

第十四条　本办法由组织人事部负责解释。

附件 1：关于调整校级议事协调机构的通知

各党委、党总支、直属党支部，校属各单位：

根据工作需要，经 2019 年 9 月 12 日党委常委会会议研究，决定对校级议事协调机构名称及人员进行相应调整。现将调整后的议事协调机构组成通知如下。

一、议事协调机构办公室设在学校办公室的

1. 保密委员会

主　任：邓光玉

副主任：石迎春

委　员：王志军、杜永红、韩瑛、文化、冶生贵、段小强、杨具田、原牧、杨永昌、田富鹏、龙玉梅、杨朝继、王振国、顾克东

2. 处置突发事件领导小组

组　长：邓光玉、郭郁烈

副组长：石迎春、玉苏甫江、李辉、王彦斌、马世俊、白日霞、杨晓、郎永杰

成　员：王志军、韩瑛、安永国、吴彩梅、冶生贵、段小强、原牧、杨永昌、马志学、田富鹏、乌兰、刘丽江、顾克东，各学院党委（党总支）主要负责人

3. 维护校园安全稳定工作领导小组

组　长：邓光玉、郭郁烈

副组长：石迎春、玉苏甫江、李辉、王彦斌、马世俊、白日霞、杨晓、郎永杰

成　员：校属各单位主要负责人

4. 国家安全工作领导小组

组　长：邓光玉

副组长：郭郁烈、石迎春、玉苏甫江、李辉、马世俊

办公室主任：王志军

副主任：杨永昌

成　员：韩瑛、冶生贵、段小强、杨具田、原牧、田富鹏、王振国、顾克东

5. 作风建设领导小组

组　长：邓光玉、郭郁烈

副组长：石迎春、玉苏甫江、李辉、王彦斌、马世俊、白日霞、杨晓、郎永杰

成　员：王志军、杜永红、韩瑛、吴彩梅、安永国、冶生贵、文化、段小强、杨具田、杨永昌、马志学、沙存善、于兰生、王振国、顾克东

6. 信息公开工作领导小组

组　长：郭郁烈

副组长：石迎春

成　员：王志军、韩瑛、吴彩梅、安永国、段小强、齐卫权、杨朝继、王振国、顾克东

7. 档案工作委员会

主　任：石迎春

副主任：李辉、马世俊、郎永杰

委　员：王志军、韩瑛、冶生贵、文化、段小强、杨具田、齐卫权、包晓峰、白文宏、龙玉梅、杨朝继、王振国、顾克东

二、议事协调机构办公室设在组织人事部的

1. 党的建设工作领导小组

组　长：邓光玉

副组长：郭郁烈、王彦斌、石迎春

成　员：王振国、王志军、杜永红、韩瑛、冶生贵，各党委（党总支、直属党支部）主要负责人

2. 师德建设工作领导小组

组　长：邓光玉、郭郁烈

副组长：王彦斌

成　员：王振国、韩瑛、吴彩梅、冶生贵、段小强、杨具田、顾克东，各教学、科研单位党委（党总支、直属党支部）主要负责人

3. 党务公开工作领导小组

组　长：邓光玉

副组长：郭郁烈、王彦斌、杨晓

成　员：王振国、王志军、韩瑛

4. 机构改革和人员聘任工作领导小组

组　长：邓光玉、郭郁烈

副组长：王彦斌、玉苏甫江、李辉、马世俊、石迎春、白日霞、杨晓、郎永杰

成　员：王振国、文化、段小强、杨具田、原牧、王应得、顾克东

5. 人才工作领导小组

组　长：邓光玉、郭郁烈

副组长：王彦斌、白日霞

成　员：王振国、王志军、冶生贵、文化、段小强、杨具田、原牧、齐卫权、马志学、杨朝继、

顾克东

6. 脱贫攻坚帮扶工作协调领导小组

组　长：邓光玉、郭郁烈

常务副组长：王彦斌

副组长：玉苏甫江、李辉、马世俊、石迎春、白日霞、杨晓、郎永杰

成　员：杨志武、王振国、王志军、杜永红、韩瑛、吴彩梅、冶生贵、文化、段小强、杨具田、齐卫权、马志学、杨朝继，各学院党委（党总支）主要负责人

7. “三区三州”脱贫攻坚服务工作领导小组

组　长：王彦斌

成　员：王振国、王志军、邓文科、齐卫权、马志学、沙存善、于洪志、马忠仁、马国柱、白文宏、杜才祯、何智奇、赵学东、许国栋、魁发瑞、海向军、王春芬

8. 深化教师考核评价制度改革工作领导小组

组　长：郭郁烈

副组长：王彦斌、白日霞

成　员：王振国、韩瑛、冶生贵、文化、段小强、杨具田、乌兰、顾克东

9. 社聘职工管理工作领导小组

组　长：王彦斌、马世俊

副组长：郎永杰、王应得、吴彩梅

成　员：王振国、冶生贵、段小强、孙力、杨永昌、于兰生、乌兰、田富鹏、刘丽江、马效敏、杨朝继，各学院主要负责人

10. 福利委员会

主　任：王彦斌

副主任：李辉

委　员：王振国、吴彩梅、安永国、马志学、杨朝继

三、议事协调机构办公室设在宣传部、统战部的

1. 党委理论学习中心组

组　长：邓光玉

副组长：郭郁烈、石迎春

成　员：玉苏甫江、李辉、王彦斌、马世俊、白日霞、杨晓、郎永杰

2. 宣传思想文化（思想政治）工作领导小组

组　长：邓光玉、郭郁烈

副组长：石迎春

成　员：韩瑛、王志军、冶生贵、段小强、杨具田、原牧、杨永昌、马志学、马玉堂、韦玉成、田富鹏、第环宁、杨朝继、王振国

3. 意识形态工作领导小组

组　长：邓光玉

副组长：郭郁烈、玉苏甫江、李辉、王彦斌、石迎春

成　员：韩瑛、王志军、冶生贵、杨具田、原牧、杨永昌、马志学、马玉堂、韦玉成、田富鹏、第环宁、杨朝继、王振国、陈洁、顾克东

4. 普法工作领导小组

组　长：邓光玉

副组长：郭郁烈、石迎春、玉苏甫江、李辉、王彦斌、马世俊、白日霞、杨晓、郎永杰

成　员：韩瑛、王志军、冶生贵、段小强、杨具田、齐卫权、杨永昌、马玉堂、韦玉成、乌兰、杨朝继、王振国

5. 民族团结进步创建工作领导小组

组　长：邓光玉、郭郁烈

副组长：石迎春

成　员：韩瑛、王志军、冶生贵、久美道杰、段小强、杨具田、齐卫权、杨永昌、马玉堂、韦玉成、乌兰、杨朝继、王振国

6. 文明校园创建工作领导小组

组　长：邓光玉、郭郁烈

副组长：石迎春

成　员：韩瑛、王志军、冶生贵、久美道杰、吴彩梅、段小强、杨具田、原牧、杨永昌、马志学、马玉堂、麻秀成、田富鹏、第环宁、杨朝继、王振国

7. 民族宗教工作领导小组

组　长：邓光玉、郭郁烈

副组长：石迎春

成　员：韩瑛、王志军、吴彩梅、安永国、冶生贵、段小强、杨具田、原牧、杨永昌、马志学、马玉堂、麻秀成、王振国、顾克东

8. 统一战线工作领导小组

组　长：邓光玉、郭郁烈

副组长：石迎春

成　员：玉苏甫江、王彦斌、韩瑛、王志军、吴彩梅、安永国、冶生贵、段小强、杨具田、原牧、

齐卫权、王振国，各党委（党总支、直属党支部）主要负责人

9. 马克思主义学院建设工作领导小组

组　长：邓光玉、郭郁烈

副组长：石迎春

成　员：韩瑛、冶生贵、段小强、杨具田、齐卫权、杨永昌、马玉堂、于兰生、田富鹏、杨朝继、王振国、顾克东

10. 学生形势与政策教育工作领导小组

组　长：石迎春

副组长：王彦斌、白日霞

成　员：韩瑛、冶生贵、段小强、杨具田、马玉堂、沙存善、田富鹏、杨朝继、王振国、顾克东

四、议事协调机构办公室设在纪监审办公室的

1. 全面从严治党工作领导小组

组　长：邓光玉、郭郁烈

副组长：杨晓、王彦斌、石迎春

成　员：玉苏甫江、李辉、马世俊、王振国、王志军、韩瑛、杜永红、吴彩梅、冶生贵、文化，各党委（党总支、直属党支部）主要负责人

2. 巡视整改工作领导小组

组　长：邓光玉、郭郁烈

副组长：杨晓、玉苏甫江、李辉、王彦斌、马世俊、石迎春、白日霞、郎永杰

成　员：杜永红、王志军、韩瑛、倪桂英、吴彩梅、安永国、冶生贵、久美道杰、段小强、杨具田、原牧、齐卫权、杨永昌、王应得、田富鹏、杨朝继、王振国、顾克东

3. 巡察工作领导小组

组　长：邓光玉、郭郁烈

副组长：杨晓、石迎春

成　员：杜永红、王志军、韩瑛、王振国

4. 内部控制评价监督工作领导小组

组　长：杨晓

副组长：杜永红

成　员：王志军、文化、杨具田、孙力、马志学、齐卫权、赵国忠、马效敏、杨朝继

5. 学生申诉处理委员会

主　任：杨晓

副主任：杜永红

委　员：冶生贵、段小强、杨具田、杨永昌、顾克东，相关单位主要负责人、教师代表和学生代表

五、议事协调机构办公室设在学生工作部（处）、团委的

1. 学生就业工作领导小组

组　长：郭郁烈

副组长：李辉、王彦斌

成　员：冶生贵、王志军、韩瑛、段小强、杨永昌、马志学、杨朝继、顾克东，各教学、科研单位党委（党总支、直属党支部）主要负责人

2. 学生工作委员会

主　任：李辉

副主任：冶生贵、久美道杰

委　员：王志军、韩瑛、段小强、杨永昌、马志学、于兰生、田富鹏、杨朝继、顾克东，各教学、科研单位党委（党总支、直属党支部）主要负责人

3. 学生心理健康教育工作领导小组

组　长：李辉

副组长：冶生贵、冯丽娟

成　员：韩瑛、文化、段小强、原牧、沙景荣、刘丽江、王振国、顾克东

4. 国家奖助学金评审领导小组

组　长：李辉

副组长：王彦斌、白日霞

成　员：冶生贵、段小强、杨具田、杨永昌、杨朝继、顾克东、格尔勒，各教学、科研单位党委（党总支、直属党支部）主要负责人

5. 校友联络工作领导小组

组　长：李辉

副组长：冶生贵、刘曜

成　员：各职能处室主要负责人，各教学、科研单位党委（党总支、直属党支部）主要负责人、院长（主任）

六、议事协调机构办公室设在工会、离退休工作处的

1. 老龄工作委员会

主　任：玉苏甫江

副主任：徐德才

委　员：安永国、吴彩梅、马雪娟、王志军、韩瑛、久美道杰、马志学、刘丽江、杨朝继、王振国

2. 关心下一代工作委员会

主　任：玉苏甫江

副主任：安永国

委　员：吴彩梅、徐德才、马雪娟、王志军、韩瑛、久美道杰、马志学、刘丽江、杨朝继、王振国

3. 妇女工作委员会

主　任：吴彩梅

副主任：马雪娟

委　员：马月香、王倩、车森、冯丽娟、刘燕华、刘彬、刘萍、刘丽江、张丽、杨多芳、黄炜、朝露蒙、韩瑛

4. 离退休人员工作领导小组

组　长：玉苏甫江

副组长：王彦斌

成　员：安永国、吴彩梅、王志军、韩瑛、齐卫权、杨永昌、王应得、谢智学、赛音、李琦、刘丽江、杨朝继、王振国

七、议事协调机构办公室设在发展规划与学科建设处的

1. 综合改革领导小组

组　长：邓光玉、郭郁烈

副组长：白日霞、玉苏甫江、李辉、王彦斌、马世俊、石迎春、杨晓、郎永杰

成　员：文化、王志军、韩瑛、冶生贵、吴彩梅、安永国、段小强、杨具田、原牧、齐卫权、孙力、杨永昌、马志学、沙存善、杨朝继、王振国、顾克东

2. 学科建设领导小组

组　长：邓光玉、郭郁烈

副组长：白日霞、玉苏甫江、李辉、王彦斌、马世俊、石迎春、杨晓、郎永杰

成　员：文化、韩瑛、吴彩梅、安永国、冶生贵、段小强、杨具田、原牧、齐卫权、孙力、杨永昌、马志学、杨朝继、王振国、顾克东，各教学、科研、教辅单位主要负责人

3. 依法治校工作领导小组

组　长：邓光玉、郭郁烈

副组长：白日霞、玉苏甫江、李辉、王彦斌、马世俊、石迎春、杨晓、郎永杰

成　员：文化、王志军、杜永红、韩瑛、冶生贵、段小强、杨具田、齐卫权、杨永昌、马玉堂、

韦玉成、乌兰、杨朝继、王振国

4. 高水平大学建设工作领导小组

组　长：邓光玉、郭郁烈

副组长：白日霞、玉苏甫江、李辉、王彦斌、马世俊、石迎春、杨晓、郎永杰

成　员：文化、王志军、冶生贵、段小强、杨具田、原牧、齐卫权、杨朝继、王振国、顾克东，各教学、科研、教辅单位主要负责人

5. 对口支援工作领导小组

组　长：邓光玉、郭郁烈

副组长：白日霞、玉苏甫江、李辉、王彦斌、马世俊、石迎春、杨晓、郎永杰

成　员：文化、韩瑛、冶生贵、段小强、原牧、杨朝继、王振国、顾克东

6. 规章制度清理工作领导小组

组　长：邓光玉、郭郁烈

副组长：白日霞、王彦斌、石迎春

成　员：文化、王志军、冶生贵、久美道杰、段小强、杨具、原牧、齐卫权、杨朝继、王振国、顾克东

八、议事协调机构办公室设在教务处（医学教学管理部）的

1. 教材工作领导小组

组　长：邓光玉、郭郁烈

副组长：王彦斌、玉苏甫江、李辉、白日霞

成　员：段小强、韩瑛、文化、杨具田、原牧、于兰生、王振国、顾克东，各学院院长（含主持工作的负责人）、科研单位主要负责人

2. 语言文字工作委员会

主　任：邓光玉

副主任：王彦斌

委　员：段小强、韩瑛、乌兰、宁梅、万玛项欠、文英努妮莎、朱杰、王振国、顾克东

3. 教学委员会

主　任：郭郁烈

副主任：王彦斌、白日霞

成　员：段小强、杨具田、乌兰、赵仁杰、顾克东，各学院院长（含主持工作的负责人）

4. 招生委员会

主　任：郭郁烈

副主任：王彦斌、玉苏甫江、李辉、白日霞

成　员：段小强、沙存善、王志军、冶生贵、杨永昌、马志学、田富鹏、杨朝继、顾克东、缑婷，校友、教师和学生各1名

5. 创新创业教育工作领导小组

组　长：郭郁烈

副组长：王彦斌

成　员：段小强、韩瑛、冶生贵、久美道杰、杨具田、原牧、齐卫权、马效敏、乌兰、田富鹏、杨朝继、王振国，各学院院长（含主持工作的负责人）

6. 第九届本科教学督导委员会

主　任：郭郁烈

副主任：王彦斌、冉宗礼、金蜀利、马自祥、徐德华

人文组：金蜀利（组长）、索绍武、蔡建中、更登、唐吉思、张丽、张兢、阿尔宾达来、平措、陈金法、温蓉，本科生2名

社科组：马自祥（组长）、张晖颖、常青、王存教、念富强

理工组：徐德华（组长）、马燕、王怀华、满正行、王春芬、陈莉、刘丽霞、何美荣、张文博、甘季中，本科生2名

医学组：冉宗礼（组长）、景志敏、李书平、蔡菊敏、郑彤、赵菲，本科生2名

7. 国家级实验教学示范中心建设和运行管理委员会

主　任：郭郁烈

副主任：白日霞、王彦斌、李辉

委　员：李永宏、戴玉刚、文化、段小强、杨具田、乌兰、杨朝继、王振国、顾克东

8. 国家级大学生创新创业训练计划项目专家指导委员会

主　任：王彦斌

副主任：段小强

委　员：王超、郭忠、桑吉顿珠、孙永龙、朱杰、冯炳超、宁梅、张平（化工）、安兵、万玛项欠、吴忠铁、白蓉、朱惠平、杨德明、林强、包广洁、马安仁、马永峰、文英、马纳琴、李琦、杨永锋、张平（管理）、田双亮、傅思武、张国恒、马宁

9. 国家级大学生创新创业训练计划项目教学指导委员会

主　任：王彦斌

副主任：段小强

委　员：才让加、王泽民、郑天锋、贺卫光、沙景荣、谢智学、宁梅、万玛项欠、文英、杨德明、王谋清、朱杰、赛音、李琦、王万成、赵学东、单广荣、马安仁、曹万智、陈丽华、臧荣鑫、赵晋、

李志强、贾九平

10. 医学教学督导委员会

主　任：王彦斌

副主任：段小强、张旭东

委　员：宋焱峰、岳凤珍、赵玉元、张有成、杨兰、景志敏、冉宗礼、海向军、周海静、冯正虎、李书平、蔡菊敏、李明皓、李红梅、温志震、滕爱兰

11. 医学教学指导委员会

主　任：王彦斌

副主任：段小强、张旭东

委　员：杨明会、文历阳、孙宝志、金忠杰、王维民、万学红、叶玲、付丽、王渊、余占海、赵晋、李志强、田丰年、贾维东、米登海、海向军、周海静、金永新，学生代表 2 名

12. 大学生学习援助工作领导小组

组　长：王彦斌

副组长：段小强

成　员：冶生贵、久美道杰、韩瑛、杨具田、原牧、杨朝继、顾克东，各学院院长（含主持工作的负责人），本科生 2 名

13. 推免生工作领导小组

组　长：王彦斌

副组长：白日霞

成　员：段小强、韩瑛、冶生贵、顾克东，各学院院长（含主持工作的负责人）

14. 智慧教室建设工作领导小组

组　长：王彦斌

副组长：李辉、马世俊、郎永杰

成　员：段小强、齐卫权、孙力、马志学、沙景荣、田富鹏、杨朝继

九、议事协调机构办公室设在研究生处的

1. 学位授权点评估工作领导小组

组　长：郭郁烈

副组长：白日霞、王彦斌

成　员：顾克东、韩瑛、冶生贵、文化、段小强、杨具田、原牧、齐卫权、马志学、赵国忠、乌兰、田富鹏、杨朝继、王振国

2. 研究生教育质量信息工作协调小组

组　长：白日霞

成　员：顾克东、冶生贵、文化、杨具田，各研究生培养单位院长（含主持工作的负责人）

3. 研究生招生录取工作领导小组

组　长：白日霞

成　员：顾克东、王志军、韩瑛、杜永红、冶生贵、段小强、杨永昌、马志学、贺卫光、赛音、才让、李永宏、田富鹏、刘丽江、杨朝继、李嘉慧

十、议事协调机构办公室设在科研处的

1. 科学道德和学风建设宣讲教育活动领导小组

组　长：邓光玉、郭郁烈

副组长：白日霞、王彦斌、石迎春

成　员：杨具田、韩瑛、冶生贵、久美道杰、段小强、马鸿波、许国栋、陈洁、薛国梁、顾克东

2. 中央高校基本科研业务经费管理领导小组

组　长：郭郁烈

副组长：白日霞、李辉、王彦斌

成　员：杨具田、韩瑛、冶生贵、文化、段小强、柏家林、杨朝继、王振国、顾克东

3. 重点实验室管理委员会

主　任：郭郁烈

副主任：白日霞、李辉、王彦斌、马世俊

成　员：杨具田、文化、段小强、齐卫权、乌兰、杨朝继、王振国、顾克东

4. 科研项目和经费管理检查工作领导小组

组　长：白日霞

副组长：李辉

成　员：杨具田、齐卫权、杨朝继、王振国、顾克东

十一、议事协调机构办公室设在财务处的

1. 内部控制建设工作领导小组

组　长：邓光玉、郭郁烈

副组长：李辉、玉苏甫江、王彦斌、马世俊、石迎春、白日霞、杨晓、郎永杰

执行工作组：杨朝继、王志军、冶生贵、文化、段小强、杨具田、齐卫权、孙力、马志学、王振国、顾克东

2. 财务信息公开工作领导小组

组　长：郭郁烈

副组长：李辉

成　员：杨朝继、王志军、吴彩梅、安永国、文化、王振国

十二、议事协调机构办公室设在国际合作交流处的

外事工作领导小组

组　长：邓光玉、郭郁烈

副组长：玉苏甫江

成　员：原牧、王志军、王振国

十三、议事协调机构办公室设在国有资产管理处的

1. 货物采购验收领导小组

组　长：马世俊

副组长：郎永杰

成　员：齐卫权、吴彩梅、段小强、杨具田、马志学、田富鹏、乌兰、杨朝继

2. 住房领导小组

组　长：马世俊

副组长：郎永杰

成　员：齐卫权、王志军、吴彩梅、安永国、文化、马志学、孙力、杨朝继、王振国

3. 公务用车制度改革工作领导小组

组　长：马世俊

副组长：李辉、郎永杰

成　员：齐卫权、王志军、马志学、王应得、原牧、杨朝继、刘梅、郭天龙

4. 不动产申请登记领导小组

组　长：郎永杰

副组长：齐卫权

成　员：孙力、马志学、杨朝继

5. 10 号院安置楼接管领导小组

组　长：郎永杰

副组长：齐卫权、马志学、孙力、杨顺杰

成　员：郭天龙、郑浩东、念学睿、惠娣、徐黎明、张长荣、于翔、却永红、姜俊杰、马彦瑞、冉宗礼、康晓丽、娜日苏、刘海珍

十四、议事协调机构办公室设在基建处的

1. 基本建设工作领导小组

组　长：郭郁烈

副组长：马世俊、李辉、郎永杰

成　员：孙力、文化、齐卫权、马志学、杨朝继、刘梅，项目相关单位主要负责人

2. 建设工程验收领导小组

组　长：马世俊

副组长：李辉、郎永杰

成　员：孙力、吴彩梅、齐卫权、杨永昌、马志学、田富鹏、杨朝继、刘梅

3. 教职工住宅（公寓）建设领导小组

组　长：马世俊

副组长：玉苏甫江、李辉、郎永杰

成　员：孙力、吴彩梅、齐卫权、马志学、杨朝继、刘梅

4. 建设工程招标领导小组

组　长：马世俊

副组长：李辉、郎永杰

成　员：孙力、齐卫权、马志学、杨朝继、刘梅

十五、议事协调机构办公室设在保卫处的

1. 安全检查领导小组

组　长：邓光玉、郭郁烈

副组长：李辉、玉苏甫江、王彦斌、马世俊、石迎春、白日霞、杨晓、郎永杰

成　员：校属各单位党政主要负责人

2. 反恐怖主义工作领导小组

组　长：邓光玉、郭郁烈

副组长：李辉、玉苏甫江、王彦斌、马世俊、石迎春、白日霞、杨晓、郎永杰

成　员：杨永昌、王志军、韩瑛、冶生贵、马志学、乌兰、田富鹏、刘丽江、王振国、顾克东，各教学、科研单位党委（党总支、直属党支部）主要负责人

3. 综合治理委员会

主　任：李辉

副主任：杨永昌

委　员：王志军、韩瑛、吴彩梅、安永国、冶生贵、段小强、杨具田、马志学、海龙、何智奇、

丁胜、张久献、豆存祥、沙存善、麻秀成、乌兰、田富鹏、杨朝继、王振国、顾克东

4. 大学生征兵工作领导小组

组　长：李辉

成　员：杨永昌、冶生贵、韩瑛、段小强、马志学、杨朝继，各学院党委（党总支）主要负责人

十六、议事协调机构办公室设在后勤管理处（后勤集团）的

1. 节能减排工作领导小组

组　长：郭郁烈

副组长：马世俊、郎永杰

成　员：马志学、王志军、韩瑛、冶生贵、段小强、齐卫权、孙力、马国柱、乌兰、田富鹏、刘丽江、杨朝继

2. 生态环境保护工作领导小组

组　长：郭郁烈

副组长：马世俊、李辉、郎永杰

成　员：马志学、王志军、韩瑛、冶生贵、孙力、马国柱、乌兰、刘丽江、刘梅

3. 控烟工作领导小组

组　长：马世俊

副组长：王彦斌、郎永杰

成　员：马志学、王志军、韩瑛、吴彩梅、文化、段小强、杨永昌、于兰生、田富鹏、刘丽江、杨朝继、王振国、顾克东

4. 爱国卫生运动委员会

主　任：马世俊

副主任：郎永杰

委　员：马志学、王志军、韩瑛、吴彩梅、安永国、冶生贵、刘丽江、杨朝继

5. 绿化委员会

主　任：马世俊

副主任：郎永杰

委　员：马志学、韩瑛、吴彩梅、冶生贵、杨朝继

6. 食堂饭菜价格平抑基金管理委员会

主　任：马世俊

副主任：李辉、郎永杰

委　员：马志学、冶生贵、杨朝继、顾克东，两校区学生代表各 1 名

7. 食物中毒紧急处置领导小组

组　长：马世俊、郎永杰

副组长：马志学、王应得、杨永昌、郭天龙、贠小平

成　员：刘丽江、窦浩、周正潮、张武胜

十七、议事协调机构办公室设在资产经营公司的

1. 西北民族大学所属企业体制改革领导小组

主　任：邓光玉、郭郁烈

副主任：李辉、白日霞

委　员：马效敏、王志军、杨具田、齐卫权、马志学、吴彩梅、马忠仁、杨朝继、刘梅、王振国

2. 西北民族大学经营性资产管理委员会

主　任：郭郁烈

副主任：李辉、白日霞

委　员：马效敏、王志军、杨具田、齐卫权、马志学、吴彩梅、马忠仁、杨朝继、刘梅、王振国

3. 西北民族大学科技园管理委员会

主　任：郭郁烈

副主任：李辉、白日霞

委　员：马效敏、段小强、杨具田、齐卫权、冶生贵、马志学、马忠仁、马怡江、杨朝继、顾克东、郝宇

4. 兰州西北民大资产经营有限公司董事会

董事长：马效敏

成　员：马怡江、桂丽玲、马忠仁、王天雁

5. 兰州西北民大资产经营有限公司监事会

主　席：兰咏梅

成　员：才科扎西、范洁、刘小丽、康红

十八、议事协调机构办公室设在体育学院的

体育运动委员会

主　任：李辉

副主任：王志军、冶生贵、吴彩梅、段小强、拜力平、谢智学

秘书长：谢智学（兼）

副秘书长：刘虎、朱惠平、裴益民

竞训部主任：裴益民（兼）

委　员：韩瑛、久美道杰、杨永昌、马志学、王健峰、原牧、杨朝继、顾克东，各教学、科研单位党委（党总支、直属党支部）主要负责人

十九、议事协调机构办公室设在实验教学部的

实验室安全工作领导小组

组　长：邓光玉、郭郁烈

副组长：王彦斌、白日霞、李辉、玉苏甫江、马世俊、石迎春、杨晓、郎永杰

成　员：乌兰、王志军、段小强、杨具田、齐卫权、马志学、杨永昌、王泽民、曹万智、陈丽华、臧荣鑫、赵晋、李永宏、杨朝继、赵仁杰、顾克东、马安仁

二十、议事协调机构办公室设在图书馆的

图书馆工作委员会

主　任：玉苏甫江

副主任：赵国忠、于兰生

委　员：李万梅、张林森、王志军、韩瑛、冶生贵、段小强、杨具田、原牧、齐卫权、杨永昌、马志学、乌兰、田富鹏、杨朝继、王振国、顾克东，各学院院长（含主持工作的负责人）

二十一、议事协调机构办公室设在学报编辑部的

西北民族大学学报编辑委员会

主任委员：郭郁烈

副主任委员：白日霞

委　　员：才让、马玉堂、马忠仁、王万成、王彦斌、王维兰、王谋清、邓艾、尹伟先、白日霞、多洛肯、杨具田、李永宏、李晓丽、张国恒、阿不都外力·克热木、贺卫光、郑天锋、赵晋、郭郁烈、曹万智、第环宁、傅千吉、斯琴孟和、赛音

二十二、议事协调机构办公室设在信息化建设与服务中心的

网络安全与信息化建设工作领导小组

组　长：邓光玉、郭郁烈

副组长：石迎春、李辉

成　员：田富鹏、王志军、韩瑛、冶生贵、文化、段小强、杨具田、原牧、齐卫权、杨永昌、马志学、杨朝继、王振国、顾克东

二十三、议事协调机构办公室设在校医院的

1. 卫生健康委员会

主　任：王彦斌

委　员：校属各单位党政主要负责人

2. 传染病防控工作领导小组

组　长：王彦斌

副组长：刘丽江、王志军、韩瑛、冶生贵、马志学

成　员：段小强、杨永昌、于兰生、田富鹏、杨朝继、王振国、顾克东，各教学、科研单位主要负责人

以上校级议事协调机构中，组长（主任）、副组长（副主任）如有变动，由接任工作的同志替补；成员（委员）如有变动需要调整的，报请组长（主任）同意后，由接任工作的同志替补，不另行文。

附件2：西北民族大学2018年度单位和个人考核等次结果

一、单位考核等次结果

先进等次单位：历史文化学院，土木工程学院，经济学院，蒙古语言文化学院，口腔医学院，马克思主义学院，舞蹈学院，第一临床医学院（宁夏银川），生物医学研究中心，学生工作部（处）、团委，学校办公室，组织人事部，宣传部、统战部，信息化建设与服务中心，财务处，资产经营公司

达标等次单位：音乐学院、电气工程学院、文学院、预科教育学院、医学院、维吾尔语言文化学院、藏语言文化学院、新闻传播学院、生命科学与工程学院、美术学院、法学院、化工学院、管理学院、外国语学院、数学与计算机科学学院、社会科学研究院、中国民族信息技术研究院、教务处、后勤管理处（后勤集团）、科研处、纪监审办公室、基建处、图书馆、研究生处、国际合作交流处、保卫处、发展规划与学科建设处、继续教育学院（干部培训学院）、学报编辑部、医院、实验教学部

一般等次单位：体育学院，民族学与社会学学院，教育科学与技术学院，国有资产管理处，工会、离退休工作处

二、四级职员和各单位主要负责人考核等次结果

优秀（按姓氏笔划排名，下同）：马志学、马效敏、文英、杜永红、李琦、杨具田、郎永杰、赵学东、徐志忠、郭力、曹万智、麻秀成、梁红绪

合格：丁奎、丁胜、于兰生、才让、才让加、万玛项欠、马玉堂、马国柱、马雪峰、马巍巍、王万成、王志军、王应得、王君强、王泽民、王健峰、王谋清、韦玉成、牛克慧、乌兰、文化、田富鹏、白文宏、包晓峰、宁梅、朱杰、刘丽江、齐卫权、安永国、祁永龙、孙力、玛依努尔·加马尔、杜才祯、杜国云、李永宏、李志强、杨永昌、杨志武、杨朝继、豆存祥、何智奇、冶生贵、汪作礼、沙景荣、张久献、陈丽华、努妮莎、郑天锋、单广荣、赵国忠、赵晋、柏家林、钟福祖、拜力平、段小强、贺卫光、索娜仁、贾九平、原牧、徐德才、高志平、海龙、董化琪、韩瑛、谢智学、满宏、臧荣鑫、赛音、潘和平、戴玉刚

三、其他人员考核等次结果

以学校考核工作领导小组办公室书面通知各单位的个人年度考核等次结果为准。

教学工作

西北民族大学加快建设一流本科教育行动计划
（2018—2022）

为深入贯彻落实全国教育大会、新时代全国高等学校本科教育工作会议、全国高校思想政治工作会议、全国民族教育工作会议、习近平总书记致西藏民族大学建校60周年贺信、国家民委要求和甘肃省教育大会精神，紧紧围绕培养什么样的人、怎么培养人、为谁培养人这一根本问题，坚持立德树人，“以本为本”，以“四个回归”为基本遵循，加快振兴学校本科教育，构建高水平特色鲜明的人才培养体系，全面提高人才培养能力，把学校建设成为坚持党的领导的坚强阵地、德智体美劳全面发展的社会主义事业建设者和接班人的培养高地、构筑中华民族共有精神家园的模范之地。根据教育部《关于加快建设高水平本科教育 全面提高人才培养能力的意见》要求，结合学校实际，特制定本计划。

一、高举习近平新时代中国特色社会主义思想伟大旗帜

第一，以习近平新时代中国特色社会主义思想为指导，全面贯彻落实党的十九大精神，全面贯彻党的教育方针，坚持社会主义办学方向，坚持教育为人民服务、为中国共产党治国理政服务、为巩固和发展中国特色社会主义制度服务、为改革开放和社会主义现代化建设服务。

第二，坚持立德树人根本任务，遵循高等教育基本规律，把握民族高等教育特殊性，培育和践行社会主义核心价值观，铸牢中华民族共同体意识。完善全员全过程全方位育人机制，推进德育、智育、体育、美育和劳动教育深度融合，构建立德树人系统化落实机制，把立德树人成效作为检验学校一切工作的根本标准。

第三，坚持“以本为本”，推进“四个回归”，落实学校“立足西北，服务民族”办学宗旨和“三地一库”奋斗目标，把本科教育放在人才培养的核心地位、教育教学的基础地位、新时代民族高等教育发展的前沿地位，激励学生刻苦读书学习，引导教师潜心教书育人，从教书匠精神做起，形成质量文化，全面提高学校人才培养能力与办学水平。

二、加强党对学校教育工作的全面领导

第一，坚持党委领导下的校长负责制，提高党委管党治党、办学治校的能力和定力。坚持党管办学方向、管改革发展，把党的教育方针全面贯彻到学校工作各方面，注重教育改革的系统性、整体性、协同性，以改革激活力、增动力；本科是学校党委办学理念的实践主体，是学校发展战略的实践主体，

学校党委要熟悉教育、关心教育、研究教育，定期组织讨论决定学校教育改革发展的重大问题，把教育改革发展纳入议事日程，为本科教育提供坚强的组织保证；全面推进学校党组织“对标争先”建设计划和教师党支部书记“双带头人”培育工程，加强教师党支部、学生党支部建设，切实履行好管党治党、办学治校主体责任。

第二，坚持党管干部、党管人才，打造高素质师资队伍和干部队伍。按照信念坚定、为民服务、勤政务实、敢于担当、清正廉洁的好干部标准，打造管理干部队伍；强化教师队伍建设，全面实施师德师风建设工程，开展“弘扬爱国奋斗精神、建功立业新时代”活动，发挥“全国高校黄大年式教师团队”的示范引领作用，加大教师表彰力度，引导教师坚持教书与育人相统一、言传和身教相统一、潜心问道和关注社会相统一、学术自由和学术规范相统一，做“四有”好老师，切实担当起学生健康成长指导者和引路人的责任；教师的精力要在本科集中，要打造能够担当本科教育重任、能够支撑起本科教育的教师队伍；改革岗位管理制度，突出教学一线需求，加大教师教学岗位激励力度；关注一线中青年教师发展，为他们提供发展平台，创造良好成长环境，鼓足可持续发展后劲，保证和支持教师更好地履行教书育人的基本职责；按照《新时代高校教师职业行为十项准则》，明确职业规范，坚决查处失德失范行为，对严重违纪违法者，依法依规撤销教师资格、调离教师岗位、解除人事关系。

第三，牢牢把握意识形态工作领导权，落实意识形态工作责任制，加强阵地建设和管理，坚持不懈传播马克思主义科学理论，坚持不懈促进学校和谐稳定，坚持不懈培育优良校风和学风，坚决抵御“三股势力”渗透，严防极端宗教思想传播，保证学校正确的办学方向，培养社会发展、知识积累、文化传承、国家存续、制度运行所要求的人，培养一代又一代拥护中国共产党和我国社会主义制度、立志为中国特色社会主义奋斗终身的有用人才。

三、筑牢学校思想政治工作生命线

第一，强化“三个离不开”“四个自信”“五个认同”教育，培育和弘扬社会主义核心价值观，铸牢中华民族共同体意识。深入落实中央民族工作会议精神和全国民族教育工作会议精神，贯彻党的民族政策和宗教政策，加强民族团结进步教育，传承中华优秀传统文化，自觉维护民族团结，引导广大师生树立汉族离不开少数民族、少数民族离不开汉族、各少数民族之间也相互离不开的思想，坚定中国特色社会主义理论自信、道路自信、制度自信和文化自信，深化对伟大祖国、中华民族、中华文化、中国共产党、中国特色社会主义的认同，做社会主义核心价值观的坚定信仰者、积极传播者、模范践行者。把铸牢中华民族共同体意识作为学校立德树人的主线和学校教育工作的衡量标准，把学校建成构筑中华民族共有精神家园的模范之地。

第二，实施“马克思主义三重工程”。强化思想引领和价值引领，把理想信念教育放在首位。严格执行《高等学校思想政治理论课建设标准》《新时代高校思想政治理论课教学工作基本要求》《马克思主义学院建设标准》，把思想政治理论课、马克思主义理论学科、马克思主义学院建设作为学校基础性工程来抓，增强习近平新时代中国特色社会主义思想进教案、进课堂、进头脑的时效性。实施严格的集体备课制度，推进教学改革，探索构建“课堂教学＋实践教学＋网络教学”三位一体的教学体系，打造马克思主义理论教学研究和人才培养阵地。

第三，实施“三个100”课程思政建设工程。根据不同专业人才培养特点和专业素质知识能力要求，科学合理设计思想政治教育内容。强化每一位教师的立德树人意识，在每一门课程中有机融入思想政治教育元素，实现课程思政工作全覆盖；在每一个专业培养方案和教学大纲中有机融入思想政治教育内容，实现专业思政工作全覆盖。着力打造“三个100”，培育100门育人效果显著的精品专业课程，打造100个课程思政示范课堂，选树100名课程思政优秀教师。

四、聚力高水平本科教育人才培养体系建设

第一，强化为党育人、为国育才鲜明导向，构建“3+X”协同育人育才新机制。要突出民族团结的品质、应用人才的素质，使素质教育具体化，从偏重智育向德智体美劳全面发展转变，以课程、科研、实践、文化、网络、心理、管理、服务、资助、组织“十大育人”体系为基础，全面统筹各部门、教育教学各环节、人才培养各方面的育人资源和育人力量，努力构建具有学校特色的“3+X”人才培养体系。着力培养德智体美劳全面发展、专业基础扎实、实践能力强、综合素质高、富有创新精神和发展潜能的应用型专门人才，全面实现学校人才培养总目标。

第二，构建培养学生综合素质、综合能力的跨学科课外实践活动体系。学校各单位要把人才培养目标落实到人才培养的各环节，形成一体化育人体制机制和全员全过程全方位育人格局。学校各部门的职责要求要列入育人元素，融入整体制度设计和具体操作环节，使一体化育人工作更好地适应和满足学生成长诉求、时代发展要求、社会进步需求，吸引学生广泛积极主动参与，引导学生坚定理想信念，培育和践行社会主义核心价值观，注重培养学生爱国主义精神、奋斗精神、劳动精神和创新精神，注重培养学生社会责任感、法治意识和实践能力，增长学生见识、丰富学识，引导学生增强体质、健全人格、锤炼意志，为学生终身发展和人生幸福奠定基础。

第三，坚持学生中心、产出导向的教育教学理念。课程教学体系设计要以学生为中心，关注全体学生的成长与发展，鼓励学生个性发展，以适应学生成长路径为主线，坚持大类人才培养，拓宽人才培养口径，夯实学科知识基础；坚持通识教育与专业教育有机结合，实施特色通识教育课程和精品专业核心课程建设，构建思想政治理论、基本素养、综合素养一体化的通识教育；科学合理设置必修课和选修课比例，提供专业方向选修课，为学生提供多样化的培养路径；推进辅修教育，协调推进跨学科、跨专业交叉培养。课程教学实施要坚持产出导向，以达到专业培养标准所规定的学生学习效果为目标，保证学生的素养、知识与能力的一体化发展，保证专业培养标准所规定的学习效果得到明确的落实，保证培养效果的切实实现。各学院要把课程建设作为落实人才培养目标和教育理念的重要切入点，增开10门左右综合素养课，对标国家级、省级精品资源共享课建设要求，有计划地在5年内做

好专业核心课程的建设工作，以课程建设推动信息技术与教育教学深度融合，推进教学资源建设，培育一批高质量、有影响力的课程。

第四，制定与各实践教学环节要求相适应的标准和检查保障机制。各专业要根据人才培养需要设置短学期教学计划，对教学目标、内容、学生指导、考核等提出明确要求，保证实践环节具有足够的工作量和适宜的难度，并给予学生有效的指导。加强校内实验教学资源建设，加大教学实验仪器设备投入，制定设备维修维护等方面的规章制度。构建功能集约、资源共享、开放充分、运作高效的实验教学平台。大力推动与行业部门、企业共同建设实践教育基地，切实加强实习过程管理，健全合作共赢、开放共享的实践育人机制。修订完善本科毕业论文（设计）管理制度，强化指导教师责任，加强对选题、开题、答辩等环节的全过程管理。严格实行论文查重和抽检制度，严肃处理抄袭、伪造、篡改、代写、买卖毕业论文等违纪问题，确保本科毕业论文（设计）质量。

第五，强化创新创业实践，深化创新创业教育改革，搭建大学生创新创业与社会需求对接平台。充分发挥学校国家级众创空间、省级双创示范基地、工程训练中心的引领、示范、辐射作用，强化创新创业导师培训，发挥“互联网 +”大赛引领推动作用，以赛促学，以学促教，提升创新创业教育水平。探索“学校 + 学院 + 企业”的人才联合培养新机制，提升实践育人能力，重点打造 20 个人才培养基地。鼓励学生参加职业资格考试，支持学生在完成学业的同时，获取多种资格证书，增强创业就业能力。

第六，学校要针对学生能力短板，竞争力弱项给予专项培训，助力学生成长成才。建立校企、校地、医教协同培养机制，做好校企、校地、医教协同培养实施方案及安排；参考行业用人标准，建立集价值塑造、能力培养、知识传授于一体的课堂文化，注重培养学生综合素养、实践能力、创新能力和市场敏感度，培育职业精神，树立良好职业道德，培养适应相关行业发展要求的高素质应用型人才。

五、奋力建设一流本科专业

第一，实施一流专业建设“1125 工程”。抢抓教育部“建设 1 万个国家级一流专业点和 1 万个省级一流专业点”的发展机遇，以建设“面向未来、适应需求、引领发展、理念先进、保障有力”的一流专业为目标，以“六卓越一拔尖”计划 2.0 版为标准，实施专业建设“1125 工程”：打造 1 个马克思主义理论教学研究和人才培养阵地。打造 1 个国内一流品牌专业——中国少数民族语言文学。打造民族学、生物工程、计算机科学与技术等 20 个区域一流、行业一流、民族院校一流的优势专业。实施 5 个计划，即：以“小班化 + 国家通用语言教学 + 应用方向”为突破口，实施中国少数民族语言文学精品专业计划；以甘肃省医疗卫生机构联合成立临床医学院为突破口，实施医教协同计划；以新金融智慧学习工场为突破口，实施产教融合计划；以优先推动学校土木工程专业认证为突破口，实施专业质量提升计划；以人工智能、大数据、云计算、新工科、“互联网 +”为突破口，实施传统专业转型升级计划。

第二，增强人才培养的针对性、适应性，加强特色应用型人才培养，提升学校服务民族地区经济社会发展的能力。结合民族地区经济社会发展需求，坚持科教结合、产学研结合，主动适应新科技、新产业、新业态的发展，多方集成教育资源，与相关部门联合制定人才培养标准，制定跨学科人才培养方案，注重不同学科专业知识的交叉融合，对学校传统优势特色专业积极改造，设置专业应用方向课程。建立与社会用人部门合作更加紧密的人才培养模式，探索建立政治过硬、行业急需、能力突出的应用型人才培养新机制，以适应新时代对人才的多样化需求，服务民族地区经济结构调整和产业转型升级，进一步提高学生和社会的满意度。

第三，实施专业动态调整。结合工程教育、师范类专业认证等各类专业认证、评估，做好存量升级工作，对不符合专业认证标准、学科之间关联度不够、支撑度不足的相关专业启动余量消减规划。建立专业有进有出的动态调整机制，推动就业与招生计划、人才培养的有效联动。

六、着力推动学习革命

第一，激发学生学习兴趣和潜能，引导学生自我管理、自主学习、主动实践。坚持“以人为本，助人成功”办学理念，建立健全以学生发展为本、突出学生主体地位、尊重学生发展规律和成才规律、尊重学生身心发展特点和差异、关注学生发展需求、调动学生的积极性和创造性等方面的机制，为学生学习、交往、生活、发展等方面提供服务；教育引导学生树立正确的学习观，明确学习目标，激发学习兴趣；教育引导学生自我管理、自主学习、主动实践，夯实专业基础知识，了解学科前沿，接触社会实际，接受专业训练，练就独立工作能力，为学生成才立业奠定立身之本。

第二，调动学生的积极性和主动性，激发学生的学习动力和专业志趣，培养学生可持续的终身学习能力。教学由“以教为中心”向“以学为中心”转变，实施有效学习、深度学习；教学达成目标要体现认知目标的梯度递进，发展学生的高阶学习技能；合理提升学业挑战度，提倡基于问题的学习、基于项目的学习、基于兴趣的学习，探索创新性学习、探究性学习、浸润式学习、协作式学习等学习方法；构建学习共同体，鼓励学生、生师相互学习、砥砺和分享；营造终身学习的氛围，重塑学习环境，树立自主学习、终身学习的观念，认识持续自我完善的重要性，帮助学生成为主动学习者、终身学习者，不断追求卓越。

第三，改革学业评价方式。加强考试管理，严格过程考核，加大过程考核成绩在课程总成绩中的比重，健全能力与知识考核并重的多元化学业考核评价体系，对学生的学习进行跟踪评价，如学习过程、学习能力变化、生活和学术上的支持等，并及时反馈给学生；加强对毕业论文（设计）选题、开题、答辩等环节的全过程管理，对形式、内容、难度进行严格监控，提高毕业论文（设计）质量；综合应用笔试、口试、非标准答案考试等多种形式，全面考核学生对知识的掌握和运用，以考辅教、以考促学，激励学生主动学习、刻苦学习。

第四，建立有效的学业咨询与支持体系。对学生学习、生活、勤工助学、就业等方面提供必要的支持服务；建立有效的心理咨询体系，确保学生接受咨询与支持的隐私权不受侵犯，不泄露学生的隐私；配置学生支持服务所需的资源；党政团学齐抓共管，根据学生学业进展情况，提供个性化学业指导和咨询，提供职业指导和规划。

第五，坚持从严治校，规范本科教学秩序。加快推进“放管服”改革，深化校院两级教学管理，促进教学管理重心下移，释放学院办学动力。允许学生自主选择辅修专业，完善本科生转专业管理办法，扩大学生学习自主权、选择权，鼓励学生跨学科、跨专业学习，逐步实现学生自主选择专业和课程；指导学生通过参加社会实践、科学研究、创新创业、竞赛活动等获取学分；严把“出口”关，提升学生学习积极性；制定和实施有关政策，确保学生代表能够参与课程计划的设计、管理和考核以及其他与学生有关的事宜。

七、大力推进教学革命

第一，根据学校师资队伍建设规划，结合学科建设和教学科研工作需要，实施西北民族大学教师能力提升工程。学校师资队伍能力提升工作坚持思想政治素质和业务水平并重，理论与实践相统一，按需培养，学用一致，注重实效的原则，制订教师年度能力提升计划、安排经费预算。把思想政治、民族理论与民族政策、行业教育作为教师综合素质提升的必备要素，优先选送重点专业、急需岗位（双师型）和急需学科的教师进行能力提升培养，重点培养 45 岁（含）以下中青年学术骨干、教学科研人员、实验教辅人员、教学管理人员，实施工科教师与行业人才交流计划。

第二，充分发挥教材育人功能。严格规范教材选用程序，继续推进马工程重点教材、国家级规划教材的统一使用，保证高质量教材进课堂。鼓励和支持专业造诣高、教学经验丰富的专家学者参与教材编写，主编出版一批与学校“一优三特”学科建设相关专业精品教材。

第三，深化国际合作育人。主动服务国家对外开放战略，积极融入“一带一路”建设，增加本校学生与国（境）外学生双向交流的项目和数量，扩大和提高外国留学生教育规模培养质量，推进与国内外高水平大学开展联合培养，支持学生互换、学分互认、学位互授联授。学校每年选派 20 名左右学术带头人和青年教师赴国内外高水平机构访学交流，加快引进国外优质教育资源，培养具有宽广国际视野的新时代人才。

第四，以学生发展为中心，推动课堂教学革命。通过教学改革促进学习革命，积极推广小班化教学、混合式教学、翻转课堂，大力推进智慧教室建设，构建线上线下相结合的教学模式。因课制宜选择课堂教学方式方法，科学设计课程考核内容和方式，不断提高课堂教学质量。

第五，重塑教育教学形态。以智慧校园及大数据应用项目建设助推校内现有各类平台资源整合与改造升级，加快打造适应学生自主学习、自主管理、自主服务需求的智慧课堂、智慧实验室、智慧校园。启动榆中校区文科楼智慧教室建设项目，大力推动互联网、大数据、人工智能、虚拟现实等现代技术在教学和管理中的应用，探索实施网络化、数字化、智能化、个性化的教育，推动形成

"互联网 + 高等教育"新形态，以现代信息技术推动教育教学质量提升的"变轨超车"，推动课堂革命从技术革命到行为革命。

第六，大力推进 MOOC 和虚拟仿真实验教学项目建设。抢抓教育部规划建设推出 3000 门国家精品在线开放课程的发展机遇，启动专项计划重点培育 MOOC、SPOC、精品资源共享课、精品视频公开课、微课等建设项目，示范带动课程建设水平的整体提升。抢抓教育部规划建设 1000 项左右国家虚拟仿真实验教学项目的发展机遇，既要发挥学校国家级示范中心的示范、引领作用，又要提前布局国家级虚拟仿真实验教学项目等的申报准备工作，切实提高实验教学质量和水平。抢抓教育部 1 万门国家级和 1 万门省级一流线上线下精品课程建设机遇，学校在继续引进优质资源的基础上，每年规划建设推送 5 门左右的高质量 MOOC，力争建成 8 门省级、2 门国家级 MOOC。鼓励教师多模式应用，鼓励学生线上线下多形式学习，推动形成支持学习者人人皆学、处处能学、时时可学的泛在化学习新环境。

八、全力完善学校内部质量保障体系

第一，加强学校内部质量保障体系的完整性和有效性建设。学校各单位要疏通全员全方位全过程育人要素评价政策堵点，对症下药，在评价标准上加强引导，在体制机制上持续攻坚，将协同育人作为年终考核中的重要评价指标，充分体现立德树人的成效；全面修订《西北民族大学本科教学质量保障、监控与评估实施办法》，把提升教育教学质量由教务部门行为转变为学校的系统行为，把教育教学质量保障主体责任牢牢压实在学校各单位、全体教职员工肩上，把办学治校各领域、各环节、各方面的资源和力量投入到本科教育上来；努力调动和发挥学校各单位、全体教职员工的自我质量保证作用，加强学校质量保障工作的整体性、系统性、联动性，提高学校质量监控工作闭环运行、持续改进的有效性，提升学校办学目标的实现程度以及学校的自我改进能力，在学校全面形成自我定位、自我规划、自我评估、自我改进的质量提升机制与质量意识清、质量目标明、质量管理严、质量责任强的质量文化，推动学校教育教学质量持续提升。

第二，质量评估要突出"学生中心"，坚持成效导向，注重学生学习体验以及学生参与。制定教育质量标准要聚焦学生的学习成果和毕业要求的达成，自我评估要重视学校在提升学习体验和成果方面所采取的策略及实施效果，评估过程要提升学生在质量评估中参与的广度和深度，多角度收集佐证证据，确保对教育质量做出客观评价。

第三，质量监控工作要注重课堂教学。课堂教学既是人才培养过程中最为关键的环节，也是高等教育质量评估中的重点。建立课堂教学质量即评即改机制，构建教师主导、学生参与、学院监督、学校统筹指导的教学质量评价模式。在学校教学质量管理平台中加入即时评价和日常反馈组成的教学过程评价，鼓励教师主动开展以随堂评价为主要形式的过程性评价，建立师生参与的教学主体评价机制，确保学生在课程结束之时能达到该门课程所支撑的专业毕业要求。

第四，加强基础数据库的建设和数据共享，提升管理人员数据处理能力和数据应用意识。以“十三五”学校信息化建设为牵引，以教育部教学评估平台为基础，完善学校教学发展需要的指标体系和数据关联，建设具有学校特色的能够切实为教学管理服务、为学校发展决策提供强力支撑、功能完备的信息系统；强化教学管理人员工作过程中数据收集、整理、归档、分析的意识，通过自学与培训相结合的方式，培养教学管理人员数据处理的技术和能力，提升教学管理水平。

第五，建立强有力的人、财、物保障机制。深化改革，破除制约发展的体制机制障碍，要把本科作为资源配置的第一序列，人力资源、资金物质资源要首先满足本科的需要，教学条件和教学工具，无论新旧、软硬，要首先在本科使用。核心竞争力和教学质量要首先在本科显现，核心价值体系要首先在本科确立。

经过 5 年的努力，“四个回归”全面落实，初步形成高水平特色鲜明的人才培养体系，力争把学校建设成为立德树人标杆学校，建成一批品牌专业、优势专业和精品专业，带动学校专业建设水平和人才培养能力全面提升，学生学习成效和教师育人能力显著增强，协同育人机制更加健全，现代信息技术与教育教学深度融合，质量监控、督导、评估制度更加完善，学校质量文化建设取得显著成效。为形成具有中国特色民大风格的高水平本科教育、为实现学校第六次党代会确定的“三地一库”奋斗目标、为建设高等教育强国、加快实现教育现代化提供有力支撑。

西北民族大学公共选修课管理办法

第一章　总则

第一条　为加强公共选修课的教学与管理，提高公共选修课的教学质量，结合学校实际情况，特制定本办法。

第二条　公共选修课是面向全校不同学科背景学生开设的跨学院、跨专业选修的课程。公共选修课分为人文艺术类、社会科学类、数学与自然科学类、工程与应用科学类、领导力与健康教育类等 5 个类群。

第三条　公共选修课旨在引导学生广泛涉猎不同学科领域，满足学生个性发展需要，培养德智体美劳全面发展的社会主义建设者和接班人。

第二章　课程建设

第四条　加强公共选修课课程体系整体设计，严格质量标准，公共选修课课程建设由教务处负责统筹规划，确保课程开足、开全。

第五条　教学单位应加强公共选修课课程建设指导，依据学校整体建设规划组织教师积极申报建设。教学单位要认真研讨设计，积极组织学术素养深厚的专家团队打造 1—2 门代表学院和学科水平的精品公共选修课。

第三章　申报与审核

第六条　申报开设公共选修课的教师应具备以下条件：

（一）凡申请开设公共选修课的任课教师必须为我校正式职工。

（二）任课教师对拟开设课程应有较深入的研究，有一定的学术成果，已出版过相关专著、教材，或者已编写出拟开课程的讲义。

第七条　每门公共选修课的学分一般为 1 学分或 2 学分。

第八条　公共选修课每学期申报一次。专任教师序列的任课教师应于每学期规定时间内申请（第一次申请开课须附教学大纲和课程简介），经开课教师所在学院统一审核后，报教务处审批；非专任教师序列的任课教师经所在部门领导签字同意后，报教务处审核审批。

第九条　每门公共选修课须确定一名课程负责人负责课程申报，由多人共同申报的，参与授课的人员必须具备第六条第一款规定的条件。授课人员如有调整，须经教务处审核批准。

第十条　若申报课程与已有课程相同或相近，原则上不同意开设。

第十一条　连续两学期没有达到开课人数标准的全校性公共选修课，给予停开；2 次以上学生评教为后 5%、课堂管理混乱、教学效果差以及存在其它不良行为的教师开设的公共选修课，给予停开；发生重大教学事故的教师开设的公共选修课，给予停开。

第四章　选课

第十二条　公共选修课选课及上课时间：

（一）选课人数不足 20 人的公共选修课一般不开课，届时将通知院部组织学生重新选课。

（二）公共选修课上课时间：

1. 西北新村校区：星期四、五第 7—8 节；

2. 榆中校区：星期三第 5—8 节。

（三）本科生公共选修课修读学期：

1. 四年制专业：3—7 学期；

2. 五年制专业：3—9 学期。

第十三条　公共选修课选课要求

（一）每学期最多选修两门公共选修课。公共选修课需学生在网上选定，学生应本着对自己学业负责的态度，严格按照学院、教务处有关选课规定进行选课。

（二）学生必须在毕业前修满培养方案中规定的学分。公共选修课学生可自由选修，不同专业的学生须根据培养方案修读相应类群的课程并获得该类群规定的最低学分。

（三）学生原则上不能选修已修读的本专业课程或与本专业课程相近的课程。

（四）学生按要求已取得公共选修课学分后，可根据情况和兴趣选修其他课程。其成绩和学分可计入学生成绩档案，但不能计入要求的公共选修课最低学分和专业最低学分。

（五）学生不得重复选修已修读过的公共选修课，否则重复选修的课程不计学分。

第十四条　学生选课办法

（一）第 6—8 周，学校组织申报下学期开设的课程，核定公共选修课开课计划，并组织学生网上选课；

（二）第 9 周，学校对学生的选课情况进行汇总统计，并根据实际情况对课程做出调整；

（三）第 10 周，学校组织学生进行第二次网上选课；

（四）第 11 周，学校根据最终选课结果，安排具体上课时间和地点；

（五）开学前，学生所在学院通知学生登录教务管理系统并查询上课安排。

第五章　教学管理

第十五条　开课单位在审核教师开设公共选修课时，严格把关，鼓励教师开出高质量、高水平的课程。

第十六条　凡开设的公共选修课必须要有规范的讲义和课程教学大纲。教材不作统一要求，教师可给学生指定参考书目。

第十七条　凡已开设的公共选修课，除教学内容更新外，一般应相对固定，不得随意撤销或更改计划。

第十八条　学生课程一经选定，原则不能中途退选和改选。若有特殊原因，未能选上课程的学生，可在开学第一周内提出申请，由教务处统一进行补选。

第十九条　任课教师应严格执行课堂纪律和考勤制度，学生必须按时参加所选课程的课堂学习，并按照学校有关规定做好结束性考核前的考试资格审查。网络选修课的学生需按学校的要求完成在线视频观看任务，方能参加结束性考核，否则取消考试资格。

第二十条　学生必须参加所选课程的考核，成绩合格，方能取得相应学分，记入学生学籍档案；不参加考核者或考核成绩不及格，该课成绩为不合格，不能取得相应学分，不予补考、重修。

第六章　附则

第二十一条　本办法由教务处负责解释。

第二十二条　本办法适用于 2018 级及以后各年级。

西北民族大学外聘教师管理办法

第一章　总则

第一条　为深入贯彻习近平新时代中国特色社会主义思想，全面落实《中共中央国务院关于全面深化新时代教师队伍建设改革的意见》（中发〔2018〕4号）《教育部关于深化本科教育教学改革全面提高人才培养质量的意见》（教高〔2019〕6号）文件精神，建立一支相对稳定、高质量的外聘教师队伍，加强外聘教师的管理，增强外聘教师的责任意识，维护学校教学秩序，保证教学质量，结合学校实际，特制定本办法。

第二条　本办法所称外聘教师，指西北民族大学聘请的国内、外其他高校及科研机构、企（事）业单位、行业等的在职人员和退休人员（含本校退休教师）。

第三条　各教学单位按照“严格考核、按需聘任、专业对口、规范管理”的原则，聘请一定数量的外聘教师。

第四条　聘请外聘教师工作中，涉及思想政治和意识形态审查情形的，应做到各层面、全过程、不断线。

第二章　外聘教师聘任

第五条　同时具备下列条件，可聘任为西北民族大学外聘教师：

（一）热爱党的教育事业，贯彻党的教育方针，遵纪守法，具有良好的思想政治素质和职业道德，有理想信念、有道德情操、有扎实学识、有仁爱之心，能遵守国家和学校的有关规章制度，为人师表，教书育人；

（二）熟悉所需承担课程的教学内容，对课程所属学科、专业具有较扎实的理论基础和丰富的专业知识或实践经验，了解本学科的发展前沿，有较丰富的教学经验；

（三）原则上具有中级（含中级）以上职称；

（四）身体健康，能够满足教学工作需要，年龄原则上不超过70周岁。

第六条　学校聘任外聘教师，应严格遵守下列程序：

（一）各教学单位外聘教师实施动态管理。教务处综合教学工作量、生师比等因素确定各教学单位可聘任外聘教师数量。

（二）教学单位制定外聘教师计划。教学单位根据人才培养目标、教学任务和师资队伍等情况，制定外聘教师计划，每学期 16 周前报教务处审核。

（三）教学单位资格审查。教学单位对拟聘请的外聘教师进行资格审查，通过资格审查的，组织填写《西北民族大学外聘教师协议书》《西北民族大学外聘教师登记表》，并提交相关材料。其中首聘教师需提供身份证、学历证书、学位证书、职称证书等证书复印件及相关证明材料；非首聘教师，但职称、学历、学位等发生变化者须提供最新的证明材料。

（四）教务处需求性审核。教学单位将填写的《西北民族大学外聘教师协议书》《西北民族大学外聘教师登记表》《西北民族大学外聘教师信息汇总表》报教务处，由教务处审核拟外聘教师所授课程与相关专业人才培养需求是否相符。

（五）组织人事部资格审核。教务处将审核通过的《西北民族大学外聘教师协议书》《西北民族大学外聘教师登记表》《西北民族大学外聘教师信息汇总表》及相关材料报组织人事部进行外聘教师资格审核。

（六）签订协议，分配工号。组织人事部资格审核通过者，与学校签订《西北民族大学外聘教师协议书》，并分配外聘教师的教师工号。

（七）业务培训、安排教学。协议签订后，教学单位将组织人事部审核通过的外聘教师基本信息录入教务管理系统，对外聘教师进行业务培训，安排教学任务。

第三章　外聘教师管理

第七条　学校对外聘教师实行统一聘用、分级管理。

第八条　教学单位在外聘教师管理中，主要履行下列职责：

（一）负责外聘教师计划的拟定；

（二）负责外聘教师思想政治和任教资格的审查、教学能力的考察、管理和培训，对聘任、解聘提出意见，组织外聘教师签订协议；

（三）教学单位应将外聘教师的管理纳入本单位统一的教学管理工作中，加强日常教学活动的管理、服务，并将授课效果及相关情况及时反馈给外聘教师本人；

（四）负责外聘教师的考核；

（五）按照权责对等的原则，负责核算工作量，发放课酬、交通补助。

第九条　教务处在外聘教师管理中，主要履行下列职责：

（一）审核拟外聘教师所授课与相关专业人才培养需求是否相符；

（二）对外聘教师的教学工作进行检查、评估；

（三）组织教师教学发展中心及教学单位对新聘任的外聘教师进行教学能力培训。

第十条　组织人事部在外聘教师管理中，主要履行下列职责：

（一）对外聘教师进行资格审核及相关材料备案；

（二）负责外聘教师劳务协议的最终签订；

（三）负责分配外聘教师工号；

（四）对新聘任的外聘教师进行师德师风培训。

第十一条　财务处在外聘教师管理中，主要履行下列职责：

（一）设立“外聘教师课酬”专项预算经费并列支预算；

（二）根据教学单位核算的学时数、课酬、交通补助进行核报。

第十二条　信息化建设与服务中心在外聘教师管理中，负责根据组织人事部分配的工号为外聘教师制作临时校园卡。

第四章　外聘教师待遇

第十三条　学校外聘教师课酬按照下列标准执行：

（一）正高级 120 元／学时、副高级 100 元／学时、中级 80 元／学时、初级 60 元／学时。具有博士学位但无职称的外聘教师，其课时费标准参照中级职称的课时费标准；具有学士学位、硕士学位但无职称的外聘教师，其课时费标准参照初级职称的课时费标准。

（二）承担榆中校区教学任务的外聘教师按照 15 元／学时的标准给予交通补助。

（三）每周在榆中校区连续授课两天及以上，且每天授课 4 学时以上的外聘教师，在授课期间，由本人提出住宿申请，学校负责统一安排宿舍。未申请住宿者，学校不另外提供补贴。

第十四条　在教学过程中，外聘教师违反学校教学管理规定的，根据其性质，给予下列处理：

（一）构成一般教学事故者，全校通报；

（二）构成较大教学事故者，全校通报，并扣发聘期内实际所得课酬的 10%，该部分可直接在未付课酬中扣除，未付课酬不足 10% 的，全部扣除；

（三）构成重大教学事故者，全校通报，并扣发聘期内实际所得课酬的 30%，该部分可直接在未付课酬中扣除，未付课酬不足 30% 的，全部扣除。

教学过程中，外聘教师须主动遵守《西北民族大学课堂教学行为规范》《西北民族大学教师职业道德规范》，违反学校相关规定的外聘教师，学校可以随时解聘，且不得续聘，其中构成重大教学事故或师德失范者，学校应当立即解聘。造成严重负面影响的，应依法依规进行处理。

第十五条　连续 5 年受聘我校的外聘教师，经教学单位和教务处认定教学评价优秀者，相应职称级别的课酬标准可提高 10%。

第十六条　外聘教师酬金根据协议确定方式发放。

第十七条　外聘教师一经聘任，即与学校发生劳务关系，无特殊情况不得单方面终止协议。如遇特殊情况确需终止协议者，应提前 30 天向所在教学单位提出解聘申请，教学单位应及时采取补救措施并报教务处备案。外聘教师单方违约者，扣发聘期内实际所得课酬的 30%，该部分可直接在未付课酬中扣除，未付课酬不足 30% 的，全部扣除。

第十八条　外聘教师每个聘期为一学期，聘期结束并考核合格后，如有教学需要可续聘。

第五章　附则

第十九条　研究生、预科、中专教学中聘任的外聘教师课酬标准参照本办法执行。

第二十条　本办法由西北民族大学教务处、组织人事部负责解释。

第二十一条　本办法自印发之日起执行，原《西北民族大学外聘教师管理办法》（民大发〔2017〕120 号）同时废止。

西北民族大学本科教学实习基地建设与管理办法

第一章　总则

第一条　为进一步加强和规范本科教学实习基地的建设和管理，切实提高人才培养质量，根据《教育部关于加快建设高水平本科教育 全面提高人才培养能力的意见》（教高〔2018〕2号）和《教育部关于深化本科教育教学改革全面提高人才培养质量的意见》（教高〔2019〕6号），结合学校实际，特制定本办法。

第二条　本办法所称本科教学实习基地（以下简称“实习基地”），是指具有一定实习规模并相对稳定的本科生校内外实习和社会实践的重要场所。实习基地建设直接关系到实习教学的质量，对培养学生实践能力和创新、创业能力具有十分重要的作用。

第三条　实习基地的建设应当经过充分调研和论证，符合学校办学定位和专业人才培养目标，以培养应用能力和职业基本素质为中心，坚持产学研结合的培养途径，着力构建合作共赢、开放共享的实践育人机制，按照“内外并举、互利互补”的思路，建立健全校内外实习基地。

第二章　实习基地建立的条件和途径

第四条　实习基地的建立应具备下列基本条件：

（一）满足完成实习教学任务的要求，保证实习教学质量；

（二）就近就地、相对稳定、有利于节约实习经费；

（三）满足实习必需的食宿、学习、劳动保护和卫生安全等方面的条件；

（四）与“产、学、研”相结合。

第五条　实习基地主要通过下列途径建立：

（一）各学院根据不同专业和学科性质特点，有目的、有计划、有步骤地选择符合教学实习条件的企业、事业、研究机构、行政管理等单位，共同建立校外实习基地；

（二）校外实习基地由学院与基地依托单位协商共同建立，学院负责做好具体联系工作；

（三）根据有关专业实践教学和校内实习基地建设的需要，各学院在充分论证的基础上，报学校审核批准，建立校内实习基地。

第三章　实习基地的建设

第六条　本科教学实习基地建设与管理工作实行校、院两级管理制度，教务处宏观管理，各学院负责具体工作的组织和实施。实习基地建设与管理工作过程中，涉及思想政治和意识形态审查情形的，应做到各层面、全过程、不断线。

（一）教务处为实习基地建设主管单位，负责制订建设和管理的规章制度，协调有关事宜；

（二）各学院具体负责实习基地建设、实习的安排、组织实施。各学院依据学科专业建设规划、人才培养方案的要求，制订各专业实习基地建设规划，制订实习大纲、实习计划、实习指导书等实习管理文件，对拟建实习基地进行情况调查、接洽和商谈，进行实习基地建设工作总结等。

第七条　实习基地的设立按下列程序进行：

（一）学院根据人才培养需要，充分挖掘社会力量，广泛利用各种渠道寻找适合学生进行实习的单位。双方有合作意向的，在符合实习基地建设条件的前提下，由学校与实习基地依托单位签订《西北民族大学实习基地合作协议书》（以下简称《实习基地合作协议》），按相关程序办理；

（二）《实习基地合作协议》中的合作年限根据双方需要协商确定，一般不少于 3 年。协议期满后，根据双方合作意向与成效，决定是否履行续签手续；

（三）《实习基地合作协议》需变更或续签的，另行签订协议；

（四）《实习基地合作协议》签订后，实习基地可挂“西北民族大学实习基地”等牌匾，牌匾由学校教务处统一制作，具体名称及挂牌时间、方式等由双方协商确定。

第八条　实习基地合作协议应包括以下内容：

（一）共建双方互惠互利、义务分担；

（二）学校在人才培训、委托培养、课程进修、技术咨询服务、信息交流等方面对实习基地共建单位给予优先考虑；

（三）学校提供实习期间必需的实习经费，并根据双方协商意见投入实习基地的相关建设经费；

（四）为加强与实习基地的联系，保障实习教学质量，学校可从实习基地聘请一定数量的兼职教授及指导老师；

（五）在国家高校毕业生就业政策许可范围内，征求毕业生本人意见后，实习基地共建单位可优先选聘有关毕业生；

（六）共建双方要积极探索，创造条件使实习与“产、学、研”一体化相结合；

（七）实习基地根据学校的实习计划妥善安排好学生实习的各项工作；

（八）实习基地应具有相应的专职或兼职人员负责学生实习的日常管理工作；

（九）实习基地应当妥善安排实习师生的教学、实习工作以及生活；

（十）实习基地应对实习师生（尤其是实习学生）进行安全和规章制度方面的教育。

第四章　实习基地的经费管理

第九条　学校设立实习基地建设专项经费，由教务处统一管理。各学院根据实习基地建设目标，提出实习基地建设经费需求，明确经费开支项目，经教务处、财务处等部门审核批准后实施。

第十条　实习基地建设经费的开支应当严格执行国家财经法规和学校财务规章制度。实习基地建设经费主要用于实习条件保障和实习基地的软硬件建设。

第五章　实习基地的检查与评估

第十一条　实习基地建立后，各学院要与实习基地保持长期友好合作的关系，保证实习基地在学校人才培养中发挥积极作用。为促进教学实习基地建设和规范管理，教务处应当会同有关部门和学院不定期地到基地进行检查，评估本科教学实习情况。

第六章　附则

第十二条　本办法由教务处负责解释。

第十三条　本办法自印发之日起实施，原《西北民族大学实习基地建设与管理规定》（民大发〔2017〕387 号）同时废止。

西北民族大学教学实践类艺术作品展演管理办法

第一条　为深入贯彻习近平新时代中国特色社会主义思想，全面落实习近平总书记关于文化文艺工作系列重要论述和相关指示批示精神，大力弘扬中华优秀传统文化、传承革命文化、发展社会主义先进文化，努力构建全员、全过程、全方位育人的长效机制，结合学校实际，特制定本办法。

第二条　本办法适用于由学校主办或参与的教学实践类艺术作品展演和舞台表演活动，具体包括美术、书法、摄影、影视等艺术作品展演以及戏曲、歌舞、杂技等舞台艺术表演教学实践内容。

第三条　各类主办或参与展演的艺术作品要紧紧围绕立德树人的根本任务，始终坚持正确的政治方向，践行社会主义核心价值观。严禁展演的艺术作品中出现违反法律法规，以及与党和国家、学校要求不符的内容。

第四条　各单位要切实增强政治意识、责任意识，对主办或参与展演的艺术作品要按照“谁申报、谁负责”的原则加强管理，牢牢把握正确的创作导向。对作品涉及思想政治和意识形态审查情形的，应做到各层面、全过程、不断线，认真审核作品内容，严把政治导向，引导正确舆论，推介艺术精品展演。

第五条　学校主办或参与展演的教学实践类艺术作品按照校内主办和校外开展两个类别实行分级、分类归口管理与申报、审批、备案制度。未经审批或内容不符合要求的作品，一律不得展演。

第六条　教务处负责对教学实践类艺术作品展演的必要性和可行性进行审核。

第七条　宣传部负责对主办或展演作品的思想政治倾向、内容的健康性和政治观点的正确性进行审核并实施监督。

第八条　各类在校内主办或参与展演的艺术作品，由活动主办单位负主体责任，实行报备制度。主办单位应至少提前 5 个工作日填写《西北民族大学教学实践类艺术作品展演报备表》报教务处备案，履行相关手续。

第九条　各类在校外主办或参与展演的艺术作品，实行审批制度。由活动申报单位提出申请，报教务处、宣传部审批。申报单位要至少提前 5 个工作日填写《西北民族大学教学实践类艺术作品展演审批表》，履行审批手续。

第十条　作品展演过程中，主办单位或申报单位要切实履行好监督职责，如出现违反国家法律法规和党的方针政策的错误言论，组织举办者应及时加以制止并消除影响，必要时中止展演，并将有关情况及时报告学校宣传部。

第十一条　违反本办法给学校造成不良影响的，对相关单位和个人给予通报批评并督促整改；发生责任事故或者造成重大影响的，依照有关规定给予相应的党纪政纪处分；涉嫌违法犯罪的，按照相关法律程序追究责任。

第十二条　本办法由宣传部负责解释。

第十三条　本办法自印发之日起实施。

西北民族大学教育教学改革研究项目建设与管理办法

第一章　总则

第一条　为贯彻落实全国教育大会、新时代全国高等学校本科教育工作会议和学校教育工作会议精神，根据《教育部关于加快建设高水平本科教育全面提高人才培养能力的意见》等文件要求，坚持“以本为本、四个回归”，全面深化学校教育教学改革，提高教育教学质量，进一步鼓励教师和教学管理人员积极参与教育教学改革研究项目，形成高水平、高质量的教育教学成果，推进高水平大学和一流民族大学建设，制定本办法。

第二条　教改项目包括国家级、省（部）级和校级教改项目。国家级、省（部）级项目按照项目主管部门制定的有关文件执行，校级教改项目按照本管理办法执行。

第二章　项目选题

第三条　校级教改项目贯彻“整体设计、分层分类，系统推进、重在实效”的原则，实行科学选题，集中申报，公正评审，择优立项，规范管理，注重绩效。组织与实施工作中，涉思想政治和意识形态审查的要求应做到各层面全过程不断线。

第四条　教务处对项目选题进行征集，并根据项目征集的选题和学校教育教学重点工作公布《西北民族大学教育教学改革研究项目立项指南》(以下简称《立项指南》)。申报教改项目按照《立项指南》所确定的研究领域和研究范围进行选题，原则上不支持超过《立项指南》选题范围的自行选题。

第五条　全面贯彻党的教育方针和民族政策，遵循高等教育基本规律，项目研究与实践要着眼于人才培养的全过程，着力于教学要素的优化配置和特色教育，着重于教学模式的改革、应用与继承创新，研究解决带有共性的重点、难点问题，形成较有影响的改革成果，支撑学校学科专业发展，确保教学质量的全面提高，使广大学生直接从项目实施过程中受益。

第三章　项目申报与立项

第六条　项目申报

国家级、省（部）级教改项目的立项工作，由教务处按照上级主管部门文件执行。一般需经调研后，组织项目的申报和推荐工作，原则上经学校教学指导专门委员会评选，学校审批后上报。

校级教改项目分为重大项目、重点项目和一般项目三类，由申请者所在单位在规定受理时间内统一组织申报，项目研究时间从学校批准立项之日起计算。

重大项目是围绕促进学校教育教学事业发展、学科专业建设、覆盖面广的战略性问题进行研究，争取形成改革创新性的教学成果。重大项目可设置招标选题、委托选题。

重点项目是围绕教育教学建设与改革的重点工作、关键问题进行研究突破，争取形成改革性的教学成果。重点项目支持跨单位联合申报，由项目牵头单位制定研究方案。

一般项目是围绕教学内容、教学方法、教学手段、考核方式等具体研究主题进行探索研究与实践，形成可实施的教育教学改革方案。一般项目由各单位组织教师及管理人员自主申报，所在单位审核通过后报教务处。

重大项目建设期 3 年，重点项目建设期 2 年，一般项目建设期 1 年。重大和重点项目可根据研究难度及实施情况适当延长建设期限，延长期限由项目主持人提出申请，所在单位初审，教务处复审，报学校教学指导专门委员会审定通过后执行。一般项目建设期原则上不超过 2 年。

一般项目结项后，所在单位通过项目资源整合，达到重点项目申报条件且有重大创新的可申报重点项目。

第七条　申报条件

（一）申报项目应在本领域有一定的研究和实践基础，同时有新的创意和突破，并能取得实质性成果。申报立项的内容应与项目申请人所学专业、所承担课程教学任务或教学管理工作相符。

（二）重大项目与重点项目主持人须具有较高的教学水平、学术水平，治学严谨，具有较强的领导能力和决策能力，有参与学校教育教学改革工作的精力；一般项目主持人须关心学校教育教学改革工作，热爱教学、研究教学、倾心教学，从事相关专业或相关管理工作，应具备相应的教学研究能力和改革实践条件。

（三）项目主持人及成员应热爱教育事业，遵纪守法，具有良好的思想品德和学风，为人师表，近三年内无教学事故，一般有连续 2 年以上从事高等教育教学或管理等工作经历，具备项目研究所必备的业务水平和相应的研究能力，有必要的实际工作积累、基本研究条件和可靠保证的时间。重大项目与重点项目组成员原则上不超过 10 人（含主持人），一般项目组成员原则上不超过 5 人（含主持人），不支持个人申报项目。

（四）同一课题组只能申报一项，项目组成员至多可以参加 2 项教改项目。

（五）各单位根据文件规定择优推荐项目，申报项目应密切结合学校学科专业建设实际，符合教育教学改革需要。

（六）尚有在研项目的主持人，不得再申报新的项目。

（七）已经列入教育部、国家民委、教育厅、学校等立项的教改项目不能重复申报，已通过校级及以上鉴定或已获得校级及以上教学成果奖的项目没有重大创新的不得重复申报。

第八条　申报、立项程序

（一）各单位根据教务处的统一安排组织申报。

（二）申请人所在单位对项目申请书及申报基础条件进行审核，并择优推荐申报项目。

（三）各单位统一将申报材料报送教务处。

（四）学校教学指导专门委员会按照《西北民族大学教学指导专门委员会规程》对教改项目进行评审。

（五）评选结果在学校公示，公示期一般为公布之日起五个工作日。通过公示期后，报学校教学指导专门委员会主任审批，最终由学校发文认定。

第四章　项目管理与职责

第九条　校级教改项目实行教学指导专门委员会、教务处、申报单位三级管理及项目主持人负责制。

（一）学校教学指导专门委员会的职责

1. 对教务处组织实施教改项目进行指导、管理和监督。

2. 起草制订学校教改项目立项指南、管理办法等。

3. 参加校级教改项目立项、项目结题、成果验收与鉴定等。

4. 推动研究成果的宣传与应用，指导教务处进行项目工作总结。

（二）教务处负责具体组织和管理，其主要职责

1. 组织制订、发布学校教改项目立项指南和管理办法。

2. 组织学校教改项目的申报、立项、结项评审工作。

3. 组织各单位研究、交流教育教学改革动态。

4. 组织、遴选、申报省级及以上部门下达的教改项目。

（三）申报单位主要职责

1. 负责组织教师、教学管理人员等根据学校文件精神申报教改项目。

2. 根据《立项指南》和《管理办法》审核项目主持人及成员的申报条件和研究项目，并择优推荐。

3. 负责组织监督，协调解决项目实施过程中存在的各种问题。

4. 负责各项目的培育、申报和结项评审工作。

（四）项目主持人主要职责

1. 填写项目任务书，负责组织项目实施，协调项目组内各成员的工作任务和进度，定期向所在单位汇报项目进展情况。

2. 负责项目经费的分配和使用，保证专款专用。

3. 提交结题验收报告及材料，接受所在单位及学校组织的项目验收。

第十条　项目的变更

项目批准立项后，原则上不得擅自更改项目研究范围和重点，不得随意变更项目组成员，不得更换项目主持人。若需对研究计划作重大调整、更换项目组成员，由项目主持人提出申请报告，所在单位（部门）签署明确意见，报教务处批准后方可实施。

第十一条　项目的撤销

对下列项目，教务处可以做出撤销项目立项的决定：

（一）自获得批准之日起，一直未按实施计划开展研究工作。

（二）主持人长期出国或因工作变动、健康等原因不能正常进行研究工作。

（三）未经批准擅自变更项目主持人或研究项目。

（四）研究与批准的课题设计严重不符。

（五）有违法、违反教师职业道德或者学术不端行为。

（六）获准延期，但到期仍不能完成。

（七）违犯财务制度与纪律等。

被撤销项目的主持人三年内不得申请所有级别教改项目，依规定追回建设经费。

第十二条　教改项目研究成果的所有知识产权归西北民族大学所有，所发表的论文及出版的教材都应标明“西北民族大学教改项目建设成果”。

第五章　项目验收与结题

第十三条　项目的验收由教务处和项目所在单位共同组织。重大项目、重点项目由教学指导专门委员会按照立项任务书预期建设目标和验收要求进行验收，一般项目由所在单位按照验收标准进行验收，结项相关材料由项目所在单位归档，并将验收结果报教务处备案。

第十四条　结题验收需要提交材料包括：《结项报告书》、项目成果材料（包括成果被采用、转载及获奖等情况的证明及其他可以说明研究成果的有关材料，如论文、教材、著作、课件、培养方案、获奖证书等）。结题验收材料的提交和报送根据有关通知的具体要求办理。

第十五条　项目成果形式

1. 研究报告：内容包括项目研究的目的及意义，国内外研究现状，项目研究的主要内容，研究方法与具体措施，研究成果，取得的成效及推广应用价值。

2. 论文：围绕研究内容公开发表 2 篇教学研究论文。

3. 教材书稿：要突出教学改革和创新内容。

4. 多媒体教学课件或软件：须正式出版或被采用，说明其先进性、实用性、创新性和实效性。

5. 教育教学改革相关著作或书稿：要突出理论与实践的结合，突出成果的社会效益和推广应用价值。

6. 方案及规章制度：形成具体可实施、效果好的教改方案、规章制度等文件资料。

7. 视频资料：教育教学改革过程中开发制作的教学视频等资料。

8. 其他：指导的学生获得与项目研究内容相关的省部级及以上大学生学科竞赛一、二等奖等。

第十六条　结项要求

（一）所有项目结项应具备的基本条件

项目主持人按项目申报计划完成了研究和改革实践任务，提交的结项材料原则上应与项目申报书中的预期成果一致，至少有 1 篇公开发表的教学研究论文，项目主持人必须有作为第一完成人的成果，项目参加人必须有相关成果；经费开支合理合规。

（二）不同类型的项目成果材料应达到各项目要求

1. 重大项目结项需提交结项报告书及有关成果材料，结项成果形式根据项目建设需要另行制定，原则上按照答辩方式进行结项验收。

2. 重点项目结项需提交结项报告书及有关成果材料，成果形式至少达到第十五条中的 3 条。

3. 一般项目结项需提交结项报告书及有关成果材料，成果形式至少达到第十五条中的 2 条。由学院学术委员会审定通过，学院内公示无异议（公示期 5 个工作日），党政联席会审批通过后，将结项名单、验收结果、公示文件等报送教务处。

第十七条　不能按期结项的项目，项目主持人应提交书面说明并制订延期方案，由所在单位签署意见，经教务处报学校教学指导专门委员会审定后执行。所在单位所有项目均能按期结项且结项成果优秀的，将适当增加下一年度教改项目立项名额；对不能按期结项项目的所在单位，学校将酌情减少下一年度教改项目的立项名额。

第十八条　验收和鉴定结束后，教务处应将项目相关材料（含项目申请书、结题报告书等）存档。

第十九条　学校不定期地召开教改项目建设交流会，及时发布研究成果信息，促进优秀成果的推广。

第六章　项目经费管理与使用

第二十条　对上级主管部门批准且资助经费的教改项目，学校不提管理费，所拨资助经费全部划拨给项目组；对上级主管部门批准但不提供经费支持的，学校将视项目情况给予经费支持。

第二十一条　凡学校正式立项的校级项目，由学校下拨教改项目专项建设经费，相关单位可视情况划拨一定比例的经费支持。原则上，校级重大项目，每项资助 4 万元；重点项目，每项资助 2 万元；重大项目和重点项目可根据项目创新性、建设目标、实施难度、建设效果等方面适当追加经费；校级一般项目，每项资助 1 万元。项目经费实行独立建账、专款专用，经费使用权归项目主持人，学校相关部门负责监督检查。

第二十二条　项目经费管理和使用按照学校相关制度执行。

第二十三条　各单位要把已立项的教改项目纳入本单位教学研究工作计划，为教学改革研究创造良好的条件。原则上学校每两年评选一次高等教育教学成果奖，表彰奖励教学改革研究优秀成果。

第七章　附则

第二十四条　根据国家高等教育发展形势和学校教育教学改革发展需要，学校可不定期组织开展专门性的教改项目研究，其管理按照本办法执行。

第二十五条　本办法自发布之日起执行，原《西北民族大学教育教学改革研究项目建设与管理办法》（民大发〔2012〕490 号）同时废止。在过渡期内，已按旧文件立项的项目，继续按旧文件执行。

第二十六条　本办法由教务处负责解释，并适时提起补充修订。

附件1：西北民族大学2019年本科及预科招生录取工作领导小组成员名单

组　长：赵德安

副组长：王彦斌

成　员：段小强、杜永红、冶生贵、田富鹏、马志学、曹万智、文英、李琦、杨朝继、缑婷

附件2：2019年西北民族大学青年教师成才奖获得者名单

韩华、马培洁、李琼毅、王培煜、张辉刚、刘华、吴忠铁、张平、王晓珍、黄水波、万福成、汪晨净、阿尔布克·巴生

附件3：2017—2019年师德标兵、“三育人”模范名单

一、2017—2019年西北民族大学师德标兵（共5人）

孙守京、张志雁、才科扎西、张建深、李琦

二、2017—2019年西北民族大学“三育人”模范（共20人）

（一）“教书育人”模范（共14人）

宝乐尔、孙初锋、李俊明、李世凯、李向群、赵炜民、张雅青、朱惠平、华则、周海静、王满刚、石静、曹永春、扎西当知

（二）“管理育人”模范（共3人）

海龙、果建华、郑天锋

（三）“服务育人”模范（共3人）

孙罡、敏伊贞、华青太

附件 4：2019 年西北民族大学教学名师名单

赵晋、杨朝继、卢建雄

附件 5：西北民族大学 2018 年度优秀辅导员名单

一、文学院

王玉蛟

二、化工学院

金溢、王欣

三、数学与计算机科学学院

李娜、田巧玉

四、维吾尔语言文化学院

阿布力克木·喀吾孜

五、第一临床医学院

吴赛

六、口腔医学院

马彬

七、生命科学与工程学院

李耀东

八、土木工程学院

黄洪猛

九、电气工程学院

伍亚萍

十、预科教育学院

刘泽文

附件6：西北民族大学2018年度优秀班主任名单

一、美术学院

扎西南杰、铁英秀

二、土木工程学院

郑海晨、吴云

三、体育学院

边昕童

四、医学院

赵志芳、聂蕾、辛英

五、电气工程学院

刘洪涛、郭凌、周丽君、王康、程建云

六、藏语言文化学院

桑吉苏奴

七、舞蹈学院

赵阳艺

八、蒙古语言文化学院

吉日嘎拉图

九、民族学与社会学学院

唐梅、朱晓

十、新闻传播学院

贾倩、杨东伟

十一、历史文化学院

赵光国

十二、经济学院

章辉、贺彩银

十三、口腔医学院

郑茜

十四、生命科学与工程学院

陈伟基、丁海娥、冯哲

十五、预科教育学院

王红娟

十六、外国语学院

刘萍

十七、管理学院

马海丽、才让尕吉

十八、法学院

郑天锋

十九、教育科学与技术学院

王荣山

二十、数学与计算机科学学院

格日吉、卢博、赵新梅

二十一、化工学院

李璐、王爱军、鲜亮

附件 7：2018 年度校级本科教学质量与教学改革工程项目立项结果一览表

序号	项目类别	所在单位	项目名称	负责人	参与成员
1	专业综合改革试点	口腔医学院	口腔医学	周海静	李志强　聂红兵　包广洁　李志杰　冯正虎　郑茜　苏雪莲　李娜　韩冰　张晓慧　邢龙　刘梅天　王凌　胡晓潘　周建业　张成志　郭曼丽　吴凌莉　文静　张轩　张菊梅　刘琳　张乾　张金婷
2		生命科学与工程学院	生物工程	李倬	赵永清　刘俊林　马忠仁　柏家林　陈莉　陈铁霞　王明明　欧阳霞辉　李春鸣　陈红　谈笑　马爱爱
3		民族学与社会学学院	民族学	贺卫光	满珂　马效佩　冯瑞　看本加　哈德江　敖东　王雪　王瑞华　牧仁
4	特色专业建设点	经济学院	经济学	邓艾	杨朝继　马子量　曹颖轶　刘宏霞　赵晓芳　张建深　李长亮　刘华　李丽群　鱼乃夫
5	规划教材	音乐学院	《中外经典歌剧简编》	邢延青	——
6		新闻传播学院	《传媒法规与职业道德：理论、案例与实践》	张兢	杨东伟
7		电气工程学院	《自动化仪器与仪表》	杨成慧	王彩霞
8		实验教学部	《现代食品营养与安全》	雒晓芳	乌兰　王冬梅
9		口腔医学院	《口腔显微技术实验教程》	韩冰	周海静　李娜
10		化工学院	《药物合成实验汉英双语教程》	康淑荷	刘占祥　李贵花　王满刚　寇亮　苏琼　师永清
11		预科教育学院	《高等数学基础》	杨文泰	——
12		体育学院	《乒乓球理论与实践》	朱惠平	——
13		外国语学院	《影视翻译理论与实践》	姜学龙	王谋清　任洪增
14		化工学院	《环境工程实验及环境监测实验指导书》	刘兆民	杨一鸣　张建奎　纳丽萍

续表

序号	项目类别	所在单位	项目名称	负责人	参与成员
15	重点示范教学团队	马克思主义学院	马克思主义基本原理教学团队	张积良	赵玫　马成良　马毓新　马鑫炎　马英杰　李世凯　敏涛　汪瑜　张志强　杨才恩加　周子坤　王静云
16		生命科学与工程学院	动物营养与饲料科学教学团队	卢建雄	张国华　刘丽霞　陆会宁　戴洪伟　刘慧霞　陈莉　龙玲　穆晓峰　陈妍
17		医学院	医学免疫学教学团队	胜利	董开忠　殷祎隆　赵晋　聂蕾　王月颖　温小云　刘玮玮　苏露　樊洁
18	重点扶持教学团队	法学院	民商法教学团队	郑天锋	念富强　王天雁　祁全明　孙双秀　马华　李晴
19		历史文化学院	世界史教学团队	马明良	杨永锋　王桂莲　张大丽　靳艳　刘英
20		医学院	诊断学教学团队	阿赛古丽	寇炜　马戎　窦春江　兰咏梅　宋易航　马薇　周云松　裴淑艳　顾巧玲
21		数学与计算机科学学院	软件工程核心课程教学团队	马君	普措才仁　贾丽娟　王铁君　许燕　胡文瑾　李素铎　邓凯英　桂春　邓竞伟　郭晓然　王鼎　冯金栋
22		马克思主义学院	中国近现代史纲要教学团队	杨惠娟	陈改玲　甄喜善　梁琚牵　张晖颖　马静　马晓旭　徐志忠　张薇
23	精品资源共享课	化工学院	化学反应工程	苏琼	王彦斌　孙初锋　李璐　刘志远　王爱军
24		生命科学与工程学院	生物工艺学	陈莉	李春鸣　陈红　丁功涛　马爱爱
25		医学院	药理学	汪晨净	郭忠　马建秀　宋雷　马艳庆
26		医学院	组织学与病理学	张雅青	甘红云　何地英　安利峰　尚立娜　谢晓峰
27		马克思主义学院	思想品德修养与法律基础	岳彬	廉武辉　陶莉　臧鹏　赵恺　刘红梅
28		经济学院	保险学	张建深	郭蕙兰　李长亮　孙阿凡　潘文娟　张璐
29		民族学与社会学学院	社会学概论	朱晓	于晓冬　常进锋　郭曦东
30		教育科学与技术学院	新媒体与社会	尕藏草	赵堃　沙景荣　王春丽　李肖霞　田雯雯
31		新闻传播学院	播音与主持	李炜娜	李克　李欣　秦伟　崔永鹏
32		历史文化学院	无机质文物保护	张少昀	范宇权　李慧冬　于永平　张英蓉
33		土木工程学院	土木工程材料	陈成芹	张微　武红娟　王秀芳　郭启龙
34		化工学院	仪器分析	李振华	向晓明　刘娟丽　周瀚成
35		医学院	健康评估	杨秀琳	陈旺盛　王东敏　马卫红　慈彩虹　彭晶
36		医学院	病理生理学	张丽景	赵玉　杨战利　郭忠　马艳庆
37		口腔医学院	口腔解剖生理学	李娜	聂红兵　张成志　韩冰　周海静
38		管理学院	投资学	鲍洪杰	谢宗棠　孔令捷　赵旭霞　王亦龙
39		舞蹈学院	舞蹈基础训练 3（古典）	陈小玲	刘维元　鲜莎莎　宋佳　杜昕芮　罗晶
40		教务处	职业生涯与发展规划	刘燕华	胡晓婷　裴淑艳　马微　雍克勤　李耀东
41		教育科学与技术学院	箱庭疗法	李伟	赵堃　王荣山　沙景荣　马春花　魏雪

续表

序号	项目类别	所在单位	项目名称	负责人	参与成员
42	精品资源共享课	电气工程学院	自动控制原理	王彩霞	张生果　张心歌　郭凌　杨成慧　刘明华
43		电气工程学院	通信网	金劲	高明亮　邓克岩　张生果　张国权
44		土木工程学院	土木工程地质	张国明	李朝晖　何永强　石建勋　魏明强　李晓娟
45		管理学院	运筹学	安金朝	丁辉　何莉莉　白会芳
46		电气工程学院	信号与系统	李高云	张心歌　刘勇　贺艳平　魏晓娟　李向群

附件 8：西北民族大学 2019 届本科毕（结）业学生名单

藏语言文化学院

汉语言（藏汉翻译）/ 毕业 116 名

丹珍、扎西姐、俄昌旦真、卓玛拉姆、泽仁多加、嘎玛多杰、七林追玛、丹巴吹批、美多卓玛、多杰当智、增加才让、吉毛太、尕日多杰、完玛本、周毛、扎西华交、尕旦木草、兰木姐、桑德多杰、才知、昂汪益西、达瓦志玛、刚组、拉巴卓玛、旦增贡色、琼达、巴卓、查格多杰、贡觉央吉、彭穷、多吉多布杰、德庆拉姆、公交卓玛、俄波甲、次央、当增吉、次仁群宗、桑白顿珠、旦增旺扎、番多、郎久拉姆、才让吉、尕藏卓玛、美争松毛、桑吉草、尕娃才让、肉增才旦、夏改才卓、旦增索朗、德庆同珠、邓巴腊姆、更高才旦、卓玛吉、才让拉毛、拉虎加、才让卓玛、公保才让、洛桑扎西、单增次旦、旦增卓同、阿旺旦增、扎西多登、占尕姐、尼科、尼玛央金、益邓江措、提布此里、竹玛央宗、李强、才让昂旦、卓玛才让、本杰加、索南拉毛、边地次力、南木拉草、拉毛才让、多杰本、拉毛卓玛、多杰南加、华青多杰、亚放、格绒志玛、普布拉吉、旦增、拉措、琼姆、沙如卓玛、吉宗、云旦加措、白玛赤列、普赤、罗布格列、郎郑、抗周措、泽让措么、德吉卓玛、斗拉加、宽措加、旦增白珍、旦增仁青、嘎宗、索朗玉珍、万得草、索南永藏、更松金美、次仁朗杰、达扬措、索朗措姆、旦增顿珠、次仁琼达、扎巴加措、次仁拉姆、公保文次、夺机仲、达瓦翻多、平措卓玛

汉语言（藏汉翻译）/ 结业 1 名

桑吉杰

中国少数民族（藏）语言文学 / 毕业 108 名

共求泽让、朴玛、格日吉、周拉则杰、南其加、娘毛加、勒知才让、尕旦木吉、华角才让、扎西

彭措、贡呷尼玛、巴桑志玛、达瓦次仁、阿旺索朗、旦增卓嘎、白玛央吉、白玛卓吉、贡保才让、因木草、旦增拉姆、普片多、泽旺姐、泽让措、额日卓玛、吉毛才让、召改措、次成桑布、达拉郎加、罗藏彭措、哇桑姐、求基、罗让华尔旦、纳甲机、根秋则玛、兰周加、豆毛措、更藏多杰、东主才让、道吉草、年知合、道吉仁欠、阿布旦、华尖才让、昂汪彭措、丁真益珠、有德志玛、洛绒彭措、洛桑曲珍、扎西普尺、洛桑德庆、扎西次达、普次仁、边巴拉姆、桑旦、泽科卓玛、王青卓玛、扎西央宗、万玛措、桑旦加措、措姆、英吉、索朗、白央、扬措、求吉尕哇、格桑措姆、赛强加、卓杨加、桑吉卓玛、卓么加、巴桑罗杰、嘎玛多吉、道知才让、仁青东智、环措吉、罗尔登希拉、共波措、东可吉、南太加、李本加、才让卓玛、久血杰、尕藏日旦、勒毛吉、才让加措、才让拉毛、才布周、桑吉扎西、索南扎西、桑杰卓玛、才让可、孟吉多杰、多杰卓玛、达曲元彭、益西拉珠、旦增卓玛、巴桑拉珍、卓玛曲吉、丁增次吉、忠格吉、边巴次仁、塔丁降措、甲央卓、李多吉草、斗拉太、才麻加、穷达、才让吉

中国少数民族（藏）语言文学 / 结业 3 名

旦知贡保、旦知才让、旦增

中国少数民族语言文学（藏语言）/ 毕业 12 名

余元军、曾雯静、曹辉、彭二洒、刘亚妮、周娟、严彩虹、周涛、郑兴婵、谢添、苟慧蓉、孙桂瑞

电气工程学院

电气工程及其自动化 / 毕业 228 名

陈思源、乔瑞、党帅、林家伟、邢宝云、魏承鹏、盖廷旭、雷华清、张磊、马瑞楠、严权、尕藏多杰、陈志伟、黄志礼、何伟伟、覃曼、马福明、雷忠镭、李昌昊、杨顺合、庄祺、冉立彪、闫奥杰、唐青贵、王涌龙、崔翔宇、张涛、刘萧键、孙锦琛、唐明科、张辉、侯超、余世松、早家颉、严远杰、姚颖琪、王珍、许潇鹏、赵璟泽、张银、何映文、袁冬、吴国福、刘喜榕、柯浩、曹垚清、潘柚谷、马国举、陈滕睿、莫伦、李小平、马驰、李明泽、刘曦、王鹏飞、胡陈龙、马龙、米文明、张玉筱、李光威、李梦凡、谢安帮、柏家柱、谢奇东、周杨、黄建全、李小龙、马红燕、马超、姚彬宏、高健、代忠占、眭志成、陈关冬、唐孟阳、刘一钟、蔡强、曾薇霖、徐敖、秦勇、鄢明怀、王探、刘书苑、赵建宇、王令福、陈一、杨秀泽、黄华、马泽龙、马进军、方帅、兰栋、谭烨、阴祖昆、李忠辉、杨晓明、王乔乔、张智策、王贤、杨俊、王鹏、刘成诚、彭奉江、文江园、陈栩韬、李权、舒杰、陈思德、夏布哈提·马合思提江、卯明武、李任、张旭辉、田震东、杨超、赵一博、金强、张元红、傅蔚真、王云智、李大川、杨波、倪楚鹰、李玉国、臧冠华、李长华、李贻昌、唐传庚、胡钰嵩、彭雅丽、张皓琛、覃康俊、李关文、黄镜僖、马学林、王奎、张中鹏、李彬玉、韩家岭、槐敏涵、聂铭、

杨佳威、袁毓凯、陆海蒙、郭琨、王雨路、杨鹏飞、胡念恩、杨仁野、泮燕、钱鹤鸣、刘锟、龙蕊、马翔、达尼尔·吾买尔江、苏比努尔·赛买提、古丽热帕、唐惠虹、鲁昌盛、贺雪莹、陆翠平、覃素、张秀卷、江润、虎风林、张祖能、蓝俊欢、索南木、孟图、刘文浩、张铭琦、张俊杰、王宇菲、罗政鹏、马晓明、杨其龙、罗福学、孙思雨、黄建昊、周志远、马小莉、海发龙、吴先梅、贾凯旗、黄俊杰、英再·索龙古、岑福专、王聪、李润宇、安莹、冯吉、董柳书、陈星、刘璎瑞、包索飞牙、杨胜能、宋陈、韦宗林、杨崇楷、马少平、李建光、缠晓彤、陈泰升、麦迪娜·木合塔尔、崔朝智、苏迈、谢陈记、杜福聪、刘婷婷、刘本奇、和文江、雷鸿炜、周菊、冯敬彬、陈子龙、寇世文、郭帅航、李静、杨晓明、马云科、肖婧、王俊童、李良、马云鹏、马云杰、周颖、张智勇、施辉记、薛晶、胡俊

电气工程及其自动化 / 结业 13 名

宁扬、苏秋、秦浠文、曾春海、尼玛旺拉、刘书苑、温生金、王志伟、奉光森、覃钰乘、马涛、韩维虎、王天元

通信工程 / 毕业 107 名

杨川威、任宏利、鲁会齐、米海平、蒋堃、罗敬涛、周龙、梁兰方、刘鸿志、罗涛、韦金玲、王广颖、李敏、邹绍恩、韦丹赛、宋祥志、吴仲雪、师瑜骋、梁婷婷、张浩然、刘贵云、马玉凤、李子良、陈丽丽、李亮、史继铎、张晨、张琳玉、王艺翔、王爽、罗崇立、黄景瑞、金凤、贾小慧、冉孟、王凯璇、何林、张拉、邵俊嘉、胡泽民、吴梦玉、王嘉伟、马格林、覃木雪、马珍、田恒、郭沅昌、罗云雷、彩玗、张胜铭、兰琴、王天成、林荘、纳彬格、赵正刚、张祥阳、唐言、史可、刘艳艳、韩辉、谭净松、敖广、范阳、丁宏博、买子兰、李阳智、喜俊武、胡迪、郑影、张鹏飞、张语夏、钟晖、王云浩、杨弼光、杨顺城、梅弘业、杨生强、盛泽鹏、杨浩、潘瀛、廖俊凯、刘珂、韦海涛、李桂双、吕嘉欣、周卓、张朵、王楠、王娟、史津仲、苏林、马红艳、马欢、王国权、林荣炬、巫悦、秦昊、徐世军、马鹏、林道喜、苏向科、王旖旎、黄凤淋、朱秀军、何锦锋、刘明、杨隽

通信工程 / 结业 4 名

周建甫、梁安理、黄斌、马昊

物理学（藏汉双语）/ 毕业 27 名

泽真旦戈、勇登、索郎姐、阿旺平措、格日尖参、当子草、周毛吉、俄波扎西、杨增吉、加羊措、尕藏扎西、加央顿珠、桑吉加、曲珍、卓玛、旦增扎西、穷达、旦增曲珍、格桑吉拉、罗布次仁、旦真泽让、本灯措、多吉塔、央宗、次仁德吉、达哇更桑、代西文毛

物理学（藏汉双语）/ 结业1名

次仁旺拉

自动化 / 毕业101名

孙勇、李博文、李博东、韦雨伯、赵贝叶、马生才、李少辉、马金虎、郭诗嘉、李永强、张铭、李君、马忠华、马明、王睿、郭燕龙、苏迪、李世民、罗帅、买彩凤、吴铀、蓝旺贵、任维祎、马鹏珍、海萨尔·艾斯哈尔、刘庆奇、曹旺、梁泽、袁旭亮、初红亮、和白梅、马振、王伊、邱玉强、杨鸣剑、蒋正雄、土登泽仁、王伟杰、张旋、田光洋、潘治锭、杨茂、杨波、华琛、杨明明、郝仕举、张岳松、莫定儒、李廷、马忠成、张有才、马涛、何全、马勇、裴政嬴、唐睿骞、欧珠多吉、张卫、薛尹力、龙洋、李草毛、王江、刘静、罗旭东、周淼生、朱嘉塬、廖浚玮、颜文训、马路红、蔡庆、刘青松、李向阳、吴锦波、田小龙、排日代·麦麦提艾力、康晓伟、刘凡、郭茂权、聂超群、易礼周、马才、张青松、薛乐乐、赵旭虎、何小成、李志帅、陈胤锋、胡利科、姚相林、任星丞、马书婷、廖俊学、杨进吉、努力、唐江、张盾、胡浩标、张歆彤、胡西尼格尔·阿布都热西提、阿地来、夏依旦·木合塔尔

自动化 / 结业11名

杨明东、张瑞锦、穆海龙、吴晗、陶思远、王新雨、王子豪、殷传钦、马英、祁万豪、依力夏提·艾尼瓦尔

法学院

法学 / 毕业166名

曾钟、肖学兵、张珊珊、田欣灵、李翠柏、马新、梁春晓、白晓莉、刘英、马晓婷、裴军捷、禹宁宁、李亚荣、韩宏若、时悦扬、马启仁、刘珊珊、黄思茂、石剑、马星、秦华裕、陈吉才、陈思硕、陈映聪、石秀红、黄荣、黄艺、兰淙桢、岑兴富、黄希、吴秀菊、李国鑫、张云虹、程军林、杨文变、韩淼、严俊生、吴兢、马瑞、刘晓玲、陈慧、金元茜、杨红、彭建军、坎小琴、朱雅婷、银扎什、余戈、钟佳利、李莉、余新华、任琴瑶、闵嘉阳、李佐娟、赵阳、谢丹竹、王珏、张家方、张叶、张泽、李光美、张江琳、廖爽、马学义、虎娜、庞春雄、韩琪儿、于洋、杨媛媛、龚永芳、岑晓倩、常江涛、乐代慈仁、郭姝宏、马忠国、庞文远、蒲涛、冯雪、杜明、曹静、张仲培、胡正鸿、余龙飞、敖金慧、黄剑婷、索朗旺拉、巴桑央拉、王宇、单月、陈星男、刘冰、解铃铃、白路思、金丹、韦柳荧、马玟、王亚壮、黄秋艳、高小瑛、荣科等、冉杰、龚赛赛、隆翠琴、周邦基、张思聪、王铁柱、陆瑶、马小萍、赵亚美、郎妍、德力扎提·斯拉吉丁、董昊、张博文、杨旭东、周颖、牟思玥、余鑫、马腾、周艳玲、马俊梅、张译之、王晓欢、杨应鹅、张小峰、何强、朱榕、尚曼、艾菲拉·艾尼玩儿、马秀芳、

马冬花、韦才华、凌潇、罗裕龙、朱明丽、何鑫、古娆、潘志高、李兴、高莎、李艳、王逸、德央、旷琳、奎家磊、蒙娟红、马纯瑗、马蓉、马天、高千智、彭静、阳显秋、田源、地丽达尔·吐尔逊、窦如海、樊朝玉、周胜凯、毛洁、邓翔馨、丁子炜、帕热阿依·阿不都艾尼、杨茜、杨青儿、韩多吉才让、依达打康、于磊、廖晓君

法学 / 结业 6 名

边巴顿珠、王群烜、伍亚南、旦增贡桑、李彬、汪代伟

管理学院

财务管理 / 毕业 82 名

贺磊、王江、马梦茹、墨绍丽、何达、姚雨希、陈辰、何生梅、孟宪祺、钟歌影、马玉凡、马雪、晏雨、刘正夫、杨丹、李娜、麦小科、黄云霞、马慧、周银银、杨文叶、刘海霞、德机磋么、罗锦、吴桂琴、马馨芳、王浩丞、杨桂英、普片、陈海燕、李颖鑫、孟根格日乐、矣滇豫、买地努尔·吾斯曼、王志帅、赵圆、阮宝萱、冉宇、印迷、顾艺、胡琳、张海月、张诗虹、王谦、郭伟琛、李继媛、王珍、龙荣、白学双、潘春焕、比力牙尔江·吾买尔、段蓉、徐丽、王书英、王琳、陆小芳、李春晖、张巧玲、李娜、马成武、苏紫嫣、刘依依、曲别阿子、廖金带、卢琦、蓝雪丹、冯学梅、海燕、罗凤林、马帅、韦晓影、周晓蒨、郭莉娟、张雯婷、蔺乐飞、田志毅、万海峰、邓洁、马艺、赵琴琴、张忆雯、赵诗潮

财务管理 / 结业 7 名

艾则孜江·阿布力米提、艾孜麦提·图尔迪、马星、蓝芳赟、成昊龙、冉敏、亚森江·亚力坤

工商管理 / 毕业 71 名

吴朝梅、夏应芳、李镜瑞、王盎然、朱拉、司圣泽、陈倩、阿依奴尔·依明、何臻、陈桂兰、卢俊达、吕翔、何举莲、李金阳、刘开宇、唐苗芳、卢凤鹏、罗璐、付玉、和志珍、王玉静、杨彩科、况亮、吴江英、伍维、古丽迪娜·吾麦尔、王晓梅、陆任婷、田敖、黄瑾、陈昊、李茂虽、尹秋娥、聂秀娟、刘永丹、刘可可、巴·巴音达拉、吴若云、陈言、李美琪、罗馨、冯钰、丘国、才旦卓玛、赵婷、汤帅军、马万龙、于子豪、吴鹏花、姜源锈、韦苏来、张敏敏、马荣、古玉强、腊玉梅、任燕頔、张腾、黄全考、穆瓦乃姆·艾则孜、王亚兰、杨婷婷、钱保燕、韩林芳、普建霏、马冬梅、杨艳美、杨莉芬、高松荞、才文、杨美、顾燕

工商管理 / 结业 3 名

郜鲲、赛买提·衣明、陈鑫

公共事业管理 / 毕业 37 名

胡雯婷、胡芳、阿米兰·阿力木、张文妍、安东宇、阿玲、陈金水、包其民、蔡鸿宇、马军、李欣蕾、王玥、桂公保尚、覃浩生、马维春、崔尚超、杨璐、梁潇丹、李胜男、祁梅、席永亮、刘亚萍、王习印、唐敏、马梅兰、谢静、吉星竹、松哈尔·叶尔肯、罗婵、田国志、严昌承、向韩超、李子天、张朝朝、符岩生、瞿章进、贾美辉

公共事业管理 / 结业 2 名

马克、艾孜买提·阿木提

会计学 / 毕业 101 名

李敏、向清雄、丁媛、李睿珩、马翠萍、张婧婷、纪逸雯、李洁、罗瑶、马诗芸、潘玉明、苏亚丽、马莉、马林、陈之源、李白羽、张精、丁雪梅、钟黎辉、庄莹、彭方尧、李文军、马海涵、马晓娟、王天然、孙婷婷、马华兰、吴筱越、李莹、李清明、庹宇波、韩蓉、罗文艳、符慧、陈子源、王雪莲、木静、罗姗姗、马娟、唐生宝、马吉玲、张钧登、杨红丹、邹桂枚、杨苍艳、张丽、马小娟、马小红、马玥梅、杨建荣、何爽、闫政达、康小宁、何宇丹、马鑫、马梦颖、李鹏飞、毛秋芬、卢鑫、孙青山、黄思吉、张晓露、沈博、韩福梅、扈明珺、周光福、吴才芳、古丽格娜·居来提、杨明东、岳乐、李纤纤、马冬梅、马瑞莹、邓穆蓉、赵海旭、康英、宁秀萍、钟源源、彭新宁、王倩、叶镇勇、王荣、何木莉、匡胤萍、阿米娜·艾地力哈孜、冯全香、胡骥、苏琴、蒙晨、冉丹丹、孙阳、陈晓雪、吴洪铃、姜乐岚、谢宇智、童雪奇、马维祥、李梅、马嘉蔚、宁洁、杨佳雯

会计学 / 结业 1 名

巴合提别克·托力干

旅游管理 / 毕业 31 名

周国栋、吴心韵、康松曲措、赵雪雷、徐露、朱冠华、马昭、郭香顺、王顺超、刘正琴、向青港、孙俊骁、林成圣、索朗拉姆、田金梅、刘逢澳、妥小荣、马凤琴、汪应桔、林嘉丽、韦秋琳、韦业裕、李艺、孟·周拉、曹伊、陈祥众、王斌、廖琳、刘红、韦丹娜、陈倩

旅游管理 / 结业 1 名

买热帕提·阿不力肯

化工学院

高分子材料与工程 / 毕业 84 名

陈亮、柏敏霞、李楠、于晓东、孙韶栋、杨国胜、玉杰、王梦婷、谯飞、任媛媛、马金兰、田佳欣、贾旭晔、李志强、刘孝鑫、王英旭、徐彩琴、马仲海、田艳杰、刘奕君、张汝新、周利、张二聪、梁逢国、李兆龙、丁攀、黄子雄、檀帅、赵云帆、卢永涛、张远舟、覃纯健、蒋润杰、李辉、覃信榜、赵强佐、徐子涵、严军、张毅昌、彭萍、杞文涛、杨时巧、黄青青、熊伟、叶森伟、谢丕军、李德、韩迪、刘世强、于莉莉、李明轩、周灵、周洪娇、牛云瑞、黄秋、韦福闹、段文政、俞家宁、肖志邦、罗维君、姬玉明、黄玉洁、龙宪君、辛光瑞、张学武、李妍、潘思龙、马志俊、辛彩岭、兰小娟、刘宇、李滔、白国森、白玛加布、王永芳、范羽欣、王鹏、白斌欣、王跃凡、滕琴、苏涛涛、黄根、唐浩奎、吴松绩

高分子材料与工程 / 结业 13 名

吴代钊、杜云宇、符学壮、蒋昊然、张孝福、姚宏祺、曹泰锋、曾悦、谭海生、王羽林、杨永春、布尔汗·依明江、夏普海提·阿力木江

化学工程与工艺 / 毕业 145 名

周智光、刘明、陆殿博、蔡心凤、张荫玉、江礼归、刘书珍、阿不都赛米·阿布来提、赵志豪、谢碎芳、卢发祥、覃丽娜、马元靖、韦燕婷、李继军、刘浩、陈红、唐滔、褚冲、覃婉宜、史奥林、王胜洋、黄小秋、王艳坤、何东青、邱星宇、杜禹清、马秀芳、王芳、刘建新、庹钦、扎西、罗珍、张迪、武志伟、许朝发、朱心如、肖明君、李基容、马吉东、张锦玲、王茹、蒋茗宇、闭雪开、雷志明、何晓敏、冯仕杰、毛文静、高博成、于志强、黄晶晶、蔡君瀚、李四坤、谢幸娟、马东威、王帅、李博林、刘伟、王小一、赵柄旭、方慧、韩有军、康莉会、杨志文、周银、王国奇、祁洪存、万子暄、孟岩、张晨、姜月、李一铭、陆虹、孔原、周广平、唐思宇、田进涛、吴仕围、鲁力、盘红霞、祖克热·如孜、孙港柱、王晓炎、宋道香、伍言康、张群翠、邹赛、顾文芬、徐杰、李昌波、马媛、杨永杰、陈佳琪、钟腾飞、罗江龙、徐炜杰、王佳、林富、路丹丹、方洪岭、杨诗雨、刘科学、梁婧姝、郑敞军、李丹丹、刘哲、贺腾飞、陆高莹、张丽娜、黄日城、罗艳、王若铮、韦明、李兆宁、李晓萍、马进良、陈国力、黄爽、赵文亮、李令、白玉龙、何振华、卢雁、方坤、周春叶、杨欣、黄耀、熊廷楷、曲宗、冷家旺、卓拉、田昌远、王九玲、马小玲、刘文强、尚夏、陈辉、王建蓉、查启权、李闻博、向伟、黄天谣、梁永昌、王晓雨、依力牙尔·吾马尔

化学工程与工艺 / 结业 11 名

马蕊、达娃丹增、符策文、吴尔谦、艾克来木・吐逊太、杨大尉、肖克来提・哈布里、刘生云、巴力江・赛力克、阿迪莱・买买提依力、祖木来提・阿不都赛买提

环境工程 / 毕业 115 名

向枭、冯治苹、张豪、周桃、王深禾、周小勤、梁峻霞、吴官正、黑晓娇、林子都、王佳瑶、刘冠君、王萌、姚威旭、张杨、马玉环、韩志强、李筱然、李呼努、沙金芳、马良、谭玉秋、徐竟峰、彭兴东、段宁兴、艾克衣旦・尔肯江、黄贺、马学良、张鸿飞、袁鹏、沈承叙、罗华、杨国花、张子欣、马晨阳、李坦燃、丁奇、张祎曼、梅英皓、仇文靖、谭雅雯、冉超、李钰梅、叶加权、周彩霞、张犇、熊绍宇、李新颖、毛勇坡、田松、庄宇、罗杨、赵雯、郑柯、左茂尧、谢孟豪、郭盛源、白鑫宇、李伟晶、粟晓蓉、黄琛、刘泉、王玉影、石达智、李志忠、杜钰、王艳萍、李博文、李志鹏、尹浩、韦坚队、徐晓彤、杜婵、伍文杰、王露露、李善存、陈家威、卢宏桃、于佳正、冯宇翔、龙璇、马晓燕、覃琴、唐韦笙、黄燕、韦蔚婵、童禹、张怡然、张帆、张云强、何艳华、刘阳、谢远恒、杨睿、谭薇、谢仁凤、周晨旭、杨振宇、何禹娟、苏比努尔・哈力木拉提、李鑫、赵福正、冉琴琴、王杰、陆莹莹、商学剑、黄薇、赵慧菊、马伟杰、何敏、马威、丁游、刘杭、张慧蓉、龙明菊

环境工程 / 结业 9 名

杨铭宇、任家辉、林俊、左国林、韦瑞辰、鹿家铭、梅家鸣、拓向荣、拉巴欧珠

应用化学 / 毕业 38 名

郑笑笑、田维才、于孝淼、吴蓉、丁沛仁、张莹、李容、木尼热・米吉提、田彦梅、李木晨、王会冬、王子涵、孟上晴、王娟、郭健、秦颖、刘翔宇、李晓华、石大全、王凯丽、孙亚轩、杨宁、赵凯、苏红文、丁丽、石紫航、韦红梅、于贺杰、黄彬杰、徐林杰、卡丽比努尔・艾合买提、陈梓涵、张印红、杨钦茗、邹爽、石天翀、刘益沙、李嫄

应用化学 / 结业 1 名

阿日帕提・阿地力

制药工程 / 毕业 112 名

陈赟沣、阿迪拉・阿布都瓦提、韦柳娟、李粒、张雯殊、侯显赫、羊建长、冉玉、乐夏云、兰学东、郑田留、黄双庆、何平萍、马富元、吴贝贝、马福海、吝梦钊、杨玉银、禹保存、袁蓉、姚爽、王海洋、杨笛、刘茜、袁柳凌、黄志鹏、龙家晋、张龙晶、郭富城、买兆丰、赵耀、田才秀子、赵志

越、纳华、兰小伟、温海莲、马雪、许张伟、张莎、孟雅静、李会敏、胥宝山、董雪域、郭爽谱、陈江艳、陈少文、郭泽鹏、赵德涛、马晓凡、吴晓晓、代俊、再吐乃·赛提瓦力地、徐焕丽、曾庆辉、李乐宇、赵晓正、陈国秀、宋雪峰、张步宇、韩露、宋杰、李建梅、刘佳社、莫庆镇、张硕、高全秀、潘盛文、吕祎彤、和园丽、陆霞、谢婉莹、钟天浪、马晓梅、李彦斌、麻燕琴、马国雄、丛兹铮、罗琨映、龙秋满、廖利洹、黎静、陈浩、冉前、刘青云、王俊、牛海荣、李婷、华伟栋、李春云、马和霞、马思婷、李素凯、熊丹、马玉雪、依力努尔·麦麦提尼亚孜、马小莉、赵志铭、宋佳、甘奇、钱睿、孙志鹏、张洁怡、王治亮、秦夏丽、陆惠艳、孔程冉、冉倩雨、陈桂珍、刘光乾、普存吉、余顺英、吴桢

制药工程 / 结业 1 名

艾麦提·结力力

教育科学与技术学院

教育技术学 / 毕业 74 名

李明昊、杨丹妮、字丙英、徐铭哲、马珍、王小燕、彭涛、刘艳、张芷晴、马燕、姜博、马玉晶、周瑞、邹金晏、康漩漩、高振、陈宇晴、杨学治、陆明丽、王丹羽、马玉梅、杨云、马小艳、谢荆川、多吉次仁、扎央、嘎玛旦白、加央拉姆、雷雨、张健豪、刘彩丹、舒红、黄艳飞、冉双双、和秋娟、李黑者、赵卓阳、钟东君、何克建、苏比努尔·艾尔肯、张真颜、毛晓龙、马玉芳、郑卓勋、王昕冉、陈树华、江思陆·金恩斯、张海娜、李秀美、韦爱勒、杜豪、郑益珍、盛浩伟、苏比努尔·开沙尔、旺珍、马涛、郭桂良、张颖、陈翔泰、马加喜、格桑卓拉、派孜来提·艾山、阿旺旦增、白玛曲旦、李海玉、陶怡婷、何慧、王亚萍、苏热艳·阿不都外力、简柯馨、陈柳娟、马婧、向仲晶、参木决

教育技术学 / 结业 5 名

魏鑫、邹有为、杜曼·吐尔逊太、李廉、旦增

数字媒体艺术 / 毕业 49 名

叶斯江·别克木拉提、寇彩敏、周金玉、刘熠晖、谢贵丰、云霄、郑学建、甘翠洁、张俊锋、李昊阳、乔丽君、吉雅鑫、王鑫、麻诺、莫廷作、李亚红、刘应灿、张昆桃、陈岱、闫安妮、杨磊、卓函辰、刘璐、赵瑞雪、韦祎、黄宇彤、邓雅文、杨智媛、皮芳芳、郑秋丽、卢胜栋、沈建娥、周萌、张栩恺、吴远虹、张杰、卢海清、谢智豪、苏杭、周易、郜淑敏、张桃桃、苏馨、刘芋彤、冉维、张涛、孙慧敏、马金军、李雨雯

数字媒体艺术 / 结业 8 名

李耀扬、王泽雨、冯逊、余华有、杨鸿康、金子琪、李宗翰、郭军伟

应用心理学 / 毕业 87 名

萨娜、齐宁、吴子豪、迪亚热·艾尼、刘婷婷、贡秋泽仁、董笑言、褚诺亚、佟智琪、邓飞、唐佳佳、王笛迦、马琼、周平、李亚婷、李萍萍、李璇、陈才、曾赢、金毓麟、蒋桂荣、黄翠英、李鑫林、陈晓娇、蒙祥、黎承保、王记、陈思羽、黄伟、陈香至、索朗白吉、舒琳轩、李佼馨、白欣雨、潘亚普、李琴义、刘晓鹏、马海林、吕凤、邓连燕、王丽沙、艾迪努尔·艾尼瓦尔、伊力凡·吾斯曼江、田悦、周雪、杨丽芳、黄岳、韩丹、高常虹、陈晴、罗布巴宗、庞福旭、周娅雪、杨叶、梁艳芬、王小艳、向碧蕊、马培梅、沙拉木江·阿不力孜、来庆滢、李其、苏晓莲、马玉荣、唐冬梅、马江文、罗东林、李兵强、罗逗、宋梓健、安红梅、周本杰、马军、张美清、李孟玖、袁梦、王骄阳、张慧琳、杨利琴、李萧、黄倩、邵迦勒、董艳娇、马伊然、陆慧、彭瑜、李婷、马博洋

应用心理学 / 结业 7 名

叶尔达那·阿迪力、韦婉金、旦增列珠、德典卓玛、多西卡、纳吾达尔·阿不都耐比、玉米提江·吐尔尼牙孜

经济学院

保险学 / 毕业 39 名

陈金娣、唐力泓、杨艾琳、张宇鹏、李艳蓉、何艳、黄丽霞、蓝如敏、安宁、李秋实、覃小侫、马洁、杨冰冰、马玉梅、何升霖、谢汉罚、董坤元、车佳、陈国昊、柏银花、曾智慧、杨倩、格桑曲吉、达娃吉拉、李丽娟、马梦雨、权鑫、杨卓、王新宇、李超、刘清清、张云银、平措卓嘎、彭垒、陈佳琨、曾诗涵、李川、高智、秦洁

保险学 / 结业 6 名

杨建华、林筱陈、蒙应国、尼玛次仁、申鹏、管毅

国际经济与贸易 / 毕业 51 名

李江群、马彦龙、杨治伟、朱琦、唐婷婷、达瓦次仁、张海霞、熊博、薛有庆、胡琳、普文丽、者巧兰、覃苑、麻昌俊、马依拉·纳比江、汪小萍、潘胜灿、黄卉敏、张敏、彭薪月、马芳、马淑兰、戚明霞、罗海燕、马蓉、宋秋坪、田学晴、田风梅、母明敏、罗杰、吴沛蕾、李娟、田彦兰、李东、刘永朋、吴婷婷、张淑芬、沈丹、晒亚热·沙塔尔、张正花、金碧芳、玛依热·艾尔肯、焦国文、李

苗苗、田智玲、王铭兰、虎梅霞、高晓虎、强青青、马雪莲、严红斌

国际经济与贸易 / 结业 3 名

周珺、马小春、毛娜尼沙

国际经济与贸易（中美合作）/ 毕业 13 名

高爽、米晓岩、武佳楠、陈滢润、谢敏鹤、王婧、张若雨、李昊儒、张鑫彤、王新茹、熊梓淇、卞婕、刘雅芬

国际经济与贸易（中美合作）/ 结业 5 名

瓜可甜、李竺隽、张晶、蒲东玥、德吉措

金融学 / 毕业 116 名

严鹏程、马青青、郭金石、冯烁旭、邓禹润、黄文杰、高原、安玉凤、孙凯、赵倩、李东菊、王玲、龙子涵、冯鑫、赵子怿、周林清、邵亚楠、唐俊、李帆、王满、唐蕊、李思雨、黎自明、张文豪、马建鑫、马兰雅、王启朝、鲁玉芹、马志伟、黄梦雪、李思明、龙成、蓝道飞、李冬芳、郭敏、李孝飞、陈益浩、石旭菲、许冰晴、黄杨、高芳雅、陈钋、党妙宁、马迪雅、黄燎、童奕辰、马维梅、马颖、许先伟、王一君、鄢小龙、任雪莹、钱谦、牟旎睿、刘凡、赵乔丹、邓婉莹、姜虎威、王莉、田海、杨金卓嘎、郭威、渠润泽、米尔扎提·木合太尔、罗欣、庞野、汪菊儒、韩潇、莫汉民、郭钰榕、刘智昕、陈雪、杨智、马孝良、蒙贵超、普布扎西、兰芳妮、马军、王紫英、王妍、郑甜甜、丁蕊、周殿琦、杨娟、孟杰、陈耀武、郭世广、马小玲、兰伟、姜秋弟、徐明鹏、王筱歌、陈礼婕、张仰行、卓新钦、撒志芳、刘昊昱、肖琴、邓王海、邓朝爱、冉行行、段佳莉、克木巴提·阿德里哈孜、裴伟杰、张旭光、龙江虹、唐果、刘小兰、李丹、周星宇、毛海燕、杨飞、韩玥、张子豪、覃皓、马新

金融学 / 结业 8 名

木拉丁·木塔力甫、巴桑顿珠、张国欣、庄珍园、贵桑旺姆、马忠林、冯艺、孙铭阳

经济学 / 毕业 45 名

岳珊、黄华星、旦增卓嘎、周敏、杨雨佳、杨兆平、刘少波、董沥、朱立帆、马岩、宿博利、张爽、昂宝仪、莫江若、潘君芳、王海燕、杨顺、黄丽玲、骆新雨、兰慧灵、单增平措、万家宝、向春晓、任乐、戚远远、曹茜、罗海英、马婷、袁琴、黄小康、王玉洁、谭睿、符晓刚、何世雍、撒伊沙、胡光辉、马贵芳、严杰、索仕成、王艳丽、李成娅、方艺霖、吴小荣、王斯映、史晓倩

经济学 / 结业 8 名

次仁朗杰、李斌、李胤福、白玛曲尼、王茂松、泽仁曲措、杨胜贵、杨小稳

口腔医学 / 毕业 78 名

杨帅、胡静悦、苏景明、秦琴、黄凡一、李昱志、马尚成、梁议匀、黄少阳、陆一漪、阿尔曼·图尔松麦麦提、王辉、刘天元、李松霖、马团利、姚田田、邓云达、阿力木江·艾沙、陈琪、陈晓伟、李纳、杨华、马丽萍、王思远、洛桑见参、索朗旺姆、扎西成培、阿依赛麦·奥布力哈斯木、米热依·阿布力米提、崔青、迪丽热巴、李玉琪、马小兰、马元林、冉烜境、苏占梅、魏舒畅、于彩云、赵冰雪、孜拉来·居来提、薛刘威、周双双、王琲、周颖、米尼热·艾则孜、米涛、谢荣举、邵旭鹏、沙友举、边慧敏、李伟、赵文硕、常沣钰、马涛、吴宏鑫、李健、祖木热提古丽·阿不来提、陈建鹏、王雪儿、祁莉莉、张孝山、王文娴、冯笑、格桑卓玛、旦增伟旦、扎西卓玛、巴岩·博拉提、海肉提江·乃买提、陈鹿鹿、德蓓蓓、高宝娟、马宁、木尼沙·艾麦提江、彭思瀛、王晓龙、杨婧、邹杰林、崔杰

历史文化学院

历史学 / 毕业 92 名

董欢、李佳欣、邹汝为、贺文婷、许伽富、张瀚予、马金元、李茂华、宋磊、邵逸舒、杨霞、隋强、樊慧柳、李炎哲、李娜、马小英、汉缙强、海旭琴、陈音妙、张正武、白雪、格桑卓嘎、李雪瑞、廉立鑫、张梓璇、段凤娟、雀春亮、陈成、李福珍、龙永青、火素云、雍蕹、周双影、李月明、陈沙沙、查鸿、贾继锋、赵婷婷、王妮旦、王文芹、马春彦、沈义博、何莹洁、睦康华、郝林尧、马俊、杨虹、陈一诺、娜扎提·叶尔森、芦晓旭、王艺谕、袁和鲸、许文博、兰岚、刘宗福、张嘉芮、李世勋、达瓦格桑、杨绪国、黄滔、罗易娇、刘奕辛、马小梅、杨素雅、袁伟、古丽斯玛依·吾吉、黄江林、岑兴龙、家子洁、胡琴、曹方舟、郭安萨米雅、蒲汝洁、仲慧艳、张斌锋、张艳霞、袁燕、陈彦兵、司晶晶、薛停停、马雪燕、陈丽萍、尚璐、亢金波、任妍妮、王福荣、刘蕊、陆苗苗、李城、刘文祥、木出吉洪、陶先荣

历史学 / 结业 5 名

杨浩、杨名登、周彬、马木尔坚·萨亚哈提、黄为纬

文物保护技术 / 毕业 26 名

彭雾、唐辰昊、何巧钰、王霞、韦新泉、宁睿、孙旻玥、高艳卫、杨念书、杨芮、刘靓、王国振、田霞、李震、张奇超、于雁北、杜士美、马晓仪、朱龚一、张明哲、谭忠义、马卿、丁仕君、罗莉丽、

田慧仙、吴燕京

文物保护技术 / 结业 1 名

梁璨

文物与博物馆学 / 毕业 54 名

黄佳艺、谭惠心、陈思彤、杨廷彦、蒋璐、朱广骊、马雨豪、秦东辉、邢馨月、罗丹婷、杨国威、杜炎、雷宝蔚、吴秋雷、吴桐林、玛伊热·努尔麦提、郑小虎、杨贺贺、马倩玉、牛雪纯、卫也湛、马一格、张丽鸣、李舒颖、黄冬竹、胡艳东、李春伙、严晋臣、王正英、杨振宁、郭欣、马岩柏、马江飞、张仪、唐光福、周岳、加央旦增、索朗卓玛、侯超、龙丽桦、贾永静、曹吉鹏、王小燕、计远东、熊喜、冯令儒、师元朴、韦师师、张露梦、杨熔卿

文物与博物馆学 / 结业 4 名

韩金格、马立颖、杨芳、张巧

美术学院

环境设计 / 毕业 49 名

梁丹、张鹏、任茜平、陈小燕、张悦、宋学东、韩丽、苏星宇、张佳伟、王新雨、杨路遥、余扬锋、吴天成、毕嵩奇、石峰辉、李向燕、沙永恒、孙奕、李菁、徐丽蕙、崔智姣、张琦、席少银、许嘉彤、苏小春、陈建、姜良子、王文辉、刘洋栀子、陈建军、王雪犁、唐子焜、蒋耀、李佳琪、黄昱蔓、桑慧敏、赵凤、刘冬秋、欧阳骄男、王松、高然、李平宇、邸馨玉、肖聪、胡智伦、赵玲、东春霞、李渊婷、王运宝

环境设计 / 结业 10 名

孙文志、宋楠、陈新化、赵雄、任彤、石国荣、王海兴、高国峰、王汇乔、张福生

绘画 / 毕业 26 名

肖炳慧、郭秀文、周文雯、王宇晴、谭家汉、孙桂莹、覃微、王洪波、杨蓉、刘豪、邹君睿、周帅、蒋雨佳、郝帅、李金凤、董志华、马建雄、王钰、方军虎、张昊强、范俊楠、刘何斌、付梦迪、杨斌、伏洁、吴亚蔚

绘画 / 结业 9 名

石帆滨、汪红丹、王震、李旭、侯汶龙、王泓博、杨智亮、杨宜伟、尚凡路

视觉传达设计 / 毕业 35 名

黄杰、肖扬、马银苗、史永芹、管友、伊美琪、严鑫淼、任梅、王晶、李晓蕊、迟斌、孟瑶、朋措扎西、吴成新、宗丽芳、孙艺涵、段俊全、谢超超、云瑶、路笑宇、赵汶倩、巩浩宇、吕碧盈、崔晨、王雅娟、高天芸、易凯丽、徐艺菲、闫子聪、黄鑫伟、黄椿琇、完么才让、万德先、乔金金、旦知卓玛

视觉传达设计 / 结业 8 名

黎舒曼、雷玉戈、黄顺垚、汪海宗、赵冠凯、李志光、李小勇、韩志豪

蒙古语言文化学院

汉语言（蒙汉翻译）/ 毕业 47 名

彭色勒玛、好日娃、伊茹含、噢音德力格尔·索依勒巴特、吾冬尼、巴音赛、阿拉西、旦登措、乌云达来、仁青措毛、才仁吉、宝音那、满都拉、呼斯乐、阿雅拉古、布音德古仁、尼玛措、道力金、田美、斯布尔哈斯、李杰、巴都木才次克、那木哈、关敖民、呼斯楞、那嘎·巴依才次克、克西格达拉、康德什其利、旦真杰、桑玲高娃、才旦多杰、格根塔那、哈尼、哈吾木、金苏日古嘎、萨如拉、查娜、乌热、宝音、萨其拉、安朝鲁孟

汉语言（蒙汉翻译）/ 结业 6 名

其米克、巴音克西克、巴音其米克、尖措玛、群布力、尼木加甫

中国少数民族（蒙古）语言文学 / 毕业 84 名

雄心、陶格斯、南旦花、萨其拉、巴音才次克、巴音桑、银花、萨日盖、希贺热、道日吉达西、嘎吉格玛、呼和德力格尔、其达拉图、傲琪、赛汉娜、宋得尔、闫金萨玛、森德玛、敖日格乐、斯琴毕力格、阿伊娜、巴达日呼、吉木斯、苏日娜、敖木罕达来、其格其、巴音克西克·欧其尔、窝其尔·尼玛加甫、哈丹其其格、包振东、白凤兰、布仁曹洛、乌云高娃、葵赛丽、南丁珠拉、麦丽苏、托拉斯、青巴加木措、江布·同格力格、图布新巴雅尔、查娜、嘎拉布尔、阿力同买得来、色琴顾娃、唐格斯、阿力玛、桑斯日、道日娜、香其布、淖尔金、娜仁托娅、铁木尔金、卓玛才仁、陶力、欧日鲁木、吉林白拉、木其尔、金涛、孟根哈日乐、铁木尔、马淑珍、托希戈、叶尔达·叶尔德米、呼斯乐图、宝音图布新、郜孟茹、怕尕毛卓玛、看都尔其力、才仁拉玛、温都如拉、希吉热、乃日嘎、马

心迪、朱莉、吕鑫、张宏杰、孔德翾、陈燕、杨娜、王金凤、常宁、韩巧会、苏婧文、马辈强

中国少数民族（蒙古）语言文学 / 结业 14 名

苏德、达希仁增、保力德、苏日力格、恩克巴图、奈日苏嘎、汤姆加·索娜、官木其格才仁、宝库、旦增、布山·乌音格尔勒、陈真、那生、李君成

民族学与社会学学院

民族学 / 毕业 58 名

白悦、吴宇婷、覃思慧、张雨、陆耀玲、黎宝琴、刘国强、李琴、王娜、才增吉、冯千译、龙臣、梁淑贞、黄文威、李小平、于悦、潘思凡、李冠秋、韩雪、马有才、杨秋夜、完么措、杨芳、程慧子、吕明霞、孙占全、李轩、孙永凯、毕经群、黄海宁、解露、吴思家、孔繁晓玉、刘硕、沙阿干、罗媛媛、张凤梅、李振宁、李雨璐、贾志强、李钰昂、刘迷、蒋倩、王鑫、赵政、苏思潮、杨航、宝文慧、林国香、迪丽尼格尔·库尔班江、邓思、姜娟、林豆、郝诗乐、王颖、李雪、肖冰、宋津缘

民族学 / 结业 4 名

罗显军、王希金、罗布、潘乾良

社会工作 / 毕业 64 名

田欣、冶燕梅、高顺、马月娟、黄鑫、张山、李玉琪、石书恩、郭皓雪、朱春歌、王志鸿、张春玲、赵美玲、帕提古丽·玉山、次仁卓、马丽丽、刘华瑞、班洁洁、王芳玲、韦鼎壮、次仁央拉、余学锋、马青、马晓燕、石芹、苏业凡、吴健翔、马建平、李琳、闫紫菱、孟令聪、苏文琦、张小梅、柏海东、韦玉珍、吴双艳、余甜甜、马国宝、瞿雅茹、任曙吉、潘静怡、蔡艳玲、杨鑫、吴欣蔚、全志梅、罗林锋、戴文、次旺卓玛、杨爽、德吉、吴惠奇、李赫孜、余廷勇、董雪梅、张亚洁、李斯卿、李美霖、买尔旦·麦麦提、胡津川、韦志坚、庞婉莹、赵茜迪、刘彭丹、冉淀

社会工作 /结业 2 名

徐鹏、哈布尔·喀哈力

社会学 / 毕业 101 名

廖碧颖、赵思源、魏伊铭、王蓉、杨晓芳、杨树羽、木丽德尔·塔斯恒、许纯、王心杨、卢颖、李香梅、崔孝龙、陶斯敏、盛麒、孙军太、彭慧玲、范佳苗、田治花、高有志、范格格、冉秀斌、谷文娟、杨洪燕、王海彦、顿珠、李武呈、索南巴宗、韦柳花、陈启来、撒贵兰、柳高阳、郝少茜、张

云浩、黄书圻、乌兰莹卓、朱武、扎普、申志怡、陈雨寒、陈小群、艾波里·艾坦、池宇涵、李新、安辉、田玲玉、刘宏杨、黄丽凤、王学丽、程煜琳、雷晓航、巴一鸣、苗建福、曹珂珂、杨寒、蒋征、王一淳、黄义萍、李燕、李传武、程钰滢、刘烁梅、刘彦彤、韩瑶、郑朝斌、张颖乐、姜兴、邵婷婷、赵洁、王姝懿、刘晓玲、掌玉玥、兰有强、阿米娜·艾买提江、张怡然、杨先让、达娃曲珍、安措卓玛、罗泽平、李小洁、谢凌豪、阿勒停阿依·努尔兰、周帅、曾理、齐慧、徐梦菊、侯兴威、马亚男、胡裴晓宇、张莹、陈佳鹏、徐阳、刘建军、张萌、莫晴雅、王梅、傅海雁、周运、曹莉莉、邓来声、兰琳淑、虎军、刘兆娇

社会学 / 结业 7 名

德吉、吐鲁洪·尕衣提、戴磊、李显正、杨青龙、王清俭、帕尔哈提·阿布力米提

生命科学与工程学院

动物科学 / 毕业 122 名

赵楠、王略宇、马兰花、禹保军、谭海川、吴涵潇、赵浩然、陈若楠、黄昕鹏、陈兴丽、范世琦、周小松、许邱冰蓉、淮若谷、杨莹、董先伟、苗杰、李贵霞、阮振婷、白添友、赵广兴、杨凯、王颖、李兵、马丽霞、杨永江、沈芳、刘宏梅、韦忠权、奴尔古扎力·艾热提、陈新企、田程程、周岩、黄琳淞、魏芳、苏秋江、陈祎玮、梁丽彬、甄占伟、徐平、王薇、田佺、陈品素、盛响响、周胡桥、沈常欢、王根、段彦生、白静、张瑜、谭义洲、肖松松、黄燕虹、纪晓然、安妮、来娟莉、刘广梅、马宁、邓视仁、马红梅、陈爱华、王琬淇、高天元、黄淑娟、刘喆、赵振超、张海艳、次仁央珍、陶松若、蔡建亮、郭姗姗、林永豪、李玲玲、刘洋、罗慧、王世平、陆蕊、杨黔松、赵明明、李庆豪、李赛洋、胡会、刘新宇、韦永丹、乔佳、吴恩芸、邓阿成、王海玉、罗干、张劭萌、次仁达娃、黄国兴、彭先胜、曾嘉庆、李萌楠、李晨阳、赵学民、杨悦、李静、覃丽丽、梁建超、刘锦琳、玉苏甫江·米日萨力、李玉、唐阳国、蒋刘芽、贾林林、陆爱红、胡淞茗、李方琳、江婷、侯强强、岑敏、刘文凯、覃圣、龚珍慧、杨丰川、黄荣杏、罗世婷、宋爱娟、石嘉琛、张莉、吴睿宸、白玛顿珠、热依拉·艾木都拉

动物科学 / 结业 11 名

帕尔哈提·阿布力米提、马胜德、李祉达、万荣鑫、耿耀华、玉山·阿木提、俄塞尔·胡尔曼江、阿不都外力·阿不力孜、张朋成、索朗加布、周鑫

生物工程 / 毕业 52 名

李超、田小梅、王永乐、杨辉、张建贺、覃国奖、戴天舒、蒙南村、赵秋、任卫合、袁世申、李

港、白思雨、李荣艳、付保强、梁振涛、汤志龙、杨解解、吴汗齐、王永焯、李凤迪、王涛、马燕妮、周虹、余务刚、杜雨迪、廖月姣、颉紫欣、罗龙龙、马红梅、兰英桃、于金洋、王鑫、贾婷婷、余琼、宋涵、陈鑫、陈思、陈舟、罗昱、王涛、李书元、龚海伦、新布任、包博文、张雪、安娟、田坤、张周、施建发、丁永吉、海正兰

生物工程 / 结业 2 名

张朋成、索朗加布

生物技术 / 毕业 68 名

许朝阳、杨发睿、韦妮、肖翼、谭智杰、王利娜、刘传丽、李慧洁、虎文斌、马雅蓉、蒋会敏、米热姑丽・麦麦提、韦体、李小艳、吴锋毅、石贵海、尹皓月、贾小同、李菊、周金泰、蒲凤琴、陈祖丹、蔡德育、覃瑾、罗鹏辉、冉琳、龙井康、蔡洪宇、马萍、韩玉梅、窦衍宗、卜磊、杨春飞、王瑾书、蒙鹏、陆春雨、江静文、余世宁、柳玉瑛、马海宜、吴亚芬、何亚涛、王胜宝、袁彦彦、郭寿清、王福彬、胡慧楠、地里亚尔・阿布拉海提、罗前、朱凯、粟雨芯、黄冬丽、冶梅、顾亚荣、安小浪、蒙先荣、农伟伦、王红雷、谭烨、杨雪、陈树吾、郑青波、吐尔洪江・托胡提、付燕、张道顺、李玉芳、裴枭鑫、田乌

生物技术 / 结业 2 名

刘俊怡、周鑫

食品科学与工程 / 毕业 86 名

韩黎宁、杨永杰、祁有娜、李艳、何家如、林梦芝、杨雪妍、徐珊、杨莹、吉晓桐、吴启康、钟文、张芝、樊桂婷、孟繁杰、潘金吕、杨浩川、张璞、康玉梅、何清华、闫苗苗、李涵润、何军、常琳琳、马思蕊、祖力亚尔・阿克木江、杨许花、李海燕、杨蕙源、杨秀芬、张栅、尹一丞、文小妹、陈大玲、里青都吉、李浩然、蔚凯、杨玉风、胡程香、杨雪、蔡芝茂、王凌琴、欧珠次仁、摆小琴、杨芳、邹伟、姜朔、彭洁琼、马鑫萍、陈枫、陈丹、官德莲、韦柳贵、龚海波、李玥潮、孔桦、蒋团军、陈洁、阿依达娜・吐尔逊汗、赵禹真、石文雯、杨燕、王硕、莫鸿全、李亚凤、盖莉莉、黄海梅、杨路淋、覃晓、王三、刘湘君、陈桂芳、向蕊、蒋青玲、起林香、竹威、罗华磊、王雅妮、谢肖洁、蔡奇、米玛普尺、曹丽、马石霞、宋志峰、李军凤、张瑞瑞

食品科学与工程 / 结业 3 名

熊平飞、刘明月、何起凡

数学与计算机科学学院

计算机科学与技术 / 毕业 78 名

熊竹、毛金宝、徐慧、粟佳宇、马晓逢、李金、刘佳鑫、饶期捷、刘巧、江文倩、马成林、林向华、吴妮、刘彦君、努尔曼古丽・艾力、周鼎桓、王颖颖、李杰、王凯强、金洪、黄活信、马俊宝、王愉、孙梦月、刘莹、热依拉・阿不来提、虞高翔、冉江羽、马燕、马思明、马国灵、熊婷、尼木夏・阿木尔达拉、易元、彭丹、黄继丽、张维、钟红艳、杨帆、覃小娇、海金辉、白金凯、柳宝昌、张志杨、谢艾伶、马桂胜、赵全贺、刘华、马晓凯、兰玲、黄奕轩、刘君、李龙、李娴、普菊、王楠、李永富、龙刚、马旭、陈蕊、彭纪晓、朱峰、吴晓燕、吴勇兵、李星宇、杨璟霜、何亚东、拉姆、黄龙飞、马倩文、李鹏鹏、马文琪、李威、陈帅、刘雪妮、练文华、邢远清、闪阳阳

计算机科学与技术 / 结业 7 名

王芳、李镇南、陈学敏、丁建坤、马学超、潘永康、王豪杰

软件工程 / 毕业 101 名

刘肖雄、刘金雪、杨金和、田太前、陈俊杰、刘涌、于子涵、杨入榜、唐佳云、邓瑞鑫、陆相任、张宗耀、杨子、张汝洪、马鑫、莫志婵、吴健、李本浩、田莉花、伊恩杰、吉华多、李金洋、宋美璇、管志捷、苏树壮、蓝覃会、韦金爱、赵鑫鑫、喇海敏、李龙、何思颖、和建海、黄鑫、莫敦善、曹重阳、毛玮杨、黄小桂、马波、黄沙艳、黄鹏、胡国庆、常懿文、叶鹏、茶荣秋、袁佳鹏、马龙、朱滕威、雷成、吴忠艳、宋鑫、田治学、斯黄莉、黄遵福、叶剑雄、蔡鑫辉、杨浩森、纪铭政、张逸鑫、王松、王绍瑞、吴泽良、关成龙、曹磊、牟宗涵、冉辉、肖迪、俸振宇、刘道杰、谭发宝、赵栖栖、杨欢、谭少谋、李红、杨博驿、马娟、米尔扎提江・穆合塔尔、梁学武、黄举、蓝梓方、李彪、杨坚贵、张喜乐、唐晓晖、李跃斌、李峰、计佳佳、卢彦任、郝湑萱、夏辉、朱家宝、南仪、李美慧、马秋雨、王三思、韩东洺、马阳、王艳东、马山、多俊贤、周孟靖、吕健

软件工程 / 结业 7 名

王先诚、游才华、李昕禹、秦远华、孙彦春、刘军、顾宝祥

数学与应用数学 / 毕业 46 名

曹孟寒、田甜、高世奇、李丹阳、王丽越、谭俊兰、唐滔、陶亚东、柏银菲、和双跃、穆晓燕、姜伟欣、张濠天、唐娟利、杜诗宝、姚延萍、苏广池、陈杰、胡松、杨万红、黄珍珍、谢荣长、刘强、马淑、买廷梅、郭峥嵘、李明星、谭梅、李志明、李星、金磊、曹钰华、金梦、田陈小雨、冯品、马旭然、李晨旭、朱俊斌、陈施步、张玉珠、冉菊英、迪里努尔・亚尔买买提、汪茂萍、穆志玉、石磊、

李晔萱

数学与应用数学 / 结业 2 名

依明·亚森、田贵

数学与应用数学（藏汉双语）/ 毕业 47 名

扎西东周、尼玛琼达、次仁卓嘎、昂金、向秋兰麦、认真旺么、达洼磋、达热姐、卓玛次仁、看卓措毛、华旦太、肉先措、才德、尕旦木草、扎西才让、卡毛塔、供波姐、任青卓初、斗拉本、关却加措、尼玛卓玛、嘎桑朗杰、次列群培、边巴仓决、德庆曲珍、多吉旺堆、次旺卓玛、日前卓玛、白玛措珍、达娃、嘎玛扎西、应巴、兰甲泽让、泽仁尚州、甲央罗日、桑州卓玛、扎西泽旦、科塔、色郎卓玛、琼措姆、朗嘎、根呷顿珠、普毛才旦、永藏拉毛、索南旺毛、仁青群措、次仁罗布

数学与应用数学（藏汉双语）/ 结业 2 名

多日杰俄日、尕玛江才

物联网工程 / 毕业 69 名

任澳岩、杨胜洪、马海鱼、柳春雨、孙萍泽、何永帅、宋浩男、孙琦、王雪静、程怡、韦钰、高宇、戴长和、阿占全、蒋剑芳、杨东珂、何银银、杨吉、林忠立、徐静宏、陈明晶、刘倩、银妮、何木高、郭茹博、胡祖侨、田玉芳、姚放、胡宇培、于千、李晨锋、兰旭婷、王亚泽、李小云、马文典、沈钧剑、马占元、孙震、陈谏滔、李思佳、唐佑延、吕芮、郑磊、郑冰欣、廖世玉、赵鑫、何红兵、贾坤、苟琪、魏燕芬、张俊、陈年裕、韦弘、张彬铖、杨红梅、龙海燕、陈远奇、高源、杜子年、牛超、马楠楠、卡地尔亚·哈斯木、郑欣、李程、许文卓、黄宏、马嘉琦、白鑫、邹密

物联网工程 / 结业 4 名

梁鉴、陈晨、王宇、胥克

信息与计算科学 / 毕业 31 名

赵子墨、厉文明、杨鑫、杨荏竣、黄建鹏、王蓉华、王丽妍、费熹、欧阳莎莎、胡扬保、陶佳诚、蓝晗兮、杨帆、马香、罗顺林、王子文、蔡良盼、凌琳、王瑞杰、石小华、马梓桐、黄菲、常京生、李红莲、苏慧、何子谦、邓鑫、吴京、马敏、季顺菲、杨军

信息与计算科学 / 结业 1 名

韦家亮

体育学院

社会体育指导与管理 / 毕业 36 名

王成、向玉波、刘亚荣、郑楠、张程凯、梁靖、王幸福、耿赵勇、刘冬冬、胡伟、阿尔达克·地力木拉提、储朱胜、赵沿、马凯、吴佳丽、程俊杰、罗静逸、刘学冬、陈文健、刘芳舟、石汉江、张蔚、董博文、侯月、尹红、吴永新、李家福、施振华、臧昊、杨春华、甘博文、毛瑞崎、段贻夫、马露露、郭学莲、刘永进

社会体育指导与管理 / 结业 10 名

段程予、谢绪健、叶壮、马晓栋、田超、吾尔开西·阿布都、陈果、翟佳豪、李小银、王章

体育教育 / 毕业 65 名

马飞龙、吉伟、张沈、徐闯、杨达、常涛、宋昊、王玉华、陈玺文、濮国伟、庞云飞、王洪鸣、毛文宇、李一凡、叶子威、牟联颇、卢俊安、彭未、梁彪、王金、陈智敏、闻旭、王博兴、白福良、赵锦、马木家、买韵珂、祝杰、陈永懿、蔡理林、钱崇珍、王旭真、张楚帆、郭威豪、杨雨飞、韩竟凯、王滕、夏根、龚乐、马国治、张天文、贺健、白帆、马智瑞、陈三铭、鲁滨华、贾尚理、李明智、韩旭、马得胜、肖文丹、王蕾、郑越、戴朋、李顺妮、曹敬、祁春斌、赵刚刚、施芮、何文超、李朋真、周凤娟、张晓虎、朱家徽、宋翔国

体育教育 / 结业 26 名

韩大瑞、王志远、穆拉迪力·阿卜力克木、闵耀、吴昊洋、马永和、崔博、周平、苏万志、阿赞别克·条留汗、赵晓明、陈浩、张世宇、哈马别克·买然别克、木拉地里·阿不都热依木、王路遥、崔子扬、邢嘉辉、梁俊杰、蒲永亮、马忠元、文应金、杨泽富、陈天宝、丁子潇、王建桢

土木工程学院

土木工程 / 毕业 173 名

曾尚可、赵宇浩、杨龙、罗文、纳世杰、陈柏宇、唐洋、朱静、张清涛、何建君、徐真臣、彭星、张烨、龙东平、高原、岑海康、吴健邦、韦杏妆、李定芳、朱路平、符传亮、龚湖川、肖光澍、袁鸿洁、李基伟、梁恩、楼港珏、滕杰、陈航、李响、杨先成、先颖、陈浩龙、马克新、张立斌、曾凡滔、陈涛、李吉麟、丁华、杨方全、李浩、李振峰、龚均、罗诚诚、谢国荣、周真擎、马林、李旭东、田

江龙、罗中富、李博、王梦飞、靳壮壮、郑飞、于高天、马国、张双胜、唐浩航、谢衍雄、刘婷婷、曾凡华、秦子富、贺丹丹、雷雨、彭宇、杨颢、马殿胜、彭强星、王柄元、周黎、李靖、陈国栋、王文远、贾聪哲、程岗、杨园园、蓝由新、陈哲、曾堃、闫敏鹏、舒文志、秦海洋、李孟、代太宝、施志雄、龙超鹏、王远科、文远、马刚、刘冬雨、林伟政、吴正涛、黄榕榕、夏俊松、欧夷夫、薛博天、侯江飞、杨飞、田维强、龚成、徐枫、李烁、熊豪、龙煜、马世孝、王金顺、李海东、陈佳耿、李浩泽、李丁子、冉财源、詹勇军、白柒、郑嵘、黄江泽、詹俊涛、王鹏程、海贵、李旭龙、邱玉斌、赵俊宏、赵春伟、杨涛、田京立、褚金与、沙学文、任渊、钱发发、马军、詹达森、韩晨阳、李富民、吴慧、汪涛、王浩吉、王锐、贾泽明、赵泰祺、王甫呈昊、周鑫陆、郑厚义、卜大双、池哲源、康兴祥、连可宁、王楚、罗定恒、赫海涛、哈娟、王金虎、张朝阳、何雪、马小军、张艳琦、黄桂平、肖川、杨滢、杨玄、班元卿、刘子豪、向海涛、范鑫源、杨文峰、徐铃芙、曾粤生、罗靖文、瓦特别克・别兰、马小东、卢毅、陈洪涛、赵埔新、郭欣怡、许轲

土木工程 / 结业 16 名

王开民、穆拉迪力・喀哈尔、艾则孜江・杰力力、罗芳桃、丁一卓、韦贤慧、杨斌、安国凯、李亚东、班启富、李佳桂、马英龙、帕合丁・亚尔买买提、李一丹、韩宏、白刚

无机非金属材料工程 / 毕业 73 名

赵雪海、谭晶晶、宋洁、张胜武、王楚欢、朱熠、樊祎宁、任爽、韦尚莹、杨志、张树航、苏峰、张潇、陈鹏飞、李嘉、马立文、覃和、杜加俊、范美玲、楚新炜、马亚敏、马峰、马志强、吕嘉玮、高梓书、王梦飞、王圣达、刘东东、张欢笑、李萌萌、冶延朋、吴禹霄、赵振廷、魏小凡、何颖、罗那、张宇航、杨萍、王克、向文浩、曾震淋、徐孝朋、马艳艳、龙文昌、张祥、李静涛、李鑫、王琪、刘东伟、蔡慧娟、赵卓、刘洋、李帅、柳洋、黄芳绕、马寿、苏明明、相晓璇、马含龙、郑智键、马洛生、梁均德、谢航、王洪勇、贺骁勇、刘梓桐、吴彤、王博、张娟娟、田清华、赵霄、唐臣、叶伟杰

无机非金属材料工程 / 结业 5 名

吴瀚清、乃菲沙・阿地里江、古丽尼格尔・买买提、杨永辉、韦颖

外国语学院

阿拉伯语 / 毕业 80 名

喜耀、马寒玉、杨旭、吕尊儒、李晓萱、安国忠、张姝翘、杨文博、马永福、蒙纳辞、马慧、于洋、溥婧、沙菲拉・玉素甫江、刘晗、肖锦权、马艳梅、周剑、王新婷、马贤晨、保雪绒、马晓轶、陈嘉玉、阿德尔江・艾伦米提江、牟玉龙、马燕、柏涛、王轶楠、赵晓旭、魏昌尧、杨阳、马伊沙、

黄鸿、马颖、何梦凡、刘颖、冶文庆、袁子昊、马玉梅、马尔旦·玉苏甫、玉素甫·加克亚尔、巴依尔塔、金智远、张震、田佳洛、朱敏婕、何汶泉、祖力亚尔·毛依布力、祖丽阿亚提·阿卜来提、毕雅娟、王柯予、马晓雨、马贤慧、杨杰、白伊光、马淑涵、马波、罗杨、马海军、汪大卫、杨骐、范振斌、宋婧文、赵静、闫浩然、马晓蕊、马建国、马福海、马艳多、马园园、蒲世灵、孙茹涵、马契骁、沙英莉、董珂涵、杨忠雄、何璇、马文权、舒乐天、陈昊楠

阿拉伯语 / 结业 9 名

纳一鸣、刘儒航、米那外尔·艾克拜尔、于洺瑞、杨茗、麦麦提艾力·吐尔逊、瓦热斯·哈力木拉提、库尔班·阿不力孜、麦尔旦·麦合普拉

俄语 / 毕业 27 名

耿宇扬、修睿、王豆豆、刘翊嘉、邓立新、刘艺潘、高欢、傅雨晴、关星宇、张文卓、高娃、石宝莹、黄媛、文小清、陈德稳、季夕童、甲泳蔚、热依汗·阿不都吉力、王佳悦、何姗、唐振宇、黄钰鲔、舒瓦克·塞提汗、唐昌芮、陆廷燕、闻言、刘闫

英语 / 毕业 120 名

张月、唐清霖、姚李艳、杨冬琪、黄玉芳、张为韬、陈雨薇、张玲、马丽、张宏艳、金灿、安小文、蒙白金、李振东、冉孜慧、曹梦香、罗丽、李晓涵、马文梅、赵雅洁、王丹、骆娟、杨粒、徐语昭、谢一轮、蔡晨雪、蒋剑英、刘玥圻、姜珊、马雅月、覃嘉玲、黄秋焕、李永梅、马泺添、李琼、李静莹、王志丹、龙小青、丁芳、阿依本·沙勒他那提、王璞、覃淮、马晔溶、王艺佳、毕佳欣、马学莲、孙芳琴、李福平、王丽、彭姣、李静、吴小月、李晶花、马莲萍、马德莉、李梦楠、荣婷、马美珍、王晓燕、石学雯、石柳妮、马羽诺、康奇、田娅玲、李欣、王雨霏、邓曼、文哲、王雨、李佳、蒙彩亮、赵晨、齐梦梦、乔钦璐、马洁柔、辛佳婧、陆若芸、吴美东、徐艳、王嘉锐、詹茹、姜莹莹、王昱婷、雷丽琼、韦锦秀、汪海艳、袁彩华、李子昂、田康灵、姚姬帆、地力木拉提·马木提、邢永祯、华群、吴秀兰、洪梦援、邢晨、起帆、韦小敏、黄孟星、马丽艳、柴延蓉、李承运、朱普英、马斗胜、李静、张婷婷、王云、景菲、黄叶、姚兆文、韦纪任、马燕、吴小慧、韦秀容、何露露、陈璇、杨丹丹、余坤虹、刘海燕、丁自云

英语 / 结业 7 名

穆英杰、张佳瑶、张锦昊、黄景艳、古丽米娜·阿布都热西提、艾力木拉提江·艾尼瓦尔、陆富丹

维吾尔语言文化学院

汉语言（维汉翻译）/ 毕业 64 名

艾热沙提·牙生、帕日扎提·依力哈木、艾克达·尔肯、古丽胡玛·艾山江、哈丽米克热木·沙衣扎提、热米娜木·依木拉依木、买木娜·麦麦提、赛迪古丽·塔吉、加尼古丽·哈德力、努尔古丽·马汗、米拉迪力江·纳迪尔、阿热孜古丽·塔依尔江、阿依尼格尔·艾力、图尔洪·阿孜、买买提艾沙·买买提吐尔逊、艾合买提·尼牙子、买力彦木·米吉提、西尔扎提、艾斯克尔·艾尔肯、阿曼古丽·阿布都肉苏力、麦麦提图尔荪·麦麦提敏、阿力木·阿卜力米提、胡祖热姆·色依提、迪丽努尔·夏米西迪、依合拉斯·居来提、热比艳姆·斯坎旦尔、图妮萨古丽·久马克、努尔比叶·艾比布拉、古丽给娜·艾则孜、努日曼古丽·米尔阿伍提、努尔孜帕·别依布提汗、加依达尔·努尔山、麦麦提艾则孜·麦麦提力、木力得尔·巴合达吾列提、古丽巴合·瓦力、奶曼·艾尔肯、热依扎古丽、叶尔坚·杰恩斯别克、合木巴提·叶尔江、木克旦斯·牙合甫、木尼热·阿布列孜、拜克包·赛铁尔汉、阿尔孜古丽·玉素普、迪里呼玛尔·多力洪、排孜丽耶·瓦哈甫、马依奴尔汗·麦吐孙、艾孜麦提江·艾尼瓦尔、夏尔瓦那木·肉孜、阿迪勒江·麦麦提、图尔荪江·江麦提、热汗古丽·吾甫尔、阿布来提·阿合买提、松哈尔古丽·艾地汗、热米兰·努尔吨、地丽胡马尔·居来提、祖力铺哪依·吐尔汗江、买合比班·先木西买买提、热汗古丽·铁木尔、图尔艾合麦提·图尔迪、迪达尔·奴尔波拉提、图尔荪阿依·阿马尼拉、且曼古丽·肉孜、布热比亚·百克木、玉苏普江·艾尼

汉语言（维汉翻译）/ 结业 12 名

阿里木·阿巴斯、热依木·吾斯曼、地力艳尔·阿克木、胡瓦提·艾尼瓦尔、巴依哈孜·卡生嗄孜、赛娜外尔·图尔荪、阿力木江·热合曼、胡安汗·乌拉力别克、古力尼孜尔·艾斯卡、苏比努尔·卖合苏提、司马义江·赛买提、恶热斯白克·马塔拉西

中国少数民族（维吾尔）语言文学 / 毕业 78 名

努尔艾力·沙吾提、西尔艾力江·卡米力、哈尼克孜·麦麦提、迪丽拜尔·买提尼亚孜、阿迪力·阿布拉、阿依帕沙·阿布都艾尼、麦提克日木·麦托合提、阿依仙木古丽·买合木提、努尔比耶·依明、阿尔祖古丽·热伊木、阿瓦古力·买合木提、排尔哈提·艾合麦提、阿力亚·艾买尔、麦麦提阿卜杜拉·麦麦提敏、沙依旦·孜克肉拉、古力尼沙汗·塔依尔、热汗古力·麦麦提吐孙、阿布都合里力·吾布力、买尔当·尔肯、迪力木热提·阿不来克木、古丽美合日·艾科拜尔、布沙拉·努尔、迪力木拉提·吐尔汗、买迪娜木·阿不都沙塔尔、凯迪日耶·阿不都热合曼、麦日古丽·艾麦提、热依汉古丽·热合曼、艾孜买提·艾尔肯、艾尼玩·艾麦尔、吾吉阿布拉·麦麦提、阿卜杜萨拉木·阿卜杜热合木、古丽加马力·图尔贡、艾克旦·卡哈曼、阿依古丽·阿布来提、古丽尼格尔、坤杜孜阿依·凯赛尔、肉孜托合提·吾布卡斯木、玛尼孜热木·阿扎提江、尼加提·阿布来提、艾克拜

江·开色尔、帕提麦·奥布力、阿都洒拉木·艾合买提、古丽亚尔·衣明、米热合巴·麦麦提图尔苏、伊力亚尔·如则瓦柯、麦丽开姆·伊斯马伊力、米尔古丽·热合曼、热孜完古丽·麦麦提、阿力木·买买提、提力瓦力迪·米提尔、克热木·艾麦尔、古丽格娜·艾来提、阿里木江·阿布都拉、木叶赛尔克孜·麦合木提、古再努尔·热合木江、尼格热·阿不来提、买苏都兰木·阿布都拉木、阿娜尔古丽·图尔荪、艾斯喀尔·阿卜力孜、阿依谢姆古丽·阿卜力孜、亚库甫·阿木丁、任祖儿、再英·吾尔肯、冯玉瑶、王慧、马珍妮、马文静、牛淑霞、唐努尔·依沙、刘平、马林、刘子辉、刘文慧、谌子雁、白则拉·多力坤、范文丽、阿拉依·阿布都沙买提、于晶晶

中国少数民族（维吾尔）语言文学 / 结业 14 名

亚库甫江·玉素甫江、阿布都米塔力甫·木合塔尔、穆海麦提伟迪尔·图尔荪、古丽米热·麦麦提、布威萨热·艾萨、米娜瓦尔·麦麦提吐尔孙、阿布来提江·阿布都维力、买买提·卡德尔、祖力皮哈尔·阿布都沙拉木、艾迪汗木·阿不都艾尼、迪丽胡麦尔·巴图尔、艾热帕提·图尔荪巴柯、焦阳、巩杜孜·哈孜肯

文学院

汉语国际教育 / 毕业 42 名

覃琦琦、嵩晨星、田雨欣、张兴、安亚东、邓美婕、田梅、何有苹、黄文靖、王子怡、金凤、王丽丽、阿童童、杨永国、李娟、马苏曼叶、韦桂秋、李金闰、向迎香、张楚娇、梅下杰措、马媛、覃婵艺、覃婧、白红秀、杨鈴、田进慧、田婧、周奕寒、白超博、图格旗、爱比热·艾尔肯、杨燕、王小燕、赛比热·阿不都安尼、赵美玲、王爽、王珺、任瑞楠、罗人允、曾银恩、邓夏梅

汉语国际教育 / 结业 3 名

支高原、蓝婉月、苏贝娅·艾尔肯

汉语言文学 / 毕业 207 名

马玉霞、张郁扬、李杭禹、宋丹、哈佳阳、郭宇成、赵欣梅、李建珍、马博、洪敏、马进兰、赵子璇、彭瑶、邓博文、黄智慧、贺杰、关香怡、史晴、郑璋、蒋林子、覃曦、蒋恬、马兵、罗淼、罕克孜·图尔迪、李茜宁、罗芳月、安瑛、吾丽娜·铁留艾力、吕潘樾、罗红、费望、陆春陶、李文君、阿依夏·阿不都马井、邓晔、杨占铎、扶琴、阚可、麦尔迪尔、鞠江坤、苏小言、麦尔哈巴·艾尔肯、赵先燕、高莲、罗靖、王建红、和媛媛、寇清莉、阿丽米热·艾山、龚岑、赵超、张艳红、旦增卓玛、彭婷婷、陶倩、胡凯、翟苏云、周仕铃、阿布都克热木·阿布拉、糟秀梅、孙磊、马丽娜、郝嘉敏、张文博、李生安、刘子雄、赵宁芳、黄宁信、李时堂、乔梁、曾帮胜、刘文斌、更太措、拉巴吉律、觉阿扎

西、才让卓玛、汪小倩、刘思琪、么娆、王云海、何亚婷、马雪萍、布威阿西罕·阿卜杜海比尔、蓝韦益、海地霞·阿卜杜艾尼、李雨霖、马冬梅、伍金曲珍、邓金萍、杨万明、陈冬萍、韦俐杉、李学英、珠得斯·赛日克、罗霞、李文欣、梁生栩、刘丽婷、李荣霞、刘帅、姬贵新、洪雨、邬璐姿、周洁、曾萌、杨毒、马雅丹、张丽琴、巴西、祁风花、刘兰奉、陈威、张莺馨、刘彩霞、李瑞、高小龙、马国庆、邓文茶、伏轲、陈肖、杨玲、姜林林、曹国徽、杨会康、钟小明、金宸羽、马瑾芝、阿秀珍、任可欣、迪娜·阿拉哈台、刘发静、聂大朋、马学平、马吉梅、胡轶晨、何颖、熊水仙、马宁、马娇、蔡琳洁、索南、杨永发、魏铭志、李紫涵、白文国、金小强、李静、刘芳、廖春燕、周珏宇、马丽亚、张作、陈贤辉、郑子旋、钟文敏、陆小荣、符子莲、安玉萍、杨丽嫦、王杰、马晶晶、段雪、李艳婷、滕云月、克珠加措、范淑珊、王妮、安娇娇、周俐秀、李薇、张悦、匡敢、唐雪、马丽嫚、陶友军、王婷婷、郑淋尹、李之越、尹偲丽、文原琴、彭桢涵、张文倩、魏炜、李燕、令鹏、潘阳、兰小会、谢朋、张苏、古再丽努尔·亚森、姚远、樊平、何左赵、柳娟娟、彭蕾、马海洋、杨蝴蝶、贺有力、保玉芬、吾勒盘·阿山、刘佳敏、马岳松、地里努尔·阿布都热西提、马晓娟、马琨、杨明轩

汉语言文学 / 结业 8 名

那斯甫·吉恩斯、那扎提·赛力克、安文、白玛次丁、杨亨、刘治、杨任轩、乃皮塞·吾斯曼

舞蹈学院

舞蹈编导 / 毕业 19 名

任俊霖、温雅零、唐海青、陈嘉钰、周颖、寇世宏、孙冬、李文静、才让央宗、李霞、姚润婷、李梦婷、胡晓璇、梁好、郑振瑶、王源、马祎、杨之光、郭颖

舞蹈编导 / 结业 3 名

赵旭、才巴肖、闫光明

舞蹈表演 / 毕业 40 名

多杰昂秀、李旭、赵爽、苏日嘎、郭馨彤、李曼拉措姆、安妮尔其其格、王晶晶、李娜、牛文萍、钱晓蓉、李嫣然、尕旦木草、丁靓欢、陈榕、达凯悦、景子轩、袁志凯、张洋洋、高宏旭、李思琪、赵丝煦、达哇拉毛、郑苗苗、吕竹茂、龙颖、肖越、吴香文、施晓龙、拉毛才让、贾亚姣、香雅馨、随东魁、古丽给娜·克孜尔哈力、阿依丹娜·阿扎提、赵晨乐、邢睿、沈卉、吕乐娴、牛金玲

舞蹈表演 / 结业 3 名

吴万泽、王熙文、周昕玙

舞蹈学 / 毕业 98 名

翟雅洁、韩冰鑫、冯凤雷、郭增保、房领金、王宇轩、谢兴昌、赵元雪、李海威、陈木桃、郝雅婷、周伟康、赵彤彤、牛唯婷、郑祺、穆玉玉、马丽丽、張曉嵐、欧阳雪梦、李昕辉、卢培悦、韩林河、白宏艳、朱峰、马静、李龙飞、宗学良、彭潇霖、宗新芳、庞潇、马柏谟、苏宇、芦睿、李文洁、娜音娜、孟迪、孟凡辉、张婉婷、李芮、王永祥、任贞、杨明明、沙玉婷、郭布罗梦蝶、孟庆骞、唐凌芳、郑显勇、张颖、刘璐璐、王月、韩宇、牛博、张曦、孙翠、李和民、崔永昌、董园园、从向凯、劳梦迪、赵艺菲、谢依娜、臧睿、魏煜茜、刘娇平、金季浩、王小娜、郑丽、张宏伟、魏依倩、刘晓倩、徐皓、杨阜、李涛、张彦青、桑杰扎西、丰俊飞、杜志强、张鸣、汪峰、杨娟、黄东明、马顺子、赵晨岐、裴文源、徐少琪、李萌、张曦、屈凯旋、刘文佳、刘翰、张媛、吴玉鹏、李明、李璐、孙齐蔓、杨蕾、蒋传涛、贾慧

舞蹈学 / 结业 5 名

田国栋、甘佳伟、才德尔加布、谢婷、赞太优

新闻传播学院

广播电视编导 / 毕业 76 名

甘月凤、马亚亚、牛芸、庞益玲、李叶青、李嘉豪、张聪、王博、杨岚、谢再火、吴瑶、杨海楠、陈璐、罗维陶、赵艺涵、尚小虎、程磊、杜娟、蒙桓伊、马孟娜、曹钧宁、陆金贤、李茜、高薇、李曌、徐苗、冯梦雪、戚子健、冉悦、黄玲、侯丽媛、冯雪山、薛琳捷、陈霜、董瑞玉、刘娜、张巾威、李筱晗、马鹏、王紫荆、张一鸣、李斌、梁桂珍、谢春意、刘宸璐、曹晨、陆毅、柯雨柠、王旭、程晖、谭月月、黄勇智、乔龙、俞燕、杨宏鹏、秦孟子、张莉、林涛、李茸、赵星泽、邵雪涵、雷倩云、周琨、李盛红、李红萍、甘仲尼、孔福鹏、蔡小仪、赵莉、伏阳子、游雅琴、张熙佳、周海月、李金雯、魏巾清、张悦琪

广播电视编导 / 结业 3 名

顾溪铭、丁在辉、唐建国

广播电视学 / 毕业 92 名

吴卓莹、吕心雨、陈晓雯、吴艳荣、张子界、易沛佳、文婷、李毅杰、娜菲沙·艾尼、张雨、马彦梅、桑杰加、孜拉拉·阿不力孜、聂金鑫、韦江灿、刘伟达、杜紫薇、杨再森、马丽萍、多吉、白玛仓决、李思莹、李宣、王珂、张欠欠、滕玉、毕学辉、陆秋洁、李杰、母雪琴、马丽珺、肖晓玲、张玮娟、熊娜、段程朝、索朗德庆、熊佳敏、骆叶、刘小雯、杨震宇、赵伟宏、菲娄热·吐鲁洪、德庆白珍、蔡梦婷、周梦彤、刘娅、迪丽扎尔·加帕尔、师刘杰、周利平、关鑫琢、牛佳悦、叶玲利、

樊小佳、苏亚奇、王连梅、史嫣然、曹津铭、马玲、王腊梅、张辉阁、张雅婷、马忠财、谢亚男、唐龙、黄静、嘎玛加措、云捷、韦潇懿、赵庆查、莫飞龙、秦晓霞、梁庭玮、王乾达、李明、蒋媛、廖倩、林明娌、易建国、韦杰辉、刘婉婷、张鑫、吴亚、张楠、程宇、李嘉欣、蒋林洋、李艳蓉、张云慧、孟玥、孙可欣、徐秋榕、马苗苗

广播电视学 / 结业 5 名

赵星亦、诺诺、马玉雯、曹力、参拉

广告学 / 毕业 49 名

刘蒙爽、叶尔森·达斯坦、许腾月、韩远志、阿姆、肖翃旻、董慧、李毫波、韦金竹、顾雅玲、和凤芳、田思佳、徐平、陈淑月、孙隆、苏存贤、龙雪彦、潘惠娟、韦浩琳、王彤彤、刘雅宁、吴芳利、王占彬、徐朋娜、吴靓洁、王流书、张曼曼、杨世婷、莫夏兰、李嘉豪、黄旖婷、陆雨思、王晨祎、李学文、李兴玉、石禹波、邓觅华、闫乔、杨丽云、宋占梅、许悦、周琴、吴磊、陈春瑶、古丽努·阿布都克依木、楚美娜、彭会路、孙家琳、崔作麟

广告学 / 结业 5 名

旦增曲培、索朗卓嘎、陆利平、巴姆、胡清

新闻学 / 毕业 92 名

伊力亚尔·买合木提、杨明月、桂仁鹏、周娟丽、蒋思宇、吴一辰、陈颖、马吉楠、姜泓宇、汤姣姣、刘利珂、张子晗、束小榕、李琳、魏富利、马瑞敏、胡轶民、邓建勇、麦叶举、罗春鲜、张润芝、刘俊宏、杨菊娟、马群、陆新健、周佳楠、马小花、徐婷、魏万里、袁立玫、白玛、杨杨、杨敏、龚钰汇、恰格德加甫·萨仁格日丽、董远远、孙婷婷、杨华菲、王久平、芦思远、王国全、单显宇、伊尼提扎尔·牙克牙肖开提、郑婷玉、赵潇泽、林冰莹、都建华、许志蓉、范风芝、马生鑫、杨珂、孟凡超、郭子歌、廖何钰、丁茜、刘剑云、邓思琰、陈梓洋、管月、管晨雨、黄龙俊、覃焕彩、覃丽达、曹永旭、杨政杰、德庆、张静怡、刘珈玮、罗健、马学芳、王梓安、马俊兰、毛珺婷、王伟瑾、拉巴普尺、扎西旺拉、陈丹妮、钱一铭、陈果、汪艳娇、张清媛、王榕、袁玉燕、高彩霞、肖礼山、刘永俊、兰亚丽、尹得媛、马叶、马腾进、彭婷婷、唐烨

新闻学 / 结业 1 名

海洋

第一临床医学院

护理学 / 毕业 35 名

贾晓霞、扎丽媛、马函露、何文萍、古丽孜巴·阿吾提、张玮纯、马进香、肖晶瑜、罗青芬、马文燕、马梦莹、刘康、蒋微、兰宗娟、袁露、米玛卓玛、李积伟、陈淑梅、潘双萍、黄文艳、荣瑶、杨丽霜、饶传凤、朱娇花、杨继文、陆美岑、周红艳、杨璐蔓、黄丽芳、段雨彤、李安然、束柏融、马曼曼、唐梦谣、西仁阿依·阿卜杜艾尼

护理学 / 结业 1 名

周雯

临床医学（2014 级临床医学）/ 毕业 79 名

马影、高鹏、卢静、沈雪云、杨小文、彭青、韦永涛、李復兰、张丹、聂聪、张佳新、艾尼瓦尔·海拜尔、东海静、祁凤英、白玛拉珍、帕合努尔·孜亚丁、伊力亚尔·阿布都卡迪尔、祖皮也木·阿布都克尤木、陆匡胤、骆巧、马小斌、杨雪、赵碧虎、祖力皮亚·艾热提、尹晓艳、蒋中馨、陈少鹏、何隆年、马海燕、马晓瑜、安秀云、韦金桃、蒋永祥、李清、徐洋、田昕原、王雪、杨靖、马娟、锁伟、多杰吉、祁晓红、张静、梁挽澜、刘泽润、伏转梅、拜一苇、地力努尔·米吉提、马虎山、马有辉、冉海亚、赵若木、代宝娟、袁秀欢、白灵、马娟、马永斌、黄柯豫、罗桃妹、钱惠华、刘维康、王开勇、张杰明、马琳、杨超、韩雪、童青兰、彭英政、古丽巴哈尔·阿卜来提、西米斯努尔·艾尼外尔、方万胜、姜丹、马进宝、马孝芳、热孜宛古丽·图尔荪托合提、曾何玲、陈熊熊、赵晓琼、艾克拜尔江·艾尼瓦尔

临床医学（2014 级临床医学）/ 结业 6 名

杜晨曦、叶热克古丽·霍依什拜、严玉霞、覃洁、桑珠旺姆、陶栋义

临床医学（2014 级临床医学教改班）/ 毕业 30 名

王可欣、苏佳、严美茹、熊峰、迪丽努尔·吾布力卡斯穆、秦亦欣、石小霞、蒋婉、帕孜来提·亚森、马海霞、井义海、吴菊靖、王芳、朱琳菊、潘培芬、李志文、文相、王路、李竺娟、侯强、葛瑄、贺宇、米热努尔·买买提明、兰祖湧、李秀珍、马俊林、马小青、梁静华、李昊、胡得来提·马合木提

医学检验技术 / 毕业 29 名

章宇、田雨、乔宏苍、覃肖雅、骆徐、唐柳琴、朱思嘉、马晓春、杨松、马淑莲、热衣拉·肉孜、

李春凤、张宏红、张剑、何仁慧、马澜馨、冶有福、陆玉唯、张英花、苏琴、次仁曲珍、杨勇、唐克桐、田芳红、敖莎莎、汪斌、杨宇琴、王海东、徐卉

医学检验技术 / 结业 5 名

曼妮孜热·扎克尔、贺永寿、热孜亚·帕尔哈提、李志奇、李柄薪

医学院

护理学 / 毕业 34 名

王胜玉、王丽、吴海霞、苗丽珍、侯钰珮、牛巧会、海琴、姚庆玲、田春梅、阿尔孜古力·吐热尼亚则、舒红、赵卉平、马梅莉、刘晴、罗怀雪、向娟、肖建、普亚萍、赵欣、马晓雨、余忠慧、马芳、吴霞、贵桑、扎桑、刘鑫、杨庆蕊、艾力克木·艾合买提、李玲锐、米克丽娅·艾则孜、冉密、扇艳霞、马芸芳、巴哈尔古丽·艾尔肯

护理学 / 结业 1 名

尼玛加布

临床医学 / 毕业 77 名

董萌、马丽亚、马钰、张婷婷、黄艺承、冯梅、喻伟、张文波、阿依努尔·麦麦提敏、马楠、王泽霞、黄玉花、杨延昕、格桑平措、扎西卓玛、依再提·依斯热皮力、卡金虎、李婧、马兰虎、马秀琴、宋晓娟、杨浩、张婧一、赵艳蕊、刘鹏强、马美婧、苏春发、何瑞英、王倩、王浩翔、李清、张子建、祖丽胡马尔·热西提、马琴、余华、张金元、马晓燕、赵海英、伍家利、扎西卓玛、艾力开木·艾合买提、殷晓敏、马全财、麦布拜姆·阿卜力克木、孙赫萱、杨嘉诚、张秀玲、田丽、熊羿典、周俊羽、韩倩雯、铁琪、韦冈余、姜春、赵海霞、程永刚、刘永培、徐畅、赵明宇、马银、张楠、马玉秀、刘娇、杨梅、阿斯耶木·伊斯马依力、张婷、李莹、马万军、莫雪花、杨小芳、张海明、张玥、杨宇璐、胡婉芳、张林峰、代成林、苏航

临床医学 / 结业 4 名

库尔班泥沙·阿布力海提、黎杰辉、努尔比亚·买买提、李欣耘

医学检验技术 / 毕业 31 名

马志萍、买热甫格·阿不来提、曹靖雨、伍倩、廖翊、陈丹妮、龙灿、罗林、李海东、马慧珍、马梅、旦增多杰、陆凤仙、马建芳、何钰杉、韦金容、赵海波、秦红、舒丽、陈章立、马燕、杨学鑫、

吴佩珊、赵曼宇、田川、奚海霞、马德龙、卡地尔古丽·阿布都拉、庄豪、陈艺波、张冰清

医学检验技术 / 结业 3 名

黄文逸、扎西卓玛、吉别克·铁留江

音乐学院

音乐表演 / 毕业 87 名

朱凯旋、韩铭洋、李泰钰、多杰焕爵、贺婧、郝添、孟凡腾、张东文、马宏涛、杨超、张坤、张婧、王帅、朵斯雨、杨娟娟、包有武、易爽、额尔肯、杨振宇、梁静、慈雅楠、褚人僮、袁凤婷、喻辉、李彤、寇明玥、王娟、宋美蓉、施怡、马愿如、汪旭辉、王昭、李欣、张阳、董垚辰、李明炯、马钰涵、侯越、高子茜、潘小婷、黄锐、杨觐瑄、马昱洲、杨应玺、韩宇翔、索南卓玛、孟潇雪、梁聪颖、李星宇、苏瑶、刘祖壮、关安琪、郭靖、李晓丽、谢一帆、董晶、乐甜甜、沙木哈尔·杜尔斯别克、孟媛、赫娅楠、岳磊磊、邢微、刘恋、王天民、杨旭华、徐文静、吴洁、黄唯、费琬乔、王婉琦、潘子宜、王懿、巴音、王潇、李莹、崔冉、华舟鹏、郭秉航、田媛、张晓琰、马毓琪、王松玉、马霄、闫璞、李龙昱、尚爽、吴文生

音乐表演 / 结业 14 名

阿拜·阿扎提、周雷、陈贝康、才仁昂乾、邹建、李佳阳、闹日甫、张亮、阿德列提·木拉提、喜梦成、南佰宽、周长彪、蔡奕洁、李洋

音乐学 / 毕业 30 名

尹智超、张泽强、董明振、范睿轩、田贺、彭文正、程靖、左晓蔓、王欣欣、廖紫韦、王炜、胡蓝方、孙雨欣、李俊杰、郑姗姗、杨慧、艾沙娜·白肯、纪华、屈宇琦、李瑞瑞、常竞婕、张力工、龚娟、刘佳、魏禹琪、陈玉娇、庞君玲、杨光宇、宋天佩、张淑霞

音乐学 / 结业 7 名

刘县刚、王子木、来润平、陈海伟、汪云泉、李健、杨亮

作曲与作曲技术理论 / 毕业 5 名

尹文君、翟娟妮、邬裕康、谢鹏、王定辉

作曲与作曲技术理论 / 结业 1 名

巩荣

科研工作

西北民族大学科研项目管理办法

第一章　总则

第一条　为贯彻落实《关于扩大高校和科研院所科研相关自主权的若干意见》《国务院关于优化科研管理提升科研绩效若干措施的通知》《关于进一步完善中央财政科研项目资金管理等政策的若干意见》等文件精神和相关要求，进一步加强和规范学校科研项目管理，结合学校实际，制定本办法。

第二条　学校科研项目根据经费来源不同分为以下几类：

（一）纵向科研项目是指国家有关部委、省、市政府及行业主管部门等直接下达的各级各类计划项目。

（二）横向科研项目指相关部门、企事业单位、社会团体及自然人等委托（合作）开展的项目。

（三）校设科研项目是指由学校资助设立的各类科研项目，包括中央高校基本科研业务费项目。

第三条　本办法适用于以西北民族大学名义所承担的各类科研项目。

第二章　项目管理职责

第四条　科研处是学校科研项目的主管部门。科研项目实行学校、院（中心）、项目负责人三级管理，各负其责、相互配合，共同做好项目管理工作。

（一）科研处负责项目的立项申请、合同签订、中期检查、结题验收、成果鉴定等管理工作；负责指导院（中心）、项目负责人的项目管理工作。

（二）院（中心）负责本单位科研项目申报的组织、推荐工作，定期对项目进展情况进行检查，及时协调项目实施过程中出现的问题，提供必要的条件保障。

（三）项目负责人负责科研项目计划的实施，确保项目保质、保量、按期完成；配合学校、院（中心）的科研管理工作。

第五条　学校承担的科研项目，由科研处实行统一管理，并作为科研业绩考核的依据。

第六条　科研项目经费纳入学校财务统一管理，按照学校相关规定执行。

第三章　项目申报与立项

第七条　纵向科研项目申报：

（一）项目申报者应根据国家、行业、地方的科技发展计划和项目指南以及国家社会经济发展的需求，结合学校自身科研的基础、特点和优势，提出项目建议或申请。

（二）项目申报者应按项目主管部门的要求编写项目申请书、建议书、可行性研究论证报告及有关申请材料。经报院（中心）审核并签署意见后，由科研处审查、盖章，按上级部门要求统一上报。

（三）凡限项申报的纵向科研项目由院（中心）组织基层单位学术委员会或聘请专家初审，在此基础上科研处组织校学术委员会或聘请专家评审、筛选，申报者按评审意见修改后上报。

第八条　横向科研项目合同的审查和签订：

（一）横向科研项目必须以“西北民族大学”的名义签订书面合同，在科研处登记盖章后有效，科研处是学校横向科研合同的归口管理单位，未经学校授权，校内任何组织和个人均不得以学校名义对外签订科研合同。

（二）横向科研合同的审查、签订实行授权委托代理制度，由学校法定代表人或者持有学校法定代表人授权委托书的代理人签订合同。学校委托的代理人应切实履行其职责，只能在授权范围内审查、签订横向科研项目合同。

（三）横向科研合同签订程序：

1. 项目负责人在签订横向科研项目合同前，须审查对方当事人有效的身份证明、营业执照、资质证书、资信状况，验明其是否具有签订横向科研项目合同的主体资格。双方按照《中华人民共和国合同法》等相关国家法律规定拟定合同初稿，合同初稿中须有项目经费预算。项目负责人将合同初稿及对方单位营业执照、资质证书等资料一并交所在单位、学校法律顾问、科研处审查。

2. 审查通过后的科研合同正本，一式六份，按《西北民族大学合同管理办法》审批后，由学校法人代表或其委托代理人签字盖章。

3. 经各方签字盖章后的合同，三份合同正本交科研处保管，另三份由委托方和项目负责人持有。

第九条　校设科研项目的申请、评审、立项按照校设科研项目的相关管理办法执行。

第十条　与外单位联合申请的项目要提前考虑知识产权方面的事项，事先达成责、权、利方面的书面协议。我校为主持单位时，应有合作单位的合作意见和签章，我校为参加单位时，申请书要交科研处备案。

第四章　项目实施与管理

第十一条　学校各类科研项目实行项目负责人制。项目负责人在批准的计划任务和合同范围内享有自主权，对项目的执行及完成负全部责任。

第十二条　在科研项目实施期间，项目组可以在研究方向不变、不降低申报指标的前提下自主调整研究方案和技术路线，报科研处备案。

第十三条　项目负责人不得随意代理或更换。如确因工作调动、出国、进修或退休等原因需要代理时，须由项目负责人提出书面申请，安排项目组其他成员代理，经所在院（中心）审核后报科研处审批；如无法继续从事项目研究工作需要更换时，须由项目负责人提出申请，所在院（中心）更换合适的项目负责人，经过科研处审核后，报项目主管部门或委托方审批。

第十四条　科研项目负责人可以根据项目需要，按规定自主组建科研团队，并结合项目实施进展情况进行相应调整。项目组成员的变动由科研处审核后，报上级主管部门审批。

第十五条　对研究计划执行不力、无故拖延研究计划、工作无进展或经费使用不当的项目，科研处与所在学院、研究院（中心）协商后，可报项目主管部门或委托方中止项目的执行。

第五章　项目验收与结题

第十六条　科研项目按计划完成后，项目负责人在规定时间内向学校科研处提交结项材料，经审核批准后报项目主管部门或委托方组织验收、评审或鉴定。

第十七条　科研项目已超过合同或任务书规定期限未办理验收手续的，其项目负责人要提前向学校提出书面延期申请，经批准后，方可办理延期手续。

第十八条　通过验收和鉴定的项目，必须在一个月内办理结项和科技成果登记等手续，并及时向科研处提交完整、规范的技术档案资料。

第十九条　各类科研项目所取得的科研成果知识产权归属于西北民族大学。在进行成果和技术转让或咨询服务时，必须通过学校科研处办理手续，签订相应合同并按相关管理条例执行。严禁个人擅自转让或者以其他形式使用上述科研成果。

第二十条　项目负责人要按《西北民族大学保密管理工作规定》、知识产权保护管理办法的有关规定做好科研成果的保密和知识产权保护工作。所有涉密项目成果如向公众发布或向国外投稿，应由学校保密委员会审批。

第六章　附则

第二十一条　本办法自发布之日起执行，原《西北民族大学科研项目管理办法》（民大发〔2016〕76号）同时废止，本办法由科研处负责解释。

第二十二条　本办法执行过程中，如与上级部门规定不符时，执行上级部门规定。

西北民族大学中央高校基本科研业务费管理办法

第一章　总则

第一条　为贯彻落实《关于扩大高校和科研院所科研相关自主权的若干意见》《国务院关于优化科研管理提升科研绩效若干措施的通知》《中央高校基本科研业务费管理办法》和《关于进一步完善中央财政科研项目资金管理等政策的若干意见》等文件精神和有关要求，进一步规范和加强我校中央高校基本科研业务费（以下简称“基本科研业务费”）管理工作，提高经费使用效益，结合学校实际，制定本办法。

第二条　基本科研业务费是由财政部和教育部采用因素法分配，专项预算拨款用于中央高校开展自主选题研究工作。使用方向包括：重点支持40周岁以下（人文社会科学领域年龄可放宽至45周岁）青年教师提升基本科研能力；支持在校优秀学生提升科研创新能力；支持优秀创新团队建设；开展多学科交叉的基础性、支撑性和战略性研究；加强科技基础性工作。

第三条　基本科研业务费的使用和管理遵循“稳定支持、自主安排、公开公正、严格管理”的原则。

第二章　管理机构与资助类型

第四条　学校成立西北民族大学中央高校基本科研业务费管理领导小组（以下简称“领导小组”）。组长由校长担任，副组长由分管科研、财务的副校长担任，领导小组成员由科研处、财务处、组织人事部、宣传部、学生工作部、发展规划与学科建设处、教务处、研究生处等部门负责人组成。领导小组下设办公室，设在科研处。领导小组负责决定学校基本科研业务费相关重大方针政策，审定年度实施方案及经费预算安排。

第五条　科研处是学校基本科研业务费的业务归口管理部门，负责年度经费预算安排、项目组织与遴选、年度进展与结题验收、负责项目绩效评价等工作，接受上级部门的检查与评估；组织人事部、宣传部、学生工作部、发展规划与学科建设处、教务处、研究生处等部门为基本科研业务费的协同管理部门，负责本部门项目的申报、实施和结题验收；财务处是基本科研业务费的经费管理部门，负责基本科研业务费预（决）算管理和财务核销。

第六条　基本科研业务费项目类型设置如下：

（一）青年教师创新项目，重点面向有自主创新潜质的40周岁以下青年教师（人文社会科学领域年龄可放宽至45周岁）开展科研创新活动。

（二）学生创新实践能力提升项目，鼓励学生参与科研活动，积极开展社会调查研究，参与产业化科研项目，培养具有创新精神、实践能力和社会责任感的优秀学生。

（三）创新团队建设项目，包括创新团队培育项目和创新团队项目。针对国家重大需求，提升承接国家和社会重大任务能力，为争取国家重大研究任务而开展的培育性研究项目。

（四）专项资助项目，支持开展多学科交叉的基础性、支撑性和战略性研究，支持围绕地方经济发展的前期培育研究，支持"一带一路"建设专项研究、支持"脱贫攻坚"专项研究；针对学校发展和改革中亟需解决的重要现实问题、前瞻性问题而设立的研究课题，为学校提供政策咨询与发展建议；支持学校人才队伍建设而设立的项目。

（五）科技成果转化项目，支持社会需求及地方经济发展的科技成果转化项目。

（六）重点科研平台建设项目，支持学校各级各类平台开放课题与运行建设，培育高级别科研平台。

第三章　项目库建设与立项

第七条　科研处、学生工作部、教务处和研究生处等部门作为各项目的归口管理部门，分别建立基本科研业务费项目库，实行动态调整；严格立项、评审、公示、跟踪、考核、结题等各环节的全过程管理，确保各环节公正、透明。

第八条　项目归口管理部门每年9月份启动下一年度基本科研业务费资助项目的申报工作，11月底前完成资助项目的申报、评审、遴选排序等工作，12月底前完成项目库建设工作。

第九条　申请人应具备下列条件：

（一）申请人应是我校在职人员或兼职人员、在读研究生或本科生，保证有足够的时间和精力从事项目的研究工作；本办法适用于我校在职人员和学校聘任的兼职人员以西北民族大学名义所承担的各类科研项目。

（二）每位项目负责人同期只能主持1项基本科研业务费项目，作为主要参加人员同期参与基本科研业务费项目数（含负责主持的项目数）不得超过3项。

第十条　申请项目的研究内容，应符合当年学校发布的项目申请通知和要求，提交《西北民族大学中央高校基本科研业务费项目申报与任务书》。原则上一般研究项目执行期为1—2年，重大研究项目的执行期不超过5年。

第十一条　项目申请者应提供研究内容的查新检索结果，避免与国家各类科研计划重复安排。

第十二条　项目归口管理部门根据经费分配情况，确定项目库中拟资助的项目以及资助额度，经领导小组审定后，在全校范围内进行公示。

第四章　经费管理

第十三条　科研处会同财务处根据下一年度基本科研业务费的预算情况，统筹规划、切块分配，并提交领导小组审定后，下达各项目归口管理部门。

第十四条　基本科研业务费各项费用的开支范围、形式、标准以及采购应当严格按照学校相关规定执行。

第十五条　基本科研业务费实行严格的预算管理和项目负责人制，项目负责人应科学编制项目支出预算和年度用款计划。

第十六条　各类科研项目的资助经费原则采取一次核定，分次拨付的方式划拨。

第十七条　项目经费开支范围包括设备费、材料费、测试化验加工费、数据采集费、差旅费、会议费、出版文献、信息传播、知识产权事务费、印刷费、宣传费、劳务费、专家咨询费和资料费等内容。

第十八条　基本科研业务费不得开支有工资性收入的人员工资、奖金、津补贴和福利支出；不得购置 40 万元以上的大型仪器设备；不得分摊学校公共管理和运行费用；不得作为其他项目的配套资金；不得用于偿还贷款、支付罚款、捐赠、赞助、投资等支出；也不得用于按照国家规定不得列支的其他支出。

第十九条　为增强预算执行的时效性，每年 6 月 30 日项目支出预算执行率不低于 50%，9 月 20 日不低于 75%，11 月 30 日前项目支出预算执行率达到 100%。财务处于每年 9 月 20 日后对各个项目预算执行情况进行初核，将未能按进度执行的项目经费适当统筹。

第二十条　使用基本科研业务费形成的资产属于国有资产，按照国家有关规定加强管理；形成的科研成果和科学数据等按学校相关规定统筹管理。

第五章　项目结题管理

第二十一条　项目完成后由项目归口管理部门负责组织验收，提交领导小组审定后，作出结题验收结论。

第二十二条　资助项目所产生的论文和专著应标注“中央高校基本科研业务费专项资金资助”（Supported by the Fundamental Research Funds for the Central Universities）中英文字样和项目编号。未标注者不纳入项目结项条件，每项成果只能登记（使用）一次。用于结项的成果的第一单位，必须是西北民族大学；第一作者或通讯作者必须是项目组成员。

第二十三条　基本科研业务费项目负责人因不可抗拒的客观原因无法完成项目的，应及时上报归口管理部门，并完成项目交接；因主观原因无法正常执行和结题的，学校将终止项目，收回剩余经费，并按学校有关规定追究其责任。

第二十四条　基本科研业务费项目执行过程中的其他问题，按照上级及学校有关规定执行。

第六章　绩效评价

第二十五条　学校对基本科研业务费的研究进展、科研产出、人才团队建设、资金使用情况等进行监测，并实施绩效评价，项目归口管理部门根据项目类别与要求分别制定项目绩效考核，项目申报时负责人应同时规范绩效目标，科学设置绩效指标，项目结束时项目负责人应进行绩效自评。

第二十六条　学校每年按要求报送上一年度基本科研业务费实施情况总结和绩效自评报告。

第七章　监督管理

第二十七条　学校相关部门对经费的预算执行、资金使用和财务管理等情况进行监督、检查，如发现有截留、挤占、挪用资金的，因管理不善导致资金浪费、资产损毁、效率低下的，不按要求上报项目执行报告材料以及不配合监督检查的，学校将采取缓拨、减拨、停拨经费等措施，督促项目负责人限期整改；对整改不力的项目，视情节给予通报批评、追回已拨付经费，取消其承担或参与中央高校基本科研业务费项目资格等处理。

第二十八条　建立预算安排与预算执行、实施绩效挂钩的奖惩机制。对未按照校内管理要求自行调整经费用途，预算执行缓慢或实施效果差的项目，应当及时调整和扣减当年预算，暂停安排以后年度预算等措施，强化激励约束。

第二十九条　项目负责人弄虚作假，剽窃他人科技成果，一经查出，撤销项目，追回已拨付项目经费，并取消其承担或参与中央高校基本科研业务费项目的资格。

第八章　附则

第三十条　本办法由科研处、财务处负责解释。

第三十一条　本办法自发布之日起执行。原《西北民族大学中央高校基本科研业务费管理办法（修订稿）》（民大发〔2017〕149 号）同时废止。

西北民族大学标志性科研业绩奖励办法（暂行）

第一章 总则

第一条 为进一步激发学校广大教职工开展科研活动的积极性、主动性、创造性，促进高水平、高质量科研成果产出，充分发挥重大标志性成果对“双一流”建设的支撑引领作用，结合学校实际，制定本办法。

第二条 本办法以鼓励创新、注重质量、奖励产出为原则，聚焦提高学校核心竞争力，创造具有重大影响力的标志性成果，不断提升学校的学术水平和社会影响力。

第三条 本办法所涉及的标志性科研业绩，是指以“西北民族大学”为第一完成单位，我校在职教职工所取得的重大科研业绩。

第四条 奖励对象为我校在职教职工，奖励发放时已经调离或因其他原因离职的人员不予奖励。

第二章 奖励标准

第五条 科研项目奖励

（一）科学技术项目奖励类别及金额

1. 获得国家自然科学基金重大研究计划项目、国家杰出青年科学基金项目、国家科技重大专项、国家重点研发计划项目，每项奖励 50 万元。

2. 国家自然科学基金重点项目、国家自然基金创新研究群体项目、国家优秀青年科学基金项目，每项奖励 30 万元。

（二）人文社会科学项目奖励类别及金额

1. 获得国家社科基金重大项目、国家社科基金艺术学重大项目、教育部哲学社会科学研究重大课题攻关项目、中央马克思主义理论研究和建设工程重大项目，每项奖励 50 万元。

2. 国家社科基金重点项目、国家哲学社会科学成果文库项目，每项奖励 30 万元。

第六条 高水平学术论文奖励

（一）科学技术学术论文奖励

1. 发表在《SCIENCE》《NATURE》《CELL》期刊的学术论文，每篇奖励 100 万元。

2. 发表在《SCIENCE》《NATURE》《CELL》系列子刊上的高水平 SCI 收录论文，影响因子大于等于 20 的每篇奖励 30 万元，影响因子大于等于 10 小于 20 的每篇奖励 10 万元。

3. 论文入选 ESI 前 3%（含 3%）的高被引论文，每篇奖励 30 万元。

4. 发表在当年中国科学院 JCR 期刊分区大类一区的 SCI 论文，每篇奖励 6 万元。

（二）人文社会科学学术论文奖励

1. 发表在《中国社会科学》上的论文，每篇奖励 10 万元。

2. 发表在当年科睿唯安 JCR 期刊分区 SSCI 一区论文、CSSCI 来源期刊中各学科排名第一的期刊上的论文，每篇奖励 6 万元。

第七条　获奖成果奖励

（一）科学技术获奖成果奖励类别及金额

1. 获得国家自然科学奖、技术发明奖、科技进步奖，学校按一等奖 300 万元、二等奖 100 万元予以奖励。

2. 获得教育部高等学校科学研究（科学技术）优秀成果奖，学校按一等奖 50 万元、二等奖 30 万元予以奖励。

3. 获得中国专利奖，学校按专利金奖 30 万、外观设计金奖 20 万予以奖励。

4. 获得甘肃省科学技术（专利）奖，学校按一等奖 30 万元予以奖励。

（二）人文社会科学获奖成果奖励

1. 获得教育部高等学校科学研究（人文社会科学）优秀成果奖，学校按特等奖 100 万元、一等奖 50 万元、二等奖 30 万元予以奖励。

2. 获得中宣部“五个一工程”奖，学校给予 20 万元奖励。

3. 获得全国民族研究优秀成果奖、全国民族工作优秀调研报告，学校分别按一等奖 10 万元和 6 万元予以奖励。

4. 获得甘肃省哲学社会科学优秀成果奖，学校按一等奖 6 万元予以奖励。

第八条　应用类成果奖励

咨询报告或政策建议等被国家领导人做出肯定性批示或被国家级有关部门采纳进政府决策的成果，奖励 20 万元。

第九条　科研创新平台（含智库）奖励

获批教育部重点实验室、教育部工程研究中心、教育部国际合作联合实验室和教育部人文社科重点研究基地等平台或国家级智库，奖励 50 万元。

第十条　科研创新团队（群体）奖励

获批国家级创新群体和教育部创新团队，奖励 50 万元。

第十一条　高端人才奖励

入选“千人计划”“万人计划”杰出人才，奖励 100 万元；入选“万人计划”领军人才、“长江学者奖励计划”特聘教授、人社部“百千万人才工程国家级人选”和中宣部“四个一批”人才，奖励

50 万元；入选“万人计划”青年拔尖人才、“长江学者奖励计划”青年学者，奖励 30 万元。

第十二条　高水平学术论文奖励若我校教职工为通讯作者，第一作者须为我校或与我校联合培养的学生。

第三章　奖励实施

第十三条　奖励以按照《西北民族大学科研成果登记和认定管理办法（修订）》登记的科研业绩为依据，由个人申请、本人所在单位与科研处审核后报校学术委员会审议，经校长办公会议研究决定后奖励。

第十四条　凡无故不按学校规定进行科研成果登记的科研项目和成果，可视为是项目和成果完成者及单位自动放弃奖励申请权。虚报和故意提升奖励级别档次所填报的科研项目和成果，一经发现，取消奖励资格，并追回奖励资金。

第十五条　同一成果符合多个奖励条件时，按最高奖金额奖励一次，奖金由第一完成人内部自行分配，分配结果经学院审核后报科研处核定。

第十六条　对存在学术不端行为的科研成果不予奖励，对已进行奖励的予以追回。

第十七条　未列入本办法范围的科研成果或成果认定出现异议时，由当事人向科学研究专门委员会办公室提出申请，办公室核实后提交科学研究专门委员会裁定。

第十八条　学校对拟奖励标志性科研业绩进行公示，公示期为 5 个工作日。如在公示期内有异议可向科研处提出，公示期过后原则上不予受理。

第十九条　获得标志性科研业绩奖励的奖金一次性发放，属于税前奖励，个人所得税按照相关税收政策执行，由学校财务处统一代扣、代缴。

第二十条　未纳入标志性科研业绩奖励范畴的科研业绩，根据《西北民族大学科研工作量计算办法》的计分规则发放科研业绩绩效津贴。

第四章　附则

第二十一条　本办法由科研处负责解释并适时提起补充修订。

第二十二条　本奖励办法自发布之日起执行。原《西北民族大学科学研究奖励办法（修订）》（民大发〔2017〕229 号）同时废止。

西北民族大学学术交流活动管理办法

第一章　总则

第一条　为鼓励和支持各单位和教师积极开展国内外学术交流，追踪学科发展新动态，营造浓郁的学术氛围，提高学校学术知名度，大力推进高水平大学和一流民族大学建设，结合学校实际，制订本办法。

第二条　举办学术交流活动应结合学校学科建设、教学、科研和人才培养的实际需要，有明确的主题、具体的计划、详细的预算、完备的审批手续、规范的管理、明显的成效。

第三条　学校设立学术活动专项经费，用于支持学校开展高层次的学术交流活动，由科研处管理和组织实施。

第二章　学术交流的范围

第四条　本办法所指学术交流活动包括以下内容：

（一）由学校主办、承办或协办的国际性学术会议、全国性学术会议和区域性学术会议。国际性学术会议指与会者来自 3 个或 3 个以上国家和地区（不含港、澳、台及国内其他地区）的学术会议；全国性学术会议指由中央国家机关有关部门或全国性学术团体主办，我校承办或协办的学术会议；区域性学术会议指由省部有关部门或区域性学术团体主办，我校承办或协办的学术会议。

（二）邀请国（境）内外专家学者来校开展的讲学、学术报告、学术研讨会；

（三）学校教师参加与我校学科相关的国（境）内外高水平学术会议。

（四）校内开展的各类学术研讨会、报告会。

第五条　以下内容不属于学术交流活动：

（一）各类课程教学活动；

（二）为学生开设的实验、实习活动；

（三）各单位举办的学习经验交流、读书活动；

（四）其他教学或学习交流活动。

第三章　学术交流的管理

第六条　学术交流活动按照“分层管理、各负其责”的原则，严格执行学术交流管理程序和制度，注重学术交流的效果。

第七条 学术交流的举办单位要对学术交流内容严格把关，不得违反国家有关法律、法规，不得散布、传播有反动、传教、消极、淫秽和含有伪科学的内容，不得发表攻击我国政府和政策法规的言论，不得发表宗教传播性质的言论。对邀请专家和参加我校举办学术会议的代表，各举办单位要制定切实可行的措施，保证专家和会议代表的人身和财产安全，保证学术活动的正常开展。

第八条 学校教师外出参加国内、国（境）外各类学术交流活动要注意加强与校外相关单位和专家的联系，积极宣传我校学术成就，扩大我校的学术影响，不得从事有损学校形象的活动。

第九条 凡是以学校名义主办或承办的各级各类学术会议实行“一会一报”制。国际性学术会议，相关单位须提前一年申请立项，经国家民委批准后方可举办；全国性学术会议、区域性学术会议，相关单位须在办会当年年初向科研处提交西北民族大学学术会议申办表并附申办报告，经校长办公会议研究批准后各单位按计划开展学术交流活动。校内开展的各类学术研讨会、报告会，相关单位须向科研处提出申请并履行相关审批手续后方可开展活动。

第十条 各单位主办或承办的国际、国内学术会议，会后 10 个工作日内须提交会议总结报告至科研处、国际处（仅限国际会议），并将全套资料（包括纸质资料、图片、声像及其他电子文档等）报送学校档案馆，以便立卷、归档。各单位科研秘书负责将会议情况按要求及时填录至科研管理系统。

第十一条 各单位邀请国内专家学者来校学术交流，须提前两周填写《西北民族大学举办学术讲座、报告会审批表》报科研处和宣传部审批；邀请国（境）外专家来校进行学术交流还须提前一个月填写《西北民族大学邀请国（境）外专家短期讲学申请表》报国际合作交流处和科研处审批。学术活动开始前三天将学术活动预告报至科研处，学术活动结束后做好相关宣传报道工作并由科研秘书负责将学术讲座情况按要求及时填录至科研管理系统。

第十二条 各单位邀请来校学术交流的专家学者原则上应具有副高（或相当于）及以上职称或在行业中有较高建树和影响力的专业人士。为提高学术交流活动的受益面，突显学术交流活动服务于学科、教学、科研及师生的目的，各单位举办的各类学术交流活动，应鼓励更多本科生、研究生参加，师生参加人数不少于 50 人。

第十三条 参加国内学术会议，需凭会议主办单位发出的邀请函或论文录用通知及参会书面通知，按照《西北民族大学国内差旅费管理办法》履行相关审批手续。

第十四条 参加国（境）外学术会议，需凭会议主办单位发出的邀请函或论文录用通知及参会书面通知，按照《西北民族大学教职工出国（境）管理规定》履行相关审批手续。

第十五条 为提高会议的受益面，会议结束后，参加学术会议的教师应将会议资料向所在学科所在专业的教研室、科研平台进行口头或书面汇报交流，同时由单位科研秘书负责将参会情况按要求及时填录至科研管理系统。

第四章　经费管理

第十六条　学校学术活动专项经费主要资助各单位举办的国际、国内学术会议、邀请国内、国（境）外专家学者来校学术交流等活动；学术活动专项经费执行年度总额控制，超支不补，结余不结转下年，不足部分从相关经费中统筹列支。

第十七条　各单位以学校名义主办或承办的各类学术会议，在会前均应做详细的经费预算。

第十八条　学校学术活动经费使用的范围和标准按照《西北民族大学会议经费管理办法》执行。专家讲座酬金参照《西北民族大学培训费管理办法》的发放标准执行。

第五章　附则

第十九条　本规定由科研处负责解释并适时提出修订。

第二十条　本规定自发布之日起执行。原《西北民族大学学术活动及其经费管理办法》（民大发〔2007〕162 号）同时废止。

西北民族大学科研工作量计算办法

第一章　总则

第一条　为进一步深化学校科研体制机制改革，完善学校科研评价体系，推进科研成果由数量向质量转变，不断提高学校科研的整体水平和学术影响力。根据《西北民族大学高水平大学建设方案》和《西北民族大学“双一流”特色建设工程实施方案》等有关精神，特制定本办法。

第二条　纳入科研工作量核算的科研项目和成果均须署名西北民族大学，且我校在职教职工为主要完成（承担）人完成的各类研究成果，主要包括科研平台、科研项目、论文、著作、咨询报告、专利、成果获奖等。我校不具有知识产权的学术成果不予认定。

第三条　所有科研项目和成果必须按照《西北民族大学科研成果登记和认定管理办法》的规定进行登记，未按时登记的不予认定。

第二章　科研工作量化标准

第四条　科研工作量的核算采用积分制，科研工作量以“分”为计算单位。绩效加权系数是指根据科研业绩贡献情况，在核定科研业绩绩效津贴时设定的调节指数。

（一）科研平台

平台类别	验收评估			绩效加权系数
	优秀	良好	合格	
国家级科研平台、创新团队（群体）	10000	5000	3000	--
省部级科研平台、创新团队（群体）	5000	3000	1000	--
省高校科研平台	2000	1000	500	--

说明：

1. 各类科研平台指以西北民族大学为第一依托单位申报获批的国家级、省部级及地厅级科研平台。

2. 科研平台包括重点实验室、工程技术研究中心、人文社科重点研究基地、智库及协同创新中心。

3. 科研平台按照主管部门规定必须以企业为第一申报单位，学校作为合作单位的，按同级科研平台的 50% 计算科研工作量。

（二）科研项目

级别		类别	按当年到账经费每万元计分		绩效加权系数
			理工类	人文类	
国家级	G1	重大项目	800	1600	--
	G2	重点项目	700	1400	--
	G3	一般项目	600	1200	2.5
	G4	地区项目			2
省部级	S1	重大项目	550	1100	1.5
	S2	重点项目	500	1000	1.3
	S3	一般项目	450	900	1.1
地厅级			250	500	--
横向项目			400	400	--

说明：

1. 项目级别的认定见附件。

2. 科研项目计分仅适用于项目第一申报单位为西北民族大学且第一申报人为我校教职工的科研项目。项目申报受理主管部门规定必须以企业为第一申报单位，学校作为合作单位申报的纵向科研项目，按照学校到账经费占项目总经费的比例乘以对应级别科研工作量进行折算。

3. 间接经费不计算科研工作量。

（三）学术论文

级别	范围	分值	绩效加权系数
T1	Nature、Science、Cell 正刊及其子刊	50000	--
T2	论文入选 ESI 前 3% 的高被引论文	20000	--
A1	《中国社会科学》、SCI 一区期刊	5000	--
A2	CSSCI 来源期刊库中各学科排名第一的期刊；《中国科学》、《科学通报》；SCI 二区期刊、SSCI 、A&HCI 刊源期刊	4000	6
B1	CSSCI 来源期刊库中各学科排名前 10%（四舍五入、除上述 A2 类期刊以外）的期刊；SCI 三区期刊；新华文摘（3000 字及以上），人民日报、光明日报理论版（理论周刊，2000 字及以上）	3000	4.3
B2	CSSCI 来源期刊库中各学科排名在前 30%（四舍五入、除上述 A2、B1 类期刊以外）的期刊；SCI 四区期刊；EI 刊源期刊；新华文摘（3000 字及以下），人民日报、光明日报理论版（理论周刊，2000 字及以下），人大报刊复印资料（全文转载）	2000	3.5
C1	CSSCI 刊源期刊库中除上述 A2、B1、B2 类以外的期刊；CSCD 核心版来源期刊目录中的期刊	1200	2.6
C2	中文核心期刊、CSSCI 和 CSCD 扩展版来源期刊目录中的期刊、EI 会议检索 /CPCI-S（ISTP）/CPCI-SSH（ISSHP）	600	--
D	一般学术期刊（不含增刊、内刊）	100	--

说明：

1. 学术论文计分仅适用于第一作者或通讯作者（第一作者必须为我校或与我校联合培养的学生）以西北民族大学为第一署名单位发表的学术论文。

2. 被 SCI、EI、SSCI、A & HCI 等收录的学术论文，以当年教育部科技工作查新站、中国科学院文献情报中心等机构提供的检索证明为准；SCI 分区以中国科学院文献情报中心当年发布的分区表（大类）为准；CSSCI 收录的学术论文以当年南京大学中国社会科学研究评价中心公布的期刊目录为准；CSCD 收录的学术论文以当年中国科学院文献情报中心公布的期刊目录为准；中文核心期刊以当年北京大学发布的《中文核心期刊要目总览》为准。

3. 同一篇学术论文按期刊分级就高计算工作量，若在计算工作量后达到更高类别，需扣除已计算工作量部分后补差。

4. 教师指导学生发表论文以西北民族大学为第一署名单位，并且明确标注教师为通讯作者或其指导教师的论文按相应级别给指导教师计算工作量（限 C2 及以上级别论文）。

5. 在 C2 及以上级别刊物上公开发表的文艺作品，按 100 分 / 幅（篇）计算科研工作量，其他刊物上发表的文艺作品不计算科研工作量。

6. 一人在同一期刊、报刊上发表 4 幅（篇）以上（含 4 幅或篇）文艺作品按一组对待，每组作品按照 400 分计算科研工作量。

7. 各类学术研讨会获奖论文按照一般学术期刊论文计算科研工作量。

8. 发表在少数民族语言类期刊（正刊）的学术论文，其科研工作量的认定与该学术期刊的汉文版同等对待。

（四）著作

级别	范围	分值	绩效加权系数
A 类出版社	学术专著	120 分 / 万字	1.2
	编著、译著、工具书、古籍整理等学术类著作及科普类著作	100 分 / 万字	1.1
B 类出版社	学术专著	60 分 / 万字	--
	编著、译著、工具书、古籍整理等学术类著作及科普类著作	50 分 / 万字	--
C 类出版社	学术专著	30 分 / 万字	--
	编著、译著、工具书、古籍整理等学术类著作及科普类著作	20 分 / 万字	--

说明：

1. 学术著作计分仅适用于第一作者以西北民族大学为第一署名单位出版的专著、译著、工具书、古籍整理等学术类著作及科普类著作且注明作者为西北民族大学教职工。

2. 出版社分类：

A 类：中华书局、商务印书馆、三联书店、人民出版社、上海古籍出版社、人民文学出版社、人民教育出版社、高等教育出版社、科学出版社、外语教学与研究出版社、中国社会科学出版社、中国科学技术出版社、社会科学文献出版社、中国藏学出版社、民族出版社（仅限于民族语言文字类书籍）。

B 类：民族出版社（汉语言文字类书籍）、北京大学出版社、清华大学出版社、中国人民大学出版社以及国务院各部门直属的出版社。

C 类：除 A 类、B 类以外的其他正式出版社。

3. 公开出版的个人论文集视作著作类成果计分；多人合作撰写公开出版的论文集只按单篇论文计算科研分，每篇论文按照该论文集总字数、出版社级别核定的总分数除以总篇数计分（四舍五入），论文集主编另计 1 篇论文分。

4. 出版物属于教材的不在计分范围。

5. 在正式出版的画册或个人作品集中发表的作品，按照 A 类出版社 100 分 / 幅、B 类出版社 60 分 / 幅、C 类出版社 30 分 / 幅计算科研工作量。

（五）应用类研究成果

类别		分值	绩效加权系数
专利	获授权的欧美日发明专利	8000	2.8
	获授权的国内发明专利	4000	2.8
	获授权的国内实用新型专利	400	--
	获授权的国内外观设计专利	200	--
计算机软件著作权登记		200	--
标准类	国家标准	8000	7.2
	行业标准	5000	4
	地方标准	2000	3.5
咨询报告	咨询研究报告被国务院采纳或得到党和国家领导人肯定性批示	10000	--
	咨询研究报告被省部级党、政机关采纳或得到省部级主要领导肯定性批示	2000	8.5
	咨询报告或政策建议被地市州级党委政府采纳	1000	6

说明：

1. 专利、软件著作权须以“西北民族大学”为专利权人或著作权人。

2. 标准、咨询报告须以“西北民族大学”为第一署名单位。

3. 咨询研究报告被采纳，以政府、党委部门公章、公函或在任主要领导人批示为依据。

（六）科研成果获奖

类别		获奖等级、分值及绩效加权系数						
		特等	一等	系数	二等	系数	三等	系数
国家科学技术五大奖		200000	100000	--	60000	--	--	--
教育部高等学校科学研究优秀成果奖		50000	30000	--	10000	--	5000	6
国家民委民族问题研究优秀成果奖		--	8000	--	4000	4.7	2000	3.5
国家民委优秀调研报告		--	8000	--	4000	3.5	2000	3.5
甘肃省科学技术奖		--	8000	--	4000	7.2	2000	6
甘肃省专利奖		--	8000	--	4000	7.2	2000	6
甘肃省哲学社会科学优秀成果奖		--	8000	--	4000	3.5	1000	3.5
其他部级科研获奖		--	4000	--	2000	--	1000	--
地厅级		--	1000	--	800	--	500	--
中国专利奖	专利金奖	10000			--			
	外观设计金奖	6000			--			
	专利优秀奖	3000			6			
	外观设计优秀奖	2000			3.5			
国家级学会奖		200			--			
省部级学会奖		100			--			

说明：

1. 我校作为非第一完成单位获得的奖励，科研工作量 = 计分标准 ×（1/ 我校排名序号）×（1/ 我校完成人排名序号）。

2. 同一成果多次获奖就高计算工作量，在计算工作量后达到更高类别，需扣除已计算工作量部分后补差。

3. 其他部级科研获奖的获奖证书上需盖有关部委“国徽章”。

4. 国家级或省部级学会须由民政部批准成立并注册登记。

（七）艺术作品获奖及展（演）出

1. 艺术作品获奖

类型（仅限教师本人或本人作品参赛）	获奖等级及分值			绩效加权系数
	一等奖（金奖）	二等奖（银奖）	三等奖（铜奖）	
《全国性文艺新闻出版评奖管理办法》、《全国性文艺新闻出版评奖整改总体方案》规定奖项；全国美术作品展（届展）	20000	10000	6000	4
全国展览（演）（中国美协、中国音协、中国舞协、中国文联等与中央及国务院各部委联合主办）	10000	6000	5000	3
省级展览（演）（中国美协、中国音协、中国舞协、中国文联等与省级主管部门联合主办）、敦煌文艺奖	8000	4000	2000	2
省文联、美协、音协等与省级主管部门联合主办的展（演）出、比赛	1000	500	300	--

2. 艺术作品展（演）出

类型（仅限教师本人或本人作品参赛）	级别			绩效加权系数
	国家级	省部级	市级	
在国家级、省级、市级美术馆、剧院、剧场举办个人专场作品展、音乐会、演唱会	3000	1000	500	--
作品被国家级、省级、市级文博单位、艺术馆收藏	2000	400	100	--
作品在国家级、省级、市级媒体播出	1000	200	100	--
作品入选国家级、省级、市级美术作品展览	1000	200	100	--

说明：

（1）艺术作品获奖及展（演）出计分仅适用于教师本人或本人作品代表西北民族大学参加的各类展演、竞赛等活动。

（2）如参加比赛不设等级只设名次，按照一等奖取第 1 名、二等奖取第 2—3 名、三等奖取第 4—6 名计算科研工作量。

（3）同一作品多次获奖就高计算科研工作量，在计算科研工作量后达到更高类别，需扣除已计算科研工作量部分后补差。

（4）由中国美协单独举办的美展可按相应级别比赛计算科研工作量，中国美协与非政府部门举办的比赛不计算科研工作量。

（5）美术作品入选须提供入选证书。

（八）体育竞赛获奖

获奖类别（仅限教师本人参加比赛）	获奖名次			绩效加权系数
	第 1 名	第 2–3 名	第 4–8 名	
中华人民共和国全国运动会、中华人民共和国学生运动会、中华人民共和国少数民族传统体育运动会、全国青年运动会	20000	10000	6000	4
国家体育总局各单项体育协会举办的赛事	10000	6000	5000	3
甘肃省运动会、甘肃省少数民族传统体育运动会	8000	4000	2000	2
省级其它比赛	1000	500	300	--

说明：体育竞赛获奖计分仅适用于教师本人代表西北民族大学参加的各类体育竞技比赛。

第三章　附则

第五条　本办法所指的科研项目和成果，均指当年立项或当年已经正式发表、出版及取得的科研项目和成果。

第六条　多人合作完成的科研项目和成果只计算一次科研工作量，由第一承担或完成人与其他合作者协商分配，分配结果经学院审核后报科研处核定。

第七条　获得优秀奖的科研成果，若该奖项不设等级，按三等奖认定；若该奖项设有等级按三等奖减半计算科研工作量。

第八条　学校根据年度奖励绩效总额将科研工作量积分换算成科研业绩绩效津贴发放给成果完成人。

第九条　本办法由科研处负责解释并适时提起修订。

第十条　本办法自发布之日起执行。原《西北民族大学科研工作量计算办法（修订）》（民大发〔2017〕228 号）同时废止。

西北民族大学重点实验室建设与运行管理办法

第一章　总则

第一条　为规范和加强各级各类重点实验室的建设与运行管理，提高我校科研水平和持续创新能力，根据《关于扩大高校和科研院所科研相关自主权的若干意见》《国务院关于优化科研管理提升科研绩效若干措施的通知》《教育部重点实验室建设与运行管理办法》《国家民委重点实验室管理办法》《教育部重点实验室评估规则（2015 年修订）》《甘肃省重点实验室建设与运行管理办法》等文件精神，结合学校实际，制定本办法。

第二条　本办法涉及的重点实验室包括：国家、省、部、厅、学校批准组建的重点实验室。

第三条　重点实验室是以具有明显特色和优势学科为载体的科技创新平台，是学校科技创新体系的重要组成部分，是组织高水平研究、聚集和培养优秀科技人才、开展学术交流的重要基地。

第四条　重点实验室建设的主要任务是根据国家和地方经济、社会和科技发展战略目标，开展创新性研究，培养创新型人才，为解决经济和社会发展的重大问题提供技术和人才支撑。

第二章　管理职责

第五条　国家和地方上级主管部门对我校重点实验室实行宏观管理、指导和组织重点实验室的建设、运行管理与评估。

第六条　学校成立由校长任主任、分管校领导任副主任，科研处、发展规划与学科建设处、教务处、国有资产管理处、财务处、组织人事部、研究生处、实验教学部等部门主要负责人参加的重点实验室管理委员会，管理委员会下设办公室，办公室设在科研处。管理委员会负责协调解决重点实验室发展中的重大问题，具体职责如下：

（一）为重点实验室建设和发展创造必要的资源保障和国内外合作与交流的条件；

（二）依靠重点实验室学术委员会，指导确定重点实验室的研究方向、科研任务和建设目标，并上报主管部门；

（三）支持重点实验室的队伍建设，鼓励重点实验室与学科建设相互协调、共同发展；

（四）对重点实验室进行年度考核和中期检查，配合上级主管部门做好重点实验室的验收、评估工作。

第七条　重点实验室的依托单位是所在学院或科研院所，依托单位应积极支持并督促重点实验室履行以下主要职责：

（一）积极开展科技创新和高水平人才培养工作；

（二）组织承担国家各级各类科研任务，主动承担与国家和地方经济建设发展有紧密联系的科技项目；

（三）培植科技成果，组织申报各级各类科技奖励，发表高水平学术论文，申报专利，出版学术专著等，推进科技成果转化与产业化；

（四）凝炼研究方向，凝聚科研队伍，培养和引进优秀人才，建设一支人员结构相对合理的高水平创新团队；

（五）积极开展国内外学术交流活动，努力扩大重点实验室在国内外的学术影响力；

（六）接受上级主管部门和学校的考核、检查与评估。

第三章　培育建设

第八条　重点实验室的建设应与学校整体建设发展相协调，必须配合和促进相关学院的教学、科研、学科建设与人才培养工作。

第九条　根据学校学科建设总体布局与发展重点，立项建设校级重点实验室，进行重点建设和扶持，并做好监督和管理工作。选择建设取得明显成效的校级重点实验室，或整合现有重点实验室及相关学科优势资源，重组新的重点实验室，按程序申报高一级重点实验室。

第十条　获上级主管部门立项建设的重点实验室应按要求并结合学科建设的发展做好建设发展规划或计划任务书，并认真落实和执行，按时按质完成建设任务，确保顺利通过上级主管部门组织的验收。

第十一条　重点实验室建设期间，学校将按不低于上级主管部门文件的要求给予配套建设资金。重点实验室应对配套建设资金的使用制订详细方案，经学校审批后执行。

第十二条　重点实验室建成后，学校将不断改善和更新其硬件条件，改革和创新管理体制与机制，创造有利于重点实验室建设与发展的政策环境。重点实验室也应从多种渠道筹措资金，完善和提高其科研条件，并加强学术氛围与人文环境建设。

第十三条　上级主管部门下拨给重点实验室的建设和运行费等资金，按上级主管部门的相关规定专款专用。

第四章　运行管理

第十四条　重点实验室实行“开放、流动、联合、竞争”的运行机制，通过竞争、流动，建立一支相对稳定、结构优化、素质较高的研究队伍。应逐步建立创新机制，营造有利于科技人员不断创新的环境和氛围。

第十五条　重点实验室实行学校主管、学院或研究院所领导下的主任负责制。重点实验室主任负责实验室的全面工作，包括实验室安全工作。

第十六条　重点实验室主任应是本领域的学术带头人，具有较强的组织管理能力和水平，由依托单位推荐、学校聘任，年龄一般不超过 60 岁，首次聘任时一般不超过 55 岁，每届任期 5 年，一般连任不超过 2 届。

第十七条　重点实验室设学术委员会，学术委员会是重点实验室的学术指导机构，主要任务是审议重点实验室的目标、任务和研究方向；审议重点实验室的重大学术活动、年度工作；审批开放研究课题等。学术委员会每年至少举行一次全体会议，每次开会实到人数不少于总人数的 2/3。

第十八条　学术委员会由国内外优秀专家学者组成，人数不少于 9 人的单数，年龄原则上不超过七十岁，其中本校人员不超过 1/3，委员每届任期 5 年，一般连任不超过 2 届，每次换届应更换 1/3 以上委员。学术委员会主任由非本校的人员担任，主任和委员由学校聘任，并报上级主管部门备案。

第十九条　学校依据上级主管部门相关文件的规定，为重点实验室提供建设运行经费。主管部门有明确经费投入要求的，严格按照相关规定执行；主管部门无明确规定的，学校原则上每年为每个省部级及以上重点实验室投入 20 万元，为每个省部级以下重点实验室投入 10 万元，作为重点实验室的建设运行经费，经费由实验室主任负责开支，并严格按照学校财务管理制度执行。

重点实验室建设运行经费包括开放运行费、基本科研业务费、科研仪器设备费：

（一）开放运行费用于维持实验室正常运行，完成日常工作任务所产生的费用。包括办公耗材、学术委员会会议费、设备设施维护维修费、印刷费、公共试剂和耗材费、测试化验加工费；

（二）基本科研业务费用于实验室围绕研究方向开展科学研究所产生的费用。包括开放课题费、学术交流与调研费、成果产出费、专家咨询费、劳务费；

（三）科研仪器设备费用于按照科学研究工作需求进行的仪器设备更新改造等发生的费用。包括设备购置费、设备改造升级、仪器设备研制及配套设施购置。

第二十条　重点实验室应根据研究方向设置开放课题，吸引国内外优秀科技人才，加大开放力度，积极开展国际和国内合作与学术交流。

第二十一条　重点实验室由固定人员和流动人员组成。固定人员包括研究人员、技术人员和管理人员；流动人员包括访问学者、博士后研究人员。重点实验室通过聘用合同明确工作职责、任务、聘期及在岗工作时间等。

第二十二条　重点实验室应加强知识产权保护。固定人员与流动人员在重点实验室完成的研究成果（包括专著、论文、软件、数据库等）均应署本重点实验室名称，专利申请、技术成果转让按学校有关规定办理。

第二十三条　重点实验室要建立健全内部规章制度，重视和加强科研业务管理；注重仪器设备和计算机网络的建设与使用效率，符合开放条件的仪器设备都要对外开放；重视学风建设和科学道德建设，加强数据、资料、成果的科学性和真实性审核以及保存工作，建立实验室档案管理制度、工作流程和动态数据库。

第二十四条　重点实验室要加强运行安全管理。安全防范设施和装备齐全有效，配齐配强实验室安全队伍，按照“全员、全程、全面”的要求，开展面向师生的实验室安全相关法律、法规、规章和标准内容教育，通过案例式教学、规范性培训和定期的检查考核等方式，提高教学科研的针对性和实效性，同时要丰富教学内容，创新方式方法，严格实验室安全准入制度，以学生的规范动作预防后续学习、工作中的常规性错误。

第二十五条　加强重点实验室信息化工作。重点实验室必须建立独立的网站，确保运行良好并及时更新信息；将网站建成重点实验室成果的展示窗口和促进学术交流的载体。

第五章　考核评估

第二十六条　对重点实验室的考评主要包括年度考核和周期评估。学校将积极配合上级主管部门，加强组织和实施重点实验室的考评工作。

第二十七条　学校职责范围的考评工作由管理委员会负责组织和实施。学校每年对重点实验室工作进行年度考核，考核结果报上级管理部门备案；凡年度考核不合格的重点实验室，学校将责令其限期整改，缓拨或停拨运行费。

第二十八条　重点实验室应根据主管部门实验室评估的有关文件规定接受评估。校级重点实验室评估，以三年为一个评估周期。在一个评估周期内，应主办 1 次全国性学术会议且完成以下 3 项任务中的 1 项：

（一）被批准为高级别重点实验室。

（二）获得标志性科研业绩 1 项。

（三）获得项目、成果、奖项、经费等方面达到下面 2 项（根据西北民族大学科研工作量计算办法）：获得国家级项目 1 项，或获得省部级科研项目 2 项；发表论文 A2 类 1 篇，B1 类 2 篇，或 B2 类 4 篇；在 A 类出版社出版学术著作 2 部，或在 B 类出版社出版学术著作 4 部；获得省部级奖项 1 项；外来到账经费 50 万元。

第六章　附则

第二十九条　本办法执行过程中，如与上级部门规定不一致，执行上级部门规定。

第三十条　本办法自发布之日起执行。原颁布的《西北民族大学重点实验室建设与运行管理办法（修订）》（民大发〔2017〕239 号）同时废止。

第三十一条　本办法由科研处负责解释。

西北民族大学人文社会科学重点研究基地管理办法

第一章　总则

第一条　为规范和加强学校人文社会科学重点研究基地建设与管理，进一步推动学校人文社会科学的繁荣发展，根据《关于扩大高校和科研院所科研相关自主权的若干意见》《国务院关于优化科研管理提升科研绩效若干措施的通知》等文件精神和相关要求，结合我校具体情况，特制定本办法。

第二条　学校的人文社会科学重点研究基地（以下简称重点研究基地）主要包括省部级人文社会科学重点研究基地、地厅级人文社会科学重点研究基地和校级人文社会科学重点研究基地。

第三条　省部级重点研究基地建设和管理严格按上级主管部门有关规定执行，地厅级、校级重点研究基地建设和管理参照省部级重点研究基地有关管理办法执行。

第二章　管理体制

第四条　重点研究基地实行基地主任负责制，其主要职责：

（一）根据上级部门确定的目标，负责制定并全面实施重点研究基地建设方案；

（二）实施学术委员会确定的科研发展规划，制定内部管理制度；

（三）负责聘任副主任及专兼职研究人员；

（四）负责重点研究基地的日常管理工作，筹集和批准使用经费；

（五）负责向学校科研管理部门及上级主管部门汇报重点研究基地建设工作。

第五条　重点研究基地主任由学校聘任，并签订聘任合同书。主任原则上不超过65岁。因各种原因不能正常履行职责的主任，应及时予以调整。

第六条　重点研究基地研究人员实行“开放、流动、竞争、合作”的聘任制，由主任按“带（给）课题和经费进基地、完成课题后出基地”的要求聘任，并签定聘任合同，合同要明确聘任时间、专职或兼职岗位责任和义务、承担的科研任务和要求、受聘期间的待遇及奖惩措施等。

第七条　重点研究基地设立学术委员会作为学术研究指导机构，其主要职责和工作程序：

（一）制定和修订学术委员会章程；审议重点研究基地的学术研究方向及中长期研究发展规划；参与重大项目和其它开放研究课题的评审并提出资助额建议；参与重大成果的评审鉴定工作；对重大课题经费的合理使用提出建议并监督。

（二）学术委员会组成人员为单数且不少于 5 人。委员由省内外同学科领域的知名学者组成，年龄原则上不超过 65 岁且身体健康，注意吸收中青年学者；学术委员会成员（包括正副主任）中本校学者不应超过三分之一；学术委员会组成人员名单应报送上级主管部门和学校备案，学术委员会主任由全体学术委员会成员选举产生，由校长聘任；重点研究基地主任不能兼任学术委员会主任。

（三）学术委员每届任期四年，每届更换人数不得少于三分之一；学术委员会每年至少举行一次全体会议；委员如不能参加会议，可通过通讯的办法将会议内容抄告，并听取委员意见。

第三章　项目成果管理

第八条　重点研究基地要整合相关学术领域的科学研究资源，把承担重大科研项目、产出具有创新性和高水平的科研成果当作基地建设的首要任务，要积极申报各类纵向课题，主动承担部委、省、市有关单位的委托研究项目。

第九条　重点研究基地应充分发挥基础研究的优势，瞄准学科前沿，增强创新意识，树立精品意识，力争产出填补学科空白和具有学术前瞻性的创新成果，形成高水平学术论文和著作。

第十条　重点研究基地要加强对社会重大现实问题的研究，为党和政府的重大决策提供有建设性和影响力的咨询报告。

第十一条　重点研究基地成果须标注“××× 人文社会科学重点研究基地研究成果”字样，用英文出版的研究成果须按上述要求用英文标注，未标注成果，项目结题、基地评估不予认定。

第四章　经费管理

第十二条　重点研究基地建设经费须专款专用。上级主管部门有经费投入的，严格按照主管部门管理规定执行；主管部门无经费投入的，学校原则上每年为每个省部级及以上重点研究基地投入 20 万元，省部级以下重点研究基地投入 10 万元，作为重点研究基地的建设运行经费。

重点研究基地建设运行经费包括开放运行费、基本科研业务费、图书资料费：

（一）开放运行费用于维持基地正常运行，完成日常工作任务所产生的费用。包括学术会议经费、办公设备及耗材（含设备设施维护维修费）、印刷费等；

（二）基本科研业务费用于基地围绕研究方向开展科学研究所产生的费用。包括开放课题费、学术交流与调研费、成果产出费、专家咨询费、劳务费等；

（三）图书资料费：指在图书（包括外文图书）、学术期刊购置费，资料收集、整理、复印、翻拍、翻译费，专用软件购买费，文献检索费等。

第五章　评估考核

第十三条　重点研究基地负责人根据基地建设标准，全面管理和协调基地的建设与发展。重点研究基地每年年初向科研处报送年度建设任务和经费使用计划、年底报送年度总结报告。

第十四条　人文社会科学重点研究基地依据上级有关文件进行评估考核。校级人文社会科学重点研究基地以三年为一个考核周期，在一个周期内，应主办 1 次全国性学术会议且完成以下 3 项任务中的 1 项：

（一）被批准为省部级重点研究基地。

（二）获得标志性科研业绩 1 项。

（三）获得项目、成果、奖项、经费等方面达到下面 2 项（根据西北民族大学科研工作量计算办法）：获得国家级项目 1 项，或获得省部级科研项目 2 项；发表论文 B1 类 1 篇，或 B2 类 2 篇，或 C1 类 3 篇；在 A 类出版社出版学术著作 2 部，或在 B 类出版社出版学术著作 4 部；获得省部级奖项 1 项；外来到账经费 30 万元。

第六章　附则

第十五条　本办法从发布之日起执行，原《西北民族大学人文社会科学重点研究基地管理办法（试行）》（民大发〔2011〕217 号）同时废止。

第十六条　本办法由科研处负责解释。

西北民族大学二级单位内设科研机构管理办法

第一章　总则

第一条　为了进一步规范和加强二级单位内设科研机构的管理，推动我校科研创新，促进学科建设和人才培养，加快一流民族大学建设，根据上级有关创新基地和平台建设的要求，结合我校科研机构特点，制定本办法。

第二条　本办法所指的二级单位内设科研机构是指学校正式批准成立，设立在相关二级单位的研究所或研究中心等校内科研机构（以下简称“内设科研机构”），不含国家及省部级等主管部门正式批准建设的重点实验室、工程（技术）研究中心、重点研究基地和具有二级行政管理职能的科研机构。

第三条　内设科研机构是学校学科建设、人才培养、科学研究和社会服务的重要载体。内设科研机构的设置应以学校科研事业和学科持续、稳定、协调发展为目的，集聚校内外学科资源、人才优势，形成团队共同争取各级各类科研和社会服务项目；逐步在相关学科领域形成优势特色，并打造为省部级及以上科研基地和重要校企合作平台。

第二章　机构性质及要求

第四条　内设科研机构不具有法人资格，不涉及人员编制和行政级别，依托所在二级单位进行管理。

第五条　申请内设科研机构应具备以下条件：

1. 符合学校科学研究与社会服务的总体发展要求，满足所在学科的发展需要，有明确的研究方向和中长期科研规划；

2. 具有良好的科学研究或社会服务基础，有一定的科研项目与经费保证；

3. 有一定的场地、设备等硬件支撑，具备开展科学研究或社会服务的基本条件；

4. 有一支规模适度、人员稳定、结构合理的科学研究或社会服务团队；

5. 科研人员原则上仅参加 1 个校级研究所（中心），最多不超过 2 个；

6. 新申请的科研机构，其研究方向、内容不能与已设科研机构重复；

7. 内设科研机构的研究人员分为专职人员和兼职人员，专职研究人员相对固定，研究人员以《西北民族大学二级单位内设科研机构申请表》所列名单为准，根据研究进展确需变动的，由挂靠单位发文确定。内设科研机构专职研究人员总数文科不少于 5 人，理工科不少于 7 人。

第六条　内设科研机构采取动态管理，定期考核评估，并实行退出机制。

第三章　机构申请与审批

第七条　申请成立二级单位内设科研机构，须填写《西北民族大学二级单位内设科研机构申请表》，经挂靠单位学术委员会评议并签署推荐意见后报送科研处，由科研处审核后，对其中符合条件的提交校学术委员会讨论，校学术委员会对内设科研机构设立的必要性和可行性进行论证，根据校学术委员会的论证结果，由分管科研的校领导报校长办公会议审批。

第八条　与外单位联合组建的内设科研机构，申请时还须提供经双方协商后的共建方案，主要包括共建目的、研究领域、近期任务和中长期目标、条件保障、管理方式、共建期限、各方权益与义务、纠纷仲裁等，经依托学院审查同意后报学校审批。

第四章　机构的管理与考核

第九条　内设科研机构完成的科研成果、形成的知识产权，其归属和管理按照学校有关规定执行。

第十条　内设科研机构实行所长（主任）负责制，所长（主任）原则上应由具有正高级或已取得博士学位的副高级专业技术职务人员担任。

第十一条　批准建立的内设科研机构，其日常运行及管理由依托单位负责，研究方向与目标、内设科研机构所长（主任）任命等重要事项变更由依托单位审批后报科研处备案。

第十二条　内设科研机构原则上不得刻制公章，确因工作需要刻制公章的，由所在二级单位向学校办公室申请，校长办公会审批后方可办理该内设科研机构的印章事宜，并严格按照学校相关管理办法进行管理。

第十三条　内设科研机构建设费和运行费由研究人员的科研项目经费支出。

第十四条　内设科研机构每年年底由挂靠单位进行考核，将考核结果、年度总结报告及下年度的工作计划报科研处备案。

第十五条　以三年为一个周期，科研处组织对内设科研机构进行评估，对科研成绩突出，评估结果为优秀的内设科研机构，优先推荐为校级重点科研平台；评估结果为合格的内设科研机构，继续进入下一轮建设期；对不参加评估或者评估结果为不合格的内设科研机构，依托单位须及时撤换负责人，撤并或撤销该机构。

第五章　附则

第十六条　本办法自发布之日起执行，由科研处负责解释并适时提起修订。原《西北民族大学科研机构管理办法》（民大发〔2011〕149 号）同时废止。

西北民族大学科技成果转化管理办法

第一章　总则

第一条　为进一步促进和规范学校科技成果转化活动，调动学校教职工从事科技成果转化工作的积极性、主动性和创造性，维护学校和科研人员的合法权益，根据《中华人民共和国促进科技成果转化法》、国务院《实施〈中华人民共和国促进科技成果转化法〉若干规定》、国务院办公厅《促进科技成果转移转化行动方案》、教育部、科技部《关于加强高等学校科技成果转移转化工作的若干意见》、教育部办公厅《促进高等学校科技成果转移转化行动计划》《甘肃省促进科技成果转化条例》和《甘肃省促进科技成果转移转化行动方案》、2019 年《财政部关于修改〈事业单位国有资产管理暂行办法〉的决定》等法律规定及文件精神，结合学校实际，特制定本办法。

第二条　本办法所称科技成果，是指通过科学研究与技术开发所产生的具有实用价值的成果。学校涉及的科技成果主要包括：

（一）通过承担完成国家和地方财政科技项目验收并获得验收证书后，在省部级科技成果管理部门登记的成果；

（二）通过承担企事业单位的技术开发及工程应用示范等项目，经过技术交易市场交易登记所形成的成果；

（三）利用学校物质技术、人力及其他条件所完成的创新知识与技术，包括已经形成知识产权的成果（专利、标准、软件著作权、作品著作权、新品种和新药证书等）和未形成知识产权的创新知识、专有技术、技术秘密、软件、算法及各种新产品、工程、技术、系统的应用示范等。

第三条　本办法所称学校职务科技成果，是指执行学校及其所属单位的工作任务，或主要利用学校及其所属单位的名誉、物质技术条件所完成的科技成果。学校职务科技成果的权属归学校所有。

第四条　本办法所称科技成果转化，是指为提高生产力水平而对科技成果进行的后续试验、开发、应用、推广直至形成新技术、新产品、新工艺、新材料、发展新产业等科技活动。具体形式包括科技成果的转让、许可使用、技术入股、联合开发、技术咨询、技术服务等。

第五条　科技成果转化应遵循自愿、互利、公平、诚实守信的原则，依法并依照合同的约定，享受利益，承担风险。在学校职务科技成果转化过程中应保护学校知识产权，遵守国家法律法规，依法维护从事科技成果转化活动当事人的合法权益。

第二章　组织实施与管理

第六条　学校职务科技成果转化实行“统一领导、分级管理、责任到人”的管理体制和“学校、学院、成果完成人（项目组）”三级管理模式。

第七条　学校职务科技成果转化重大事项由学校领导班子集体决策，日常工作由分管科研工作的副校长具体负责。科研处（科技成果转化与推广中心）是组织实施和管理学校职务科技成果转化的职能部门；科技成果转化过程中的无形资产和国有资产监督管理由国有资产管理处负责；科技成果转化收益及作价入股的股份等入账、预算、分配等事宜由财务处负责；资产经营公司（科技园）是实施学校职务科技成果转化的专业化技术转移机构；各学院、科技成果完成人（项目组）是学校职务科技成果转化的责任主体。

第八条　科研处（科技成果转化与推广中心）负责指导、协调和服务各单位开展科研成果转化工作，培育有应用和转化前景的科研成果，做好校内外科研信息的收集、整理及发布工作，提供相应的政策和法律帮助，积极争取国家、地方政府和企业的经费支持，协助有关部门做好以科研成果作价入股产生的技术股份管理等相关工作。

第九条　学校职务科技成果完成人（项目组）所在学院负责科技成果转化合同的预审，对转化过程进行指导和过程监督。

第十条　学校职务科技成果完成人（项目组）经学校同意后，可以对科技成果进行转让、许可使用或作价投资。学校职务科技成果完成人（项目组）应按要求对已完成的科研项目及转化的科研成果，进行整理、登记、归档、报备，纳入学校统一管理。

第十一条　学校职务科技成果转化的具体形式由需求单位、科研处（科技成果转化与推广中心）、成果完成单位及完成人（项目组）共同商定，可采用下列方式进行转化：

（一）科技成果转让；

（二）科技成果授权许可使用；

（三）科技成果作价入股，折算股份或者出资比例，与他人合作转化；

（四）符合法律法规规定的其它形式。

第十二条　许可他人使用、向他人转让学校职务科技成果或作价投资的，价格可采取协议定价、技术市场挂牌交易、拍卖或由具有法定资格的资产评估机构评估作价的方式来确定。通过协议定价的，学校应通过网站、办公系统、公示栏等方式在校内对科技成果名称、简介等基本要素和拟交易价格、价格形成过程等进行公示，公示时间不少于 15 日。

第十三条　学校将职务科技成果转让、许可或者作价投资给国有全资企业的，可以不进行资产评估；投资给非国有全资企业的，由学校根据实际情况决定是否进行资产评估。

第三章 收益与分配

第十四条 本办法所指“收益”，是指转化学校职务科技成果所产生的一切收益，包括在科技成果转让费、技术服务费、技术入股股权等与所转化科技成果相关的所有收益。

第十五条 学校鼓励教职工通过科技成果转化获得收益。学校职务科技成果通过技术转让或许可方式转化获得收益的，学校将根据科技成果完成人（项目组）、依托学院所做贡献，按照 90%、7% 和 3% 的比例将所得收益分配奖励给科技成果完成人（项目组）、依托学院和学校。学校职务科技成果通过作价投资方式转化获得收益的，学校将根据科技成果完成人（项目组）、依托学院所做贡献，按照 90% 和 10% 的比例所得收益分配奖励给科技成果完成人（项目组）和学校。学校获得的收益部分，由学校和依托学院按照 1 ∶ 1 的比例分配。科技成果完成项目组内各成员之间的收益分配，项目组须在科技成果转化立项时予以明确。

第十六条 对于担任领导职务的科技人员获得科技成果转化奖励，按照分类管理的原则执行：

（一）学校正职领导以及学校所属具有独立法人资格单位的正职领导，是学校职务科技成果的主要完成人或者对科技成果转化作出重要贡献的，可以按照《中华人民共和国促进科技成果转化法》的规定在科技成果收益中获得现金奖励，原则上不得获取股权激励。其他担任领导职务的科技人员，是学校职务科技成果的主要完成人或者对科技成果转化作出重要贡献的，可以按照《中华人民共和国促进科技成果转化法》的规定获得现金、股份或者出资比例等奖励和报酬。

（二）对担任领导职务的科技人员的科技成果转化收益分配实行公示和报告制度，明确公示其在成果完成或成果转化过程中的贡献情况及拟分配的奖励、占比情况等。担任领导职务的科技人员不得利用职权侵占他人科技成果转化收益。

第十七条 在提取转化收益时，相关人员应严格遵守法律规定，按照上级及地方有关政策执行税收政策。

第十八条 学校应使用在科技成果转让过程中取得的收益建立科技成果转化基金，支持科技成果转化项目的相关工作。学院收益分配支出用于学院科研发展和建设，科研条件的改善，对外交流的差旅费，科研研讨会依据学校相关管理办法执行，不得用于八项规定禁止的开支，不得用于接待、个人劳务性支出等方面。

第四章 保障措施

第十九条 学校将建立健全符合成果转化工作特点的职称评定、岗位管理和考核评价制度，完善收入分配激励约束机制，探索设立专门的科技成果转移转化机构，代表学校行使有关职能。

第二十条 学校支持和鼓励教职工利用知识产权、科技成果开展产学研合作，在履行岗位职责、完成本职工作的前提下，经所在学院同意、学校批准，可以兼职到企业从事科技成果转化活动。离岗创业人员，经所在单位同意后，可在 3 年内保留人事关系，与其它在岗人员同等享受参加职称评聘、岗位等级晋升和社会保险等方面的权利。

第二十一条　学校积极推进政产学研用深度合作，支持科研团队结合地方经济、区域发展的需求，依托学校学科和专业优势，与地方政府、企事业单位联合建立产业研究院、联合实验室、工程技术研究中心、技术转移机构或者技术创新联盟等产学研合作平台，组建文化科技融合创新研究机构和专业孵化器。

第二十二条　学校教职工违反本办法及国家有关科技成果管理规定，泄漏技术秘密，擅自转让、变相转让学校职务科技成果，或者以其他方式损害学校权益的，学校将根据中华人民共和国有关知识产权的相关法律、法规、司法解释之规定，追究相应的法律责任。

第二十三条　学校职务科技成果主要完成人及其团队成员应对科技成果的真实性、完整性负责（包括但不限于技术参数、配方、工艺、流程、设计图纸、软件程序、源代码、植物新品种等），不得侵犯他人的知识产权。成果转化中出现纠纷的，应积极应对、妥善处理。确因成果主要完成人及其团队成员的原因引起的纠纷，由成果主要完成人及其团队成员承担相关法律责任。

第二十四条　在科技成果转化活动中弄虚作假的，学校予以严肃处理。给学校造成经济损失的，应依法赔偿经济损失。构成犯罪的移交司法部门追究其法律责任。

第五章　附则

第二十五条　本管理办法由科研处（科技成果转化与推广中心）负责解释。

第二十六条　本管理办法自发布之日起执行,《西北民族大学科技成果转化管理办法（试行）》（民大发〔2017〕76 号）同时废止。

西北民族大学科研成果登记和认定管理办法

第一章　总则

第一条　为做好科研成果管理工作，规范学校科研成果的认定和登记管理，及时、全面、准确、完整地掌握学校科研成果信息，为学校宏观科研决策提供大数据支持，结合学校实际，制定本管理办法。

第二条　科研成果登记是科研管理的一项重要基础性工作，科研业绩考核、科研表彰、教师岗位聘任、人才项目评审、导师遴选等工作都以已登记科研成果为准，未办理登记的科研成果，科研处不予出示有关证明。

第三条　教职工进行成果登记时要恪守科研诚信，坚守成果登记数据的“真实”和“准确”底线，杜绝弄虚作假行为。一旦发现，学校将依据有关规定严肃处理，并追究当事人责任。

第四条　科研成果登记通过“西北民族大学科研管理系统”进行填报、审核。

第二章　登记范围

第五条　人员范围：西北民族大学正式在岗在编教职工及离退休人员。

第六条　时间范围：从上年度 11 月 1 日起到本年度 10 月 31 日止作为一个科研统计年度。已登记过的成果不再重复登记。上一科研统计年度因客观原因漏登的科研成果可以一并补登，因个人原因未在规定时间内填录的科研成果，不进行补登。

第七条　登记范围：学校教职工作为主要完成人且以西北民族大学为署名单位的各类科研成果，主要包括：论文、著作、获奖、应用类研究成果等。

第三章　成果的认定

第八条　学术论文的认定：学术论文是指在正式出版的学术刊物或论文集上发表的旨在阐明作者学术观点、调查研究成果的学术作品。正式学术刊物必须要有国际标准连续出版物编号（ISSN），正式出版的论文集必须有国际标准书号（ISBN）。属于以下情况的文章不视为学术论文：

（一）在非正式出版物上发表的文章；

（二）在学术刊物上发表的非学术性文章，如短评、札记、访谈、非独立性笔谈、图书介绍、书评、概况、动态等。

第九条　学术著作的认定：著作是指有国际标准书号（ISBN），由正式出版机构出版发行的出版物，不包括只有内部准印证的出版物。学术著作包括以下类型：专著、编著、工具书、古籍整理作品、译著等。

（一）专著是指对特定学术领域或特定问题提出或阐发学术观点并围绕学术观点而展开调研和论证所形成的系统化学术作品。介绍性作品、选编作品、多位作者的论文结集出版的论文集、集体作品、普及读物、访谈录、案例分析作品、文献导读等作品，不属于专著。

（二）编著是指把现成的学术材料经过选择加工并含有独自见解的陈述，或补充有部分个人研究、发现的著作成果。

（三）工具书是为了特定的学术目的，在广泛搜集资料的基础上，按照一定的编排方法进行编纂，能够为读者提供知识和资料线索的作品。工具书包括：字典、辞典（词典）、百科全书、年谱、手册、年鉴、索引等。

（四）古籍整理作品是指对中外古籍的点校、汇编、注释、辑佚等形成的学术作品。

（五）译著是指把中文学术作品翻译成外文发表的作品，或者把外文学术作品翻译成中文发表的作品，或者把一种外文的学术作品翻译成另一种外文发表的作品。

第十条　获奖的认定：获奖是指学校教职工参与完成，学校作为完成单位的各级科研成果获奖和艺术体育类获奖；科研成果获奖包括国家级奖、部级奖、省级奖、地厅级奖和学会奖。

（一）国家级奖是指以中央（国务院）名义颁发的社科或科技优秀成果奖。

（二）部级奖是指以中央（国务院）各部委名义颁发的社科或科技优秀成果奖。

（三）省级奖是指以省、自治区、直辖市政府名义颁发的优秀成果奖。

（四）地厅级奖是指以省属各厅局名义颁发的优秀成果奖。

（五）学会奖是指以民政部批准成立并注册登记的国家级或省部级学会颁发的优秀成果奖。

（六）艺术作品获奖：教师本人或本人作品代表西北民族大学参加的各类艺术展演、竞赛等活动中获奖。

（七）体育竞赛获奖：教师本人代表西北民族大学参加的各类体育竞技比赛获奖。

第十一条　应用类研究成果的认定：应用类研究成果包括获授权的专利、已登记软件著作权、已发布的国家、行业、地方技术标准和被地市州及以上党委政府采纳或获主要领导肯定性批示的咨询报告。

（一）专利的认定以国家知识产权局颁发的专利授权证书为准。

（二）软件著作权的认定以国家版权局颁发的软件著作权登记证书为准。

（三）国家标准（GB 或 GB/T）是指由国务院标准化行政主管部门批准，并在公告后需要通过正规渠道购买的文件。

（四）行业标准是指没有国家标准而又需要在全国某个行业范围内统一的技术要求，由国务院有关行政主管部门制定，并报国务院标准化行政主管部门备案的标准。

（五）地方标准是指由省、自治区、直辖市标准化行政主管部门制定，并报国务院标准化行政主管部门备案的标准。

（六）咨询研究报告被采纳，以政府、党委部门公章、公函或在任主要领导人批示为依据。

第十二条　凡属下列情况之一的成果，不在登记范围：

（一）成果涉及知识产权纠纷或涉及学术诚信、学术不端争议尚未完全解决的。

（二）论文集或著作未经正式出版的。

（三）其它各类教材、复习资料、实验大纲、考试大纲、练习册、测试题、指导学生获奖等。

第四章　成果登记程序

第十三条　成果登记实行教职工个人填报、单位初审、学校复审的工作程序。双肩挑人员成果登记按所属学科归口到各教学科研单位进行，已退休教职工成果登记归口到原单位进行。

第十四条　成果登记由成果署名的第一完成人进行填报。

第十五条　初审由教职工所在单位负责，初审时应审查成果原件，确保提交系统的成果电子版材料真实、完整，通过初审的成果复印件由所在单位存档备案。

第十六条　科研处负责成果登记的复审，如需再次验审成果原件，由各单位统一收集后报送至科研处。

第十七条　年度成果登记审核完毕后，教职工本人在系统中打印《西北民族大学个人科研考核确认表》，经核对无误、签字确认后交由所在单位，各单位汇总本单位所有教师科研成果信息并加盖单位公章后报送至科研处。

第五章　特殊成果认定和争议处理

第十八条　科研成果认定过程中如出现本办法暂未涵盖的特殊成果形式，由各单位教授委员会出具初步认定意见后提交至科研处处务会议研究认定。

第十九条　教师对科研成果认定有异议的，以书面形式向科研处申请复议，必要时提交校学术委员会认定。

第二十条　已登记的科研成果如发现弄虚作假、剽窃、篡改或以其他方式侵犯他人知识产权的，注销登记，列入个人科研诚信记录。

第六章　附则

第二十一条　本办法由科研处负责解释并适时提起修订。

第二十二条　本办法自发布之日起执行。原颁布的《西北民族大学科研成果登记管理办法》（民大发〔2007〕163 号）同时废止。

西北民族大学科研机构人员聘任及管理暂行办法

第一章　总则

第一条　为适应高水平大学和一流民族大学建设需要，更好地激励和发挥学校科研机构在科学研究、学科建设和人才培养中的示范和引领作用，结合学校实际，特制定本办法。

第二条　本办法所指科研机构是指经学校批准设立的独立建制的科研机构；本办法所指人员聘任范围为学校正式在编在岗的专业技术人员。

第二章　岗位设置

第三条　学校在每个科研机构设置一定数量的科研岗位，旨在聘任本学科高水平优秀科研人才。岗位数量根据科研机构承担的科研任务、研究方向和学位点申报要求确定，实行动态管理。

第四条　科研机构人员按“团队导向、按需设岗、灵活聘用、合同管理”的原则进行聘任和管理。

第五条　科研岗位设置分为两类，即固定岗位（A 岗）和流动岗位（B 岗）。固定岗位用于聘任在科研机构长期工作的专业技术人员，聘用人员的人事关系归属科研机构；流动岗位由科研机构根据学科建设和科研工作需要，用于从校内相关单位短期聘用专业技术人员，聘用人员的人事关系归属原单位，采用项目制管理。

第六条　科研机构的人员实行聘期制。A 岗人员每三年为一个聘期，B 岗人员的聘期根据项目需要确定。A 岗中科研机构的领导班子成员和其他党政、教辅管理人员由学校根据干部选拔和人员聘任的相关规定实施聘任，不纳入本办法聘任范围。

第七条　科研机构对各岗位和相关人员应制订明确的任职条件、岗位目标、工作职责以及最低科研工作量要求。

第三章　人员聘任

第八条　基本条件

（一）遵守国家法律法规和学校规章制度，拥护中国共产党的领导，热爱民族教育事业；具有良好的职业道德和敬业精神，学风端正，立德树人，爱岗敬业，为人师表；具有较强的事业心、责任感和团队合作精神，身心健康，严谨治学；近 5 年，年度考核结果均为合格及以上；无师德失范行为，未受过党纪政纪处理。

（二）受聘学校相关专业技术岗位，具备本学科扎实的理论基础和专业特长，有明确的研究方向，取得了较好的研究成果并具备良好的发展潜力；具有相应岗位要求的语言和计算机技术应用等能力。

（三）一般应具有博士学位或副高级及以上职称；特殊情况须经学校批准后方可聘任。

第九条　业绩条件由科研机构结合本单位学科建设需要和科研工作实际研究制订，在选聘工作开展时予以公布。

第十条　聘任程序

（一）制订需求计划。科研机构根据工作需要设置科研岗位，拟定需求计划，重点明确岗位业绩条件、工作职责和聘期目标，经党政联席会议研究通过后报学校审批。

（二）公布需求计划。学校面向校内公开发布科研机构人员需求计划。

（三）申请及资格审查。应聘人员经受聘单位同意后，向科研机构提交申请表及相关材料，由科研机构负责条件和材料审核。

（四）科研机构评审。科研机构成立聘任工作领导小组，对应聘人员进行评审，重点考察应聘人员的思想政治表现、学术道德素养，科研业绩、能力和水平，与学科研究方向、科研项目需求的契合度等内容。经党政联席会议研究通过后向学校报送拟聘人员名单。

（五）学校研究。学校对拟聘人员进行审核，提交校党委常委会议研究通过后予以公示（5 个工作日）。

（六）聘用。公示无异议后，聘用人员与科研机构签订聘用合同。

第四章　管理与考核

第十一条　受聘人员根据科研机构下达的科研任务履行相应岗位职责，在受聘科研机构工作期间教学工作量按以下规定执行：

（一）A 岗人员的年教学工作量最低要求为 72 学时，其中每年须至少承担一门本科生主干课程的教学任务；未达到额定工作量要求的部分可通过科研工作量按 25：1 折算教学工作量。

（二）B 岗人员的年教学工作量最低要求为所聘教学岗位额定工作量的一半，其中每年须至少承担 72 学时的本科生主干课程教学任务；未达到额定工作量要求的部分可通过科研工作量按 20：1 折算教学工作量。

（三）科研工作量折算教学工作量时，只计算高水平论文（包括 SCI、SSCI、EI 源刊、A&HCI、CSCD 核心、CSSCI 核心）、A 类学术著作、授权发明专利、省部级及以上科研项目、省部级及以上获奖等，其余未纳入学位点申报和评估的研究成果计分不得折算教学工作量。

（四）由科研工作量折算的教学工作量在职称评审时可计入额定教学工作量。

第十二条　科研机构应为聘用人员提供工作所需的必要条件和工作场所。

第十三条　A 岗聘用人员由科研机构自主管理和考核，年度考核和聘期考核均由科研机构负责；

B 岗聘用人员需接受科研机构和原单位的双重管理，日常管理和年度考核由原单位负责，聘期目标管理和考核由科研机构负责。

第十四条　年度考核按照管理权限，根据学校年度考核相关办法执行。聘期考核按照合同约定，根据岗位工作职责、任务和目标，由科研机构在聘期结束后 1 个月内完成考核，并将考核结果报学校。聘期考核不合格者，不得续聘。聘期考核合格者，经聘用人员和科研机构双方协商，根据工作需要确定是否续聘。

第十五条　科研机构和受聘人员原单位对 A、B 岗聘用人员聘期内取得的科研成果可共享使用。学校对 A、B 岗聘用人员个人取得的科研成果在绩效分配、表彰奖励中只能核算一次。

第十六条　教学、科研工作量的认定和计算按照学校制定的相关办法执行。

第五章　附则

第十七条　本办法自公布之日起施行。

第十八条　本办法由组织人事部负责解释。

西北民族大学非在编教师科研业绩奖励办法（试行）

为加强学校内涵建设，充分发挥和利用校外优秀人才资源，鼓励非在编教师从事科学研究的积极性，引导非在编教师增强科研质量意识，提升学校科学研究的学术影响力，加快推进高水平大学和一流民族大学建设，结合学校实际，特制定本办法。

一、奖励对象及奖励范围

（一）奖励对象

与学校签署工作合同的非在编教师。

（二）奖励范围

以西北民族大学作为第一申报单位或第一署名单位取得的高水平科研业绩，主要包括科研项目、学术论文、发明专利、咨询报告、科研成果奖等。

二、奖励标准

（一）科研项目奖励

获得国家级科研项目 G1、G2、G3、G4，每项分别奖励 50 万元、30 万元、7 万元、5 万元。

（二）学术论文奖励

学术论文发表在 T1、T2、A1、A2、B1、B2、C1 类学术期刊或报刊上，每篇分别奖励 100 万元、30 万元、8 万元、4 万元、2 万元、1 万元、0.5 万元。

（三）应用类成果奖励

1. 专利获得欧美日发明专利授权、获得国内发明专利授权，每项分别奖励 3 万元、1.5 万元；

2. 制定国家标准、行业标准、地方标准，每项分别奖励 10 万元、3 万元、1 万元；

3. 咨询报告或政策建议等被国家领导人做出肯定性批示或被国家级有关部门采纳进政府决策的，奖励 20 万元；被省部级主要负责人做出肯定性批示或被省部级党、政机关采纳进政府决策的，奖励 3 万元。

（四）科研成果奖励

1. 科学技术类

（1）获得国家自然科学奖、技术发明奖、科技进步奖，学校按一等奖 300 万元、二等奖 100 万元予以奖励；

（2）获得教育部高等学校科学研究（科学技术）优秀成果奖，学校按一等奖 50 万元、二等奖 30 万元予以奖励；

（3）获得中国专利奖，学校按专利金奖 30 万元、外观设计金奖 20 万元予以奖励；

（4）获得省、自治区、直辖市科学技术（专利）奖，按一等奖 30 万元、二等奖 5 万元予以奖励。

2. 人文社会科学类

（1）获得教育部高等学校科学研究（人文社会科学）优秀成果奖，学校按特等奖 100 万元、一等奖 50 万元、二等奖 30 万元予以奖励；

（2）获得中宣部“五个一工程”奖，学校给予 20 万元奖励；

（3）获得全国民族研究优秀成果奖、全国民族工作优秀调研报告，学校分别按一等奖 10 万元和 6 万元、二等奖 3 万元和 2 万元予以奖励；

（4）获得省、自治区、直辖市哲学社会科学优秀成果奖，学校按一等奖 6 万元、二等奖 2 万元予以奖励。

三、奖励相关说明

（一）学校聘任的各类非在编教师须在完成聘任合同中约定的任务后，超额部分可按照本办法兑现科研奖励；

（二）被 SCI、EI、SSCI、A & HCI 等收录的学术论文，以当年教育部科技工作查新站、中国科学院文献情报中心等机构提供的检索证明为准；SCI 分区以中国科学院文献情报中心当年发布的分区表（大类）为准；CSSCI 收录的学术论文以当年南京大学中国社会科学研究评价中心公布的期刊目录为准；CSCD 收录的学术论文以当年中国科学院文献情报中心公布的期刊目录为准；

（三）奖励以《西北民族大学科研成果登记和认定管理办法（修订）》登记的科研业绩为依据，由个人申请、本人所在单位与科研处审核后报校学术委员会审议，经校长办公会议研究决定后予以奖励；

（四）凡无故不按学校规定进行科研成果登记的科研项目和成果，可视为是项目和成果完成者自动放弃奖励申请权。虚报和故意提升奖励级别档次所填报的科研项目和成果，一经发现，取消奖励资格，并追回奖励资金；

（五）对存在学术不端行为的科研成果不予奖励，对已进行奖励的予以追回；

（六）未列入本办法范围的科研成果或成果认定出现异议时，由当事人向科学研究专门委员会办公室提出申请，办公室核实后提交科学研究专门委员会裁定；

（七）获得科研业绩奖励的奖金一次性发放，属于税前奖励，个人所得税按照相关税收政策执行，由学校财务处统一代扣、代缴。

科研项目级别目录

类别	名称
国家级重大项目（G1）	1. 国家自然科学基金重大研究计划项目
	2. 国家杰出青年科学基金项目
	3. 国家科技重大专项
	4. 国家重点研发计划项目
	5. 国家社会科学基金重大项目
	6. 国家社会科学基金艺术学重大项目
	7. 教育部哲学社会科学研究重大课题攻关项目
	8. 中央马克思主义理论研究和建设工程重大项目
国家级重点项目（G2）	1. 国家自然科学基金重点项目
	2. 国家自然科学基金创新研究群体项目
	3. 国家自然科学基金优秀青年科学基金项目
	4. 国家社会科学基金重点项目
	5. 国家哲学社会科学成果文库项目
国家级一般项目（G3）	1. 国家自然科学基金项目面上项目
	2. 国家自然科学基金国际（地区）合作研究项目、交流项目
	3. 国家自然科学基金青年科学基金项目
	4. 国家自然科学基金数学天元基金项目
	5. 国家自然科学基金应急管理项目
	6. 国家社会科学基金项目
	7. 国家社会科学基金青年项目
	8. 国家社会科学基金后期资助项目
	9. 国家社会科学基金中华学术外译项目
	10. 国家社会科学基金冷门“绝学”和国别史等研究专项
	11. 国家社会科学基金学术期刊资助项目
	12. 教育部人文社会科学重点研究基地重大招标项目
	13. 教育部创新团队发展计划项目
	14. 全国教育科学规划项目
	15. 全国艺术科学规划项目（包括国家社科基金艺术学项目和文化部文化艺术研究项目）
	16. 国家艺术基金项目
	17. 国家体育总局奥运科研攻关与科技服务项目

续表

类别	名称
国家级地区项目（G4）	1. 国家自然科学基金地区科学基金项目
	2. 国家社会科学基金西部项目

学术论文级别目录

级别	范　围
T1	Nature、Science、Cell 正刊及其子刊（影响因子大于等于 30）
T2	论文入选 ESI 前 3% 的高被引论文
A1	《中国社会科学》、SCI 一区期刊。
A2	CSSCI 来源期刊库中各学科排名第一的期刊；《中国科学》、《科学通报》；SCI 二区期刊、SSCI 、A&HCI 刊源期刊。
B1	CSSCI 来源期刊库中各学科排名前 10%（四舍五入、除上述 B 类期刊以外）的期刊；SCI 三区期刊；新华文摘（3000 字及以上），人民日报、光明日报理论版（理论周刊，2000 字及以上）。
B2	CSSCI 来源期刊库中各学科排名在前 30%（四舍五入、除上述 B、C 类期刊以外）的期刊；SCI 四区期刊；EI 刊源期刊；新华文摘（3000 字及以下），人民日报、光明日报理论版（理论周刊，2000 字及以下），人大报刊复印资料（全文转载）。
C1	CSSCI 刊源期刊库中除上述 A2、B1、B2 类以外的期刊；CSCD 来源期刊核心库中的期刊。

西北民族大学科研启动经费管理办法

第一条　为做好人才引进服务工作，保障引进人才在顺利开展科学研究和学科建设工作的同时，规范科研启动经费管理，提高经费使用效益，结合学校实际，制定本办法。

第二条　科研启动经费是指学校根据人才引进和教师在职攻读博士学位的相关规定，拨付给引进人才和在职获得博士学位教师用于开展科研工作的支持经费。

第三条　引进人才和在职获得博士学位教师是科研启动经费负责人，根据开展科研工作的实际需要提出科研启动经费的申请及预算；对经费使用的合理性、真实性和有效性承担责任，接受学校相关职能部门的检查与监督。

第四条　科研启动经费实行年度预算管理，最长预算期限原则上为五年，以经费拨付的当年算起。科研启动费使用期满后，学校收回剩余科研启动经费。

第五条　科研启动经费支出范围按学校科研经费管理的有关规定执行。科研启动经费使用应严格遵守学校各项财务制度，在核准的预算范围内合理使用，不得用于各种罚款、还贷、捐赠、赞助、对外投资等，也不得用于开展与科研工作无关的开支以及国家规定不得列入的其他支出。

第六条　组织人事部组织经费负责人编制和申报预算，学校从相关经费中予以安排。经费预算审批后，经费负责人应严格按预算执行，不得擅自变更。确需调整预算的，应提出书面申请，并按规定程序报批。

第七条　经费负责人应确保预算的执行进度，年度结余经费不计入下一年度使用，未使用部分由学校统筹，计入科研启动经费累积额，学校不再拨付该项目未使用金额。

第八条　经费执行期间，经费负责人调离学校或因其他非正常情况不能继续执行时，组织人事部通知财务处，先行冻结相应的经费指标，未使用完的经费将交由学校统筹管理，已使用的经费根据具体情况酌情处理。

第九条　学校相关职能部门对经费执行情况实行定期和不定期的监督检查。

第十条　科研启动经费实行预算绩效考核。科研项目完成后，经费使用人应向组织人事部、科研处提交项目总结报告和绩效自评总结报告。

第十一条　科研处参照学校科研经费管理办法进行管理，组织考核、验收，检查评估经费的投入产出情况，并将检查结果进行通报。

第十二条　本办法自公布之日起施行。

第十三条　本办法由组织人事部、科研处、财务处共同负责解释。

附件1：西北民族大学2019年横向联合研究项目表

序号	项目名称	合作单位	资助经费（万元）	项目负责人	单位
1	试油井场油泥砂微生物降解技术研究	中国石油集团川庆钻探工程有限公司长庆井下技术作业公司	45	陈丽华	化工学院
2	《全生物降解地膜成分及降解产物分析》服务项目	甘肃省农业生态环境保护管理站	3	贺媛	化工学院
3	废旧地膜回收利用地膜残留监测—全国污染源普查农田地膜残留量原位监测第二批	山丹县经济作物指导中心	0.5	张宏	化工学院
4	农用地膜质量批量检验服务	山丹县经济作物指导中心	0.63	张宏	化工学院
5	知识空间理论建立日常OTC药品适应症学习路径和方法	北京草本便利智能科技有限公司	5	赵堃	教育科学与技术学院
6	探索建设定西市农村人身保险公司服务网络	定西至翔网络工程有限公司	5	张璐	经济学院
7	“扶贫助弱，健康口腔”甘肃临夏州少数民族全生命周期口腔健康扶贫示范项目	中国牙病防治基金会	49.9	李志强	口腔医学院
8	白银市资源枯竭型城市转型2018年度绩效考核自评报告编制项目	白银市发展与改革委员会	9.77	代瑾	马克思主义学院
9	甘肃兰州产业转型升级示范区建设方案	兰州市发展和改革委员会	8	张克政	马克思主义学院
10	白银市承接产业转移示范区实施情况自评报告编制项目	白银市发展和改革委员会	6.77	张克政	马克思主义学院
11	甘肃哈萨克民歌研究	阿克塞哈萨克族自治县文体广电和旅游局	47	冯瑞	民族学与社会学学院
12	《改革开放40周年“多彩藏乡·绚丽玛曲”玛曲历史文化系列丛书》编写出版项目	玛曲县委宣传部	98.86	尹伟先	社会科学研究院
13	《格萨尔·达姆赛宗》藏汉翻译及整理研究	青海省文学艺术界联合会	5.8	曼秀·仁青道吉	社会科学院
14	青藏高原区域畜禽遗传资源调查牦牛	农业农村部种业管理司	63	潘和平	生命科学与工程学院
15	当代中国肖像漫画艺术研究	东莞图书馆	13	马炅	实验教学部
16	气候变化和植被生物多样性数据加工处理	中国科学院遥感与数字地球研究所	16	王文婷	数学与计算机科学学院
17	《甘肃省新型墙体材料产品目录》和《甘肃省墙体材料产业发展导向》编制任务委托项目	甘肃省墙体材料革新和建筑节能工作协调领导小组办公室	29.8	曹万智	土木工程学院
18	钢结构用装配式钢骨增强复合楼板技术规程	甘肃省工程建设标准管理办公室	5	曹万智	土木工程学院
19	持续强降雨对临夏红层地区输电线路地灾影响评价研究	中国能源建设集团甘肃省电力设计院有限公司	22	李朝晖	土木工程学院
20	《河州传统民俗文化展示展演项目可行性研究报告》编制	临夏州兆美民族刺绣文化有限公司	7	韩晓清	文学院
21	西北民族地区县级融媒体建设的技术方案、人员培训及实施路劲研究	甘肃万顺达科技发展有限公司	22	朱杰	新闻传播学院
22	甘肃省居民健康素养监测	甘肃省卫生健康宣传教育中心项目	12.48	王志凡	医学院

续表

序号	项目名称	合作单位	资助经费（万元）	项目负责人	单位
23	甘肃省中医药文化健康素养监测	甘肃省卫生健康宣传教育中心	5.3	王志凡	医学院
24	裕固族驼队文化	肃南裕固自治县文体广电和旅游局	29.5	白文宏	音乐学院
25	“新时代那吾”文化合作项目	合作市那吾镇人民政府	3	马希刚	音乐学院
26	“酣客酒文化”音乐作品创作项目	甘肃酣客商贸有限公司	1	马希刚	音乐学院

附件 2：西北民族大学 2019 年结项项目表

序号	项目负责人	项目名称	结题结论	项目来源
1	卢博	同伦范畴的 Gorenstein 同调理论和紧生成性	同意结项	国家自然科学基金青年科学基金项目
2	赵连彪	碘诱导的串联环化反应研究及其在天然产物全合成中的应用	同意结题	国家自然科学基金地区科学基金项目
3	王志超	化学镀法制备多元金属催化剂及其在热化学循环制氢工艺中的应用研究	同意结题	国家自然科学基金地区科学基金项目
4	吴尚	以原坡缕石为催化剂的绿色催化体系研究	同意结题	国家自然科学基金地区科学基金项目
5	李佳	中空纤维固相微萃取法研究甘肃地区有机氯农药自环境至生物质的残留与迁移	同意结题	国家自然科学基金地区科学基金项目
6	海向军	甘肃汉族成人人体成分与糖尿病、高血压和冠心病的相关性研究	同意结题	国家自然科学基金地区科学基金项目
7	张国华	Txnip 在猪前体脂肪细胞分化中的作用及机理研究	同意结题	国家自然科学基金地区科学基金项目
8	冯若飞	脑心肌炎病毒受体的筛选、鉴定及功能分析	同意结题	国家自然科学基金地区科学基金项目
9	魏锁成	FSH 对兰州大尾羊卵泡细胞凋亡与 FSH 受体表达调控机制研究	同意结题	国家自然科学基金地区科学基金项目
10	达朝究	地形边界变化条件下的浅水方程求解及其动力学特征	同意结题	国家自然科学基金地区科学基金项目
11	焦海燕	近紫外白光 LED 用稀土“离子对”掺杂单一基质碱土硅酸盐基白光荧光材料的能量传递与光谱调控研究	同意结题	国家自然科学基金地区科学基金项目
12	张生果	磁悬浮动磁式平面电机多自由度运动电气驱动方法研究	同意结题	国家自然科学基金地区科学基金项目
13	倪帆	新型聚合锆盐絮凝剂的制备与复合性能研究	同意结题	国家自然科学基金地区科学基金项目
14	于洪志	基于脑电信号的藏语拉萨话韵律认知理论研究	同意结题	国家自然科学基金地区科学基金项目
15	郭凌	关于 Lur'e 型多智能体系统的群一致性研究	同意结题	国家自然科学基金地区科学基金项目

续表

序号	项目负责人	项目名称	结题结论	项目来源
16	马薇	甘肃特有少数民族女童青春发动时相的流行病学调查及分子遗传学研究	同意结题	国家自然科学基金地区科学基金项目
17	刘勇	藏药粘毛鼠尾草萜类抗肿瘤活性成分及作用机制研究	同意结题	国家自然科学基金地区科学基金项目
18	寇炜	甘肃道地药材当归红芪超滤物通过调控肝癌细胞自噬对化疗的减毒增敏效应研究	同意结题	国家自然科学基金地区科学基金项目
19	满珂	西北民族走廊上的文化交融与族群关系研究	合格	国家社会科学基金项目
20	张向东	清末的白话报刊与文学革命	良好	国家社会科学基金项目
21	格日吉	藏族传统科学技术史研究	合格	国家社会科学基金项目
22	索南	敦煌藏文写本《入菩萨行论》的整理、翻译与研究	良好	国家社会科学基金项目
23	文化	青藏铁路对沿线地区社会和文化的影响分析研究	合格	国家社会科学基金项目
24	扎西当知	敦煌古藏文文献资源库建设及其检索研究	优秀	国家社会科学基金项目
25	多洛肯	民汉文化交融中的清代少数民族文学家族研究	无（免于鉴定）	国家社会科学基金项目
26	文英	文化转向视野下的蒙古国文学汉译研究	良好	国家社会科学基金项目
27	夏吾才让	藏族传统数学中的汉藏文化交流研究	合格	国家社会科学基金项目
28	山夫旦	藏族翻译史研究	良好	国家社会科学基金项目
29	昭日格图	蒙古族祭祀文学研究	合格	国家社会科学基金项目
30	萨仁托雅	新疆卫拉特蒙古族“机智人物故事”类型研究	良好	国家社会科学基金项目
31	伦珠旺姆	藏族《格萨尔》女性文学研究	合格	国家社会科学基金项目
32	曹颖轶	西部地区经济空间结构优化与协调发展研究	合格	国家社会科学基金项目
33	齐玉花	蒙古族史诗《江格尔》与藏族史诗《格萨尔》比较研究	良好	国家社会科学基金项目
34	才布西格	蒙古族生态文学研究	良好	国家社会科学基金项目
35	敖特根	敦煌与西北地区出土蒙古文文献综合研究	良好	国家社会科学基金项目
36	巴图格日勒	基于数据库的东乡语语音声学研究	合格	国家社会科学基金项目
37	兰却加	藏传佛教宁玛派供修仪轨中的格萨尔信仰文献收集整理与研究	良好	国家社会科学基金项目
38	巴特尔	舞蹈编导《胡杨赞》	同意结题	国家艺术基金青年艺术创作人才项目
39	桑吉苏奴	藏语方言有声资料库建设研究	同意结题	教育部人文社会科学研究项目
40	文英	蒙汉语言文化对比研究	同意结题	教育部人文社会科学研究项目
41	徐永琳	西部藏汉地区双语理科教学模式与评估体系研究	同意结题	教育部人文社会科学研究项目
42	马少卿	西北民族地区伊斯兰家庭文化研究	同意结题	国家民委民族研究项目
43	赵靓	跨越与融合：特殊社会群体的身份构建与文化认同	同意结题	国家民委民族研究项目

续表

序号	项目负责人	项目名称	结题结论	项目来源
44	阿布都外力·克热木	阿凡提文化产业调查研究	同意结题	国家民委民族研究项目
45	冯玉兰	盐地碱蓬适应盐渍环境的生理机理研究	同意结题	2014 国家民委科研项目
46	李琼	丝绸之路经济带民族地区经济发展模式转变与环境保护探微	同意结题	2014 国家民委科研项目
47	郑海晨	甘肃积石山地区民族传统建筑聚落营建方法考	同意结题	2014 国家民委科研项目
48	赵兰香	甘肃琴鹤堂藏明清文献整理与研究	同意结题	甘肃省哲学社会科学规划项目
49	经济学院	甘肃省民族地区城乡一体化进程中的产业发展与空间响应研究	同意结题	甘肃省哲学社会科学规划项目
50	安丽卿	西北接触方言的区域性共性与类型差异研究	同意结题	甘肃省哲学社会科学规划项目
51	刘华	甘肃省统筹推进城乡社会保险体系建设研究	同意结题	甘肃省哲学社会科学规划项目
52	韩永君	甘肃省全民健身基本公共服务均等化研究	同意结题	甘肃省哲学社会科学规划项目
53	蔡勇	lncRNAs 调控兰州大尾羊尾脂特异性沉积的机制研究	同意结题	甘肃省科技厅甘肃省自然科学基金
54	曹忻	血管内皮生长因子对体外生产羊胚胎过程中印迹基因表达的影响	同意结题	甘肃省科技厅甘肃省自然科学基金
55	曹欣	Zbtb1 基因调控小鼠造血干细胞向淋巴细胞分化的机制研究	同意结题	甘肃省科技厅青年科技基金计划项目
56	韩冰	葡萄籽原花青素抗口腔癌作用中自噬的分子机制研究	同意结题	甘肃省科技厅自然科学基金
57	胡晓潘	甘南藏族青少年人群龋病的流行病学调查及遗传学研究	同意结题	甘肃省科技厅青年科技基金计划项目
58	康瀚予	甘肃天水麦积山石窟壁画颜料稳定性研究与保护	同意结题	甘肃省科技厅青年科技基金计划项目
59	李长亮	兰州新区生态安全动态评价及预警管理机制构建研究	同意验收	甘肃省科技厅重点研发计划
60	刘洋	初始能量对非牛顿渗流方程适定性的影响机制分析	同意结题	甘肃省科技厅青年科技基金
61	马宁	多语言电子商务智能推荐引擎关键技术研究	同意结题	甘肃省科技厅甘肃省自然科学基金
62	马维元	分数阶复杂网络的外部同步分析	同意结题	甘肃省科技厅自然科学基金
63	马忠仁	中国马来西亚清真食品及相关产业国际创新合作	同意结题	甘肃省科技厅科技支撑计划
64	米友军	PPE25 在结核分枝杆菌感染中性粒细胞时毒力作用研究	同意结题	甘肃省科技厅青年科技基金计划项目
65	欧阳霞辉	意大利蜜蜂 amERR 调控卵巢细胞增殖的分子机理研究	同意结题	甘肃省科技厅自然科学基金
66	肖艳萍	碳化硅动态膜的制备、表征及其分离油水乳化液的性能研究	同意结题	甘肃省科技厅青年科技基金
67	王向丽	X 射线自由电子激光诱发的碳原子反应动力学过程的理论研究	同意结题	甘肃省科技厅自然科学基金
68	王叶南	基于数据融合技术的四旋翼飞行器悬停控制研究	同意结题	甘肃省科技厅青年科技基金计划
69	魏锁成	牛病毒性腹泻 qPCR-array 多重检测试剂盒的研发与示范应用	同意结题	甘肃省科技厅重点研发计划——农业类

续表

序号	项目负责人	项目名称	结题结论	项目来源
70	魏晓娟	福利友好助老伴行机器人的关键技术研究	同意结题	甘肃省科技厅青年科技基金
71	杨琨	HIMF 对牦牛胚胎肺泡表面活性物及 HIF-2α 表达的相关调控机制	同意结题	甘肃省科技厅青年科技基金计划
72	于国伟	兰州市儿童幽门螺旋杆菌感染检测及病因机制研究	同意结题	甘肃省科技厅甘肃省自然科学基金
73	张宏	表面修饰微纳米粉体材料制备水基润滑金属切削液研究	同意结题	甘肃省科技厅甘肃省自然科学基金
74	张平	可磁分离 TNTs/g-C3N4 纳米复合材料光催化性能研究	同意结题	甘肃省科技厅自然科学基金
75	郑茜	不同类型的辐照对头颈部肿瘤细胞的增殖和转移能力的影响及其相关细胞骨架特性的探讨	同意结题	甘肃省科技厅青年科技基金
76	丁向东	我国民族传统体育文化的发展方向与对策	同意结题	甘肃省“十三五”教育科学规划课题
77	郭蕾	基于《3-6 岁儿童学习与发展指南》下的藏汉双语幼儿语言发展研究	同意结题	甘肃省“十三五”教育科学规划课题
78	周鹏生	少数民族中学生认知闭合需要对学业成就的影响	同意结题	甘肃省“十三五”教育科学规划课题
79	杨成慧	大数据背景下推进教育精准扶贫研究	同意结题	甘肃省“十三五”教育科学规划课题
80	王艳	《格萨尔》史诗的文化内涵与当代发展研究	优秀	甘肃省高等学校科研项目
81	哈斯其美格	水溶性铜卟啉配合物体外抗肿瘤活性研究	优秀	甘肃省高等学校科研项目
82	仁青吉	法藏敦煌古藏文中观论典研究兰却加	合格	甘肃省高等学校科研项目
83	周青	民族地区高校专业舞蹈教育特色发展研究	合格	甘肃省高等学校科研项目
84	周毛先	甘肃白龙江流域新发掘的苯教格萨尔祭祀仪轨文献整理与研究	合格	甘肃省高等学校科研项目
85	张晓芳	甘肃省绿色低碳城市发展战略研究	合格	甘肃省高等学校科研项目
86	孙阿凡	“一带一路”战略下甘肃省产业园区转型升级研究	合格	甘肃省高等学校科研项目
87	张小勇	甘肃民族地区县域电子商务精准扶贫协同联动机制研究	合格	甘肃省高等学校科研项目
88	贺艳平	对偶犹豫模糊软集理论及其应用研究	合格	甘肃省高等学校科研项目
89	汪晨净	内皮素 -1 诱导血管平滑肌细胞自噬及其信号传导机制	合格	甘肃省高等学校科研项目
90	孙万虹	聚吡咯 / 凹凸棒 / 改性纤维素重金属离子吸附材料的性能研究	合格	甘肃省高等学校科研项目
91	曹万智	外墙保温及围护用断热节能复合板块成套技术成果转化	优秀	甘肃省高等学校科研成果转化培育项目
92	戴玉刚	民族信息技术协同创新科技团队	合格	甘肃省高等学校协同创新团队
93	文卫东	MMPs/TIMPs 调控皮肤创面封闭腔中伤口愈合的机制研究	同意结题	中央高校项目
94	刘志刚	甘肃彩陶图案研究	同意结题	中央高校项目
95	陈艺	《东乡族花儿的传承与发展研究》	同意结题	中央高校项目
96	马春花	西北地区民族双语教学模式的理论与实证研究	同意结题	中央高校项目

续表

序号	项目负责人	项目名称	结题结论	项目来源
97	赵春明	现代蒙汉语词汇理据性对比与翻译研究	同意结题	中央高校项目
98	卫炜	多媒体环境下民族院校大学英语听说教学改革探究	同意结题	中央高校项目
99	张炜	基于模糊 Petri 网的微机监测系统故障诊断研究	同意结题	中央高校项目
100	王秀芳	SBS 改性沥青加工及其路面工程应用研究	同意结题	中央高校项目
101	西仁娜依·玉素辅江	毛拉·比拉里著作整理研究	同意结题	中央高校项目
102	赵恺	健全和完善农村党员干部直接联系和服务群众的体制机制研究	同意结题	中央高校项目
103	赵文捷	影响兰州市消费者抱怨和投诉行为的因素调查及定量分析	同意结题	中央高校项目
104	赵靓	武陵山区中学英语语音教学中存在的问题及其对策研究	同意结题	中央高校项目
105	徐恒	俄罗斯学院美术教学与国内学院美术教学的对比研究	同意结题	中央高校项目
106	蒲佳	藏传佛教曼荼罗图形的艺术特征研究	同意结题	中央高校项目
107	胜利	蒙药诃子醇提取物对 T 细胞活化通路作用机制研究	同意结题	中央高校项目
108	冯若飞	戊型肝炎病毒体外增殖培养受限机制的研究	同意结题	中央高校项目
109	张佳	群，半群的 Cayley 图的若干研究	同意结题	中央高校项目
110	黄洪猛	外包钢筋混凝土加固既有铁路桥墩的动力性能与破坏机理研究	同意结题	中央高校项目
111	冯英杰	寒旱地区混凝土裂缝病害机理及治理措施研究	同意结题	中央高校项目
112	张宏	生物质轻质包装复合材料的制备及性能研究	同意结题	中央高校项目
113	牛乐	河湟多民族聚居区装饰艺术文化的共生与交流	同意结题	中央高校项目
114	图雅	法式善《梧门诗话》的诗学思想	同意结题	中央高校项目
115	汤琳琳	基于英语绘本的少数民族大学生英语教学实践研究	同意结题	中央高校项目
116	于洁	甘肃甘南藏族自治区拉卜楞寺建筑特色考究	同意结题	中央高校项目
117	谢丽娟	甘南地区藏族色彩观的传承与发展研究	同意结题	中央高校项目
118	王茜	西北地区伊斯兰教宗教建筑装饰艺术的研究	同意结题	中央高校项目
119	阿宫	甘南藏族民间舞蹈的调查与研究	同意结题	中央高校项目
120	多洛肯	“清代少数民族文学家族诗集”整理研究	同意结题	中央高校项目
121	李永宏	语音多模态研究	同意结题	中央高校项目
122	蔡宁	动态复杂网络运动分析与应用	同意结题	中央高校项目
123	曹忻	绵羊遗传资源保护利用与产品品质控制	同意结题	中央高校项目
124	吴尚	天然黏土在有机合成中的催化性能研究	同意结题	中央高校项目

续表

序号	项目负责人	项目名称	结题结论	项目来源
125	杨永锋	20世纪40年代英美霸权和平转移研究——对中美构建新型大国关系的启示	同意结题	中央高校项目
126	马静	1912—1937年的城市犯罪与法制观念研究	同意结题	中央高校项目
127	杨惠娟	有关红西路军历史中几个问题的研究	同意结题	中央高校项目
128	阿力木尼牙孜	察哈台维吾尔语文献《夏力黑玉苏甫》	同意结题	中央高校项目
129	杨琨	HIMF对牦牛肺脏发育的影响及其对高原低氧环境适应机制研究	同意结题	中央高校项目
130	孙 豫	Pt及其氧化物阳离子催化转化N2O的理论探究	同意结题	中央高校项目
131	王婷婷	碳化硅动态膜的制备、表征及其在油水分离中的应用	同意结题	中央高校项目
132	徐静	生物相容性纳米银复合水凝胶的制备、性能研究及其应用	同意结题	中央高校项目
133	洪建超	基于蜜罐技术的防御系统设计	同意结题	中央高校项目
134	张微	内陆河湖相软土地基勘察技术及路堤稳定性研究	同意结题	中央高校项目
135	孟岭超	基于“海绵城市”理念下的兰州城市生态景观	同意结题	中央高校项目
136	张璐	象中之意——意象油画及其人文精神研究	同意结题	中央高校项目
137	李祯玉	中国钢琴音乐融合民族音乐的历史追踪与理论探讨	同意结题	中央高校项目
138	张兆麟	甘肃省综合类大学艺术学院学生乐团组建现状及其发展研究	同意结题	中央高校项目
139	陈琼	双元素异价共掺ZnSn（OH）6微/纳米球及中空球形Zn2SnO4基复合材料的制备及其气敏特性的研究	同意结题	中央高校项目
140	刘彩虹	动态流数据挖掘关键技术研究	同意结题	中央高校项目
141	王向丽	空间真空/原子氧环境下铝合金基润滑材料	同意结题	中央高校项目
142	黄靖涛	基于模块化组合多电平变流器控制策略研究	同意结题	中央高校项目
143	杨晶显	基于机器学习的风电场功率预测研究	同意结题	中央高校项目
144	李玉梅	高压GIS母线多物理耦合场数值计算与分析	同意结题	中央高校项目
145	胡晓潘	甘南藏族青少年人群龋病流行病学调查及遗传学研究	同意结题	中央高校项目
146	张丽	静宁鸡MSTN和CAST基因多态性与肉质性状的相关性研究	同意结题	中央高校项目
147	杨妍梅	PPARs基因在静宁鸡组织中表达特性的研究	同意结题	中央高校项目
148	王明明	硅提高党参抗旱性的生理生态机制研究	同意结题	中央高校项目
149	刘丽霞	中国荷斯坦牛BoLA-DRA基因SNP多态与乳房炎和泌乳性状的相关性研究	同意结题	中央高校项目
150	李小勇	组合场产生阿秒脉冲宏观效应的理论研究	同意结题	中央高校项目
151	肖艳萍	非柱形区域上非线性抛物方程解的长时间行为	同意结题	中央高校项目
152	王倩	基于模糊超图的模糊在线社会网络中心性分析及仿真研究	同意结题	中央高校项目

续表

序号	项目负责人	项目名称	结题结论	项目来源
153	姜学龙	生态翻译学视域下的影视翻译研究	同意结题	中央高校项目
154	阿尔布克·巴生	玛赞巴特尔传说研究	同意结题	中央高校项目
155	胡玉霞	我国省际文化产业竞争力评价与提升——基于西北五省数据的实证分析	良好	中央高校项目
156	张春丽	基于协整度的门槛协整模型及其在金融风险管理中的应用	良好	中央高校项目
157	王艳	史诗《格萨尔》口头艺术表演的民族志研究	合格	中央高校项目
158	钟慧	社会组织在民族地区精准扶贫中的积极作用研究	合格	中央高校项目
159	魏玉梅	武威人参果系列产品研发及其功能性研究与应用	优秀	中央高校项目
160	陈世祥	合唱作品的改编、创作、教学及实践	良好	中央高校项目
161	郑颖	民族室内乐创作、教学与演奏	良好	中央高校项目
162	韩华	民族院校声乐教学与少数民族原生态唱腔的保护与发展	合格	中央高校项目
163	尹辉	少数民族音乐在西北民族大学公共艺术教育中的现状研究	合格	中央高校项目
164	赵常红	数据挖掘在西北民族大学体质测试中的应用	良好	中央高校项目
165	丁向东	体育运动中的情绪控制特征及调节机制研究	合格	中央高校项目
166	范文玲	兰州文庙建筑研究	同意结题	中央高校项目
167	杨惠玲、周松	“丝绸之路”与西北民族地区历史文化	同意结题	中央高校项目
168	马英杰	“四个自信”视阈下中国特色解决民族问题话语研究——以甘宁青三省区为例	同意结题	中央高校项目
169	任崇强、邓艾	西北民族地区城镇化进程中转移民族人口就业结构调查研究	同意结题	中央高校项目
170	马子量	甘青藏区城市少数民族流动人口市民化融入研究	同意结题	中央高校项目
171	刘宏霞	西部民族地区工业结构调整中的劳动就业问题研究	同意结题	中央高校项目
172	马忠才	西北偏远民族地区基础教育均衡发展与教育扶贫推进战略研究	同意结题	中央高校项目
173	赵德顺	基于复杂网络的藏族学生汉字学习方法研究基于复杂网络的少数民族学生汉字学习方法研究	同意结题	中央高校项目
174	王春丽、沙景荣	少数民族教育数据中心建设与服务机制研究	同意结题	中央高校项目
175	张静、王生鹏	民族地区全域旅游发展与民族文化重构研究	同意结题	中央高校项目
176	常进峰	甘肃省少数民族农村留守儿童校园欺凌现状及防治策略研究	同意结题	中央高校项目
177	吴通	蒙元时期陇山地区藏传佛教与道教研究	同意结题	中央高校项目
178	张璐	少数民族地区人身保险效率测度及影响机理研究	同意结题	中央高校项目
179	马海英	临夏回族自治州穆斯林民间借贷调查研究	同意结题	中央高校项目

续表

序号	项目负责人	项目名称	结题结论	项目来源
180	孙阿凡	“一带一路”战略下甘肃省民族地区产业园区升级转型研究	同意结题	中央高校项目
181	包来英	蒙古族诗歌批评研究	同意结题	中央高校项目
182	胡阿旭	民族语言及口传文化的多模态研究	同意结题	中央高校项目
183	刁晨	雾霾环境下心电信号质量评估与心率变异性分析方法的研究	同意结题	中央高校项目
184	蔡正琦	梵音藏文字符样本库的构建和识别方法研究	同意结题	中央高校项目
185	王念一	基于视觉 Gamma 带同步振荡神经网络的图像处理应用研究	同意结题	中央高校项目
186	王铁君	唐卡图像知识图谱构建与分析研究	同意结题	中央高校项目
187	焦玉娟	一类趋化型反应扩散模型解的性态研究	同意结题	中央高校项目
188	张海东	软环境下的对偶犹豫模糊粗糙集模型及其在决策问题中的应用研究	同意结题	中央高校项目
189	马宁	融合多特征的藏文事件属性信息抽取理论与方法研究	同意结题	中央高校项目
190	孟祥和	基于 Hadoop 平台的藏文文本分布式聚类算法研究	同意结题	中央高校项目
191	徐涛	基于主题结构的藏文文本关键词抽取模型研究	同意结题	中央高校项目
192	江静	基于微博的社会影响力分析研究	同意结题	中央高校项目
193	李亚超	基于句法结构的神经网络机器翻译研究	优秀	中央高校项目
194	万福成	藏语短语句法树库检索系统研究与实现	合格	中央高校项目
195	何向真	虚拟人唇动合成研究	合格	中央高校项目
196	石玉清	基于光子晶体纠缠属性的量子图像处理方法研究	合格	中央高校项目
197	马晓霞	Atg13 蛋白在调控 BVDV 复制过程中活化 I 型干扰素信号通路的研究	良好	中央高校项目
198	刘振斌	动物寄生线虫生物防治制剂放大制备工艺——第一阶段研究	良好	中央高校项目
199	周建业	甘肃保安族牙周炎微生物及免疫病因学研究	良好	中央高校项目
200	曹欣	Zbtb1 基因调控小鼠造血干细胞向淋巴细胞分化的机制研究	同意结题	中央高校项目
201	魏小红	PAHs 降解菌的筛选及降解机制研究	同意结题	中央高校项目
202	哈斯齐美格	含氮杂环金属 Schiff 碱配合物合成及其环境水样中重金属离子识别研究	同意结题	中央高校项目
203	雒晓芳	固定化微生物对 TPH 污染土壤的修复研究	同意结题	中央高校项目
204	徐红伟	不同脂尾型绵羊体脂特异性沉积相关环状 RNA 选及功能验证研究	同意结题	中央高校项目
205	陆会宁	绵羊胚胎体外培养技术研究	同意结题	中央高校项目
206	冯玉兰	静宁鸡日粮中添加饲喂尾菜的效果研究	同意结题	中央高校项目

续表

序号	项目负责人	项目名称	结题结论	项目来源
207	阿依木古丽·阿不都热依木	雌激素对牦牛颗粒细胞增值与凋亡的调控机制研究	同意结题	中央高校项目
208	郭鹏辉	藏药柳茶降脂机理研究与开发利用	同意结题	中央高校项目
209	戴洪伟	静宁鸡种质特性研究	同意结题	中央高校项目
210	高丹丹	利用枸杞鸡血清蛋白制备生物活性肽的研究	同意结题	中央高校项目
211	魏晓娟	四轮滑移转向移动操作机器人主动防滑技术研究	同意结题	中央高校项目
212	张汉彬	土汉英词典编纂研究	同意结题	中央高校项目
213	刘华	种群入侵模型的时空动态演化计算机模拟算法研究	同意结题	中央高校项目
214	胡文瑾	超像素技术在唐卡图像处理中的应用研究	同意结题	中央高校项目
215	杜世强	低秩张量分解方法在图像去噪中的应用	同意结题	中央高校项目
216	郭凌	基于机器学习方法的浸润性乳腺癌基因分析	同意结题	中央高校项目
217	乔自林	霉酚酸和 IMPDH 在肝癌进展中的关联效应研究	同意结题	中央高校项目
218	张国华	不同猪种肌纤维类型组成的差异及影响猪肉品质的机制研究	同意结题	中央高校项目
219	李向茸	跨膜蛋白 39A 与脑心肌炎病毒相互作用的分子调控机制研究	同意结题	中央高校项目
220	赵霏	舞茸多糖在肝癌荷瘤鼠抗肿瘤体内实验中对免疫调节功能的影响	同意结题	中央高校项目

附件 3：西北民族大学 2019 年立项各类项目

序号	项目名称	负责人	批准单位	项目级别
1	我国四大古典文学名著维吾尔文、哈萨克文译本的接受、影响研究及其数据库建设	阿布都外力·克热木	国家社科工作办公室	国家级
2	明代少数民族诗文文献辑录与文学交融研究及其资料库建设	多洛肯	国家社科工作办公室	国家级
3	藏族传统科技文献收集整理研究	傅千吉	国家社科工作办公室	国家级
4	俄藏《格萨尔》文献辑录及电子资料库建设	宁梅	国家社科工作办公室	国家级
5	敦煌文献中的象雄语言文字研究	多杰东智	国家社科工作办公室	国家级
6	中国《江格尔》精选本汉译与研究	文英	国家社科工作办公室	国家级
7	基于大数据的藏族天文历算经典文献整理与综合研究	夏吾才让	国家社科工作办公室	国家级

续表

序号	项目名称	负责人	批准单位	项目级别
8	卡尔梅克民歌资料集成与研究	阿尔布克·巴生	国家社科工作办公室	国家级
9	中国境内图瓦语词汇调查研究	巴图欧其尔·吾再	国家社科工作办公室	国家级
10	卫拉特蒙古语言语发声空气动力学研究	金玲	国家社科工作办公室	国家级
11	西北地区新型城镇化与乡村振兴协同发展研究	李长亮	国家社科工作办公室	国家级
12	敦煌古藏文诗歌及其意象研究	马乃东智	国家社科工作办公室	国家级
13	临夏州稳定脱贫内生动力的培育路径与社会工作介入机制研究	马忠才	国家社科工作办公室	国家级
14	草原丝绸之路沿线民族狩猎文化遗产调查研究	僧格	国家社科工作办公室	国家级
15	民族地区新型职业农民素质提升的路径、模式和效果研究	沙景荣	国家社科工作办公室	国家级
16	土族《格萨尔》创世神话研究	王国明	国家社科工作办公室	国家级
17	改革开放40年洮河流域藏族村落文化变迁口述记录研究	王昆	国家社科工作办公室	国家级
18	大通河流域明清时期曼荼罗图像调查研究	杨旦春	国家社科工作办公室	国家级
19	维吾尔族中华认同意识的形成发展及其与其他民族的交往交流交融研究	尹伟先	国家社科工作办公室	国家级
20	河西汉简科技史料整理与研究	赵兰香	国家社科工作办公室	国家级
21	藏语安多口语语法研究	周毛草	国家社科工作办公室	国家级
22	察合台文献的翻译与研究	买合苏提·色来木	国家社科工作办公室	国家级
23	中国史诗研究百年编年	宁梅	国家社科工作办公室	国家级
24	基于同位素标记法的微生物强化堆肥中石油烃的生物演化机理研究	陈丽华	国家自然科学基金委员会	国家级
25	倍半萜类天然产物 mitchellenes A–E 的仿生合成	方博文	国家自然科学基金委员会	国家级
26	马铃薯蛋白 ACE 抑制肽 Plastein 反应修饰机理及其分子对接模型构建	高丹丹	国家自然科学基金委员会	国家级
27	基于网络分析的浸润性乳腺癌基因标志物研究	郭凌	国家自然科学基金委员会	国家级
28	东祁连山白牦牛核心产区退化草地土壤生态亚系统的恢复力及机制研究	李春鸣	国家自然科学基金委员会	国家级
29	基于多色激光波形合成技术的水窗波段孤立阿秒脉冲产生及其优化的理论研究	李小勇	国家自然科学基金委员会	国家级
30	基于语音、嗓音、气流气压信号的藏语音节模型研究	李永宏	国家自然科学基金委员会	国家级
31	高性能绿色环保麦秸秆基泡沫塑料的仿生构建与研究	苏琼	国家自然科学基金委员会	国家级
32	天然坡缕石负载氮膦配体–锰络合物催化脱氢及脱氢偶联反应研究	吴尚	国家自然科学基金委员会	国家级
33	基于软空间的藏传因明论式研究	张海东	国家自然科学基金委员会	国家级
34	离子液体缓冲体系中磁性碳材料固载脂肪酶催化拆分扁桃酸研究	周瀚成	国家自然科学基金委员会	国家级

续表

序号	项目名称	负责人	批准单位	项目级别
35	油画《西垂印象》	冯炳超	国家艺术基金管理中心	国家级
36	歌曲《中国大船》	赛音	国家艺术基金管理中心	国家级
37	面向藏文 Web 的搜索策略研究	邓凯英	教育部	国家级
38	民族院校总体国家安全观教学研究	李斌	教育部	国家级
39	西北多民族聚居农村精准脱贫内生动力研究	刘荣	教育部	省部级
40	性别与形象：近代中国女性犯罪研究（1912-1937）	马静	教育部	省部级
41	伊斯兰教中国化经典《天方典礼》研究	马少卿	教育部	省部级
42	乡村振兴战略驱动下甘宁青民族地区异地务工人员返乡创业的民族志研究	马英杰	教育部	省部级
43	敦煌回鹘文写本《阿毗达磨俱舍论实义疏》整理与研究	西仁娜依·玉素辅江	教育部	省部级
44	中国文学书籍史视野下的清代官修文学典籍研究	甄芸	教育部	省部级
45	说唱与藏戏中的格萨尔音乐研究规划基金项目	钟力	教育部	省部级
46	少数民族大学生英语学习情况比较研究	郭蕾	国家民族事务委员会	省部级
47	深度贫困民族地区乡村教育振兴的实践困境及其破解	马忠才	国家民族事务委员会	省部级
48	民族交往交流交融与中华民族多元一体研究：以民族院校为个案	满珂	国家民族事务委员会	省部级
49	北方少数民族家庭语言使用情况调查研究	汤琳琳	国家民族事务委员会	省部级
50	国家通用语言文字民汉双语综合培训资源开发	王彦斌	国家民族事务委员会	省部级
51	一带一路严寒寒冷地区节能建筑装配式墙体围护体系的研发及应用	曹万智	国家民族事务委员会	省部级
52	曹禺话剧舞台艺术效果审美研究	韩晓清	国家民族事务委员会	省部级
53	拟线性椭圆方程解的对称性和单调性研究	黄水波	国家民族事务委员会	省部级
54	西北少数民族口传文化多模态数据库建设及模型研究	李永宏	国家民族事务委员会	省部级
55	西北民族地区新型城镇化发展进程研究	李长亮	国家民族事务委员会	省部级
56	乡村振兴背景下农民工养老保障问题研究	刘荣	国家民族事务委员会	省部级
57	网络舆情治理中的大数据技术研究——基于舆论传播的建模与应用	卢毅刚	国家民族事务委员会	省部级
58	新时代甘肃省民族地区促进社会和谐稳定问题研究	马少卿	国家民族事务委员会	省部级
59	中国《江格尔》全书编纂与汉译	孟开	国家民族事务委员会	省部级
60	俄藏《格萨尔》文献辑录	宁梅	国家民族事务委员会	省部级
61	临夏州少数民族手工艺品牌发展与文旅融合研究	牛乐	国家民族事务委员会	省部级
62	西部地区水性风机叶片涂料的制备以及表界面行为研究	孙初锋	国家民族事务委员会	省部级
63	“三区三州”精准扶贫农户满意度调查	杨朝继	国家民族事务委员会	省部级

续表

序号	项目名称	负责人	批准单位	项目级别
64	西北民族地区宗教发展现状及态势研究	马玉堂	国家民族事务委员会	省部级
65	国家通用语言文字简明学习读本综合培训教材（藏族、维吾尔族进城务工经商人员国家通用语言文字学习资源建设研究）	段小强	国家语言文字委员会	省部级
66	甘肃省东乡语语音声学参数数据库建设研究	巴图格日勒	甘肃省哲学社会科学规划办公室	省部级
67	甘肃民间信仰中的汉藏文化交流因素研究	答小群	甘肃省哲学社会科学规划办公室	省部级
68	建国 70 年甘肃藏区双语教育研究	傅千吉	甘肃省哲学社会科学规划办公室	省部级
69	全媒体时代甘肃地区文旅融合发展研究	贾倩	甘肃省哲学社会科学规划办公室	省部级
70	进军与决战：一战定四省的兰州战役研究	雷梦芹	甘肃省哲学社会科学规划办公室	省部级
71	新时期以来甘肃文学外译现状及传播策略研究	马冬梅	甘肃省哲学社会科学规划办公室	省部级
72	基于丝绸之路经济带建设的甘肃省少数民族地区物流协同发展研究	马伊双	甘肃省哲学社会科学规划办公室	省部级
73	甘肃省民族地区脱贫攻坚与乡村振兴有效衔接的路径研究	孙阿凡	甘肃省哲学社会科学规划办公室	省部级
74	乡村振兴背景下我省民族地区文化资源传承创新方略研究	文化	甘肃省哲学社会科学规划办公室	省部级
75	甘肃非物质文化遗产融入高等教育的模式研究	徐恒	甘肃省哲学社会科学规划办公室	省部级
76	甘肃省少数民族特色村寨民族文化保护传承与开发研究	张冀震	甘肃省哲学社会科学规划办公室	省部级
77	甘肃民族地区精准扶贫中的社会工作嵌入与社区发展研究	赵军雷	甘肃省哲学社会科学规划办公室	省部级
78	出版文化史视野下的甘肃官书局研究	甄芸	甘肃省哲学社会科学规划办公室	省部级
79	甘南州民族手工艺的传承保护与开发研究	周绍举	甘肃省哲学社会科学规划办公室	省部级
80	甘肃省科普教育基地（物理演示与探索实践）	乌兰	甘肃省科技厅	省部级
81	项目多语言信息服务问答系统关键技术研究及系统实现	马宁	甘肃省委组织部	省部级
82	废旧轮胎橡胶颗粒对大掺量粉煤灰混凝土性能影响研究	陈成芹	甘肃省教育厅	地厅级
83	高能量密度柔性超级电容器用电极材料表面结构调控和性能研究	陈万军	甘肃省教育厅	地厅级
84	大数据挖掘下甘肃“一带一路”主干景观廊道开发研究	胡潇文	甘肃省教育厅	地厅级
85	农林废弃物与城市污泥催化共热解特性及产物应用研究	金溢	甘肃省教育厅	地厅级
86	基于波形合成技术的孤立阿秒脉冲的产生及其优化的理论研究	李小勇	甘肃省教育厅	地厅级
87	教育信息化助推甘肃贫困地区脱贫攻坚的机制与措施研究	刘洋	甘肃省教育厅	地厅级
88	网络舆情分析与治理中的大数据技术应用研究	卢毅刚	甘肃省教育厅	地厅级

续表

序号	项目名称	负责人	批准单位	项目级别
89	分数阶随机神经网络解的存在性及稳定性	慕嘉	甘肃省教育厅	地厅级
90	甘肃省绿色能源经济可持续发展及其路径研究	齐英瑛	甘肃省教育厅	地厅级
91	基于 DNN 的藏文古籍字符识别研究	王筱娟	甘肃省教育厅	地厅级
92	音乐类舞台实践课程与“互联网 +”融合教学的创新与研究	张兆麟	甘肃省教育厅	地厅级
93	药食同源产物舞茸联合维生素 C 研发成免疫增强剂的体内实验研究	赵霏	甘肃省教育厅	地厅级
94	融媒体背景下新闻传播教育体系革新研究	曾培伦	甘肃省教育科学研究所	地厅级
95	新时代背景下家庭教育理论与实践创新研究	金荷香	甘肃省教育科学研究所	地厅级
96	甘肃省中职学校教育服务能力提升策略研究	南宏师	甘肃省教育科学研究所	地厅级
97	跨媒介叙事背景下绘本的内容传播与儿童家庭教育研究	任洪增	甘肃省教育科学研究所	地厅级
98	“互联网”背景下电视节目制作类课程实验教学模式的梯度化设计	张辉刚	甘肃省教育科学研究所	地厅级
99	创新创业导向的保险学专业实践教学模式构建研究	张建深	甘肃省教育科学研究所	地厅级
100	“三全育人”视域下加强民族高校大学生思想政治理论素养途径研究	张萍	甘肃省教育科学研究所	地厅级
101	兰州城市文化软实力之“全面阅读”提升策略研究	李炜娜	兰州市社科规划办公室	地厅级
102	西北传统音乐文化在兰州现代职业教育中课程体系建设研究	马希刚	兰州市社科规划办公室	地厅级
103	当代民谣与兰州形象的塑造与传播	盛开莉	兰州市社科规划办公室	地厅级
104	争创国家历史文化名城视域下兰州“非遗”的品牌塑造与影像输出研究	王珊珊	兰州市社科规划办公室	地厅级
105	地方绵羊品种繁殖与生产性能提质增效技术研究	曹忻	兰州市科技厅	地厅级
106	蔬菜产区种养废弃物生产有机肥技术成果转化与示范	戴洪伟	兰州市科技厅	地厅级
107	民族传统体育赛事与河西走廊地区旅游产业耦合发展的路经研究	常子健	甘肃省体育局	地厅级
108	民族健身操在甘肃民族高校的开展及推广研究	笪川	甘肃省体育局	地厅级
109	中、英校园足球体制机制发展对比研究	汪洋	甘肃省体育局	地厅级
110	互联网 + 背景下体育传播特点与规律研究	王珊珊	甘肃省体育局	地厅级
111	丝绸之路经济带甘肃黄金段体育旅游产业开发策略研究	王小玲	甘肃省体育局	地厅级
112	甘肃省乡村节庆体育活动的整体策划研究	谢智学	甘肃省体育局	地厅级
113	西北民族大学创建中长跑高水平运动队发展研究	张云山	甘肃省体育局	地厅级
114	兰州市健身俱乐部发展现状及对策研究	冯刚	甘肃省体育局	地厅级
115	“一带一路”特色农产品多语言跨境电子商务平台	何向真	甘肃省商务厅	地厅级
116	基于 BIM 技术的装配式钢筋混凝土与木混合结构的节点装配方法与应用研究	吴忠铁	甘肃省住房和城乡建设厅	地厅级

续表

序号	项目名称	负责人	批准单位	项目级别
117	皮影道情——特色浓郁的陇上艺术	郑颖	甘肃省社科联	地厅级
118	《魅力花儿——独具风情的文化艺术》	冯岩	甘肃省社科联	地厅级
119	羁押必要性审查相关问题研究	蒋宏伟	甘肃省人民检察院	地厅级
120	兰州高新区生物医药产业的发展方向及前景分析研究	赵永清	兰州国家自主创新示范区管委会	地厅级
121	新时代背景下民族高校团支部活力提升工程质量提升路径——以西北民族大学团支部活力提升项目工程实证研究为例	李娜	全国学校共青团	地厅级
122	当代大学生“佛系心态”及其共青团引导策略研究	常进锋	全国学校共青团	地厅级
123	裕固族驼队文化	白文宏	肃南裕固自治县文体广电和旅游局	横向
124	《甘肃省新型墙体材料产品目录》和《甘肃省墙体材料产业发展导向》编制任务委托项目	曹万智	甘肃省墙体材料革新和建筑节能工作协调领导小组办公室	横向
125	钢结构用装配式钢骨增强复合楼板技术规程	曹万智	甘肃省工程建设标准管理办公室	横向
126	试油井场油泥砂微生物降解技术研究	陈丽华	中国石油集团川庆钻探工程有限公司长庆井下技术作业公司	横向
127	白银市资源枯竭型城市转型 2018 年度绩效考核自评报告编制项目	代瑾	白银市发展与改革委员会	横向
128	甘肃哈萨克民歌研究	冯瑞	阿克塞哈萨克族自治县文体广电和旅游局	横向
129	《河州传统民俗文化展示展演项目可行性研究报告》编制	韩晓清	临夏州兆美民族刺绣文化有限公司	横向
130	《全生物降解地膜成分及降解产物分析》服务项目	贺媛	甘肃省农业生态环境保护管理站	横向
131	持续强降雨对临夏红层地区输电线路地灾影响评价研究	李朝晖	中国能源建设集团甘肃省电力设计院有限公司	横向
132	“扶贫助弱，健康口腔”甘肃临夏州少数民族全生命周期口腔健康扶贫示范项目	李志强	中国牙病防治基金会	横向
133	当代中国肖像漫画艺术研究	马炅	东莞图书馆	横向
134	“新时代那吾”文化合作项目	马希刚	合作市那吾镇人民政府	横向
135	“酣客酒文化”音乐作品创作项目	马希刚	甘肃酣客商贸有限公司	横向
136	《格萨尔·达姆赛宗》藏汉翻译及整理研究	曼秀·仁青道吉	青海省文学艺术界联合会	横向
137	青藏高原区域畜禽遗传资源调查——牦牛	潘和平	农业农村部种业管理司	横向
138	气候变化和植被生物多样性数据加工处理	王文婷	中国科学院遥感与数字地球研究所	横向
139	甘肃省居民健康素养监测	王志凡	甘肃省卫生健康宣传教育中心项目	横向
140	改革开放 40 周年“多彩藏乡·绚丽玛曲”玛曲历史文化系列丛书》编写出版项目	尹伟先	玛曲县委宣传部	横向

续表

序号	项目名称	负责人	批准单位	项目级别
141	废旧地膜回收利用地膜残留监测——全国污染源普查农田地膜残留量原位监测第二批	张宏	山丹县经济作物指导中心	横向
142	农用地膜质量批量检验服务	张宏	山丹县经济作物指导中心	横向
143	甘肃兰州产业转型升级示范区建设方案	张克政	兰州市发展和改革委员会	横向
144	白银市承接产业转移示范区实施情况自评报告编制项目	张克政	白银市发展和改革委员会	横向
145	探索建设定西市农村人身保险公司服务网络	张璐	定西至翔网络工程有限公司	横向
146	知识空间理论建立日常 OTC 药品适应症学习路径和方法	赵堃	北京草本便利智能科技有限公司	横向
147	西北民族地区县级融媒体建设的技术方案、人员培训及实施路劲研究	朱杰	甘肃万顺达科技发展有限公司	横向
148	甘肃省中医药文化健康素养监测	王志凡	甘肃省卫生健康宣传教育中心	横向
149	动物脂肪沉积与肉质形成的营养调控	卢建雄	中央高校	校级
150	语言资源创新团队	多拉	中央高校	校级
151	病毒感染机制研究创新团队	柏家林	中央高校	校级
152	动物细胞培养与代谢工程	乔自林	中央高校	校级
153	多语言电子商务创新团队	马宁	中央高校	校级
154	新能源材料的制备及应用	王培煜	中央高校	校级
155	甘肃少数民族生物医学表型特征研究	海向军	中央高校	校级
156	卫拉特学研究创新团队	孟开	中央高校	校级
157	民族地区城市化发展与产业变迁研究	马子量	中央高校	校级
158	中国少数民族古典文献整理与研究	杨本加	中央高校	校级
159	甘肃省少数民族传统体育项目数字化研究	丁向东	中央高校	校级
160	生物质环境友好复合材料——秸秆基免胶高强度环境友好材料的研究与开发	苏琼	中央高校	校级
161	高品质道地中药材种植及精准扶贫示范研究	罗兴平	中央高校	校级
162	遵义市茶叶基地土壤——茶叶系统中重金属及微量元素富集与茶饮安全性评估研究	杨一鸣	中央高校	校级
163	磁性光催化材料的开发及应用	张平	中央高校	校级
164	功能高分子催化体系的开发与应用——坡缕石基材料在药物合成中的应用	赵连彪	中央高校	校级
165	环境友好纳米复合材料科研创新团队	鲜亮	中央高校	校级
166	基于中空纤维法对西部民族地区药材有效成分的提取及应用研究	康淑荷	中央高校	校级
167	西北民族地区特色植物资源开发与利用	郭鹏辉	中央高校	校级
168	高原特有畜禽种质资源保存与分子遗传特性研究创新团队	刘翊中	中央高校	校级

续表

序号	项目名称	负责人	批准单位	项目级别
169	藜麦耐盐机制研究及其综合开发利用	郭晓农	中央高校	校级
170	乳制品抗衰老机制的相关研究	周雪雁	中央高校	校级
171	西北地区特色蛋白质资源开发与综合利用	高丹丹	中央高校	校级
172	牦牛生殖调控机理与高原适应性研究创新团队	阿依木古丽	中央高校	校级
173	奶牛泌乳性能遗传特征及其相关基因功能研究创新团队	李倬	中央高校	校级
174	甘肃药用植物资源保护与利用	陈莉	中央高校	校级
175	动物病源感染的调控机制	陈轶霞	中央高校	校级
176	线性系统的预处理技术研究及其应用	白玉琴	中央高校	校级
177	谱聚类在复杂网络社区检测中的应用研究	桂春	中央高校	校级
178	甘肃特有少数民族族源特征、环境因素与疾病谱的关系研究	兰咏梅	中央高校	校级
179	民族文化与旅游研究	王生鹏	中央高校	校级
180	乡村振兴战略理论与实践研究	孙永龙	中央高校	校级
181	民族地区贫困与经济增长研究团队	任崇强	中央高校	校级
182	西北民族宗教历史文化研究	答小群	中央高校	校级
183	蒙古语族语言与翻译研究团队	文英	中央高校	校级
184	21 世纪海上丝绸之路与西亚东非海洋资源和贸易研究	马和斌	中央高校	校级
185	“一带一路”视域下《格萨尔》文献的搜集整理与研究	宁梅	中央高校	校级
186	后真相时代：提高新闻舆论传播力、引导力、影响力和公信力项目团队	李欣	中央高校	校级
187	超高清视频编码中运动估计技术研究	李向群	中央高校	校级
188	氧化淀粉－三聚氰胺环保缩醛胶的研究与开发	赵向飞	中央高校	校级
189	选择性识别和高效分离污染离子的网状超分子功能材料研制及性能	刘娟	中央高校	校级
190	用于骨缺损修复的新型复合支架材料研究	周建业	中央高校	校级
191	N- 氨甲酰谷氨酸对绵羊繁殖性能的影响及调控机制研究	蔡元	中央高校	校级
192	流产布鲁氏菌分子疫苗 Prime-boost 免疫效果研究	霍生东	中央高校	校级
193	不同亚型的 A 型流感病毒 NP 蛋白激活宿主 NF-κB 信号通路的研究	曹欣	中央高校	校级
194	新型农村装配式节能建筑模型构建及其围护结构热工性能研究	甘季中	中央高校	校级
195	回火分数阶复杂网络的同步分析与控制	马维元	中央高校	校级
196	高原夏菜产区地源性发酵饲料关键技术研究与示范应用	徐红伟	中央高校	校级
197	磁性聚吡咯 / 纤维素吸附材料的性能研究	孙万虹	中央高校	校级

续表

序号	项目名称	负责人	批准单位	项目级别
198	水溶性金属卟啉配合物合成及其体外抗肿瘤活性研究	哈斯其美格	中央高校	校级
199	可见光促进磷自由基对不饱和键的双官能团化反应研究	王满刚	中央高校	校级
200	基于固定化技术下的石油组分分析及特性研究	雒晓芳	中央高校	校级
201	甘孜藏区干旱河谷地被植物重建——生态位模型的模拟应用	王文婷	中央高校	校级
202	N- 同伦范畴的 Gorenstein 同调理论与余挠理论	卢博	中央高校	校级
203	基于多粒度的犹豫模糊粗糙集理论及其应用研究	张海东	中央高校	校级
204	少数民族濒危语言的语档资源建设研究——以撒拉语为例	马君	中央高校	校级
205	一类具有阶段结构的捕食者——食饵扩散模型的定性研究	焦玉娟	中央高校	校级
206	莪术醇对功能性消化不良胃肠动力的影响	金龙	中央高校	校级
207	基于运动捕捉数据的藏语拉萨话三维视位人脸仿真	何向真	中央高校	校级
208	融合语义角色信息的自动问答系统研究	万福成	中央高校	校级
209	新疆地区彩陶的整理与研究	陈亚军	中央高校	校级
210	纳瓦依察合台语文献《爱的芬芳》语文学研究	买合苏提·色来木	中央高校	校级
211	基于系统动力学的民族地区电子商务发展仿真研究	杨朝继	中央高校	校级
212	内部审计视角下的高校财务治理评价体系研究	郑莹	中央高校	校级
213	ZnO/SnO2 纳米结构气敏材料的制备及其特性研究	更藏多杰	中央高校	校级
214	基于 TensorFlow 深度学习计算框架的西北风场风电功率预测算法研究	郝洁	中央高校	校级
215	基于神经网络的固体氧化物燃料电池的自适应控制算法研究	王彩霞	中央高校	校级
216	基于深度神经网络的森林火灾监控系统研究	吕慧	中央高校	校级
217	大数据推进教育精准扶贫模型优化分析研究	杨成慧	中央高校	校级
218	5G 蜂窝网下的 D2D 技术研究	何美荣	中央高校	校级
219	光伏并网的故障特性及对配电网继电保护影响研究	马小琴	中央高校	校级
220	一种基于质心算法的无线传感器网络节点定位优化算法研究	张兴莉	中央高校	校级
221	气相自由基负离子反应的多样性对大气中含硫、含氧有害气体转化及消除机制的研究	梁俊玺	中央高校	校级
222	改性纳米零价铁 / 凹凸棒石模板三维碳复合材料的制备及其对水中抗生素的去除	张文博	中央高校	校级
223	生活污水中微塑料污染的识别和絮凝处理效能研究	倪帆	中央高校	校级
224	基于主客体识别作用的碳纳米管超分子复合水凝胶药物载体的研究	于京	中央高校	校级
225	双金属协同催化的合成烯丙基氨基酸酯的研究	魏小红	中央高校	校级

续表

序号	项目名称	负责人	批准单位	项目级别
226	基于三元绿色量子点敏化太阳能电池的设计和光电转换性能研究	卢永娟	中央高校	校级
227	新型手性含氮配体在不对称催化反应中的应用	王文芳	中央高校	校级
228	新型聚腺苷二磷酸核糖聚合酶（PARP）抑制剂的设计与合成	王欣	中央高校	校级
229	石墨烯基 TiO2 薄膜托槽的制备及其性能研究	李娜	中央高校	校级
230	西北浆水菜中特征风味物质指纹图谱的构建	刘红娜	中央高校	校级
231	塔里木盆地叶城沙蜥的系统地理学和种群遗传学研究	陈伟基	中央高校	校级
232	干旱胁迫下不同密度对紫花苜蓿生长及生理生化特征的影响	刘慧霞	中央高校	校级
233	硒蛋白 K 在脑心肌炎病毒感染宿主细胞过程中的作用机制研究	张海霞	中央高校	校级
234	脑心肌炎病毒诱导的细胞自噬的分子机制研究	李向茸	中央高校	校级
235	基于虚拟仿真平台的大学物理实验研究	樊娟	中央高校	校级
236	基于含氮芳香羧酸配体金属有机框架的构筑及荧光性质研究	肖朝虎	中央高校	校级
237	新形势下生态流行病系统的动力学行为及其交叉应用研究	王淑璠	中央高校	校级
238	高阶非线性抛物型方程的定性研究	刘洋	中央高校	校级
239	脑－机接口（BCI）关键技术研究	张国权	中央高校	校级
240	基于深度异构节点的边缘云平台研究	郭敏	中央高校	校级
241	具有链路中断功能的 LEO 卫星通信中 Licklider 传输协议的性能测试研究	王鼎	中央高校	校级
242	藏汉英跨语言词向量空间的构建研究	马伟	中央高校	校级
243	8- 氨基异紫堇碱诱导胃癌细胞凋亡和周期阻滞的分子机制研究	宋雷	中央高校	校级
244	医学基础研究领域中细胞实验循证评价方法与报告规范标准的构建	赵霏	中央高校	校级
245	兰州市沙尘天气中大气颗粒物对大鼠呼吸系统功能损害的实验研究	马建秀	中央高校	校级
246	miR-133a 在甘肃省不同民族妊娠高血压患者外周血中的表达与妊娠结局的研究	马戎	中央高校	校级
247	注射用黄芪多糖对宫颈癌 Hela 细胞瘤小鼠重离子放疗的增敏作用及机制研究	宋易航	中央高校	校级
248	通过 Y- 染色体多态性研究探讨甘肃裕固族人群的族源	慈彩虹	中央高校	校级
249	诃子提取物对人非小细胞肺癌 A549 细胞增殖和迁移的影响	聂蕾	中央高校	校级
250	光热型纳米材料和卵巢癌细胞相互作用的微观机制电子显微研究	刘金英	中央高校	校级
251	葡萄糖转运蛋白 3 在白藜芦醇抗阿尔兹海默病中的作用机制研究	张丽景	中央高校	校级
252	肠道微生物与抑郁症的相关性研究	张延霞	中央高校	校级

续表

序号	项目名称	负责人	批准单位	项目级别
253	东乡族成人体成分和骨密度特点及其与慢病的关系研究	陈旺盛	中央高校	校级
254	Pin1 介导调控的 Wnt/β-catenin 信号通路与 CKD-MBD 相关性的研究	赵玉	中央高校	校级
255	基于大数据挖掘的大气污染与心血管疾病的关联机制研究	黄睿	中央高校	校级
256	临夏居民常见慢性病住院患者疾病经济负担研究	魁发瑞	中央高校	校级
257	面向多数据源的藏文知识图谱构建关键技术研究	徐涛	中央高校	校级
258	基于感知的藏语拉萨话大学生英语音位研究	郭蕾	中央高校	校级
259	西部裕固语语音声学数据库建设研究	吕士良	中央高校	校级
260	基于复杂网络的跨社交网络社区发现与主题发掘研究	江静	中央高校	校级
261	藏语句法树库构建及句法分析模型研究	加羊吉	中央高校	校级
262	神经机器翻译译文忠实度问题研究与系统实现	李亚超	中央高校	校级
263	青海藏区《反家庭暴力法》有效实施情况调查研究	切羊卓么	中央高校	校级
264	民生财政对多维贫困减缓的路径效应与政策启示	谢宗棠	中央高校	校级
265	甘肃省民族地区城乡居民基本医疗保险制度整合效果评价研究	王亦龙	中央高校	校级
266	记忆理论视阈下民族地区游客美食体验测评以及提升对策研究	邹品佳	中央高校	校级
267	生态移民背景下少数民族农牧民就业培训效果评价	高永辉	中央高校	校级
268	新常态背景下 TMT 异质性、企业扩张与财务风险	赵旭霞	中央高校	校级
269	“互联网 +”民族地区职业教育信息化研究	刘洋	中央高校	校级
270	西北民族地区乡村振兴与稳定减贫的耦合协同研究	孙阿凡	中央高校	校级
271	甘肃省扶贫现状及 2020 年后扶贫政策展望	潘文娟	中央高校	校级
272	新时代下推进甘肃省新型城镇化的金融支持对策研究	李月良帆	中央高校	校级
273	高校大学生学业诚信档案的基础数据的指标选择及收集	何大齐	中央高校	校级
274	新中国初期甘南藏区基层政权构建与社会治理研究	耿磊	中央高校	校级
275	神话与古希腊思想变迁专题研究	张大丽	中央高校	校级
276	健康中国背景下医学人文精神研究	张旭东	中央高校	校级
277	《妙法莲华经》蒙古回鹘文文本词汇比较	红梅	中央高校	校级
278	青海香加乡蒙古“格斯尔”口头传承研究	布音图	中央高校	校级
279	深度贫困地区因病致贫返贫家庭获得感提升路径研究	常进锋	中央高校	校级
280	民族高校构建大学生“五个认同”教育体系的实践研究	朱晓	中央高校	校级
281	生态安全视域下祁连山生态保护政策对周边牧民的影响研究——基于肃南裕固族自治县的考察	曹义杰	中央高校	校级

续表

序号	项目名称	负责人	批准单位	项目级别
282	自发型农民专业合作社的关系治理机制的研究	董喜霞	中央高校	校级
283	民族深度贫困地区教育分层独特性、根源性及对教育扶贫的影响性研究——以甘肃省积石山县为例	于晓冬	中央高校	校级
284	新时代西北民族地区大学生教育获得差异研究	温蓉	中央高校	校级
285	蒙古族、汉族大学生英语句子加工的眼动比较研究	关桂云	中央高校	校级
286	少数民族城市移民家庭语言规划研究	金莉	中央高校	校级
287	文化身份的认同与变迁：从偶像的变迁看文化认同的演变	侯婷婷	中央高校	校级
288	阿拉伯语写作与写作思维研究	妥滨	中央高校	校级
289	国家文化利益视角下蒙古族家庭语言教育政策研究	左晓甜	中央高校	校级
290	察合台文献《伊斯坎德尔城堡》文学特点研究	阿衣努热·牙生	中央高校	校级
291	曾巩诗文整理与研究	于晓川	中央高校	校级
292	框架理论下重大赛事报道与城市形象传播研究——以兰州国际马拉松为例	杨东伟	中央高校	校级
293	民汉合宿与少数民族大学生民族交往研究	白艳丽	中央高校	校级
294	西北少数民族地区电视媒体广告经营研究	秦伟	中央高校	校级
295	移动互联网实践中城乡间传播权力的流动与重构	白姗姗	中央高校	校级
296	环境电磁能量收集中宽频带整流电路设计研究	刘文博	中央高校	校级
297	基于语音识别技术的智能车载系统的设计	苏玉萍	中央高校	校级
298	5G 通信中亚毫米波和多频段天线的关键技术研究	王涛	中央高校	校级
299	基于 ARM 的掌静脉门禁系统的开发	王叶南	中央高校	校级
300	物联网 RFID 标签天线设计和研究	高大容	中央高校	校级
301	物联网环境下智能家居系统安全评估研究	杨雪松	中央高校	校级
302	西芹茎腐病的绿色防控关键技术研究	齐燕姣	中央高校	校级
303	利用非成键“分子锁”策略构建高效太阳能电池材料的研究	安丽丽	中央高校	校级
304	基于主客体识别作用的 TiO2/ 淀粉固载 β－环糊精的制备及其在水处理方面的应用研究	魏亚军	中央高校	校级
305	环境友好高分子絮凝剂的制备及在化工有机废水处理中的应用	尹奋平	中央高校	校级
306	2015—2019 年兰州市大气环境质量分析	王黎虹	中央高校	校级
307	基于海绵城市建设理念的生物滞留技术应用研究	纳丽萍	中央高校	校级
308	大学生体育健康数据分析系统 APP 平台开发与应用	宛钟娜	中央高校	校级
309	兰州百合真空冷冻干燥工业化生产关键技术研究	刘根娣	中央高校	校级
310	基于 CAD/CAM 的浮雕数控加工关键技术研究	武强强	中央高校	校级

续表

序号	项目名称	负责人	批准单位	项目级别
311	镍板等离子弧焊焊接过程数值分析研究	沈亮	中央高校	校级
312	基于 LeapMotion 的空间手势识别的研究和应用	许燕	中央高校	校级
313	基于正交实验多种纤维增强水泥基复合材料混凝土性能应用研究	陈成芹	中央高校	校级
314	基质沥青重复加热后的老化规律研究及微观结构变化分析	裴军军	中央高校	校级
315	机制砂做反滤料的适配研究	石建勋	中央高校	校级
316	有机硅季胺盐物理抗菌材料预防导尿管伴随性尿路感染的效果及安全性研究	王东敏	中央高校	校级
317	兰州市校园足球开展现状与对策研究	邓琰炳	中央高校	校级
318	民族健身操在甘肃高校的开展及推广研究	笪川	中央高校	校级
319	锅庄舞广泛应用于全民健身中的功能及价值研究	牛金花	中央高校	校级
320	甘肃省青少年体育社会组织现状及发展对策研究	李甜	中央高校	校级
321	全民健身背景下甘肃省高校气排球运动开展现状研究	轩苏磊	中央高校	校级
322	中西文化交流视野下敦煌与古龟兹图像乐舞比较研究	李倩	中央高校	校级
323	国家级非物质文化遗产通渭小曲的保护与传承研究	何英琴	中央高校	校级
324	民族器乐重奏形式的运用与研究——以扬琴为例	孙倩茹	中央高校	校级
325	武陵山片区科技扶贫与技术开发专项	曹忻	中央高校	校级
326	西北民族地区地源性生物发酵饲料创制	臧荣鑫	中央高校	校级
327	高原家禽防疫养殖	霍生东	中央高校	校级
328	临夏州及周边民族地区非物质文化遗产品牌化及价值化研究	牛乐	中央高校	校级
329	临夏市基础教育发展与对策研究	马永峰	中央高校	校级
330	甘肃临夏各民族健康队列研究	杨秀琳	中央高校	校级
331	养鸡技术支持与生产性能提升——基于永靖县荣畅科技养殖农民专业合作社	戴洪伟	中央高校	校级
332	临夏州湖羊高效繁育及杂交利用技术集成示范	蔡元	中央高校	校级
333	临夏农牧文化传承与保护之保安族民间音乐辑录	张鹏远	中央高校	校级
334	中华吟诵传承与推广研究	张雨	中央高校	校级
335	DNA 损伤修复与肿瘤研究	赵晋	中央高校	校级
336	民族村落文化研究	王昆	中央高校	校级
337	高校预算绩效评价与财务管理优化研究	刘欢欢	中央高校	校级
338	CALR、JAK2、MPL 不同基因突变原发性血小板增多症临床及骨髓病理学对比研究	冶秀鹏	中央高校	校级
339	磁共振脂肪定量技术评价甲状腺相关性眼病活动性的价值研究	朱蓉蓉	中央高校	校级

续表

序号	项目名称	负责人	批准单位	项目级别
340	左炔诺孕酮对子宫内膜癌及其癌前病变组织 miR-21 及 PTEN 表达的影响	马鸿云	中央高校	校级
341	枸杞多糖（LBP）在皮瓣修复大鼠软组织缺损型创伤中炎性反应的基础研究	赵飞	中央高校	校级
342	术前营养治疗在腹腔镜胃癌根治术中的应用研究	赵勇	中央高校	校级
343	肺部 HRCT 联合血清半乳甘露聚糖抗原检测在非粒缺 COPD 并发侵袭性肺曲霉菌病诊断及疗效评估中的应用价值研究	杨利莉	中央高校	校级
344	基于宽体 CTCA 图像对壁冠状动脉功能性狭窄及血流动力学变化诊断价值的初步研究	汪芳	中央高校	校级
345	IL-12 通路介导的滤泡辅助性 T 细胞失调在溃疡性结肠炎中的作用和机制研究	姚丽	中央高校	校级
346	联合应用 BOLD-fMRI 与 IVIM 成像单指数、双指数、拉伸指数模型定量参数对单肾残余肾功能的评估	吴金花	中央高校	校级
347	血清 NGAL、ROS、NF-κB、8-OHdG 在支气管哮喘中的作用机制研究	王艳	中央高校	校级
348	快速康复外科理论在人工关节手术中的应用研究	宋强	中央高校	校级
349	妊娠期糖尿病患者医学营养治疗临床效果研究	莫倩	中央高校	校级
350	PRDM5 基因在肾透明细胞癌中异常甲基化状态的检测及临床意义研究	陶小红	中央高校	校级
351	粒细胞集落刺激因子（gcsf）促进子宫内膜增殖疗效评估及机制研究	刘媛	中央高校	校级
352	CT 引导下经皮穿刺植入 125I 粒子治疗晚期非小细胞肺癌疗效观察	李朝霞	中央高校	校级
353	胰岛素射流注射技术对 2 型糖尿病患者精神状态及血糖影响的研究	王艳艳	中央高校	校级
354	脑语言功能变异区对 Brcoa 区梗死后失语补偿机制的临床研究	段光辉	中央高校	校级
355	黄连素对卵巢癌抑制作用的研究	高珊	中央高校	校级
356	新型 Aurora 激酶抑制剂 C198　的抗肿瘤活性及作用机制研究	向蓉	中央高校	校级
357	种子汤对不孕大鼠生殖内分泌及 EmAb 影响的研究	史晓敏	中央高校	校级
358	女性不孕症患者微生物组学分析	王锡莹	中央高校	校级
359	湿邪致病大鼠模型肾脏病理及免疫指标相关性研究	路瑞娟	中央高校	校级
360	内科可弯曲胸腔镜治疗小儿急性包裹性脓胸的临床疗效评价	柳小平	中央高校	校级
361	五苓散合小柴胡汤对支气管哮喘肺组织水通道蛋白 6 表达调控的机理研究	杨燕霞	中央高校	校级
362	乡村振兴战略视角下甘肃民族地区乡村旅游发展效应调查研究	孙永龙	学科建设田野调研	校级
363	新媒体传播对天水市少数民族“五个认同”的影响机制	范文德	学科建设田野调研	校级
364	广河县古遗址保存现状调查研究	张少昀	学科建设田野调研	校级

续表

序号	项目名称	负责人	批准单位	项目级别
365	甘肃省甘南藏族自治州城乡环境卫生综合治理条例	张朝霞	学科建设田野调研	校级
366	肃北蒙古语地名传说研究	乌云才其格	学科建设田野调研	校级
367	甘南州藏族民间口头传承及艺人现状调研	万玛项欠	学科建设田野调研	校级
368	甘肃省民族地区脱贫攻坚与乡村振兴的协调路径研究	孙阿凡	学科建设田野调研	校级
369	乡村振兴战略驱动下酒泉市少数民族返乡发展调查研究	马英杰	学科建设田野调研	校级
370	健康扶贫视域下东乡县学龄儿童口腔流行病学调查	李志强	学科建设田野调研	校级
371	从历史学和遗传学看裕固族的起源	兰咏梅	学科建设田野调研	校级
372	临夏东乡族人群疾病谱调查	海向军	学科建设田野调研	校级

附件 4 :《西北民族研究》主编调整名单

根据工作需要，经 2019 年 1 月 21 日校党委常委会会议研究决定，马忠才同志为《西北民族研究》主编，郝苏民同志为《西北民族研究》学术指导。

附件 5 : 关于成立“黄河大合唱研究中心”等校级科研机构的通知

根据《西北民族大学科研机构管理办法》(民大发〔2011〕149 号)，经单位申请、校学术委员会审议、校长办公会议研究，同意成立“黄河大合唱研究中心”“西北少数民族音乐文化研究所”，负责人分别为黄炜教授和陈艺教授，依托建设单位为音乐学院；同意成立“藏族历算领域中的数理运算及年历系统模型研究所”，负责人为夏吾才让教授，依托建设单位为数学与计算机学院。

学生管理工作

西北民族大学本科生国家奖学金评审办法

第一章　总则

第一条　为激励广大学生勤奋学习、努力进取，在德、智、体、美、劳方面全面发展，根据财政部、教育部、人力资源社会保障部、退役军人部、中央军委国防动员部《学生资助资金管理办法》（财科教〔2019〕19号）文件精神，结合学校实际，制定本办法。

第二条　本科生国家奖学金（以下简称国家奖学金）由中央政府出资设立，用于奖励高校全日制本专科在校（含高职、第二学士学位）学生中特别优秀的学生。

第三条　学校根据教育部全国学生资助管理中心分配的国家奖学金总名额，依据学校实际，按一定比例分配各学院奖励人数。

第二章　奖励标准与基本条件

第四条　国家奖学金的奖励标准为每人每年8000元。

第五条　国家奖学金的基本申请条件：

（一）具有中华人民共和国国籍。

（二）热爱社会主义祖国，拥护中国共产党的领导。

（三）遵守宪法和法律，遵守学校规章制度。

（四）诚实守信，道德品质优良。

（五）在校期间学业成绩优异，社会实践、创新能力、综合素质等方面特别突出；

（六）民语类、艺术类、体育类专业申请者，全国大学英语四级考试达到320分（含320分）以上，并通过全国计算机等级考试一级；外语类专业申请者，通过国家专业外语四级考试或全国大学英语六级考试达到425分（含425分）以上，并通过全国计算机等级考试二级；其余专业申请者，全国大学英语四级考试达到425分（含425分）以上，全国计算机等级考试通过二级。各类等级考试成绩为在我校考点取得的成绩。

（七）上一学年度无不及格课程且学习成绩优秀，学业成绩和综合测评成绩排名均在本专业前10%，平均学分绩点为3.5（含3.5）以上。

（八）体质健康测试合格（含合格）以上者。

（九）对于学业成绩和综合测评成绩没有进入前10%，但达到前30%的学生，如在其他方面表现非常突出，可申请国家奖学金，但需提交详细的证明材料。其他方面表现非常突出是指在道德风尚、学术研究、学科竞赛、创新发明、社会实践、社会工作、体育竞赛、文艺比赛等某一方面表现特别优秀。具体如下。

1. 在社会主义精神文明建设中表现突出，具有见义勇为、助人为乐、奉献爱心、服务社会、自立自强的实际行动，在本校、本地区产生重大影响，在全国产生较大影响，有助于树立良好的社会风尚。

2. 在学术研究上取得显著成绩，以第一作者发表的论文被 SCI、EI、ISTP、SSCI 全文收录，以第一、二作者出版学术专著。

3. 在学科竞赛方面取得显著成绩，在国际和全国性专业学科竞赛、课外学术科技竞赛中获一等奖（或金奖）及以上奖励。

4. 在创新发明方面取得显著成绩，科研成果获得省、部级以上奖励或获得国家专利。

5. 在体育竞赛中取得显著成绩，为国家争得荣誉。非体育专业学生参加省级以上体育比赛获得个人项目前三名，集体项目前二名；高水平运动员（特招生）参加国际和全国性体育比赛获得个人项目前三名、集体项目前二名。集体项目应为主力队员。

6. 在重要文艺比赛中取得显著成绩，参加国际和全国性比赛获得前三名，参加省级比赛获得第一名，为国家赢得荣誉。集体项目应为主要演员。

7. 获全国三好学生、全国优秀学生干部、全国社会实践先进个人、全国十大杰出青年、中国青年五四奖章等全国性荣誉称号。

第三章　申请与评审

第六条　国家奖学金每学年评审一次，实行等额评审，坚持公开、公平、公正、择优的原则。

第七条　获得国家奖学金的学生必须为在校二年级以上（含二年级）的学生。

第八条　同一学年内，获得国家奖学金的家庭经济困难学生可以同时申请并获得国家助学金，但不能同时获得国家励志奖学金。

第九条　国家奖学金的评审程序：

（一）本人申请。申请者需填写并提交《国家奖学金申请审批表》，同时提供相关等级证书材料复印件。

（二）班级民主评议推荐。班级评议小组组织全班同学对申请人进行民主评议，且参加评议的同学三分之二以上同意方可推荐。

（三）学院评选。学院学生工作领导小组对班级推荐结果进行评选，符合评选条件的，予以公示 3 天。公示期满无异议后，将初评结果报送学生资助管理中心。

（四）学校审核。学校根据各学院上报的初评结果，由学校国家奖助学金评审领导小组进行审核，经校长办公会议研究通过后，在校内公示 5 天。公示无异议后，将审核结果上报国家民族事务委员会、教育部全国学生资助管理中心。

第十条　有下列行为之一者，取消其评审资格：

（一）违反校纪校规，受到学校处分且尚未解除者；

（二）在评审过程中有弄虚作假行为者；

（三）不热心社会公益事业、不参加学校组织的各项活动者。

第四章　奖学金发放、管理与监督

第十一条　学校学生资助管理中心负责组织国家奖学金的评审和上报工作。

第十二条　学校于每年 12 月 31 日前将国家奖学金一次性发放给获奖学生，颁发国家统一印制的奖励证书，并记入学生学籍档案。

第十三条　各学院必须严格执行国家财经法规和相关管理办法的规定，学校对国家奖学金实行分账核算，专款专用，不得截留、挤占、挪用，同时接受财政、审计、纪检监察等部门和主管部门的检查和监督。

第五章　附则

第十四条　本办法由学校学生资助管理中心负责解释，自发布之日起施行。原《西北民族大学国家奖学金评审办法》（民大发〔2017〕354 号）同时废止。

西北民族大学本科生国家励志奖学金评审办法

第一章　总则

第一条　为激励家庭经济困难学生勤奋学习、努力进取，在德、智、体、美、劳方面得到全面发展，根据财政部、教育部、人力资源社会保障部、退役军人部、中央军委国防动员部《学生资助资金管理办法》（财科教〔2019〕19号）文件精神，结合学校实际，制定本办法。

第二条　国家励志奖学金由中央政府出资设立。用于奖励资助全日制本专科（含高职、第二学士学位）学生中品学兼优的家庭经济困难学生。

第三条　学校根据教育部全国学生资助管理中心国家励志奖学金奖励资助的总名额，依据学校实际，按一定比例分配各学院奖励资助人数。其中，少数民族学生所占比例原则上不低于参评总人数的60%。

第二章　奖励标准与申请条件

第四条　国家励志奖学金的奖励标准为每人每年5000元。

第五条　国家励志奖学金的基本申请条件：

（一）具有中华人民共和国国籍；

（二）热爱社会主义祖国，拥护中国共产党的领导；

（三）遵守宪法和法律，遵守学校规章制度；

（四）诚实守信，道德品质优良；

（五）在校期间学习成绩优秀；

（六）家庭经济困难，生活俭朴；

（七）上一学年度无不及格课程且学习成绩优秀。学业成绩排名在本专业前30%，平均学分绩点在3.0（含3.0）以上；

（八）已建立贫困生档案的家庭经济困难学生。

第三章　申请与评审

第六条　国家励志奖学金每学年评审一次，实行等额评审，坚持公开、公平、公正、择优的原则。

第七条　申请国家励志奖学金的学生为在校学生中二年级以上（含二年级）的学生。

第八条　同一学年内，申请国家励志奖学金的学生可以同时申请并获得国家助学金，但不能同时获得国家奖学金。

第九条　国家励志奖学金的评审程序：

（一）本人申请。学生根据本办法规定的国家励志奖学金的基本申请条件及其他有关规定，向所在学院提出申请，并提交《国家励志奖学金申请表》，同时提供相关等级证书材料复印件。

（二）班级民主评议推荐。班级评议小组组织全班学生对申请人进行民主评议，且参加评议的学生三分之二以上同意方可推荐。

（三）学院评选。学院学生工作领导小组对班级推荐结果进行评选，符合评选条件的，予以公示3天。公示期满无异议后，将初评结果报送学校学生资助管理中心。

（四）学校审核。学校根据各学院上报的初评结果，由学校国家奖助学金评审领导小组进行审核，经校长办公会议研究通过后，在校内公示5天。公示无异议后，将审核结果上报国家民族事务委员会、教育部全国学生资助管理中心。

第十条　有下列行为之一者，取消其评审资格：

（一）违反校纪校规，受到学校处分且尚未解除者；

（二）在申请奖学金过程中有弄虚作假行为者；

（三）不热心社会公益事业、不参加学校组织的各项活动者。

第四章　奖学金发放、管理与监督

第十一条　学校于每年12月31日前将国家励志奖学金一次性发放给获奖学生，颁发学校统一印制的奖励证书，并记入学生的学籍档案。

第十二条　学校学生资助管理中心具体负责组织评审和上报工作。

第十三条　各学院必须严格执行国家财经法规和相关管理办法的规定，学校对国家励志奖学金实行分账核算，专款专用，不得截留、挤占、挪用，同时接受财政、审计、纪检监察等部门和主管部门的检查和监督。

第五章　附则

第十四条　本办法由学校学生资助管理中心负责解释，自发布之日起施行。原《西北民族大学国家励志奖学金评审办法》（民大发〔2017〕354号）同时废止。

西北民族大学本预科生国家助学金评审办法

第一章　总则

第一条　为体现党和政府对家庭经济困难学生的关怀，帮助其顺利完成学业，根据财政部、教育部、人力资源和社会保障部、退役军人部、中央军委国防动员部《学生资助资金管理办法》（财科教〔2019〕19 号）文件精神，结合学校实际，制定本办法。

第二条　本预科生国家助学金（以下简称国家助学金）由中央政府出资设立，用于资助高校全日制本科、预科、专科（含高职、第二学士学位）在校生中家庭经济困难的学生。

第三条　学校根据教育部全国学生资助管理中心划拨的国家助学金资助总名额，结合学校实际，按一定比例分配各学院资助名额。其中，少数民族学生所占比例不低于参评总人数的 60%。

第二章　资助标准与申请条件

第四条　国家助学金主要资助家庭经济困难学生的生活费用开支。其中一等国家助学金占分配名额的 20%，资助标准为每生每年 4000 元；二等国家助学金占分配名额的 30%，资助标准为每生每年 3000 元；三等国家助学金占分配名额的 50%，资助标准为每生每年 2600 元。

第五条　国家助学金的基本申请条件：

（一）具有中华人民共和国国籍；

（二）热爱社会主义祖国，拥护中国共产党的领导；

（三）遵守宪法和法律，遵守学校规章制度；

（四）诚实守信，道德品质优良；

（五）勤奋学习，积极上进；

（六）家庭经济困难，生活俭朴；

（七）已建立贫困生档案的家庭经济困难学生。

第三章　申请与评审

第六条　国家助学金每学年评审一次，评定工作坚持公开、公平、公正的原则。

第七条　在同一学年内，申请并获得国家助学金的学生，可同时申请并获得国家奖学金或国家励志奖学金，但三项不能兼得。

第八条　获得国家助学金的学生，在同一学年内，可参加校级优秀学生奖学金及其他各类奖助学金的评选。

第九条　国家助学金的评审程序：

（一）本人申请。学生根据本办法规定的国家助学金的基本申请条件及其他有关规定，向学院提出申请，并提交《国家助学金申请审批表》。

（二）班级民主评议推荐。班级评议小组组织全班学生对申请人进行民主评议，且参加评议的学生三分之二以上同意方可推荐。

（三）学院评审。学院学生工作领导小组对班级推荐结果进行审查并确定资助等级，经审查符合评审条件的，予以公示 3 天。公示期满无异议后，将评审结果报送学校学生资助管理中心。

（四）学校审定。学校根据各学院的评审结果，进行综合评定，经校长办公会议研究通过后，在校内公示 5 天。公示无异议后，将评审结果和学校当年国家助学金政策落实情况于每年 11 月 15 日前上报国家民族事务委员会、教育部全国学生资助管理中心备案。

第十条　有下列行为之一者，取消其评审资格：

（一）违反校纪校规，受到学校处分且尚未解除者；

（二）在评审国家助学金过程中有弄虚作假行为者；

（三）生活奢侈，有喝酒、吸烟等不良嗜好者；

（四）学习不努力，成绩严重下滑者；

（五）不热心社会公益事业、不参加学校组织的各项活动者。

第四章　助学金发放、管理与监督

第十一条　每月 10 日前，各学院将国家助学金发放签字确认表报送至学生资助管理中心，学生资助管理中心审核后报财务处，财务处按月（每年 2 月、8 月除外）将国家助学金足额发放至学生个人银行账户。

第十二条　学校学生资助管理中心具体负责组织评审和上报工作。

第十三条　各学院必须严格执行国家助学金一个名额资助一名学生的原则，不得进行二次分配或以任何形式提留班费。

第十四条　各学院必须严格执行国家财经法规和相关管理办法的规定，学校对国家助学金实行分账核算，专款专用，不得截留、挤占、挪用，同时接受财政、审计、纪检监察等部门和主管部门的检查和监督。

第五章　附则

第十五条　本办法由学校学生资助管理中心负责解释，自发布之日起施行。原《西北民族大学国家助学金评审办法》（民大发〔2017〕354 号）同时废止。

西北民族大学本预科学生奖学金评定办法

第一章　总则

第一条　为全面贯彻国家教育方针，激发学生奋发向上、刻苦学习的积极性，培养德、智、体、美、劳等全面发展的社会主义建设者和接班人，根据教育部《普通高等学校学生管理规定》有关要求，结合学校实际，制定本办法。

第二条　本办法适用于取得我校正式学籍且学习期满一年的普通本科生，其他各类学生可参照执行。优秀生源奖仅限于在当年入校新生中评定。预科学生仅在结业年度参加评选。

第二章　奖学金的类型、标准与比例

第三条　奖学金分为优秀学生奖学金、优秀学生干部奖学金、单项奖学金、优秀生源奖学金、优秀毕业生奖学金。

（一）优秀学生奖学金

1. 校长特别奖

学校授予在校学生的最高荣誉，用于奖励具有优秀的道德品质和人格修养、出众的学业成绩和科研水平、健康的身体素质和心理素质，综合表现突出的三年级及以上学生，校长特别奖获得者同时授予“一等奖学金”荣誉称号，并优先推荐参加当年省级“三好学生”“优秀学生干部”的评定。

奖金每人 10000 元，名额占全校应评学生总数的 1‰。校长特别奖候选人在国家奖学金、国家励志奖学金和一等奖学金候选人中按条件推荐。

2. 一等奖学金：奖金每人 2000 元，名额占应评学生总数的 4%。

3. 二等奖学金：奖金每人 1500 元，名额占应评学生总数的 8%。

4. 三等奖学金：奖金每人 1000 元，名额占应评学生总数的 14%。

5. 优秀结业生奖学金：只适用于预科结业生，奖金每人 1500 元，名额占应评学生总数的 10%。

说明：评定时，若某一等级比例有余，可将余额加入下一等级比例使用。如：一等奖学金评定后为 3%，余额 1%，则二等奖比例可为 9%，以此类推，但总比例不得超过 26%。

（二）优秀学生干部奖学金

奖励品学兼优，工作成绩突出的学生干部。学生干部是指校级或院级党团组织、学生会、学生自律委员会、班委会成员。获得优秀学生干部奖学金的学生，授予“优秀学生干部”荣誉称号。奖金每人 1200 元，名额不超过应评学生干部数的 10%。

（三）单项奖

1. 创新创业奖

奖励在创新创业方面勤于思考、勇于创新、敢于动手，在本学年学科竞赛、科技创新、创业实践等方面取得优异成绩的学生，奖金每人 3000 元。名额根据当年申报情况确定。

2. 文体活动优胜奖

本学年内在省（部）级及以上各类文体竞赛中获三等奖以上奖励，个人奖励 500—3000 元；团队（2 人以上）参赛获奖根据具体情况奖励 600—3000 元。名额根据当年申报情况确定。

3. 精神文明新风奖

在校园文明建设中表现突出，积极参与公益活动，为校园公共服务作出贡献，获得有关单位认可和表彰者；做好人好事产生重大影响者；敢于同坏人坏事作斗争，见义勇为者；为维护社会公德和校园正常秩序做出突出成绩者。视其情况每人奖励 500—1500 元。名额根据当年申报情况确定。

（四）优秀生源奖

当年高考分数达到该省（市、自治区）普通本科一批分数线以上（含本科一、二批次合并省份），被我校录取并按时报到注册的考生，各民族自治区按最高分奖励 16 名新生，其中文科 8 名，理科 8 名，其它省份按最高分奖励 10 名新生，其中文科 5 名，理科 5 名，一次性每人奖励 4000 元。

（五）优秀毕业生奖学金

积极参加就业指导、创业教育及各类就业招聘活动，认真规划职业生涯，专业学习成绩名次排在专业（班级）前 1/2。自愿到民族地区、边远地区县级以下基层组织就业，积极响应国家号召应征入伍者优先评选。获得优秀毕业生奖学金的学生，授予“优秀毕业生”荣誉称号。奖金每人 500 元，评选比例为当年毕业生总数的 15%。

第四条　评定条件

（一）基本条件

1. 认真学习党的路线方针政策，具有坚定正确的政治方向，自觉维护民族团结和国家统一。

2. 有良好思想政治素质和文明行为，模范遵守国家的法律法规和学校的各项规章制度，操行评定优良。

3. 热爱所学专业，勤奋学习，成绩优良。

4. 热爱集体，有良好的生活习惯，积极参加体育锻炼和其他文体活动，身心健康，体育达标。

5. 优秀学生干部须担任学生干部满一年以上且积极承担社会工作，坚持原则，秉公办事，热心为同学服务，在同学中具有较高的威信，能起到模范带头作用。

6. 预科学生仅在结业年度参评优秀结业生奖学金、优秀学生干部奖学金和单项奖学金。

（二）具体条件

各类学生奖学金评定基本条件表

名称	操行评定	学业成绩	体质健康标准
校长特别奖	优	符合下列条件：1. 学年平均学分绩点在 4.0（含 4.0）以上；2.（1）民语类、艺术类、体育类专业全国大学外语六级考试分值达 320 分（含 320 分）以上，全国计算机等级考试通过国家一级；（2）外语类专业外语通过国家专业四级考试或全国大学外语六级考试分值达 425 分（含 425 分）以上，全国计算机等级考试通过国家二级;（3）其余专业全国大学外语六级考试分值达 425 分（含 425 分）以上，全国计算机等级考试通过国家二级。	良好
一等奖学金	优	符合下列条件：1. 学年平均学分绩点在 3.5（含 3.5）以上；2.（1）民语类、艺术类、体育类专业全国大学外语四级考试分值达 320 分（含 320 分）以上，全国计算机等级考试通过一级；（2）其余专业全国大学外语四级考试分值达到 425 分（含 425 分）以上，全国计算机等级考试通过二级。	合格
二等奖学金	良	符合下列条件：1. 学年平均学分绩点在 3.0（含 3.0）以上；2.（1）民语类、艺术类、体育类专业全国大学外语四级考试分值达 280 分（含 280 分）以上，全国计算机等级考试通过一级；（2）其余专业全国大学外语四级考试分值达到 350 分（含 350 分）以上，全国计算机等级考试通过二级。	合格
三等奖学金	良	符合下列条件：1. 学年平均学分绩点在 2.5（含 2.5）以上；2.（1）全国大学外语四级考试分值达到 220 分（含 220 分）以上；（2）民语类、艺术类、体育类专业全国计算机等级考试有成绩，其余专业通过全国计算机等级考试一级。	合格
优秀结业生奖学金	良	符合下列条件：平均成绩 80 分以上（含 80 分）。	合格
优秀毕业生奖学金	良	符合下列条件：1. 专业学习成绩名次排在其专业（班级）前 1/2；2. 基层就业、应征入伍者；3. 通过大学生英语四、六级考试者优先评选。	合格
优秀学生干部奖学金	良	符合下列条件：1. 本科生学年平均学分绩点在 2.0（含 2.0）以上；2. 预科生学年平均成绩 70 分以上（含 70 分）。	合格
创新创业奖	良	符合下列条件之一： 1. 积极参加中国“互联网 +”大学生创新创业大赛、中国创新创业大赛获得省级二等奖及以上奖项的团队（由项目负责人申请）； 2. 积极参加“挑战杯”大学生课外学术科技创新竞赛、“创青春”大学生创业大赛获得省级二等奖及以上奖项的个人或团队（团队由项目负责人申请）； 3. 在 CSSCI、CSCD、中文核心期刊、国际一般学术期刊（英文）、正式出版的国际会议期刊、SCI/EI/CPCI 等收录的会议论文集上发表学术论文； 4. 在地厅级以上机关报发表理论文章； 5. 获得发明型专利（第一完成人）； 6. 积极参与创业实践，入驻学校创业孵化中心，参评当年创业项目完成企业注册，经营运行情况良好，申请者必须是该项目的法人代表或占股 30% 以上的股东，且为学校在籍在校学生（申请时应提供近 3 个月运营报告或相关佐证材料）。	合格
文体活动优胜奖	良	符合下列条件：省（部）级及以上各类文化体育类竞赛中获三等奖以上奖励。	合格
精神文明新风奖	良	符合下列条件：1. 做好人好事产生重大影响者；2. 敢于同坏人坏事作斗争，见义勇为者；3. 在校园文明建设中表现突出，积极参与公益活动，为校园公共服务作出贡献，获得有关单位认可和表彰者；4. 为维护社会公德和校园正常秩序做出突出成绩者。以上行为须有相关部门证明材料。	合格

说明：

（1）各类国家等级考试成绩为在我校考点取得的成绩。

（2）在大学一年级、预科学习期间，各类国家等级考试成绩不作具体要求。

（3）学分绩点核算按照《西北民族大学学分制实施方案》有关规定执行。

第五条　各单位结合工作实际，制定操行评定办法，操行评定成绩由各单位根据办法进行核算，成绩需有详实记录。

第六条　优秀学生奖学金中一、二、三等奖学金不得重复评选。优秀学生奖学金、优秀学生干部奖学金、单项奖和优秀毕业生奖学金之间可兼得。同一学生获得多项校内奖学金，奖励金额按实际评选项目发放。校内各类奖学金获得者，同时获得国家奖学金或国家励志奖学金的，奖励金额按单项最高奖金额发放。

第七条　有下列情况之一者，取消本学年奖学金评定资格：

（一）本学年操行评定成绩不合格者；

（二）有课程补考或重修者（创新创业奖、文体活动优胜奖、精神文明新风奖除外）；

（三）体质健康测试不合格者；

（四）受到党、团处分者；

（五）受学校警告及以上处分且尚未解除者；

（六）未按学校规定缴纳学费者。

第三章　评审机构、时间及程序

第八条　奖学金评定工作由学校学生工作委员会统一领导，学生工作部（处）、团委具体负责，各学院学生工作领导小组具体组织评选。优秀生源奖由教务处组织评定。

第九条　评审时间

优秀学生奖学金、优秀学生干部奖学金、单项奖每学年评定一次，每年9月至10月进行。文体活动优胜奖和精神文明新风奖也可根据工作实际随时评定奖励。优秀结业生奖学金每年6月由预科教育学院组织评选。

第十条　评选程序

（一）本人申请。学生根据评选条件及其它有关规定，向学院提出申请，并填写《西北民族大学奖学金申请表》。

（二）民主评议。班级评议小组组织全班学生对申请人进行民主评议，参加评议的学生获得半数以上同意方可被推荐。

（三）学院评审。各学院学生工作领导小组对班级推荐结果进行审查并确定拟评选学生。

（四）公示与监督。学院将初评结果在学院网页、公告栏等各种公开场合予以公示3个工作日，接受学生监督。

（五）审核与审定。学生工作部（处）、团委负责最终审核，审核通过后，在校内公示 5 个工作日，公示无异议后，提交校长办公会议研究决定。

第十一条　总结表彰

表彰文件下发后，由学生工作部（处）、团委组织召开全校表彰大会，对各类获奖学生代表进行表彰。

第四章　附则

第十二条　先进班集体和文明宿舍的评定和优秀学生奖学金评定同时进行，具体评选参照《西北民族大学本科学生先进班集体评选办法》《西北民族大学文明宿舍创建和评审工作实施办法》执行。先进班集体占应评班级总数的 10%，文明宿舍占应评宿舍总数的 4%。

第十三条　本办法自发布之日起施行，由学生工作部（处）、团委负责解释。原《西北民族大学学生奖学金评定办法》（民大发〔2017〕366 号）、《西北民族大学普通本科优秀毕业生评选办法》（民大发〔2014〕627 号）、《西北民族大学学生统一活动经费使用管理办法》（民大发〔2011〕293 号）同时废止。

西北民族大学医学类本科生科研创新奖学金评选办法

为充分调动医学类本科生的科研创新积极性，提升科研能力，引导其成为具有优良道德品质、扎实理论基础、创新科研能力的高层次人才，西北民族大学 1993 级临床医学专业校友捐助 10 万元，设立“西北民族大学医学类本科生科研创新奖学金”。为了规范、合理使用该奖学金，特制定该评选办法。

第一条　奖学金设置及奖励标准

本奖学金每年评选一次，每年奖励 1 万元。

等级设置：一等奖 1 名，奖励 3000 元，二等奖 2 名，每人奖励 2000 元，三等奖 3 名，每人奖励 1000 元。

第二条　评定对象

西北民族大学医学类全日制在籍在校本科生，均可申请。有下列行为之一者不得参评：

（一）受到学校、学院纪律处分或通报批评者；

（二）本学年有考试不及格课程（含体能测试）；

（三）有抄袭、造假等学术不端行为者；

（四）有其他不良行为表现者。

第三条　评定标准

（一）热爱祖国，拥护中国共产党的领导，坚持社会主义核心价值观，认真学习贯彻落实习近平新时代中国特色社会主义思想；

（二）遵纪守法，遵守学校各项规章制度，诚实守信，遵守科学道德规范，有较好的思想政治素养和道德素质；

（三）认真学习，努力掌握专业知识，学习成绩良好，上学年学分绩点达到 3.0 及以上；

（四）英语通过国家四级及以上考试；

（五）在满足以上四点的前提下，对学生年度的科研创新成果实行定量加分，按总分高低排名。

SCI 论文	2000 分
EI 源刊论文	1200 分
CSCD 核心期刊论文	1200 分
北图中文核心期刊论文、CSCD 扩展	600 分
省级期刊论文	100 分
发明类授权	2000 分
实用新型专利授权	400 分
外观设计授权	200 分

定量加分标准如下：

1. 科研成果为学生当年度所获得的以西北民族大学医学院、口腔医学院、第一临床医学院、第二临床医学院为第一署名单位的科研成果，科研成果必须和所承担课题相关或和所学专业相关，第一作者 100% 计算，第二作者以 50% 计算，第三作者以 25% 计算，其余以 10% 计算。科研创新成果积分分值如下：

2. 学生参加创新性比赛，独立参加的积分 100% 计算；两人参赛的第一完成人积分 70% 计算，第二完成人 30% 计算；三人参赛的第一完成人积分 60% 计算，其他人 20% 计算，四人及四人以上参赛的，第一完成人积分 50% 计算，其他人 10% 计算。同一年度的系列比赛，不累计积分，以最高分值算。

创新性比赛情况积分

级别	特等奖（金奖）	一等奖（银奖）	二等奖（铜奖）	三等奖
国家级比赛	600 分	500 分	400 分	300 分
省部级	400 分	300 分	200 分	100 分
厅局级比赛	200 分	100 分	75 分	50 分
校级比赛	60 分	30 分	20 分	10 分
院级比赛	30 分	15 分	10 分	5 分

国家级比赛：全国“挑战杯”大学生课外学术作品竞赛、全国“创青春”大学生创业大赛；全国高等医学院校大学生临床技能竞赛；全国大学生创新年会（按一等奖算分）；全国大学生基础医学创新论坛暨实验设计大赛；全国医学生人体解剖绘图大赛以及医学院学术委员会认定的其它奖项。

省部级比赛：甘肃省“挑战杯”大学生课外学术作品竞赛、甘肃省“创青春”大学生创业大赛；全国大学生创新创意及创业挑战赛；甘肃省大学生创新创业大赛以及西北民族大学医学院学术委员会认定的其它奖项。

校级比赛：西北民族大学“挑战杯”大学生课外学术作品竞赛、西北民族大学“创青春”大学生创业比赛以及西北民族大学医学院学术委员会认定的其它奖项。

院级比赛：西北民族大学医学院、口腔医学院、第一临床医学院、第二临床医学院举办的其它大学生课外学术作品竞赛。

3. 学生参与各类科研创新项目研究，按期完成者将给予积分奖励。独立完成者积分 100% 计算；两人参加的第一完成人积分 70% 计算，第二完成人 30% 计算；三人参加的第一完成人积分 60% 计算，其他人 20% 计算；四人及四人以上参加的第一完成人积分 50% 计算，其他人 10% 计算。同一科研课题申请多个项目的，不累计积分，以最高分值算。学生完成创新科研项目情况积分分值如下：

类别	等级	优秀	合格
国家级、省级大学生创新创业训练计划项目	重点项目	300 分	100 分
	一般项目	150 分	50 分
	指导项目	100 分	40 分
校级大学生创新创业训练计划项目		75 分	25 分
校大学生课外学术科研项目	重大项目	200 分	75 分
	重点项目	150 分	50 分
	一般项目	50 分	20 分

说明：所有学术成果必须见刊，仅仅受理或录用通知一律不算入；各类科研创新项目需结项，各类比赛需见文件或证书，在积分相同或相近的情况下，由评审委员会根据论文的学术价值和文章的影响力讨论决定奖学金获得者候选人员；同一位学生，在不同年度，可以多次申请该奖项，但同一成果不累计积分，即获奖后，积分归零。

第四条　评定流程

（一）本奖学金每年 3 月—4 月份评定，由学生工作部（处）统一发文，各医学院类学院自行组织申报，符合该奖学金评定要求的同学主动提出申请，填写该奖学金申请表格，附上科研成果及其它证明材料。学生必须在申报的截止日期以前提交所有证明材料（论文须提供期刊封面、目录和论文首页，无法提供期刊封面的须提供打印版的期刊网页目录和论文首页；授权专利须提供专利证书或专利授权通知书，公开专利须提供专利申请公布说明书首页。超过规定截止日期提交的材料一律无效。

（二）由医学院牵头成立“西北民族大学本科生科研创新奖学金评定委员会”，严格按照“西北民族大学医学类本科生科研创新奖学金评定条例”进行评定。

（三）由“西北民族大学医学类本科生科研创新奖学金评审委员会”组织申报此奖学金项目的学生开展答辩，认定对应分值。

（四）评定结果公示三日，公示无异议后再完成相关的审批工作。

（五）由学生资助管理中心按评定标准发放奖学金；所填写的申请表、审批表将存入学生本人档案。

第五条　成立评审委员会

成立“西北民族大学医学类本科生科研创新奖学金评审委员会”。

成员：由学校分管学生工作的领导、学生资助管理中心、教务处（医学教学管理部）负责同志，医学院学术委员会主任、1998 届临床医学专业捐赠者校友代表组成。

第六条　其它

本条例由“西北民族大学医学类本科生科研创新奖学金评审委员会”负责解释。

西北民族大学学生服兵役国家教育资助管理办法

第一章　总则

第一条　为推进国防和军队现代化建设，鼓励高校学生积极应征入伍服兵役，提高兵员征集质量，对应征入伍服兵役及退役以后自愿回校复学的学生国家给予资助，根据财政部、教育部、人力资源社会保障部、退役军人部、中央军委国防动员部《学生资助资金管理办法》（财科教〔2019〕19号）文件精神，结合学校实际，特制定本办法。

第二条　本办法所称学生是指西北民族大学全日制普通本科、预科、研究生、第二学士学位的应（往）届毕业生、在校生和入学新生（以下简称“学生”）。

第三条　应征入伍服兵役高校学生国家教育资助（以下简称“入伍资助”），是指国家对应征入伍服义务兵役、招收为士官的学生，在入伍时对其在校期间缴纳的学费实行一次性补偿或获得的国家助学贷款（含高校国家助学贷款和生源地信用助学贷款，下同）实行代偿；对应征入伍服义务兵役前正在西北民族大学就读的学生（含按国家招生规定录取的西北民族大学新生），服役期间按国家有关规定保留学籍或入学资格、退役后自愿复学或入学的，实行学费减免；对退役一年以上，自主就业，通过全国统一高考或高职单招考入西北民族大学并到校报到的入学新生，实行学费减免。

第四条　下列学生应征入伍服义务兵役不享受国家资助：

（一）在校期间已通过其他方式免除全部学费的学生；

（二）定向生（定向培养士官除外）、委培生和国防生；

（三）其他不属于服义务兵役或招收士官到部队入伍的学生。

第二章　资助标准及年限

第五条　根据学费补偿、国家助学贷款代偿及学费减免标准，本预科生每人每年最高不超过8000元，研究生每人每年最高不超过12000元。超出标准部分不予补偿、代偿或减免。

对应征入伍服义务兵役、招收为士官、退役后复学或入学的学生实行学费补偿、国家助学贷款代偿、学费减免。学费补偿或国家助学贷款代偿金额，按学生实际缴纳的学费或获得的国家助学贷款（包括本金及其全部偿还之前产生的利息，下同）两者金额较高者执行；复学或新生入学后学费减免金额，按学校财务处实际收取学费标准执行。

第六条　获学费补偿学生在校期间获得国家助学贷款的，补偿资金应当首先用于偿还国家助学贷款。

第七条　获得国家助学贷款的在校生应征入伍后，国家助学贷款停止发放。

第八条　入伍资助期限为全日制普通高等学历教育一个学制期。对复学或入学后攻读更高层次学历的不在学费减免范围之内。

入伍资助年限按照国家对预科、本科、研究生、第二学位规定的基本修业年限据实计算。以入伍时间为准，入伍前已完成规定的修业年限，即为学费补偿或国家助学贷款代偿的年限；退役复学后接续完成规定的剩余修业期限，即为学费减免的年限；退役后考入西北民族大学的新生，规定的基本修业年限，即为学费减免年限。

对专升本、本硕连读学制学生，在专科或本科学习阶段应征入伍的，以专科或本科规定的学习时间实行入伍资助，在本科或硕士学习阶段应征入伍的，以本科或硕士规定的学习时间实行入伍资助。专升本、本硕连读、第二学士学位毕业生学费补偿或国家助学贷款代偿的年限，分别按照完成本科、硕士、第二学士学位阶段学习任务规定的学习时间计算。

第三章　申请、审核和发放

第九条　学生学费补偿或国家助学贷款代偿应遵循以下程序：

（一）应征报名的学生登录全国征兵网，按要求在线填写、打印《应征入伍服兵役高等学校学生国家教育资助申请表Ⅰ》（一式两份，以下简称《申请表Ⅰ》），并提交学生所在学院、研究院，由学院、研究院审核之后提交学校学生资助管理中心。在校期间获得国家助学贷款的学生，需同时提供《国家助学贷款借款合同》复印件和本人签字的一次性偿还贷款计划书。

（二）学校学生资助管理中心对《申请表Ⅰ》中学生的资助资格、标准、金额（如有生源地信用助学贷款，学校学生资助管理中心应联系贷款经办银行或贷款经办地县级学生资助管理机构确认贷款金额）等相关信息审核无误后，对《申请表Ⅰ》加盖公章，一份留存，一份返还学生。

（三）学生在征兵报名时将《申请表Ⅰ》交至入伍所在地县级人民政府征兵办公室（以下简称县级征兵办）。学生被批准入伍后，县级征兵办对《申请表Ⅰ》加盖公章并返还学生。

（四）学生将《申请表Ⅰ》原件和《入伍通知书》复印件，寄送至学生所在学院、研究院。

（五）学校学生资助管理中心在收到学院、研究院汇总提交的学生《申请表Ⅰ》原件和《入伍通知书》复印件后，对各项内容进行复核，符合条件的，及时向学生进行学费补偿或国家助学贷款代偿。

对于办理校园地国家助学贷款的学生，由学校按照还款计划，一次性向银行偿还学生校园地国家助学贷款本息，并将银行开具的偿还贷款票据转交至学生所在学院、研究院，由其交寄学生本人或其家长。偿还全部贷款后如有剩余资金，汇至学生个人银行账户。

对于入学前在户籍所在县（市、区）办理了生源地信用助学贷款的学生，由学校根据学生签字的还款计划，将代偿资金一次性汇至学生个人银行账户。

第十条　退役后自愿回校复学或入学的学生和退役后考入西北民族大学的入学新生，到校报到后向所在学院、研究院一次性提出学费减免申请，填报《应征入伍服兵役高等学校学生国家教育资助申请表Ⅱ》（附 2）并提交退役证书复印件。学校学生资助管理中心在收到学院、研究院汇总提交的申请材料后，及时对学生申请资格进行审核。符合条件的，及时办理学费减免手续。

第十一条　入伍资助资金不足以偿还国家助学贷款的，学生应与经办银行重新签订还款计划，偿还剩余部分国家助学贷款。

第十二条　应征入伍服兵役的往届毕业生，申请国家助学贷款代偿的，应由学生本人继续按原还款协议自行偿还贷款，学生本人凭贷款合同和已偿还的贷款本息银行凭证向学院、研究院提出申请，学校学生资助管理中心在收到学院、研究院汇总提交的申请材料后，及时对学生申请资格进行审核。符合条件的，及时办理代偿。

第四章　管理与监督

第十三条　每年 10 月 15 日前，各学院、研究院应将本年度申请应征入伍服义务兵役国家资助的学生材料报学校学生资助管理中心审核，学校学生资助管理中心将报送审核结果至全国学生资助管理中心审定。

第十四条　因故意隐瞒病史或弄虚作假、违法犯罪等行为造成退兵的学生，以及因拒服兵役被部队除名的学生，学校取消其受助资格，并不得申请学费减免。

第十五条　被部队退回或除名并被取消资助资格的学生，如学生返回其原户籍所在地，已补偿的学费或代偿的国家助学贷款资金由学生户籍所在地县级教育行政部门会同同级人民政府征兵办公室收回；如学生返回学校继续就读，已补偿的学费或代偿的国家助学贷款资金由学生原就读学校会同退役安置地县级征兵办收回。各县级教育行政部门和学校应在收回资金后，及时逐级汇总上缴全国学生资助管理中心。收回资金按规定作为下一年度学费补偿或国家助学贷款代偿经费。

第十六条　因部队编制员额缩减、国家建设需要、因战因公负伤致残、因病不适宜在部队继续服役、家庭发生重大变故需要退役等原因，经组织批准提前退役的学生，仍具备受助资格。其他原因非正常退役学生的资助资格认定，由学校所在地省人民政府征兵办公室会同同级教育行政部门确定。

第十七条　学校相关部门要认真履行职责，按照规定要求，对应征入伍学生的入伍资格、资助资格等进行认真审核，不得弄虚作假。对符合要求的应征入伍学生，应及时办理资助手续。

第五章　附则

第十八条　本办法由学校学生资助管理中心负责解释，自发布之日起施行。原《西北民族大学学生服兵役国家教育资助办法实施细则》（民大发〔2014〕101 号）同时废止。

西北民族大学家庭经济困难学生认定和建档实施办法

第一章　总则

第一条　为认真做好家庭经济困难学生认定和建档工作，切实保证学校家庭经济困难学生资助工作公正、合理、规范地进行，根据教育部等六部委《关于做好家庭经济困难学生认定工作的指导意见》（教财〔2018〕16 号）文件精神，结合学校实际，特制定本办法。

第二章　认定对象

第二条　凡在校、全日制专科、本科、预科、研究生，家庭的经济能力难以满足在校期间的学习、生活基本支出费用的学生，均可申请建立贫困生建档。

第三章　组织机构与职能

第三条　学校家庭经济困难学生认定机构由学校学生资助工作领导小组、学生资助管理中心、学院认定工作组、班级认定评议小组四级组成。

（一）学校学生资助工作领导小组全面领导、监督家庭经济困难学生的认定工作。领导小组由分管校领导任组长，相关职能部门负责人、各学院、研究院党委（党总支）书记担任成员。

（二）学校学生资助管理中心具体负责组织、审核和管理全校家庭经济困难学生认定和建档工作。

（三）各学院、研究院成立由党委（党总支）书记任组长，党委副书记、辅导员、班主任、学生代表为组员的家庭经济困难学生认定工作小组，具体负责本单位认定工作的组织、审核以及基础信息管理工作。

（四）以班级为单位，成立认定评议小组，负责认定的民主评议工作。组长由辅导员担任，成员由班主任、学生代表组成。认定评议小组成立后，名单应在班级范围内进行公示。

第四章　认定标准与条件

第四条　家庭经济困难学生的认定应综合家庭经济因素、特殊群体因素、地区经济社会发展水平因素、突发状况因素、学生消费因素以及其他影响家庭经济状况的有关因素来科学考量。家庭经济困难学生分为三个类别，分别为：特别困难学生（A 档）、比较困难学生（B 档）、一般困难学生（C 档）。

第五条　家庭经济困难学生认定标准：

（一）有下列情况之一者，可认定为“特别困难学生”。

1. 孤儿、肢体四级残疾（含）以上学生、烈士子女；

2. 来自农村地区或老少边穷地区，家庭无固定经济来源，基本生活难以维持者；

3. 学生家庭属建档立卡家庭、农村低保家庭、农村特困救助供养家庭；

4. 学生家庭所在地发生重大自然灾害或突发性变故，造成人身或财产重大损失的；

5. 学生家庭成员患重大疾病需支付大额医疗费用，导致基本生活难以维持的；

6. 其他情况导致家庭经济特别困难的。

（二）有下列情况之一者，可认定为“比较困难学生”。

1. 单亲、多子女家庭，家庭收入低，经济比较困难的；

2. 家庭缺乏劳动力，无固定经济来源的，或父母双方下岗（失业）的；

3. 城市低保家庭；

4. 学生家庭所在地发生自然灾害或突发性变故，造成一定经济损失的；

5. 家庭成员或本人患慢性疾病需长期吃药治疗者；

6. 其他情况导致家庭经济比较困难的。

（三）有下列情况之一者，可认定为“一般困难学生”。

1. 多子女家庭，且家中就读非义务教育学段学生人数超过 2 人者；

2. 父母均务农并缺少经济来源者；

3. 父母一方下岗（失业），另一方虽有收入，但收入微薄，家庭生活困难者；

4. 家中老幼病残无经济收入成员多者；

5. 其他情况导致家庭经济情况一般困难的。

第六条　有下列情况之一者，不得认定为家庭经济困难学生。已取得家庭经济困难学生资格的，应立即撤销，并取消其受助资格。

（一）生活不节俭、铺张浪费者；

（二）擅自在校内外租房者；

（三）经常出入高档娱乐场所消费或有与其家庭经济状况不相符的高消费行为者；

（四）有违法违纪行为者。

（五）其它应当不得认定资格的情形。

第五章　认定程序

第七条　家庭经济困难学生认定工作每学年进行一次。

（一）每年 8 月份开展新生家庭经济状况调查工作。学校在向新生寄送录取通知书时，同时寄送

《西北民族大学学生及家庭情况调查表》，家庭经济困难学生需如实填写，并按要求准备相关证明材料，待入学后学校将根据需要进行复核。

（二）每年秋季学期组织开展新生家庭经济困难学生认定及建档工作，确定家庭经济困难学生名单及类别，作为第一学年家庭经济困难学生资助的主要依据。

（三）未被确定为家庭经济困难的学生，如在校期间家庭遇到突发变故导致家庭经济困难，学生可随时向所在单位提交认定申请，并提供相关证明材料。经学院核查后，确定为临时家庭经济困难学生，享受有关资助政策。在每年进行复核时对其资格进行正式确认。

（四）每学年第二学期开展家庭经济困难学生复核及“学生工作管理信息系统”家庭经济困难学生数据调整工作，调整后确定的家庭经济困难学生名单作为下一学年学生资助的依据。

（五）学校每学年不定期地随机抽选一定比例的家庭经济困难学生进行资格复查，通过信件、电话、实地走访等方式进行核实。

第八条　新生家庭经济困难学生的认定程序：

（一）个人申请

学生自愿提出申请，提交相关资料，包括：《西北民族大学学生及家庭情况调查表》、建档立卡、城乡低保、特困救助供养、特困城镇家庭、孤残、烈士子女以及长期患重病、自然灾害、突发事件等相关材料复印件，同时登录学校“学生工作管理信息系统”提交申请。

（二）民主评议小组评议

1. 每学年开学后，学校学生资助管理中心印发通知布置家庭经济困难学生认定和建档工作。首先由民主评议小组对学生申请材料进行审核，初步确定资格。

2. 审核内容

（1）申请人所提供的证明材料是否真实、合法、有效；

（2）申请人所陈述的家庭经济状况是否符合条件；

（3）申请人日常生活消费的实际情况；

（4）申请人学费、住宿费的上缴情况。

3. 审核方式

（1）查阅家庭经济情况调查表及相关证明材料；

（2）在同班同学特别是同宿舍同学中访谈证实；

（3）按需查阅申请人校园卡消费状况；

（4）按需联系申请人家庭所在地的相关机构和单位，信函索证申请人证明材料真实性。

4. 民主评议

民主评议小组综合申请人道德品行、家庭经济情况、生活消费情况、学习态度等情况，组织实施评议，初步确定各类别家庭经济困难学生名单，提交学院认定工作组审核。

（三）学院认定工作组审核

1. 学院认定工作组在听取班级认定评议小组汇报的基础上，审核初评结果，统筹考虑评定人选，确定家庭经济困难学生名单。

2. 公示、异议与申诉

学院认定工作组审核通过后，要将家庭经济困难学生名单及档次，以适当方式在适当范围内公示不少于 5 个工作日。在公示家庭经济困难学生情况时，不能涉及学生个人敏感信息及隐私。如有异议，可通过有效方式向本学院认定工作组提出质疑。学院认定工作组对有异议的学生再次进行资格审查，并在 3 个工作日内予以答复。如对学院认定工作组的答复仍有异议，可通过有效方式向学校学生资助管理中心提请复议。学生资助管理中心应在接到复议提请的 3 个工作日内予以答复。如情况属实，学院应做出调整。公示无异议后，由学院辅导员登录学校“学生工作管理信息系统”对已审核通过的学生进行复核提交，同时将建档材料报送学校学生资助管理中心审核。

（四）学生资助管理中心审核

学生资助管理中心负责汇总、审核各学院认定工作组报送建档材料。学生资助管理中心统筹各学院家庭经济困难学生情况，在听取学院认定工作组意见后，对各学院家庭经济困难学生认定档次予以适当调整，并以适当方式在适当范围内公示 5 个工作日，公示无异议后，在“学生工作管理信息系统”进行名单确认。

（五）学校学生资助工作领导小组审批

学校学生资助工作领导小组审批学生资助管理中心审核通过的建档材料，并全程领导、监督家庭经济困难学生认定和建档工作。

第九条　家庭经济困难学生的复核及调整

新生认定结束后每学年第二学期进行一次复核，并对家庭经济困难学生名单进行调整，实行动态化管理。复核及新申请学生的认定参照新生认定的程序进行。复核以班级民主评议为主，通过了解家庭经济状况的变化，根据民主评议进行重新认定，并对原初建档数据进行调整，调整包括增添、撤销、变更贫困类别。

第十条　各学院要结合家庭经济困难学生认定工作加强对学生的自强自立教育、诚信教育及心理健康教育。认定尊重学生、爱护学生，要讲求工作方式方法，要深入学生一线调研摸排，谨防错评、漏评。杜绝将认定过程演化成简单演讲、诉苦会等方式；为获得补助而虚报家庭经济情况提供虚假证明材料的学生，一经发现，要严厉批评教育。

第六章　监督与管理

第十一条　家庭经济困难学生认定是涉及学生切身利益的一项重要工作，是各类学生资助政策实施的起点。各级认定工作机构要认真履责，坚持原则，严格工作制度，规范工作程序，明确岗位职责，建立问责机制，做到公开、公平、公正，杜绝弄虚作假、徇私舞弊。

第十二条　学校各相关单位应提高资助政策及执行情况的透明度，公开所有资助项目，公开所有申请条件，公开所有评审过程，公开所有资助结果。主动接受师生对认定工作的投诉，并认真核实情况，及时回复处理意见。

第七章　附则

第十三条　本办法由学校学生资助管理中心负责解释，自印发之日起施行。原《西北民族大学贫困学生认定和建档工作暂行办法》（民大发〔2013〕256 号）同时废止。

西北民族大学学生勤工助学管理办法

第一章　总则

第一条　为规范管理我校学生勤工助学工作，促进勤工助学活动健康、有序开展，保障学生的合法权益，培养学生自立自强精神，增强学生社会实践能力，帮助学生顺利完成学业，根据教育部、财政部《高等学校学生勤工助学管理办法》（2018 年修订）（教财〔2018〕12 号）规定，结合学校实际，制定本办法。

第二条　本办法所称学生是指我校全日制在校本预科生、研究生。

第三条　勤工助学是学生利用课余时间通过参加有组织的劳动和社会服务，获得一定合法报酬的学生资助方式。勤工助学是学校学生资助工作的重要组成部分，是提高学生综合素质和资助家庭经济困难学生的有效途径，是实现全程育人、全方位育人的有效平台。

第四条　勤工助学活动必须坚持“以人为本、助人成功、立足校园、服务社会”的宗旨，按照学有余力、自愿申请、信息公开、扶困优先、竞争上岗、遵纪守法的原则，由学校在不影响正常教学秩序和学生正常学习的前提下有组织地开展。

第五条　勤工助学活动由学校统一组织和管理。任何单位或个人未经学校同意，不得聘用在校学生打工。学生私自在校外兼职的行为，不在本办法规定之列。

第二章　组织机构

第六条　学校学生资助工作领导小组全面领导学生勤工助学工作，协调校内有关职能部门充分发挥作用，在工作安排、人员配备、资金落实、办公场地、活动场所及勤工助学岗位设置等方面给予大力支持，为学生勤工助学活动提供指导、服务和保障。

第七条　学校学生资助管理中心是学生勤工助学管理服务组织，负责全校勤工助学的组织和管理工作。

第八条　各学院、各用工单位必须配合或协助学生资助管理中心全面做好勤工助学的各项具体管理工作。

第三章 工作职责

第九条 学校学生资助管理中心在学生勤工助学工作中的职责：

（一）开拓勤工助学岗位。协调校内各单位，确定校内勤工助学岗位；开发校外勤工助学资源，增加校外勤工助学岗位，并纳入学校管理。

（二）负责勤工助学岗位检查、监督及工资核算、发放等工作。

（三）根据学院推荐名单，审核拟参加勤工助学活动学生。

（四）检查指导学校各用工单位对勤工助学学生的日常管理工作。对在勤工助学活动中表现突出的学生予以表彰和奖励；对违反勤工助学协议的学生，按照协议停止其勤工助学活动；对在勤工助学活动中违反校纪校规的，按照学校管理规定进行教育和处理。

（五）加强对勤工助学学生的思想政治教育，开展主题教育活动，帮助其树立正确的劳动观，培养学生热爱劳动、自强不息的奋斗精神，增强学生综合素质，充分发挥勤工助学育人功能，促进学生全面发展。

第十条 学生所在学院职责：

（一）接受学生参加勤工助学活动的申请，安排学生勤工助学岗位，为学生和用人单位及时提供有效的服务；

（二）加强对勤工助学学生的思想政治教育和日常管理，及时了解勤工助学学生的具体情况；

（三）负责处理、协调所属勤工助学学生的各项具体问题。

第十一条 用工单位的职责：

（一）组织学生开展必要的勤工助学岗前培训和安全教育，并全程提供业务指导。不得组织学生参加有毒、有害和危险的生产作业以及超过学生身体承受能力、有碍学生身心健康的劳动，维护勤工助学学生的合法权益。

（二）加强对勤工助学学生的思想政治教育和日常管理，负责学生劳动安全。对少数民族学生从事勤工助学活动，应尊重其风俗习惯。

（三）负责及时向学校学生资助管理中心报送当月勤工助学岗位考勤表、津贴发放表。

第十二条 学校“学生勤工助学服务队”组织勤工助学活动的在岗人员组织管理、工作质量监督，并创造性地实施勤工助学学生的励志强能训练，发挥勤工助学育人功能。

第四章 岗位设置

第十三条 校内勤工助学岗位分固定岗位和临时岗位。

（一）固定岗位是指持续一个学期以上的长期性岗位和寒暑假期间的连续性岗位，岗位数按在校学生总人数的 7% 设置岗位数；

（二）临时岗位是指不具有长期性，通过一次或几次勤工助学活动即完成任务的工作岗位，岗位数按在校学生总人数的 3% 设置岗位数。

第十四条　校内勤工助学岗位设置以校内教学助理、科研助理、行政管理助理和后勤公共服务等为主。

（一）在校研究生可申报校内教学助理、科研助理和行政管理助理岗位；

（二）在校本预科生可申报校内行政管理助理和后勤公共服务岗位。

第十五条　勤工助学岗位既要满足学生需求，又要保证学生不因参加勤工助学而影响学习。学生参加勤工助学的时间原则上每周不超过 8 小时；每月不低于 20 小时，不超过 40 小时。寒暑假勤工助学时间可根据学校的具体情况适当延长。

校内固定勤工助学岗位的设立，由各用工单位在每学年第一学期初向学校学生资助管理中心申报，经学生资助管理中心研究批准后下达所需岗位数并进行公开招聘。临时岗位可随时申报审批。

第十六条　为了给更多学生提供勤工助学机会，原则上参加勤工助学的学生一人一岗，不允许同时兼任多个岗位的工作。确有特殊困难的学生，在岗位设置数量许可，个人学习与工作时间无冲突的情况下可申请第二个岗位。

第十七条　校外企事业单位、团体或家庭面向学校学生设立勤工助学岗位，一律由学校学生资助管理中心负责审查、报批和发布信息。

第五章　岗位申请与聘用

第十八条　学生申请勤工助学岗位应填写《西北民族大学勤工助学岗位申请登记表》，由学生所在学院负责人签署意见，统一审核、汇总后报送学生资助管理中心。学生资助管理中心负责审查、确认具备勤工助学资格的学生名单，并建立相关数据档案。

第十九条　本着“公开、公平、公正”的原则，各学院、各用工单位，根据岗位要求进行公开招聘，择优录用。勤工助学岗位实行“岗位公开、公平竞争、择优录用；谁设岗、谁管理、谁负责”原则。

（一）在同等条件下，学生有下列情况之一，可优先考虑安排勤工助学岗位：

（1）烈士子女、孤儿、残疾学生、单亲家庭子女以及其他生活特别困难的学生；

（2）因自然灾害或家庭变故造成的临时困难学生；

（3）符合岗位要求、具有一定特长的学生；

（4）家庭经济困难学生。

（二）学生有下列情况之一，学校不安排参加勤工助学活动：

（1）受到记过及以上纪律处分且尚未解除者；

（2）本学年内出现学业预警，不能正常完成学业的；

（3）曾因工作不认真，用工单位考核为不合格予以辞退的；

（4）曾申请到勤工助学岗位，无正当理由不按时参加的；

（5）违反本办法其他有关规定的。

第二十条　聘用程序：

（一）招聘

经过学校批准设岗的用工单位将招聘要求报送至学生资助管理中心，由学生资助管理中心统一做好招聘通知工作。

（二）应聘

符合条件的学生按照用工单位招聘要求参加应聘。

（三）面试录取

用工单位对应聘学生进行面试，录用后统一报学校学生资助管理中心备案。

（四）上岗

用工单位和学生签订《西北民族大学学生勤工助学协议书》，明确双方的权利、义务。学生经用工单位培训后上岗工作，岗位集中培训时间一般不少于 3 个小时。

第二十一条　学生一经录用后因故不能按时上岗的，应当向学校学生资助管理中心做出书面说明，并告知所在学院、用工单位负责人，否则视为自动放弃岗位，此后一学年内，不再受理其勤工助学岗位申请。

第二十二条　学生如要停止勤工助学活动，需提前两周向用人单位提出书面离岗申请，同时告知所在学院，并做好工作交接，此后一学年内，不再受理其勤工助学岗位申请。

第六章　岗位津贴与管理

第二十三条　校内岗位按小时计酬，按月审核发放。标准如下：

（一）教学助理：每小时 14 元，每月不超过 40 小时；

（二）科研助理：每小时 14 元，每月不超过 40 小时；

（三）行政管理助理：每小时 12 元，每月原则上不超过 25 小时；

（四）后勤公共服务和临时岗位：每小时 12 元，每月原则上不超过 25 小时。

第二十四条　各用工单位应于每月初前 3 个工作日将上一个月《西北民族大学勤工助学岗位津贴发放表》《西北民族大学勤工助学岗位考勤表》由各用工单位负责人审核签字后报送至学生资助管理中心，由学生资助管理中心统一审核后报财务处进行核定，核对无误后将岗位津贴足额发放至学生个人银行账户。

第二十五条　勤工助学经费专门用于在校内勤工助学活动中支付给学生的劳动报酬，在财务处单列账户，实行专项管理、集中使用，任何单位和个人不得挤占和挪用。对学生的报酬，任何单位和个人不得克扣拖欠。

第二十六条　校外用工单位聘用学生勤工助学，须要求其向学校学生资助管理中心提出申请，提供法人资格证书副本和相关的证明文件，经审核同意后推荐合适人选。

第二十七条　学生参加校外企事业单位、团体面向学生设立的勤工助学岗位工作的，报酬由该用工单位或团体按协议支付。

第七章　法律责任

第二十八条　学生在校内开展勤工助学活动的，由学校法定代表人委托学生资助管理中心主要负责人与用人单位、学生签订具有法律效力的协议书。学生在校外开展勤工助学活动的，学生资助管理中心经学校授权，代表学校与用工单位和学生三方签订具有法律效力的协议书。协议内容必须明确学校、用工单位和学生等各方的权利和义务以及开展勤工助学活动的学生发生意外伤害事故的处理办法以及争议解决方法。签订协议并办理相关聘用手续后，学生方可开展勤工助学活动。

第二十九条　在勤工助学活动中，若出现协议纠纷或学生意外伤害事故，协议各方应按照签订的协议协商解决。如不能达成一致意见，按照有关法律法规规定的程序办理。

第八章　附则

第三十条　本办法由学校学生资助管理中心负责解释，自发布之日起施行。原《西北民族大学学生勤工助学管理办法》（民大发〔2017〕354 号）、《西北民族大学研究生“三助一辅”工作管理办法（试行）》（民大发〔2015〕702 号）同时废止。

西北民族大学学生临时困难补助评定办法

第一章　总则

第一条　为了确保家庭经济困难学生能安心学习、顺利完成学业，学校根据国家相关文件精神和资助政策，结合学校实际，制定本办法。

第二章　补助对象

第二条　临时困难补助是为了帮助解决学生在校学习期间因突发原因而造成生活上暂时性经济困难所给予的临时性、一次性资助。申请对象为经学校认定为家庭经济困难的全日制在校本预科生、研究生。

第三章　申请条件

第三条　申请临时困难补助必须具备的基本条件：

（一）具有中华人民共和国国籍；

（二）热爱社会主义祖国，拥护中国共产党的领导；

（三）遵守宪法和法律，遵守学校规章制度；

（四）学习努力，品行端正，诚实守信，团结友善；

（五）家庭经济困难，生活俭朴，自立自强；

（六）已建立贫困生档案的家庭经济困难学生。

第四条　符合下列条件之一的学生，学校给予一次性临时困难补助：

（一）学生本人突患重大疾病或遭遇意外事故，其医疗费用数额较大，家庭无力负担；

（二）家庭经济困难又遇到突发性事件，学习和生活所必须的基本费用不能得到保证；

（三）家庭遭遇重大变故，如父、母亡故或父、母等直系亲属身患重大疾病，失去工作能力和经济来源；

（四）其他经学校认定需要给予补助的情况。

第五条　有下列情况之一者，学校不予补助或取消其获助资格并责令其退还已领补助金。

（一）经核实，在申请过程中有弄虚作假行为；

（二）违反校纪校规，受到学校处分且尚未解除者；

（三）学习不求上进，学习态度消极，一年内有两门以上课程不及格者；

（四）在生活中有高消费行为，铺张浪费情况较为明显；

（五）家庭经济困难，学生本人学有余力却不愿申请参加勤工助学活动者；

（六）其它经学校认定应当取消资格的情形。

第四章　补助标准

第六条　临时困难补助标准：

（一）学生临时困难补助根据其困难程度而定，临时困难补助金额在500—3000元之间，有需突破该区间的其他特殊情况时由学院提出书面意见，经学生工作部（处）务会议研究，报请主管校领导审批；

1. 学生本人突患大病、重病或父母或监护人一方亡故，家庭经济出现特别困难，在校期间基本生活费用难以保证，一次性给予资助3000元；

2. 本人生病医疗费用较高或者父母一方重病或者受到严重自然灾害导致重大财产损失的家庭经济困难学生，无法维持在校期间基本生活费用支出，一次性资助2000元；

3. 本人生病医疗费用较高或者父母一方重病或者受到严重自然灾害导致重大财产损失，家庭经济出现较大困难，在校期间基本生活费用难以维持，一次性资助1000元；

4. 其它突发性、特殊性经济困难，确需适当资助的情形，一次性资助500—800元。

（二）受助学生在同一学期内原则上不可重复申请临时困难补助，每人每学年累计获得临时困难补助次数不超过2次。

（三）受助学生必须将临时困难补助资金用于生活补贴，不得用于超出正常标准的生活费用支出。

第五章　申请程序

第七条　学生申请补助的程序：

（一）学生填写《西北民族大学学生临时困难补助申请表》，说明家庭经济状况、已获得各类资助等情况以及申请理由，并附个人因突发原因而造成生活上暂时性经济困难的证明材料复印件，申请材料交学院班主任进行审查，并由班主任对学生的实际情况进行调查了解后报学院学生工作领导小组审核；

（二）学院学生工作领导小组审核后签署意见，将申请学生信息进行汇总，填写《西北民族大学临时困难补助申请汇总表》，并将学生相关申请材料统一报送至学校学生资助管理中心；若学生因突发原因造成家庭经济困难且没有进行家庭经济困难认定和建档的，须根据《西北民族大学家庭经济困难学生认定和建档实施办法》有关规定及时进行补建档；

（三）学生资助管理中心对申请材料进行复审，建议补助金额，并提交学生工作部（处）务会议研究，确定补助额度；对于高出临时困难补助标准的其他特殊情况，应报主管校领导审批，最终确定补助额度。并以适当方式在适当范围内公示 5 个工作日，公示无异议后，学生资助管理中心将补助金额报学校财务处直接发放至学生个人银行账户。特殊情况需以现金形式发放的，需附学生工作部（处）出具的相关情况说明。

第八条　学校各相关单位必须严格执行国家财经法规和相关管理办法的规定，学校对临时困难补助实行分账核算，专款专用，不得截留、挤占、挪用，同时接受财政、审计、纪检监察等部门和主管部门的检查和监督。

第六章　附则

第九条　本办法由学校学生资助管理中心负责解释，自发布之日起施行。原《西北民族大学学生临时困难补助评定办法》（民大发〔2017〕354 号）、《西北民族大学研究生临时困难补助评定办法》（民大发〔2017〕363 号）同时废止。

西北民族大学辅导员工作室建设与管理办法

第一章　总则

第一条　为切实推进学校辅导员队伍专业化职业化建设，创新大学生思想政治教育的理念和方法，提升大学生教育管理服务的质量，根据《中共中央 国务院关于加强和改进新形势下高校思想政治工作的意见》《普通高等学校辅导员队伍建设规定》（教育部令第 43 号）要求，结合学校实际，特制定本办法。

第二条　辅导员工作室以习近平新时代中国特色社会主义思想和十九大精神为指导，坚持“立德树人”根本任务，围绕辅导员工作职责、学生的群体特点和成长需求，加强探索实践、突出亮点特色、打造工作品牌、培育骨干专家，培育和建设一批辅导员工作室，使之成为创新育人理念方法的高地、孵化精品育人项目的平台、研究思想政治教育的智囊团、辅导员队伍专业化发展的示范基地，不断推进提升辅导员工作的科学化水平。

第二章　组织领导与保障

第三条　学生工作部负责辅导员工作室的组织领导、政策制定、工作指导、管理考核。

第四条　主持人所在单位做好辅导员工作室的组织协调、工作指导等工作，督促、指导辅导员工作室按照要求开展工作，及时总结推广辅导员工作室特色做法和经验。

第五条　辅导员工作室要做好日常建设与管理工作，职责如下：

1. 科学制定中长期建设方案和年度工作计划，建立完善各项规章制度；

2. 建立合理的选拔、退出机制，保持辅导员工作室队伍的稳定；

3. 及时对辅导员工作室运行情况进行总结，主动宣传推广成功经验。

第六条　根据工作需求，依据相关规定并结合学校实际，学校设置专门的工作场所，配备必要的办公设备和科研资料，用于开展理论研究、学习探讨和课程建设等。

第七条　学校从大学生思政教育经费中为每个工作室提供一定的经费支持，用于工作室的示范课程建设、课题研究、学生研讨、工作经验交流、工作论坛与讲座、图书资料购置、网站建设以及外出指导和考察等。

第三章　工作要求

第八条　辅导员工作室坚持精细化和精品化，紧密围绕辅导员工作职责，结合“十大育人”体系和“三全育人”工作要求，紧扣辅导员日常工作范畴，以习近平新时代中国特色社会主义思想教育、爱国主义教育、中华民族共同体意识教育、民族团结教育、少数民族成长成才、心理健康教育、网络思想政治教育、职业规划与就业创业指导等内容为重点建设方向，凝聚工作合力，打造工作品牌，务求工作成效。

第九条　辅导员工作室在学生工作部门的指导下，紧紧围绕某一专项工作进行设计和建设，具体要求如下：

1. 创新工作理念。辅导员工作室坚持问题导向和实践导向，以深化思想引领、解决实际问题为着眼点，针对学生教育管理工作的薄弱环节和重点难点，贴近大学生思想、学习、工作和生活实际，不断探索学校大学生思想政治教育工作的新思路、新途径、新方法。

2. 培育品牌项目。辅导员工作室围绕青年学生群体特点和成长成才实际需求，立足专项工作专业化开展，强化学生的思想引领和行为引导，积极培育富于创造性、具有推广价值和示范意义的实践活动。建设期内，要面向全校学生打造接地气、实效佳的品牌活动至少 1 项。

3. 开展学术研究。辅导员工作室要以学校学生工作实际为基础，以成员集体智慧为依托，针对新形势下学校大学生思想政治教育面临的重点、热点和难点问题进行专题研究和实践探索。建设期内，要在中文核心期刊或高校学报公开发表论文 1 篇，并形成经验性成果至少 1 项。

4. 打造优秀团队。辅导员工作室以培养专家型辅导员为重要使命，注重辅导员团队建设，关注成员的专业成长，发挥辐射带动和示范引领作用，使学校辅导员队伍人才形成梯队、骨干形成团队。建设期内，要实施辅导员能力提升计划，帮助提高团队成员专业化水平。

5. 嵌入优势资源。注重在“十大育人”体系框架下，积极引入校内外相关资源，支撑工作室项目建设。与学校思想政治教育课教师队伍合作发展，形成辅导员、思政课教师两支队伍齐头并进、优势互补的局面。不断与校外同行建立合作，扩大影响力和知名度，并通过邀请校内外相关专家、辅导员工作名家，走访名优辅导员工作室等途径，学习前沿理论和汲取先进运营模式。

第四章　申报与评审

第十条　学生工作部负责辅导员工作室的申报与评审工作。辅导员工作室建设周期为 2 年。

第十一条　辅导员工作室实行主持人负责制，工作室设主持人 1 名，成员为 5—8 人，鼓励跨院组合，专兼职结合，根据工作需要进行动态调整，成员调整由主持人提议、学生工作部审核批准。

第十二条　辅导员工作室主持人须为学校专职辅导员（含学生工作部（处）、团委专职学生工作干部）。主持人须在辅导员工作岗位工作满 3 年，具有较扎实的理论功底和业务能力，能够有效整合与项目相关的资源开展建设工作。在选定的专项工作领域已有课题支撑、项目建设的团队可优先支持。

第十三条　辅导员工作室成员一线专职辅导员占比 70% 以上，拥护党的基本理论、路线、方针和政策，忠诚党的教育事业，具有高度的责任感和奉献精神，热爱大学生思想政治教育和管理工作，品行端正、师德高尚。

第十四条　成立学校辅导员工作室评审委员会（以下简称“评审委员会”），由学生工作部、团委、马克思主义学院等相关单位专家或负责人 3—5 名和校外专家 1—2 名组成。

第十五条　评审程序：

1. 资格审核。学生工作部根据本办法第四章第十一条第十二条和第十三条有关规定，对工作室申报材料进行审核。

2. 现场答辩。学生工作部组织召开现场答辩会，评审委员会遵循公平、公正、公开和注重质量、宁缺毋滥的原则，综合申报材料和现场答辩情况进行综合评审，在充分评议的基础上通过无记名投票的方式确定拟支持建设辅导员工作室。

3. 公布结果。学校批准并公布支持建设的辅导员工作室名单，同时向工作室授予《西北民族大学 ××× 辅导员工作室》聘书和牌匾。

第五章　考核与管理

第十六条　辅导员工作室实施目标管理和过程管理。工作室每年年初提出工作计划和经费预算，年终进行工作总结，报学生工作部审定备案。

第十七条　辅导员工作室实行中期评估，由学生工作部重点评估育人项目、专题研究、团队建设和成果推广等方面的实际成效。对运行不力、成效不明显的工作室视情况停止资助，限期整改直至停止工作。

第十八条　辅导员工作室 2 年建设期满，学生工作部按照本办法第三章第九条确定的工作要求组织评审委员会进行验收评估。验收不合格的工作室，经主持人申请可延长 1 年再进行验收，延长期间不再给予经费支持；延长时间后仍验收不合格的，取消建设资格，主持人 3 年内不得再进行申报。

第十九条　辅导员工作室主持人若因岗位或职务变动或其他原因无法继续担任，应提前向学生工作部提出书面申请，并向新的主持人妥善做好相关工作交接，确保工作室正常运作。

第二十条　过程管理。工作室要依法依纪依规开展建设，在建设过程中，出现下列情况之一的，撤销工作室。

1. 违反党的路线方针政策和法律规定的；

2. 师德失范，违反师德相关规定；

3. 出现学术不端行为、弄虚作假情节严重的；

4. 违反财务制度，被财务部门通报的；

5. 连续两年考核不合格或建设期满考核不合格，整改后仍未通过验收的；

6. 有其他违反本办法行为的。

第六章　附则

第二十一条　本办法自发布之日起施行，由学生工作部（处）、团委负责解释。

西北民族大学学生公寓管理办法

第一章　总则

第一条　为加强对学生公寓的管理，营造优美和谐的学习、生活环境，培养学生高尚的思想品德和良好的生活习惯，本着“以人为本、助人成功”的理念，实现公寓育人，结合西北民族大学（以下简称“学校”）实际情况，制定本办法。

第二条　本办法适用于学校学生公寓内的所有住宿人员。

第三条　本办法所称学生公寓，是指由西北民族大学安排居住并实施管理的学生居住场所。

第四条　学生公寓的管理工作由学生工作部（处）公寓管理科具体负责，本着管理育人和服务育人的宗旨，坚持专职管理与学生共同监督管理相结合、专职服务与学生自我服务相结合的原则。

第五条　为充分发挥学生自我教育、自我管理、自我服务的作用，学校设立学生自律委员会。由公寓管理科负责推选出责任心强、综合素质高、愿意为同学服务的优秀学生担任委员，并指导委员会开展工作。

第六条　学生公寓工作人员应关心学生。住宿学生应尊重学生公寓工作人员，服从管理，积极配合其开展公寓管理工作。

第二章　学生公寓住宿管理

第七条　学校根据招生计划及学生公寓房源情况统筹安排各学院的学生宿舍分配。新生入校时，凭住宿费收据，领取宿舍钥匙（办理门卡），办理住宿手续。学生毕业、休学或中途退学应办理退宿手续，包括验收家具，交还钥匙（注销门卡）等。

第八条　学生应服从学校的住宿安排，按指定房间住宿，每位学生只允许使用一个床位，公寓内的空房间、空床位由学校统筹管理，学校有权对未满住宿人数的宿舍进行再次分配。学校对宿舍安排作出调整时，学生应服从学校的调整安排。

第九条　未经公寓管理科批准，学生不得自行调换、私占、出借、转让床位。不得擅自留宿非本寝室人员，严禁留宿异性。

学生未经学校同意，不得随意在校外留宿。如办理校外住宿或走读，须履行学校相关规定手续。

寒暑假期间，对留校学生实行集中住宿。学院应加强留宿学生日常管理。

第十条　学生公寓管理人员、学生自律委员会、物业管理人员、卫生检查人员等有权进入宿舍进行检查，学生不得借故拒绝检查。

第十一条　学生公寓实行男、女生分楼住宿管理，严禁进入异性公寓，因特殊情况确需进入的，需主动出示有效证件，经学生公寓管理人员同意并登记后方能进入。

第十二条　学生应按照规定时间作息，严禁午休晚休时间的影响他人休息的行为。学生应维护公寓公共秩序，不得大声喧哗吵闹，不得使用产生噪音的器材，不得在公寓内踢球或做影响他人的体育活动。

学生公寓 6：00 开门、23：30 关门。23：30 以后归宿的学生应主动出示有效证件并配合登记；关门后，有特殊情况需要进出学生公寓的，应出示有效证件，主动向值班人员说明原因并进行登记，获得准许后必须明确登记返（离）宿时间方可离开并必须按时返（离）宿。

第十三条　禁止学生在学生公寓内进行商业活动。对于擅自在公寓内经商者和外来推销人员，学生公寓管理人员交保卫处处理。

第十四条　对于学生公寓管理人员认为需要确认身份的学生进入公寓时，应主动配合出示证件。外来人员来访时，经学生公寓管理人员登记核准后方可入内。

第十五条　严禁学生在宿舍内未经批准悬挂条幅、张贴海报（画报）等宣传品。

严禁学生公寓内私自钉钉、拉线、乱写乱画、随意张贴广告。

严禁学生在宿舍内部挂床帘（布帘）。如有违反，由学院责令立即拆除。

第十六条　严禁在学生宿舍饲养宠物。

第三章　学生公寓用电及设备管理

第十七条　学生对公寓内配置的各种物品及公共设施不得随意拆装、搬迁、毁坏；发生破损的应及时报修，系非人为因素损坏的，由学生公寓管理人员委托有关部门维修或调换；如系人为原因损坏的，必须按价赔偿。

学生忘带钥匙（门卡）或门无法打开时，要及时与学生公寓管理人员联系，严禁撬锁、砸门、踢门。学生不得自行调换门锁和私配、转让钥匙（门卡），如遗失钥匙（门卡）应及时告知学生公寓管理人员，由公寓管理科负责调换全室钥匙（制作门卡），遗失者须支付成本费。如遗失钥匙（门卡）后，首先到本公寓值班室进行挂失，不及时告知而发生被盗情况，经济损失由遗失钥匙（门卡）者自行承担。

第十八条　学生公寓内严禁使用可对公共安全产生隐患的各类电器。一经发现，学院有权没收其电器。

严禁私接、私拉电源线、网线和电脑线，日常用电设备要做到人走电断。

第四章　学生公寓安全防范与管理

第十九条　坚持教育与宗教相分离原则。严禁在学校传播宗教，严禁在学校发展教徒，严禁在学校设立宗教活动场所，严禁在学校建立宗教组织，严禁在学校举行宗教活动。

任何组织和个人不得在学校从事、参与、组织各类宗教活动，不得在宿舍内张贴、悬挂、存放带有宗教色彩的标识、图标和印刷品。

严禁任何人在公寓内传阅宗教、邪教、反动或淫秽书刊及音像制品。

第二十条　加强安全防范意识，确保住宿学生人身财产安全，妥善保管好自己的贵重物品。携带贵重物品出入学生公寓时必须到值班室主动进行登记。

第二十一条　住宿学生需做好防盗安全工作，提高自我防范意识，养成随手锁门关窗的良好习惯。如发现外来人员或发生异常情况应立即向学生公寓管理人员或学校保卫处报告。

第二十二条　学生公寓内严禁使用明火（蜡烛、燃香），严禁焚烧物品。

第二十三条　学生公寓内严禁存放易燃、易爆、有毒等危险物品，严禁存放管制刀具、枪支。

第二十四条　严禁学生在公寓内聚众闹事、打架斗殴、饮酒、吸烟、赌博。严禁攀爬楼体、墙面，翻越天台、窗台、从阳台翻入相邻寝室等危险行为。

第二十五条　严禁学生在非应急情况下私自动用学生公寓楼内配备的消防器材；严禁私自遮盖包裹公寓宿舍烟感报警器。

严禁在公寓楼内燃放烟花爆竹、焚烧废弃物。

严禁在公寓楼内进行炊事活动。一经发现，由学院严肃处理责任人。

第二十六条　对出入公寓的可疑人员及其携带的物品，学生公寓管理人员有权进行询问和检查。

携带大件物品进出学生公寓者，应自觉接受学生公寓管理人员检查并进行登记，学生公寓管理人员有权阻止、扣留可疑物品。

第二十七条　严禁在学生公寓内故意敲打各种器具喧闹起哄，严禁从宿舍内进行高空抛物。

第二十八条　学生应正确使用公寓门禁系统，刷本人校园卡进出公寓。严禁转借使用校园卡进入、尾随他人进入、跨越（跳跃）闸机进入。

第二十九条　严禁在学生宿舍内存放自行车、私人家具等大件物品。

严禁在公寓大厅、楼道、消防通道、水房、开水房等公共区域放置个人物品（拖把、衣物、鞋袜等）、暖瓶（水壶）及杂物，以保证学生公寓内公共安全通道畅通。如有违反，由保洁人员予以处理。

第五章　学生公寓卫生管理

第三十条　学生应自觉遵守和维护公寓内的公共卫生，不得随地吐痰、乱扔废弃物。按时清扫宿舍垃圾，不得将室内垃圾扫入楼道。

第三十一条　宿舍卫生实行室长负责制，建立卫生值日制度，由室长组织本室人员轮流值日，每日打扫，每周末进行一次大扫除。保持室内清洁，无蛛网，无积灰。

第三十二条　学生个人物品应放置整齐，坚持每天叠被，整理床铺，不准在学生公寓内乱涂乱画。

第六章　附则

第三十三条　对违反本办法的学生，学生公寓管理人员有权对其进行批评和教育，并通报相关学院。学院依照《西北民族大学学生违纪处理办法》给予相应纪律处分。

后勤管理处在学生公寓住宿人员，依照本办法执行。如有违反，由后勤管理处依照学校相关规定进行处理。

第三十四条　本办法自发布之日起施行，由学生工作部（处）、团委负责解释。原《西北民族大学学生公寓管理规定》（××发〔2017〕354 号）同时废止。

附件：西北民族大学 2018—2019 学年校长特别奖获奖名单

校长特别奖（11 名）

李万军、王晶、丁亚楠、刘红、陶艺源、苏楠、海涵、韦苏阳、齐含旭、马李蓉、曾茵茹

一等奖学金（568 名）

刘梁伟、尕拉姐、德吉卓玛、拉准、衣措哈么、周毛克、美措机、卓玛泽初、贡去吉、旦正才让、达拉措、仁清初、嘎玛德吉、扎西娜姆、卓嘎央白、日格姐、卡毛叶、旦增卓嘎、仓决、尕藏杰、次央、周措吉、罗尔措、吉毛加、增太才让、泽让卓玛、仁青加、彭措扎西、那拉草、叶西卓么、冷智卓玛、万德吉、张丽群、夏鹏、妥莉、周慧、黎清、李娥、易凡、姚欣怡、袁明、张鹏飞、常啸、李向阳、李思瑞、王瑞、施庆福、李广南、马诗芯、孟文龙、梁智儒、卜齐杰、党佳丽、张子建、刘爽、陈后全、张竞月、王勇、徐启明、杨粤宇、林顺、曾婷、武莹莹、赵凌峰、邱凤青、冯兴民、闫冉、蒙芳、魏雪、佟思瑶、卡主草、扎西草、张天骐、邵博、王静雪、卜梓懿、张旭、曾慧玲、冯小兰、吴宪、曾月、张梓桐、龙飘飘、谭俊妤、丁新雅、李倩、邹涵懿、久西加、如么机、莫融玲、道吉草、多吉降泽、卓玛草、唐曹友、张兴、古志敏、孙秀鸣、李龙纪、张宇泽、白书豪、陈彦旭、吴丹丹、廖婧鸣、王晶、安佳鑫、郑敏、熊秀琴、龚雪、崔朝燕、扎喜吉、杨敏、宋宇、李兆蓓、向彦佳、刘春芸、何晓花、兰艳丽、李丹、袁建平、安瑾、冯帆、权文敏、王珍、李清、苏红、许红婷、谭春林、钟红梅、马霞、朱卫、俞祎灵、王娜、毛莎、刘月、葛玮琪、宋欣雨、李明倩、张羽、范林、杨萍、

陈博艺、赵梦凡、彭烁鸣、马春梅、窦昭、覃绮琪、杨羽西、张雁书、张雯艳、冉烧腾、李鑫洋、冯香倩、刘红、李蓉利、李悦、张洪雨、王京生、蒋灿、臧培培、陈正昂、王昱、石秋慧、李小艳、潘承欢、王璐玉、郭江彦、于天力、杨娅、符海花、魏雯静、龙燕华、陈莹、闫婉青、于小聪、余逸凡、刘红蕾、靳春花、杨梦晶、连明利、李奇刚、张石、朱明丽、向文峻、苏楠、杨钰洁、彭妍妍、毛泽妍、王迎菲、范新露、昂玉红、陈鹏、陈苹、徐素婷、邱明慧、陈晓蕾、陈严双、王路、刘晨璐、席涛、赵宇鑫、朱雨可、周艳莉、李红旭、黄敏敏、孙瑜辰、刘璇、谭浩轩、王素芳、付嵩迪、甘诗奇、马金秀、吴东、王敏、柳雨婷、卢敏贤、张天玉、郑月玲、张超、韩雪、谢琼、严成林、蔡思思、陈蓉、冯紫欣、陈琪、李榕桓、樊文轩、王奕懿、许菲航、张月、周瑞杰、乔雨欣、杨海萍、马靓、谢松楠、李睿、李萌、梁潇云、黄幼玲、刘智键、马慧、郑晓霞、马丽娜、马海梅、谭玲玲、田倩雯、彭甘平、张富强、李冬梅、张甜恬、李雨薇、李越、李婉茹、陈思沅、黄伦丽、任懂懂、谭经建、马思慧、陈怡华、王黛、曹璇、张洪荣、刘娇娇、李策、张婷、鲁娅楠、韦鹏宇、祁娜、李孟乾、杨叶、马海兰、冯归砚、蓝蓉、王锐敏、亓冠华、伍世尧、马祖栋、杨艺、陈振宇、吕永明、李双、刘璐、宋子华、冉子煦、苏玥、李斌、卢彦源、覃思雅、阎韵嘉、陈胤龙、雷容容、牛荣、周金秋、刘帅、黄琳、王沓、任娅荣、杨禹瑾、刘焕焕、徐铭、南吉合多杰、万紫千、唐天顺、张腾、孙仁红、浩日娃、包文美、伊茹、刘丽芹、其力木格、王通拉嘎、旦旦、萨日盖、娜米日纳、马新宇、鲍文欣、张珍、徐铭棋、俞婷、智鸽、戴晓林、龙艳美、甄翠颖、吴家梁、成博文、肖瑶、付琼、肖莹、董明慧、霍陆焕、张静、周伊茹、郑智文、顾灵欣、张雅姝、苏杭、刘艳文、苏雅琳、郑小雪、赵一珊、李囿蓉、马成、凌莹、刘敏、陈育林、孙婷、柳颖、李甜甜、谢强、龚婷、黄蒙、张雪婷、曹艳、杨小朵、张利、邹熙、宋庆涛、宋硕、罗家敏、李帅帅、平新新、张文涛、宋汶哲、赵晓萌、龙晓琴、何雨珊、朱玉雪、王乐童、阳霞、张玉双、陈红、张晓燕、周靖鹏、何伟、黄有飞、周宸、应柠泽、马媛、韦苏阳、陈彬、谢文博、次仁吉宗、代青昂毛、王梦雅、张里钟、赵薇玲、欧阳晨星、徐文妹、谢雪儿、董晓宁、何杨、詹勇鑫、马宇鑫、傅文琪、周奕、任慧瑜、汪鑫、高誉、杨嘉薇、陈威、焦向雨、杨鑫玉、代吉永芷、色郎纳么、陈蕾蕾、李芳、陈晓桐、兰汶鑫、朱鑫杰、耿政书、郭星琪、庞礼维、牛拓、闫洁、李卓、郭春丽、刘蟹、周蒙蒙、苏华阳、冉光花、赵晓宇、梁江帆、陈修乐、张玉涛、张露、曾凤娇、奚健杨、高昕宇、屈帅武、张曦蕊、姚博、王睿雯、孙冬蒲、戴欣悦、徐强、虎倩、丁润秋、罗成花、郭杰、周子宣、韦艳霞、赵萌、舒玥涵、云世媛、陈丽萍、张玉洁、李国花、申万江、汪颖慧、李娟、康茜、豆娜、庄逸清、王梦莹、李敏、马莹珂、熊敏、何依珂、马牵宇、杨天华、于海洋、胡君、李宇航、刘丽霞、杨咏茜、马国智、陈维鑫、马玥、孙叶静、夏提古丽·伊敏江、依米尔艾米孜·艾比布拉、夏地也古丽·迪力夏提、龚丽颖、肖尧、靳奇异、赵聪聪、张云柯、翟佳佳、杨玉慧、王佳宣、马文慧、马禄浩、周亚男、刘晓旭、彭关奇、翁湘钧、金燕、韩芸霞、刘娜、谭求健、窦文旭、王贺、陈钰、胡新元、赵莉、张凌雁、梅楠、王营、申苗苗、胡冰倩、熊慧敏、陈群英、肖娟、杨瑾、黎鑫、彭超、张硕、安迪、贺俊杰、姚雨季、付颖、杨雯、金石玥、姚欣媛、王靓钰、董佳宜、李耀、苏凌云、罗熙鸿、黎蓓、陈雨欣、王姜雅、万嘉绮、刘碧玉、孙安丽、胡秋月、赵俊、宋文慧、吴欣平、黄清英、张诗林、沙希傲、李燕、李贵阳、林尔、汤巳予、杨荣智、朱艳红、方晓荣、曹明姝、武超然、安楠、巢慧龄、代玉兰、唐璐玲、何文博、王晓坤、马伟芳、肖梦婷、向兰、马红梅、刘燕丽、肖文媛、代文秀、李学尧、刘亿丰、姬永智、马艳艳、吴贺芳、杨青莉、唐美琳、肖瑶、钱潇歌、任怡静、李彤、宁素贞、韩利佳、刘莎

二等奖学金（1526 名）

刘梁伟、尕拉姐、德吉卓玛、拉准、衣措哈么、周毛克、美措机、卓玛泽初、贡去吉、旦正才让、达拉措、仁清初、嘎玛德吉、扎西娜姆、卓嘎央白、日格姐、卡毛叶、旦增卓嘎、仓决、尕藏杰、次央、周措吉、罗尔措、吉毛加、增太才让、泽让卓玛、仁青加、彭措扎西、那拉草、叶西卓么、冷智卓玛、万德吉、张丽群、夏鹏、妥莉、周慧、黎清、李娥、易凡、姚欣怡、袁明、张鹏飞、常啸、李向阳、李思瑞、王瑞、施庆福、李广南、马诗芯、孟文龙、梁智儒、卜齐杰、党佳丽、张子建、刘爽、陈后全、张竞月、王勇、徐启明、杨粤宇、林顺、曾婷、武莹莹、赵凌峰、邱凤青、冯兴民、闫冉、蒙芳、魏雪、佟思瑶、卡主草、扎西草、张天骐、邵博、王静雪、卜梓懿、张旭、曾慧玲、冯小兰、吴宪、曾月、张梓桐、龙飘飘、谭俊妤、丁新雅、李倩、邹涵懿、久西加、如么机、莫融玲、道吉草、多吉降泽、卓玛草、唐曹友、张兴、古志敏、孙秀鸣、李龙纪、张宇泽、白书豪、陈彦旭、吴丹丹、廖婧鸣、王晶、安佳鑫、郑敏、熊秀琴、龚雪、崔朝燕、扎喜吉、杨敏、宋宇、李兆蓓、向彦佳、刘春芸、何晓花、兰艳丽、李丹、袁建平、安瑾、冯帆、权文敏、王珍、李清、苏红、许红婷、谭春林、钟红梅、马霞、朱卫、俞祎灵、王娜、毛莎、刘月、葛玮琪、宋欣雨、李明倩、张羽、范林、杨萍、陈博艺、赵梦凡、彭烁鸣、马春梅、窦昭、覃绮琪、杨羽西、张雁书、张雯艳、冉烧腾、李鑫洋、冯香倩、刘红、李蓉利、李悦、张洪雨、王京生、蒋灿、臧培培、陈正昂、王昱、石秋慧、李小艳、潘承欢、王璐玉、郭江彦、于天力、杨娅、符海花、魏雯静、龙燕华、陈莹、闫婉青、于小聪、余逸凡、刘红蕾、靳春花、杨梦晶、连明利、李奇刚、张石、朱明丽、向文峻、苏楠、杨钰洁、彭妍妍、毛泽妍、王迎菲、范新露、昂玉红、陈鹏、陈苹、徐素婷、邱明慧、陈晓蕾、陈严双、王路、刘晨璐、席涛、赵宇鑫、朱雨可、周艳莉、李红旭、黄敏敏、孙瑜辰、刘璇、谭浩轩、王素芳、付嵩迪、甘诗奇、马金秀、吴东、王敏、柳雨婷、卢敏贤、张天玉、郑月玲、张超、韩雪、谢琼、严成林、蔡思思、陈蓉、冯紫欣、陈琪、李榕桓、樊文轩、王奕懿、许菲航、张月、周瑞杰、乔雨欣、杨海萍、马靓、谢松楠、李睿、李萌、梁潇云、黄幼玲、刘智键、马慧、郑晓霞、马丽娜、马海梅、谭玲玲、田倩雯、彭甘平、张富强、李冬梅、张甜恬、李雨薇、李越、李婉茹、陈思沅、黄伦丽、任懂懂、谭经建、马思慧、陈怡华、王黛、曹璇、张洪荣、刘娇娇、李策、张婷、鲁娅楠、韦鹏宇、祁娜、李孟乾、杨叶、马海兰、冯归砚、蓝蓉、王锐敏、亓冠华、伍世尧、马祖栋、杨艺、陈振宇、吕永明、李双、刘璐、宋子华、冉子煦、苏玥、李斌、卢彦源、覃思雅、阎韵嘉、陈胤龙、雷容容、牛荣、周金秋、刘帅、

黄琳、王沓、任娅荣、杨禹瑾、刘焕焕、徐铭、南吉合多杰、万紫千、唐天顺、张腾、孙仁红、浩日娃、包文美、伊茹、刘丽芹、其力木格、王通拉嘎、旦旦、萨日盖、娜米日纳、马新宇、鲍文欣、张珍、徐铭棋、俞婷、智鸽、戴晓林、龙艳美、甄翠颖、吴家粱、成博文、肖瑶、付琼、肖莹、董明慧、霍陆焕、张静、周伊茹、郑智文、顾灵欣、张雅姝、苏杭、刘艳文、苏雅琳、郑小雪、赵一珊、李囿蓉、马成、凌莹、刘敏、陈育林、孙婷、柳颖、李甜甜、谢强、龚婷、黄蒙、张雪婷、曹艳、杨小朵、张利、邹熙、宋庆涛、宋硕、罗家敏、李帅帅、平新新、张文涛、宋汶哲、赵晓萌、龙晓琴、何雨珊、朱玉雪、王乐童、阳霞、张玉双、陈红、张晓燕、周靖鹏、何伟、黄有飞、周宸、应柠泽、马媛、韦苏阳、陈彬、谢文博、次仁吉宗、代青昂毛、王梦雅、张里钟、赵薇玲、欧阳晨星、徐文妹、谢雪儿、董晓宁、何杨、詹勇鑫、马宇鑫、傅文琪、周奕、任慧瑜、汪鑫、高誉、杨嘉薇、陈威、焦向雨、杨鑫玉、代吉永芷、色郎纳么、陈蕾蕾、李芳、陈晓桐、兰汶鑫、朱鑫杰、耿政书、郭星琪、庞礼维、牛拓、闫洁、李卓、郭春丽、刘蟹、周蒙蒙、苏华阳、冉光花、赵晓宇、梁江帆、陈修乐、张玉涛、张露、曾凤娇、奚健杨、高昕宇、屈帅武、张曦蕊、姚博、王睿雯、孙冬蒲、戴欣悦、徐强、虎倩、丁润秋、罗成花、郭杰、周子宣、韦艳霞、赵萌、舒玥涵、云世媛、陈丽萍、张玉洁、李国花、申万江、汪颖慧、李娟、康茜、豆娜、庄逸清、王梦莹、李敏、马莹珂、熊敏、何依珂、马牵宇、杨天华、于海洋、胡君、李宇航、刘丽霞、杨咏茜、马国智、陈维鑫、马玥、孙叶静、夏提古丽·伊敏江、依米尔艾米孜·艾比布拉、夏地也古丽·迪力夏提、龚丽颖、肖尧、靳奇异、赵聪聪、张云柯、翟佳佳、杨玉慧、王佳宣、马文慧、马禄浩、周亚男、刘晓旭、彭关奇、翁湘钧、金燕、韩芸霞、刘娜、谭求健、窦文旭、王贺、陈钰、胡新元、赵莉、张凌雁、梅楠、王营、申苗苗、胡冰倩、熊慧敏、陈群英、肖娟、杨瑾、黎鑫、彭超、张硕、安迪、贺俊杰、姚雨季、付颖、杨雯、金石玥、姚欣媛、王靓钰、董佳宜、李耀、苏凌云、罗熙鸿、黎蓓、陈雨欣、王姜雅、万嘉绮、刘碧玉、孙安丽、胡秋月、赵俊、宋文慧、吴欣平、黄清英、张诗林、沙希傲、李燕、李贵阳、林尔、汤巳予、杨荣智、朱艳红、方晓荣、曹明姝、武超然、安楠、巢慧龄、代玉兰、唐璐玲、何文博、王晓坤、马伟芳、肖梦婷、向兰、马红梅、刘燕丽、肖文媛、代文秀、李学尧、刘亿丰、姬永智、马艳艳、吴贺芳、杨青莉、唐美琳、肖瑶、钱潇歌、任怡静、李彤、宁素贞、韩利佳、刘莎、杨周涛、旦增曲珍、普布多吉、夏吾切卓、尕让甲、欧珠才旦、拉毛吉、当子吉、刚坚纳么、次仁美朵、尕藏扎西、南吉、松毛、罗布桑布、文昌多杰、利毛措、夺吉波、仁青卓玛、卓玛草、桑杰卓么、叶西措毛、困太措、尕让扎西、尕藏加、卓玛、云才让、尕藏草、力毛加、桑吉草、色朗卓玛、李毛才让、才让卓玛、芒尕、曾家怡、祁雅文、先赞卓玛、李毛措、扎西尼玛、夏吾措毛、当子扎西、卡毛加、益西拉毛、普姆伦巴、夏吾扎西、旦旦、三木旦道吉、尼达卓玛、才让卓玛、呷绒友珍、旦知扎西、秀毛措、多杰太、向巴措、卓玛措、旦正草、白尕卓玛、尕旦木草、尕当木草、英吉、格日求卓、扎史永追、生龙青措、而杰草、泽仁卓玛、马潇、李冰倩、米国莲、马启红、蒲永婷、杨子慧、陈港秀、龙玮、李树香、丁丽、铁玉海、马鹏、胡瑞芳、金文珍、杨梅、穆合塔尔·伊马木尼亚孜、何磊、李影、赵志香、陈情、周红祝、全香英、奉慧婷、黄姝敏、钱全、闫钰婧、吴梦鑫、郑展宏、洪自美、刁楠、韦兰妍、杨砡莲、马涛、许文刚、巴娜、陈铁瀚、旷开扬、刘耀珲、朱宇衡、孙文峰、许文双、倪律、刘超然、朱畅、张佳、余婷、钱金戈、赵张燕、韦丽春、崔海珍、卢梦晓、杨柳、杨松波、代炎、王坤、王瑞、刘文一、林斌、覃柳娜、王乙熹、田卫、张茂、邓彬、丘礼品、程青山、郑嘉琪、苏亚丽、郑毅锋、薛蓉蓉、黄桂友、交斗、次巴拉姆、央宗、程涛、白金笛、黄钰钧、张艺爽、钟文斌、柴鹏飞、李洋、赵子瑄、谭传明、张雅洁、李永培、王宇航、苏乐、高明月、何涛、邹利坤、祇旭、韩寿英、马义博、温博雅、沙学峰、马伟、秦晓娟、李壮、张行仪、徐榕、马永莲、王欢、梁墨迪、黄晶莹、焦亚鑫、班佳琪、洪湘、胡玉芳、曲婕、张恩荣、张芷若、严启华、马国花、李兴茂、罗耀翔、崔长付、李原、魏晓凯、兰志飚、蒋渝娟、马玉海、王晓奇、叶飞虎、赵军、邱扬帆、李中俊、唐彪、孟繁吉、杨明辉、梁毓豪、熊凯文、翟燕、王娇语、彭耀、马福萍、王飞洋、肖文强、韩旭、林竞连、武俊、冶风选、刘荥、刘亚美、彭洲、曹雅玲、周瑶瑶、董佳佳、邹艳玲、韦亚宇、冀鸿俊、文檬、罗让龙当、尼却吉、东知卓玛、叶西措、完玛扬措、共么磋、王子谦、洪圣、杨智、梅谦、沈阳、胡运闻、吕鑫洋、李云、徐拥军、马富、王闻、马伊睿尔、赵冉冉、屈景辉、安康、舒双龙、尹洁铭、韦国全、文婧、张铭荃、何欢、李传烨、艾献亮、黑正燕、禹艳云、李兴丽、杨胜玲、王琴、韩雅倩、何明章、张春容、杨洁、周妃、寸杨翡、秦金鑫、方智超、苏年勇、应胜俊、焦乃超、英草吉、旦智卓玛、仁青措、张宁、高玉博、曹倩文、伍易萌、马永俊、妥林林、常师杰、宋跃润、谷思琪、林万钢、马尚梅、杨雅婷、才让拉毛、泽降、周毛草、盖玛吉、英吉草、罗世生、董文奇、谭巍、王娅、刘蕊、付欣欣、李迪薪、龙强、高万梅、钱跃、龙光志、杨静、马小红、杨晓霞、黄云凤、朱蕊、张雨竹、韦吉兴、辛若曼、妥慧洁、得青卓玛、索朗曲珍、卓玛措、周维、龙霞、袁欢、马翠兰、胡明鑫、刘丽萍、易凡丁、杨丽媛、覃柳青、周漫、黄亚巧、谭兵一、赵习荣、王镜环、苏娟、吴优、田霞、姚诗彤、禹燕、冶雅倩、陈进、余荣荣、马成霞、尹佳鑫、姚冰倩、李云欣、柯晴、向思曼、韩慧萍、王权、张见芬、李晶晶、马艳玲、卢明倩、苏比努尔·吐尔逊、宁艳眉、苗慧、洪妮妮、倪玺涵、林宪宪、张佳丽、李露、陈正艳、李雨萌、庹俊飞、马欣怡、魏子怡、陆雪明、王志梅、丁林乐、杨海燕、滚昌秀、涂彩霞、刘雁东、曾湘兰、黄一丹、朱梓铜、钟晓琪、黄永晃、头机卓玛、在旦拉毛、泽让措、尕芷拉毛、汤涛、陈振华、王梅、杨小菊、李硕、苏琴、罗灵娇、吉火拉杂、杨增华、汪时琪、支希伟、胡妍佳、周恋婷、李建英、陈佳欣、覃韵峰、魏丹丹、唐露露、李成东、刘懿萱、李改兄、李玲、路妮、牛莉德、孟敏霞、罗永丽、马秀花、张帆、陶艳玲、龚诗淇、吕方平、李林、纪庆、李紫茹、罗凤波、钟孟莹、蒙海姨、何凤、牟洪斌、韦丰浩、蔡荣、米海刚、苏丽姣、梁柏萍、宗宇、何婷婷、王霜、陆群、周丹、张静、闫梦瑶、樊旭坤、谭燕鸿、马聪慧、陈俐君、田瑶瑶、王锦秋、常永慧、熊瑞、赵丽芝、吴小惠、吴丽琴、步馨、万琳、李义洁、吴迪、王珣、李娟、邓博文、徐婧、周素芳、杨宜越、那文钰、杨冰、潘柳燕、蒋梦蝶、许筱涵、周子恒、石少博、高寒、林逸、杨甜、姚佳浩、康香蕊、付保岗、李巧莹、郑晨、孙铭材、杨子超、王璐、王静松、王萱栒、段铄、牛琛、丁龙妮、刘子涵、李分、张潇洁、何昌树、于紫垣、戚春妮、张烁、陈晓雪、赵智慧、白盼盼、余凯俊、刘杰、金月、刘飞、李可韵、冉怡、刘亚轩、刘健伟、郎明娇、程佳怡、陈桥、龚丞、郭紫露、杨凌杰、李晟、秦莲、邵亚馨、袁鑫、高晓燕、罗少伦、杨帅鹏、王帅棋、李瑞雪、张美晨、粟成钢、胡博文、江文鹏、孔书悦、姜玮、王旖樱、施柳英、谭欣、吴海霞、曹龙、周妍江、杨家艳、庹云合、王燕、张庆龙、文晶晶、王媛、海桂莲、樊金歌、程鑫、韦芳、蒋晶飞、康梅、杨婉璐、张永燕、郭鑫琳、马小霞、杨瑞丹、罗玉红、曾国丽、李沁、李玺、苏柏、黎乾宇、马玲玲、张则一、谢永盛、吴萍、马春、刘正鑫、蒙丽莎、师雅茹、杨玲、屠光雨、何思源、夏云凤、柳亚辛、毛辛羽、唐君聆、杨隽逸、陈孟丹、普琳洁、吕锦景、许佳琪、白俊西、马鑫、韩雨航、杨瑗嘉、杨朝军、梁健杰、张熙尧、吴梅燕、秦国辉、傅闽翌、席阳、阙金煌、王海恒、田凤、潘美鸽、赵文婷、茗庚图雅、谭家伦、何芳、李萍、杨丽雪、潘雯、梁莹、余光阳、张筱宇、潘悦、吴倩、潘及新、陈甜、赵思佳、白娜、李艳婷、柏晶、张晓燕、马成萍、陈嘉敏、李城、郭闪、李雨洁、叶焱军、汪宗林、杜承豫、马俊霞、黄春莲、余艳仙、马小红、王鑫桂、刘盼盼、卓玛、雷爱欣、鲍阿迷、艾敏捷、肖丹、杨雯、张慧琴、岳漪涵、彭齐欢、杨迁琴、韩永寿、周胜男、胡珂松、海金花、张秀月、王媛媛、王学芳、陈婷、马婧娴、蒋艳、陈诺、彭海伦、凌宏、幸鸿婧、杨金莲、谢思羽、席敏杰、袁玲、刘晓婷、杨小影、周露露、于宏波、曲妍鹏、钱盈霖、莫青桃、林涛、丁志花、王瑞、杨春媛、曾琬艳、刘露霞、严诗颖、李思炎、赵旭茹、罗红、杨晓欢、靳帅帅、李晨璐、赵美、徐青、陈娣、冯旭彤、赵沁怡、米悦、彭丽霓、张莞瀛、王梦雅、潘林、穆晓琴、古丽米热·艾尼瓦尔、陶礼媛、杨紫洁、李雪林、张晓宇、刘耀新、牟曼琴、马成秀、方彬、杨兰兰、黄宁、陈汝豪、潘泓静、侯亚蓉、起顺菊、陈宽、蓝心甫、黄帆、邓艳凤、宋昭华、马春梅、王昱璐、陈忠格草、严铭玥、字亚铣、李想、王一伊、崔玉格、贾智涵、舒兴钰、冉雅、蔡彧彤、冯江林、王欢、李睿瑾、赵琦、罗永才、邓静、王子健、李晓倩、彭雪梅、路凯斌、蓝美琦、李卓、马燕、马梅莉、孙丽菲、张其能、毛佳毅、邱芳婷、张闰千、吴惠平、张家齐、李艺、翟红倩、周招兄、张晋之、张军、刘春彤、成昌龙、孙启明、张志瑞、山超凡、宋琦琪、王菲、陆明火、杜岩松、王双、范静、张青云、马珂研、赵玉如、宋海运、孙丽娅、张秀娟、毕馨予、马萍、陈婷、祁秀兰、吕苗苗、温冬梅、张好、赵丹、王争点、孙瑞泽、符畅、时速、胡丽丹、雷艳、王浩宇、王亚娟、王金霞、马静雅、高雨欣、李宛桦、苏德、苏日古格、塔娜、娜哈雅、黄媛媛、苏日古嘎、迎春、包阿茹汉、额日德木图、阿格日、柴鑫鑫、其乐木格、查干塔娜、吴红梅、冬梅、马婷婷、杨璐、王紫艳、张贺丹、黄星月、赵鹏蕊、娜何芽、珠娜、王晚霞、额尔敦塔娜、都丽苏玛、道日娜、朝宝、齐振豪、乌仁乌英嘎、凡崟、杨艳、吴桂帆、段钰博、曹丹姝、李章萍、李鹏飞、窦文倩、林佳玲、罗丹、黄婷、陈映娜、彭久榕、林宏韫、陈宇、刘美淇、康宁、陈杲然、李进、郭芮泽、马月婷、李燕燕、鲁慧颖、陈玮昕、孙正宇、靳晓俣、沈铭灵、杨柳、朱云、姜双、李林、王慧、郭耀阳、陈功鋆、李泽西、陈泓毅、比拉力·加拉力、胡芳连、肖寒雪、虎欣怡、卢榕楠、张震、刘笑含、覃煜清、高兴、夏政科、李永胜、凌晓晓、王梦丹、马淑裴、王晨、吕玟静、韩泽昊、陈宇昕、区嘉琦、张雅、牟平、刘欣雨、戚佳泠、唐娅秋、梁婆丽、陈洁、马镘雅、赵倩、马博妍、田玲、魏佳欢、李倩倩、陈明、王微、陆新颖、朱佳、陈宇诗、高雅、刘容秀、冶鹏辉、莫娟、禹小红、彭帅、陈文钰、郑天宇、周倩、张艳、卢飞燕、朱艳芳、郑美慧、代安娜、李慧、张敏、何欢、陈纤、雷世娴、王亚杰、蒋家懿、贺芷慧、邱丽霞、党苗苗、杨揖焰、陈楚云、巫首燕、张钰璇、王贺、董珮玲、白洁、贺梦凡、洪业、尹彬緖、刘书岐、王长荣、邢婷玉、吴鸿亿、李佳鹏、李雅靖、刘治滩、王翻兄、王婷、李子元、邓茵、马系莲、张梦帆、易爽、王杰、杨雪、张鑫兆、戴珍珍、周熳琳、郭川江、李晓娟、唐文欣、柴雅静、孙家美、赵诗佳、任凯文、张焱梅、陶玲庆、鲜雯、幸鸿雁、陈慧颖、刘艳、郑芝琳、陶红艳、焦娜、胡峻、王小龙、王琦、陈芳、王倩玉、王腾静、张园梦、杨琦、廖小霞、杨晨、金伟嘉、普树芳、马玗慧、张桂蓝、杜艳丽、程强豪、陈涛、左崇霖、刘可欣、黄浩、黄兰情、赵少芳、秦泽秀、杨弦、栾禹鑫、郭艳茹、庞文龙、杨松松、刘利军、鲁大材、尚虎成、王佳林、谢云超、洪鑫淼、马珍、赵安、王琪、马红娟、陆咸涛、赵海超、李晨、龙怡梅、梁慧琳、兰买勤、王晓倩、杨会、李雨鑫、张兆斌、彭毛卓玛、班玛才旦、苏智、绽秀芸、罗月婷婷、杨进苗、张力文、肖嘉池、叶旋、翁凤兰、齐林深、郭婷、潘建幸、孙馨茹、高汝东、王旭、罗江美、黄芳芳、苏牡、李永芬、彭丽蓁、王海龙、张蝶、石子吟、林伟杰、杨娟、孙翔、伍辉铸、黄奇、张文强、黄灵杰、丁怡琳、付金康、郭稳华、赵婷、吴寅生、刘珊、谢亮、晁昺恺、胡松、许方豪、孙寒飞、姜晶、普玛、达哇黄毛、马金钰、熊颖、周安南、白文硕、喻晴雯、汪浩、梁策、陶永会、徐榜、陈铖、王晓艳、朱泰全、李鑫月、冯详禹、张炎、杨彩玲、向宏钦、刘歆、刘俊、赵贯忠、邬贤龙、赵云龙、刘爱玲、达娃卓玛、普毛措、才旺代青、李毛加、何思怡、赵冬梅、刘崟、李可乾、吴春妮、马燕慈、郑臣志、柳兴莲、陈静、廖倩倩、徐百灵、田保书、马亮、何文昌、赵叔韬、王瑞、李鑫岩、王俏娜、赵文辉、陶永越、窦豪、吴彤、马福丽、曾相英、常宝心、苏小玥、马诗尧、司云杰、宋博友、李娜、韩小影、柳强、刘鑫雨、肖世文、吴弦昊、巩森森、刘乐晨、李小林、胡月凤、杨宣、聂钰、黎俊程、杜振江、江汇强、刘振华、杨国兵、王正一、肖迪、高梦泽、郭靖、王川、田兴宇、顾义兵、马志芳、吴真钟、牛霄雯、李博、刘蕊、颜奎、旃开发、张杰、陈稳、吕耘冰、周锐、马小兰、杨金芳、王青青、孙楠杰、周佳杭、薛冰冰、祁晶晶、李增洋、周翔、苟英晋、马永梅、王威龙、黄振坤、胡锦坤、张伟康、舒欣、任昕琪、郭静、李世通、江晓珂、王芳、金雅丽、李俊敏、金日成、李若男、罗一、于天琪、鲁佳梅、许静雯、石少浓、陆桂英、李燕燕、马晓霞、覃若静、魏翔宇、闪文静、令狐鸽、余凤姣、黄金双、刘东亚、马占林、邬梦洁、张艳红、刘明、马海晗、张心语、许晴、陈麒名、周鑫、李云霓、赖春兰、张梦园、章丽、谢豪、吴佳琳、曹婷婷、徐艾祺、龙治宇、王丽文、付康茹、袁玲、杨丽莉、马珊珊、郭官君、赵文彬、苏小琴、王玉姣、屈艺、田澳回、吴妍、史瑞、夏梦、罗青青、赵迪、马坚、丁亚梅、黄瑾岚、向晖、农斌鑫、蒋全合、马丽娜、孜白特·依马木、米克热阿依·依塔洪、阿依加马力·亚森、麦尔哈巴·阿布力米提、努尔艾合买提·艾尼瓦尔、布威佐合热·阿皮孜、地丽热巴·阿合买提江、米合热班·努尔孜明、木娜瓦尔·图尔荪、佐日古丽·麦合木提、米拉迪力·奥斯曼、苏比·斯依提江、阿曼尼萨汗·阿布杜瓦依提、姑丽加马丽·艾力、再乃皮古丽·艾尼、谢姆西努尔·库尔班、艾力牙生·买买提托合提、阿布力孜·吐合提、吾斯曼·拜科日、迪里努尔·艾山、努尔艾合买提·艾买尔、谢依代·热合曼、艾力米努尔·卡哈尔、阿尔孜姑·艾尼、伊力亚尔·阿力木、吐妮萨·吾不力、阿地拉·阿不来提、阿依姆妮萨古丽·玉苏尹、李文悦、李喜梦、麦热依·巴合提古丽、刘拾月、王婷、朱柯玉、郭珂逗、韦意、郜艳婷、丁浩、雷欢欢、黄盼、林青由、唐琴琴、孙哲、赵秀依、柳锦秀、梁国云、张芳蛾、周明鑫、韩伊莎、李广丽、周星、马子钦、喜林萍、蒋辉、向铃靖、石琪珂、郭栋文、高盛棠、陈丽、廖姜婷、罗田田、海燕、袁文艳、尹加航、张文礼、白萍、谭卢燕、马姗姗、莫婷婷、王琪、郭奕彤、唐萌、岑天玉、张园菲、韩丽君、马贝贝、侯新容、雷静莹、买馨婷、吴晓璇、陈夏琴、朱鸿玮、刚雅岚、李晨舟、张佳、王潇、窦鑫雨、夏洺远、董璇、孙孟琛、谭峥、金文丽、林杏蓉、黄淑琦、孔嘉颖、常乐、李敏楠、徐亚楠、郭妍迪、王艳玉、同梦瑶、徐佩瑶、邓雪怡、陈怡璇、彭文静、杨洁、李嘉琪、王金玉、陈佩瑶、阳晴、阮汝梁、张慧敏、阚润、杨意、刘杨、孙琪佳、石文静、郭婉婷、李灿、张克娇、蓝素婷、兰泽宇、柏诗语、魏宪玲、马秀兰、杜娟、李金毅、董瑞、任松林、彭建平、刘秀琴、范美玲、马俊祺、海荣、张超燕、马丽、汪子瑜、马丽、周巧丽、刘施雨、商智远、洪一丹、常如意、李宁、李玲、杨婧、王吉思、彭奇峰、陆小敏、唐燕玲、钟敏烨、黄韵嘉、杨芳、张静楠、刘睿阳、胡利霞、马春芳、白妙、张楠、姚千、赵张俊、冷润雨、廖瑶、李晓坤、何凤、徐婉婉、刘思凡、李星、和文慧、王秀璇、李美超、苏火美、原志、张佳琪、张慧婷、董娜、刘铭、张子涵、杨容容、段倩、张方怡、何丹、宁玉霄、陈倩、李睛、董诗妮、郭逸馨、宁有冬、毛济春、敖昕颀、龙家慧、杨媛、赵靖玉、李慧慧、兰欣、沙蕊、吴雅婧、朱鑫、戴润琦、吴晓玲、姚新艺、侯雅丽、李洁、武雅楠、陆晓山、马达、罗孙举、黄晶晶、杨银坪、唐锐、安丽林、刁韵婵、孙枫、李梦、高婧、段金易、马婧、杨瑞娟、马梦黎、金寿瑞、马颖李、陈祥艳、李胜男、李雅露、冷松、陕玉梅、热娜古丽·艾麦尔江、马鑫宇、周方怡、黄兴藏吉、井薇、李学英、皮启星、杨雪萍、马尚、马生萍、黄建周、沙拜次力、田楚琪、刘倢言、施马珍、陈满花、刘海曦、罗小金、吴佳恩、杨雪姣、吕茜、罗柳林、祁雪芳、喜玉龙、马海燕、张昊、包刀知漫、王夺、兰永、覃雪琼、朱鲜、吴桐、吴敏钰、韦仁、董玉蓉、杨玉玲、马雪、祁璐、赵玙璠、马飞燕、余晓湘、张施施、马佳、周冰洁、刘钦途、杨文英、沙存君、杨桂兰、王友红、孙娟娟、叶贺鸣、谢植标、陈淑雯、马尚梅、马海燕、李斌斌、朱玥添、郭天然、房秀玲、马燕、葛姝鸿、马蕊、李佳琪、马旭、祁瑞华、柏青雲、李文广、马江艳、韦雪、樊桂湘、石永文、张金霞、邓可欣、郭淼、马宝祥、马桂琴、彭芸、阚欣、梁超、郭文龙、唐文莹、胡秋韵、陶惜璇、运斯桐、赵耀、陈雪婷、尚欣华、孙越、张雨彤、郭祎璠、常颖、李心瑶、刘志燕、王星星、蔡德强、苏俊超、刘山绮、陈滢宇、陈保朝、达菁、闻静、舒娟、刘芮彤、张轩语、叶舒泳、徐小涵、师艺文、袁涛、江纯艺、邓亚佳、李沅姝、杨庚辰

三等奖学金（2455 名）

杜萌、许忠琳、普布卓嘎、看召草、次久卓玛、旦珍加布、潘多、完么才让、格桑曲宗、卡毛才让、才让卓玛、尕藏吉、夏吾周毛、才仁曲宗、益当机、石塔拉姆、仲特、仁增拉毛、李毛扎西、措毛吉、拉泽、次白、豆格才让、周加卡、确参甲、嘉杨拉毛、仁青卓玛、阿列玛、央吉、德吉措姆、准格吉、泽翁拉姆、则玛泽西、斗格措、肖永秀、晁福芳、刘忠莉、王刚华、华文梅、王娅蒙、卓玛措、纳么卓玛、旦增央吉、尕旦木草、扎西卓玛、多吉降措、巴珠、才央金美、若巴降措、小平、拉吉、白玛俄沙、卓玛草、拉毛草、扎西纳么、多杰仁青、多杰扎西、平措卓玛、达哇拉么、泽郎哈科、米玛片多、桑杰草、尕日昂姐、卡毛吉、南军才让、旦真措、增巴草、占尕吉、才让拉毛、达瓦、旦木求卓玛、南措吉、达藏卓玛、朗加机、彭玛初、李沁、孙亚楠、谭玉莺、雷婧男、道吉吉、仲格吉、拥忠拉姆、唐拉姐、扎西项秀、牛麦、格日、追机牙、德昂、索朗措姆、丁增曲忠、拉姆卓嘎、格让哈么、土登扎西、代措忠、尕措加、万尕吉、切江加、完玛吉、华庆加布、次仁德吉、王修拉么、才让吉、索南康卓、索南曲吉、白玛卓玛、宽桌措、朋毛德吉、旦增片多、仁青草、斯那追格、吉珍、娘去乎才让、李毛卓么、马燕洁、刘树贤、马登武、余世文、马仲林、李萍、刘飞、杨芳、李焱、彭静、李彩霞、李云梦、罗丹、聂海玲、郎米蓉、吴宗慧、穆桃花、马全龙、何雪琪、马杏娃、马昊旻、杨庭、周海峰、汤洋、覃天、李保国、乌超、杨玉婷、黄亚平、韦丹、王妍、张艳、郭应萧、邓露、方路花、袁媛、袁艇、普万成、姚敦科、白俊枭、徐杨、欧权漫、孔睿、蔡晋炜、瞿超、郭沛鑫、倪招、罗卫东、乔永佳、胡忠、莫丽娜、杨生信、林中笛、马文强、马小虎、赵兴、牛建星、杨咏昊、和仕龙、陈先胜、蓝剑锋、乔宇、吴和本、姚伦选、林仁旺、吴桂勇、林剑、赵志超、邓小玲、周雯雯、林晓毅、王宇航、王祺、朱晓彤、韩啸宇、孟柏旭、吴洪浪、闵婧、马祥在、罗波、马兆斌、李文秀、张生贵、朱渊隆、黑富梅、纳俊瑞、陈丹妮、任建军、张嘉峰、王宇航、李明喆、马永强、加王尼玛、白玛加措、仁青罗吾、才科多结、益西康珠、制美、达珍、向秋吉、当增卓么、罗巴东知、达热姐、华尔丛、扎罗、卓玛才让、冷主先、马凯、代望、闫锦霖、曹轩若、吴菊凤、丁玉琳、胡国行、吴浩然、高伟杰、郑立程、周书瑶、樊姣妮、连军、李永琴、马英福、皮宇弘、张世雷、李湘湘、戴亮、马喆、仇锦煜、何心怡、任为、翁忠杰、杨辉春、张进鑫、吕恒宇、黎思瑞、马瑞芬、禹斐斐、王敬一、陈胜涛、李柠宏、伍玲、梁杰琛、林超伦、李明汶、白鑫婷、吕威、唐瑞、王昊、覃兰星、刘彩云、索郎旺姆、泽中、求仲、纳旦措、卓玛曲措、里让、扎西拉姆、尼玛康珠、才让拉毛、仁青吉、白华藏闹吾、杨广顺、甘云鹤、向镇武、马晓燕、李昂、赵海烨、刘振安、齐寅任、周墨、李远航、白小春、乔奕、马伟、宋建勋、李硕、马有福、李家宇、白金明、张梦月、王帅飞、周思宇、马成宝、张晋铨、杨子江、夏玉萍、陈旧、王健骁、李文轩、刘翀、李文闯、杨华、霍晓媛、张宇、李丽、杨林燚、冉亮、山朋林、任宝民、文伟、杨勇、蔚梦屏、李杰龙、于鑫玥、伊存莲、马宇航、参回能波、格桑、扎西南杰、羊秀加、周毛克、扎西央宗、卓杰加、供波索郎、旦巴泽绒、余育财、郎甲措、胡康威、覃椰椰、马弘康、罗孟豪、买永博、万德松、李京昊、王鑫、杨睿、马凯军、德吉卓嘎、徐鹏飞、琼拉、张倍源、陈鑫、拉毛措、杞坤、秀智措、蔡晓爽、朱睿、李爽、高敏、李健刚、牟秋圻、那皮沙、房春莹、谢钰杰、李翔、陈丽英、马会花、杨昌花、钟焱嵩、马法土麦、王德高、潘艳臻、迪丽阿热姆·如则麦麦提、刘浩杨、马智勇、哈维丽、拉毛吉、吉毛加、尹旦吉、道吉仁青、久西吉、才让东珠、索南卓玛、蒋韫琳、马佳、王于昕、李瑜美、豆改才让、苏努卓么、完么当知、拉毛草、麻久吉、卓玛才旦、尕土才让、桑吉草、扎西拉毛、卓玛吉、索兰吉、更太加、浦菊香、马美珍、马雅婕、窦剑旭、孙葛亮、马雯、袁益楠、张净、陈娟、李燕芬、马亮、杨燕红、姚程家、王攀媛、魏乔雨、荣曼彤、李彦妮、杨艳玲、陈翰林、王诗佳、王雪纯、牛小燕、刘娅婷、边传龙、董琳、蒙李伊、韦礼祖、李慧子、马赓、朱妍、吴炜琳、杨子明、农月秋、龙倩、段卫、张千禧、雷振新、焦玉倩、向悦、马倩、张琳敏、翟蓓蓓、田湘汾、刘怡琛、马小倩、王守政、吴丽乐、陆焦焦、周雅姣、聂力、梁雅茹、田雪莲、郑宁、王雅妮、马娇、舒金秋、马梅娟、张红、罗玉婷、郭美花、张琳、沈权美、屈超凡、马银盈、泽旺他、容中纳么、丁涛、钟杰、陈传宗、刘蜜、黑晓霞、汪蕊、周晔、王宇、杨岚、张镨冉、周宇、郑雅婷、兰晶、刘捷丹、陈建容、葛华丽、马兰兰、马艺慧、刘曌、米媛、姚高文、邓晓琼、曾杰、王添伊、马赛飞、李丽、鞠亚敏、蓝业、马学精、蓝许鑫、魏学园、古丽尼尕尔·艾肯、虞意婷、苏秋莲、韦德领、符团、杨盼盼、糟丽倩、马文灿、宗媛媛、易海芹、赵越、李雪晴、黄仁桂、周宗璇、杨琴雪、黄玉梅、马伟、陈桂妃、潘金花、李禹忱、孔令馨、唐爽婷、杨言梦、孙涛、杨梦菊、李思佳、黄凤涵、宋艳琴、旦木青、柔雪初、妮吾吉、曼丑、拉毛草、当子吉、松志娟、甲花措、闪梦龙、杨忠、欧阳万鹏、郭喜艳、祁浩梅、刘丽萍、阿荣、黄敏、郭长会、丁代代、乌仁、苏比努尔·地力夏提、马道玲、马海燕、丁小莉、李文婷、阿依达娜·巴扎尔别克、李利菊、刘慧、范莎莎、白姗、马蕊、马文斌、马艳丽、虎世林、韦勤、玛斯吐拉·艾热提、靳文聪、李丹丹、金凤、孙雨菡、梁倩、郑率、王慧莹、文扬、马红芳、陈双、冯亿、张钰涵、杜靖琪、杨秀卓玛、张洪梅、旦正昂加、卓么措、才让扎西、郑浩、余娅雯、孙佳伟、杨海涛、何亚玲、丁嘉莉、王浩、罗贤涛、吴雨、贺彩燕、陈妍舟、汪蕊、廖玲、龙文珍、张琴、薛佳佳、马茹丽、马晓花、田德会、梅宇涵、赵雯洁、张雨珠、黄燕娥、石霞、马小丽、舒璇、吴伟、马晓旭、韩雪、李乐、李晶、郭丹慧、马慧敏、贾园莉、马雅宁、王悦、王旭丹、祁明媛、马丽娜、连莹、张俊芳、杨娟娟、任迎瑞、王永成、杨芳芳、尼木次力、王园、黄元楠、余志鹏、吴依、杨娅丽、唐晓华、王艳红、姜珊、宋新意、马佳敏、马翔、龙旻媛、韩佳康、刘一苇、全胜华、姜楠、秦豆豆、张晨、张乾、薛文凤、胡立煊、马逸韬、玉冬梅、丁丹、梁开铭、马致龙、张军、薛瑞琪、黄露萍、宿林祺、王雪、刘帅帅、李红娟、张悦、石坚、王婷婷、李建鹏、毛小玲、王淇、方林月、李年年、黄兰飞、韩琦、张靖雲、陈冬梅、王海霞、马粉连、黎慧、潘亦维、刘杨井浩、吴继炎、郭子瑜、陈瑾芬、刘晶、黄秀、吴竟、陆玉、李会会、王峰、马海洋、李豪、黎德英、武艺煊、姜丽影、赵珠琳、马智楠、丁卓阳、彭椅、郭志娟、许京浩、蒙美萍、马昊天、曾艳琼、杨涵博、伍明桃、田珏锦、吴靖、宗吉、娄婷婷、左伊婷、鲍学丽、宋瑞璇、何文兵、熊光山、胡建玲、肖楠、苏海霞、张涵、钱多、邢子傲、赵厚成、龙培、徐敏、何仁鹏、石丽娟、冉光伟、马佳瑞、覃缘东、李梦雅、李星蕊、邢梦轩、罗淼铎、魏心庆、刘元、王梦思、张博、栗慧峰、强围、罗影、刘洪名、汪欣艳、雷淼、白聪艳、王晓宇、薛海健、魏小连、马丽婷、柴世彪、邱阳阳、刘思琪、陈光慧、林火烨、李芳、程远、卢童、周一、李晨阳、马秀英、冯雪楠、吴军辉、郑梓轩、蒋泽军、杨佳、杨雄、冯逸、谭欣、马海燕、马倩、刘娜、余思静、邢照敏、余贵杰、王浠、马德花、黄杜旭东、马薇、陈玲玲、李强文、马林、何金花、陈怡彤、彭瑶、刘奕之、蔡雨露、于楚尧、王警弘、马荣、莫松霖、林洁、林镁清、张国荣、姚尧、王雪、马成、杨康生、王舒雅、木海热木·图迪麦麦提、吴炘阳、祝霖露、张鑫、张双波、马明亮、袁慧、周晓聪、谭静瑶、李鹏、罗毅、衣思淼、周静、林佳、孙欣杰、徐前、和夏青、林荣、黄忠华、王亚甜、王丽敏、杜秀波、杨安湘、谢增强、杨帆、张萌霞、覃喜柳、洪悦、刘贺、薛雅文、刘心悦、孙炎、杨东、杨小盛、任明燕、杨丽丽、张宏露、熊佳璐、胡佳铖、杨琴、韦宝玲、冷周、聂彪、龚林玲、黄尧、索朗卓嘎、方玉华、张得超、杨胜雪、韦景严、方思燕、陈平娟、黄金美、白铃钰、刘洋洋、那立文、罗惠、肖瑜、高妮雅、李孟兰、林玲、张洛晨、郭明菊、王小红、曾晶、曹一一、于希峒、吴瑿铭、李国峰、沙玉秀、姜文靖、刘云飞、王铭、罗震荃、陶菁菁、刘鑫亮、白奇峰、韩棕阳、祖姆热提·乃比江、张仕伟、徐红巾、王之恒、覃燕双、赵娟、卡全才、陈瑞卡、李洪娥、杨顺情、杨佳丽、林贤丽、张亚云、尹庆淞、陈倩、于洁、郤秋、田双庆、赵洪瑶、曾蕊婷、侯焕栋、向彩霞、蒲淼、高诗芮、雷媛媛、杨国玉、代春艳、张旭阳、邓冬梅、刘巧云、杨薇、谭琴琴、肖霞、黄何昕笛、谷峰、丁雯钰、包雪琴、杨娜、赵萌琪、段玟羽、陈思静、海日娜、张本田、王晨晰、王洁、沈美娜、郭威、牛雪娇、马诗怡、张范琦琪、李慧娟、肖梅、万九鑫、白祎凡、董斌艳、黄元兰、冯南棉、张蕾、李叶平、张爱莉、张涵韵、麻璇、谭萍、赵艳、田卓、张丽、张丽群、陈欢、韦兰铺、王琦、黎兆同、王小军、朱智珍、杨昌安、马丹、王国军、马学刚、田蒙、马秀英、邱硕、马东、马生龙、郭维佳、宋家俊、张柠、段领梧、田洋、杨娸、左樱子、莫丽莎、李先青、杨千千、和耀萍、马雪芳、黄丽琴、韩玉琴、武海威、杨旺锋、赵鹏飞、高嘉嘉、马义秀、蒋松、许腾、杨煜轩、武文静、禹永娜、杨瑞、马学军、闵志宇、徐业峰、何奕国、常明阳、程芬、尹亚东、姜晴、柴旺、王赵鑫、王梓骅、黄伟、白秀娟、冉寿春、周元、金程阳、黄巧娜、杨晓丽、陶晓龙、唐嫦、刘娴丽、马秀兰、牟亚玲、胡秋红、张洛齐、向晓、杨慧玲、李小燕、黄敏、刘兴宝、王梅、杨荣菲、杨金爱、王灿、唐楚洁、马洋洋、李颜倪、蒙雪婷、张远欢、刘建军、唐蓉、龙倩、吕珊珊、郝家、李承儒、苏长梅、李瑶、王冰玉、陈魏、陈锦、易井涛、马亮亮、王誉莹、锁才茂、崔弘雨、张云凤、郑荃、唐华煜、武艳玲、马丽梅、祁进花、林峻清、卯倩、谭浩、蒋晶晶、潘佳、李林峰、魏影、刘天园、袁荣蓉、谢云蕾、李佳佳、凯利比努尔·热扎克、马辉、魏娜、田风明、张丽萍、祁翠霞、陈奕妤、黄雪诗、穆艳玲、蓝岚、海小雅、周晓宇、涂曾辉、丁艳、杨聪、罗明彩、马永芳、夏尔古丽·木合塔尔、王诗琪、马丽博、祁雪、伊丽姆努尔·库尔班、韩静、何亚文、谭颜枝、杨子骥、刘睿、薄景浩正、杨万进、祝慧玲、赵世佳、陈璐、凯赛尔·阿卜杜热合曼、熊思达、马贤秀、买丽婷、马楠、杨勇、唐溦、张永琦、贾若涵、刘一、和云霞、陈童、吴瑕、张豫北、李孟贤、张洋、严弘毅、韩雪、刘婧婧、王明霞、普丽妃、杨靖靖、许之娜、马瑞、郑思雨、平睿霖、高紫瑛、麦正青、马悦、袁海玥、张逸静、李佩勇、马艳琴、唐铭阳、郝立慧、高洪刚、李琦、李青林、关艺村、刘闯、张水萍、陈学瑞、张月、李刚、吴升级、林音、李月月、赵慧、郑金生、刘艳丽、张羽、董同成、曲比石洛、龚学霞、田如森、张晓艳、宿慧、张为为、韦勤达、王凯丽、杜学晶、龙弟孟、憨昱彤、马至颖、宋磊阳、黄永福、刘畅、陈宇帆、周芳雅、冉沆川、田罗、蒋博涵、何奇、杨兴明、王小顺、刘君瑶、黄晟爽、马彩红、李刚、张文萱、陈佳齐、彭梦梦、邓洋、刘雨晴、高金兰、刘静怡、孙歌、余小梅、喜金龙、罗玉婷、王睿智、要杰、周宣彤、郑婷婷、张盼盼、孙华伟、刘欣怡、曹珈宁、章升武、李文娟、王敏、全锐铭、陈永鑫、张文亮、高云雪、方梦、吕敏丽、赵妍梅、李慧慧、郭盼盼、高晓燕、任芳、韩阳、刘潇、端智彭措、索朗顿珠、卢家远、潘毅、鞠文淇、何春艳、马心雨、范文硕、郭顺、何生雪、张晶晶、陈叶彤、张珂昱、张瑾帆、赵兴芳、吴梦琦、王雪静、李硕、杨凯利、吕婷、葛珊珊、吴娜、尉琦、徐琰、徐映瞳、张瀛方、吴绪亮、成小芳、陈静、乃知措、洪盼、梁艳、刘伟玲、马蕾、王梦香、乌日娜、哈利雅、周慧、恩库瑞、九梅、乌德博拉、王雅琪、谷丹丹、杨柳、木其乐、斯日木恒、乌力吉巴图、乌格登、圆圆、娜日苏、海鹰、王乌日汗、胜利、卓玛、乌斯汗、达西哈毛、孟根乌拉、阿思汗、拉毛、苏龙、乌日拉嘎、张静、袁海慧、格根哈斯、乌吉木吉、阿拉腾干德尔、刘丽娜、阿茹汉、乌达木、海拉、赵志杰、额尔敦乌英嘎、莎日古格、高日罕、曹日古嘎、吉胡楞图、参斯尔、道格通玛拉、吴妍妍、伊拉贵、乌云嘎、旦木登刚杰力、阿拉腾萨拉、曹都娜、宋佳蓓、阿米拉、包雪梅、阿都庆、特日格乐、牧希叶乐、都拉汗、安格尔玛、苏日古嘎、牡丹、萨仁格根、孟根珠拉、苏布德、阿义斯格、乌日古玛拉、王文卿、韩楚琦、张舒惠、覃扬练、马丽霞、陈怡、戴琦、蔡开桂、余正花、陈帅帆、张强、刘静怡、王加贝、李阳洋、王金睿、李汶晏、何慧、牟博涵、沙阿一社、陈小艺、潘萍萍、蒋鑫楠、胡梦霞、韩育蓉、李梦婷、林爱平、应志华、赵天祺、汪瑞芝、于奕晨、石燕、汝钰、张莲、柏祥、陈婧婧、张婕、王世明、向代洲、颜嘉琦、刘进知、黄晓布、初辰龙、成雨哲、马莉莉、韦文璇、盛茜茜、胡晓宇、刘佳欣、廖桂平、刘晓丽、彭佳琪、陈惠敏、马雪、章波、严嘉惠、陈向欢、张妧凡、黄云燕、张静怡、李雪晶、晏钰、万宇宙、陈安琪、马雪莲、杨芳、李和春、栾欣宇、马慧君、刘昕雨、方婷、吴子怡、杜艳霞、段生艳、马蕊、冉雪连、马丽、仁增旺毛、张岑、张丽、安红陶、陆春秀、方思宇、林智榕、饶凌云、芮宇涵、范星北、向延松、李锦龙、员佳乐、李歆怡、覃新桃、赵明燕、林翰澄、杜丽梅、何灵芝、马明明、柳佳佳、郑侨、史超、刘艺、任莉娜、吴专丽、许丞惠、代青青、邓娟、袁爽、山芮、赫雪、谭紫仙、覃小娇、彭一娟、冯传维、姜南茜、韦思婷、于文惠、韩丹阳、王莉、李善瑞、宁小玉、黄文婷、桂荣娟、王丽萍、谢玉丹、彭巧、马琼花、谷小芳、王金芳、李珊妮、曾秋霞、曹明浩、杨国武、田谜、王鸿程、杨雪莹、魏敬怡、陆弈橙、李洋、张宇航、袁可萱、赵阳、王苏昊、龙淇淇、王馨敏、韦冠宇、马越、龚璟晖、陶志东、冯秋媛、冉权、赵鑫阳、黄方权、李欣、邵晓龙、王子懿、董诗琳、邵轶群、王进千、姜球、张俊杰、徐翊萌、丁学梅、高杨、杨文玉、马涛涛、彭瑜雪、史笑宁、罗千慧、赵睿明、黄国梁、董一凡、岑杨迪、马俊贤、王林楠、康甲信、卢丽媛、李叶、贺泽菁、范辰希、杨琰、宋天悦、张惠玲、胡建萍、莫荣纤、莘若兰、李甜甜、李琪、周潇、甘玉芬、李军红、袁旭虹、许娟、韦落落、秦雅晶、王银平、和林松、徐欣维、任琴、杨欣蕊、莫小克、王利超、杨奉源、覃勇梅、韩晨、赵鹏飞、马静、张静、杨志祥、朱月滢、周永萍、马秀兰、吴怡然、王仕米、郭涛、胡明润、邓红、陈天莹、黄丽芬、张梦清、马美艳、马蕊、徐嘉好、黄秋银、韦晓燕、李双娇、杨礼扬、冷雪、常铭元、陈冰、韩梅芳、谢玲月、包新欣、伍凤莲、高雪菡、黄雨柔、冯丽彬、陈江规、郭伟、冯冲、鞠博文、万然、禄景江、王琴、梁建忠、毛华俊、孙晨阳、张立新、钟娜、林家民、许艳杰、姚加奇、杨心成、黄佳琪、冶俊、齐子洋、唐立华、田琳琳、牟兆宁、张磊、魏芳娟、李娇、龙艳、莫绕双、李章雕、覃建桥、张培婷、马伟平、杨俊、刘頔、马华虎、廖群、撒永全、蓝琼璨、凡伟、刘湖飞、完玛措、西热卓玛、周格拉毛、机业措、杨措吉、吉旦、更太吉、泽仁卓玛、拉毛卓玛、苏雅馨、唐佳、鲁琦琦、唐浩、杨兵、韩梅、赵双平、韦莲桂、姚顺熙、唐亚、门思静、吴吉勇、黄露露、班艳、韦丽红、李成花、顾丽红、付洁、曹光辉、陈威特、马如兰、刘为嵩、黄洪基、马伊栋、谢彩艳、李岚泽、唐莹、韦倩蓉、马艺芳、马志虎、李科文、杨森、韦情双、罗霄、韩思凡、毛泽宇、泽仁娜么、芒莫、卓玛加、才让草、才昂草毛、豆合保、彭措王么、扎西措、代吉、完玛草、李毛才让、完地草、罗芽、魏思禹、钟闯、李达、马艳、周拉才让、李映东、王智尧、南玉洁、张佳乐、徐宾、刘泓岑、陈发燕、何华、董业俊、杨海梅、陈然、马芮、赵楠、何振洋、张欣国、马昕、董帅、焦利媛、田璐、邓宇航、梁小王、郑晓东、陈路含、杨柳、刘璐璐、杨书然、马艺珊、姚春源、谢朝雨、阮朝鸥、张雨薇、陆丽芬、龙智磊、王子一、唐婷、钟恩语、覃渝美、冉骐畅、曾伦枫、刘承阳、谢金洲、廖振乾、赵宇皓、王晓文、陈梦林、傅译、妥泽花、杨春梅、西西次央、马华吾才让、多吉卓玛、德吉卓玛、仲克吉、杨腰力、更让措、吴士飞、金宇航、李云燕、韩霞、余永会、龙驰宇、郭启为、陈果、张溪溪、李巧、高涵、苏慧、谢建明、莫细红、杨晨、刘翼溥、韦楚瑜、陆一娇、雷辉杨、张昊东、叶桐、韦雪晶、马飞、路承志、何榕、王寿磊、付建亮、冯名月、覃金花、杨欣雨、杨珊、黄皓、李西、谭旭凯、鲍兴海、孙华华、梁荟、王秋生、杞丽仙、谭邓宁、张立峰、王琼、李瑞珍、牛皓、张悦、周杰、谢金芳、乔晨宇、焦玉坤、李香华、黄永前、安龙龙、崔志鹏、刘鹏飞、陈俊霖、杨亚勇、王庆枫、刘向东、李莲惠、谢宝剑、徐文广、韩仲旭、李闯、贾祥传、龙澳娇、孙士玉、祁彦武、朱涛锋、刘武超、欧阳兆琪、任新田、黄春东、马俊财、廖穆君、王立猛、张鑫林、周贤通、马祎楠、暴丹、刘跃阳、韦彩曰、朱凤会、丁婉煜、阚东鹏、程琛、邹奇涛、杨晓东、左昌昆、李恒兵、周嘉锴、马正科、曾雨馨、刘铮尚、高思雨、陈少彬、刘志雄、彭思睿、刘杰、路磊、马锦旭、郑小双、黄平霖、熊胜林、郑志庸、郭旭、鹿德鹏、赵堃、陈世平、张梓航、冯伦、刘涛、兰铎、田泽源、何纯、王增飞、张静、王永、何鑫、李宇航、张东洋、韦田茂、邓小丰、王丽丽、马亚丽、毕霞、莫大婷、王丽莎、艾妮排·斯迪克、张志成、刘勰、冯树溪、何爽爽、王娥、忽孝尊、米小强、丁丁、沙里雅·拜克居马、马成莲、马海霞、谢小斌、孙家慧、马凯、王澜、李晨曦、丁家怡、丁锐、海伊光、赵晓倩、周发林、邹文乐、马小霞、张尊崇、李博文、陈洒若、龚伟峰、李咏梅、朱睿琳、龙金艳、董秀淋、云紫薇、麻云蕾、常琼芳、谢婉莹、温都日莫乐、文奇如汗、龙延丰、文都日木拉、彤嘎、陈晓霞、陈媛、杨静静、徐子焯、雷森林、蔡雅洁、桂媛媛、力慧、陈欢、谢雨菲、孔祥欣、凌丽霞、杨婷、唐皓龄、李琴、雷艳芳、艾思叶、刘永叶、王琴、李楠、高蕊红、何春妹、奉章静、龙乙迪、田仁绘、毛选玉、王淳、刘圆、刘丛菲、万超、所培江、王颖、李丽霞、丁磊、杨琴、彭双双、杨婵婵、米奇玲、刘洋、袁利琼、李莹、张雪艳、王彩珠、许佳宁、刘文源、钟森、陈雪婷、付巧丽、陈丽洁、喻金鑫、杨建敏、张旭东、黄婷婷、陈燕、薛达、杨江帆、扎国超、郑婉静、马艳婷、马佳、艾尼瓦尔夏·胡加合买提、阿卜杜艾尼·艾麦尔、阿斯古丽·买买提、亥如力尼萨汗·喀斯木、谢仁娜·亚森、艾迪达尔·阿德勒特、阿依江·外力、伊卜拉伊木·吾普尔、许乐、李刘青青、王志民、布音·巴特木思可、苏文静、王宁、艾尔登碧丽格、陈蒙根、周仁芳、杨晓菲、张钰迪、张怡雪、阿卜杜热合曼·阿卜杜克热木、拜科热·艾则孜、米热尼沙·艾麦提、米丽坎木·吐尔洪、谢衣旦·哈帕尔、古力喀买尔·吐尔送巴克、艾丽菲拉·阿布都米吉提、夏黑旦·吾买尔、阿地来克孜·托乎尼亚孜、日萨来提·阿布都热合曼、古丽娜扎尔·艾力艾合买提、阿卜杜拉·麦麦提祖农、阿布都斯地克·阿布都肉苏力、卡丽比努尔·阿布力米提、艾科拜尔·库尔班、艾里亚尔·木沙、阿布都艾尼·卡地尔、买尔旦·亚合甫江、买迪娜·伊斯马依力、于苏甫·艾合买提、木尼热古丽·阿不都热苏力、帕丽达·玉山、艾孜古丽·米吉提、古丽娜尔·阿卜杜热依木、阿西古丽·热合曼、苏比努尔·米结提、萨艾提罕·萨迪克、苏比努尔·玉素甫、木合塔尔·麦麦提、地丽胡玛尔·艾力、葛阿敏、白晶晶、杨连连、杨玉琴、许诺、逯晶、阿力亚·艾麦尔、苏比·司马义、阿丽娅·吐地尼牙孜、热米拉·阿布都苏力、萨木斯汗·艾尔肯、阿巴斯·艾麦尔、麦麦提江·吐送托合提、阿布都沙拉木·艾力木、阿孜古丽·艾买尔、麦日也木古·阿不力肯木、红倩·吐尔逊、阿扎玛特·艾赛提、黄嘉龙、王晓田、巴音其米格、农春梅、刘言、薛昊、秦琼、马秀英、杨素英、曹立影、马瑾荣、任婷婷、马蕊、李吉勇、江鑫、郭沛良、海思敏、王雪花、戚礼单、马文霞、马小芳、苏比努尔·木合塔尔、陈芳甜、王悠、陈国情、付建萍、王哲、黄静、张乐乐、杨江艳、郑微微、牙东意、张雪雯、何海玲、夏倩茹、兰光丽、李小琴、张歆煜、洪洋、周羽丰、韦丽源、刘晓芹、梁佳鑫、首慧琳、赵柯欣、纪相竹、文思婉、何金沾、杨玉杰、丁兰心、阿丽旦·阿卜来提、李秀艳、田丽芳、宋清华、黄文慧、马雪、李凤霞、姚芳、麻晨一、戚瀚匀、王冰燕、李智、贾慧慧、陈治霖、闫思诺、蒙亚妮、沈雪薇、康智辉、杨丽、江旭琳、刘富雄、赵志茜、王泓、罗桂倩、罗健、马蕊、金鑫、吴楠、常文娟、周红玉、徐菁、白碧、郭巧妍、吴淑雯、印琦、陈垚、李琴琴、石凌傅、赵梓池、马婷、武昶俊、那达幕、芦颖、刘蕊菡、徐云飞、刘凡榕、李平、姜欣、王严君、周航、辛潮妮、陈艳芳、张妍、刘玥、姚雅莉、赵刘刚、张俊平、杨紫苗、马宁、李小虎、刘鑫、陈俊俊、冯彩丽、邓梦菲、姬佳佳、杨婷、蔡文慧、孙黎明、陈柏延、党玲、李晓玲、乔调霞、王肖、郭涛、刘敏婕、徐子玥、马兰芳、陆荣、黄峭琳、王静、刘思烨、杨梅琪、王嘉琪、宋子祥、彭威威、刘洋、贾禹成、赵璐、刘小龙、万端慧、卢韵妤、卢镜如、王鹏琦、贾学云、芦银庚、彭毅豪、郭雅欣、阙宁宁、董欣慧、宋雨晴、张云贺、马欣婷、周红莉、张婷、姚丽娟、邱杏莹、廖简、莫立智、黄育谈、陈玥琪、严嘉丽、梁清松、班姣姣、詹贵群、杨圆秀、刘蕾、徐正一、张劲力、林金、马琳娜、林炜洁、李灿丹、石慧方、纪凤岐、黄秀娟、费静波、次仁央宗、雀怡星、高华慧、张琪、高贤霞、赵荣昊、殷若媛、丁乙、付百云、秦梦玉、路嘉仪、马佳丽、黄欣、伊潇、黄译萱、王靖雯、史文莉、陈小沫、朱钊婷、陆瑶、章飘浪、吴红烨、张英儿、许秀荣、王莹莹、陈娟、魏方利、董亮霞、关燕丽、车豪康、秦安娜、慈雅蓉、刘星、刘继瑶、梁嘉美、马英、王海月、莫孔华、邓惠珊、史铭阳、陆婷、王星红、王春雨、曹丙娥、刘倩倩、杨惠、杨育栋、张润之、田艳蓉、刘思琦、杞明珠、次仁、陈欣、陈樾蒇、王欣颖、吴茜、黄桂珍、马云佳、杨丽娜、胡婧、郃星星、赵艺瑾、马吉、焦祺、罗雅琳、马普瑜、赵秋雨、曹漪、石婧茵、姜佳玲、郑思雨、罗小聪、刘春雨、王彦雯、保鑫、张彦红、薛文丽、黄灿盈、赵文蔚、陆晓悦、妥学兰、王梦婷、徐楠春、吴菊依、周海宁、任艳琼、王丽珍、符诗茵、程惠桃、刘槊、何开茂、马国文、王彪、路超、彭玉琴、李明香、陈莉莉、庹艳玲、马雨瑶、马龙、王昌秀、齐俊泽、周学虎、王泽瀚、张妍、熊前程、田雪玲、吴玉莲、张敏娜、王琅、李啟艳、陈静、马艳芳、朱昱行、王佳、邓天星、杨璟涵、田森容、向鸿炜、龙依云、岳金环、白丽娟、李昆云、马选芳、满美伶、黄玉玙、韩茹琼、旦增拉姆、何小英、谭悦、苏佳慧、齐那日苏、邵香香、阿丽米热·麦麦提、毛倩妮、陈汉、马明龙、马美雕、解有成、马欣桐、禹金凤、陈燕蓉、张霞、帕日扎提·艾斯卡尔、马菊梅、李霞、李云云、麦丽凯、王佳倩、赵倩、陆明洁、邓富复、张兰兰、蓝舒桦、苏苹、卢桂艳、古丽排日扎提·买买提阿布拉、雷鸣雨、邢茹、姜佩元、董玟君、杨雪鹤、李秀兰、周彰映、孙小伟、蔡贺南、粟龙、辛治、马玉萍、张睿、马雨婷、瞿芳、杨船文、马雪、胡婷婷、韩冰、马娅楠、韩秀琴、张孟、马春莲、黄承德、阿丽米热·阿不都、王政显、赵卓壹、刘诗韵、龚雨欣、马尚林、柴红飞、胡雄、伯颜、马玲玲、马桂燕、兰兰、马显、江楠、江家炜、李晓红、郑嘉淇、吴方旭、周琳、赵蓉、马小丽、周欣、凡钰、杨雅晶、张芳芳、王维维、黄明珊、马雨玲、王登英、冼世英、刘秋艳、潘亚军、吴江玲、黑学花、贺俊花、谭美玲、马全云、李萌、马子怡、马小倩、张颖、唐金鑫、寇晓娟、马艳梅、周萍、杨冰玉、方琦、王国红、丁潇、陈晓敏、满吉芸、马雪、侯永森、鲍琴、张彤、杨阳、王万英、和艳文、朱钰贞、马英萍、马庆玲、马璇、王仕柳、吴亚宁、周芳娜、毕艺腾、周桐如、吴仲霞、吴雅馨、袁媛、王敏、孔澳霞、郭红燕、余青、冯媛媛、周文霞、马小平、李皖湘、蒋俊兰、毕佳琼、余小琳、马瑞欣、郝亚琦、湛文英、杨富琴、周越、吴凯、马金莲、农宝莉、冷知加、马立平、杨煦立、向贡加、裴宁宁、张雪珊、李叶楠、刘娜、魏吉玉、龙晓、余乐、韦文文、刘佳宜、董茹、雷慧秋、于佳伟、王文娟、李洁、李璐瑶、敖佳颖、段乃嫣、钱金叶、刘桂宽、鲁欣雨、赵建雯、邓双宇、李洋、李旭、禹银丽、刘浩、王鹤仪、姬宇璐、桂丽珍、谢潇龙、张雨浓、刘妍、何卓璇、雷夏楠

李国香奖学金（4 名）

吾古力汗·克衣木、阿吾提江·依明尼牙孜、阿布都艾尼·吐尔混、艾丽菲拉·阿布都米吉提

才旦夏茸奖学金（3 名）

普布多吉、次仁塔杰、欧珠才旦

优秀学生干部奖学金（854 名）

何欣龙、三智多杰、拉古、卓嘎、李加才旦、索南东主、董珍、才让多杰、才仁多杰、达娃卓嘎、公保加、多杰扎西、南军才让、勒莫吉、旦知加、曲江措、曾家怡、仁青本、次仁旺堆、索郎卓玛、旦知吉、党志加、仲格加、仁青南加、丁增罗周、张婉君、刘树贤、李冰倩、吉克以吉、马艳、李焱、李存花、穆桃花、何雪琪、梁黟岳、李富禄、马文杰、董明月、马春梅、李影、刁楠、袁艇、章程、马军、杨咏昊、马小虎、吴和本、常啸、朱畅、范嘉辉、韩啸宇、王栋昌、吴洪浪、张茂、邓彬、王建骅、曹轩若、苏其涓、周春、张昊东、周伟、杨可心、郝振、秦国振、徐睿博、张子建、黄金玉、李艳茹、李华林、杜宇飞、金合、贾越卉、刘军、秦璇、石浩、汪文豪、徐婧、徐榕、赵龙扬、冉冉、刘彩云、张梓霄、白华藏闹吾、付宁、向镇武、马晓燕、马小鹏、张龙琴、李兴茂、丁鹏、李远航、王晓奇、杨子江、王雪彬、刘荥、冉亮、邹艳玲、马宇航、扎西央宗、张天骐、屈景辉、邱涛、杨霄、晏江风、岳静、张迪、周钰若、嘎波、温馨睿、莫融玲、赵文昊、廖朝华、马佳、陈晓婕、林万钢、申传峰、索朗曲措、边巴扎西、苏宏洋、窦剑旭、董琳、边传龙、马义文、张琳敏、纳朝颖、林晓辉、周雅姣、郭美花、屈超凡、舒金秋、牛露、钟杰、陈龙、郑雅婷、罗芸芳、李乐乐、王春柳、苏秋莲、徐丽媛、吴优、秦艳容、田霞、余荣荣、卢云玉、尹佳鑫、郭小慧、丁子扎西、葛欣宇、任渝、蒋树青、王权、兰慧、李晶晶、马耀、何日美、谢贤明、倪玺涵、向珂雨、马海燕、刘月、庹俊飞、魏子怡、于亚男、牙彩伍、杨明利、丁林乐、钟晓琪、南杰草、万山、潘珊、罗灵娇、陈妍舟、王脯瑞、陈依阳、李乐、李成东、赵保同、张嘉敏、马云飞、王永成、王园、滕释葵、宋新意、何吉超、周宇婷、王铮、吴佩晏、程晓庆、张悦、何星谊、张朝林、田瑶瑶、李冬、于天力、周世利、常永慧、郭江彦、常娜仙、周培轩、苏雪、杨鹏迪、王超、张海恩、吴靖、连明利、周素芳、朱福晋、柯霆、蒋梦蝶、杨钰洁、向文峻、侯森山、林逸、刘勇、蔡江涛、姚佳浩、任浩浩、赵乐、刘恒、邢子傲、王璐、禹小艳、邢梦轩、刘子涵、马佳瑞、杨计玲、安源、李镇伯、阿巧生、刘东涵、于娜、高丹、潘星雨、管秀梅、谭广强、田硕、马丽婷、凌小勤、马建、秦莲、余贵杰、邢照敏、王警弘、谭静瑶、李珏、杨小盛、薛雅文、孙海航、张得超、杨婉璐、王伟东、马斯嫚、罗惠、杨思钰、张永燕、白铃钰、蒋章顺、李贝、吴芳、韩雨桐、周义星、王璐、高晗、王新宇、吴曌铭、马海婷、雷婷婷、韩雪、石勇刚、金莎、苏静、姜文靖、张小浦、韩棕阳、白奇峰、李腾飞、杨睿、赵玥、王如兵、马瑞欣、陆相汐、吕锦景、梁易超、李金双、朱兰、雷昊、杨朝军、杨薇、赵文婷、海日娜、陶影、许菲

航、杨海萍、陈甜、薛鸣睿、杨芳、梁潇云、马东、徐叶琴、谭小金、李美璇、吴俊超、王紫榕、马志博、刘静、安楠、李楠、阿衣美·布鲁列宁、吴代蚕、杨迁琴、胡珂松、马婉婷、周胜男、彭齐欢、王蓉、禹永娜、何奕国、刘玉欢、杨金财、王赵鑫、王珺杰、孙曳瑶、王媛媛、柴旺、热孜亚·赛麦提、严高洪、彭海伦、鞠洋、陶晓龙、刘兴宝、马继元、石梅、马亮亮、马有福、金仁然、虎彦花、张洪平、冉忆菲、马泽军、杨旸、王雒琳、孟庆红、海涵、曾山、马忠梅、阿布都塞迷·库尔班、刘睿、杨紫洁、安生秀、傅启铭、杨云、邓珊、刘玉良、张豫北、张宇梅、高增慧、侯亚蓉、李源、马品璋、张子涵、黄帆、卢俊杰、张君艳、罗家瑞、李佩勇、戴雷、赵欣雨、杨春燕、范美龄、张云鹤、马子焱、高洪刚、王欢、憨昱彤、陆正伟、田如森、蒋博涵、喜金龙、罗玉婷、孙华伟、山超凡、王佳慧、王菲、柳青、王双、陆明火、索朗顿珠、马珂研、万紫千、崔亮亮、孙丽娅、陈叶彤、张周婷、吴梦婷、毕馨予、马萍、马白迪茹、唐天顺、王艺睿、温冬梅、王一迪、张好、赵丹、符畅、傅鹏宇、吴绪亮、成小芳、单奕博、王金霞、苏登珠拉、龙春燕、杜仁、敖登、白明亮、马强、邢博、萨其拉、陶诺恩、苏日娜、其达拉图、苏日娜、张琦、才仁措、佟乌日汗、玲玲、张舒惠、韩楚琦、潘一鋆、郭丹、李天豪、许宣苗、陈帅帆、沈伟娟、王雨珩、于光长、何思楠、李远、赵丝语、宋新凤、叶泽强、杨柳、张鸿亮、陈玮昕、周然、龙艳美、周斌、石新炜、吴小兰、刁卉、黄紫婉、杨柳、张迪、孙俏玉、李上玉、和晓妍、朱云、陈小艺、王宗波、蒋薇、李妃秀、唐佳豪、马娅薇、张颖、王晨、张妩凡、黄萍、赵金潭、伊丽达娜·迪力木拉提、赵英男、王宝森、朱凯、杨远、彭帅、吴仟、杨利媛、舒星富、吕晓航、李善瑞、符璐、洪锐、沈振宇、李甜甜、曹明浩、何振莲、唐瑕、黄茜、张绍广、付宇斌、王睿、曹佳怡、陈楚云、徐晓华、陈奇、马凯念、朱雅雯、马越、王馨敏、刘俊、刘苗、向茂钰、蔡艺菲、宋硕、李洪珊、曲杨昂毛、曾广席、刘琦、杨小丹、卢丽媛、答梁材、任琴、柳美彦、郑哲、李伟坤、徐嘉妤、张玉双、李佳怡、黄浩、陈涛、王旗雄、庞文龙、张瀚元、李章雕、管为进、张少聪、刘涛、洪勇哲、机业措、唐浩、王岩丰、郭婷、王驰众、林伟杰、李振、董晓宁、徐聪、姚硕、张文强、晁昺恺、郑涛、覃暕程、韦情双、仁青南加、李毛才让、任慧瑜、赵佳琳、高誉、周龙丽、徐占远、张相钊、杨嘉薇、李金昭、韦梅芳、汪浩、唐少秋、彭悦、陈谕霖、梁策、安民、张婧、陈鑫、刘俊、王子一、赵云龙、赵盈、朋毛谢热、陈果、张溪溪、冉奇峰、谢建明、徐百灵、郭星琪、路承志、赵叔韬、付建亮、窦豪、寇海亮、祝泽朋、马诗尧、王岩鹏、王兴财、王俏娜、陈锋、曹伟超、杨宣、刘有为、张号镭、李元盛、李小雨、杜振江、王正一、刘行、姚晓明、马祎楠、聂富宏、李学林、刘松澄、綦丹、单鹏飞、叶天松、孙可欣、刘刚、孔祥敏、张俊杰、姜升、马小兰、陈宇龙、文燕果、王春雅、张荷芳、王雅媚、曾雨馨、周翔、祁晶晶、马锦旭、姜李标、张伟康、孙冬蒲、赵堃、冯伦、王永、丁荣祥、杨浩、刘俊杰、陈前进、韦艳霞、梁梦珍、谭素秋、曾小锋、夏号然、马小红、胡霄、张可、康倩、冯秀康、王嘉基、高雪、江晓芹、韩银芝、刘晓煜、包亚力、毕慧敏、王昊、马国雄、张艳红、李博文、庞中苑、贾鹤、毛海燕、吴佳琳、杨静静、龙乙迪、马珊珊、刘丛菲、王玉姣、郭官君、所培江、吴妍、丁亚梅、马坚、马瑞、扎国超、伊卜拉伊木·吾普尔、陈蒙根、许乐、玉山·克热木、米拉迪力·奥斯曼、古丽娜扎尔·艾力艾合买提、买迪娜·伊斯马依力、努尔艾合买提·艾买尔、何珊、龙子慧、洪都斯·吾拉阿力江、萨木斯汗·艾尔肯、阿尔孜姑·艾尼、阿力曼江·肉孜、黄嘉龙、阿扎玛特·艾赛提、薛昊、丁浩、马瑾荣、王欣然、杨琳茹、牟珊、刘钰、覃利源、韩伊莎、苏比努尔·木合塔尔、吴昌树、谭琳浩、喜林萍、周鸿、胡译允、马清风、寇中美、张美玲、彭杰、黄莹、杨焕、张世燕、胡欣、贾晓龙、马姗姗、杨丹凝、盘冬丽、曲海成、杨林丽、张凌霜、马峰、王红伟、吴昊、李晨辉、张俊平、张彦杰、王虎林、冯涛、程诗琦、吴贵文、郭陈龙、赵玉玺、卢俊铭、刘凯瑞、董佳宜、孙明涛、王艳玉、苏凌云、彭毅豪、陈怡璇、芦银庚、陈佩瑶、刘富强、廖简、刘碧玉、闫翌雯、李庆男、陈玥琪、王梦利、刘振洋、温国宇、宋晓芳、陆世明、彭钰雯、陈刘股、费静波、沙希傲、张通、梁鸿丽、殷若媛、吴倩、赵荣昊、马丽、何翠花、洪一丹、张一鸣、邱文奇、陈丽萍、张亚曦、谭雪飞、黄瀠、杨帆、张译尹、张子杨、谢帮蕊、马艾柯、王吉思、魏丽欣、汤巳予、孙金婷、唐燕玲、何一佑、蓝诗琪、李想、项超、杨荣智、覃祺颖、方普睿佳、陈雪梅、张兰英、滕靖茹、丛逸冰、秦安娜、曹丙娥、苏子龙、丁子龙、任艳琼、齐俊泽、符诗茵、沙蕊、马艳芳、方亦嘉、白丽娟、马楚菡、海瑞、周平、杜葵、马达、王丽丽、金寿瑞、冷松、马慧、马雪、付玉婷、韩冰、刘倢言、赵卓壹、韩梦景、赵婷、何代娟、迪力扎尔·阿吉木、喜玉龙、安得晶、张昊、刘语、马瑞兰、兰杰、刘丽红、先木斯亚·阿布都克尤木、吴城荔、马萍、冯卓慧、马如意、廖国涛、宋乙、代文秀、蓝小萍、甘翠婷、马嘉蕊、张小燕、麦尔萨巴·买买提艾力、胡雪原、凡钰、张芳芳、张施施、周冰洁、刘亚丽、茹柯耶罕·奥布力艾散、苏晨曦、冶晓鹏、马雪、孙娟娟、马燕、袁媛、余青、阙欣、马宝祥、尚旭光、何柳青、李佳欣、徐子涵、王晨丽、朱静、任頔、苏俊超、刘芮彤、马春燕

创新创业奖（14 名）

陈松松、张秀、娄婷婷、薛鸣睿、易青娴、陈杲然、王晨、孙华林、边缘、杜振江、杨永奇、吴真钟、丁昊、付玉婷

文体活动优胜奖（130 名）

达瓦桑珠、才让扎西、薛乃垂、刘雨煊、吴兰·吾瓦提江、张思雨、简旭阳、吴昊、何滟阳、邱涛、王靖博、王浩然、李晶晶、王孝丽、阿地来·海力力、张维、符海花、丁志平、玉佳佳、陈弘恒、陈娟、王常明、纪鹏晨、哈斯太·马合扎提、李井宏、白玛玉珍、虎玉彬、郑亚鹏、马尚志、扎西顿珠、谢明远、亓冠华、尚政君、陈子恬、王菲、徐铭、孟克傲其尔、卓玛、海拉、白雪梅、尔定巴格那、德力格尔玛、叶尔肯·布云克西克、汤豆豆、罗玉莲、纪帅丞、孙一铭、苏思铭、郑煜黉、斯达次仁、覃小娇、王婷、熊萍、毕冬琳、欧翔宇、穆再排尔·阿卜杜热伊木、毛勒提汗·赛提哈孜、扎西草、才让草、马文琴、陈俊丞、周艳、李耀君、董永康、付建亮、冯名月、王银、张瑞恒、黎向宝、

杨之立、姜宝平、孙华华、梁荟、刘延江、徐北方、石岩、高海静、鲁鹏伟、黎秀英、穆艳萍、阿合朱力·努尔达吾列提、周杰、柳强、阿卜杜拉·喀米力、隋兆锴、脱钊钊、李天源、石建峰、郑旭燕、刘乐晨、李莲惠、马欣宇、杨帆、开塞尔·买买提、龙澳娇、王征、张小兵、全耀、依拉木江·伊马木、哈依萨尔·图尔荪拜、努尔艾力·西尔艾力、敖钦、米拉迪力·奥斯曼、麦吾兰·图尔迪、艾克拜江·吾司曼、阿娜尔·阿德尔别克、吐尔逊·阿布列孜、凯丽比努尔·麦麦提、迪丽努尔·麦麦提敏、木沙·芒素尔、西热帕木·亚森、布麦日艳木·阿力木江、努尔阿力木·克力木、杨江熙、杨倩、宋芸杰、郑芳、杨哲杰、马晓红、曾文凤、吴倩、海荣、王玉莹、黄晨晨、马伟、张泽璐、许露静、刘琪、王晨丽、李国庆

精神文明新风奖（189 名）

扎西格乃、冷本扎西、罗杰、旺青多旦、旦正才让、卓嘎、扬姆、格扎、陈婷、黎娟娟、杨晓彤、杨菊花、黄鹏、马斌、王智群、和宇鹏、付宁、陈家伟、袁世佳、兰志飏、孙海阳、马跃、秦攀、黄青鹏、王懿行、完颜泓皓、林震、张悦、周超群、熊秀琴、唐伯霖、马殿瑶、舒金秋、郑雅婷、巴特格日力、范希望、吴优、姚笑寒、马耀、李露、潘桃、周宇婷、柳雨卿、张朝林、马婷、木叶塞尔·艾合买提、王艺峰、杨鹏迪、周明哲、黄翼、余媛媛、赵乐、潘星雨、温程宇、唐瞻军、周星辰、王雨萱、张永燕、刘思嘉、谢永盛、王新宇、艾柯代·艾热提、何思源、蔡思思、霍宇鑫、海小娟、马瑞欣、万九鑫、樊文轩、谢松楠、杨晨、马永强、赵雪莲、马享林、马雪莲、尹钰君、和杉、王坤、李根、盛文、李源、马伟月、苏琴、李逸萱、杨振吉、戴雷、杨禹瑾、毕馨予、达阳、巴云桑、赛尔兰·巴格达根、乌尼尔其其格、楚佳伟、沈伟娟、郤千里、吴芳波、何思楠、吴茗丽、潘萍萍、殷千钧、杨佳庆、张嘉仪、滕家聪、余晓雪、咸承俊、刘国豪、罗锋、刘世龙、廖艳凤、李双娇、谢玲月、赵少芳、郭艳茹、付新旗、周什姐、赵曼彤、罗永贵、范广宇、黄玉欢、刘林、朱蕊、许永碧、杨少康、道吉才让、陈佳音、李金昭、尹富民、邢春雨、向莉、陈静、王凯、张昌武、朱凤会、赵彦华、姬厚真、卫哲、赵朋飞、寇彩红、韦艳霞、张明泽、路韫隆、麻世龙、黄家强、杨雨婷、马宏奎、秦大薪、向海浪、古里牙尔·依马木、伊卜拉伊木·吾普尔、古力且克热·艾尔肯、吐尔逊·阿布列孜、关幸、周诗杰、彭关奇、马玉梅、卢小蕊、王哲、罗永超、买地那木·吐尔逊、翁梓琪、马百合、温国宇、李贵阳、许孟豪、于聪、罗悦绮、孙金婷、魏丽欣、李殿雄、孙桂芳、张寸姐、杨梅、冉景航、包乌英嘎、姜佩元、张兰兰、朱惠惠、张昊、兰杰、兰永、张鹏、孙艺馨、王正伏、叶楠、杨文英、韦雪、任頔、张二苗、王光英

优秀毕业生奖学金（896 名）

许忠琳、周曌、马佳瑞、万么才让、索南杨什吉、康主吉、尕拉姐、仁欠当知、普布卓嘎、尕藏吉、德吉卓玛、尕让甲、夏吾周毛、石塔拉姆、次仁白姆、拉毛措、看着措、次冲让么、贡去吉、旦

知吉、旦正才让、欧珠才旦、东主卓玛、拉毛吉、仁清初、李加才旦、尕藏扎西、准格吉、嘉杨拉毛、格桑旦巴、格日多杰、多吉措、贡保草、增太才让、德吉拉毛、罗布桑布、完么吉、尕藏杰、吉毛加、松毛、却杨措、仓决、李蕊宏、马潇、刘树贤、陈婷、米国莲、余世文、马启红、李冰倩、杨芳、刘娟娟、李焱、吉克以吉、田甜、罗丹、彭静、李彩霞、蒲永婷、丁丽、杨贵珍、李树香、王江苹、苏荣、韦梦婷、王妍、李影、章程、袁艇、闫钰婧、吴梦鑫、洪自美、罗鑫锦、袁明、韦兰妍、莫丽娜、杨兵、倪招、杨生信、许文刚、巴娜、马涛、杨咏昊、马小虎、陈铁瀚、孙文峰、许文双、姚伦选、倪律、吴伟韬、吴和本、邓小玲、周雯雯、张佳、朱畅、张鹏飞、马馨雅、朱晓彤、贾何润远、李向阳、刘姣、李思瑞、王栋昌、马桂兰、韦鹏、郑方亮、马漫婷、杨松波、卢梦晓、杨柳、马诗芯、王瑞、孟文龙、张雯婧、蒋同济、田卫、王瑞、邓彬、郑毅锋、苏亚丽、张嘉峰、杨冬琴、黄桂友、仁杰、欧珠旺姆、却三杰、才项卓玛、达哇扎哈、达娃卓玛、白金笛、黄钰钧、苏其涓、曹轩若、李传海、周书瑶、张艺爽、卜齐杰、马斌、黄祖凡、姜波、柴鹏飞、党佳丽、张树地、王倩、冯小兰、曾诚、艾献亮、马建刚、卜梓懿、蔡晓爽、崔宏娅、王佳燕、张铭荃、张天洁、曾慧玲、拉毛措、李传烨、王静雪、吴海珍、牟秋圻、韩雅倩、段松克、曾月、李兴丽、岳廷芸、晏江风、王琴、冯群涵、常宽、李玥、丁新雅、邹涵懿、岳静、张迪、周妃、李倩、铁冰玉、欧黄仙、王志昂、张洋、郎杰、聂力、黄云凤、吴丹丹、廖婧鸣、郭美花、安佳鑫、崔朝燕、王晶、郑敏、熊秀琴、齐珊、王小梅、牛露、白玛卓嘎、得青卓玛、图丹卓玛、周瓜、措青文毛、林青、徐正雄、陈传宗、钟杰、周晔、黑晓霞、李兆蓓、宋宇、罗芸芳、兰艳丽、王茵、张镨冉、周宇、田飞、何晓花、匡存强、方靖雯、冯帆、权文敏、李清、李丹、曾杰、徐丽媛、谭兵一、李雯、马龙凤、罗冬双、鞠亚敏、马学精、禹燕、姚诗彤、吴优、谭春林、石梅杏、马文灿、易海芹、李雪晴、余荣荣、朱卫、马霞、冶雅倩、陈进、吴洁、马万花、王金广、张雯艳、宋新意、罗敏、杨诚、冉烧腾、何吉超、李鑫洋、张晨、舒琴、黄子峰、李紫茹、牟洪斌、周宇婷、陈慈航、薛文凤、王铮、马逸韬、张一飞、吴迪、陈洪、王刚、米海刚、丁丹、李悦、张维、刘红、张洪雨、石坚、王京生、向晓菊、冯春明、王婷婷、宗宇、李红娟、王海霞、蒋灿、何星谊、李照基、张静、叶生富、黄思源、马聪慧、田瑶瑶、吴继炎、董佳奇、陶艺源、陈俐君、石秋慧、魏志超、张全梅、于天力、杜启泰、王锦秋、常永慧、马莎、步馨、魏雯静、杨娅、赵丽芝、龙燕华、符海花、余逸凡、许京浩、于小聪、王珣、陈莹、刘红蕾、吴迪、任琴、张妙凡、陈晨、谭浩轩、刘蜜、甘诗奇、龚林玲、王素芳、黄尧、莫才莲、吴东、王伟东、王敏、杨婉璐、康梅、郭继胜、张钰、罗惠、郭鑫琳、陶鑫连、王洁、柳雨婷、杨瑞丹、李嘉、卢敏贤、谭治鲜、李美娟、杨腊梅、徐娇、杨宏伟、马小兰、陈欢、乔雨欣、尹晓雪、符文骞、苏楠、张月、杨海萍、谢松楠、马小荞、薛鸣睿、朱泳茜、李艳婷、梁潇云、杨芳、葛文静、张晓燕、黎亚军、旦增罗布、马丽娜、曾凡华、满琪芳、雷超超、刘智键、郭维佳、赵强、曹成野、马俊霞、陈银、黄丽琴、曹梦兰、彭宇娇、王滨、刘志成、李云、张隆财、彭甘平、赵雪莲、赵鹏飞、武海威、齐明悦、凯利比努尔·热扎克、秦容、陈奕妤、赵旭茹、田风明、蓝岚、李晨璐、刘娇娇、涂曾辉、张洪荣、胡静静、肖婷、伍世尧、向玉静、刘婧婧、张豫北、高增慧、李孟贤、亓冠华、高林子、李文杰、班娟、夏芝蕊、边姝婷、易青娴、刘燕红、冉静、龙莎莎、万美艳、苏琴、白严浩然、王昱璐、张子涵、沈科妗、邵俊蓉、马佳思、平睿霖、刘舒婷、李想、字亚铣、陈忠格草、牛荣、刘春彤、要杰、姜苗苗、杜洁、孙启明、周金秋、杨帆、刘隆慧、张志瑞、李小倩、章升武、王香妮、陈永鑫、李彩霞、刘焕焕、杨东淋、杨禹瑾、王双、张文亮、徐铭、庞赵瑄、李世奎、塔娜、浩日娃、苏都娜、九梅、何萨仁、包文美、龙春燕、杨柳、霍丹丹、哈布尔、王通拉嘎、圆圆、苏日古嘎、阿拉腾苏布达、海鹰、朝鲁门、陈小霞、海日汗、伊茹、楚佳伟、陈维、李雅宁、品聪卓玛、陈霞、凡崟、陈国栋、马新宇、陈聪、李章萍、李鹏飞、杨琳、鲍文欣、荣晓飞、李瑾、张珍、林佳玲、靠玉玲、黄雅茹、戴琦、林宏韫、余正花、邓鑫、陈帅帆、徐铭棋、沈伟娟、兰千钧、刘静雯、李进、戴晓林、王加贝、李汶晏、石欢、智鸽、熊杰、陆晓东、美合日努尔·尼加提、马博妍、刘艳文、王浩、刘妍妍、赵倩、赵英男、龚赛赛、史超、刘艺、何夏漪、陈明、朱凯、崔璨、杨晓莉、申家兴、王亚灵、康秋月、徐叶、杨建伟、赫雪、韦兴英、杨远、李磊、彭帅、陈倩、郑天宇、罗聪英、马小梅、李茹玉、代海娟、刘敏、舒星富、喜琴琴、姜南西、韩丹阳、张晓蒙、李善瑞、葛蕊、钱旺、田玉凤、代安娜、雷世娴、杨必宁、王金芳、柳颖、马晔、刘路、符璐、杨嫣茹、郭伟、黄泊文、普树芳、黄兰情、林欣宇、程强豪、郭艳茹、王祖星、叶怀生、谭英杰、赵天洋、刘利军、林家民、姚加奇、龙艳、王旗雄、陈彬、黄有飞、柯荣恒、马小强、应柠泽、何伟、汪慧兴、张少聪、韦苏阳、钟福丹、尚虎成、杜乐乐、乔意凡、洪勇哲、蓝琼璨、栾悦、凡伟、高生霞、白吉、拉毛卓玛、桑吉草、机业措、吉旦、拉毛才旦、周格拉毛、李翔睿、张里钟、李会、王梦雅、曹国梁、唐佳、左星宇、姚顺熙、赵薇玲、黄露露、肖嘉池、欧阳晨星、吴吉勇、翁凤兰、徐文姝、张维展、陈天海、付萌萌、孙馨茹、彭丽蓁、王海龙、吴永花、黄芳芳、窦豪、付建亮、何榕、吴彤、牛拓、庞礼维、常宝心、李西、李卓、寇海亮、闫洁、刘蟹、孙华华、王秋生、司云杰、石岩、刘武超、刘静、黎俊程、李小雨、郜可欣、张昌武、陈谨、苏子章、马君辉、江汇强、冯世宏、王正一、冉光花、杨国兵、肖迪、王川、姚晓明、刘行、马富学、郭靖、张习利、锁忠保、张玉涛、张露、孙岩、李学林、罗丹、杨永奇、马乔生、吴真钟、马志芳、暴丹、张曦蕊、朱凤会、李博、单鹏飞、屈帅武、许帅钦、马淑花、虎倩、苏蓉、张浩楠、郭杰、罗成花、刘瑛、马婷婉、马圣娜、白振伊、马佳婧、李若男、冉敏、冯月锐、韦艳霞、潘虹宇、赵萌、张真、邢东文、李春芳、依希曹、阿丽雅、达楞塔布、于天琪、云世媛、贾洪志、曾祥英、顾佳敏、莫枝勤、包金格、谭小琴、李国花、张志成、谭素秋、李文琴、程秋娟、魏翔宇、霍畅畅、刘玥、夏号然、曾小锋、阿卜杜艾尼·艾麦尔、吾古力汗·克衣木、阿斯古丽·买买提、如则托合提·图尔迪麦麦提、帕提故丽·克日木、谢仁娜·亚森、阿吾提江·依明尼牙孜、阿依江·外力、孜白特·依马木、麦尔哈巴·麦合木提、伊卜拉伊木·吾普尔、陈维鑫、布音·巴特木思可、张怡雪、杨晓菲、地丽热巴·阿合买提江、努尔阿力木·艾散、艾合麦提·伊马木麦麦提、依米尔艾米孜·艾比布拉、夏提古丽·伊敏江、玉山·克热木、米拉迪力·奥斯曼、艾丽菲拉·阿布都米吉提、佐日古丽·麦合木提、阿曼尼萨汗·阿布杜瓦依提、麦吾兰·图尔迪、彭关奇、丁浩、李晶、薛昊、刘晓旭、胡冰、曾梦平、卢强、刘雨静、齐勋、白羽伽、刘琪、王红梦、金燕、窦文旭、戚礼单、赵秀依、马玉梅、苏婷、刘娜、谭求健、王贺、李广丽、付守洁、黄兴、陈钰、韩伊莎、何佳容、谷雨萌、张文斐、王钰、李芳芳、陈生玉、牟怡瑶、杨丽娴、窦鑫雨、蒋莹、孙亚雯、马琴、杨美美、白娜、尉媛、徐璐、史佳丽、滕明杰、王越、东娇娇、崔义香、陈玉女、韦天盛、刘葱、扎西才让、王颖、刘碧玉、陈玥琪、董海霞、廖简、秦森、宋文莎、宋雨晴、胡秋月、王梦利、谢谍谍、曹艺航、曾文凤、宋文慧、马悦、郭婉婷、马薇、兰泽宇、张娟梅、李青汝、蓝素婷、杨峥嵘、宋晓芳、刘焕璋、何晴、曾晓慧、李美溶、吴欣平、陈刘殷、秦田宇、张雅飞、黄清英、周雅婷、任松林、张宇江、卜若祎、沙希傲、李贵阳、张通、吴琼书、马媛媛、周怡伶、张超燕、殷若媛、张雨、和宁丽、吴永珍、马娅兰、肖步云、刘施雨、马丽、路嘉仪、雷梦琪、杨雯、赵万燕、王文春、刘思然、杨梅、罗瑞翔、陈汉、马美雕、马明龙、冉景航、龚小羽、禹金凤、卢慧、帕日扎提·艾斯卡尔、马达、孙枫、王丽丽、谢文清、王晓坤、苏娜、余艳、薛宗楠、班雨婷、罗福莲、马丽梅、耿昭瑞、吐尔色那依·艾买提江、段倩颖、吴金连、黄建周、刘志强、刘倢言、肖梦婷、郭宇、刘万余、刘安华、冯君、尚旭光、刘帅、钱潇歌、杨皓翔、陶惜璇、任怡静、韦文文、张星、何柳青、李悦、冯静欣、李彤、尚欣华、祁旭晴、许露静、王晨丽、刘琪

学科建设与研究生工作

西北民族大学一流学科建设项目管理办法（试行）

第一章　总则

第一条　为全面贯彻落实党的教育方针，深入实施教育强国战略，扎实推进一流学科建设，根据教育部《关于高等学校加快“双一流”建设的指导意见》、甘肃省教育厅《关于加快推进甘肃省高等学校“双一流”特色建设工程的意见》《西北民族大学高水平建设方案》《西北民族大学一流学科建设实施方案（2017—2020年）》有关要求，特制定本办法。

第二条　一流学科建设将通过支持一流学科建设项目（以下简称“建设项目”）的方式进行，鼓励建设项目聚焦国家战略，聚焦甘肃省绿色崛起发展战略，产生一批引领和促进国民经济和社会发展、服务少数民族和民族地区、服务甘肃省十大生态产业发展的重大标志性成果。

第三条　建设项目的立项支持范围为列入《西北民族大学一流学科建设实施方案（2017—2020年）》的一流学科、艺术类校级一流学科和相关建设内容。省部级各类其它学科项目建设工作可参照本办法执行。

第四条　项目管理按照“择优扶强、目标导向、动态调整、注重实效”的原则，严把项目遴选关，强化过程管理，确保各学科在不同层次和不同领域办出特色、争创一流。

第五条　建设项目分为师资队伍、人才培养、科学研究、社会服务、文化传承创新、国际交流合作等六类。各项目建设周期原则上为三年。

第二章　建设目标

第六条　各学科要聚焦项目建设，积极面向世界科技前沿，面向国民经济主战场，面向国家重大需求，紧密围绕甘肃省十大生态产业布局和发展战略，优化学科布局，加强对学科前沿领域的战略布局，快速提升一流学科建设水平。产生对区域产业结构调整、社会文化发展起到关键促进作用的重大突破。

第七条　各一流学科要对标国内外相关一流学科，聚焦师资队伍、人才培养、科学研究、社会服务、文化传承创新、国际交流合作等方面的建设重点领域和改革关键环节，明确重点任务，通过项目建设，不断扩大学科优势，着力补齐学科短板。

第三章　项目建设任务

第八条　师资队伍建设项目主要任务：引育或柔性引进一批活跃于国际、国内学术前沿的一流专家、学科领军人才和人才科研项目等，造就一批政治素质强，整体水平高，潜心教书育人，师德师风优良的高水平人才队伍。应重点围绕以下标志性成果开展立项：

1. 新增两院院士有效候选人、长江学者特聘教授、国家杰出青年基金获得者、千人计划人选、国家高层次人才特殊支持计划入选者（杰出人才、领军人才）等国家级人才；

2. 新增国家优青基金获得者、青年长江学者、青年千人计划人选、国家高层次人才特殊支持计划青年拔尖人才等国家级青年人才；

3. 新增全国高校黄大年式教师团队、国家自然科学基金创新研究群体、国家级创新团队、国防科技创新团队等国家级团队；

4. 对标博士硕士学位授权审核申请基本条件、全国学科评估指标体系的省部级团队。

第九条　人才培养项目主要任务：坚持立德树人根本任务，在人才培养模式创新、精品资源共享课程建设、教学成果等方面取得重要显著性成果，人才培养质量得到行业及社会高度认可，应重点围绕以下标志性成果开展立项：

1. 获国家级教学成果奖；

2. 获批“双万计划”国家级、省级一流本科专业点；

3. 获批国家级精品资源共享课程；

4. 获批“十四五”国家级规划教材；

5. 培养的学生在国家（国际）级大赛上获得第一名（冠军、金奖）等；

6. 立德树人方面的典型案例在高校推广并取得显著效果；

7. 优秀教师事迹或研究生教育教学综合改革典型经验在国家级、省级媒体获得宣传并产生广泛影响；

8. 对标博士硕士学位授权审核申请基本条件、全国学科评估指标体系的省部级成果奖。

第十条　科学研究项目主要任务：注重开展前沿基础研究，增强学科原始创新和共性技术研发能力，强化协同创新，开展创造性转化与创新性发展性工作，形成具有重要影响的新知识、新理论，为解决重大理论问题和重大关键核心技术瓶颈提供长期战略储备与源头供给。应重点围绕以下标志性成果开展立项：

1. 获批国家科技重大专项、国家重点研发计划、国家自然科学基金重大重点项目、国家社会科学基金重大重点项目、国家重大科研仪器项目等国家级重大重点科研项目；

2. 获批国家实验室、国家重大科技基础设施、国家重点实验室、国家工程技术研究中心、国家工程研究中心、国家工程实验室、国家实验教学示范中心、国防科技重点实验室、省部共建国家重点实验室、国际科技合作基地、国家级智库等国家级科研平台；

3. 在 Science、Nature、Cell、PNAS 等世界顶级期刊及子刊上发表的论文，以及 ESI（基本科学指标数据库）高被引 3%；

4. 人文社会学科在本学科领域国内外顶级期刊上发表论文；

5. 获得国家最高科学技术奖、自然科学奖、技术发明奖、科技进步奖，教育部高等学校科学研究优秀成果奖；

6. 对标博士硕士学位授权审核申请基本条件、全国学科评估指标体系的省部级科研类奖项。

第十一条　社会服务项目主要任务：面向国家战略、服务少数民族和民族地区，服务地方经济社会发展，推进产教深度融合，加强科技成果转化，攻克经济转型、产业升级的重大关键核心技术瓶颈，解决制约区域经济社会发展的重大现实问题，为维护国家国防安全、粮食安全、生态安全、能源安全、产业安全、军民融合等方面做出突出重大贡献。应重点围绕以下标志性成果开展立项：

1. 获批国家级成果转化平台；

2. 成果转化到账经费 1000 万元以上；

3. 承担国家重大公益类推广项目；

4. 被国家领导人或省部级主要领导同志批示、转化为政策并产生重大影响的资政建议。

第十二条　文化传承创新项目主要任务：践行社会主义核心价值观，积极传承弘扬中华优秀传统文化，在弘扬和传播新时代精神中发挥积极作用，形成一批反映和讴歌中华民族共同体意识的文化艺术精品，为提升甘肃省文化软实力发挥关键作用。应重点围绕以下标志性成果开展立项：

1. 获批国家社会科学基金（艺术学）、国家艺术基金、全国艺术科学规划项目、国家文化科技提升计划、国家文化创新工程项目、文化部科技创新项目等国家级重点项目；

2. 艺术作品入选“五个一”工程奖；

3. 获得相关领域最高奖的艺术作品；

4. 在文化传承创新、非物质文化遗产保护、推动社会主义核心价值观及先进文化建设等方面做出突出贡献。

第十三条　国际交流合作项目主要任务：在学术交流、科学研究和人才培养等方面与世界高水平大学和学术机构加强合作，深度参与国际项目，提升民族高等教育的国际影响力。应重点围绕以下标志性成果开展立项：

1. 新增国家认定的中外合作办学项目（或机构）；

2. 有序开展国际化课程群建设；

3. 积极扩大留学生（学历生）招生规模；

4. 主办或承办高水平国际学术会议；

5. 参与重大国际合作研究项目；

6. 新增在国际学术期刊、高水平国际学术会议及国际组织中任职的学科成员；

7. 积极参与到国际标准和规则的制定过程中。

第四章　责任主体与分工

第十四条　学校学科建设领导小组办公室负责组织制定全校建设项目的总体规划和年度计划；组织开展项目建设的审批、进度调度、年度考核、动态调整、结项验收等工作。

第十五条　各一流学科建设办公室负责本一流学科建设项目的总体规划和年度计划制定、申报、组织实施、经费分配与日常管理；配合学校做好本学科建设项目的立项管理、进度调度、年度考核、动态调整、结项验收等工作。

第十六条　建设项目实行项目负责人制，项目负责人对项目申报、项目任务目标与重大标志性成果的确定、经费预算、项目建设、组织结项等全过程负责，接受本学科建设单位和学校内部相关管理部门对经费使用、建设进度、建设结果的监督。

第五章　项目管理

第十七条　各一流学科建设办公室以重大标志性成果产出、社会服务为导向，组织相关学科开展项目论证、设计和申报工作。学校学术委员会组织专家对申报项目进行评审，报学校党委常委会审批。

第十八条　各一流学科建设办公室可统筹本一流学科建设资金，以一流学科为主体，促进多学科交叉与协同发展，培育跨学科交叉研究方向，联合申报跨学科建设项目。

第十九条　各一流学科要建立动态调整机制，对于成效不显著、进展缓慢或出现重大问题的项目，应终止或变更新的项目，报学校学科建设领导小组办公室核准。

第二十条　各一流学科要建立项目风险预警机制，在意识形态、安全生产、技术风险、经费使用等方面严格把关，及时发现、解决项目建设过程中的问题，确保建设安全平稳运行。

第二十一条　各一流学科建设办公室对建设项目任务完成情况、资金使用情况等进行年度考核，考核结果报学校备案。对于存在重大问题以及违反财经纪律等情况，一经核实，终止该项目建设。

第二十二条　项目建设资金实行专项拨款，预算与经费使用按照《西北民族大学一流学科建设专项资金管理办法》（试行）相关要求执行。

第六章　附则

第二十三条　各一流学科应以项目建设为契机，结合本学科实际，由各一流学科建设办公室组织制定本学科项目申报与建设实施细则。

第二十四条　本办法由发展规划与学科建设处负责解释，自发布之日起实施。

西北民族大学一流学科建设专项资金管理办法（试行）

第一章　总则

第一条　为加快推进学校一流学科建设，加强一流学科建设专项资金管理，提高建设经费使用效益，根据教育部《关于高等学校加快“双一流”建设的指导意见》、甘肃省教育厅《关于加快推进甘肃省高等学校“双一流”特色建设工程的意见》《西北民族大学高水平大学建设方案》《西北民族大学一流学科建设实施方案（2017—2020 年）》有关要求，结合学校实际，制定本办法。

第二条　本办法中的学科为列入《西北民族大学一流学科建设实施方案（2017—2020 年）》的一流学科、艺术类校级一流学科。一流学科建设专项资金是指除中央高校建设世界一流大学（学科）和特色发展引导专项资金之外的学校其他资金（以下称一流学科建设经费）。

第三条　一流学科建设经费的分配、使用和管理遵循“质量导向，突出学科；因素分配，公平公正；注重绩效，动态调整”原则。

第二章　预算管理

第四条　学校按照《西北民族大学一流学科建设实施方案（2017—2020 年）》安排一流学科建设专项资金，实行预算制管理。

第五条　学校学科建设领导小组办公室牵头，财务处、组织人事部、科研处、研究生处、教务处、国际合作交流处、国有资产管理处等相关单位配合，根据各学科建设基础、建设成效、建设特色、建设水平等因素，组织编制学校一流学科建设经费年度分配方案。经学校学科建设领导小组审议、学校党委常委会批准后生效实施。各一流学科建设办公室根据学校年度经费分配方案，按照一流学科建设规划要求，编制年度预算安排，全面负责本学科建设经费的分配与使用。

第六条　预算一经审定，须严格执行，一般不作调整。确有必要调整时，应按照规定程序重新报批。

第三章　支出和决算管理

第七条　一流学科建设经费主要用于一流学科建设相关的师资队伍、人才培养、科学研究、社会服务、文化传承创新、国际交流合作等方面建设。经费的具体使用范围包括：

（一）师资队伍建设经费。围绕一流学科培养、引进、聘任学术领军人才、高级（战略）管理人才和建设优秀创新团队等对应的人员经费及人才建设项目、团队建设项目对应的预算。

组织人事部会同学校学科建设领导小组办公室、财务处、各一流学科建设办公室对本类项目的预算申报、执行和绩效考核履行管理职责。

（二）人才培养经费。围绕培养一流创新人才，提升学生综合素质、创新创业和实践能力，建立导向正确、科学有效的人才培养体系等对应的人才培养预算。

研究生处、教务处会同学校学科建设领导小组办公室、财务处、国有资产管理处等部门以及各一流学科建设办公室对本类项目的预算申报、执行和绩效考核履行管理职责。

（三）科学研究经费。围绕一流学科建设相关的学科研究方向和学科科研平台体系建设，建立协同联合、重点突出、产出明显的学科科研平台建设项目对应的预算。用于前沿基础研究，增强学科原始创新和共性技术研发能力，创新科研组织模式，强化协同创新，开展创造性转化与创新性发展性工作，形成具有重要影响的新知识、新理论，为解决重大理论问题和重大关键核心技术瓶颈提供长期战略储备与源头供给等项目对应的预算。

科研处会同学校学科建设领导小组办公室、财务处、国有资产管理处等部门以及各一流学科建设办公室对本类项目的预算申报、执行和绩效考核履行管理职责。

（四）社会服务经费。用于面向国家战略、服务少数民族和民族地区、服务甘肃省十大生态产业发展的重大标志性成果。提升社会服务能力，探索校企、校地合作新模式，建立"双一流"建设研究成果转移转化、促进学科产学研用的建设项目对应的预算。

科研处会同学校学科建设领导小组办公室、财务处、各一流学科建设办公室等对本类项目的预算申报、执行和绩效考核履行管理职责。

（五）文化传承创新经费。建设一流大学文化，践行社会主义核心价值观，积极传承弘扬中华优秀传统文化，形成一批反映和讴歌中华民族共同体意识的文化艺术精品等项目对应的预算。

学校学科建设领导小组办公室会同科研处、宣传部、学生工作部（处）、团委等部门以及各一流学科建设办公室对本类项目的预算申报、执行和绩效考核履行管理职责。

（六）国际交流合作经费。围绕一流学科建设推进，搭建引智平台、国际化人才队伍建设、国际化学生培养等国际交流合作项目对应的预算。

国际合作交流处会同学校学科建设领导小组办公室、组织人事部、研究生处、教务处、各一流学科建设办公室等部门对本类项目的预算申报、执行和绩效考核履行管理职责。

第八条　一流学科建设经费不得用于偿还贷款、支付罚款、捐赠、赞助、对外投资等支出，不得用于房屋建筑物购建等支出，不得作为其他项目的配套资金，也不得用于国家规定不得列支的其他支出。

第九条　在一流学科建设组织实施过程中，学校鼓励和引导建设资金向队伍建设、人才培养、科学研究倾斜，原则上控制用于仪器设备购置的经费支出。确需购置的，须由各一流学科建设办公室组织专家论证，经学校学科建设领导小组办公室审定，并列入年度预算列支。

第十条　使用一流学科建设经费购置的仪器设备、图书资料等固定资产，均属于国有资产，纳入学校资产进行统一管理。

第十一条　一流学科建设经费支出审批程序严格按照学校财务相关规定执行。

第十二条　各一流学科建设经费支出情况要公开透明，适时适度予以公示，接受各方面监督。

第四章　监督检查和绩效评价

第十三条　年度末，各一流学科建设办公室开展预算执行绩效自我评估，形成一流学科建设经费预算执行、使用效益等情况自评报告，报学校学科建设领导小组办公室。

第十四条　学校纪监审办公室、组织人事部、财务处、发展规划与学科建设处、科研处、研究生处、教务处、国有资产管理处等部门联合对一流学科建设经费的使用情况定期进行监督检查。

第十五条　学校对一流学科建设项目实行绩效考评制度，根据建设规划实施情况、建设任务完成情况、预算执行情况、专项资金使用效益等进行绩效考评。

第五章　附则

第十六条　各一流学科结合本学科实际，由各一流学科建设办公室组织制定本学科经费分配与使用实施细则。

第十七条　本办法由学校财务处、发展规划与学科建设处负责解释，自发布之日起施行。

西北民族大学研究生指导教师选聘和管理办法

第一章　总则

第一条　为了加强学校研究生指导教师（以下简称导师）队伍建设，根据国家有关政策、法规和文件精神，结合学校实际，制定本办法。

第二条　导师选聘和管理的指导思想为：坚持社会主义办学方向，全面贯彻党的教育方针，落实导师立德树人职责。

第三条　导师选聘和管理应遵循如下基本原则：

（一）应有利于学校的学科、专业建设和发展，有利于促进研究生培养质量的提高，有利于建立结构合理的导师队伍。

（二）导师选聘应坚持标准，注重水平，保证质量，做到公平、公正、公开。

（三）实行导师岗位制，强化与研究生教育工作紧密衔接的岗位意识。

第二章　导师类别

第四条　导师按学术型和专业型分类管理。学术型导师承担学术学位研究生指导工作，培养适应社会所需的高层次学术型专门人才。专业型导师承担专业学位研究生指导工作，培养适应社会特定职业及实际工作需要的高层次应用型专门人才。

第五条　学术型导师可独立指导研究生，也可与其他导师联合指导；专业学位研究生培养应实行“双导师制”，由校内导师和校外导师联合指导。联合指导时，第一导师须由校内导师担任。导师（第一导师）是研究生培养的第一责任人，以第一导师指导为主，重视发挥第二导师作用。

第三章　导师资格申请人应具备的基本条件

第六条　政治素质过硬。坚持正确的政治方向，拥护中国共产党的领导，不断提高思想政治觉悟；贯彻党的教育方针，严格执行国家教育政策，坚持教育为人民服务，为中国共产党治国理政服务，为巩固和发展中国特色社会主义制度服务，为改革开放和社会主义现代化建设服务；自觉维护祖国统一、民族团结，具有高度的政治责任感，将思想教育与专业教育有机统一，成为社会主义核心价值观的坚定信仰者、积极传播者、模范实践者。

第七条　师德师风高尚。模范遵守教师职业道德规范，为人师表，爱岗敬业，以高尚的道德情操和人格魅力感染、引导学生，成为先进思想文化的传承者和社会进步的积极推动者；谨遵学术规范，恪守学术道德，自觉维护公平正义和风清气正的学术环境；有责任心和使命感，尽职尽责，确保足够的时间和精力及时给予研究生启发和指导；有仁爱之心，以德育人，以文化人。

第八条　业务素质精湛。具有深厚的学术造诣和执着的学术追求，关注社会需求，推动知识文化传承发展；熟悉国家学位与研究生教育有关政策法规及学校相关规章制度。秉承先进教育理念，重视课程前沿引领，创新教学模式，丰富教学手段；不断提升指导能力，着力培养研究生创新能力，实现理论教学与实践指导之间的平衡，助力研究生成长成才。

第九条　所从事的科研、教学工作以及所提供的相关成果，必须与拟申请导师岗位所在学科、专业领域相关；无学术不端行为；近三年内无较大及以上教学事故。

第十条　导师资格申请人身体健康，能够胜任导师各项职责，年龄一般不超过 57 周岁。博士生导师资格申请人应具有正高级专业技术职称，原则上应具有博士学位；硕士生导师资格申请人应具有副高级及以上专业技术职称，应具有硕士及以上学位（专业学位校外导师除外）；近 5 年主持过国家级科研项目且具有博士学位的副高级专业技术职称人员可申请博士生导师资格，近 5 年主持过省部级及以上科研项目且具有博士学位的中级专业技术职称人员可申请硕士生导师资格。

专业学位研究生校外导师应具有副高级及以上专业技术职称、或具有中级及以上行业资格证书、或担任中层以上管理职务，并在相关专业领域有 5 年以上的实践经验。

第十一条　博士生导师资格申请人须完整培养过一届硕士生，且培养质量合格；独立讲授过研究生主干课程。

第十二条　博士生导师资格申请人，近 5 年须主持过省部级及以上科研项目，到账累计科研经费不少于 20 万元，取得高水平科研成果。具体科研、学术条件由博士点主建单位拟定，经学位评定分委员会审议通过，并报学校审核备案后实施。

第十三条　学术学位硕士生导师资格申请人，近 5 年须主持过科研项目，到账累计科研经费不少于 5 万元，取得高水平科研成果。具体科研、学术条件由硕士点主建单位拟定，经学位评定分委员会审议通过，并报学校审核备案后实施。

第十四条　各专业学位授权点建设单位须在本办法的基础上，按照专业学位类别（领域），在不低于本办法相关规定的前提下，制订专业学位研究生导师选聘和管理的实施细则，经学位评定分委员会审议通过，并报学校审核备案后实施。

第十五条　院士、国家杰出青年科学基金获得者、中组部“千人计划”国家特聘科技专家、长江学者奖励计划特聘教授、长江学者奖励计划讲座教授、百千万人才工程国家级人选入选者、双一流学科（A 类）高级职称引进人才、海外引进人才等高层次人才，经培养单位推荐、学校学位评定委员会审议通过后可直接聘任为我校相应博士学位授权点的博士生导师。

第十六条　校内学术型导师担任专业学位硕士生导师者，由培养单位学位评定分委员会对其进行资格认定，通过后将名单报研究生处备案。

第四章　导师选聘程序

第十七条　导师选聘组织工作由研究生处具体负责，一般每年选聘一次。

第十八条　申请导师资格的人员，应填写《西北民族大学研究生指导教师资格申请表》，并向相应的学位授权学科、专业点所在培养单位提出申请，培养单位初审后统一报送学校相关职能部门审核。校外人员须由培养单位推荐并征得其所在工作单位同意，并附相关证明材料。

第十九条　培养单位召开学位评定分委员会会议对申请人进行初选，并以无记名投票方式进行表决。到会委员须达到全体委员的三分之二及以上，获全体委员半数以上（不含半数）同意者通过初选。初选人员名单经公示 3 个工作日无异议后，将相关材料报研究生处进行材料复审，复审通过后提交校学位评定委员会。

第二十条　学校学位评定委员会审议并投票表决确定导师资格。到会委员须达到全体委员的三分之二及以上，获学位评定委员会全体委员半数以上（不含半数）同意者视为通过。对通过者名单进行 7 天公示，无异议者取得研究生导师资格。在公示期如有异议者，将进行重新审核，并视具体情况提交校学位委员会作出最终决议。

第五章　导师管理

第二十一条　导师权利：

（一）按照相关规定参与研究生招生选拔工作。

（二）在规定范围内享有“研究生—导师”双向选择权；对研究生学业奖学金评定、评优、奖惩、“三助一辅”岗位聘用等拥有建议权。

（三）参加学位与研究生教育有关会议和培训，阅读学位与研究生教育有关文件，了解相关政策。

（四）参与所在学位授权学科的建设工作。

（五）参与、监督培养单位有关研究生教育和导师组工作。

第二十二条　导师职责：

（一）遵守国家和学校的相关规定，参加学校和培养单位组织的导师培训，不断提升业务素质和指导能力。做好研究生的招生、管理、培养及学位等工作。

（二）做好研究生思想政治教育工作，引导研究生树立正确的世界观、人生观、价值观，及时了解和掌握研究生思想动态。

（三）按照因材施教和个性化培养理念，与研究生共同制定研究生培养计划，统筹安排实践与科研活动，定期检查研究生的学习、科研、实践等进展情况，指导并督促研究生按计划完成学业。

（四）自觉遵守科研诚信与学术道德，培养研究生恪守学术道德规范，自觉维护学术事业的神圣性、纯洁性与严肃性，杜绝学术不端行为。

（五）跟踪学科前沿，努力承担高水平科研项目，将研究生纳入课题组，指导其参与课题研究，做好研究生的学科前沿引导和科研方法指导，为研究生创设良好的学术交流平台。

（六）认真开设研究生课程，按照教学要求编写课程教学大纲，根据工作安排完成教学考核；积极探索研究生课程教学改革，提高教学质量。

（七）指导研究生论文开题、文献阅读和开展科学研究，严格审查研究生拟发表的学术论文等研究成果；认真修改、审定研究生学位论文，把好学位论文质量关。

（八）加强研究生的人文关怀和心理疏导，建立良好的师生互动机制，积极关注研究生的生活压力、学业压力和就业压力，做好教育和引导工作。

（九）总结研究生教育经验，对研究生培养中出现的问题提出建议，定期向所在培养单位汇报研究生的培养情况。

第二十三条 导师培训

（一）学校和各培养单位组织做好新上岗导师的培训工作，使其熟悉学位与研究生教育相关制度；对在岗导师开展多种形式的培训活动，增强导师责任意识，提升其指导研究生的能力和水平。

（二）学校鼓励导师通过参加学术会议、短期访学和行业实践等方式进一步提升学术水平。

第二十四条　培养单位应经常检查导师的履职情况，按照《西北民族大学全面落实研究生导师立德树人职责实施细则》做好导师立德树人职责考核工作；学校对作出突出成绩的导师将根据有关规定进行奖励，对不认真履行职责的导师应加强管理，可视情况对其作出诫勉谈话、暂停招生资格或取消导师资格的处理。

第二十五条　导师未认真履行职责导致所指导的研究生出现下列情况之一的，学校将对其作出暂停招生资格 1—3 年的处理，情节严重者取消导师资格：

（一）指导的研究生出现违反国家政策、破坏安定团结的言论者。

（二）指导的研究生出现学术不端行为者。

（三）指导的研究生学位论文被上级部门抽检认定存在问题的。

第二十六条　导师出现下列情况之一的，学校学位评定委员会将取消其导师资格：

（一）因违反师德行为而造成不良影响的。

（二）发生学术不端行为。

（三）出现严重违纪违规或违法行为。

（四）其他情况应予以取消导师资格的。

第二十七条　被取消导师资格者，3 年内不得重新参加导师遴选，其所指导的研究生由培养单位安排其他导师指导。

第二十八条　出国、外出学习等超过 1 年的导师，外出期间不再招收新生，已招的在学研究生由培养单位确定 1 名导师作为第二导师进行联合指导；调离本校的导师，不再招收新生，已招的在学研究生由培养单位安排其他导师指导。

第二十九条　导师年龄离学校规定退休年龄不足 3 年的，不再单独招收研究生，须在本学科（专业）确定 1 名校内导师（年龄一般不超过 55 岁）作为第二导师，经培养单位审核、研究生处审定后方可进行招生；导师退休后（不含返聘），与其联合指导研究生的校内第二导师即作为第一导师完成培养工作。

第六章　招生资格审核

第三十条　导师（第一导师）招生资格一般每年审核一次，由研究生处负责组织，各研究生培养单位具体实施，审核通过者取得下一年度招生资格。

第三十一条　招生资格基本条件：

（一）能认真履行导师立德树人职责。

（二）年龄要求按照本办法第二十九条执行。

（三）博士生导师主持省部级以上在研科研项目 1 项，且招生资格审核时科研经费不少于 5 万元。学术型硕士生导师主持在研科研项目 1 项，或招生资格审核时科研经费不少于 1 万元。科研项目的认定，西北民族大学须为第一署名单位；科研经费以到账经费余额为准。

（四）各研究生培养单位可在本办法的基础上，制订本单位导师招生资格审核具体条件，经学位评定分委员会审议通过，并报学校审核备案后执行；专业学位硕士生导师的招生资格审核条件具体由培养单位在制订的专业学位研究生导师选聘和管理实施细则中作出规定。

第三十二条　审核程序

（一）由导师本人填写《西北民族大学研究生导师招生资格审核表》报送所在研究生培养单位，并提交所需的证明材料。

（二）各研究生培养单位根据导师履职情况、教学与科研情况，对导师招生资格进行审核并给出审核结论。经各研究生培养单位学位评定分委员会审议通过，并公示 3 天无异议后报研究生处。

（三）研究生处复审通过并经公示 3 天无异议后确定导师招生资格名单。如遇特殊情况提交学校学位评定委员会审议决定。

第七章　附则

第三十三条　所有教学、科研成果的认定按照学校相关规定执行。

第三十四条　导师选聘工作中应遵循当事人及亲属回避原则。

第三十五条　申请我校导师资格的校外人员按本办法执行。已在外校获得博士或硕士生导师资格的，经培养单位审核、校学位评定委员会审议通过后，可认定为我校相关学科博士或硕士生导师。

第三十六条　外聘导师只能作为第二导师在我校指导研究生，并签订联合培养研究生协议。

第三十七条　本办法自发布之日起实施，由研究生处负责解释并适时提起修订。原《西北民族大学研究生指导教师选聘和管理办法》（民大发〔2012〕217号）、《西北民族大学专业学位硕士研究生指导教师选聘暂行办法》（民大发〔2013〕217号）同时废止。

西北民族大学研究生学位论文工作管理办法

根据《中华人民共和国学位条例》《中华人民共和国学位条例暂行实施办法》以及《国务院学位委员会、教育部关于加强学位与研究生教育质量保证和监督体系建设的意见》（学位〔2014〕3 号）《教育部办公厅关于进一步规范和加强研究生培养管理的通知》（教研厅〔2019〕1 号）等文件精神，为提高研究生学位论文质量和学位授予质量，切实做好研究生学位论文过程管理，结合学校实际，制定本办法。

第一章　基本要求

第一条　硕士学位论文基本要求：

学术学位硕士论文选题应围绕国家战略需求及学科发展前沿，在理论或实际应用方面对国家经济建设、社会发展有一定的意义；论文应反映申请人在本学科具有坚实的基础理论与系统的专门知识，对所研究的课题有新的见解和成果，表明作者具有从事科学研究或专门技术工作的能力。

专业学位硕士论文选题应服务国家战略需求，围绕应用课题或现实问题，具有明确的职业背景和行业应用价值，注重科学性与实践性；论文应符合各专业学位研究生教育指导委员会的相关规定，反映研究生综合运用知识技能解决实际问题的能力和水平。

第二条　博士学位论文基本要求：

博士学位论文选题应聚焦国家重大战略需求，瞄准国际学术前沿，在理论上或实际应用上对国家经济建设、社会发展具有较大的意义和价值；论文应能够体现申请人在本学科具有坚实宽广的基础理论与系统深入的专门知识，对所研究的课题在科学或专门技术上做出了创造性成果，表明作者具有独立从事科学研究工作的能力。

第三条　学位论文必须在导师的指导下，由学位申请者本人独立完成；学位论文选题和内容不得违反国家法律法规和有关政策，导师及培养单位须在学位论文开题、中期检查、答辩等环节对其内容进行审核。用于硕士学位论文的工作时间一般不少于 1 年，用于博士学位论文的工作时间一般不少于 2 年。学位论文撰写要求具体见《西北民族大学研究生学位论文撰写规范（修订）》。

第二章　选题与开题

第四条　学位论文选题

（一）研究生入学后应在导师指导下，边进行课程学习边查阅资料，开展论文选题工作，选题应根据本学科、专业的培养目标，结合导师承担的研究课题及研究生专长和兴趣，在充分调研的基础上同导师协商提出，但不得偏离本学科、专业研究领域。选题一般应在第二学期基本确定，并在论证基础上进行完善。

专业学位硕士研究生须结合专业实践做好论文选题工作，选题应和参与的实践研究相一致。

（二）文献阅读：文献阅读是研究生培养工作的重要组成部分，也是学位论文选题过程中不可缺少的环节。研究生在学期间必须阅读中文和外文文献并撰写文献综述，文献综述不少于 3000 字。研究生阅读本专业文献的篇数不少于 30 篇（须包含国内外最新研究成果），其中外文文献不少于 30%（理工类）。导师应重视研究生的文献阅读工作，加强对文献阅读的指导与考核。文献阅读综述报告书面材料须经指导教师审核后交学院存档备查。

（三）论文选题要考虑在经费、仪器设备、试验条件、专业实践等方面具有实现该课题的基本物质条件，并能按计划完成。

第五条 学位论文开题

（一）研究生学位论文开题报告须在第三学期末之前完成，以公开评审会的形式进行。研究生应在导师指导下，按照学校统一格式填写《西北民族大学研究生学位论文开题报告和论文工作实施计划》。博士学位论文开题前要结合选题进行查新，开题报告须附有“查新报告”。

（二）开题报告主要内容应包括：课题来源和选题依据；本课题在国内外的研究现状及趋势；课题进行的途径和最终目标；课题在理论或实际应用方面的价值，以及可能达到的水平；课题研究拟采用的方法和手段，完成论文的相关研究条件等；研究过程中预计可能遇到的困难或问题，并提出解决的方法和措施。

（三）硕士学位论文开题报告应在导师组会议上评议，评议会上至少邀请校外相关学科、专业的硕导 1 名（专业学位硕士论文开题还须有相关行业的实践领域专家）。评议过程包括学生介绍、专家评议等。评议人员须在认真讨论的基础上进行决议。决议采取表决方式，经全体成员三分之二及以上同意，方可通过。

（四）博士学位论文开题报告由导师邀请有关学科、专业的专家（一般应为博士研究生导师）组成评议小组（不少于 5 人，其中校外专家不少于 2 人），评议小组组长由校外专家担任。评议人员须在认真讨论的基础上进行决议。决议采取无记名投票的方式，经全体成员三分之二及以上同意，方可通过。

（五）涉密论文开题报告

对于涉密的研究生学位论文，必须在论文开题前对论文涉密与否进行审批。研究生本人在开题报告会前提出保密申请，导师确认，并依据学位论文涉及的科研项目情况，拟定密级及保密期限。保密申请经研究生培养单位审核，报学校保密委员会批准后，提交研究生处备案，作为涉密论文开题、评阅、答辩及归档的依据。涉密论文的开题、评阅、答辩及归档具体按照国家《涉密研究生与涉密学位论文管理办法》中的相关规定执行。

（六）开题报告通过后，研究生应根据专家意见，对开题报告进行修改完善，最后由导师写出综合意见，经导师组审核同意后，报送所在培养单位归档备查。

未通过者，可在 1—2 个月内按专家意见在导师指导下认真修改或更换选题后重新申请开题，仍未通过者，则随下一年级进行开题，其学位论文答辩时间相应顺延一年。论文开题最终未通过者按肄业对待。

（七）开题报告通过后，原则上不再随意改题。在不涉及研究方向和主要研究内容改变的情况下，学位论文题目可做调整，由导师和培养单位进行审核。

因特殊情况，学位论文题目如需要做较大的更改且涉及研究方向或主要研究内容的改变时，须由研究生写出书面报告，经导师签署意见、导师组和培养单位审核同意后，按照学位论文开题报告程序重新组织开题，其学位论文答辩时间相应顺延。

第三章　中期检查

第六条　中期检查一般安排在整个学位论文工作时间的 1/2 前后进行，由各研究生培养单位负责组织实施。

第七条　中期检查组织：

各培养单位按学科、专业成立中期检查小组（不少于 3 名专家），设组长 1 名，并指定专人对中期检查过程作记录。

第八条　中期检查内容：

（一）论文工作是否按开题报告预定的内容及进度进行；

（二）已完成的研究内容及结果；

（三）目前存在的或预期可能会出现的问题；

（四）解决的方法或实施方案；

（五）后续工作计划；

（六）论文按时完成的可能性等。

第九条　中期检查程序：

（一）研究生填写《研究生学位论文中期检查表》，经导师审核签字后报送培养单位。

（二）论文中期检查一般采取答辩或论文阶段报告的方式进行，研究生向检查小组汇报论文研究进度、主要阶段成果等。

（三）检查小组对检查的总体情况、特殊情况等应有一定的说明，最终给出检查意见。中期检查表和相关材料应在培养单位存档。

第十条　中期检查结果处理：

（一）对完成工作量较少，阶段成果不明显的研究生要督促其加快论文工作进度。

（二）对存在问题较严重的，培养单位应提出预警，要求其导师做出适当处理，尽快调整方案或重新进行开题，论文答辩相应延期。

第四章　预答辩及网络检测

第十一条　研究生学位论文预答辩的主要目的是预先审查，判定其是否达到学位论文的基本要求，及时发现存在的问题和不足，以便进一步修改和完善学位论文。

第十二条　预答辩前导师须对论文进行认真审阅把关。预答辩工作具体由各培养单位组织开展，应在学位论文评阅工作之前完成，并保证学位论文在评阅前有足够的修改时间。预答辩通过后方可进行论文评阅，同时将预答辩结论报送研究生处备案。通过预答辩的研究生应根据预答辩中所提出的意见，在导师指导下对论文进行修改，形成送审稿。

第十三条　学位论文网络检测工作具体按照《西北民族大学研究生学位论文检测及抽检工作暂行规定》完成。

第五章　论文评阅

第十四条　研究生培养单位须对所有申请博士、硕士学位的学位论文在答辩前聘请专家完成评阅，并按照相关规定做好学位论文匿名评阅工作。研究生处同时对博士学位论文、申请提前毕业的硕士学位论文和随机抽取的部分硕士学位论文聘请专家匿名评阅。

第十五条　硕士学位论文评阅人为 2—3 名（其中校外专家至少 1 名），均为具有副高级及以上专业技术职称、熟悉论文内容的专家，导师不能作为本人指导的研究生的论文评阅人。专业学位硕士论文须至少聘请一位相关实践领域的校外专家作评阅人。

第十六条　博士学位论文评阅人为 3—5 名（全部为校外专家），一般应是相同研究领域或相关学科的、具有博士点授权单位的正高级专业技术职称的专家，其中博士生指导教师不少于 2 人。

第十七条　学位论文评阅意见回收后，专家评阅结论均为同意答辩的，则为论文评阅通过。评阅意见中，如有 1 名专家评阅结论为不同意答辩，其他评阅结论均为良好及以上者，若研究生对评阅人提出的意见及评阅结论有异议，可提出申请并说明充足理由、导师签署同意意见后报培养单位学位评定分委员会审议，审议通过后可增聘 2 名专家进行评阅。若增评后评阅结论均为同意答辩的，则为论文评阅通过；增评后仍有评阅结论为不同意答辩的，则为论文评阅未通过，终止本次学位申请。

第十八条　学位论文评阅未通过者，研究生应在导师指导下对学位论文认真修改，半年后方可重新组织评阅，重新评阅的专家评审费由研究生本人承担。

第十九条　要保证论文评阅人有一定的评阅时间及学术自由，任何人不得以任何方式干扰评阅人开展工作，评阅人名单应对研究生保密。

第六章　论文答辩

第二十条　研究生在申请学位论文答辩前须提交在学期间获得的与学位论文研究内容相关的科研成果（正式发表或出版，录用通知无效），方可参加答辩。具体要求按照《西北民族大学研究生学位授予基本要求》中的规定执行。

第二十一条　学位论文答辩委员会的组成：

硕士学位论文答辩委员会至少由 5 名（奇数）本学科副高级及以上职称的专家组成，其中至少有 1 名校外专家，专业学位硕士论文答辩委员会中应有 1—2 名来自相关行业实践领域的专家，答辩委员会主席由校外专家担任。

博士学位论文答辩委员会由 5 或 7 名本学科（领域）正高级职称的专家组成（一般应为博士生导师），其中至少有 2 名校外专家，答辩委员会主席应由具有博士生指导教师资格的校外专家担任。

指导教师在本人指导的研究生答辩时，可列席答辩会，但不能担任答辩委员会委员。

答辩委员会委员由各培养单位推荐，培养单位学位评定分委员会审核通过后报送研究生处审核备案。

有关培养单位应指定 1 名教师（讲师及以上职称）担任答辩委员会秘书，协助办理答辩有关事宜，参加答辩工作全过程，并对答辩过程中委员的提问、学位申请人的回答及答辩委员会决议等情况作详细记录，答辩秘书没有表决权。可根据需要设记录员 1—2 人，负责处理具体工作。

答辩委员会的委员在答辩前必须审阅论文，答辩时进行提问和参加投票表决，未出席的委员不得委托他人或以通讯方式代投票。

第二十二条　硕士、博士学位论文答辩一般按下列程序进行：

（一）主持人宣布答辩委员会主席及委员名单；

（二）答辩委员会主席宣布答辩开始；

（三）答辩委员会秘书介绍研究生的课程学习、论文工作及综合表现等有关情况；

（四）研究生报告论文的主要内容；

（五）答辩委员会委员向研究生提出问题，研究生回答问题；

（六）回答问题终止，答辩委员会举行会议，其他人员退席；答辩委员会主席宣读论文评阅意见，答辩委员会讨论并采取不记名投票方式进行表决，最后形成书面的答辩委员会决议；

（七）退席人员入席，主席宣布答辩委员会决议；

（八）答辩人致谢；

（九）答辩结束。

答辩时秘书负责做好记录。论文答辩除有保密要求外，一般应公开举行。

第二十三条　答辩委员会根据答辩情况，就学位论文答辩结论等级、是否建议授予学位形成决议。答辩结论等级中优秀一般不超过本专业答辩人数的 20%、良好一般不超过 30%，不足 1 人的可以根据论文情况按 1 人计。决议采取不记名投票方式表决，经全体委员的三分之二及以上同意，方可通过。论文答辩委员会委员须在书面决议上签字。

对答辩不合格者，答辩委员会需要就是否同意其修改论文、重新答辩做出决定。重新答辩的硕士学位论文应在 1 年、博士学位论文应在 2 年内完成修改工作，重新申请答辩，答辩仍不通过者按结业对待。重新答辩的费用由研究生本人承担。

第二十四条　学位论文答辩委员会决议内容应包括：

（一）对论文学术水平的简短评语，并给出答辩结论等级（优秀、良好、合格、不合格）；

（二）对是否建议授予学位做出决定。

第二十五条　论文答辩的组织接待工作由有关培养单位负责安排、落实，不得由学位申请者本人参与答辩委员会的组织接待等工作。

第二十六条　学位论文答辩通过后，研究生须按照答辩委员会专家提出的意见认真修改完善，导师须对学位论文终稿进行严格审核把关。培养单位应在答辩结束后一周内按要求将相关材料送交有关学位评定分委员会审核后报送研究生处。表决票由培养单位密封后存档备查。

第七章　附则

第二十七条　专业学位研究生学位论文工作由培养单位按照本专业学位教指委相关规定，并结合本办法制定相应的管理细则。

第二十八条　已经通过答辩的硕士学位论文和博士学位论文，应按规定交学校档案馆、所在培养单位、图书馆存档。各培养单位要保存好相关成果、影音等资料。

第二十九条　对于不能按期提交学位论文者，应在论文答辩前三个月提出延期答辩申请。

第三十条　本办法自发布之日起实施，由研究生处负责解释并适时提起修订。原《西北民族大学研究生学位论文工作暂行规定（修订）》（民大发〔2007〕139 号）、《西北民族大学研究生学位论文选题和开题报告暂行规定》（民大研究生字〔2005〕16 号）同时废止。

西北民族大学研究生国家奖学金评审办法

第一章　总则

第一条　为促进研究生培养机制改革，提高研究生培养质量，激励研究生努力学习，根据财政部、教育部、人力资源社会保障部、退役军人部、中央军委国防动员部《学生资助资金管理办法》（财科教〔2019〕19号）文件精神，现结合学校实际，制定本办法。

第二条　研究生国家奖学金由中央财政出资设立，用于奖励表现优异的全日制研究生，旨在发展中国特色研究生教育，促进研究生培养机制改革，提高研究生培养质量。

第二章　奖励标准与申请条件

第三条　博士研究生国家奖学金奖励标准为每生每年3万元；硕士研究生国家奖学金奖励标准为每生每年2万元。

第四条　研究生国家奖学金的基本申请条件：

（一）具有中华人民共和国国籍；

（二）热爱社会主义祖国，拥护中国共产党的领导；

（三）遵守宪法和法律，遵守学校规章制度；

（四）诚实守信，道德品质优良；

（五）学习成绩优异，科研能力显著，发展潜力突出；

（六）遵守学术规范，无学术不端行为。

第五条　研究生出现以下任一情况，取消当年研究生国家奖学金参评资格：

（一）违反国家法律、校纪校规，受到学校处分且尚未解除者；

（二）有抄袭剽窃、弄虚作假等学术不端行为经查证属实的；

（三）学籍状态处于休学、保留学籍者、延期毕业者；或因私事出国、创业等原因未在校学习者；

（四）参评学年课程考试成绩不及格者；

（五）政治思想表现（A）考核中“综合评价”不合格者；

（六）按照《西北民族大学研究生综合考核计分办法》对申请者上一学年度（9月1日至次年8月31日）的表现进行综合考核后，博士生学习成绩（B项）得分小于85分、科研创新能力（C项）得分小于20分者；学术型硕士生学习成绩（B项）得分小于85分、科研创新能力（C项）得分小于6

分者、实践能力（D 项）、文体活动和社会工作（E 项）得分为 0 分者；专业学位硕士生学习成绩（B 项）得分小于 85 分者、实践能力（D 项）小于 6 分者、文体活动和社会工作（E 项）得分为 0 分者。

第六条　研究生国家奖学金每学年评审一次，纳入全国研究生招生计划的全日制在校博士、硕士（全脱产学习）研究生均有资格申请。

第三章　评审组织

第七条　学校国家奖助学金工作领导小组统筹领导、协调、监督研究生国家奖学金评审工作，并裁决有关申诉事项。

第八条　各研究生培养单位（学院、研究院等统称为培养单位，下同）要成立研究生国家奖学金评审委员会，评审委员会由培养单位党政领导和管理人员、研究生导师、研究生代表等组成，党委（党总支、直属党支部）书记任主任委员，负责本单位研究生国家奖学金的申请组织、初步评审等工作。评审委员会成员总数须为单数，其组成人员需报学校学生资助管理中心备案。

第四章　评审程序

第九条　每年 9 月中旬，学校开展研究生国家奖学金评审工作。根据教育部全国学生资助管理中心下达的研究生国家奖学金计划数，结合当年参评在校研究生人数，将具体名额分配到各研究生培养单位。在分配中，将对培养质量较高的培养单位、学校特色优势学科、基础学科等予以适当的倾斜。

第十条　各研究生培养单位根据本规定制定评审细则。组织所有符合参评条件的全日制在校研究生认真学习国家和学校有关研究生国家奖学金管理办法和本单位评审细则。

第十一条　有意愿且符合申请国家奖学金条件的研究生，向所在培养单位评审委员会提出申请，同时提供相关证明材料原件及复印件。

第十二条　培养单位评审委员会主任委员负责组织评审会议，对申请人进行初步评审，评审过程中应充分尊重本单位学术组织、研究生导师的推荐意见，确保推荐品学兼优的候选人。培养单位评审委员会确定本单位获奖研究生名单后，应在本单位内进行不少于 5 个工作日的公示。公示无异议后，提交学校国家奖助学金工作领导小组进行审定，同时将评审结果及相关材料抄送学校学生资助管理中心。

第十三条　学校国家奖助学金工作领导小组对各培养单位推荐和评审结果进行评审，最终结果将在全校范围内进行不少于 5 个工作日的公示。

第十四条　公示无异议后报学校校长办公会会议审批。同时将评审工作情况和评审结果等评审材料报送国家民族事务委员会、教育部全国学生资助管理中心。

第十五条　研究生国家奖学金的评审工作，应坚持公开、公平、公正、择优的原则，严格执行国家有关政策和法规，杜绝弄虚作假。

第十六条　学校将统筹研究生国家奖学金和其他研究生奖学金的名额分配、评审和发放工作，充分发挥各类奖学金的激励作用。

第十七条　个人申诉

（一）对研究生国家奖学金评审结果有异议的研究生，可在培养单位公示阶段向培养单位评审委员会提出书面申诉，评审委员会应在接受申诉后 5 个工作日内做出答复。

（二）如研究生对培养单位评审委员会的答复仍有异议，可在答复后 5 个工作日内向学校学生资助管理中心提起申诉，学生资助管理中心审核后提交学校国家奖助学金工作领导小组裁决，并将裁决结果通知研究生本人及其所在培养单位。

第五章　奖学金发放、管理与监督

第十八条　学校于每年 12 月 31 日前将研究生国家奖学金一次性发放给获奖研究生，颁发国家教育部统一印制的荣誉证书，并记入学生学籍档案。

第十九条　学校严格执行国家相关财经法规和本办法的规定，对研究生国家奖学金资金加强管理，专款专用，不得截留、挤占、挪用，并自觉接受财政、审计、纪检监察等部门的检查和监督。

第二十条　学校、培养单位要切实加强管理，认真做好研究生国家奖学金的评审和发放工作，确保国家奖学金切实用于奖励品学特别优秀的学生。

第二十一条　获得国家奖学金的研究生事后经查实在参评学年有学术不端等违纪行为的，取消其当年获奖资格，追缴已发奖学金，并按有关规定给予纪律处分。

第六章　附则

第二十二条　获得国家奖学金奖励的研究生，可以同时获得研究生学业奖学金、研究生国家助学金等其他研究生国家奖助政策以及校内其他研究生奖助政策资助。

第二十三条　办法由学校学生资助管理中心负责解释，自发布之日起施行。原《西北民族大学研究生国家奖学金评审办法》（民大发〔2017〕364 号）同时废止。

西北民族大学研究生国家助学金评定办法

第一章　总则

第一条　为完善学校研究生奖助管理体系，提高研究生待遇水平，根据财政部、教育部、人力资源和社会保障部、退役军人部、中央军委国防动员部《学生资助资金管理办法》（财科教〔2019〕19号）文件精神，现结合学校实际，制定本办法。

第二条　研究生国家助学金由中央财政出资设立，补助研究生基本生活支出。

第二章　资助对象与标准

第三条　获得国家助学金资助的研究生，应当同时具备下列条件：

（一）具有中华人民共和国国籍；

（二）纳入全国研究生招生计划；

（三）全日制在校研究生；

（四）无固定工资收入。

第四条　博士研究生每生每年资助 15000 元，硕士研究生每生每年资助 6000 元。

第三章　助学金发放、管理与监督

第五条　每年 9 月 30 日前，学校学生资助管理中心提出符合本办法规定的研究生国家助学金资助名单，报学校国家奖助学金评审领导小组进行审定。每月 10 日前，各研究生培养单位将本单位国家助学金发放签字确认表报送至学生资助管理中心，学生资助管理中心审核后报财务处，财务处按月（每年的 2 月、8 月除外）将研究生国家助学金足额发放至研究生个人银行账户。

第六条　研究生在学制期限内，由于出国、入伍、疾病等原因办理保留学籍或休学等手续的，学校将暂停对其发放研究生国家助学金，待其恢复学籍后再行发放。超过规定学制年限的延期毕业生不再享受研究生国家助学金。申请提前毕业的研究生自办理毕业离校手续次月起，停发其研究生国家助学金。

第七条　学校严格执行国家相关规定，对研究生国家助学金实行分账核算，专款专用，不得截留、挤占、挪用，并自觉接受财政、审计、纪检监察、主管机关等部门的检查和监督。

第四章　附则

第八条　本办法由学校学生资助管理中心负责解释，自发布之日起施行。原《西北民族大学研究生国家助学金管理暂行办法（民大发〔2017〕364 号）同时废止。

附件 1：西北民族大学旅游管理（校企合作）专业建设和管理委员会名单

主　　任：王彦斌

总　　监：焦殿成

副 主 任：付晓军、段小强

委　　员：

公司委员：李青谦、马强、苗雪

学校委员：王志军、赵仁杰、冶生贵、文化、杨朝继、齐卫权、孙力、杨永昌、马志学、王泽民、丁玉芳、李国剑、缑婷、陈洁、张旭东

委员会下设办公室，办公室设在教务处，教务处处长兼任办公室主任。

附件 2：西北民族大学第五届学位评定委员会调整名单

一、西北民族大学第五届学位评定委员会（25 人）

主　席：郭郁烈

副主席：白日霞、王彦斌

委　员：（按姓氏笔画排序）

才让、才让加、万玛项欠、马玉堂、王万成、王泽民、王彦斌、王谋清、文英、白日霞、宁梅、朱杰、沙景荣、张国恒、陈丽华、郑天锋、单广荣、赵学东、赵晋、贺卫光、郭郁烈、曹万智、谢智学、臧荣鑫、赛音

学位评定委员会下设办公室，办公室设在研究生处，办公室成员由研究生处、教务处、学生工作部（处）、科研处、继续教育学院相关工作人员组成。

博士、硕士学位工作由研究生处负责，学士学位工作由教务处负责。

办公室主任：顾克东

办公室副主任：段小强、冶生贵、杨具田、沙存善

办公室秘书：万淑慧、郎文星、孙向涛、白笑天

二、各培养单位学位评定分委员会成员名单

（一）社会科学研究院

主　席：才让

委　员：才让、马忠才、王国明、尹伟先、多拉、多洛肯、曼秀·仁青道吉

（二）马克思主义学院

主　席：马玉堂

委　员：马玉堂、马毓新、李世凯、陈改玲、敏文杰、康春英、甄喜善

（三）经济学院

主　席：才让加

委　员：才让加、马海涯、王超、邓艾、祁永安、李长亮、曹颖轶

（四）法学院

主　席：郑天锋

委　员：尼玛才让、安兵、李晓玲、张国妮、张贵玲、张朝霞、念富强、郑天锋、耿龙玺、葛少芸、蒋宏伟

（五）民族学与社会学学院

主　席：贺卫光

委　员：马忠才、马效佩、尹伟先、冯瑞、刘荣、贺卫光、满珂

（六）教育科学与技术学院

主　席：沙景荣

委　员：马永峰、马春花、王妍莉、刘洋、何燕华、冷明伟、沙景荣

（七）体育学院

主　席：谢智学

委　员：丁鸿祥、马艳芬、王龙、朱惠平、刘万武、刘虎、陈康、谢智学、薛锋

（八）文学院、维吾尔语言文化学院

主　席：宁梅

副主席：努妮莎

委　员：宁梅、多洛肯、苏茜、杨德明、吾斯曼·居买

宋占海、阿布都外力·克热木、阿达来提、陈召荣、努妮莎、凯丽比努·阿不都热合曼、贺群、韩晓清

（九）藏语言文化学院

主　席：万玛项欠

委　员：万玛项欠、万玛航青、扎西当知、斗拉加

多杰东智、贡保杰、杨本加、更登三木旦、英加布、卓玛才让、夏吾拉旦、桑吉苏奴、傅千吉

（十）蒙古语言文化学院

主　席：文英

委　员：才布西格、文英、巴图、巴图格日勒、孟开、昭日格图、娜日苏、斯琴孟和、额尔登别力格

（十一）外国语学院

主　席：王谋清

委　员：马兰、马纳琴、马和斌、马春兰、王谋清、水彩琴、辛瑞青、张汉彬、陈琪、周红梅、赵冰

（十二）新闻传播学院

主　席：朱杰

委　员：马小龙、方元、朱杰、李克、杨志宏、张辉刚、张兟

（十三）音乐学院、舞蹈学院

主　席：赛音

副主席：李琦

委　员：李琦、宋乃娟、宋佳、陈小玲、陈世祥、桑吉顿珠、黄炜、寇亮、赛音

（十四）美术学院

主　席：王万成

委　员：才让多杰、马克、王万成、牛乐、达林太、张少泉、张志雁、周安平、侯旭东、姚静萍、徐海翔

（十五）历史文化学院

主　席：赵学东

委　员：才让、朱悦梅、杨永锋、范宇权、周松、赵学东、段小强、俄琼卓玛、答小群

（十六）数学与计算机科学学院、中国民族信息技术研究院

主　席：单广荣

副主席：戴玉刚

委　员：马君、刘华、李永宏、张国权、范忠雄、林强、单广荣、胡阿旭、黄水波、曹永春、戴玉刚

（十七）电气工程学院

主　席：张国恒

委　员：才让卓玛、马安仁、王书志、王彩霞、吴韬、张久献、张生果、张国恒、周志文、高明亮、郭凌

（十八）化工学院

主　席：陈丽华

委　员：孙初锋、苏琼、李佳、杨一鸣、张平、张宏、陈丽华

（十九）生命科学与工程学院、生物医学研究中心

主　席：臧荣鑫

副主席：柏家林

委　员：马忠仁、扎西英派、刘俊林、杨具田、陆会宁、郭鹏辉、曹忻、蔡葵蒸、潘和平、霍生东、魏锁成、卢建雄、柏家林、高丹丹、臧荣鑫

（二十）医学院、口腔医学院

主　席：赵晋

副主席：李志强

委　员：马力扬、叶青山、包广洁、兰咏梅、米登海、李志强、张晓慧、金永新、周云松、周海静、郑亚莉、赵晋、海向军、寇炜、傅思武

（二十一）管理学院

主　席：王泽民

委　员：丁玉芳、王泽民、安金朝、孙永龙、陈萍、高永辉、谢宗棠

（二十二）土木工程学院

主　席：曹万智

委　员：王春芬、王洪镇、李朝晖、吴云、吴忠铁、何永强、武红娟、郑海晨、徐亮、郭启龙、曹万智

附件 3：西北民族大学 2019 年校级一流本科专业建设点一览表

序号	所在学院	专业代码	专业名称	专业类
1	蒙古语言文化学院 藏语言文化学院 维吾尔语言文化学院	050102	汉语言	中国语言文学类
2		050104	中国少数民族语言文学	
3	民族学与社会学学院	030301	社会学	社会学类
4		030401	民族学	民族学类
5	新闻传播学院	050301	新闻学	新闻传播学类
6	外国语学院	050206	阿拉伯语	外国语言文学类
7	历史文化学院	060101	历史学	历史学类
8	管理学院	120203K	会计学	工商管理类
9	舞蹈学院	130204	舞蹈表演	音乐与舞蹈学类
10	音乐学院	130201	音乐表演	
11	美术学院	130402	绘画	美术学类
12	生命科学与工程学院	083001	生物工程	生物工程类
13		090401	动物医学	动物医学类
14	口腔医学院	100301K	口腔医学	口腔医学类
15	数学与计算机科学学院	070101	数学与应用数学	数学类
16		080902	软件工程	计算机类
17	电气工程学院	070201	物理学	物理学类
18	化工学院	081301	化学工程与工艺	化工与制药类

附件4：西北民族大学2019级研究生新生学业奖学金获奖名单

一、马克思主义学院（共14人）

丁自云、敏鹏程、王劲坤、李雪萍、乔飞、鲁晓飞、赵薇、窦昉旻、徐帅佳、刘颜翰、闫筱、李章林、杨丹丹、孙家根

二、经济学院（共8人）

李子航、王耀政、王红娟、王昱懿、闫政达、王渊钊、郃哲汉、吐尔逊古力·阿比孜

三、法学院（共12人）

禹宁宁、刘晶、阎佳妮、赵汉男、李怡润、闫正、郑朋冲、王杨、杨自豪、郭世英、罗招红、黄磊

四、民族学与社会学学院（共14人）

兰博、安鹏、旦正嘉、卓玛草、王玉桃、阿玲、拉姆、阿则古丽·吾普尔、马豆豆、张嘉顺、徐晋、奇曼古丽·麦买提、许凌云、李小锋

五、教育科学与技术学院（共3人）

谢馨仪、郑天娇、马海兰

六、体育学院（共16人）

梁海军、朱琦、马浚洋、张帆、江民明、向玉波、何志敏、吴肖飞、李源广、丁中帅、赵锦、李朋真、刘永进、罗金富、马圣翔、韩聪

七、文学院（共7人）

李俊男、德吉昂毛、许瑞萍、滕云月、刘丽婷、马丽莎、慈学怡

八、维吾尔语言文化学院（共7人）

尼格热·阿不来提、吾吉阿布拉·麦麦提、古再努尔·热合木江、古再丽努尔·吐尔逊、王雯莉、努尔比耶·依明、排孜丽耶·瓦哈甫

九、藏语言文化学院（共 22 人）

道吉仁欠、斗拉太、尕藏草、才让卓玛、万玛措、本杰加、卓玛草、才让拉毛、当增吉、完代克、桑吉卓玛、赛强加、孟吉多杰、切增卓玛、斗拉加、叶忠措、东主才让、更藏多杰、才布周、旦珍甲、阿布旦、美争松毛

十、蒙古语言文化学院（共 15 人）

田美、月琴、德德玛、木其尔、白水晶、赛汉娜、陶力、查娜、钢苏德、阿力玛、拉希策仁、希吉热、萨如拉、萨其拉、图布新巴雅尔

十一、外国语学院

李洁、和恒博

十二、新闻传播学院（共 5 人）

刘美辰、万玛什杰、孙海峰、王匀、满德娃

十三、音乐学院（共 45 人）

杨林波、吴文婷、孟媛、张珍、孙雨欣、宋钰蓉、王帅、王炜、张阳、戴娟娟、卢斐、张晓洁、田丰、孙介孚、李慧、陈杰、罗金军、阎梦宇、尹智超、韩蓉、孟凡腾、胡蓝方、王甲娣、杨娟娟、陈劲文、易雯雯、段毓毓、夏铭阳、王婕睿、廖紫韦、王子涵、李瑞瑞、韩涵、惠鑫、谢娇、折文香、汪智涛、黄锐、买勒杰娜、周子筠、柳文博、邢微、李烁、王娟、李丹

十四、舞蹈学院

宗学良、任贞

十五、美术学院（共 18 人）

刘书含、杨欢、吴绍虹、王凯、李金凤、何宛锦、张雪松、李雨桐、杨晓瑞、陈雪娇、李晓蕊、隋缘、王芸、王艺筱、李博、郑永锋、王钦、罗瑞锋

十六、历史文化学院（共 12 人）

马琼、屈子淇、闫珠君、马文玉、蔡鸿宇、杨博珺、马卿、胡琴、蒋云信、肖正伟、佘许成、王心如

十七、数学与计算机科学学院（共 10 人）

南太本、蔡瑾、杨婷婷、李晔萱、李志明、安卓莫、姜伟欣、南杰措、多杰才让、黄奕轩

十八、化工学院

赵军、王茹

十九、生命科学与工程学院（共 34 人）

马兰花、王福彬、陈祎玮、顾亚荣、谭义洲、蔡德育、魏芳、田程程、地里亚尔·阿布拉海提、钟文、王略宇、刘宏涛、李凤迪、刘新宇、黄海岩、刘文凯、石嘉琛、覃圣、任卫合、金丽、李方琳、摆小琴、李菊、粟雨芯、马石霞、杨许花、杨雪妍、仲顺虎、罗龙龙、张棚、陈树吾、郭寿清、陈舟、李书元

二十、医学院（共 18 人）

马艳庆、张子龙、张璐璐、弓宵、麦布拜姆·阿卜力克木、马万军、何彬宾、张玥、张丽媛、孙晓伟、罗海波、向泓宇、涂鹏、邹波、张皓、李聪、蒲雯婕、徐兆晨

二十一、中国民族信息技术研究院（共 9 人）

白帆、娜琳、杨昊、马淑珍、李多吉草、陶怡轩、唐愉顺、崔泽宇、治天锴

二十二、社会科学研究院（共 40 人）

才让当知、贡保杰、日孜万古力·喀哈尔、高鸽、赵娜、蒋亭亭、黄跃昊、王婷婷、张琪、刘敬伟、易晓慧、斯琴格日乐、道杰本、张福、才让叁智、万么加、张克草、王红洁、张策、孟祥和、阿拉坦宝鲁尔、沃德乐、丁子牙、扎央拉莫、孟美英、张俊娅、交巴草、拉毛才让、巩丹阳、德白、卓玛、马倩玉、盛雪莲、孙芸霞、才让多杰、尕藏东智、萨其日拉、更他加、阿日贡高娃、南拉才让

附件 5：西北民族大学 2019 届毕业研究生名单

一、蒙古语言文化学院（共 14 人）

韩跟小、刘相措、图雅、王彦龙、宝日玛、季朝鲁门、明阳、沃德乐、乌妮、格日乐吐、娜日苏、乌日其木格、意拉拉他、张旭

二、历史文化学院（共 27 人）

马俊平、马辉、马俊智、仁增拉青旺姆、邓德多杰、丁继光、王高昆、浦杰、王蓉、闫文钰、陈庆阳、陈海博、戴乐、董鹏飞、段银霄、胡雪萍、贾智鹏、李鲁平、刘海花、刘子坤、孟聪敏、齐然、闪烁、宋建霞、王明江、王玉、赵世伟

三、数学与计算机科学学院（共 10 人）

蔡正琦、李振江、王潇雅、陈昊君、米盈元、王世超、杨环、杨鹏、曾雯静、韩跃辉

四、维吾尔语言文化学院（共 12 人）

再纳汗、阿不都日衣木·肉斯台木江、冯培华、胡颖、刘涛、张晗、阿不都海外·海力、姑丽爱热穆·依布拉音、木尼热·吐尔洪、努力牙·克热木、伊力扎提·艾尔肯、衣利盼·库尔万

五、藏语言文化学院（共 44 人）

才昂闹日、公保才让、闹日项旦、仁青卓么、完玛才让、扎平、周拉开、德拉塔、万玛扎西、道布旦、角巴才让、拉毛道吉、龙本才让、南拉才让、项秀、周桑加、才让南杰、贡保东知、加华才让、加化道吉、楞本才让、李毛才让、罗白才让、万玛加、项见措、依西措、周太才让、才官加、刀吉才旦、道吉才让、嘎玛卓玛、交巴草、漫拉吉、四郎秋达、完么才多、扎西加措、才公杰、才让多杰、道吉仁青、多杰才旦、尕藏吉、拉玛泽登、完玛刀吉、张克草

六、中国民族信息技术研究院（共 30 人）

辛瑞青、尕松永藏、高晓梅、王红洁、许娜、颜京豪、蔡璐璐、陈亮、成晨、丁菊薇、郝磊、康健、寇赟、李娇、李倩、李姝姝、林擘鑫、罗李赛、马雅静、孙丽萍、田储均、汪峰、王策、王皓、王松、熊壮志、闫利阳、杨宁、张婷、竹可鉴

七、社会科学研究院（共 9 人）

昂却本、张春祥、勒毛草、祁仁前草、仁青吉、桑德多杰、伊杰木、扎西当周、张诺增尕玛

八、民族学与社会学学院（共 65 人）

张小翠、魏霄茹、吴正文、寇宗玺、徐瑶、韩培培、罗欢、杨正兴、柳宾宾、杨琪、张鸿鸣、格日拉措、蒋苇、李发昌、李智江、梁庆芬、桑吉扎西、王晓瑞、王志达、邢艳超、钟晓焘、祖钰棋、覃春益、陈碗碗、陈新洋、陈雪、达继祖、苟文娟、郭敬敬、韩晓炜、郝硕、侯章磊、胡慧霞、李林芳、李云飞、龙丽、陆肸垚、马玲玲、马曼曼、努尔比耶·亚森、省杰、苏潇潇、谭梦颖、陶彤彤、铁宏、王嘉睿、王鹏文、王如雪、王若丁、王文清、魏阳、夏庆、谢新慧、杨丽梅、叶家珩、于海超、张皓、张洁、张权威、张晓静、张展、赵爽、赵晓芳、赵圆、朱娜

九、体育学院（共 11 人）

王伟强、陈君涵、贡嘎诺贝、马元琪、牟东旭、杨超、杨洋、张宝成、张童、张洋洋、张子兵

十、马克思主义学院（共 27 人）

常鸿飞、李欣、高佩佩、刘丛瑜、马博、张博、丁玫、黄莉茹、江巴齐林、刘永礼、马文达、穆志超、伊里哈木江·加帕尔、张弛、张翰林、刘天培、袁泽宇、陈伟、陈小涛、董自然、卢倩、沁根、王耀祖、樊高强、沙日娜、王彬力、王晓洁

十一、经济学院（共 36 人）

郭娜娜、赵凯凯、李艾芮、马旭、王玲、杨健、杨天姿、程梦婷、单孟林、付登鑫、郜璐璐、郝雅典、孔莹、李章豪、刘嘉雯、刘涛、鲁潇怡、吕慧君、史东超、孙平、唐琬、涂莹、汪益航、王官举、王佳月、王少朴、肖凯文、谢晓景、胥力尹、徐希燕、原康丽、张今、张鹏宇、张学倩、张亚闻、周明震

十二、教育科学与技术学院（共 10 人）

柴志新、傅文增、赵倩、周峥、丁雪、冯甜甜、刘苏蕙、师婧、余波、朱冬伟

十三、舞蹈学院（共 15 人）

秦苇苇、张锦江、巴特尔、程依铭、彭子芹、王宇、张牧笛、郭锦、李莹莹、毛伟臣、彭慎鼎、祁晶晶、游龙、张黎、张梦恬

十四、美术学院（共 42 人）

陈亚迪、李伟、李小军、李志璐、马军强、彭显明、孙可、王飞龙、魏黎明、杨瑞峰、张路平、赵光凯、陈彬、陈雪、郭晓山、胡畅、胡晓梅、姜宁、李丽、李照卿、宋桂子、王前贵、杨丽、赵金

蕊、程前、甘永甜、高令军、胡祎楠、李旭梅、李艳、饶丽、孙娴、王康、王梦雨、王帅、许亚男、杨妮、尹静、张明玉、张酉酉、赵思博、周美秀

十五、医学院（共 41 人）

许少伟、江蕊、蔡译庆、曹艳华、陈旭、崔金乔、杜帆、纪睿灵、蒋福东、李傲、李良才、李雯彬、李一丁、李子良、梁旭、刘刚、刘红立、骆迪、马海、马克文、綦瑞、盛林倩、覃珊珊、滕启凤、王宁、王亚飞、王永庆、辛元春、杨百涛、杨少轩、袁雪枚、苑群、翟苗苗、张昊、张峻瑞、张晓瑛、张志虹、赵莉、周山、朱琛琛、朱亚萍

十六、管理学院（共 6 人）

龚灵巧、陈博强、程亚丽、宋婷婷、孙珂、徐慧琳

十七、法学院（共 60 人）

冯丹、马小琴、秦欢、黄金鑫、黄树广、李硕、苗健、史阳阳、孙健、程兰霞、封锦、郭荣荣、胡西旦·艾买提、黄金文、李敏、刘鹏、陆雨亭、钱芳、孙磊、孙雅颖、王威、杨雅杰、张博、张殿军、张俊跃、张誉荠、柴浩瑜、陈菊美、崔冰花、丁海霞、窦菊梅、冯泽媛、胡文倩、李颖雪、刘薏暄、刘元亨、吕莹、罗雅琴、毛粒、聂赛男、聂玮聪、潘腾飞、裴婷婷、汤淑睿、王宏骏、王莉雯、王振宁、吴蒙蒙、吴双、夏丽娜、熊羽菲、徐世芳、杨阳、杨裕、叶莹莹、张彬、张夫兰、张吴迪、赵忆如、周亿

十八、文学院（共 18 人）

李媛媛、刘运佳、石进花、唐松、辛瑞涛、张珊珊、李芮、马娟、孟静、张倩、卡力哈尔·哈哈曼、雷银、李丹、李天石、石夏、张曦萍、赵敏、朱杨

十九、外国语学院（共 5 人）

冯丹、李高敏、孟俊兵、王艺、杨洋

二十、新闻传播学院（共 5 人）

白雪、才让草、马菱遥、昂增多杰、张丽娟

二十一、音乐学院（共 53 人）

陈腾飞、高一峰、高源、侯笑、可心、马政、谭良俊、吴嘉媚、咸凤、于涵、袁铭、张永青、赵

楠、周祎、柴慧霞、柴煜昕、陈丽、程康勇、崔倩倩、窦英杰、范晶瑶、郝爱珍、纪梦娟、贾璐、荆冠龙、李冰、李璟、李梅、李素萍、刘禧峰、刘潇、鹿锐、吕欣怡、毛晓彦、孙婷婷、万希诺、王飙、王超逸、王晖霞、王雪莹、王勇、魏芳、魏艺溶、徐继康、杨喆、尹星、袁尚吉、张家栋、张珊珊、张瑜、赵建栋、郑钰彬、朱钰

二十二、电气工程学院

谭宗元、张坤

二十三、化工学院（共 23 人）

顾鹏、刘莉、曹宏伟、陈凌霆、杜鹏、郭新风、何静、胡勤政、英名峰、雷忠春、梁双、刘丹、刘小琴、王斌、王超囡、王守亮、王英学、吴磊、徐琪、叶宣宣、于加瑞、袁明丽、张栋

二十四、生命科学与工程学院（共 27 人）

郭雪峰、雷蕾、李忠邦、徐文凯、林选栋、岳小婧、杜敏杰、鲁菁菁、齐骜穹、张丽、任瑞、许强、薛宇佳、常秋燕、陈晓倩、窦晓霞、何云富、李林杰、罗新、马鹏、热孜万古力·赛买提、王娟、王兴陇、张松、邓盈盈、赖露菊、梁浩勤

国际合作与交流工作

西北民族大学 2019 年出国（境）留学学生信息一览表

序号	姓名	性别	所在学院	年级及专业	院校	停留时间	备注
1	王鑫岳	男	经济学院	2016 级国际经济与贸易专业本科班	美国犹他州立大学	2019 年 8 月—2020 年 5 月	中外合作办学项目
2	陈寅聪	男		2017 级国际经济与贸易专业本科班		2019 年 8 月—2021 年 5 月	
3	桑文清	女					
4	龚木加甫	男	蒙古语言文化学院	2017 级中国少数民族语言文学研究生	蒙古国师范大学	2019 年 9 月—2019 年 12 月	校际合作项目
5	姚文兰	女	外国语学院	2017 级俄语专业本科班	俄罗斯国立普希金俄语学院	2019 年 10 月—2020 年 7 月	国家留学基金委项目
6	马娟娟	女			俄罗斯喀山联邦大学	2019 年 9 月—2020 年 7 月	
7	袁昊群	男	管理学院	2018 级旅游管理专业本科班	美国加州波莫那州立理工大学	2019 年 8 月—2020 年 1 月	自费留学
8	华星	女	新闻传播学院	2017 级中国少数民族艺术研究生	台湾中国文化大学	2019 年 2 月—2019 年 6 月	校际合作项目
9	仁青才让	男	藏语言文化学院	2017 级藏学研究生			
10	扎西东珠	男	历史文化学院	2017 级中国少数民族史研究生			
11	高边玛草	女	经济学院	2017 级中国少数民族经济研究生			
12	才让卓玛	女	民族学与社会学学院	2017 级民族学研究生			
13	尼格才让	男	藏语言文化学院	2017 级中国少数民族语言文学研究生	台湾中国文化大学	2019 年 9 月—2020 年 1 月	校际合作项目
14	郎娜尔丹	女	历史文化学院	2017 级中国少数民族史研究生			
15	张梦佳	女		2017 级中国少数民族史研究生			
16	李昕	女	经济学院	2017 级民族学研究生			
17	李亮善	男	美术学院	2017 级美术学研究生	佛罗伦萨 BISONTE 版画学院（意大利）	2019 年 4 月—2019 年 7 月	实习交流
18	齐德勒夫	男					
19	李金闰	男	文学院	2015 级汉语国际教育本科班	澳门大学	2019 年 9 月—2021 年 7 月	国家民委项目
20	刘思含	女	新闻传播学院	2018 级广播电视编导专业本科班	俄罗斯圣彼得堡大学	2019 年 3 月—2020 年 3 月	自费留学
21	吕雪	女	外国语学院	2017 级俄语专业本科班	俄罗斯喀山联邦大学	2019 年 9 月—2020 年 8 月	自费留学
22	马夺	男	中国民族信息技术研究学院	2017 级计算机技术研究生	新加坡南洋理工大学	2019 年 2 月—2020 年 7 月	实习交流

序号	姓 名	性别	所在学院	年级及专业	院校	停留时间	备注
23	宋正如	女	新闻传播学院	2014 级广播电视专业本科班	英国胡佛汉顿大学	2019 年 5 月—2020 年 6	自费留学

2019 年，我校共选派来自经济学院、蒙古语言文化学院、外国语学院、管理学院、藏语言文化学院、历史文化学院、民族学与社会学学院、美术学院、新闻传播学院、文学院、中国民族信息技术研究院等 11 个学院的 23 名学生分别前往美国犹他州立大学（3 人）；俄罗斯国立普希金俄语学院（1 人）、俄罗斯喀山联邦大学（2 人）、蒙古国师范大学（1 人）、俄罗斯圣彼得堡大学（1 人）、意大利佛罗伦萨 BISONTE 版画学院（2 人）美国加州波莫那州立理工大学（1 人）、英国胡佛汉顿大学（1 人）、新加坡南洋理工大学（1 人）；台湾中国文化大学（9 人）以及澳门科技大学（1 人）等 8 个国家及地区的 11 所高校学习、访学交流、实习交流、研修，其中有 2 名学生获得国家留学基金委项目资助，1 名学生获国家民委项目资助。

西北民族大学2019年短期来校访学国（境）外专家信息一览表

序号	邀请单位	项目执行人	项目名称	团组成员	国家（地区）	来华目的	工作单位	来访身份	来访时间
1	社会科学研究院	敖特根	语料库及其在蒙古语相关研究上的应用	Hsiao, Su-ying	中国台湾	讲学	中央研究院语言学研究所	副研究员/博士	2019.6.19—2019.6.29
2	数学与计算机科学学院	王维兰	数据处理中的科学问题研究	刘燕权	美国	讲学	美国南康涅狄罗州立大学	教授/博士	2019.6.10—2019.6.14
3	音乐学院	桑吉顿珠	西部高校管乐教学模式的管乐团教育现状与对策研究	Christopher Schaub	美国	讲学	泰国玛希隆大学音乐学院	教授/博士	2019.3.27—2019.3.29
4	音乐学院	桑吉顿珠		ALEXANDER-FITERSTEIN	美国	讲学	美国约翰·霍普金斯大学	教授/硕士	2019.5.28—2019.5.30
5	音乐学院	桑吉顿珠		DARKO BRLEK	斯洛文尼亚	讲学	卢布尔雅那音乐节总部	教授/硕士	2019.6.3
6	音乐学院	桑吉顿珠		Yi He	美国	讲学	中国音乐学院	教授/硕士	2019.4.19—2019.4.21
7	音乐学院	桑吉顿珠	国际声乐教学与高校美育实践探索	ERI NAKAGAWA	日本	讲学	泰国玛希隆大学音乐学院	教授/博士	2019.3.27—2019.3.29
8	音乐学院	桑吉顿珠		PARIS PARASCHOUDIS	希腊	讲学	泰国玛希隆大学音乐学院	教授/博士	2019.3.27—2019.3.29
9	音乐学院	杨艳霞		Guo Jason	美国	讲学	四川音乐学院	教授/博士	2019.5.15—2019.5.17
10	音乐学院	钟力	西部高校美育教学中的舞台实践探索——室内乐教学与实践	Zi Ping Chen	奥地利	讲学	中央音乐学院	教授硕士	2019.5.27—2019.5.29
11	音乐学院	王薇娜	西部高校美育教学中的舞台实践探索	YU XIAOQING	美国	讲学	美国田纳西州李大学音乐学院	教授/硕士	2019.6.15—2019.6.17
12	音乐学院	杨怡泽		KARTAL THEODORE IHSAIN	美国	讲学	美国田纳西州李大学音乐学院	教授/硕士	2019.6.15—2019.6.17
13	音乐学院	扎西措	西部高校美育教学中的舞台实践探索	SMITH WILLIAM CAHILL	美国	讲学	美国田纳西州李大学音乐学院	副教授/硕士	2019.6.15—2019.6.17

序号	邀请单位	项目执行人	项目名称	团组成员	国家（地区）	来华目的	工作单位	来访身份	来访时间
14	音乐学院	马波	西部高校管乐教学模式的管乐团教育现状与对策研究	Klara Novak	意大利	讲学	苏州大学音乐学院	教授 / 硕士	2019.4.25—2019.4.27
15	音乐学院	马波		GERGELY ITTZES	匈牙利	讲学	美国茱莉亚音乐学院	教授 / 博士	2019.4.25—2019.4.27
16	音乐学院	尹胜麟	国际声乐交流与高校美育实践探索	stefanowicz.artur mariusz	波兰	讲学	波兰华沙音乐大学	教授 / 硕士	2019.5.8–2019.5.12
17	音乐学院	尹胜麟		CIESLA ROBERT STANISLAW	波兰	讲学	波兰华沙音乐大学	教授 / 博士后	2019.5.5—2019.5.9
18	音乐学院	尹胜麟		ZHANG XING YAN	美国	讲学	广东开放大学音乐学院	教授 / 硕士	2019.5.12—2019.5.16
19	音乐学院	王迦勒	西部高校美育教学中的舞台实践探索——室内乐教学与实践	WU XIAOFENG	中国香港	讲学	南京师范大学音乐学院	副教授 / 博士	2019.5.27—2019.5.31
20	舞蹈学院	尖措太	国际化课程群建设及培养模式的探索与实践	Eva MOTREFF	法国	讲学	法国圣摩尔公立音乐舞蹈戏剧学院	教授 / 硕士	2019.4.21—2019.4.25
21	生物医学研究中心	冯若飞	合成生物学实验室建设项目	Christian Steven Iverson	美国	合作研究	犹他州立大学	主任 / 硕士	2019.4.8—2019.4.10
22	生物医学研究中心	冯若飞		Chen Dong	美国	合作研究	犹他州立大学	高级研究员 / 博士	2019.4.8—2019.4.10
23	生物医学研究中心	冯若飞		Justin Andrew Jones	美国	合作研究	犹他州立大学	助理教授 / 博士	2019.4.8—2019.4.10
24	生物医学研究中心	冯若飞		Randolph Vance Lewis	美国	合作研究	犹他州立大学	教授 / 博士	2019.4.8—2019.4.10
25	生物医学研究中心	冯若飞		KJELL NILSSON	瑞典	合作研究	瑞典PERCELL生物制品公司	教授 / 博士	2019.8.22—2019.9.5
26	生物医学研究中心	冯若飞		JULIAN A HISCOX	英国	合作研究	英国利物浦大学感染与全球健康研究所	教授 / 博士	2019.8.28—2019.8.31
27	生物医学研究中心	冯若飞		CHEN DONG	美国	合作研究	犹他州立大学	高级研究员 / 博士	2019.8.28—2019.8.30
28	生物医学研究中心	冯若飞	食品工艺与品质评价	NURINA ANUAR	马来西亚	合作研究	马来西亚国立大学	副教授 / 博士	2019.8.27–2019.9.2
29	生物医学研究中心	冯若飞	细胞生物反应器悬浮培养技术平台的建立及四价流感病毒裂解疫苗临床前研究	MARINUS JOHANNES MARIA	荷兰	合作研究	荷兰鹿特丹伊拉斯谟大学	助理教授 / 博士	2019.8.28—2019.9.1
30	生物医学研究中心	冯若飞		MOHSEN GHANBARI	荷兰	合作研究	荷兰伊拉斯谟医学中心	研究员 / 博士	2019.8.26—2019.8.31
31	生物医学研究中心	冯若飞		Shile Huang	美国	合作研究	美国路易斯安那州立大学	教授 / 博士	2019.5.21—2019.5.24

序号	邀请单位	项目执行人	项目名称	团组成员	国家（地区）	来华目的	工作单位	来访身份	来访时间
32	生物医学研究中心	冯若飞	细胞生物反应器悬浮培养技术平台的建立及四价流感病毒裂解疫苗临床前研究	Lin Liu	美国	合作研究	美国俄克拉荷马州立大学	教授 / 博士	2019.6.1—2019.6.4
33	生物医学研究中心	冯若飞	细胞生物反应器悬浮培养技术平台的建立及四价流感病毒裂解疫苗临床前研究	ADI IDRIS	澳大利亚	合作研究	格里菲斯大学健康研究所	研究员 / 博士	2019.9.21—2019.9.27
34	蒙古语言文化学院	巴图	蒙古族民歌历史文献与口承民歌比较研究	BAATARJAV MUNKHBAYAR	蒙古国	讲学	蒙古国科学院，乌兰巴托大学	副研究员 / 博士	2019.4.19—2019.5.6
35	蒙古语言文化学院	巴图	蒙古族民歌历史文献与口承民歌比较研究	TSEDEN OTGONSUREN	蒙古国	讲学	蒙古国国立大学	副教授 / 硕士	2019.4.19—2019.5.6
36	蒙古语言文化学院	巴图	蒙古族民歌历史文献与口承民歌比较研究	SANJAA BAIGALSAIKHAN	蒙古国	讲学	蒙古国乌兰巴托大学	教授 / 博士	2019.6.15—2019.7.3
37	蒙古语言文化学院	巴图	蒙古族民歌历史文献与口承民歌比较研究	BADARCH ENKHEE	蒙古国	讲学	蒙古国师范大学	教授 / 博士	2019.6.15—2019.7.3
38	蒙古语言文化学院	巴图	蒙古族民歌历史文献与口承民歌比较研究	U.SARANTSETSEG	蒙古国	讲学	蒙古国师范大学	教授 / 博士	2019.6.15—2019.7.3
39	蒙古语言文化学院	额尔登别力格	“一带一路”视野下的卫拉特民间文学整理与研究	AYUSHJAV ALIMAA	蒙古国	讲学	蒙古国社会科学院	教授 / 博士	2019.4.16—2019.4.30
40	蒙古语言文化学院	额尔登别力格	“一带一路”视野下的卫拉特民间文学整理与研究	AYUSHJAV ALIMAA	蒙古国	讲学	蒙古国社会科学院	教授 / 博士	2019.6.25—2019.7.4
41	蒙古语言文化学院	孟开	“丝绸之路沿线国家《卫拉特学经典文库》编纂”	BAVAL DAVAADORJ	蒙古国	讲学	蒙古国科布多大学	教授 / 博士	2019.5.5—2019.5.21
42	蒙古语言文化学院	孟开	“丝绸之路沿线国家《卫拉特学经典文库》编纂”	GANBOLD MUNKHTUYA	蒙古国	讲学	蒙古国财经大学	讲师 / 博士	2019.5.5—2019.5.21
43	蒙古语言文化学院	孟开	“丝绸之路沿线国家《卫拉特学经典文库》编纂”	LUVSAN NYAMSUREN	蒙古国	讲学	蒙古国科布多大学	教授 / 博士	2019.5.5—2019.5.21
44	蒙古语言文化学院	孟开	“丝绸之路沿线国家《卫拉特学经典文库》编纂”	AMGALAN BATSUURI	蒙古国	讲学	蒙古国科布多大学	教授 / 博士	2019.5.22—2019.6.9
45	蒙古语言文化学院	孟开	“丝绸之路沿线国家《卫拉特学经典文库》编纂”	TSEVEENJAV ICHINKHORLOO	蒙古国	讲学	蒙古国科布多大学外语系	副主任 / 博士	2019.5.26—2019.6.9
46	蒙古语言文化学院	孟开	“丝绸之路沿线国家《卫拉特学经典文库》编纂”	NOROV TSAGAANCHULUUN	蒙古国	讲学	蒙古国科布多大学	讲师 / 硕士	2019.5.19—2019.6.4
47	蒙古语言文化学院	孟开	“丝绸之路沿线国家《卫拉特学经典文库》编纂”	NADMID SUKHBAATAR	蒙古国	讲学	蒙古国立师范大学	教授 / 博士	2019.5.26—2019.6.9
48	蒙古语言文化学院	孟开	“丝绸之路沿线国家《卫拉特学经典文库》编纂”	BADARCH· BAYARSAIKHAN	蒙古国	讲学	俄罗斯联邦图瓦共和国人文科学研究学院	教授 / 博士	2019.6.12—2019.6.25
49	蒙古语言文化学院	孟开	“丝绸之路沿线国家《卫拉特学经典文库》编纂”	RAGCHA BIGERMAA	蒙古国	讲学	蒙古国科技大学	副教授 / 博士	2019.7.4—2019.7.20
50	蒙古语言文化学院	孟开	对外蒙古语教材对比分析与编写策略	DASHZEVEG URNUKHDELGER	蒙古国	讲学	蒙古国科布多大学	主任 / 博士	2019.6.17—2019.7.10
51	蒙古语言文化学院	孟开	对外蒙古语教材对比分析与编写策略	DAVAA UNDARMAA	蒙古国	讲学	蒙古国科布多大学	讲师 / 博士	2019.6.17—2019.7.10

序号	邀请单位	项目执行人	项目名称	团组成员	国家（地区）	来华目的	工作单位	来访身份	来访时间
52	蒙古语言文化学院	孟开	对外蒙古语教材对比分析与编写策略	BADRAA ENKHJARGAL	蒙古国	讲学	蒙古国科布多大学	讲师／博士	2019.6.17—2019.7.10
53	蒙古语言文化学院	孟开	对外蒙古语教材对比分析与编写策略	JAMIYANDORJ GANTSOOJ	蒙古国	讲学	蒙古国科布多大学	博士	2019.6.17—2019.7.10
54	蒙古语言文化学院	斯琴孟和	蒙古语族诸民族民间故事类型分析与数字化研究	BIRTALAN AGNES ERZSEBET	匈牙利	讲学	匈牙利布达佩斯市罗兰大学	教授／硕士	2019.3.20—2019.3.29
55	蒙古语言文化学院	斯琴孟和	蒙古语族诸民族民间故事类型分析与数字化研究	RÁKOS Attila	匈牙利	讲学	匈牙利布达佩斯市罗兰大学	研究员／硕士	2019.3.20—2019.3.29
56	蒙古语言文化学院	斯琴孟和	蒙古语族诸民族民间故事类型分析与数字化研究	CHULUUN	蒙古国	讲学	蒙古国科学院历史研究院	院长／硕士	2019.3.20—2019.3.25
57	蒙古语言文化学院	斯琴孟和	蒙古语族诸民族民间故事类型分析与数字化研究	JADABA BURMAA	蒙古国	讲学	蒙古国国立大学	教授／博士	2019.7.5—2019.7.13
58	蒙古语言文化学院	斯琴孟和	蒙古语族诸民族民间故事类型分析与数字化研究	TUVSHINTUGS	蒙古国	讲学	蒙古国科学院语言文学研究所	教授／博士	2019.1.5—2019.1.11
59	蒙古语言文化学院	乌兰	卫拉特蒙古史学文献汉译注释及研究（19—20世纪）	Byambajav	蒙古国	讲学	蒙古国托忒文语言文化历史研究中心	教授／博士	2019.4.20—2019.5.2
60	蒙古语言文化学院	乌兰	卫拉特蒙古史学文献汉译注释及研究（19—20世纪）	AYBIKE SEYMA TEZEL	土耳其	讲学	印第安纳大学中欧亚研究院与人类学系	助教／硕士	2019.4.25—2019.5.5
61	蒙古语言文化学院	乌兰	卫拉特蒙古史学文献汉译注释及研究（19—20世纪）	Huang Bo	美国	讲学	印第安纳大学中欧亚研究院与人类学系	助教／硕士	2019.4.25—2019.5.5
62	蒙古语言文化学院	乌兰	卫拉特蒙古史学文献汉译注释及研究（19—20世纪）	BEMBEEV EVGENY	俄罗斯	讲学	俄罗斯科学院卡尔梅克语言文学与历史研究所	副研究员／博士	2019.4.30—2019.5.12
63	蒙古语言文化学院	昭日格图	蒙古族“仓诗”文库建设与研究	DASHLKHAGVAA GANBOLD	蒙古国	讲学	蒙古国国立师范大学	教授／博士	2019.6.14—2019.6.29
64	蒙古语言文化学院	乌云才其格	“一带一路”沿线蒙古地名传说研究	POOGOO CHULTEMSUREN	蒙古国	讲学	蒙古国档案局编研科	研究员／博士	2019.6.25—2019.7.2
65	民族学与社会学学院	张霖	民族社会工作研究方法工作坊	Brian E.Perron	美国	讲学	密歇根大学	教授／博士	2019.5.4—2019.5.5
66	民族学与社会学学院	马元平	社会学研究的理论与方法论的最新进展	Li Zong	美国	讲学	加拿大萨斯喀彻温大学	教授／博士	2019.6.15—2019.6.17
67	国际合作交流处	马青	国际化课程群建设及培养模式的探索与实践	MATT MOURITSEN	美国	合作研究	美国韦伯州立大学	执行校长／博士	2019.5.16—2019.5.18
68	国际合作交流处	马青	国际化课程群建设及培养模式的探索与实践	LI LI	美国	合作研究	美国韦伯州立大学	联络员／博士	2019.5.16—2019.5.18

序号	邀请单位	项目执行人	项目名称	团组成员	国家（地区）	来华目的	工作单位	来访身份	来访时间
69	国际合作交流处	原牧	高等教育国际化背景下中外合作办学的探索与实践	LYLE DWIGHT ISRAELSEN	美国	讲学	美国犹他州立大学	教授 / 博士	2019.9.15—2019.9.21
70	国际合作交流处	马青		SMITH JASON	美国	讲学	美国犹他州立大学	主任 / 博士	2019.5.14—2019.5.16
71	国际合作交流处	原牧		LYLE DWIGHT ISRAELSEN	美国	讲学	美国犹他州立大学	教授 / 博士	2019.6.19—2019.6.21
72	国际合作交流处	原牧		SMITH JASON	美国	讲学	美国犹他州立大学	副主任 / 博士	2019.6.19—2019.6.21
73	国际合作交流处	原牧		RONALD JARED	美国	讲学	美国犹他州立大学	主任 / 博士	2019.6.19—2019.6.21
74	国际合作交流处	马青		TODD GRIFFITH	美国	讲学	美国犹他州立大学	助教 / 博士	2019.5.13—2019.5.25
75	国际合作交流处	马青		ANDREW LAYNE	美国	讲学	美国犹他州立大学	学术顾问 / 学士	2019.3.10—2019.3.13
76	国际合作交流处	马青		ROGERS JAMES	美国	讲学	美国犹他州立大学	副教授 / 博士	2019.4.8—2019.4.9
77	国际合作交流处	原牧	国际化课程群建设及培养模式的探索与实践	RIKHSIEVA SHOVKATOVNA	乌兹别克斯坦	合作研究	乌兹别克斯坦塔什干国立东方学院	所长 / 博士	2019.9.17—2019.9.19
78	国际合作交流处	原牧		SAODAY NASIROVA	乌兹别克斯坦	合作研究	乌兹别克斯坦塔什干孔子学院	副教授 / 博士	2019.9.17—2019.9.19
79	国际合作交流处	马青		SARA STROUP	美国	讲学	美国福特海斯州立大学	讲师 / 硕士	2019.5.23—2018.6.3
80	国际合作交流处	马青		JANET STRAMEL	美国	讲学	美国福特海斯州立大学	副教授 / 博士	2019.5.23—2018.6.3
81	国际合作交流处	马青		Ceena Owens	美国	讲学	美国福特海斯州立大学	讲师 / 硕士	2019.5.25—2018.6.9
82	国际合作交流处	马青		STEPHEN HOPSON	美国	讲学	美国福特海斯州立大学	顾问 / 硕士	2019.5.25—2018.6.9
83	经济学院	才让加		ALAN DEINES	美国	讲学	美国福特海斯州立大学	院长 / 博士	2019.5.23—2018.6.3
84	历史文化学院	赵学东		DAVID GOODLETT	美国	讲学	美国福特海斯州立大学	副教授 / 博士	2019.5.25—2018.6.9
85	生命科学与工程学院	臧荣鑫		AMMAR BHANDARI	美国	讲学	美国福特海斯州立大学	助理教授 / 博士	2019.5.23—2018.6.3
86	生命科学与工程学院	臧荣鑫		AMANDA ADAMS	美国	讲学	美国福特海斯州立大学	助理教授 / 博士	2019.5.25—2018.6.9
87	国际合作交流处	马青		KONG LIJUAN	新加坡	合作研究	新加坡国立教育学院	主任 / 硕士	2019.3.10—2019.3.13

序号	邀请单位	项目执行人	项目名称	团组成员	国家（地区）	来华目的	工作单位	来访身份	来访时间
88	美术学院	王万成	“一带一路”条件下的西部民族高等院校美术人才国际化培养与实践研究——列宾美术学院与西北民族大学教学交流合作项目	POGOSIAN ALEKSANDR	俄罗斯	讲学	俄罗斯圣彼得堡列宾美术学院	教授 / 专家	2019.8.4—2019.8.19
89	美术学院	王万成		BAGDASARIAN ARSENII	俄罗斯	讲学	俄罗斯圣彼得堡列宾美术学院	教授 / 专家	2019.8.4—2019.8.19
90	美术学院	王万成		BASHKIRTCEV IURII	俄罗斯	讲学	俄罗斯圣彼得堡列宾美术学院	教授 / 专家	2019.8.4—2019.8.19
91	美术学院	王万成		MORGUNOV MAKSIM	俄罗斯	讲学	俄罗斯圣彼得堡列宾美术学院	教授 / 专家	2019.8.4—2019.8.19
92	美术学院	王万成		IVANOV ALEKSANDRA	俄罗斯	讲学	俄罗斯圣彼得堡列宾美术学院	教授 / 专家	2019.8.4—2019.8.19
93	美术学院	王万成		BEKETOV KONSTANTIN	俄罗斯	讲学	俄罗斯圣彼得堡列宾美术学院	教授 / 专家	2019.8.4—2019.8.19
94	美术学院	王万成		ISAEV GENNADII	俄罗斯	讲学	俄罗斯圣彼得堡列宾美术学院	高级讲师 / 专家	2019.8.4—2019.8.19
95	美术学院	王万成		ZAVARZOVA KSENIIA	俄罗斯	讲学	俄罗斯圣彼得堡列宾美术学院	高级讲师 / 专家	2019.8.4—2019.8.19
96	美术学院	周绍举		BEKETOV KONSTANTIN	俄罗斯	讲学	俄罗斯圣彼得堡列宾美术学院	教授 / 专家	2019.1.11—2019.1.12
97	音乐学院	桑吉顿珠	西部高校管乐教学模式的管乐团教育现状与对策研究	YEN CHING-SHYAN	中国台湾	讲学	中国台湾台北教育大学	教授 / 硕士	2019.7.23—2019.7.27
98	音乐学院	桑吉顿珠		JOSHUA ANDERSON	美国	讲学	美国内华达州立大学	教授 / 硕士	2019.7.23—2019.7.29
99	音乐学院	桑吉顿珠		MORALES RICARDO	美国	讲学	美国费城交响乐团	教授 / 硕士	2019.7.23—2019.7.29
100	音乐学院	桑吉顿珠		TUNG SHUEN-WEN	中国台湾	讲学	中国台湾台北艺术大学	教授 / 硕士	2019.7.24—2019.7.27
101	音乐学院	桑吉顿珠		TIE BAI	美国	讲学	美国洛杉矶贝塞斯达大学	教授 / 硕士	2019.7.23—2019.7.30
102	音乐学院	桑吉顿珠		ZKEGAMI MASATO	日本	讲学	日本洗足学园音乐大学	教授 / 硕士	2019.7.24—2019.7.27
103	音乐学院	桑吉顿珠		LEE IM SOOl	韩国	讲学	韩国同德女子大学	教授 / 硕士	2019.7.24—2019.7.28
104	音乐学院	桑吉顿珠		LITRPFF SCOTT	美国	讲学	澳大利亚昆士兰社区音乐学院	教授 / 硕士	2019.7.24—2019.7.29
105	音乐学院	桑吉顿珠		YEN CHING-SHYAN	中国台湾	讲学	中国台湾台北教育大学	教授 / 硕士	2019.7.23—2019.7.27

序号	邀请单位	项目执行人	项目名称	团组成员	国家（地区）	来华目的	工作单位	来访身份	来访时间
106	音乐学院	桑吉顿珠	西部高校管乐教学模式的管乐团教育现状与对策研究	JOSHUA ANDERSON	美国	讲学	美国内华达州立大学	教授 / 硕士	2019.7.23—2019.7.29
107	音乐学院	桑吉顿珠		MORALES RICARDO	美国	讲学	美国费城交响乐团	教授 / 硕士	2019.7.23—2019.7.29
108	音乐学院	桑吉顿珠		TUNG SHUEN-WEN	中国台湾	讲学	中国台湾台北艺术大学	教授 / 硕士	2019.7.24—2019.7.27
109	音乐学院	桑吉顿珠		TIE BAI	美国	讲学	美国洛杉矶贝塞斯达大学	教授 / 硕士	2019.7.23—2019.7.30
110	音乐学院	桑吉顿珠		ZKEGAMI MASATO	日本	讲学	日本洗足学园音乐大学	教授 / 硕士	2019.7.24—2019.7.27
111	音乐学院	桑吉顿珠		LEE IM SOOI	韩国	讲学	韩国同德女子大学	教授 / 硕士	2019.7.24—2019.7.28
112	音乐学院	桑吉顿珠		LITRPFF SCOTT	美国	讲学	澳大利亚昆士兰社区音乐学院	教授 / 硕士	2019.7.24—2019.7.29
113	音乐学院	桑吉顿珠		JEAN YVES CHEVALIER	法国	讲学	法国里昂音乐学院	教授 / 硕士	2019.7.24—2019.7.29
114	音乐学院	桑吉顿珠		COLLINS MICHAEL JOHN	英国	讲学	日本雅马哈伦敦公司	教授 / 硕士	2019.7.24—2019.7.30
115	音乐学院	桑吉顿珠		GENG ALIAIN	法国	讲学	法国马赛国立音乐学院	教授 / 硕士	2019.7.24—2019.7.30
116	音乐学院	桑吉顿珠		VITOR FERNANDES	葡萄牙	讲学	瑞士日内瓦音乐学院	独立演奏家 / 硕士	2019.7.24—2019.7.30
117	音乐学院	桑吉顿珠		MASSIMO	意大利	讲学	意大利库尼奥音乐学院	教授 / 硕士	2019.7.24—2019.7.30
118	音乐学院	桑吉顿珠		GIUFFREDI CORRADO	意大利	讲学	意大利瑞士管弦乐团	教授 / 硕士	2019.7.24—2019.7.30
119	音乐学院	桑吉顿珠		CARTER DAVIDR	美国	讲学	美国俄克拉荷马州塔尔萨交响乐团	首席 / 博士	2019.7.25—2019.7.28
120	社会科学研究院	尹伟先	历史时期中国与中亚各族经济文化交流研究	KARIMOV AKRAMJAN	乌兹别克斯坦	合作研究	乌兹别克斯坦塔什干国立东方大学	副教授 / 硕士	2019.7.15—2019.7.22
121	社会科学研究院	尹伟先		ZIYAMUHAMEDOV JASUR	乌兹别克斯坦	合作研究	乌兹别克斯坦塔什干国立东方大学	副教授 / 硕士	2019.7.15—2019.7.22
122	社会科学研究院	尹伟先		SULTANOVA LOLA	乌兹别克斯坦	合作研究	乌兹别克斯坦塔什干国立东方大学	副教授 / 硕士	2019.7.15—2019.7.22
123	社会科学研究院	尹伟先		NAZAROVA SAYORA	乌兹别克斯坦	合作研究	乌兹别克斯坦塔什干国立东方大学	副教授 / 博士	2019.7.15—2019.7.22
124	社会科学研究院	尹伟先		KHASANOVA FERUZA	乌兹别克斯坦	合作研究	乌兹别克斯坦塔什干国立东方大学	讲师 / 学士	2019.7.15—2019.7.22

序号	邀请单位	项目执行人	项目名称	团组成员	国家（地区）	来华目的	工作单位	来访身份	来访时间
125	社会科学研究院	尹伟先	历史时期中国与中亚各族经济文化交流研究	BEKMURATOV I.N	乌兹别克斯坦	合作研究	乌兹别克斯坦塔什干国立东方大学	副教授 / 硕士	2019.7.15—2019.7.22
126	社会科学研究院	尹伟先	历史时期中国与中亚各族经济文化交流研究	ASKAROV AKHMADALI	乌兹别克斯坦	合作研究	乌兹别克斯坦塔什干师范大学	教授 / 院士	2019.7.15—2019.7.22
127	教务处	张旭东	国际化课程群建设及培养模式的探索与实践	LUO WEI	澳大利亚	讲学	圣乔治私立医院	硕士	2019.8.17—2019.8.26
128	音乐学院	钟力	西部高校美育教学中的舞台实践探索——室内乐教学与实践	CHEN YUN	新加坡	讲学	中央音乐学院	教授 / 硕士	2019.1.5—2019.1.9
129	音乐学院	桑吉顿珠	西部高校美育教学中的舞台实践探索——室内乐教学与实践	GUO JASON	美国	讲学	四川音乐学院	教授 / 博士	2019.1.6—2019.1.9
130	医学院	赵晋	国际化课程群建设及培养模式的探索与实践	RAYMOND WELLS	美国	讲学	美国医学教育研究与发展基金会费城培训中心	教授 / 博士	2019.7.16—2019.7.18
131	音乐学院	王薇娜	西部高校美育教学中的舞台实践探索——室内乐教学与实践	YU XIAOQING	美国	讲学	美国田纳西州立大学音乐学院	教授 / 硕士	2019.6.15—2019.6.17
132	音乐学院	杨怡泽	西部高校美育教学中的舞台实践探索——室内乐教学与实践	KARTAL THEODORE IHSAIN	美国	讲学	美国田纳西州立大学音乐学院	教授 / 硕士	2019.6.15—2019.6.17
133	音乐学院	扎西措	西部高校美育教学中的舞台实践探索——室内乐教学与实践	SMITH WILLIAM CAHILL	美国	讲学	美国田纳西州立大学音乐学院	副教授 / 硕士	2019.6.15—2019.6.17
134	音乐学院	李玮	西部高校美育教学中的舞台实践探索——室内乐教学与实践	BU JIE	美国	讲学	美国内达华艺术学院	教授 / 硕士	2019.11.4—2019.11.8
135	音乐学院	桑吉顿珠	西部高校美育教学中的舞台实践探索——室内乐教学与实践	Alaimo Di Loro Leonardo	意大利	活动1：西北民族大学“一带一路”国际艺术交流系列活动之“对话马可·波罗”——意大利西西里爱乐乐团专场音乐会；活动2：学术交流	意大利西西里爱乐乐团	演奏员 / 硕士	2019.12.23—2019.12.25
136	音乐学院	桑吉顿珠	西部高校美育教学中的舞台实践探索——室内乐教学与实践	Ammirata Luigi	意大利	活动1：西北民族大学“一带一路”国际艺术交流系列活动之“对话马可·波罗”——意大利西西里爱乐乐团专场音乐会；活动2：学术交流	意大利西西里爱乐乐团	演奏员 / 硕士	2019.12.23—2019.12.25
137	音乐学院	桑吉顿珠	西部高校美育教学中的舞台实践探索——室内乐教学与实践	Angelico Francesco Antonino	意大利	活动1：西北民族大学“一带一路”国际艺术交流系列活动之“对话马可·波罗”——意大利西西里爱乐乐团专场音乐会；活动2：学术交流	意大利西西里爱乐乐团	演奏员 / 硕士	2019.12.23—2019.12.25
138	音乐学院	桑吉顿珠	西部高校美育教学中的舞台实践探索——室内乐教学与实践	Anzalone Emanuele Salvatore	意大利	活动1：西北民族大学“一带一路”国际艺术交流系列活动之“对话马可·波罗”——意大利西西里爱乐乐团专场音乐会；活动2：学术交流	意大利西西里爱乐乐团	二级演奏员 / 硕士	2019.12.23—2019.12.25
139	音乐学院	桑吉顿珠	西部高校美育教学中的舞台实践探索——室内乐教学与实践	Banno Simone	意大利	活动1：西北民族大学“一带一路”国际艺术交流系列活动之“对话马可·波罗”——意大利西西里爱乐乐团专场音乐会；活动2：学术交流	意大利西西里爱乐乐团	演奏员 / 硕士	2019.12.23—2019.12.25
140	音乐学院	桑吉顿珠	西部高校美育教学中的舞台实践探索——室内乐教学与实践	Battiato Sebastiano	意大利	活动1：西北民族大学“一带一路”国际艺术交流系列活动之“对话马可·波罗”——意大利西西里爱乐乐团专场音乐会；活动2：学术交流	意大利西西里爱乐乐团	三级演奏员 / 硕士	2019.12.23—2019.12.25
141	音乐学院	桑吉顿珠	西部高校美育教学中的舞台实践探索——室内乐教学与实践	Bentivegna Salvatore	意大利	活动1：西北民族大学“一带一路”国际艺术交流系列活动之“对话马可·波罗”——意大利西西里爱乐乐团专场音乐会；活动2：学术交流	意大利西西里爱乐乐团	演奏员 / 学士	2019.12.23—2019.12.25

序号	邀请单位	项目执行人	项目名称	团组成员	国家（地区）	来华目的	工作单位	来访身份	来访时间
142	音乐学院	桑吉顿珠	西部高校美育教学中的舞台实践探索——室内乐教学与实践	Binetti Damiano	意大利	活动1：西北民族大学“一带一路”国际艺术交流系列活动之“对话马可·波罗”——意大利西西里爱乐乐团专场音乐会；活动2：学术交流	意大利西西里爱乐乐团	一级演奏员/硕士/艺术总监	2019.12.23—2019.12.25
143	音乐学院	桑吉顿珠		Bonanno Giovanni Maria	意大利			演奏员/硕士	
144	音乐学院	桑吉顿珠		Bosco Alessandra	意大利			演奏员/硕士	
145	音乐学院	桑吉顿珠		Calabrese Rocco Samuele	意大利			演奏员/硕士	
146	音乐学院	桑吉顿珠		Re Giovanni Rocco	意大利			三级演奏员/硕士	
147	音乐学院	桑吉顿珠		Capizzi Andrea	意大利			演奏员/学士	
148	音乐学院	桑吉顿珠		Corso Lidia Maria	意大利			演奏员/硕士	
149	音乐学院	桑吉顿珠		Cosentino Carlotta	意大利			演奏员/学士	
150	音乐学院	桑吉顿珠		Fiorella Massimiliano	意大利			一级演奏员/硕士	
151	音乐学院	桑吉顿珠		Frazzetto Mario Luciano	意大利			三级演奏员/硕士	
152	音乐学院	桑吉顿珠		Gangi Mirko	意大利			三级演奏员/硕士	
153	音乐学院	桑吉顿珠		Imperio Paola	意大利			演奏员/硕士	
154	音乐学院	桑吉顿珠		Lalumia Antonio	意大利			演奏员/硕士	
155	音乐学院	桑吉顿珠		Lalumia Pasqualino	意大利			一级演奏员/硕士	
156	音乐学院	桑吉顿珠		Lavenia Gabriella	意大利			演奏员/硕士	
157	音乐学院	桑吉顿珠		Liberale Luigi	意大利			演奏员/学士	
158	音乐学院	桑吉顿珠		Macri Laura	意大利			三级演奏员/硕士	
159	音乐学院	桑吉顿珠		Mazzamuto Sergio	意大利			演奏员/硕士	
160	音乐学院	桑吉顿珠		Messina Gianvito	意大利			演奏员/硕士	
161	音乐学院	桑吉顿珠		Molino Simone	意大利			演奏员/学士	
162	音乐学院	桑吉顿珠		Monachino Francesco	意大利			演奏员/硕士	
163	音乐学院	桑吉顿珠		Muratore Nelide	意大利			演奏员/硕士	

序号	邀请单位	项目执行人	项目名称	团组成员	国家（地区）	来华目的	工作单位	来访身份	来访时间
164	音乐学院	桑吉顿珠	西部高校美育教学中的舞台实践探索——室内乐教学与实践	Perez Vincenzo	意大利	活动1：西北民族大学“一带一路”国际艺术交流系列活动之“对话马可·波罗”——意大利西西里爱乐乐团专场音乐会；活动2：学术交流	意大利西西里爱乐乐团	一级演奏员/硕士	2019.12.23—2019.12.25
165	音乐学院	桑吉顿珠		Pitarresi Raffaele	意大利			演奏员/硕士	
166	音乐学院	桑吉顿珠		Platania Andrea	意大利			演奏员/硕士	
167	音乐学院	桑吉顿珠		Prebbenna Greta	意大利			演奏员/硕士	
168	音乐学院	桑吉顿珠		Provenzano Manuela Pia	意大利			演奏员/硕士	
169	音乐学院	桑吉顿珠		Reitano Emanuela	意大利			三级演奏员/硕士	
170	音乐学院	桑吉顿珠		Ricciardello Salvatore	意大利			三级演奏员/硕士	
171	音乐学院	桑吉顿珠		Roccaro Luca	意大利			二级演奏员/硕士	
172	音乐学院	桑吉顿珠		Ruffino Angelo	意大利			演奏员/硕士	
173	音乐学院	桑吉顿珠		Salvaggio Salvatore	意大利			一级演奏员/硕士	
174	音乐学院	桑吉顿珠		Salvaggio Salvatore	意大利			演奏员/硕士	
175	音乐学院	桑吉顿珠		Savarino Michele	意大利			演奏员/硕士	
176	音乐学院	桑吉顿珠		Sferrazza Luigi	意大利			二级演奏员/硕士	
177	音乐学院	桑吉顿珠		Spaziano Alberto	意大利			演奏员/学士	
178	音乐学院	桑吉顿珠		Spaziano Americo	意大利			一级演奏员/硕士	
179	音乐学院	桑吉顿珠		Spina Dario	意大利			演奏员/硕士	
180	音乐学院	桑吉顿珠		Strano Giulia Paola	意大利			演奏员/硕士	
181	音乐学院	桑吉顿珠		Tese Maria Lina	意大利			演奏员/硕士	
182	音乐学院	桑吉顿珠		Trentuno Roberta	意大利			三级演奏员/硕士	
183	音乐学院	桑吉顿珠		Vacca Martina	意大利			演奏员/硕士	
184	音乐学院	桑吉顿珠		Vassallo Alessandro Alberto	意大利			一级演奏员/硕士	
185	音乐学院	桑吉顿珠		Ventura Valentina	意大利			演奏员/学士	
186	音乐学院	桑吉顿珠		Ma Meng	意大利			奥中文化交流协会演出部主任/学士	
187	音乐学院	桑吉顿珠		Chang Kai	意大利			华人学会副理事长/学士	
188	音乐学院	王迦勒	西部高校美育教学中的舞台实践探索——室内乐教学与实践	VANESSA BENALI MUSELLE	意大利	讲学	俄罗斯莫斯科音乐学院	博士/教授	2019.11.8

序号	邀请单位	项目执行人	项目名称	团组成员	国家（地区）	来华目的	工作单位	来访身份	来访时间
189	新闻传播学院	朱杰	计算传播学基本方法、理论范式解析	LIU XIPING	中国台湾	讲学	万博宣伟国际公关公司	董事长 / 学士	2019.10.22
190	蒙古语言文化学院	文英	俄藏蒙古文文献目录译介与研究	USPENSKIY VLADIMIR	俄罗斯	讲学	俄罗斯圣彼得堡国立大学	教授 / 博士	2019.10.26—2019.11.6
191	社会科学研究院	敖特根		OTGONBAATAR	蒙古国	讲学	蒙古国科学院语言文学研究所	研究员 / 学士	2019.12.5—2019.12.16
192	中国民族信息技术研究院	王维兰	智能系统及其学科建设	ALI AREFI	伊朗	讲学	澳大利亚默多克大学	高级讲师 / 博士	2019.10.27—2019.10.29
193	国际合作交流处	原牧	国际化课程群建设及培养模式的探索与实践	CAM HONG TANG	澳大利亚	讲学	常青仙人掌（澳大利亚）有限公司	博士	2019.10.30—2019.11.2

2019 年度，学校共聘请短期专家 193 名，分别来自 25 个国家及地区（蒙古国、乌兹别克斯坦、俄罗斯、澳大利亚、美国、马来西亚、加拿大、新加坡、土耳其、日本、伊朗、意大利、葡萄牙、法国、韩国、斯洛文尼、希腊、奥地利、匈牙利、波兰、瑞典、英国、荷兰；中国香港、中国台湾），同 16 个单位（蒙古语言文化学院、中国民族信息技术研究院、舞蹈学院、社会科学研究院、历史学院、医学院、经济学院、生命科学与工程学院、生物医学研究中心、民族学与社会学学院、数学与计算机科学学院、美术学院、音乐学院、新闻传播学院、国际合作交流处、教务处）开展了讲学、科研合作、交流工作。其中博士、教授、副教授 126 名，来自一带一路沿线国家的专家 116 名。

西北民族大学 2019 年国际学生信息一览表

西北民族大学 2019 年国际学生信息一览表

序号	姓名	性别	国籍	专业	入学时间	备注
1	Mendez Hernandez Jose De Jesus	男	墨西哥	汉语	2013.11	于 2019 年 7 月离校
2	Tonga Yopa Christel Gabin	男	喀麦隆	汉语言	2016.09	
3	Felipe Lopez Eloisa	女	墨西哥	汉语言	2016.09	于 2019 年 7 月离校
4	Babaieva Anastasiia	女	乌克兰	汉语言	2017.09	于 2019 年 7 月离校
5	Toshkhujaev Saidburkhon	男	乌兹别克斯坦	汉语言	2017.09	于 2019 年 7 月离校
6	Tulkunov Dilshod	男	乌兹别克斯坦	汉语言	2017.09	于 2019 年 7 月离校
7	Jonuzokov Jakhongirbek	男	乌兹别克斯坦	汉语言	2018.09	于 2019 年 7 月离校
8	Akhmadalieva Munisa	女	乌兹别克斯坦	汉语言	2018.09	
9	Korkut Mevlut Egemen	男	土耳其	汉语言	2018.09	于 2019 年 7 月离校
10	Al-Madhehagi Ali Ameen Sallam Ali	男	也门	汉语言	2018.1	于 2019 年 5 月离校
11	Ali Hussam Aref Mohammed	男	也门	汉语言	2018.1	
12	MOUSSAOUSAID ABDELAZIZ	男	阿尔及利亚	汉语言	2019.9	
13	PARK JIHWAN	男	韩国	汉语言	2019.4	
14	GALARZA DE LA SOBERA ROSA STELLA	女	巴拉圭	汉语言	2019.3	
15	LEE YUBIN	女	韩国	汉语言	2019.3	于 2019 年 7 月离校
16	BAKHODIROVA BARNOKHON	女	乌兹别克斯坦	汉语言	2019.4	于 2019 年 7 月离校

西北民族大学 2019 年港澳台学生信息一览表

序号	姓名	性别	地区	专业	入学时间	备注
1	陈柔安	女	中国台湾	舞蹈学院舞蹈表演专业	2018.09	学历生（本科）
2	张晓岚	女	中国香港	舞蹈学院舞蹈学专业	2015.09	学历生（本科）于 2019 年 7 月毕业离校

2019 年度，我校共接收来自韩国、墨西哥、喀麦隆、乌克兰、乌兹别克斯坦、土耳其、也门、阿尔及利亚、巴拉圭共计 9 个国家的 16 名国际学生（非学历生）。另有两名学生分别来自中国台湾、中国香港。

西北民族大学 2019 年国（境）外来访团组信息一览表

序号	团组名称	团组成员基本情况	人数	国家（地区）	来访时间
1	德国 BSK 国际教育机构访问团	德国 BSK 国际教育机构亚洲事务执行总裁凯尔・费德勒、德国 BSK 国际教育机构中国代表处驻华代表陈钢先生、项目执行主任肖璐茜女士、办公室主任范飞女士	4 人	德国	2019 年 5 月 14 日
2	美国韦伯州立大学访问团	美国韦伯州立大学执行校长马特・莫里特森（MATT・MOURITSEN）、国际经济项目联络员李莉博士	2 人	美国	2019 年 5 月 17 日
3	美国犹他州立大学中外合作办学项目访问团	美国犹他州立大学商学院经济金融系中国学术合作项目部名誉主任莱尔・德怀特・艾斯莱勒森博士、美国犹他州立大学商学院经济金融系中国学术合作项目部主任史密斯・詹森・马太博士、美国犹他州立大学商学院经济金融系中国学术合作项目部副主任杰瑞德・德莱尔博士	3 人	美国	2019 年 6 月 19 日—21 日
4	“寻甘同味 舞乐敦煌”“2019 陇台大学生敦煌文化研习营”活动	分别来自台湾中国文化大学、台湾体育运动大学、台湾艺术大学、台北市立大学、台南应用大学、台湾“清华大学”、台湾中国医药大学和台湾师范大学等 8 所院校及西北民族大学（20 人）部分师生	60 人	中国台湾	2019 年 8 月 28 日至 9 月 5 日
5	乌兹别克斯坦国立东方学院院长一行	乌兹别克斯坦塔什干国立东方大学校长里克希瓦・古尔谢赫拉・肖夫卡托夫纳（音译）女士和塔什干孔子学院乌方院长萨奥达特・娜希洛娃女士	2 人	乌兹别克斯坦	2019 年 9 月 19 日
6	中国台湾弘光科技大学	中国台湾弘光科技大学两岸事务办执行长陈俊良先生	1 人	中国台湾	2019 年 9 月 25 日
7	新加坡易通机构一行	新加坡易通机构董事会经理孔丽娟女士、副经理王博睿先生	2 人	新加坡	2019 年 12 月 13 日

西北民族大学2019年因公出国（境）人员信息一览表

团组编号	人员编号	姓名	性别	所在单位	出访国家（地区）	出访事由	出访时间
1	1	刘振斌	男	生物医学研究中心	美国	赴美国俄克拉荷马州立大学访学	2019年2月18日至2020年2月17日
2	2	原牧	男	国际合作交流处	新加坡	国家留学基金委西部地区人才培养特别项目——高等教育行政管理人员出国研修项目	2019年2月24日至5月30日
3	3	乌兰	女	实验教学部	澳大利亚	赴澳大利亚科廷大学开展科研合作与学术交流活动	2019年3月15日至3月26日
	4	吴尚	女	化工学院			
4	5	马忠仁	男	生物医学研究中心	马来西亚	赴马来西亚化学局及其他相关机构开展学术交流活动	2019年3月17日至3月23日
	6	丁功涛	女				
5	7	斯琴孟和	男	蒙古语言文化学院	日本	赴日本蒙古学学会等相关单位开展学术交流活动	2019年4月10日至21日
	8	萨仁托雅	女	学报编辑部			
	9	文花（在读博士）	女	蒙古语言文化学院			
	10	其力格日（在读博士）	女	蒙古语言文化学院			
6	11	李万梅	女	图书馆	中国台湾	参加“第七届古籍保护与流传学术研讨会”暨“第五届海峡两岸古籍保护论坛”	2019年4月15日至19日
7	12	敖特根	男	社会科学研究院	匈牙利	前往匈牙利参加“国际蒙古研究协会第三届欧洲年度会议”	2019年4月23日至30日
	13	阿尔布克·巴生	男	蒙古语言文化学院			
8	14	王维兰	女	数学与计算机科学学院	美国	前往美国拉斯维加斯参加“计算机视觉会议”	2019年4月24日至28日
	15	蔡正琦	男				
	16	李振江（在读博士）	男				
9	17	徐士超	女	国际合作交流处	中国澳门	参加2019“中华民族文化周”系列活动	2019年5月2日至9日
	18	马清俊	男	体育学院			
	19	高政飞	男	维吾尔语言文化学院			
	20	杨娟	女	生命科学与工程学院			

团组编号	人员编号	姓名	性别	所在单位	出访国家（地区）	出访事由	出访时间
9	21	多杰扎西	男	藏语言文化学院	中国澳门	参加 2019“中华民族文化周”系列活动	2019 年 5 月 2 日至 9 日
	22	娜荷芽	女	蒙古语言文化学院			
	23	金莎	女	教育科学与技术学院			
	24	韦艳霞	女	外国语学院			
	25	陈刘殷	女	新闻传播学院			
	26	陈霞	女	民族学与社会学学院			
10	27	李冠宇	男	中国民族信息技术研究院	中国香港	赴中国香港中文大学访学	2019 年 6 月 1 日至 2020 年 4 月 30 日
11	28	尹伟先	男	社会科学研究院	乌兹别克斯坦、哈萨克斯坦	赴乌兹别克斯坦、哈萨克斯坦相关院校学术交流	2019 年 6 月 16 日至 25 日
	29	多洛肯	男	社会科学研究院			
	30	马忠才	男	社会科学研究院			
	31	阿达来提	女	维吾尔语言文化学院			
12	32	关桂云	女	外国语学院	新加坡	赴新加坡参加“第四届人文科学、管理和教育技术国际学术会议”	2019 年 6 月 20 日至 24 日
13	33	王彦斌	男	校领导	俄罗斯	参加国家民委组织的“多元文化背景下人才资源创新管理”培训班赴俄罗斯培训	2019 年 6 月 23 日至 7 月 8 日
14	34	赵德安	男	校领导	奥地利	赴奥地利执行演出任务并开展教育文化交流	2019 年 6 月 30 日至 7 月 5 日
	35	王志军	男	学校办公室			
	36	马青	女	国际合作交流处			
	37	牛丽娟	女	舞蹈学院			
	38	桑吉顿珠	男	音乐学院			
	39	郑颖	女	音乐学院			
	40	东保吉	男	音乐学院			
	41	刘慧	女	音乐学院			
	42	王玺	男	音乐学院			
	43	阚鹏	男	音乐学院			
	44	扎西朋达	男	音乐学院			
	45	巴依勒格	男	音乐学院			
	46	巴特尔	男	舞蹈学院			
	47	阿官	男	舞蹈学院			
	48	黎明东	男	舞蹈学院			

团组编号	人员编号	姓名	性别	所在单位	出访国家（地区）	出访事由	出访时间
14	49	奥尖才让	男	舞蹈学院	奥地利	赴奥地利执行演出任务并开展教育文化交流	2019 年 6 月 30 日至 7 月 5 日
	50	尖措太	男	舞蹈学院			
	51	钟志峰	男	舞蹈学院			
	52	刘家汝（学生）	女	舞蹈学院			
	53	王雪（学生）	女	舞蹈学院			
	54	措毛加（学生）	女	舞蹈学院			
	55	肖晶君（学生）	女	舞蹈学院			
	56	张冰瑶（学生）	女	舞蹈学院			
	57	张文垚（学生）	女	舞蹈学院			
	58	李姊薇（学生）	女	舞蹈学院			
	59	杨柳（学生）	女	舞蹈学院			
15	60	李晓丽	女	学报编辑部	中国台湾	参加“第九届两岸期刊研讨会暨期刊展”	2019 年 6 月 30 日至 7 月 6 日
	61	肇英杰	女				
	62	华青太	男				
16	63	冯炳超	男	美术学院	俄罗斯	赴俄罗斯圣彼得堡列宾美术学院短期学习	2019 年 6 月 12 日至 6 月 30 日
	64	张璐	男				
17	65	孟开	男	蒙古语言文化学院	蒙古国	赴蒙古国开展史诗《江格尔》学术调研	2019 年 7 月 20 日至 8 月 11 日
18	66	哈拉木吉	女	蒙古语言文化学院	蒙古国	赴蒙古国参加“蒙古学青年学者暑期培训班”	2019 年 7 月 21 日至 8 月 5 日
	67	策苏荣玛	女				
19	68	张明宇	男	医学院	中国香港	参加“香港医疗零距离项目”	2019 年 7 月 21 日至 27 日
20	69	李小勇	男	实验教学部	法国	参加“第 31 届光子、电子和原子碰撞国际会议”及其分会“激光驱动等离子体源及其应用专题讨论会”	2019 年 7 月 22 日至 8 月 3 日
21	70	意如	女	蒙古语言文化学院	蒙古国	赴蒙古国参加“蒙古文化、民俗暑期培训班”	2019 年 7 月 22 日至 8 月 2 日
	71	阿雅娜	女				
	72	赞嘎	男				
22	73	马瑞	女	口腔医学院	中国香港	参加“口腔专业医学生赴香港访学交流项目”	2019 年 7 月 28 日至 8 月 4 日
23	74	伯颜	男	医学院	中国香港	参加“香港医疗进修项目”	2019 年 7 月 28 日至 8 月 3 日
24	75	焦玉娟	女	数学与计算机科学学院	美国	赴美国阿拉巴马州大学亨茨维尔分校访学	2019 年 8 月 1 日至 2020 年 7 月 31 日

团组编号	人员编号	姓名	性别	所在单位	出访国家（地区）	出访事由	出访时间
25	76	王念一	男	数学与计算机科学学院	加拿大	赴加拿大西安大略大学访学	2019年8月1日至2020年8月1日
26	77	乌云才其格	女	蒙古语言文化学院	蒙古国	开展学术调研活动	2019年8月2日至10日
27	78	曹万智	男	土木工程学院	德国	赴德国德累斯顿工业大学开展学术交流活动	2019年8月4日至17日
	79	李国剑	男	教务处			
	80	陈丽华	女	化工学院			
28	81	多洛肯	男	社会科学研究院	美国	参加主题为“考试、书籍文化和江南社会”学术研讨会	2019年8月10日至15日
29	82	斯琴孟和	男	蒙古语言文化学院	蒙古国	前往蒙古国国立大学人文学院开展学术交流活动	2019年8月10日至20日
30	83	乌兰	女	实验教学部	日本	参加“第一届先进材料科学与工程国际研讨会”（AMSE-1）	2019年8月20日至26日
31	84	敖特根	男	社会科学研究院	蒙古国	参加“世界各地图书馆蒙古文献馆藏与研究”国际会议	2019年8月21日至27日
32	85	王文婷	女	数学与计算机科学学院	丹麦	前往丹麦奥胡斯大学访学	2019年9月1日至2020年8月31日
33	86	刘志刚	男	美术学院	日本	前往日本广岛市立大学短期学习	2019年9月1日至10月31日
34	87	马维元	男	数学与计算机科学学院	美国	前往美国加州大学默塞德分校访学	2019年9月1日至2020年8月31日
35	88	郑天锋	男	法学院	美国	前往美国福特海斯州立大学进修	2019年9月9日至12月13日
	89	米玉婷	女	文学院			
	90	周毛先	女	社会科学研究院			
	91	金玲	女	蒙古语言文化学院			
36	92	孟开	男	蒙古语言文化学院	蒙古国	参加“西蒙古及其周边跨境地区自然资源、历史与文化”国际学术研讨会	2019年9月16日至22日
	93	额尔登别力格	男	蒙古语言文化学院			
	94	昭日格图	男	蒙古语言文化学院			
	95	巴图格日勒	男	蒙古语言文化学院			
	96	多洛肯	男	社会科学研究院			
37	97	王玉蛟	男	文学院	英国	赴英国雷丁大学访学（高校优秀学生工作者出国研修项目）	2019年9月17日至12月15日
38	98	沙景荣	女	教育科学与技术学院	新加坡	赴新加坡南洋理工大学国立教育学院访学（2019年国家公派高级研究学者、访问学者、博士后项目）	2019年9月20日至2020年3月20日
39	99	马洁	女	外国语学院	俄罗斯	赴俄罗斯普希金俄语学院访学（国家留学基金委中俄政府奖学金项目）	2019年9月24日至2020年7月24日

团组编号	人员编号	姓名	性别	所在单位	出访国家（地区）	出访事由	出访时间
40	100	石迎春	男	校领导	中国澳门	参加“中华民族雕塑园开幕暨澳门特别行政区庆祝国庆70周年活动”	2019年9月27日至10月1日
	101	原牧	男	国际合作交流处			
	102	沁根	女	国际合作交流处			
	103	向党	男	学校办公室			
	104	孙向涛	男	学生工作部			
	105	许国栋	男	学生工作部			
	106	邓文科	男	宣传部、统战部			
	107	赵阳艺	女	舞蹈学院			
	108	翟湘雨	女	舞蹈学院			
	109	金石玥	女	舞蹈学院			
	110	都如娜	女	舞蹈学院			
	111	马婕	女	舞蹈学院			
	112	周晴虹	女	舞蹈学院			
	113	杨美美	女	舞蹈学院			
	114	卢韵妤	女	舞蹈学院			
	115	彭威威	男	舞蹈学院			
	116	滕明杰	男	舞蹈学院			
	117	贺文翔	男	舞蹈学院			
	118	三排俄吾	男	舞蹈学院			
	119	张凯	男	舞蹈学院			
	120	窦铁民	男	音乐学院			
	121	侍谷锦	女	音乐学院			
	122	赵九亚	女	音乐学院			
	123	乔雯娇	女	音乐学院			
	124	蔡易含	男	音乐学院			
	125	排孜丽亚·吐尔洪	女	音乐学院			
	126	朱静	女	音乐学院			
	127	马艺璇	女	音乐学院			
	128	雷慧秋	女	音乐学院			
	129	孟凡腾	男	音乐学院			

团组编号	人员编号	姓名	性别	所在单位	出访国家（地区）	出访事由	出访时间
40	130	覃霞	女	音乐学院	中国澳门	参加“中华民族雕塑园开幕暨澳门特别行政区庆祝国庆70周年活动”	2019年9月27日至10月1日
	131	向晓	女	经济学院			
	132	杨春媛	女	经济学院			
	133	韩永寿	男	经济学院			
	134	戴伟	男	经济学院			
	135	旦增玉珍	女	新闻传播学院			
	136	梁鸿丽	女	新闻传播学院			
	137	马楚菡	女	新闻传播学院			
	138	谢帮蕊	女	新闻传播学院			
	139	方亦嘉	女	新闻传播学院			
	140	马艾柯	男	新闻传播学院			
	141	韦俊龙	男	新闻传播学院			
	142	赵艺	女	新闻传播学院			
	143	张译尹	女	新闻传播学院			
	144	鲁俊涛	男	文学院			
	145	郭荣	女	文学院			
	146	韩伊莎	女	文学院			
	147	于俊鸿	男	文学院			
	148	李英	女	文学院			
	149	李智	男	文学院			
	150	谭求健	男	文学院			
	151	陈钰	女	文学院			
	152	胡一宁	女	外国语学院			
	153	林国奇	男	外国语学院			
	154	梁韵	女	外国语学院			
	155	马李蓉	女	外国语学院			
	156	扎国超	男	外国语学院			
	157	杨周涛	女	藏语言文化学院			
	158	杜萌	女	藏语言文化学院			
	159	李树香	女	医学院			

团组编号	人员编号	姓名	性别	所在单位	出访国家（地区）	出访事由	出访时间
	160	韩立鹏	男	电气工程学院	中国澳门	参加“中华民族雕塑园开幕暨澳门特别行政区庆祝国庆 70 周年活动”	2019 年 9 月 27 日至 10 月 1 日
	161	李丽	女	电气工程学院			
	162	张晓峰	男	电气工程学院			
	163	吴桂勇	男	电气工程学院			
	164	和宇鹏	男	电气工程学院			
	165	兰志飚	男	电气工程学院			
	166	和仕龙	男	电气工程学院			
	167	林兵	男	电气工程学院			
	168	谭俊妤	女	法学院			
	169	和育红	女	法学院			
	170	林聪	男	管理学院			
	171	刀嘉泽	男	管理学院			
	172	古力孜热·海拉提	女	管理学院			
	173	覃韵峰	男	管理学院			
	174	陈龙	男	管理学院			
	175	郎明娇	女	化工学院			
	176	符斌竣	男	教育科学与技术学院			
	177	杨玲	女	教育科学与技术学院			
	178	鲁贵娅	女	口腔医学院			
	179	何月婷	女	口腔医学院			
	180	苏玥	女	历史文化学院			
	181	邓洋	男	历史文化学院			
	182	金旭	女	蒙古语言文化学院			
	183	海鹰	女	蒙古语言文化学院			
	184	陈泓毅	男	民族学与社会学学院			
	185	木敬虎	男	民族学与社会学学院			
	186	韩雨彤	男	民族学与社会学学院			
	187	陈硕	男	生命科学与工程学院			

团组编号	人员编号	姓名	性别	所在单位	出访国家（地区）	出访事由	出访时间
	188	赵英男	男	生命科学与工程学院	中国澳门	参加“中华民族雕塑园开幕暨澳门特别行政区庆祝国庆70周年活动”	2019年9月27日至10月1日
	189	蔡煜琦	女	生命科学与工程学院			
	190	贾如君	男	数学与计算机科学学院			
	191	罗潇	男	数学与计算机科学学院			
	192	熊鑫炜	男	数学与计算机科学学院			
	193	刘泓岑	男	数学与计算机科学学院			
	194	阿合朱力·努尔达吾列提	男	体育学院			
	195	王秋生	男	体育学院			
	196	阿依江·外力	女	维吾尔语言文化学院			
	197	阿尔孜买买提·吾木尔别克	男	维吾尔语言文化学院			
	198	依马木·阿吾提	男	维吾尔语言文化学院			
	199	迪丽米娜·吐尔逊	女	维吾尔语言文化学院			
	200	杨翠仙	女	医学院			
	201	石永文	男	医学院			
	202	古明霄	女	中国民族信息技术研究院			
41	203	田晓静	女	生物医学研究中心	马来西亚	赴马来西亚标准与工业研究院工业生物研究中心开展学术交流活动	2019年10月13日至19日
	204	李贞子	女				
42	205	杜世强	男	数学与计算机科学学院	意大利	赴意大利摩德纳大学访学	2019年10月15日至2020年8月30日
43	206	曹颖轶	女	经济学院	日本	赴日本参加“第五届模糊系统与数据挖掘国际会议”	2019年10月17日至22日
	207	李辉	男				
	208	杨朝继	男				
	209	周莉	女				
	210	田靖文	女				
44	211	魏锁成	男	生命科学与工程学院	韩国	参加“第八届生物医学工程与生物技术国际会议”	2019年10月22日至25日

团组编号	人员编号	姓名	性别	所在单位	出访国家（地区）	出访事由	出访时间
45	212	巴图格日勒	男	蒙古语言文化学院	俄罗斯	参加“网络东方学：蒙古族与突厥族在时空中的互相影响”国际学术会议	2019 年 11 月 9 日至 16 日
46	213	梅娜	女	国际合作交流处	日本	赴日本交流访问（民委）	2019 年 11 月 10 日至 16 日
47	214	马和斌	男	外国语学院	埃及	赴埃及开罗中国文化中心学术交流	2019 年 11 月 18 日至 23 日
48	215	孟开	男	蒙古语言文化学院	韩国	赴韩国参加“阿尔泰史诗资源《江格尔》与传播区域的文化认同”国际学术会议	2019 年 11 月 20 日至 24 日
49	216	白日霞	女	校领导	俄罗斯	校际合作访问团组	2019 年 12 月 2 日至 6 日
	217	原牧	男	国际合作交流处			
	218	薛国梁	男	科研处			
50	219	冶生贵	男	学生工作部	乌兹别克斯坦、哈萨克斯坦	校际合作访问团组	2019 年 12 月 4 日至 11 日
	220	赵仁杰	男	组织人事部			
	221	焦海乐	男	国际合作交流处			

注：2019 年度共计派出 50 个团组，221 人次师生前往 22 个国家和地区（美国、新加坡、澳大利亚、马来西亚、日本、匈牙利、乌兹别克斯坦、哈萨克斯坦、俄罗斯、奥地利、蒙古国、法国、加拿大、德国、丹麦、英国、意大利、韩国、埃及、中国香港、中国澳门、中国台湾）参加国际会议、访学、进修、开展学术交流、文化交流等外事活动。

西北民族大学 2019 年长期国（境）外专家聘任信息一览表

序号	姓名	性别	学历	国籍	工作单位	所授课程	授课时间	备注
1	PEREGIL CHRISTINE FAILAGUTAN	女	本科	菲律宾	外国语学院	雅思阅读、雅思写作 雅思辅导 跨文化交际	2019.2—2020.1	
2	MOUSTAFA MAHMOUD HUSSEIN SHAABAN	男	博士	埃及	外国语学院	阿拉伯语语音 阿拉伯语视听 2	2019.2—2020.1	
3	HAZEM FATHY GELANY MOHAMED	男	本科	埃及	外国语学院	当代阿拉伯小说 阿拉伯语口语 2	2019.2—2020.1	
4	SHAMOTINA ELVIRA	女	硕士	俄罗斯	外国语学院	俄语外贸外事应用文 独联体概况 词汇学 视听说 1 俄语写作 1 俄语会话 1	2019.2—2020.1	
5	RAO ATIF	男	硕士	巴基斯坦	经济学院	POLS 3100 POLS 3170	2019.2—2020.1	
6	WANG RUIXI	男	硕士	德国	音乐学院	器乐演奏 3 器乐演奏 5	2019.2—2020.1	
7	OCA JHEFFREY VILLAREAL	男	本科	菲律宾	外国语学院	高级英语听说 英语听说 2	2019.4—2020.1	
8	HARIS MULYADI	男	本科	印度尼西亚	外国语学院	英语口语 雅思辅导	2019.8—2020.1	
9	ZULQARNAIN	男	博士	巴基斯坦	生物医学研究中心	科研	2019.8—2020.1	
10	LEE MARIA F K	女	硕士	加拿大	教师发展中心 研究生处 国际处	暑期国际课程周（英语口语、写作）雅思口语 雅思听力 雅思辅导 应用英语 师资英语培训班	2019.7—2020.1	
11	PANSHAYEV MUKHAMET-UMAR	男	博士	哈萨克斯坦	美术学院	素描人物 I	2019.2—2019.3	当年离职
12	VIKTOR YANJINDULAM	女	博士	蒙古国	蒙古语言文化学院	蒙古语 IV 蒙古文精读Ⅱ 蒙古语言实践Ⅰ 蒙古语言实践Ⅱ 蒙古语Ⅱ	2019.2—2019.7	当年离职
13	SELA ELLEN UNDERWOOD	女	硕士	美国	外国语学院、经济学院、教师发展中心	ENGL2010 高级英语口语 高校师资英语培训班	2019.2—2019.7	当年离职

2019 年度，我校共聘请了 13 名长期国外专家，来自 10 个国家和地区（分别是:美国、加拿大、俄罗斯、德国、蒙古国、埃及、菲律宾、巴基斯坦、哈萨克斯坦及印度尼西亚）在 9 个单位任职（分别是：外国语学院、经济学院、美术学院、蒙古语言文化学院、音乐学院、研究生处、国际处、教师发展中心及生物医学研究中心），承担了 35 门课程的教授等工作。

教代会、工代会

在西北民族大学第八届教职工代表大会暨工会第十一届会员代表大会二次会议上的讲话

西北民族大学党委副书记、校长　赵德安

各位代表、老师们、同学们：

大家上午好！今天，西北民族大学第八届教职工代表大会暨工会第十一届会员代表大会二次会议在这里隆重召开，首先，我代表学校向各位代表、并通过你们对辛勤工作在一线的教职员工表示亲切的慰问和崇高的敬意！

下面，我向大会作学校工作报告，请各位代表审议。

2018年，在国家民委党组、中共甘肃省委的坚强领导下，学校党委坚持以习近平新时代中国特色社会主义思想为指导，充分发挥领导核心作用，自觉做到用“四个意识”导航，用“四个自信”强基，用“两个维护”铸魂，扎实推进学校“三地一库”建设，实现了在教育现代化新征程中写好奋进之笔的良好开局。

一、加强党的领导，全面推进党的建设

（一）坚持和加强党的全面领导

制定《党委领导下的校长负责制实施细则》和学院党政联席会议、党组织会议议事规则；召开习近平新时代中国特色社会主义思想“三进”工作推进会和“贯彻落实党的十九大精神，推进学校‘三地一库’建设”专题研讨会；举办处级干部集中轮训、培训班；开展“学习新思想千万师生同上一堂课活动”，坚持“三会一课”制度，推进“两学一做”学习教育常态化制度化，持续形成学习习近平新时代中国特色社会主义思想的热潮。

（二）开展党建质量提升攻坚行动

推进“对标争先”建设计划、“双带头人”培育工程、“十百千万”创建活动；学院党政班子成员“双向进入、交叉任职”；新建35个党员活动室，培育47个标杆基层党组织和样板党支部，其中，1个党支部被评为全国样板支部创建单位；开展庆祝建党97周年“七个一”系列活动；分解细化63项党建工作任务清单；组织6个学院党委同贫困村党支部结对共建；实现年度党建工作述职评议考核全

覆盖，校、院、支部、党员“四位一体”党建工作体系进一步健全。

（三）深化监督执纪、狠抓整改落实

以作风建设年和调查研究年活动为抓手，巩固深化整治“四风”成果；制定巡察工作五年规划，对美术学院党委、土木工程学院党委开展首轮校内巡察；学习贯彻新修订的《中国共产党纪律处分条例》，严格监督执纪问责，严肃处理师德失范等行为，召开专题民主生活会、警示教育大会、开展党风廉政建设宣传教育月等活动；加强廉政建设，对 65 名处级干部进行了离任经济责任审计，推动全面从严治党向纵深发展。

二、把握正确方向，有效推进思想政治工作创新

（一）加强思政队伍建设

全面落实省级重点马克思主义学院建设标准，坚持书记、校长上讲台制度，坚持思政课集体备课和名师引领；发挥课程育人功能，“形势与政策”课被评为甘肃省精彩一课；贯彻全国高校思想政治工作会议精神 130 条措施“回头看”，组织员、辅导员、思政课专任教师等按指标配备到位。

（二）把握教育规律，构建特色人才培养体系

组织修订本科专业培养方案，构建具有学校特色的“3+X”人才培养体系，推进十大育人体系融合；坚持开展学生暑期家访和特殊学生“一人一策”教育帮扶；通过“奖、助、补、贷、偿、勤”等途径，资助学生 2.2 万余人次，资助金额 8000 余万元；制定《学生心理健康教育管理办法》，学生心理健康教育与咨询中心获“全国大学生心理健康教育工作先进集体”称号。

（三）开展文明校园创建活动

持续 23 年开展民族团结进步教育月活动。积极响应“和美校园，同心筑梦”主题活动，组织观看“中国，我们共同的家园——铸牢中华民族共同体意识大型图片展”；网络展播《我爱你中国》等作品，曝光量超 1500 万人次，“西北民族大学超级话题”、《我和我的祖国》分获国家民委 2018 年度民族题材好新闻优秀专栏、优秀新闻奖；推行学生嵌入式居住模式，促进交往交流交融、共居共学共进。

（四）深入推进“三全育人”

坚持第一课堂与第二课堂、线上与线下、解决思想问题与解决实际问题三个结合，持续开展“一院一节一特色”活动，实施“四进四信”“优秀文化教育”“红色基因传承行动”，落实团干部联系青年、联系团支部制度，做好学生塑心铸魂工作；强化校史馆、博物馆、校歌校训育人功能，培育优良

校风、教风、学风；开展创新创业及社会实践活动，获批甘肃省创新创业教育改革示范高校，连续16年获团中央暑期“三下乡”社会实践活动表彰；自编公演红色经典话剧《江姐》，使思政工作更接地气、更入人心。

三、强化责任担当，持续推进高质量发展

（一）加强师资队伍建设

开展“弘扬爱国奋斗精神建功立业新时代”活动，入选首批全国高校黄大年式教学团队1个，国家民委创新团队支持计划团队1支、领军人才支持计划4人、中青年英才培养计划8人，新增国务院特殊津贴专家1人，获评“全国非物质文化遗产保护工作先进个人”1人、获批“陇原青年创新创业人才项目”1项；1名教师获国家民委首届教学名师奖，3名教师入选国家民委首届教学名师和青年教学标兵。7名教师续聘为甘肃省领军人才。教职工考取博士26人，赴四川大学访学进修15人。

（二）聚焦重点学科建设

整合研究院所，集中力量抓好“一优三特”学科，特别是博士点建设、申报工作；完成16个学位点自评工作；与四川大学、西南民族大学、甘肃农业大学签订协议，学校教师参与合作院校的博导遴选；实行专业分类管理，确定重点支持专业22个、一般支持专业42个、严控专业7个，主动布局数字出版、航空服务艺术与管理等民生急需专业。

（三）全面推进本科教育教学

2018年获批省级特色专业、实验教学示范中心各1个，1项教学改革获批省级重点项目立项，2项成果分获省级教学成果一、二等奖；入选甘肃省创新创业教育改革示范高校，获批创新创业类教改项目2项，获国家级竞赛奖32项、省级竞赛奖126项；强化关键能力培养，就业率、考研率、就业质量均有提升；开展学习援助活动，近1万名学生受益；借力四川大学国家教学成果特等奖项目，推进“小班式教学”改革和智慧教室建设。

（四）大力支持研究生教育

加强学位点建设，2018年，学校新增一级学科博士点1个，一级学科硕士点2个；加大研究生教育创新平台建设，立项研究生科研创新项目166项，资助研究生参加国内学术会议130人次；新聘硕士生导师107名，为导师队伍注入新鲜血液。

（五）扎实做好科研工作

2018年承担各级各类科研项目271项、科研项目总经费4186.63万元；举办大型学术会议8场，

学术报告 95 场，召开科研工作暨科研成果表彰会议，表彰奖励 479 人、852 万余元。潜心 20 多年研究整理的《格萨尔文库》出版；学校承担的国家科技支撑计划项目“一带一路特色农产品多语言电子商务平台”通过科技部验收结项。“中国民族语言文字信息技术”实验室升格为教育部重点实验室；获批教育部哲学社会科学研究重大课题攻关项目、国家社会科学基金冷门“绝学”项目和国家艺术基金青年艺术创作人才项目，“生物医药工程国际科技合作基地”被认定为国际合作基地。在甘肃省第十五次哲学社会科学优秀成果评选中，获奖总数位列省内高校第三，创历届最好成绩。

（六）不断优化办学环境

全国政协副主席、国家民委党组书记、主任巴特尔亲自关心协调解决学校发展的重大问题，甘肃省委书记林铎在全省教育大会闭幕的当天即到学校视察指导工作，协调解决学校医学教育发展瓶颈问题。国家民委领导、省上领导的关心与指导，极大地促进了学校发展环境进一步优化。

四、着力攻坚克难，稳步推进综合改革

（一）稳妥推进机构改革和全员聘任

学校党政机构由原来的 25 个重组、整合为 16 个，加大干部交流轮岗力度，精简处科级人员 54 人，全部充实到教学科研一线，解决了思政工作专门队伍建设历史欠账问题。突出以本为本导向，明确班子任期目标和岗位职责，激发教工干事创业积极性。

（二）落实全国教育大会精神

召开学校 2018 年教育工作会议，启动一流本科教育五年行动计划，全面修订本科人才培养方案，实施一流专业建设“1125 工程”；深化创新创业教育，推进教学革命、学习革命，重塑教育教学形态，加快协同育人重点领域改革，推进校企深度融合，促进医教协同，深化科教结合，推进更全面的教育体系、更高水平的培养体系和更科学的保障体系建设。

五、依法治校，坚定推进和谐校园创建

（一）把牢意识形态工作领导权

建立意识形态工作责任制重点任务清单，开展宗教工作自查自纠，接受甘肃省委宗教工作定向督查，获得教育部党组、甘肃省委肯定；落实“五个严禁”，坚持教育与宗教相分离，坚决抵御“三股势力”渗透，有力维护了政治安全。

（二）不断强化阵地管理

对课堂、教材、网络等阵地进行定期检查，压实主管主办责任；加强正面宣传和网上传播，唱响

主旋律，弘扬正能量；开展教材、刊物、图书专项清查整改和净网行动，净化育人环境；健全舆情综合防控体系，加强应对处置工作；开展校园安全宣传专题教育，恢复学校派出所功能，投入4000余万元推进智慧校园建设，坚持严防死守，确保了校园和谐稳定。

（三）全面推进依法治校

贯彻落实《教育法》《工会法》及学校《章程》，完成42个基层工会换届工作，选举产生了第八届教代会常设主席团及各专门委员会、第十一届工会委员会及各专门委员会；进一步完善教代会制度，发挥群团组织作用；推进学术治理制度建设；进一步完善议事规则、清理规章制度，推进学校治理体系和治理能力现代化。

六、聚力服务大局，加快推进支撑体系建设

（一）全力做好脱贫攻坚工作

选派、留任20余名干部赴西藏、新疆、武陵山片区、“三区三州”、甘肃省临潭县等地挂职锻炼、驻村帮扶，创新扶贫模式，挂牌成立“西北民族大学武陵山片区智力扶贫基地”，落实直供直销扶贫政策；实施临潭县“一乡一村一特色”计划，完善“一户一策”帮扶机制，开展科技服务入村入户活动，帮扶责任干部进村入户260多人次。

（二）积极服务兴边富民行动

开展“西藏自治区边境口岸社会用字现状调研”项目，举办西藏、新疆等边境地区双语人才基层干部等26期培训班，助力边境和边疆地区安边治边、固边强边。发挥学科、区位等优势，开展“中亚与中国西北边疆研究中心”等国别与区域研究工作，服务国家“一带一路”建设。

（三）推进基础设施建设

完成总额7980余万元的中央财政专项资金项目和维修改造项目，按期完成5号学生公寓楼、艺术楼维修加固工程，推进留学生公寓楼、文科教学楼建设，建成2栋榆中校区学生公寓楼，完成实验实训大楼一期工程审批立项和大学生室内活动中心前期申报工作，开工建设教职工住宅楼，进一步改善了育人环境。

（四）深化国际交流合作

拓展学校对外合作交流，获批外专引智项目66项，获得资金594万元；聘请国（境）外专家111名，邀请52名来自“一带一路”沿线国家的长短期外籍专家来校任教、开展学术交流及科研合作活动。

（五）推进制度改革创新

落实政府会计制度，加快财务信息化建设，强化预算执行；加强内部控制，有效发挥内部审计监督作用，促进增收节支 2510 万元；推进基建及货物招标采购和验收工作，强化资产管理利用；深化内部管理和服务模式变革，开展阅读推广、健康服务等活动，推进“绿色校园”建设，通过了国管局“节约型公共机构示范单位”验收工作。

各位代表、老师们、同学们：

过去的一年，学校各项事业的改革发展取得了新的成绩。但是，对标学校加快推进高水平大学和一流民族大学建设的奋斗目标，我们也应清醒地认识到差距和不足。目前，学校工作中还面临着一些亟待解决的问题：师德师风建设还存在噪音杂音现象；学生思政工作特别是严防“三股势力”渗透需要下更大功夫；引进人才和留住人才还要花更大的力气；学位点建设任务繁重；全面从严治党需要进一步向纵深推进。

2019 年，学校将以习近平新时代中国特色社会主义思想和党的十九大精神为指导，全面贯彻党的教育方针和民族政策，认真贯彻落实中央和国家民委党组、甘肃省委重大决策部署，深入落实学校第六次党代会精神和“十三五”规划，紧紧围绕立德树人根本任务，加快推进高水平大学和一流民族大学建设。

一是深入学习贯彻习近平新时代中国特色社会主义思想，全面加强党的建设。

进一步增强“四个意识”，坚定“四个自信”，坚决做到“两个维护”，积极开展“不忘初心，牢记使命”主题教育，推进“两学一做”学习教育常态化制度化；继续办好习近平新时代中国特色社会主义思想专题研讨会和干部集中轮训班，制定党校五年培训规划，落实党委理论学习中心组学习计划；贯彻全国高校思想政治工作会议、第 26 次全国高校党的建设工作会议和国家民委 2019 年党的建设工作要点精神，落实学校党建工作任务责任清单，推进党支部标准化建设；结合实施第二轮巡察工作，推动全面从严治党向纵深发展。继续做好对民主党派和党外代表人士的政治引导，抓好离退休人员服务、教育、管理工作，发挥党建带团建作用，铸牢团结奋斗的共同思想政治基础。

二是坚持正确办学方向，牢牢把握意识形态工作领导权管理权话语权。

坚持落实宗教与教育相分离原则，强化各类意识形态阵地管理，严把教材政治观、质量关；强化意识形态工作分析研判和应急处置，落实《党委（党组）意识形态工作责任制实施办法》；进一步完善工作机制，着力加强舆情应对，做好意识形态风险防范化解工作；推进普法教育，增强师生法治意识；加强值班值守，做好信息预防、发现、处置各项工作；积极发挥学校派出所职能，加强校地协调联动，推进校园周边整治，确保学校安全和谐稳定。

三是落实立德树人根本任务，培养德智体美劳全面发展的社会主义建设者和接班人。

深入学习习近平总书记在全国高校思政课教师座谈会上的讲话精神，持续开展“弘扬爱国奋斗精神、建功立业新时代”活动，完善师德师风评价体系，选树新时代教师先进典型；加强校园文化建设和文明校园创建；加强学习援助，完善校地家协同育人机制；持续开展民族团结进步创建和“一院一节一特色”活动，增进交往交流交融，铸牢中华民族共同体意识；实施学校新的本科专业人才培养方案，完善“三全育人”机制，推进“十大”育人体系建设；实施《马克思主义学院思政课改革发展行动实施方案》；创新思政工作载体，建设融媒体中心；加强“课程思政”建设，深化协同育人效应，全面提升人才培养质量。

四是坚持改革创新，破除制约学校事业发展的体制机制障碍。

进一步深化学科管理体制机制改革、人事人才工作改革、教师评价体系改革、本科教育教学改革、科研体制机制改革，稳妥推进学校所属企业体制改革和公务用车制度改革。以学校《章程》为遵循，加大规章制度“废、改、立、释”工作力度，完善制度建设，推进依法治校。结合智慧校园和大数据平台应用项目建设，推动“互联网 +”改革，推进跨部门、跨业务、跨校区协同管理和服务。进一步深化检查督查考核评价改革，加快“放管服”改革，探索并不断完善内部治理，推动管理重心下移，扩大学院办学自主权。

五是聚焦使命服务大局，推动学校高质量发展。

深入学习宣传贯彻习近平总书记参加第十三届全国人大二次会议甘肃代表团审议时的重要讲话精神，积极推进抓党建促脱贫攻坚行动计划，助力民族地区打赢打好脱贫攻坚战；以“一优三特”学科建设为引领，集中力量推进一流学科建设；以落实《加快建设一流本科教育行动计划（2018-2022）》为抓手，全面加强本科教育，争取部分专业在相关省份“本科一批次”招生；以实施卓越研究生教育攻坚行动、推进科教融合为抓手，促进研究生教育内涵发展；以《格萨尔文库》出版发布和推进“一带一路特色农产品多语言电子商务平台建设”成果转化为契机，不断提升科研创新能力；以高质量发展为核心，加大开放办学步伐，推进对口支援工作落实；抢抓“一带一路”建设、榆中生态创新城规划建设机遇。扎实推进校园基础设施建设、绿色校园建设，强化服务支撑体系建设，促进财务资金、国有资产有效管理，提升后勤服务质量和水平，做好健康教育、医疗公共卫生服务工作，进一步改善师生工作、学习、生活环境，切实提升师生员工的获得感、幸福感。

各位代表、老师们、同学们：

志之所趋，无远弗届；志之所向，无坚不入。过去和未来接替承续，机遇与挑战并存同行，站在新的发展起点上，加快推进学校高水平大学和一流民族大学建设的使命光荣，责任重大。让我们更加紧密地团结在以习近平同志为核心的党中央周围，高举习近平新时代中国特色社会主义思想伟大旗帜，在国家民委党组、甘肃省委的坚强领导下，不忘初心，牢记使命，脚踏实地，真抓实干，奋力谱写学校高质量发展新篇章，以优异的成绩庆祝新中国成立 70 周年！

谢谢大家！

在西北民族大学第八届教职工代表大会暨工会第十一届会员代表大会二次会议闭幕式上的讲话

西北民族大学党委副书记　石迎春

各位代表，同志们：

人间最美四月天，不负春光与时行。在这美好的时节我校第八届教职工代表大会暨工会第十一届会员代表大会二次会议，在全体代表和与会同志的共同努力下，顺利完成了各项议程，即将闭幕。在此，我受学校党委委托，代表校党政，向大会的成功召开表示热烈祝贺！向各位代表，并通过你们，向为学校改革、发展、稳定付出辛劳和智慧的全体教职员工和离退休老同志表示衷心的感谢和崇高的敬意！

这次会议是在全校上下深入学习贯彻习近平新时代中国特色社会主义思想和党的十九大精神，贯彻落实中国工会第十七次代表大会精神，全面深化学校综合改革，推进学校“三地一库”和“双一流”建设攻坚时期召开的一次重要会议。会议期间，代表们审议通过了学校工作报告和财务工作报告，听取了提案办理情况和提案征集情况报告。各位代表站在推进学校事业发展的新高度，以强烈的主人翁意识和爱校荣校的使命情怀，认真履行代表职责，行使代表权利，积极建言献策，体现了大家对学校建设发展的深厚情感和美好期盼。这是一次民主团结、凝心聚力、求真务实、开拓进取、成果丰硕的大会，凝聚了全体代表的集体智慧，反映了全校师生的共同愿望。对代表们提出的合理化意见和建议，学校将认真梳理、专题研究，拿出切实可行的改进办法和落实举措。

过去的一年，我们过得很充实，走得很坚定。我们围绕立德树人根本任务，全面从严治党，加强思想政治教育和意识形态工作，深化学校综合改革，持续推进“双一流”建设，大力改善民生，激发办学活力，学校事业稳中有进，提质增效。这些成绩和亮点得益于各族师生同心同德、奋发图强，得益于教代会、工会的积极参与和卓有成效的工作。

2019年是新中国成立70周年，是决胜全面建成小康社会，实现第一个百年奋斗目标的关键之年，也是贯彻落实全国教育大会精神的开局之年。学校已经确定了今年的工作思路和目标任务，要求我们贵在力行，重在落实。把落实这篇大文章做好、做精彩，需要大家在新的历史征程上提振精神砥砺奋进，进一步汇聚起全校各族师生同向同行干事业的磅礴力量。为了贯彻好会议精神，下面，我讲三点意见：

一、不懈加强理论武装，坚定将深入学习贯彻习近平新时代中国特色社会主义思想作为首要政治任务

各位代表要在学习好宣传好贯彻好运用好习近平新时代中国特色社会主义思想上作表率，团结带领广大师生将学习贯彻习近平新时代中国特色社会主义思想，特别是习近平总书记关于教育和民族工作的重要论述与开展“不忘初心、牢记使命”主题教育结合起来，与高水平大学和一流民族大学的建设目标结合起来，与办学治校、教书育人的本职工作结合起来，做到真学、真懂、真信、真用，进一步用“四个意识”导航，“四个自信”强基，“两个维护”铸魂。把学习成效体现到学校工作的方方面面，转化为推进事业发展的强劲动力，在为人民服务、为中国共产党治国理政服务、为巩固和发展中国特色社会主义制度服务、为改革开放和社会主义现代化建设服务的生动实践中展现新气象、彰显新担当、干出新业绩。

二、坚守立德树人初心，努力写好学校新时代“奋进之笔”

新时代民族高等教育面临着新的定位、新的目标、新的使命和新的要求。对我们来说，不管什么时候，为党育人的初心不能忘，为国育才的立场不能改。学校经过近 70 年的发展积淀，在新的起点新的阶段，以什么样的初心前行，以什么样的方式“赶考”，需要每一个西北民大人认真去思考、去回答。我们要紧紧围绕“培养什么样的人、如何培养人、为谁培养人”这一时代之问，进一步深入贯彻学校第六次党代会精神，分析研判学校在新的历史方位中的作用和使命，进一步坚定扎根甘肃、立足西北大地办高水平大学和一流民族大学的信心和决心，进一步聚焦“三地一库”建设，补短板、强弱项、解瓶颈，进一步以深化学校综合改革这个“关键一招”破题开路、创新思变、攻坚克难，奋力推进学校高质量发展，以脚踏实地的行动、苦干实干的业绩蹄疾步稳地走好新时代“赶考路”，更好地服务国家战略和地方经济社会发展，交出一份满意的民大答卷。

三、围绕中心忠诚履职，充分发挥教代会、工会在推进学校民主办学中的积极作用

教代会、工会是学校党委联系群众的桥梁和纽带，是广大教职工参与学校民主决策、民主管理和民主监督的基本制度和重要形式，对于推进学校民主办学具有不可替代的重要作用。2018 年 10 月召开的中国工会第十七次全国代表大会提出了当前和今后一个时期工会工作的指导思想和目标任务，为我校新时代工会工作的落脚点、着力点提供了重要遵循。我们必须牢牢把握党对群团工作的新要求和教职员工的新期待，进一步通过教代会、工会这个“职工之家”，加强对教职工的思想政治引领，引导教职工增强对党的基本理论、基本路线、基本方略的政治认同、思想认同、情感认同，切实承担起带领职工群众听党话、跟党走的政治责任；进一步重视教职工主体地位，坚持和完善教代会、工会制度，加强二级教代会、工会建设，彰显教代会、工会在办学治校中的“话语权”，在维护教职工合法权益中体现新作为；进一步坚持全心全意依靠教职工办学，尊重和支持教代会、工会行使民主管理的

职权，动员和团结教职工和衷共济、群策群力，为学校建设、改革和发展凝聚共识、汇聚力量、建功立业；进一步加强党的领导，党建带群建，增强群团工作的政治性、先进性、群众性，不断提高教代会、工会做群众工作的能力和水平，多做统一思想、理顺情绪、化解矛盾、增进感情、激发动力的工作，更好地强信心、聚民心、暖人心、筑同心，引导教职工立足本职、勤勉敬业、岗位成才，共享做西北民大人的幸福与荣光。

各位代表、同志们，我们所处的时代是奋斗者的时代，更是追梦人的舞台。正所谓“时势造英雄”。无数奋斗者用实际行动证明，有梦想、有机会、有奋斗，一切美好的东西都能够创造出来。学校 69 年的办学历程就是一代代西北民大人孜孜以求、接力奋斗的真实写照。山再高往上攀总能登顶，路再长走下去定能到达。让我们满怀信心，拥抱梦想，以永不懈怠的精神和一往无前的奋斗姿态书写学校新时代的华彩篇章，朝着党和人民满意的高水平大学和一流民族大学的宏伟目标阔步前进！

谢谢。

西北民族大学行政职能部门向教代会通报工作办法

第一条　为了进一步强化教代会职能，实现教代会工作的制度化和科学化，更好地发挥教代会在我校民主政治建设中的重要作用，根据《西北民族大学教职工代表大会实施细则》及有关规定，制定本办法。

第二条　学校行政职能部门与教代会之间应加强联系，经常沟通，以使代表知情问政，充分发挥民主管理，民主监督的作用。

第三条　学校行政职能部门负责人应定期或不定期地向教职工代表大会及其常设主席团通报工作、征求意见。

第四条　通报内容

（一）本年度工作计划及完成情况。

（二）关系教职工切身利益的工作安排部署及落实情况。

（三）有关学校重大事项的完成情况。

（四）涉及教代会代表的重大事项。

（五）其他需要通报的事项。

第五条　教职工代表大会，或教代会常设主席团在召开有关会议时，根据内容可邀请学校行政职能部门的负责人列席会议，通报有关情况，听取代表的意见和建议。

第六条　学校行政职能部门，应当在通报工作前一周与教代会常设主席团协商沟通。通报时根据内容提供书面材料。

第七条　学校行政职能部门在通报工作结束后，对代表提出的意见和建议，应认真研究办理，并以适当形式反馈。

第八条　学校行政职能部门向教代会通报工作的具体协调工作由教代会常设主席团和相关专门委员会负责。

第九条　本办法经校党委常委会通过后实施，原《西北民族大学教职工代表大会关于行政职能部门向教代会通报工作的办法》（试行）（民大发〔2008〕42号）同时废止。

第十条　本办法由教代会常设主席团负责解释。

西北民族大学教代会反映校情民意信息工作管理办法

第一条　为全面贯彻落实习近平新时代中国特色社会主义思想和党的十九大精神、全总十七大精神，全面落实《学校教职工代表大会规定》(教育部第 32 号)《西北民族大学教职工代表大会实施细则》及有关规定，充分发挥学校教代会民主管理与监督的作用，从我校实际出发，特制定《西北民族大学教代会反映校情民意信息工作管理办法》。

第二条　反映校情民意信息工作，是教代会代表履行职能的一项基础性、经常性工作。教代会代表和教职工反映各自的意见主张及全校师生员工的愿望要求，有利于推进学校决策的民主化、科学化，有利于维护学校的安定团结，构建和谐校园。

第三条　反映校情民意信息工作必须坚持以习近平新时代中国特色社会主义思想为指导，保证正确政治方向，认真履职尽责，坚持以科学发展观统领全局，解放思想、实事求是、与时俱进，认真执行《西北民族大学教职工代表大会实施细则》的有关规定。

第四条　反映校情民意信息工作要认真倾听教职工呼声，了解教职工要求，体察教职工意愿和情绪，及时、准确地向党委反映情况，提出意见和建议，为校党委、校行政科学决策提供依据。

第五条　反映校情民意信息工作，要广泛收集、整理和反映教代会各代表团、各专委会对学校的大政方针，重大事件，改革、发展、稳定各项工作的意见和建议；教职工关注的热点和难点问题；对重大突发事件的分析和防治对策，以及保障教代会代表正常履行职责的意见和建议等。

第六条　反映校情民意工作要做到突出重点，体现特色讲求实效。重视各单位提出的意见建议，重视专家、教授的见解和主张，重视教职工的愿望和要求，做到反映迅速，处理得当，反馈及时。

第七条　教代会代表应当把了解和反映校情民意作为一项重要职责，密切联系本单位的教职工，主动地了解和反映教职工的愿望和要求。教代会代表每年至少反映一条有价值的校情民意信息。

第八条　聘请资深代表为信息员特邀代表。代表应当敢于反映、乐于反映、善于反映校情民意。学校要保护代表反映校情民意的民主权利。

第九条　教代会各专委会把组织委员了解和反映校情民意作为一项重要工作，充分利用教代会会议、专题调研、提案、走访等方式，广泛收集和反映校情民意信息。

第十条　教代会常设主席团设专人负责信息的收集、编辑、报送、反馈。

第十一条　教代会代表反映校情民意，应填写统一印制的《反映校情民意表》，送教代会常设主席团，由教代会常设主席团以教代会信息报送校党委。

第十二条　教代会常设主席团应主动征询对反映校情民意信息工作的意见，不断改进工作，及时向有关单位和代表反馈信息处理结果，必要时可通过简报的形式通报。

第十三条　本办法经校党委常委会审议通过后实施。原《西北民族大学教职工代表大会关于反映校情民意信息工作的办法》（试行）（民大发〔2008〕42号）同时废止。

第十四条　本办法由教代会常设主席团负责解释。

国资、财务、基建与后勤工作

西北民族大学专项资金管理办法（暂行）

第一章　总则

第一条　为规范和加强专项资金管理，提高资金使用效益，根据财政部、教育部《关于改革完善中央高校预算拨款制度的通知》《中央本级项目支出预算管理办法》《关于加强和改进中央部门项目支出预算管理的通知》和《西北民族大学财务管理制度》等有关规定，结合学校实际，制定本办法。

第二条　本办法所称专项资金，是指学校为实现事业发展目标或完成某一特定工作任务，通过中央财政拨款或学校资金统筹安排的，具有指定用途的项目资金，包括国家民委专项资金和校内专项资金。

国家民委专项资金主要包括：中央高校教育教学改革专项资金、中央高校捐赠配比专项资金、中央高校改善基本办学条件专项资金、中央高校建设世界一流大学（学科）和特色发展引导（简称“双一流”建设）专项资金、中央高校管理改革等绩效拨款、中央高校基本科研业务费、基本建设拨款等。

校内专项资金主要包括：学科建设、科学研究、人才工作、自筹基建、设备资料购置、房屋修缮、基础设施改造、建设项目配套工程等专项资金，资金来源于校内资金统筹安排。

第三条　专项资金应遵循项目申报、预算评审、专款专用、绩效评价等管理流程。

第二章　归口管理和职责

第四条　专项资金按照以下分类归口管理

（一）学科建设归口发展规划与学科建设处管理；

（二）科学研究归口科研处管理；

（三）人才工作归口组织人事部管理；

（四）教育教学改革分别归口教务处、研究生处管理；

（五）基础类教学实验室建设归口实验教学部管理；

（六）专业类教学实验室建设和基础教学设备分别归口教务处、研究生处管理；

（七）图书资料归口图书馆管理；

（八）通用办公家具及设备归口国有资产管理处管理；

（九）消防、安防设备归口保卫处管理；

（十）信息化建设归口信息化建设与服务中心管理；

（十一）基础设施改造、基本建设、房屋修缮、建设项目配套工程分别归口基建处、后勤管理处管理。

第五条　归口管理部门工作职责：负责对归口管理的部门项目申报文本的审核及本部门履职范围内项目文本的申报；负责专项项目文本的整合申报；根据轻重缓急需要，对项目排序提出建议意见；实施本部门所属“项目库”信息平台建立及管理；督促检查项目执行进度及开展项目绩效自评等。

归口管理部门在审核申报项目中要避免交叉重复项目、低效率项目、不具备实施条件项目及不属于学校管理范围内项目立项。

第六条　财务部门工作职责：负责组织学校专项资金预算申报、评审、核算、决算及考核等工作；负责学校专项资金项目库建设；按照要求制定相关管理办法等。

第三章　专项资金申报

第七条　专项资金申报条件

（一）符合国家有关方针政策和学校事业发展需要；

（二）有明确的项目目标及分阶段实施计划；

（三）具备项目组织实施条件。

第八条　专项资金申报流程：各单位申报专项资金，提交归口管理部门项目评审，财务部门预算评审（另有规定的除外），学校办公会会议审议，通过的项目纳入学校“项目库”管理。

第九条　专项资金申报单位：根据实际需要，做好三年项目支出规划，准备相关资料，如实、完整填写项目申报文本，内容包括：项目申请理由、可行性报告、经费预算及支出范围、项目实施的计划安排、绩效目标及指标等。

第十条　专项资金项目评审：归口管理部门负责组织专家对项目进行论证和项目筛选，根据学校重点工作和轻重缓急需要，制定三年支出规划，提出项目排序建议意见，通过的项目纳入归口管理部门项目库管理。

第十一条　专项资金预算评审：财务部门负责按要求组织专家或委托社会第三方机构对各类项目进行预算评审，通过预算评审的项目，提交学校办公会会议审议。

第十二条　由学校办公会会议审议通过的项目，纳入学校项目库管理，作为专项资金预算的项目储备，年度预算安排时，专项资金预算项目原则上从项目库中选取。

第四章　项目库管理

第十三条　项目库是对专项项目进行规范化、程序化管理的数据库系统。学校对专项资金项目执行申报制，实行项目库管理。

第十四条　项目库分两级按类别管理，学校项目库管理学校所有各类专项，归口管理部门项目库按类别管理所属专项项目，实现两级项目信息联动。

第十五条　实行项目库开放式管理，做好项目入库、调整、出库、归档等管理工作，提高项目资金有效性。

第十六条　项目库管理基本原则

（一）统一规划、分类管理的原则。学校按要求统一制定管理办法、统一项目申报文本；学校对不同的项目实行分类管理，根据急重轻缓排序安排预算。

（二）择优安排的原则。根据学校财力，依照项目库中项目排序择优确定年度项目预算。

（三）滚动管理的原则。项目库中的项目实行三年滚动管理，每年度结束后根据前一个年度的预算执行情况对以后年度进行修正，并增加一个年度的预算，如此逐期向后滚动，对项目库进行相应调整。

（四）追踪问效的原则。年度结束后，学校对项目的实施过程、完成结果及实际效果进行绩效评价，追踪问效，作为后续项目评审和立项的依据。

第五章　专项资金的使用和管理

第十七条　专项资金的使用范围。按照国家有关规定和专项申报文本所列开支范围使用，不得用于工资、奖金、津补贴及其他福利支出等人员经费（另有规定的除外）和偿还贷款、支付罚款、捐赠、赞助、投资等支出及按照国家相关规定不得列支的其他支出。

第十八条　加快专项资金预算执行进度。各单位要采取有效措施，切实加快预算执行进度，严格按照预算执行序时进度要求，即 6 月 30 日、9 月 30 日、12 月 31 日的进度比例应分别达到相应的序时比例（50%、75%、100%）。

第十九条　建立专项资金预算执行情况通报制度。财务部门以“西北民族大学预算执行情况简报”的形式向校领导、项目归口管理部门、项目执行单位通报预算执行情况。对预算执行进度缓慢的，分管财务工作的校领导、财务部门要采取召开专题会、现场督察、约谈等方式督促其加快预算执行，研究制定整改措施。

第二十条　加强专项资金招投标和采购管理。按规定应实行政府采购的项目，应编制政府采购预算，并按照国家、学校政府采购和招投标相关管理制度执行。

第二十一条　增强专项资金预算严肃性。专项支出预算一经下达，归口管理部门和项目单位不得自行调整。预算执行过程中，如发生项目变更、终止、撤销，引起调整预算的，须按规定的程序报批。

第二十二条　建立专项资金项目清理机制，严格按照《西北民族大学结转和结余资金管理办法》，加强专项资金结转结余管理。

第六章　监督检查及绩效评价

第二十三条　归口管理部门对项目计划、项目执行进度情况进行监督检查，并对项目资金使用开展绩效自评。

第二十四条　财务部门对专项资金使用、管理情况进行监督检查和绩效评价，将绩效评价情况作为下一年预算安排的重要因素，对项目预算执行缓慢或与绩效目标存在较大偏差的项目单位，相应采取减少或暂停安排专项资金等措施。

第二十五条　审计部门要对专项资金的使用管理及效益情况进行审计监督；监察部门要对专项资金使用管理中存在的违规违纪问题进行查处。

第二十六条　学校和相关部门要自觉接受财政、主管部门等单位对专项资金使用管理情况的监督检查及绩效评价。

第七章　附则

第二十七条　本办法中未尽事宜按照国家有关规定执行。

第二十八条　本办法由财务处负责解释，自发布之日起施行。

西北民族大学票据管理办法

第一章　总则

第一条　为加强票据管理，规范收费工作，维护学校财经秩序，根据《中华人民共和国票据法》《中华人民共和国发票管理办法》《财政票据管理办法》和《关于推进财政票据电子化改革的方案》等规定，结合我校实际情况，特制定本办法。

第二条　票据是财务收支的法定凭证和会计核算的原始凭证，是各级财政、审计等部门进行监督检查的重要依据。

第三条　本办法适用于学校各类经济业务票据的使用、管理和监督。

第四条　学校票据实行“统一管理，专人负责”的管理体制。财务处是学校各类票据的主管单位，负责票据的领购、发放、缴销和管理等工作。

第五条　校内各单位必须依法依规使用票据，不得擅自购买、自制、印刷票据，不得转让、出借、代开、销毁、涂改和擅自印制专用收款收据，不得混用票据。

第二章　票据种类及适用范围

第六条　学校主要票据种类：

（一）中央非税收入统一票据，包括机打票据及电子票据（以下简称“收费票据”）。

（二）中央行政事业单位资金往来结算票据，包括机打票据及电子票据（以下简称“资金往来结算票据”）。

（三）增值税发票，包括机打票据及电子票据（以下简称“发票”）。

（五）其它票据。

第七条　各类票据适用范围

各类票据的具体适用范围由学校财务处根据相关规定核定。

（一）收费票据：主要用于国家相关部门批准的行政事业性收费项目，包括学费、住宿费和报名考试费等。

（二）资金往来结算票据：主要用于学校发生的各类暂收、代收款项、学校内部资金往来结算以及财政部门认定的其他资金收入和往来行为。

（三）发票：主要用于学校科研服务、非学历教育培训及其他税法规定需要开具发票的经济行为。

（四）其它票据：上述票据适用范围之外的业务。

第三章　票据申领

第八条　上述各类票据由学校财务处统一向主管部门申领。

第九条　财务处建立票据使用登记制度，登记票据的购入、发出、结存、回收及核销等情况，定期盘点，保证登记结余与实际盘存相符。

第十条　票据的领用单位应指定专人作为本单位票据管理员（必须为正式职工），负责票据的领取、使用和保管，票据管理员名单报财务处备案。票据管理员工作变动时要办理移交手续，并在财务处办理变更备案。

第十一条　校内相关单位领用票据时，各单位票据管理员应持《西北民族大学票据申领表》，并注明收费项目、收费标准、收费范围以及领用票据数量等，经单位负责人签字并加盖公章，由财务处负责人批准方可领取。

各单位领用票据，应建立票据领用辅助台账，记录票据的领、用、存情况，以备核查。

第十二条　票据实行分次限量领取制度，如继续领取，必须先将以前领用的票据存根交回。

第十三条　校内单位领用票据后，一般应在 3 个月内将票据存根联交回。交回的票据凭证应填写实收总金额、使用份数、作废份数、使用起止日期及经办人签字。票据凭证原则上不得跨年度使用。

第十四条　税控机打发票装置由财务处统筹安排，需增加税控装置的单位，应向学校财务处提交书面申请，所需费用由使用单位承担。

第四章　票据使用

第十五条　票据领用后，不得转借、转让、代开，不得拆本使用。

第十六条　票据按指定的收费项目、收费标准使用。填写时，必须前后完整、字迹工整、大小写金额一致、印章齐全及前后联内容一致。如填写错误，不得涂改、挖补或撕毁，应注明“作废”字样后，重新开具票据。

第十七条　发票出具时需加盖发票专用章，财政票据出具时需加盖学校财务专用章，加盖其他印章均为无效票据。

第十八条　特殊情况需要预开具票据时，申请人（项目负责人）应填写《西北民族大学财政票据借出审批表》或《西北民族大学增值税发票开具审批表》至财务处办理预开手续。审批表须申请人签字，并经申请人所在单位审批。

第十九条　校内相关单位领用票据所收款项必须及时、足额上交财务处，纳入学校统一管理，不得截留挪用、坐收坐支，以及私设“小金库”。

第二十条　学校电子票据应按上级主管部门的要求与财政部门的电子票据库有机衔接，确保电子票据管理的统一、完整、准确。根据领用的电子票据簿，通过开票系统顺序填开电子票据。填开的电子票据必须做到内容完整，印章齐全。生成的电子票据，应分别存档至本单位和上级主管部门的电子票据库。

第五章　票据保管和核销

第二十一条　票据实行分年使用、定期核销制度。校内相关单位应在年度结束后，无论所领票据是否用完，须在 12 月 25 日前至财务处办理核销（包括未用完票据），缴回票据时应在票据封面上加盖本单位公章，并在已开具票据封底注明使用时间、累计开票金额和作废票据号。

第二十二条　因工作需要确需复印票据记账联的单位或个人，应持书面申请和有效证明，到学校财务处办理相关手续。

第二十三条　开具票据的单位发生单位注销或合并时，应及时办理票据的变更和缴销手续，同时更新有关工作人员票据使用的权限。

第二十四条　票据使用完毕，财务处应当按照要求填写相关资料，按顺序清理票据存根、装订成册、妥善保管。票据存根的保存期限一般为 5 年。保存期满需要销毁的，报经上级主管部门查验后按程序销毁。

第二十五条　各单位如遗失票据，经办人应主动查找，确实查找不到的，须在丢失的第一时间向财务处递交书面说明，并登报声明作废（须为全国发行的报刊），财务处根据有关规定视情节轻重对责任人提出处理意见，报学校批准后，予以核销。情节特别严重的，移交学校纪监审等相关单位。

第六章　票据的监督检查

第二十六条　财务处应建立收费票据稽核制度。财务处票据管理人员应按规定监督、检查各单位领用票据的使用、管理情况，及时催收应交回的票据。财务处稽核人员负责对本处票据管理工作进行定期或不定期的稽核。

第二十七条　下列行为属违反票据管理规定的行为：

（一）未经批准，擅自印刷和使用票据的；

（二）管理不善，造成票据丢失、被盗和损毁的；

（三）伪造收费票据的；

（四）未经许可，擅自超范围、超标准收费或自定收费项目乱收费的；

（五）买卖、转借、转让、代开、涂改、销毁、拆本使用票据的；

（六）拒绝接受有关部门监督管理或不按规定提供有关资料的；

（七）其他违反规定行为的。

第二十八条　对具有上述行为的单位负责人和直接责任人，按国家有关法律法规给予行政和经济处罚，构成犯罪的，依法移交司法机关追究有关人员的法律责任。

第七章　附则

第二十九条　遇国家政策调整，财务处应调整票据种类及使用范围，并予以公布。

第三十条　本办法由学校财务处负责解释，自发布之日起实施，原《西北民族大学收费票据管理办法》（民大发〔2012〕271 号）同时废止。

西北民族大学国内差旅费管理办法

第一章　总则

第一条　为加强和规范学校国内差旅费管理，贯彻落实精简高效、厉行节约、反对浪费的要求，强化内控机制，保证学校因公出差的需要，根据《中共中央办公厅、国务院办公厅关于进一步完善中央财政科研项目资金管理等政策的若干意见》《关于扩大高校和科研院所科研相关自主权的若干意见》和《中共教育部党组关于抓好赋予科研管理更大自主权有关文件贯彻落实工作的通知》等文件精神，按照《中央和国家机关差旅费管理办法》和《关于规范差旅伙食费和市内交通费收交管理有关事项的通知》要求，结合学校实际，制定本办法。

第二条　差旅费是指教职工及相关人员（以下简称出差人）因公临时到学校常驻地以外地区开展公务所发生的城市间交通费、住宿费、伙食补助费和市内交通费。

第三条　本办法中科研项目经费是指外来纵向科研项目经费及横向科研项目经费，不包含校设科研项目经费。

第二章　出差审批

第四条　校内各单位要建立健全出差审批管理制度，按厉行节约、勤俭办事的原则，根据工作需要确定出差人数和出差天数，严格差旅费预算管理，控制差旅费支出规模；严禁无实质内容、无明确公务目的的差旅活动；严禁以任何名义和方式变相旅游；严禁异地部门间无实质内容的学习交流和考察调研。

第五条　出差人是差旅费的直接负责人，对差旅费使用的合规性、合理性、真实性和相关性承担直接责任。各单位对本单位出差人和使用本单位经费的出差人使用差旅费承担审批和监管责任。

第六条　使用各单位经费出差的，严格按照回避制原则实行分级审批：

（一）党、政领导正职出差实行互相审批，副职出差由正职审批（含校领导）；未设党务正职的单位，正职出差由分管校领导审批；

（二）其他人员出差由所在单位经济责任人审批。

第七条　使用科研项目经费的，严格按照回避制原则实行分级审批：

（一）科研项目负责人由所在单位经济责任人审批；

（二）其他人员由科研项目负责人审批；

（三）科研项目组成员仅为 1 人的，由单位分管负责人和经济责任人审批。科研项目组成员包括科研项目负责人配偶、直系亲属的，由单位经济责任人审批。

第三章　城市间交通费

第八条　城市间交通费是指出差人因公到常驻地以外地区出差乘坐火车、轮船、飞机等交通工具所发生的费用。

第九条　出差人乘坐城市间交通工具，应严格执行以下标准：

标准	对应人员	火车 （含高铁、动车、全列软席列车）	轮船 （不包括旅游船）	飞机	其他交通工具 （不包括出租小汽车）
一类	1. 院士和国内知名专家学者；2. 二级及以上职员的管理人员。	火车软席（软座、软卧），高铁 / 动车商务座，全列软席列车一等软座	一等舱	头等舱 公务舱	凭据报销
二类	1. 四级及以上专业技术岗位人员； 2. 四级及以上管理岗位人员。	火车软席（软座、软卧），高铁 / 动车一等座，全列软席列车一等软座	二等舱	经济舱	凭据报销
三类	其余人员	火车硬席（硬座、硬卧），高铁 / 动车二等座，全列软席列车二等软座	三等舱	经济舱	凭据报销

（一）使用科研项目经费出差的，乘坐交通工具等级原则上由科研项目负责人参照上述标准自主确定；

（二）符合第一类差旅费标准的人员出差，因工作需要，随行一人可乘坐同等级交通工具；

（三）未按规定等级乘坐交通工具的，超支部分由个人自理。对于乘坐高于规定等级的交通工具所发生的费用，按照实际购买票价和自身对应等级票价“孰低”的原则报销；

（四）同时聘任在专业技术岗位和管理岗位上任职的人员，可以按照“就高”原则选择差旅费标准；

（五）对于乘坐夕发朝至列车，且乘车时间超过 6 小时的，或者连续乘车超过 12 小时的，可据实报销软席车票，不受出差人级别限制。

第十条　到出差目的地有多种交通工具可选择时，出差人在不影响公务、确保安全的前提下，应当选乘经济便捷的公共交通工具。

第十一条　因发生城市间交通费用而产生的订票费、民航发展基金、燃油附加费以及经批准发生的签转费、退票费等相关费用可以凭据报销。

第十二条　乘坐飞机、火车、轮船等交通工具的，每人次可以购买交通意外保险一份；统一购买交通意外保险的，不再重复购买。

第四章　住宿费

第十三条　住宿费是指出差人因公出差期间入住宾馆（包括饭店、招待所，下同）发生的房租费用。

第十四条　使用学校非科研项目经费出差，住宿费执行分类分地区管理，严格按照财政部差旅住宿费标准执行；使用科研项目经费出差，住宿费限额按照以上对应的标准上浮 30% 执行。

第十五条　出差人应当在职称、职务级别对应的住宿费标准限额内，选择安全、经济、便捷的宾馆住宿。

对于参加其他单位举办的会议或培训，举办方统一安排住宿且费用自理的，如住宿费标准超出限额标准，凭会议或培训通知等举办方出具的有效证明，据实报销住宿费。

第五章　伙食补助费

第十六条　伙食补助费是指出差人在因公出差期间给予的伙食补助费用。

第十七条　伙食补助费按出差自然（日历）天数计算，按规定标准包干使用，不再拆分计算。西藏、新疆、青海三省伙食补助费为 120 元 / 人・天，其他地区伙食补助费为 100 元 / 人・天。

第十八条　伙食补助费按出差目的地的标准报销，在途期间的伙食补助费按当天最后到达目的地的标准报销。

第十九条　已由校外单位负担伙食费用的，不得在学校重复领取伙食补助费。由校外单位负担部分伙食费用的，可领取剩余天数伙食补助费。

第六章　市内交通费

第二十条　市内交通费是指出差人因公出差期间发生的市内交通费用。

第二十一条　市内交通费按出差自然（日历）天数计算，标准为 80 元 / 人・天包干使用。

第二十二条　已由校外单位负担市内交通费用的，不得在学校重复领取市内交通费。由校外单位负担部分市内交通费的，可领取剩余天数（含在途期间）市内交通费。

第二十三条　租车出差的，不再发放市内交通费。

第七章　本科生、研究生差旅费

第二十四条　学生参与教学科研活动的差旅费，是指在校学生临时到学校常驻地以外地区参加学校批准（指所在学院或相关部门批准）的竞赛、学术会议、科研等活动所发生的城市间交通费、住宿费、伙食补助费和市内交通费。

第二十五条　学生出差，按照“谁组织、谁审批、谁负责”的原则，可根据单位经费或项目经费预算，由经费所在单位经济责任人或科研项目负责人审批。

第二十六条　本科生和研究生差旅费标准

（一）使用科研项目经费出差的，按照本办法中有关科研项目经费的规定执行。

（二）使用非科研项目经费出差的，按以下标准执行：

（1）城市间交通费：城市间交通工具主要为汽车、火车（硬座、高铁或动车二等座）、轮船三等舱等。学生出差乘坐夕发朝至列车且乘车超过 6 小时，或者连续乘车超过 12 小时的，经单位经济责任人批准后，可乘坐火车硬卧。

（2）伙食补助费和市内交通费：可根据单位经费预算，参照不高于本办法“其余人员”标准执行。

（3）住宿费：参照办法“其余人员”标准执行，原则上 2 人一间。

（4）博士生出差所发生的城市间交通费、住宿费、伙食补助费和市内交通费，可根据单位经费预算参照不高于本办法的“其余人员”标准执行。

第二十七条　学生参加学校组织的社会调查、“三下乡”社会实践等活动，伙食补助费每人每天最高不得超过 40 元。

学生实习（见习）及其他暂不执行本规定。

第八章　野外科考差旅费

第二十八条　野外科考指教学、科研人员到远离城镇的高原、沙漠、戈壁、草原、山区等食宿不固定的野外偏远地区，或出差地点的住所无法提供住宿发票，或者自行搭建野外帐篷、临时住房进行科研考察或田野调查等。

第二十九条　野外科考或田野调查期间，城市间交通费凭有效票据在出差标准内据实报销。

第三十条　野外科考或田野调查期间，取得住宿费发票的，住宿费在标准限额内凭发票据实报销，并按规定标准发放伙食补助费和市内交通费；无法取得住宿费发票的，住宿费、伙食补助和市内交通费合并为野外补助费，实行总额包干制，并填写《西北民族大学野外科考差旅审签表》（见附件）作为报销的必要附件，包干计算按照无法取得住宿发票的自然（日历）天数计算。野外补助费上限标准为 400 元 / 人・天，具体标准由项目负责人根据食宿情况确定。未发生住宿当天往返的野外科考或田野调查，按一般差旅费标准报销。

第三十一条　报销野外科考或田野调查所发生的费用票据，在时间、地点、考察方式、规模等要素上应能够相互印证，相互支撑；凡不能相互印证的，不能按野外科考标准执行。与野外科考无关的各类票据，不得按野外科考差旅报销。

第九章　报销管理

第三十二条　出差人在出差前应按规定履行审批手续。报销时，如差旅费报销单签字盖章齐全，视同出差人已经履行审批手续，所在单位已经同意出差。

第三十三条　出差结束后应当及时办理报销手续，所有票据须按出差任务集中一次报销，不得零星或分次报销。参加会议、培训的应提供会议（培训）通知或学校批件等。

第三十四条　城市间交通费按乘坐交通工具的等级凭据报销，乘坐飞机的，报销时须提供航空运输电子客票行程单或税务发票。

第三十五条　出差途中各段行程城市间交通费票据应保持连续、完整。如不连续、不完整，原则上不发放伙食补助费和市内交通费。确因特殊情况导致城市间交通费票据不连续或不完整的，由出差人提供情况说明或相关有效证明，经单位经济责任人或科研项目负责人审批后，报销其相关费用，按规定发放伙食补助费和市内交通费。

第三十六条　实际发生住宿而无住宿费发票的，原则上不得报销住宿费以及城市间交通费，不发放伙食补助费和市内交通费。确因特殊情况无法取得的，由出差人提供情况说明或相关有效证明，并作为报销的必要附件，经单位经济责任人或科研项目负责人审批后，报销其相关费用，按规定发放伙食补助费和市内交通费。

第三十七条　因工作需要，由校外单位负担城市间交通费和住宿费的，由出差人提供情况说明或相关有效证明，经单位经济责任人或科研项目负责人审批后，按规定发放伙食补助费和市内交通费。

第三十八条　出差人出差期间因私绕道的，城市间交通费按出差直线单程交通费报销，其绕道部分由个人自理。绕道期间不报销住宿费，不发放伙食补助费和市内交通费。

第三十九条　因工作需要邀请校外专家来校的，可报销受邀人员城市间交通费和住宿费，不发放伙食补助费和市内交通费。

邀请专家赴外地参加调研的，经申请可报销受邀人员城市间交通费、住宿费，发放伙食补助费和市内交通费。报销标准原则上参照学校同等人员标准。

聘请外籍专家或港澳台专家的，需按照学校相关规定办理审批手续。

第四十条　学校原则上不支持租车出差。确因工作需要租车的，各单位经济责任人或科研项目负责人应本着安全、节约的原则从严控制。对于租车出差所引起的安全等责任，由出差人和审批人承担。租车出差的，报销时须提供租车清单、费用发票等。

第四十一条　经学校批准到外地挂职、支援和借调工作等外派干部，在途期间按本办法执行，其他费用按照有关规定执行。

第四十二条　住宿费、机票支出等相关费用须按公务卡使用有关规定结算。

第十章　监督问责

第四十三条　各单位和主要经济责任人应加强对本单位出差人出差活动的内控管理，对本单位出差审批制度、差旅费预算及规模控制负责。

第四十四条　各单位应自觉接受相关部门的监督、检查。

第四十五条　出差人不得向接待单位提出正常业务活动以外的要求，不得在出差期间接受违反规定用公款支付的宴请、游览和非工作需要的参观，不得接受礼品、礼金和土特产品等。

第四十六条　违反本办法规定，有下列行为之一的，依照有关法律法规和学校内部规定对直接责任人、单位经济责任人和科研项目负责人给予相应处分，追究相关人员责任，违规资金应予追回，并视情况予以通报。涉嫌违法的，移送司法机关处理。

（一）没有履行出差审批或出差审批控制不严的；

（二）虚报冒领差旅费的；

（三）擅自扩大差旅费开支范围和提高开支标准的；

（四）差旅费已全部或部分由校外单位负担，重复报销差旅费的；

（五）不按规定报销差旅费的；

（六）其他违反本办法行为的。

第十一章　附则

第四十七条　本办法由财务处负责解释。

第四十八条　本办法自发布之日起施行，原《西北民族大学国内公务差旅费管理办法》（党委发〔2016〕137 号）同时废止。

西北民族大学车辆运行成本结算和补贴办法

为深入贯彻中央八项规定及其实施细则精神，落实“过紧日子”和“勤俭办学”的总体要求，严控“三公经费”支出，确保学校公务车辆依法依规安全运行，现结合学校车辆管理情况和运行成本变化因素，制定本办法。

一、公务车辆运行成本结算标准（元／公里）

车型	价格
中巴车	5.00
面包车（含商务车）	3.00
小型载客汽车	2.50
等候 1 小时按 10 公里结算	

二、通勤车辆运行成本结算标准及补贴办法

（一）乘车费用

师生员工往返榆中校区乘车，每人次刷卡 6 元。未经批准不得搭载校外人员，严禁收取现金。

（二）运行及燃油补贴

根据师生员工乘车打卡的统计数量，每人次补贴 1.5 元，每月结算一次。

（三）空驶补贴

由后勤管理处根据实际情况申报经费需求，纳入学校整体预算，每季度拨付一次。

（四）大修费

根据 2012 年 4 月 16 日校长办公会会议精神，通勤车大修由后勤管理处申报经费需求，列入学校整体预算，据实结算。通勤车必须按照安全规定进行维修保养，坚决杜绝带病带伤上路。

三、用车单位要合理安排用车计划，避免车辆空等空耗等情况，节约用车经费。

四、后勤管理处要确保车辆安全运行，如实填报打卡数、公里数和等候时数，用车单位要严格审核费用开支。

五、用车单位包车、出长途等情况，本着安全第一、节约费用的原则，可与车辆管理单位协商用车费用。

六、本办法自发布之日起执行。

七、本办法由财务处负责解释，原《西北民族大学关于调整公务车辆公里费标准和通勤车补贴方案》（民大发〔2012〕668 号）同时废止。

西北民族大学教职工住房补贴发放管理办法

根据《国务院关于进一步深化城镇住房制度改革加快住房建设的通知》(国发〔1998〕23号)《关于兰州市进一步深化城镇住房制度改革加快住房建设实施意见》(甘政函〔1999〕29号)《关于西北民族学院住房货币化分配实施方案的复函》(甘房改货补函〔2002〕3号)和《关于执行省人民政府印发2008年度房改相关价格标准中需要把握好几个具体问题的通知》(甘房改办〔2008〕1号)以及《关于印发甘肃省2016年房改有关价格标准的通知》(甘建保〔2017〕93号)精神,结合学校实际,现就职工住房补贴发放作如下规定。

一、住房补贴发放对象

(一)职工本人及配偶均未以房改政策购买公有住房(含集资房、单位资助构建住房),也未租住公有住房的人员。

(二)职工本人及配偶虽按房改政策购买公有住房或租住公有住房,但面积未达到本人补贴标准的人员。

(三)1998年12月1日以后参加工作的人员。

二、住房补贴发放形式

(一)1998年11月30日以前参加工作的无房和住房未达标老职工,按一次性补贴和逐月补贴相结合的形式发放住房补贴。

(二)1998年12月1日以后参加工作的新职工,按逐月补贴的形式发放住房补贴。

三、住房补贴面积标准

住房补贴面积按建筑面积计算:

科级和中级职称以下人员70平方米;县(处)级和副高级职称人员90平方米;地(厅)级和正高级职称人员120平方米。

四、住房补贴计算公式

职工月住房补贴=〔普通商品住房平均单价(或经济适用住房平均单价)×0.6÷2〕×(职工住

房控制标准面积 – 已居住公房建筑面积）÷300

经济适用住房平均单价 4210 元 / 平方米；普通商品住房平均单价 7370 元 / 平方米。（注：两种性质的房屋平均单价政府将不定期公布。）

（一）购买了经济适用住房的职工，按经济适用住房平均单价计发住房补贴。

各级职务人员每月补贴标准

行政职务	每月补贴标准（元）	其他人员对应标准		
		已聘职称	技术工人	普通工人
科级及以下	294.70	中级以下	技师以下	11 年以上
处级	378.90	副高级	高级技师	
地（厅）级	505.20	正高级		

注：1. 表列补贴标准是无房职工的补贴标准。
2. 住房未达标职工补贴按月住房补贴标准公式计算。

（二）职工购买商品住房发放住房补贴以普通商品住房平均单价为计价基数。

各级职务人员每月补贴标准

行政职务	每月补贴标准（元）	其他人员对应标准		
		已聘职称	技术工人	普通工人
科级及以下	515.90	中级以下	技师以下	11 年以上
处级	663.30	副高级	高级技师	
地（厅）级	884.40	正高级		

注：1. 表列补贴标准是无房职工的补贴标准。
2. 住房未达标职工补贴按月住房补贴标准公式计算。

（三）职工住房补贴年限累计为 25 年即 300 个月。

五、相关规定

（一）1998 年 11 月 30 日以前参加工作的职工，工作年限不满 25 年的按实际工作年限发放住房补贴；工作年限超过 25 年的按 25 年计发住房补贴。

（二）1998 年 12 月 1 日以后参加工作的职工，从参加工作次月起，按规定的标准计发住房补贴。

（三）夫妻在婚姻存续期间所购买的公有住房，离婚后住房面积仍合并计算。

（四）2000 年以后退伍的复转军人，已经在部队享受了住房补贴，转业到地方后，原则上不再享受住房补贴。

（五）在编、在职、在岗人员住房补贴发放职级，以 2019 年 5 月 31 日为准。在住房补贴发放期间内职级发生变化的，从变动职级的次月起按新职级对应的标准计发住房补贴。

（六）租住不可售公房如平房、军产房等且无其他住房的，待腾退其住房后，可按规定计发住房补贴。

（七）周转房不核定为职工住房面积。

（八）对 1998 年 12 月 1 日以后去世的职工，可按其住房条件和生前工龄一次计发住房补贴，工龄满 25 年的，按 25 年一次计发；工龄不满 25 年的，按实际工龄一次计发，由其法定继承人代领。

（九）住房补贴根据国家民委拨款情况，统筹安排逐年发放。

六、附则

（一）本办法实施后，学校新进人员的周转住房，原则上按市场租金缴纳房租。

（二）增加发放住房补贴工作的透明度，将领取住房补贴的人员、住房现状、相应标准、发放金额等及时向职工公布，接受职工监督。

（三）学校纪检审、财务、国资等部门要加强对住房补贴发放情况的检查，严禁滥发和变相发放住房补贴的现象发生，以及职工个人冒领住房补贴等行为的发生，对弄虚作假、违反规定者要严肃查处。

（四）为确保我校住房分配货币化改革顺利实施，在发放补贴过程中遇到的新情况、新问题，要及时报请学校住房领导小组研究决定。

（五）本办法由学校住房领导小组办公室（国有资产管理处）负责解释。

（六）本办法自发布之日起施行，原《西北民族大学教职工住房补贴发放管理办法》（民大发〔2009〕226 号）及其他规定中与本办法不一致的条款同时废止。

西北民族大学建设工程投标单位推荐办法（修订）

第一条　为了进一步加强和规范西北民族大学（以下简称“学校”）建设工程投标单位推荐工作，保证学校建设工程质量，依据《中华人民共和国招标投标法》《中华人民共和国招标投标法实施条例》《甘肃省招标投标条例》《甘肃省房屋建筑和市政基础设施工程施工招投标资格审查管理办法》（甘建建〔2015〕436 号）和有关法律、法规的规定，结合学校实际，制定本办法。

第二条　学校在甘肃省公共资源交易中心完成建设工程投标单位资格预审后，在通过资格预审的投标单位中推荐合格投标单位。工程投资额 1000 万元以上的，推荐合格投标单位应不少于 9 家；工程投资额不足 1000 万元的，推荐合格投标单位应不少于 7 家。

第三条　学校建设工程招标领导小组负责依法依规开展建设工程投标单位的推荐工作。

第四条　学校建设工程投标单位的推荐工作应严格遵守公开、公平、公正和择优的原则进行。

第五条　学校建设工程招标领导小组在推荐建设工程投标单位时，在同等条件下，参加过学校工程建设，且建设工程质量合格、管理规范、配合良好的投标单位优先。

第六条　学校建设工程投标单位的推荐工作按照以下程序进行：

（一）项目招标代理机构向投标单位发出推荐工作所需资料清单。

（二）投标单位依据资料清单向项目招标代理机构递交相关文件资料。未按时递交文件资料的投标单位，视为放弃被推荐权和投标权。

（三）由学校建设工程招标领导小组组织基建、国资、财务、后勤等部门负责人组成评审小组，在学校监察部门的监督下，在相关专业人员和招标代理机构的协助下，依据《西北民族大学建设工程投标单位推荐评分标准》（见附件 1）对投标单位提供的评审资料进行评分，按照得分多少排出名次，并形成建议入选投标单位的报告。评审小组成员应当在报告上签字，并对评审结果负责。

（四）学校建设工程招标领导小组召开会议讨论确定入选投标单位名单，或由建设工程招标领导小组组成人员在报告上签署同意意见，报学校审批。

（五）学校将确定的投标单位名单报送甘肃省建设工程招标投标管理部门审批公示。

第七条　投标单位所提交的资料和内容在评审时，经项目招标代理机构审查有下列情况之一者，评审小组对该投标单位不予评分和推荐。

（一）所提供的有关人员资料及证件与事实不符的。

（二）隐瞒事实或者弄虚作假的。

第八条　本办法自公布之日起实施，由学校建设工程招标领导小组负责解释，并根据国家、甘肃省和行业有关法律法规的变动及时修订。原《西北民族大学建设工程投标单位推荐办法》(民大发〔2017〕252号)同时废止。

西北民族大学工程建设项目委托招标代理管理办法（修订）

第一章　总则

第一条　为保证学校工程建设项目的顺利实施和建设目标的实现，维护工程建设招标投标各方的合法权益，择优选定工程建设项目承包商、供应商和服务提供者，保证工程质量，提高投资效益，根据《中华人民共和国招标投标法》及其实施条例、《中华人民共和国政府采购法》及其实施条例、《甘肃省招标投标条例》、《招标采购代理规范》等有关法律法规、行业规范，结合学校实际情况，制定本办法。

第二条　本办法所称工程建设项目，是指工程以及与工程建设有关的货物、服务。

所称工程，是指建设工程，包括建筑物和构筑物的新建、改建、扩建及其相关的装修、拆除、修缮等；所称与工程建设有关的货物，是指构成工程不可分割的组成部分，且为实现工程基本功能所必需的设备、材料等；所称与工程建设有关的服务，是指为完成工程所需的勘察、设计、监理等服务。

第三条　本办法所称工程建设项目委托招标代理，是指具备相关资质的招标代理机构按照相关法律规定接受学校的委托，以学校的名义，对学校工程建设项目办理招标事宜的行为。

第四条　学校遵循公开、公平、公正、择优的原则建立工程建设项目招标代理机构库。

第五条　学校招标中心负责依据《中华人民共和国政府采购法》组织工程建设项目招标代理机构入库的公开招标；学校建设工程招标领导小组办公室负责提出工程建设项目招标代理机构的入库条件并报建设工程招标领导小组审批，同时负责工程建设项目招标代理机构库的日常监督管理。

第六条　通过公开招标确定 10 家招标代理机构入库。

第二章　工程建设项目招标代理机构的入库申请与入选

第七条 申请进入工程建设项目招标代理机构库的本地招标代理机构应当具备以下条件：

（一）具有独立承担民事责任的能力；

（二）建立完善的工程建设招标投标内部监督管理制度；

（三）拥有不少于 5 名熟悉工程建设招标投标法律法规、具备编制招标文件和组织招标投标活动等相应能力的专职从业人员；

（四）具备独立办公场所和代理工程建设招标投标业务所必需的办公条件；

（五）在自有场所组织评审工作的，应当具备必要的评审场地和录音录像等监控设备设施并符合省级人民政府规定的标准。

第八条　申请进入工程建设项目招标代理机构库的外地招标代理机构除需具备第七条规定的条件外，还应当具备以下条件：

（一）在兰州市行政区域内有固定办公场所和相应专职技术人员、办公设施以及健全的分支机构管理制度；

（二）技术负责人不少于两人，须具有注册造价工程师执业资格并注册在分支机构（注册在总公司的不予认可）；

（三）企业有不少于 5 人的中级及以上专职招标从业人员。

第九条 申请加入工程建设项目招标代理机构库的招标代理机构应提供以下材料：

（一）法人营业执照复印件；

（二）具备招标代理条件的场地、设备证明材料；

（三）企业在职人员花名册；

（四）企业在职人员社会保险证明复印件；

（五）近三年企业的招标代理业绩；

（六）法人代表身份证明文件或法人代表授权委托书；

（七）其它保证招标代理服务质量的证明材料。

申请人提交的以上材料复印件需加盖公章，同时应提供原件核对。

第十条　招标代理机构进入工程建设项目招标代理机构库的程序：

（一）学校招标中心委托服务采购代理机构依法组织工程建设项目招标代理机构的招标入库工作；

（二）学校与经招标确定的 10 家招标代理机构签订服务入库合同，进入工程建设项目招标代理机构库。

第三章　工程建设项目招标代理机构的选用程序

第十一条　学校有工程建设项目需委托招标代理机构组织招标工作时，由工程建设项目具体负责单位（以下简称“招标人”）在工程建设项目招标代理机构库中按选用程序选定招标代理机构。

第十二条　选用程序

（一）抽取。招标人召开招标代理机构选用会议，会议参加人员由招标人所在单位自行产生，应不少于 3 人，在学校监察部门的监督下，从工程建设项目招标代理机构库中随机抽取 3 家招标代理机构，并依据招标代理机构附加服务的多少、对学校的优惠条件和保证学校利益最大化的措施，选定招标代理机构第一、第二、第三候选人。

（二）报批。选定的招标代理机构候选人和排名报学校建设工程招标领导小组审批。

（三）通知候选人。通知排名第一的候选人，若排名第一的候选人因特殊原因无法代理的，通知排名第二的候选人，依此类推。

（四）签订合同。选定的招标代理机构在接到通知 5 个工作日内与学校签订《建设工程招标代理合同》。

第十三条　为保证招标代理工作质量，同时开展多个工程建设项目招标的，招标人应选用多家招标代理机构，原则上一个招标代理机构只能代理一个工程建设项目的招标工作。

第十四条　有特殊要求的工程建设项目，经学校建设工程招标领导小组批准后，招标人可在工程建设项目招标代理机构库中直接确定招标代理机构。

第四章　招标代理收费标准

第十五条　招标代理机构遵循自愿、平等原则为学校工程建设项目招标活动提供服务，并按照国家、甘肃省有关规定和双方约定的标准收取代理费，不得擅自增加收费项目和提高收费标准。

第十六条　招标代理合同价款以招标代理项目批准估算价为基数暂定招标代理服务费。

第十七条　招标代理工作完成后，办理招标代理结算，结算报告必须进行审计。

第五章　招标代理服务范围和工作程序

第十八条　招标代理服务范围

招标代理机构应对招标项目实行全过程代理，涉及服务范围主要包括：

（一）向工程建设招标投标监督部门提请招标核准；

（二）踏勘现场、拟订招标方案；

（三）拟定和发布资格预审公告；

（四）编制和发放资格预审文件；

（五）对资格预审文件进行必要的澄清与修改；

（六）接收资格预审申请文件；

（七）审查潜在投标人的资格，组织资格预审，进行资格预审公示，确定正式投标人；

（八）编制招标文件；

（九）发出投标邀请书或发布招标公告；

（十）发放招标文件（包括工程量清单），送相关部门备案；

（十一）组织潜在投标人踏勘现场和答疑；

（十二）组织召开投标预备会；

（十三）对招标文件进行必要的澄清与修改；

（十四）接收投标文件；

（十五）组织开标、评标和定标，协助确定中标单位，完成招投标情况备案，发布中标公示，确认及发放中标通知书；

（十六）拟定相关合同，协助学校与中标单位的合同商务谈判，签订合同；

（十七）编制和提交招标投标情况的书面报告；

（十八）招投标资料收集及移交；

（十九）协助处理异议；

（二十）协助处理投诉；

（二十一）合同咨询及法律、法规规定的其他工作；

（二十二）办理学校委托的其他事项。

第十九条　根据招标代理合同约定，招标代理机构也可对招标项目实行部分代理，仅负责办理部分环节、特定范围的招标采购事宜，如编制资格预审文件、编制招标文件等。

第二十条　招标代理服务工作程序

（一）招标项目实行全过程代理的，总体工作程序一般划分为以下几个阶段：

1. 业务承接与招标准备；

2. 资格预审（采用资格后审方式时不适用）；

3. 招标投标前期工作；

4. 确定正式投标人；

5. 开标、评标与定标；

6. 合同签订及后续服务。

（二）招标项目实行部分代理的，工作程序需要根据具体委托服务范围适当调整。

第六章　招标代理机构监督管理

第二十一条　进入学校工程建设项目招标代理机构库的招标代理机构必须依法在规定的范围内承接业务，严禁超越规定的范围承接招标代理业务。

任何单位和个人不得以任何方式限制或者排斥招标代理机构依法开展招标代理业务。

第二十二条　招标代理机构与学校签订招标代理合同后，应诚实守信，严格履行合同，不得向他人转让代理业务，不得为参加同一招标项目的投标人编制投标文件或提供咨询服务。

第二十三条　招标代理机构必须对代理的内容保密，不得与所代理招标工程建设项目的投标人有隶属关系或者其它利益关系。

第二十四条　招标代理机构须从从业人员中指定项目负责人，项目负责人应具备中级职称或从业人员考核证，项目负责人要全程参与招标代理活动，并对其所进行的招标代理工作承担相应的法律责任。

第二十五条　招标代理机构在代理业务过程中发生重新招标的，由该代理机构继续承担该项代理业务直至完成合同要求的任务。若非招标代理机构原因导致招标失败的，因重新招标产生的专家评审费用由学校承担。若因招标代理机构原因导致招标失败的，因重新招标产生的费用由招标代理机构承担，同时，学校建设工程招标领导小组办公室记录该代理机构不良行为一次。法律法规另有规定的从其规定。

第二十六条　学校工程建设项目招标代理机构库每 5 年更新一次。

第二十七条　招标代理机构可选择自愿退出学校工程建设项目招标代理机构库。

第二十八条　招标代理机构或其从业人员有下列情形之一的，对其通报，并记入不良记录；一年内有两次不良记录的，年度评定为不合格。

（一）所代理的业务被招标人评价为不满意的；

（二）履行招标代理业务过程中未征得招标人同意，擅自更换招标代理项目负责人的；

（三）向招标人解释相关法律法规不清，导致违规现象发生或招标失败的；

（四）因从业人员的失误致使招标失败或代理的招标项目被投诉的；

（五）以不合理的条件故意限制、排斥、歧视投标人或潜在投标人的；

（六）未按规定的招标程序执行的；

（七）违反开评标纪律、不服从监督人员管理的。

第二十九条　代理机构年度评定为不合格的，清理出库。

第三十条　招标代理机构或其从业人员有下列情形之一的，取消其代理业务，解除招标代理合同，并清理出库。

（一）以欺骗、弄虚作假等手段取得入库资格的；

（二）以行贿、提供回扣或者其他不正当竞争手段取得招标代理业务的；

（三）未经招标人同意，擅自将承接的招标代理业务转让他人的；

（四）在代理业务过程中违反党风廉政建设规定的；

（五）违规设置分支机构，出借、转让、出卖图章或以挂靠方式允许他人以本机构名义承接招标代理业务的；

（六）与投标单位串通招投标或存在虚假招标的；

（七）超越招标代理合同委托服务范围进行招标代理活动，并对学校造成损失的；

（八）被招标人在工程建设项目招标代理机构库中选用后，无故放弃代理业务的；

（九）在招标代理活动中泄漏商业秘密，利用执业之便谋取不正当利益，或者与第三者串通损害学校、投标人的合法利益的；

（十）招标代理机构因招标代理违法、违规，被处行政处罚，情节严重的；

（十一）代理机构法定代表人或驻甘分支机构负责人因招标代理被追究刑事责任的；

第三十一条　国家对招标代理机构的管理有新的规定时，学校按照新规定重新组织招标建立新的工程建设项目招标代理机构库。

第七章　附则

第三十二条　本办法自公布之日起实施，由学校建设工程招标领导小组负责解释，并根据国家、甘肃省和行业有关法律法规的变动及时修订。原《西北民族大学工程建设项目委托招标代理管理办法（试行）》（民大发〔2010〕179号）同时废止。

西北民族大学公务车辆使用管理办法

第一章　总则

第一条　为深入落实中央八项规定精神，进一步规范学校公务车辆的使用和管理，根据《党政机关厉行节约反对浪费条例》（中发〔2013〕13 号）和《甘肃省省属事业单位公务用车制度改革实施意见》等文件要求，结合学校实际，制定本办法。

第二条　本办法所指公务车辆是指公务用车制度改革后，学校按规定保留的用于机要通讯、应急处置、业务活动、特种作业、校际通勤等车辆。

第二章　车辆使用范围

第三条　学校公务车辆必须严格按照规定范围使用，严禁公车私用。

第四条　学校公务车辆主要保障如下范围的使用：

（一）机要通信车辆主要用于学校机要文件的收发、校外和校际普通公文的传送交换以及其他机要信息的处置办理。

（二）应急处置车辆主要用于紧急公务活动、校园突发事件处置。

（三）业务活动车辆主要用于学校外事接待、重要会议和重大活动保障、两校区间业务往来、学生外出实习、校外调研及野外作业和其他经批准的特殊事项。

（四）特种专业车辆主要用于师生医疗救助、校园安全保卫、日常巡逻、物资配送和环境卫生保洁。

（五）校际通勤车辆主要用于两校区间教职工和学生通勤、学生外出实习、学校重要会议和重大活动保障。

第三章　车辆使用管理

第五条　学校公务车辆实行集中管理、统一调度制度。后勤管理处（后勤集团）负责机要通讯、应急处置、业务活动、校际通勤等车辆的管理和调度。各相关单位负责本单位使用特种专业车辆的管理和调度。各单位要切实做好车辆日常维护，加强驾驶人员管理，适时更新老旧车辆，确保公务用车运行安全。

第六条　公务车辆使用履行审批手续。各单位用车需填写“用车申请表”，注明使用事由、使用时间、使用人员和目的地等，由使用单位负责人签字，并按“用车申请表”列明的流程和本办法规定的权限范围进行审签后，报后勤管理处车辆管理部门统一调度派车，驾驶员凭“派车单”出车。兰州市内用车和20座以下车辆赴兰州市外用车的，由后勤管理处下属车辆管理部门安排调度；20座以上车辆赴兰州市外用车的，须经后勤处分管车辆运输的副处长审批同意。属紧急用车的可由相应审批权限的领导同意后，先派车，后补办手续。

第七条　应急处置车辆由后勤管理处下属车辆管理部门负责人直接调度。

第八条　特种专业车辆由车辆管理和使用单位根据工作需要自行调度使用。

第九条　两校区间通勤车辆的运行时间、路线、班次等由学校确定。

第十条　学校所有公务车辆需建立技术档案，记载车辆的购置情况、安全行驶情况、维修情况、单车运行费用情况等。

第十一条　车辆管理单位应建立健全各项安全制度，加强车辆的安全运行管理，定期组织开展交通安全宣传教育。

第十二条　严格执行车辆定点停放规定。除执行外出任务和特殊工作需要，公务车辆应当停放在指定地点。节假日期间，除值班车辆和特殊工作外，其他车辆一律停驶封存。

第四章　车辆收费和运行费用结算

第十三条　校内各单位公务用车须向车辆管理单位支付相应费用，费用标准由学校确定。

第十四条　学校各单位应根据实际需要，制定年度基本用车预算，在预算范围内合理申请使用车辆，原则上不能超预算支出。

第十五条　学校各单位公务用车产生的费用，从各单位相关经费中列支。学校外事接待、重大活动和重要会议用车产生的费用，从主办单位的活动预算经费中列支。

第十六条　车辆的运行维护费用结算根据学校财务处有关规定执行。

第五章　车辆维修、加油、保险

第十七条　公务车辆实行定点维修、定点加油、定点保险制度。定点维修厂家由学校货物采购领导小组考察研究确定。定点加油站由车辆管理单位通过会议研究确定。定点保险单位由车辆管理单位在中央国家机关机动车辆定点保险机构中选择，通过会议研究确定。对各定点单位须每两年评审一次。

第十八条　公务车辆维修，须由驾驶员填写“车辆维修报告单”，经车辆管理单位的相关技术人员进行技术鉴定，报主要负责人审批后在学校定点维修厂进行维修。车辆在执行长途任务时需要进行维修的，必须报请车辆管理单位主要负责人同意后，就近选择具有合法资质的车辆维修厂家进行维修。任务结束后出具情况说明，补办审签手续。

第十九条　通勤车大修须由车辆管理单位向学校申报大修计划和费用预算，经校长办公会议审议同意后，在定点维修厂维修。通勤车辆大修实行“一事一批，据实结算”的办法，费用由学校承担。

第二十条　公务车辆加油实行专人管理。由车辆管理单位指派专人负责加油卡的充值和保管。车辆在市内加油时，由驾驶员领取加油卡在定点加油站加油。异地加油时，原则上要求使用银行卡结算，因客观条件限制无法使用银行卡结算的，根据财务规定，现金超过 500 元的必须报请车辆管理单位主要负责人同意，任务结束后出具情况说明，经车辆管理单位领导审签后报销。

第六章　车辆日常维护

第二十一条　公务车辆实行驾驶员负责制。车辆驾驶员应按要求对车辆进行检查、保养、维护，保持车况良好、车内外卫生整洁。

第二十二条　驾驶员不得在未经批准的情况下，将车辆私自交于他人驾驶，严禁酒后驾驶、疲劳驾驶、违章驾驶和私自出车等违规违章行为。遇特殊情况必须更换或替代驾驶的，要做好车辆交接手续，填写“车辆交接单”，对交接时间、交接地点、交接人员、车辆公里数、车辆状况等进行详细登记。

第七章　监督问责

第二十三条　各单位公务用车情况要在单位内部进行公示，接受监督。

第二十四条　学校定期对公务用车情况进行监督检查，并受理群众举报，对涉嫌违规使用车辆的进行调查处理。

第八章　附则

第二十五条　本办法由后勤管理处（后勤集团）负责解释。

第二十六条　本办法自校党委常委会议通过之日起施行。原《西北民族大学车辆使用管理办法》（民大发〔2016〕50 号）同时废止。

西北民族大学信息系统管理办法

第一章　总则

第一条　为进一步加强学校信息化建设统筹规划，建立有效的信息系统数据共建、共享与保障体系，提高数据质量和利用效率，推进学校信息系统管理科学化，规范校园网络信息服务，促进学校信息化建设的健康发展，根据《中华人民共和国网络安全法》《中华人民共和国计算机信息系统安全保护条例》《中华人民共和国计算机信息网络国际互联网络管理暂行规定》《信息安全等级保护管理办法》及国家其他相关法律法规对互联网安全管理的要求，结合学校实际，制定本办法。

第二条　学校信息系统是由相关硬件、软件、信息资源、信息用户、规章制度和其它外围设备组成的，以处理信息流为目的的应用系统。学校信息系统包括但不限于校务管理类、教学科研类、招生就业类和综合服务类信息化应用系统。

第三条　信息系统管理是指学校各部门利用信息系统或相关数据管理平台对教学、科研、管理和服务等业务数据进行管理的工作，包括数据标准与规范以及数据维护、存储、归档、应用、保护等工作。

第四条　信息系统管理原则

（一）统一标准原则。信息系统数据管理应在符合国家、教育部、行业等制定的相关标准与规范的基础上符合学校制定的数据标准。

（二）安全共享原则。在保证系统数据安全的前提下，实现数据的共享以及衍生数据应用服务，使数据能够满足各种业务的使用需要。

（三）全程管控原则。建立系统数据从采集、维护、存储、归档、应用、保护的全过程管控平台和制度体系，确保系统数据的真实、准确、完整、及时。

（四）分级管理原则。一级信息系统是指学校主数据管理平台、统一身份认证鉴权平台，由信息化建设与服务中心负责管理；二级信息系统是指由学校各单位根据业务需求建设的信息系统，由各单位自行管理。

第二章　信息系统的管理机构

第五条　学校网络安全与信息化建设工作领导小组负责全校网络信息安全工作的整体规划和推进，统一领导、统一谋划、统一部署全校网络意识形态工作、网络安全和信息化建设工作，指导、监督校属各单位网络信息安全和信息化建设工作。

党委宣传部负责网络信息内容的安全管理和网络舆情管控，协调推进网络安全宣传教育工作和网络空间法治建设。

信息化建设与服务中心为网络安全提供技术保障，负责全校信息化规划、建设及管理规范的制定工作，定期对全校重要岗位教职工进行信息系统安全培训，强化全校教职工的安全意识，是学校信息系统的归口管理部门。

学校各单位按照“谁产生数据，谁负责管理”的原则，负责本单位信息系统的管理工作，凡设立党委、党总支、直属党支部的单位均实行书记负责制，职能部门和没有设立处级建制党组织的单位实行主要领导负责制，同时各单位应指派专人负责信息系统管理与安全工作。

第三章　信息系统的开发立项

第六条　为增强学校信息系统建设的针对性、实效性、计划性和规范性，各单位有建设、升级信息系统的需求，应提前向信息化建设与服务中心提出申请，信息化建设与服务中心提供数据共享标准及学校主数据管理平台、统一身份认证鉴权平台的接入要求。

第七条　信息系统建设项目立项前，信息化建设与服务中心会同申请单位、国有资产管理处组织专家论证和前置审批。通过前置审批的项目，可纳入学校年度信息化建设项目库，作为学校下一年度信息化建设的立项备选。列入项目库的建设任务，可进入学校相关的立项和招标采购流程，国有资产管理处对原有设备的报废处置情况进行审核。前置审批环节，信息化建设与服务中心将从数据中心机房可提供的软硬件支撑环境，对拟建信息系统是否存在重复建设，是否满足数据共享、系统安全及权限管理要求，是否符合信息系统数据标准、学校主数据管理平台、统一身份认证鉴权平台的接入要求等方面进行审核。

新建信息系统必须与学校数据共享交换平台对接，系统中所需的学校基础数据必须从学校数据交换平台获取，同时必须向学校数据共享平台提供必要的数据，用户认证必须与学校的统一鉴权平台对接，权限管理必须符合本办法第五章提出的权限管理的要求，对危及校园网络和信息系统运行安全的建设项目实行一票否决，停止项目建设。

第八条　信息系统建设项目按照学校相关规定进行立项审批。

第九条　项目立项后，应由系统建设单位成立项目管理组织，明确责任人和管理实施人员，并提出建设目标、分阶段建设方案和进度安排等。责任单位与承建方均需配备相关人员，全程负责业务系统的实施和支持。

第四章　信息系统建设的过程控制

第十条　信息系统建设全过程必须遵循学校信息系统数据标准的相关要求，无特殊业务需求须使用学校的域名和 IP 地址。

第十一条　依据信息系统需求设计解决方案。解决方案包括系统总体架构设计、功能模块设计、数据库设计、输入输出设计、处理流程及硬件选择（信息系统所需要的硬件在没有特殊需求的情况下由信息化建设与服务中心提供）等。

第十二条　系统测试运行时，应根据系统测试工作流程做好相应的记录。同时加强测试分析，将测试结果与预期结果进行对比说明，分析解决测试中发现的系统问题。

第十三条　全校公共信息系统必须与学校公共数据平台对接，便于共享数据的抽取，对接以接口方式为主要途径；校内共享数据只能通过公共数据平台获得，不得从业务系统直接采集或重复采集。各部门有权利根据履职需要向学校公共数据平台提出信息化数据需求，同时也有义务提供共享数据。

第十四条　在使用学校公共数据平台的数据资源时应保护个人隐私，严格遵循申请的授权用途。必要时，信息化建设与服务中心在提供数据时，需进行数据脱敏处理。

第十五条　面向全校师生使用的校内信息系统必须采用学校统一的身份认证系统，不得在各单位的网站上或其他方式给用户提供其它登录系统的入口。

第十六条　在项目完全交付使用后，按照《西北民族大学货物（服务）采购管理办法（修订）》由货物采购验收领导小组组织验收。

第十七条　为保障学校信息系统安全稳定运行，系统建设单位应在项目完成后、上线运行前做好信息系统安全等级保护定级、备案及测评工作。

第十八条　系统上线运行前，需完成校内备案审批工作。系统建设单位应向信息化建设与服务中心提交《西北民族大学信息系统上线登记（审批）表》。信息化建设与服务中心经安全评估，确认系统满足上线条件后予以开通。

第五章　授权管理

第十九条　网络安全与信息化建设工作领导小组负责学校信息系统权限的统一规划与设计，网络安全与信息化建设工作领导小组办公室负责信息系统权限的管理。

第二十条　综合信息门户平台权限分配规定：

（一）学校文件、通知、公告授权规定

组名称	学校文件	通知公告	部门公告
教职工	查看权限	查看权限	查看权限
学校办公室	查看、上传、删除权限	查看、上传、删除权限	查看权限
各单位	查看权限	查看权限	查看、上传、删除权限
学生		查看权限	查看权限

（二）网上办事大厅授权规定

组名称	具体权限分配
教职工	部门公开信息发文审核、档案调阅查询利用审批等流程服务的使用权限； 教师个人信息、我的工资等查询服务的使用权限。
学生	学生证补办审批、学生查卷申请审批等流程服务的使用权限； 我的课表、我的借阅等查询服务的使用权限。

（三）手机 APP 授权规定

组名称	首页	通知
教职工	工资查询、课程表、科研概况、失物招领等业务模块的使用权限；流程办理和待办事项模块的使用权限。	学校文件、部门公告、通知公告的查看权限
学生	课程表、成绩查询、校车等业务模块的使用权限；针对学生的流程办理和待办事项模块的使用权限。	通知的查看权限

（四）业务应用系统授权规定

组名称	具体权限分配
校领导	各系统全部查看、查询权限。
相关业务单位	对教务系统、学工系统、迎新系统、财务系统、人事系统、图书管理系统、计费系统、科研系统、研究生管理系统、国资系统等业务系统的使用权限由各自部门的系统管理员根据业务需要授权。
普通教职工	一卡通系统、教务系统、学工系统等业务系统中具有查看本人信息的权限。
系统管理员	对各自的业务系统有全部管理权限。

（五）大数据应用分析平台授权规定

1. 学生板块授权规定

组名称	学生概况	学生综合画像	学籍异动	资助情况分析	贫困生认证	疑似不在校	疑似孤僻	学生能力模型	晚归预警
校领导	所有学生信息的查看权限								
学生工作处领导	所有学生信息的查看权限								
学院领导	所在学院学生信息的查看权限								
辅导员	所负责学生信息的查看权限								
班主任	所负责班级学生信息的查看权限								
系统管理员	负责其他操作员的权限设置和系统安全维护等								

2. 教师板块授权规定

组名称	教师综合画像
校领导	所有教职工信息的查看权限
部门负责人	所属部门教职工信息的查看权限
组织、人事部负责人	所有教职工信息的查看权限

3. 科研、招生分析、就业分析、综合校情板块授权规定

组名称模块	科研板块	招生分析	就业分析	综合校情
校领导	全部信息查看权限			
学院领导	查看本学院信息权限			
相关职能处室负责人	查看本单位相关业务信息权限；依申请查看有关板块信息，由分管信息化建设与服务中心的校领导审批			

第二十一条　各单位业务系统的内部使用权限，由各单位根据业务需要自行授权。各单位业务系统的管理权限和角色由各单位处务会议审定，审定结果报学校网络安全与信息化建设工作领导小组办公室（信息化建设与服务中心）备案。

第二十二条　各单位确定 1 名分管信息化工作的领导和 1 名系统管理员或信息管理员，并报学校网络安全与信息化建设工作领导小组办公室（信息化建设与服务中心）进行备案，人员发生变动时及时报备更新，管理本单位的信息系统的权限、安全，为用户分配系统角色，并将用户权限授予相应的角色。

第二十三条　系统管理员应保持相对稳定，同时加强协作、配合，重要岗位实行主办人员和协办人员之间互为补充的 AB 角工作制度。

第二十四条　信息系统管理员负责如下工作：

（一）对各信息系统角色与用户分配功能访问权限和数据访问权限。

（二）维护信息系统安全，定期做好系统运行环境与系统本身的升级、打补丁和数据备份工作。

（三）系统用户因工作岗位变动、调动、离职等原因导致使用权限发生变化或需要注销其分配账号时，应在 7 天内通知信息化建设与服务中心，对其访问学校综合门户的权限进行更改或注销。

（四）当发生安全事件时，各单位系统管理员应在 1 小时内报学校网络安全与信息化建设工作领导小组办公室（信息化建设与服务中心），并迅速采取措施。

（五）定期向学校网络安全与信息建设工作领导小组提交书面工作报告，并接受其监督。

第二十五条　学校网络安全与信息化建设工作领导小组办公室应对各单位系统管理员管理的组织机构和系统角色进行纸质和电子的备案，当发生变化时必须同步并对备案进行更新。

第二十六条　系统管理员不得利用信息系统从事危害学校、教职工、学生利益的活动；不得未经授权将所管理的信息系统数据提供给他人；不得泄露信息系统数据，不得危害信息系统的安全。对信息系统安全维护不力、造成数据泄露、发生安全事件未能及时采取措施，造成重大责任事故的系统管理员和分管领导，根据本办法第三十五条责任追究。

第六章　信息系统的运行和维护

第二十七条　信息系统建设使用单位应根据系统使用操作程序、各模块子系统的具体操作规范，及时跟踪、发现和解决系统运行中存在的问题，确保信息系统按照既定的程序、操作规范稳定运行。

第二十八条　信息系统数据需定期进行备份，明确备份范围、频度、方法、责任人、存放地点和有效性检查等内容。系统首次上线运行时应当完全备份，根据业务频率和数据重要性程度，定期做好增量备份。数据正本与备份应分别存放于不同地点，防止因火灾、水灾、地震等事故产生不利影响。

数据备份制度建设由各系统责任单位制定并报学校网络安全与信息化建设工作领导小组办公室（信息化建设与服务中心）。

第二十九条　设有自建自管服务器及信息系统的校内单位，须严格执行信息系统的分级安全保护措施，切实落实主体责任，规范建设、运维和使用等各个环节，做好相关系统日志半年以上的留存工作。使用学校云计算机服务器或服务器托管在学校数据中心机房的单位需与信息化建设与服务中心签订《西北民族大学服务器托管申请表》《西北民族大学云服务器申请表》。

第三十条　为降低学校信息系统安全风险，除面向社会提供公共服务的应用系统，原则上所有校内系统仅限校园网内运行，师生在校外可通过校园网远程访问接入服务（VPN）访问校内资源。信息系统如需开放外网直接访问，需在确保安全的前提下，向信息化建设与服务中心申请例外处理。

第三十一条　信息系统建设使用单位应重视系统运行的日常维护。在硬件日常维护方面，应重视各种设备的保养与安全管理、故障的诊断与排除、易耗品的更换与安装等。

第三十二条　各单位进行信息系统维护时，应保证系统数据的真实、完整、规范和时效。

（一）真实：各单位应准确维护相关系统数据，不得随意修改、增减。

（二）完整：各单位须确保系统数据完整、齐全，避免数据缺失。

（三）规范：各单位在进行系统维护时须保证系统数据的规范可用。

（四）时效：各单位须在规定的时间内进行系统数据维护，确保系统数据与实际业务同步，防止产生无效数据、过时数据。

第三十三条　信息系统建设使用单位应配备专人负责处理信息系统运行中的突发事件，必要时应会同系统开发人员或软硬件供应商共同解决。

第七章　信息系统安全责任

第三十四条　学校信息系统安全管理工作实行安全责任制和责任追究制，按照“谁主管谁负责、谁使用谁负责”的原则落实各单位网络信息系统安全及数据保密责任。具体责任划分见下表。

信息系统安全管理职责界定表

安全防护内容	责任部门
全校网络出入口安全技术防护	信息化建设与服务中心
信息系统安全漏洞定期扫描	信息化建设与服务中心
信息系统定级备案测评	信息化建设与服务中心
全校统一网站内容管理	宣传部
全校统一网站技术防护	信息化建设与服务中心
未纳入统一网站的其他网站信息的维护、审核、监督工作，信息安全、数据的完整性和保密性等	各使用部门
信息系统的口令、密码的完整性和保密性，软件版权（许可/使用）；等保测评后的整改、操作系统补丁、业务系统漏洞补丁、数据备份、安装杀毒软件、开启并设置操作系统防火墙，定期升级杀毒软件等	各使用部门
托管服务器存放与运行必需的机房环境与机房设施、设备的防火、防盗、防破坏等安全保障、网络接入的 IP 访问权限	信息化建设与服务中心
各单位未托管的服务器安全管理	各使用部门

第三十五条　信息安全管理责任追究。对信息系统安全维护不力、造成数据泄露、发生安全事件未能及时采取措施的单位，造成重大责任事故的，由学校根据《事业单位工作人员处分暂行规定》和《中国共产党纪律处分条例》给予相应处分，并责令停网整顿。

对存在违反国家法律、法规情形的，移交相应司法部门进行处理。

第八章　附则

第三十六条　本管理办法由信息化建设与服务中心负责解释。

第三十七条　本管理办法自发布之日起施行。《西北民族大学数字化校园信息平台管理办法》（民大发〔2007〕191 号）同时废止。

附件：西北民族大学 2018—2019 学年学费收缴管理工作先进集体和先进个人的名单

一、学费收缴管理工作先进集体

预科教育学院、医学院、电气工程学院、文学院、化工学院。

二、学费收缴管理工作先进个人

赵军雷、马剑、铁英秀、刘玮玮、桑德合才旦、黄洪猛、赵维胜、张霞、殷伟人、伊里哈木江·加帕尔。

综合治理与安全保卫工作

在2019年综合治理工作会议上的讲话

西北民族大学党委副书记、校长　赵德安

今天，我们召开2019年综合治理工作会议。这次是总结工作，表彰先进，分析形势，部署工作的会议。我代表学校党委、行政对2018年度综合治理工作中取得优异成绩，受到表彰的单位和个人表示热烈的祝贺，对关心和支持学校综合治理工作的广大师生表示衷心的感谢。

关于2019年学校综合治理工作，党委常委副校长李辉同志在工作报告中已经做了全面部署，符合学校实际，要认真贯彻落实。下面我强调五个方面的问题。

第一，把握主线，坚持党对政法综治工作的绝对领导

习近平总书记在中央政法工作会议上强调，要坚持以新时代中国特色社会主义思想为指导，坚持党对政法工作的绝对领导，坚持以人民为中心的发展思想，加快推进社会治理现代化。学校各级党组织要时刻牢记习总书记的重要讲话精神，自觉把坚持和加强党的全面领导作为新时代校园安全稳定综合治理工作的最高原则，全面贯彻中央、国家民委党组有关批示、指示精神和甘肃省委、兰州市委政法综治工作会议精神，以为新中国成立70周年创造安全稳定的校园环境为主线，提高政治站位，增强“四个意识”，坚定“四个自信”，做到“两个维护”，坚持立德树人、培根铸魂，在办学方向上站稳立场，不管什么时候，为党育人的初心不能忘，为国育才的立场不能改。要从学校改革发展稳定的大局出发看待校园安全稳定综合治理工作，清醒地看到学校存在的困难和面临的挑战，在更高站位上谋划推进学校安全稳定综合治理工作，增强忧患意识，提高防控能力，防范化解风险，努力把平安校园建设不断提高到新水平。

第二，抓准重点，坚决遏制重大安全事故、事件发生

把握伟大斗争的长期性复杂性艰巨性，把维护政治安全、国家安全和社会稳定作为新时代政法综治工作的首要任务。紧绷政治安全这根弦，强化斗争精神，严密防范“三股势力”对学校的渗透和破坏，旗帜鲜明地反渗透、反颠覆、反分裂、反恐怖、反邪教、反极端。高度警惕敌对势力利用特定利益群体的新动向，教育引导师生自觉抵御恐怖主义、极端思想，严防发生影响国家安全事件。要进一步加强维护网络意识形态安全，深入开展意识形态领域专项督查和清理有害信息专项行动，对攻击党的领导，攻击社会主义制度，攻击党的民族政策的思潮、言论和行为，要旗帜鲜明，敢于发声，敢于亮剑，敢抓敢管。要加强学生教育管理，防止严重违法违纪案、事件发生，防止学生各类安全事故发生。要加强交通、消防、饮食、医疗、危爆物品、实验室、建设工地、重大活动和人员密集场所等重点要害部位，敏感节点的安全管理，维护公共安全，同时还要防范各类自然灾害。要加强保密工作，防止失、泄密事件的发生。

第三，不断创新，加强和改进综合治理工作方式方法

牢固树立和贯彻落实安全稳定发展理念，准确认识和把握当前安全稳定形势，切实提高思想认识，要把校园安全稳定综合治理放到维护社会稳定和学校改革发展的全局来思考、谋划。坚持总体国家安全观，增强底线思维，强化红线意识，狠抓责任落实，着力推进综合治理实战化指挥、一体化运行、高效化服务，树立合作、互通、共享理念。要把握依法治国的新部署，坚持自治法治德治相结合，充分发动和依靠师生员工，及时排查发现影响学校安全稳定的各类矛盾隐患，严格实行“问题清单化、清单责任化、责任具体化”，做到“早发现、早预警、早介入、早解决”。要以本次学校综合治理改革为契机，善于运用先进理念、科学态度、专业方法、精细标准、提升综合治理效能。学校各部门要协同配合，互信互动、整合力量，从学校实际出发，遵循治理规律，把握时代特征，深化和改进综合治理工作体制机制。要加强警校、校地联动，强化风险预警机制，加强与派出所的协同，形成工作合力，加强校园周边治理，配合开展扫黑除恶专项斗争。要创新科技手段，以信息技术智能化为依托，加强对重点领域、重点部位、重点人员跟踪监测，及时预判安全风险隐患，切实提升预测预警能力。要创新方式，更加注重运用法律规范、道德教化、心理疏导等方式方法，坚持刚性与柔性、他律与自律相统一，防范、降低公共安全风险，防止极端事件发生。

第四，夯实基础，提升保障和处置能力

要加强防控体系建设，坚持问题导向，总结经验教训，把握趋势规律，从人防、物防、技防等方面综合施策。注重统筹，提升治安防控体系智能化建设，消除消防监管漏洞，补齐短板。要不断加强综治队伍建设，落实新时代党的政治建设总要求，以贯彻《中国共产党政法工作条例》为抓手，强化队伍综合治理能力建设，突出实战、实用、实效导向，着力锻造“五个过硬”的高素质综治队伍。强化思想政治建设、作风建设、治理应急处置能力建设，建设一支讲政治、懂法律、善治理的综合治理干部队伍，为全面做好学校综合治理工作和安全稳定工作能力水平提供保障。

第五，强化提高，落实主体责任

把握共产党人的初心使命，坚持以人民为中心的根本立场，切实担负起综合治理保校园平安的神圣职责，严格落实综合治理工作领导责任制，坚持党政同责，一岗双责，失职追责，强化督查督办，监督检查，逐级压实责任，确保校园安全、稳定、和谐。要严格执行校园安全稳定综合治理工作责任制，不断提升政治敏锐性和政治鉴别力，切实筑牢广大领导干部高举旗帜、听党指挥、忠诚使命的思想基础。

同志们，新时代需要新作为，新挑战需要大担当。我们要坚持以习近平新时代中国特色社会主义思想为指导，全面贯彻党的十九大精神，牢固树立安全发展理念，居安思危，警钟长鸣，要以更加坚定的决心、更加明确的责任、更加有力的担当，全力维护学校安全稳定，努力为学校的改革与发展创造良好的环境，以优异的成绩迎接新中国成立70周年！

西北民族大学校园安全稳定综合治理工作考核办法（修订）

为切实落实学校综合治理工作责任书规定的各项责任，根据《甘肃省健全落实社会治安综合治理领导责任制实施办法》《西北民族大学校园安全稳定综合治理工作责任书》的责任要求，特制定本办法。

第一条　考核范围

凡与学校校园安全稳定综合治理委员会签订《西北民族大学校园安全稳定综合治理工作责任书》的校属各单位均为考核对象。

第二条　考核时间

学校综合治理委员会对二级综合治理工作小组和二级综合治理工作委员会的考核与年度考核同步进行。各二级综合治理工作委员会对三级综合治理工作小组的考核，应在学校综合治理委员会考核前进行。

第三条　考核的基本原则

（一）实事求是、公平客观、严格公正的原则；

（二）严格对照《校园安全稳定综合治理工作责任书》条款，全面考核的原则；

（三）平时考核与年度考核相结合、定性考核与定量考核相结合、综合考核的原则。

第四条　考核组织领导

（一）在学校校园安全稳定综合治理委员会的领导下，根据学校年度考核安排由综合治理委员会办公室组织人员参与校园安全稳定综合治理考核工作。

（二）二级综合治理工作小组和二级综合治理工作委员会负责实施本单位的考核总结工作。二级综合治理工作委员会制定《校园安全稳定综合治理工作责任书》《综合治理工作考核奖惩细则》，对三级综合治理工作小组进行考核奖惩，有学生综治员的，学生综治员表彰比例不低于 30%。

（三）二级综合治理工作小组对三级综合治理工作领导小组责任落实情况和考核结果作为年度考核和评奖评优的依据。

第五条 考核等次划分

（一）根据二级综合治理工作小组和二级单位综合治理工作委员会工作实际，考核结果划分为“优秀”“良好”“合格”“不合格”四等。

（二）考核结果要坚持注重工作实际，“优秀”等次的划分，一般掌握在参加考核单位总数的 15% 以内，“良好”等次的单位，一般控制在参加考核单位总数的 25% 以内。

第六条 各等次评定标准

（一）“优秀”：完成《责任书》规定的各项工作任务，落实《西北民族大学校园安全稳定综合治理工作实施方案》各项要求到位，综合施策得力，工作成绩突出的单位。

（二）“良好”：完成《责任书》规定的各项工作任务，能够落实《西北民族大学校园安全稳定综合治理工作实施方案》各项要求，措施得力，工作成绩较好的单位。

（三）“合格”：完成《责任书》规定的各项工作任务，基本落实《西北民族大学校园安全稳定综合治理工作实施方案》各项要求的单位。

（四）凡发生下列事件之一者，应定为“不合格”。

1. 单位人员因涉扫黑除恶、扫黄打非被依法依纪处理，给学校造成影响的。

2. 单位人员发生涉“三股势力”案事件被依法依纪依规给予处罚的；单位人员持有、传播暴恐音视频等有害信息造成影响的。

3. 因教育管理不善而发生群体性事件等，严重影响校园安全秩序的。

4. 发生火灾，学校师生利益、公共财产遭受重大损失和人员伤害事件等重大责任事故的。

5. 有关责任单位在食品经营过程中，违反《食品卫生法》的有关规定，造成食物中毒事故或其他食源性疾患的。

6. 本单位教职工和学生中发生违法犯罪，经司法程序被判为有罪的。

7. 单位人员有涉政违纪被有关单位教育、训诫，造成重大影响的。

8. 学生治安违纪人数超过学生总人数 1% 的。

9. 违反《网络安全保护管理规定》，造成不良影响，后果严重的。

10. 发生车辆交通安全事故被管理部门认定为重大事故的。

11. 组织重大活动发生安全责任事故，造成严重后果的。

12. 发生其它重大责任事故，后果严重的。

第七条 考核办法

（一）单位自查。各二级综合治理工作小组和二级综合治理工作委员会对三级综合治理工作小组考核结束后，对照《西北民族大学校园安全稳定综合治理工作责任书》要求进行自查，写出书面总结，按照《西北民族大学校园安全稳定综合治理工作考核量化指标体系》打出自查分，自查分为 100 分的，学校校园安全稳定综合治理委员会要成立专门工作小组进行二次复核。

（二）考核验收。各二级综合治理工作小组和二级综合治理工作委员会自查结束后，学校校园安全稳定综合治理委员会组织考核检查小组随同年度考核一并进行。

（三）组织考评。由综合治理委员会办公室结合单位自查报告、考核小组考核评分和组织检查验收情况等因素进行综合考核评分。

（四）考核得分确定。考核总得分按照《西北民族大学校园安全稳定综合治理工作考核量化指标体系》，由单位自查分（占 20%）、组织考核评分（占 70%，定性与定量相结合）、综合等次加分（优秀 10 分，良好 8 分，合格 6 分，不合格不加分）组成。

（五）学校召开校园安全稳定综合治理委员会会议，听取情况汇报，审议办公室提交的考核评定结果。

（六）学校校园安全稳定综合治理委员会将考核结果提交学校党委常委会议审核批准。

第八条　考核结果的使用

考核结果经学校党委常委会议审核批准后，召开学校校园安全稳定综合治理工作总结表彰大会，考核结果将作为对有关责任单位进行表彰奖励和处罚的依据并与年度考核和绩效分配挂钩。

（一）奖励

1. 对考核为优秀等次的二级综合治理工作小组和二级综合治理委员会，由学校党委行文予以表彰，颁发《年度校园安全稳定综合治理工作优秀单位》奖牌。

2. 对考核为优秀等次的二级综合治理工作小组和二级综合治理委员会第一责任人由学校党委行文予以表彰，颁发《年度校园安全稳定综合治理工作优秀责任人》荣誉证书。

3. 对在校园安全稳定综合治理工作中做出突出贡献的先进个人由学校党委行文予以表彰，颁发《年度校园安全稳定综合治理工作先进个人》荣誉证书。

4. 对考核为良好等次的二级综合治理工作小组和二级综合治理委员会，颁发《年度校园安全稳定综合治理工作良好单位》奖牌。

（二）处罚

1. 对考核等次为不合格的二级综合治理工作小组和二级综合治理委员会，由学校党委行文予以处罚。

2. 对被处罚的二级综合治理工作小组和二级综合治理委员会领导班子成员、责任当事人年度考核不能评为“优秀”等次，实行一票否决。

3. 单位主要责任人工作发生变动等，仍须承担其在原责任单位期间发生的综合治理工作责任。

第九条　附则

本办法由学校校园安全稳定综合治理委员会办公室负责解释，自印发之日起执行，《西北民族大学综合治理工作考核奖惩暂行规定》（党委发〔2012〕142号）同时废止。

附件：2019 年度校园安全稳定综合治理工作优秀单位、良好单位、合格单位、优秀责任人、先进个人名单

一、优秀单位（8 个）：

土木工程学院、维吾尔语言文化学院、舞蹈学院、外国语学院、经济学院、学校办公室、财务处、学报编辑部。

二、良好单位（13 个）：

医学院、预科教育学院、新闻传播学院、音乐学院、马克思主义学院、科研处、宣传部、统战部、组织人事部、学生工作部（处）、团委、纪监审办公室、保卫处、后勤管理处、信息化建设与服务中心。

三、合格单位（30 个）：

文学院等 30 个责任单位。

四、优秀责任人（8 人）：

董化琪、努妮莎、杜才祯、王谋清、梁红绪、王志军、杨朝继、第环宁。

五、先进个人（17 人）：

王亦龙、赵军雷、王康、先巴东知、王鹏、桑德合才旦、李宇红、王君强、邓文科、孙沛华、晁代发、严江立、安永国、冯越、马雄、魏小琴、乌兰。

西北民族大学 2019 年大事记

一月

3 日，甘肃省文联、甘肃省文艺评论家协会公布“第三届甘肃文艺评论奖”获奖名单，学校牛乐教授的论文《甘南藏区唐卡艺术源流与传承体系考述》获奖。

4 日，教育部社会科学司公布 2018 年度教育部哲学社会科学研究后期资助项目立项名单，学校多洛肯教授的《清代八旗进士群体征录》获批立项。

11 日，受央视春晚深圳分会场主办单位邀请，学校 34 名师生启程赴深圳参加排练及演出。

11 日，学校才让多杰老师的油画《打马球》等 76 项作品获第九届敦煌文艺奖，李克老师的纪录片《布格勒萨伊》等 6 项作品获第九届敦煌文艺奖荣誉奖。

12 日，学校赛音老师创作的“歌曲《中国大船》”获批小型剧（节）目和作品创作资助项目，冯炳超老师申报的“油画《西垂印象》”获批青年艺术创作人才资助项目。

19 日，学校于洪志教授获计算机女科学家奖——夏培肃奖。

二月

11 日，《光明日报》头版报道了学校三代学人历经 64 载上下求索，编纂鸿篇巨制《格萨尔文库》的艰辛历程、取得的巨大成就。

13 日，学校王洪镇、曹万智等老师完成的“新型免拆复合保温模板现浇混凝土节能墙体结构体系研究”获甘肃省科学技术进步二等奖。

23 日，我校派驻甘肃临潭县长川乡木帮扶工作队长兼第一书记雷立异获“甘肃省脱贫攻坚帮扶先进个人”荣誉称号。

25 日，我校原创舞蹈作品《大河行》入选第一批“高校原创文化精品推广行动计划”。

三月

5 日，国家审计署驻兰特派办俞文源、谌至等一行来校开展专项检查工作。

7 日，甘肃省思想政治工作研究会公布《关于表彰 2018 年全省思想政治工作课题研究成果和优秀组织单位的决定》：学校教师虎有泽等的《民族高校思政工作发挥正确民族观的引领作用》一文获二等奖；马玉堂等的《新时代民族高校思想政治教育工作方法总结》一文获优秀奖。

12 日，甘肃省教育厅印发《关于公布甘肃省重点学科名单的通知》：学校 16 个学科入选甘肃省重点学科。

15 日，教育部公布 2019 年度教育部人文社会科学研究项目立项名单：我校 9 个项目获得立项。其中，青年基金项目 7 项、规划基金项目 1 项、高校示范马克思主义学院和优秀教学科研团队建设项目 1 项。

16 日，“一带一路”特色农产品多语言电子商务平台建设专家论证会在学校召开。

29 日，学校出版的《格萨尔文库》出版发布及捐资仪式在北京举行，全国政协副主席、中央统战部部长、国家民委党组书记、主任巴特尔出席活动并讲话。活动由国家民委党组成员、副主任陈改户主持。

30 日，“新中国 70 年民族学学科建设高层论坛暨《西北民族研究》创刊百期纪念研讨会”在北京开幕。

3 月，学校在 2018 年“创青春”全国大学生创业大赛（甘肃赛区）中：团委获“优秀组织奖”；作品《悦动创意手绘文化有限公司》荣获“特等奖”、《乐跑校园 APP》等 3 件作品获“一等奖”、《AMBITION》等 3 件作品获“二等奖”、《面向知识图谱的商品情感分析与智能推荐系统》等 4 件作品获“三等奖”。

四月

8 日—10 日，应邀美国犹他州立大学路易斯 · 兰迪教授、琼斯 · 贾斯汀博士、陈东博士等一行来校进行学术交流。

10 日，国家古籍保护中心牵头并组织开展的“走近四库全书”系列宣传活动甘肃站第六场，在学校举办启动仪式。

12 日，国家民委、甘肃省政府共建共管学校直属附属医院签约仪式在兰州举行。国家民委教育科技司司长田联刚宣读了共建共管协议书。国家民委副主任陈改户、甘肃省副省长何伟代表双方签署协议并讲话。

12 日—13 日，我校应邀参加在革命圣地延安举办的“我和我的祖国”——庆祝新中国成立 70 周年暨纪念《黄河大合唱》首演 80 周年系列活动。

13 日，学校召开第八届教职工代表大会暨工会第十一届会员代表大会二次会议。

18 日，中国民航大学党委副书记赵洪海等一行来校调研。

18 日，国家民委党组成员、副主任陈改户来校考察指导工作。

22 日，国家民委党组成员、副主任郭卫平来校督查意识形态工作。

27 日—28 日，“《唐祈诗全编》发布暨唐祈诗歌研讨会”在学校举行。

30 日，学校在大礼堂举办“青春心向党 建功新时代”纪念“五四”运动 100 周年特别主题团日活动暨 2019 年“五四”表彰典礼。

4 月，甘肃省教育考试院印发《关于同意天津中医药大学等院校部分优势专业在甘肃省本科一批次招生的决定》，同意学校临床医学、汉语言文学、历史学、英语、食品科学与工程、口腔医学、金融学、财务管理、会计学、应用心理学、新闻学、电气工程及其自动化、通信工程、电子信息工程、自动化、计算机科学与技术、软件工程、环境工程、制药工程、土木工程 20 个专业在甘肃省本科一批次招生。

五月

3日—5日，由西北民族大学、中国统一战线理论研究会民族宗教理论甘肃研究基地和中国社会科学研究院联合举办的“河州文化论坛暨区域发展学术研讨会”在甘肃临夏州召开，中国统一战线理论研究会民族宗教理论研究基地主任邓光玉出席大会并致辞。

9日，甘肃省卫生健康委员会与西北民族大学落实《国家民委、甘肃省政府共建共管西北民族大学直属附属医院合作协议》实施方案签订仪式在西北民族大学直属附属医院举行，甘肃省卫生健康委员会主任郭玉芬、副主任张浩，学校党委副书记、校长赵德安，党委常委、副校长李辉，党委常委、副校长王彦斌等参加签订仪式，并为“西北民族大学直属附属医院”揭牌。

14日，德国BSK国际教育机构亚洲事务执行总裁凯尔·费德勒先生一行来校访问。

16日，学校交响乐团、合唱团师生200余人组成的演出团队在临夏大剧院专场演出《黄河大合唱》大型交响音乐会。

17日，美国韦伯州立大学商学院院长马修·穆里森先生、国际经济项目联络员李莉博士等一行来我校访问交流。

24日，学校举行第九届“挑战杯”大学生课外学术科技作品竞赛终审决赛及展示活动开幕式。

24日—26日，学校与中华炎黄文化研究会科举文化专业委员会主办的“第十七届科举学与中华传统文化学术研讨会”在学校召开。

27日，党委副书记、校长赵德安等一行前往直属附属医院就落实国家民委、甘肃省人民政府共建共管西北民族大学直属附属医院协议，加快推进直属附属医院建设进行调研、现场办公。

30日，学校召开教学委员会，对2019年甘肃省一流本科专业建设点申报项目进行答辩评审。

31日，兰州市人民政府副市长韩显明一行来校调研。

六月

3日，我校教授专家赴敦煌参加“2019年丝路记忆”西北五省区非遗展演活动。

4日，第十四届甘肃省高校研究生男子篮球邀请赛在学校圆满落幕，学校研究生代表队获最佳组织奖。

5日，学校党委召开民主党派、统战团体负责人和党外人士代表座谈会。

5日—6日，国家民委教科司副司长周晓梅等一行来校就国家通用语言文字综合培训教材及网络学习平台研发情况进行调研。

7日—10日，学校“《格萨（斯）尔》史诗传统——联合国教科文组织人类非物质文化遗产保护名录”参加由文化和旅游部、广东省人民政府在广州市共同主办的2019年全国“文化和自然遗产日”非遗主会场展演活动。

11日，国家民委双语人才培训基地（西北民族大学）新疆博尔塔拉蒙古自治州培训中心开展的第二期抵边乡镇（村队）基层干部国家通用语言培训班在学校开班。

12 日，学校召开纪委全委会会议传达学习“不忘初心、牢记使命”主题教育工作会议精神。

13 日，学校在遵义市召开武陵山片区联络员工作会议。遵义市委统战部副部长、市民宗委主任董爱民出席会议并讲话，武陵山片区挂职的学校联络员等参加会议。

13 日，学校召开 2019 届毕业生学位评定委员会会议。

19 日，学校校建设与发展咨询专家何烨教授、于洪志教授前往临夏州就我校“一带一路特色农产品多语言电子商务平台”优质产品上架入驻事宜与临夏州进行衔接。

19 日，2019 年全国大学生民汉双语志愿服务团成立暨助力脱贫攻坚“一带一路”多语言电商平台暑期推广活动启动仪式在学校举行。

19 日，学校召开人事人才工作会议。

19 日，共青团甘肃省委“不忘初心、牢记使命”主题教育基层调研活动——“青年大学习”网上主题团课专题座谈会在学校召开。

19 日—22 日，学校邀请流顺镇、长川乡 30 名农民党员代表走进西北民族大学，开展“增强党性修养、助力脱贫攻坚”党员教育活动。

20 日，学校举行 2019 届毕业典礼暨学位授予仪式。

21 日，印度 NIIT（印度国家信息技术学院）中国区总裁 Kamal Dhuper、副总裁徐海峰等一行来校访问。

21 日，《光明日报》“红船初心特刊”栏目刊载学校党委书记邓光玉的文章《让初心和使命在青春时代绽放美丽光芒——西北民族大学探索民族高校思想政治教育新实践》。

21 日—22 日，学校组织专家实地走访指导临潭县科技扶贫项目。

22 日—23 日，学校代表团参加甘肃省政府驻北京办事处主办的“情系家乡发展，助力脱贫攻坚”甘肃省农产品北京展销推介会。

22 日—23 日，由我校承办的“民族地区经济社会发展与管理创新论坛暨民族院校工商管理学科建设研讨会”在学校举行。中央民族大学、兰州大学等 14 所大学、《经济管理》杂志社等单位的专家学者参加会议。

24 日，由中国民族语文翻译中心（局）主办的第 1 期全国蒙古语文翻译中级人员专题研修班在学校开班。

25 日，学校党外知识分子代表赴临潭开展脱贫攻坚采风活动。

26 日，“马克思主义中国化研究”学术研讨会在学校举行。

28 日，学校在西藏自治区昌都市类乌齐县签订了《西北民族大学 共青团类乌齐县委共建西北民族大学学生社会实践基地协议》，并为社会实践基地挂牌。

28 日，校工会在兰州新区举办以“弘扬劳动美、建功立业筑民大”为主题的基层工会干部培训班。

29日，学校组织30名学生赴四川大学参加为期两周的“国际课程周（University Immersion Program）”活动。

29日，由中华司法研究会民族法制文化研究专业委员会、甘肃省高级人民法院与我校联合主办，学校承办的“汉藏双语法律人才培养与司法实践研讨会”在国家法官学院舟曲民族法官培训基地召开。

七月

2日（当地时间），我校师生在维也纳“丝绸之路中国非物质文化遗产和民族地区扶贫成果展”开幕式上奉献精彩演出。

3日，甘肃省总工会党组书记、常务副主席杨元忠，甘肃省教科文卫工会主席刘虎林一行来校调研工会工作。

3日，甘肃省委国家安全委员会办公室常务副主任李晓林等一行来我校就师生思想动态、推动维护国家安全责任制规定落实情况进行调研。

5日，甘肃省教育厅副厅长徐宏伟一行来校考察调研“一带一路高校联盟”工作建设推进情况。

5日—8日，中国高校影视学会民族影视专业委员会2019年年会暨第五届中国民族影视高层论坛在学校召开。

6日，学校选派专家团队赴甘肃东乡县举办临夏普外医师培训班。

9日，国家督学、甘肃省政府参事李晶等一行来校对2019年甘肃省国家语言文字推广基地进行实地考察。

11日，学校举办工程教育专业认证专题讲座。

12日，学校获批14项2019年度国家社科基金项目，其中重点项目1项，一般项目7项，青年项目3项，西部项目3项。

12日—14日，学校主办“民族社会学：民族和睦与社会发展”论坛，来自全国各地的40多位专家学者出席论坛。

14日—18日，学校代表团参加第四届甘肃省大学生运动会，获得8枚金牌、5枚银牌、22枚铜牌。

17日，学校与兰州大学联合举办的“牧区草原生态保护与绿色发展”国际学术研讨会在学校召开。

17日—18日，国家民委财务司副司长谷序祥等一行来校就2019年项目预算执行以及以前年度项目结转资金预算执行情况进行调研指导工作。

20日—21日，第五届中国“互联网+”大学生创新创业大赛甘肃赛区选拔赛中我校获得银奖1项，铜奖6项，并荣获“优秀组织单位”荣誉称号。

22 日—26 日，学校在中央民族干部学院举办 2019 年暑期干部教育培训班暨第 6 期管理干部能力建设培训班。

23 日，“2019 年新型智慧校园专题研讨会暨西北民族大学智慧校园建设成果展”在兰州举行。

29 日，我校师生受邀参加《美丽中国 吉祥高原》“三区三州”文艺展演。

31 日，中共甘肃省委编办发文批准，同意在甘肃省第二人民医院基础上设立西北民族大学附属医院，继续保留“甘肃省第二人民医院”“甘肃省中西医结合医院”及“甘肃省精神卫生中心”牌子。

7 月，2019 年甘肃省高等学校教学质量与教学改革工程和创新创业教育改革项目评审结果揭晓，学校 24 个项目获批立项。

八月

6 日—7 日，由学校与甘南州人民政府等单位联合主办的 2019 牦牛乳产业发展论坛在甘南藏族自治州召开。

16 日，国家自然科学基金委公布 2019 年度国家自然科学基金评审结果，学校共获批 11 项。其中青年科学基金项目 1 项，地区科学基金项目 10 项。

18 日—24 日，学校在浙江大学举办 2019 年教师党支部书记“双带头人”培训班，36 名党支部书记“双带头人”参加培训。

19 日，甘肃省 2019 年普通高校招生录取总结暨全省教育考试招生工作表彰大会在兰州召开，会上对全省教育考试招生工作先进集体和先进工作者进行了表彰。我校招生办公室（教务处）被评选为“全省教育考试招生工作先进集体”，李宝明、唐守嵘同志获得“全省教育招生工作先进工作者”荣誉称号。

20 日，西北民族大学与中国藏学研究中心合作意向书签订仪式在北京举行。

22 日，学校召开干部大会，宣布国家民委党组关于我校领导班子调整的决定。国家民委副主任、党组成员陈改户出席会议并讲话。国家民委人事司司长黎树斌宣布了国家民委党组关于西北民族大学领导班子调整的决定：郭郁烈同志任学校党委副书记、校长，李辉同志任学校党委副书记、副校长。

26 日，为喜迎中华人民共和国成立 70 周年，推进“不忘初心、牢记使命”主题教育，学校在两校区举行升国旗仪式，学校领导和全体干部师生参加仪式。

28 日，学校党委召开理论学习中心组学习会，专题学习习近平总书记视察甘肃重要讲话精神。

29 日，由甘肃省人民政府台湾事务办公室和学校联合举办的“2019 陇台大学生敦煌文化研习营”在甘肃敦煌市举行开营仪式。

28 日—30 日，“生物医学与生物材料”国际学术研讨会在学校举行。

30 日，学校召开四川大学对口支援西北民族大学 2019 年春季教师培训总结会暨秋季教师培训动员会。

8 月，甘肃省脱贫攻坚帮扶工作协调领导小组通报 2018 年全省脱贫攻坚帮扶工作考核情况，学校荣获“优秀”等次。

九月

3 日，省政府副省长张世珍莅临学校调研并看望慰问教师。

4 日，国家民委召开人才工作座谈会，国家民委人才工作领导小组副组长、专职委员孙学玉出席会议并讲话，学校党委书记邓光玉参加会议。曹万智教授带领的“绿色建材与建筑节能创新团队”荣获“国家民委创新团队”，牛乐、宁梅、李永宏、孟开教授入选“国家民委领军人才”，马少卿、卢毅刚、刘荣、孙初锋、李长亮、杨朝继、黄水波、韩晓清等教师入选“国家民委中青年英才”。

8 日—9 日，党委副书记、校长郭郁烈等一行 13 人赴临潭县流顺镇、长川乡开展入户帮扶工作。

10 日，学校承办的“扶贫助弱 健康口腔——甘肃临夏州少数民族全生命周期口腔健康扶贫示范项目”在临夏启动。

10 日，学校在大礼堂召开庆祝 2019 年教师节暨表彰大会。

12 日，学校成立西北民族大学附属医院，西北民族大学第二临床医学院更名为西北民族大学临床医学院。

15 日，由甘肃省人民政府主办的“2019 甘肃省国际交流员研习班”全体学员来校参观访问。

17 日，学校党委召开“不忘初心、牢记使命”主题教育动员部署会。

18 日，学校格萨尔研究中心获“甘肃省民族团结进步模范集体”称号。

19 日，乌兹别克斯坦塔什干国立东方学院院长里克希瓦·古尔谢赫拉·肖夫卡托夫纳女士和塔什干孔子学院乌方院长萨奥达特·娜希洛娃女士一行来校访问。

19 日，学校“不忘初心、牢记使命”主题教育专题网正式上线。

23 日，由甘肃省民族事务委员会、甘肃省文化和旅游厅、甘肃省文学艺术界联合主办的庆祝中华人民共和国成立 70 周年“石榴杯”甘肃省少数民族文艺会演闭幕式文艺演出暨颁奖晚会在金城剧院举行。我校舞蹈诗《灯塔》荣获“石榴杯”甘肃省少数民族文艺会演剧目一等奖、最佳编剧编导奖，最佳表演奖三项大奖。同时我校参演的开幕式《向祖国致敬》荣获“石榴杯”甘肃省少数民族文艺会演剧目一等奖。

24 日，全国哲学社会科学工作办公室公布 2019 年度国家社会科学基金冷门“绝学”和国别史等研究专项项目的评审结果，我校 3 个项目获立项资助。

24 日，国家卫健委调研专家组、领导一行到学校开展医学人才培养专题调研。

26 日，甘肃省哲学社会科学规划办公室公布 2019 年度国家自然科学基金评审结果，我校 13 个项目获甘肃省哲学社会科学规划项目立项资助。

27 日，学校隆重举办“庆祝中华人民共和国成立 70 周年文艺晚会”。

27 日，学校党委副书记、校长郭郁烈就“习近平总书记关于教育工作重要论述”为副处级以上干部作专题辅导。

27 日，全国民族团结表彰大会在北京召开，学校于洪志教授荣获“全国民族团结进步模范个人”称号。

30 日，甘肃省总工会党组书记、常务副主席杨元忠等一行来校慰问全国劳模马少敏教授。

9 月，学校百余名师生应邀赴澳门参加庆祝中华人民共和国成立 70 周年及澳门特别行政区成立 20 周年活动，并参加澳门中华民族雕塑园开幕仪式。

十月

15 日，学校召开党委理论学习中心组（扩大）学习会。国家民委原副主任、十三届全国政协委员、民族和宗教委员会副主任罗黎明作“记得来时的路”的辅导报告。

16 日，由学校主办的“不忘初心、牢记使命”师德师风教育线下活动——原创舞蹈诗《灯塔》专场演出在学校礼堂举行。国家民委原副主任、十三届全国政协委员、民族和宗教委员会副主任罗黎明，国家民委直属高校主题教育领导小组第三指导组组长曾明、副组长吉克跃林等观看演出。

22 日，由甘肃省委教育工委、我校等单位举办的“甘肃省高校形势与政策专题宣讲集体备课会”在学校举行。

23 日，西北民族大学云就业管理平台正式上线。

24 日，学校召开党委理论学习中心组（扩大）学习会。甘肃省委统战部副部长张耀宇应邀作“党的治藏方略和我省藏区形势任务解读”的专题辅导报告。

25 日，学校举行“辉煌七十年，奋进新时代”全校教职工歌咏比赛。

24 日—25 日，国家卫健委专家吕兆丰教授来学校调研指导工作。

24 日—27 日，中央第七巡视——综合组一行来校调研。学校党委书记邓光玉、校长郭郁烈陪同调研。

27 日—30 日，中央第七巡视——意识形态组一行来校调研。学校党委书记邓光玉、校长郭郁烈陪同调研。

10 月，学校收到国家民委反馈结果，生物工程与技术国家民委重点实验室初评和现场考察总成绩位列第二，口腔医学国家民委重点实验室以初评成绩排名第五。

10 月，学校马忠才教授在通过首批国家民委“民族问题研究优秀中青年专家”任期考核的基础上，入选第二批优秀中青年专家。

10 月，《西北民族研究》精选百期典藏文萃系列在北京与中国民族学学会联合举行首发式。首批是《“一带一路”：人类命运共同体构建的理论与探索》《多元文化遗产保护的中国实践与阐释》《共命运有传承跨向新时代的担当：民俗与民间文化》《多元一体共命运中华文化有传承：口头传统与叙事》

四册一涵。

十一月

3 日，由全国《格萨（斯）尔》工作领导小组办公室主办、学校承办的“甘肃地区《格萨（斯）尔》保护与传承学术研讨会”暨“全国《格萨（斯）尔》研究甘肃基地”揭牌仪式在兰州举行。

4 日，校党委书记邓光玉以“做新时代敢于担当勇于作为的党员干部”为主题，讲授“不忘初心、牢记使命”主题教育专题党课。

5 日，全体校领导，校党委委员、纪委委员、主题教育领导小组各组组长开展“铭记革命历史，传承红色基因——参观八路军驻兰州办事处纪念馆”活动。

5 日，学校领导班子召开“不忘初心、牢记使命”主题教育专题调研成果交流会。国家民委直属高校主题教育领导小组第三指导组组长曾明等参加会议。

6 日，学校召开“不忘合作初心，继续携手前进”民主党派负责人和党外人士代表座谈会。

8 日，甘肃省卫健委人才服务中心副主任王冠华一行来学校开展国家医学考试基地建设评估工作。

8 日—10 日，学校组织召开中国人类学民族学 2019 年年会“新中国 70 年藏学研究回顾与展望”分论坛。

12 日，《格萨尔文库》捐赠仪式在美国福特海斯州立大学举行。

15 日—17 日，党委书记邓光玉等一行赴临潭县开展精准扶贫工作。

19 日，学校成立《江格尔》研究中心、《玛纳斯》研究中心、新诗研究中心、敦煌舞研究中心。

19 日—20 日，四川大学对口支援西北民族大学 2019 年度联席会议在四川大学召开。

20 日，学校举办图书馆馆藏《于右任旧藏金石拓片数据库》发布仪式。

21 日，学校与联勤保障部队第九四〇医院合作协议签订仪式在九四〇医院举行。学校党委书记邓光玉，党委副书记、校长郭郁烈等领导出席签约仪式。在该医院设立西北民族大学第九四〇医院临床医学院。

24 日—27 日，学校选派专家及职能部门负责人一行前往广西壮族自治区德保县开展定点帮扶工作。

24 日—27 日，由中共甘肃省委教育工作委员会、甘肃省教育厅主办的 2019 年甘肃省高校学工部部长培训班在学校举办。

25 日，国家民委直属高校主题教育领导小组第三指导组来校工作，召开“不忘初心、牢记使命”主题教育党员师生座谈会。

25 日，西北民族大学口腔医学国家民委重点实验室暨甘肃省口腔疾病研究重点实验室 2019 年学术委员会会议在学校召开。

25 日—28 日，《西北民族大学学报》（汉文哲社版）被评为“全国高校社科精品期刊”，“民族宗教”栏目被评为“全国高校社科期刊特色栏目”，张瑞珊、包宝泉被评为“全国高校社科期刊优秀编辑”，戴正论文《哲学社会科学学报要突出鲜明的马克思主义意识形态属性》荣获“全国高校社科期刊优秀编辑学论文”。

26 日，学校党委召开“不忘初心、牢记使命”主题教育专项整治工作汇报会。国家民委直属高校主题教育领导小组第三指导组组长曾明等参加会议。

27 日，学校召开 70 周年校庆动员大会。

十二月

4 日，2019 年度国家社科基金重大项目立项名单公布，学校获批 4 项国家社科基金重大项目。

6 日，学校举行 2019 年暑期“三下乡”社会实践活动表彰大会、暑期新疆专项家访工作分享汇报会。

6 日，学校党委召开领导班子“不忘初心、牢记使命”主题教育专题民主生活会。国家民委党组直属高校主题教育领导小组第三指导组组长曾明等、甘肃省委组织部党员教育中心主任杨中海等、甘肃省纪委监委委员高连成参会指导。

11 日，西北民族大学与北方民族大学、兰州文理学院“手拉手”开展思想政治理论课三校联合集体备课会在学校举行。

16 日—20 日，2019 年甘肃省高校宣传部部长、马克思主义学院院长培训班在学校举办。甘肃省委教育工委书记、教育厅党组书记、厅长王海燕出席会议并作十九届四中全会精神专题辅导报告。

18 日，甘肃省老教授协会 2018—2019 年度总结大会在兰州大学召开，大会表彰了先进单位、先进集体和先进个人。学校离退休工作处被评为先进单位；马雪娟、白亚玲 2 位同志被评为先进个人。

19 日，学校召开第八届教职工代表大会第一次专题会议。

20 日，甘肃省委常委、统战部部长马廷礼莅临学校作题为“党的十九届四中全会精神”的专题辅导报告。

20 日，学校党委召开 2019 年度二级单位党组织书记抓基层党建述职测评考核会议。

23 日，“国家社科基金优秀期刊和优秀文章”评审结果公布，我校《西北民族研究》评为“优秀期刊”。

23 日，学校主办的“新年音乐会·长征组歌”在兰州音乐厅演出。甘肃省委常委、省委统战部部长马廷礼，校领导邓光玉、郭郁烈等出席音乐会。

24 日，学校召开 2019 年本科教学工作会议。

24 日—25 日，国家民委党组直属高校主题教育领导小组第三指导组副组长吉克跃林等来校开展“不忘初心、牢记使命”主题教育评估工作。

25 日，“一带一路”国际艺术交流系列活动之对话马可·波罗座谈会在学校召开。

12月，我校《格萨尔》文化传承与保护研究基地被命名为第六批全国民族团结进步教育基地。

12月，学校在两校区举办助力脱贫攻坚成果展。

图书在版编目(CIP)数据

西北民族大学年鉴. 2019 / 西北民族大学学校办公室编. -- 北京：民族出版社，2022.7
ISBN 978-7-105-16664-0

Ⅰ. ①西… Ⅱ. ①西… Ⅲ. ①西北民族大学－2019－年鉴 Ⅳ. ①G649.284.21-54

中国版本图书馆CIP数据核字（2022）第069929号

西北民族大学年鉴2019

策划编辑　李燕妮
责任编辑　李燕妮
装帧设计　海龙视觉
出版发行　民族出版社
地　　址　北京市和平里北街14号
邮　　编　100013
网　　址　http://www.mzpub.com
印　　刷　北京盛通印刷股份有限公司
经　　销　各地新华书店
版　　次　2022年7月第1版　2022年7月北京第1次印刷
开　　本　880毫米×1230毫米　1/16
字　　数　850千字
印　　张　37.25
定　　价　380.00元
ISBN 978-7-105-16664-0／G・2204（汉1068）

该书若有印装质量问题，请与本社发行部联系退换
编辑室电话：010-64228001　发行部电话：010-64224782